Kunstreiseführer Rheinhessen

Zur schnellen Orientierung:

die wichtigsten Orte und Sehenswürdigkeiten auf einem Blick
(Auszug aus dem ausführlichen Ortsregister):

Volker Gallé

Kunstreiseführer Rheinhessen

Kultur und Geschichte im Hügelland zwischen Worms und Bingen, Mainz und Alzey

LEINPFAD
VERLAG

Sämtliche Angaben in diesem Buch sind sorgfältig recherchiert worden. Sie erheben jedoch keinen Anspruch auf Vollständigkeit zum Zeitpunkt der Veröffentlichung. Trotz größtmöglicher Sorgfalt übernehmen weder der Autor noch der Verlag Verantwortung und Haftung für eventuelle Fehler.
Über Anregungen und Ergänzungsvorschläge freuen wir uns.

Umschlag: kosa-design, Ingelheim
Layout: Leinpfad Verlag, Ingelheim
Druck: TZ-Verlags & Print GmbH, Roßdorf

Leinpfad Verlag, Leinpfad 5, 55218 Ingelheim,
Tel. 06132/8369, Fax: 896951
E-Mail: info@leinpfadverlag.de
www.leinpfadverlag.de

ISBN 978-3-942291-03-3

Inhalt

„Statt Minervens Eule eine fette Gans!"

Land und Leute in Rheinhessen

Hugo von Hofmannsthal beschreibt in der Vossischen Zeitung 1917 (*Preuße und Österreicher – ein Schema*) die beiden mentalitätsbildenden Charaktere der deutschen Geschichte seit dem Barock, die den immer noch lebendigen Nord-Süd-Gegensatz repräsentieren: „Preußen: ein undichtes soziales Gewebe, die Stände in der Kultur geschieden, aber präzise Maschinerie; Österreich: ein dichtes soziales Gewebe, die Stände in der Kultur verbunden, die Mechanik des Ganzen unpräzise."

Das linksrheinische Rheinhessen hat mit beiden zentralistisch-bürokratischen Systemen, dem „schlamperten" Wien und dem „exakten" Berlin, in seiner Geschichte schlechte Erfahrungen gemacht. Daher hat sich hier, vom Südwestrand Deutschlands her, eine andere, eher französisch beeinflusste Mentalität entwickelt, die sowohl aufgeklärt als auch genießerisch ist. „Im Linksrheinischen, am intensivsten im ehemaligen Department Donnersberg (Mont-Tonnerre), also in der bayrischen Rheinpfalz und in Rheinhessen, schlug sich die Kontinuität mit der Französischen Revolution in einem faszinierenden demokratischen Sonderstatus nieder. Am Rande des noch halbfeudalen, monarchistischen Deutschland hielt sich lange eine neuartige Gesellschaftsordnung, die sich ganz der Revolution verdankte. Getragen vom besitzenden, juristisch und parlamentarisch versierten Bürgertum gelang es, links des Rheins bereits nach den Grundsätzen der kommenden Zeit zu leben und die Deutschen rechts des Rheins zur Nachahmung zu ermuntern. Erst die 48-er Revolution setzte dazu an, diesen wichtigen Vorsprung für ganz Deutschland aufzuholen." (Hellmut G. Haasis, *Gebt der Freiheit Flügel*, I, S. 13)

Die antipreußische Stimmung der Demokraten noch Ende des 19. Jahrhunderts beschreibt der Mainzer Anarchist Rudolf Rocker in seinen Memoiren: „In der kleinen Hinterstube einer alten Weinwirtschaft auf der Umbach versammelte sich jeden Sonntagmorgen eine kleine Gesellschaft zum Frühschoppen, die man im Volksmunde die Heckergarde zu nennen pflegte. Es waren dies acht oder zehn alte Achtundvierziger, die an den Kämpfen im sogenannten tollen Jahre einen tätigen Anteil genommen hatten. Die Seele dieses kleinen Kreises war der alte Volck ... Er war mit den gewaltigen Ereignissen von 1789-94 wahrscheinlich besser vertraut als mit der Geschichte seines eigenen Landes und hatte eine ausgesprochene Vorliebe für Frankreich, von dem er alles Heil für die Zukunft Europas erwartete. Der alte Volck war ein unruhiger Kopf, eine geborene Rebellennatur. Er haßte Bismarck und die Preußen wie den bösen Blick und, neben diesen, die Pfaffen, gegen die er einen geradezu physischen Widerwillen empfand."

Der Ausgangspunkt des rheinhessischen Denkens und Handelns war und ist der Einzelne, der sich allzu oft nur schlecht mit Anderen zur Gemeinsamkeit entschließen kann. So war die rheinhessische Landwirtschaft lange Zeit von bäuerlichen Klein- und Mittelbetrieben geprägt, der genossenschaftliche Zusammenschluss dominierte nicht. Und meist waren die Genossenschaften darüber hinaus klein und lediglich ortsbezogen. Auch den 1969 in der Gebietsreform entstandenen Verbandsgemeinden begegnet man noch immer mit einer gewissen Skepsis. Gewöhnt war man – anders als im südlichen Rheinbayern (Pfalz) und im nördlichen Rheinpreußen (Rheinland) – an eine rein örtliche Verwaltung mit einem persönlich bekannten Bürgermeister und eine weit entfernte, wenig einflussreiche Provinzialregierung. Diesen Zustand versuchte die großherzoglich-hessische Regierung 1835 durch die Einführung der gemeindenäheren, zu obrigkeitsstaatlicher Kontrolle angehaltenen Kreisräte zu ersetzen. Heinrich von Gagern, der spätere Paulskirchenpräsident aus Monsheim, antwortete darauf in der 2. Kammer der hessischen Landstände: „Die Provinz Rheinhessen ist keine von dem Großherzogtum Hessen eroberte Provinz, der man gegen ihren Willen, ohne die öffentliche Meinung zu fragen, mit Gerechtigkeit das Gesetz des ehemaligen Mutterlandes auferlegen könnte." (nach: Hoffmann, *Die Geschichte der Provinz und des Regierungsbezirks Rheinhessen*, S. 31) Kein Wunder, dass von Gagern bereits zwei Tage nach seiner Ernennung zum hessischen Regierungschef im März 1848 das „verhaßte Institut der Kreisräthe" abschaffte. Ein weiterer Beweis für diese Haltung ist die Gedenktafel, welche die Wendelsheimer einen Tag zuvor, am 7. März 1848 an der Außenwand ihres Rathauses anbrachten. Sie ist noch heute zu sehen und ihre Inschrift endet mit dem Aufruf: „Sicherheit und Friede in der Gemeinde über Allem." Nicht Deutschland also geht über alles, sondern die Gemeinde. Symbolisch für diesen Individualismus, der sich bestenfalls noch im Netzwerk der Gemeinde heimisch fühlt, stehen die hoch ummauerten und mit großen Toren verschlossenen fränkischen Hofreiten der Dörfer. Sie können allerdings auch – von innen gesehen – als künstliche Schutzbauten gegen die Offenheit der Steppenlandschaft gedeutet werden, der es an natürlichem Schutz vor Unwetter und Eroberung mangelt. Das wirkt abweisend auf den Reisenden, ebenso wie die leidige Tatsache, dass die Kirchen, ob evangelisch oder katholisch, mit Ausnahme der berühmten Dome in Mainz und Worms meist verschlossen bleiben: Religion findet nur sonntags statt, Reisende müssen sich den Schlüssel im Pfarrhaus holen.

Diese Selbstbezogenheit jedoch ist durchaus nicht asketisch und ungesellig. Feste gibt es nämlich wie Sand am Meer. Der ganze Sommer ist gespickt mit Wein- und Straßenfesten, bei denen stets „für Essen und Trinken bestens gesorgt ist." Und auch das ist bezeichnend: Volkskultur in Tanz, Lied, Spiel oder Tracht hat sich kaum gehalten. Dazu war das Land zu fruchtbar, zu reich und zu nah an der Stadt. Die mittelalterlichen Kleiderordnungen hat die Aufklärung schnell und endgültig hinweggeschwemmt. Lange Hosen statt Kniebundhosen wurden Mode; man ging lieber „sans culotte", ohne Kniebundhose. Der Genuss von Essen und Trinken aber hat überproportional dazu überlebt. Der Badenheimer Bauerndichter Isaak Maus (1748-1833) hat dies in seinem „Bauern-Lied" auf einen Punkt gebracht:

Isaak Maus (1748-1833), Bauerndichter aus Badenheim

Was kann uns noch fehlen?
Güter für die Seelen
sind in unsern Hütten unbekannt.
Bauern werden danach wenig streben;
Ihnen gibt das umgepflügte Land
was wir brauchen, um vergnügt zu leben.
Weg mit aller Weisheit! – Eitler Glanz
Uns nur statt Minervens Eule
eine fette Gans!

Dieser genießerische Materialismus ist es auch, der die Theaterstücke des in Nackenheim geborenen Dichters Carl Zuckmayer antreibt. Die spröde Hitze der regenarmen Steppenlandschaft, die immer Durchgangsland war für Menschen aus vielen europäischen Kulturen, hat er in seiner Autobiographie *„Als wär's ein Stück von mir"* eindringlich in ihrer Spannung zwischen Lust und Nüchternheit beschrieben.

Die Respektlosigkeit der Rheinhessen ist wohl der Wesenszug, der über die Grenzen der Landschaft hinaus am besten bekannt ist: durch die Saalfastnacht der Mainzer, die im Zug des Vormärz aufs Land gezogen ist und in der sich dann nach 1848 auch die enttäuschte Lust an der Demokratie versteckt hat. Man merkt es ihr allerdings spätestens nach 1870/71 an, dass sie resigniert und sich mit dem verbliebenen Interesse am Geldverdienen arrangiert hat. Der politische Biss verliert sich, die biedere Gemütlichkeit der „Philister" siegt. Vielleicht aber hat gerade das die Fastnacht zum rheinhessischen Exportschlager gemacht. Aber die Gemütlichkeit ist doppeldeutig, denn sie bewahrt die Lebensfreude auch vor revolutionären Zuspitzungen und Verletzungen. Dass die 48er Revolution verloren wurde – gegen die Preußen, die im Schlossgarten von Kirchheimbolanden am 14.6.1849 siebzehn junge rheinhessische Freischärler und Turner zusammengeschossen haben –, liegt natürlich auch daran, dass das Gros der pfälzisch-rheinhessischen Freischar den Kampf gescheut hat, weil ihm die militärische Unterordnung gegen den Strich ging und wenig Hoffnung versprach. Friedrich Engels, 1849 Adjutant der Freischar, hat

Carl Zuckmayer – *Als wär's ein Stück von mir*
(1896 Nackenheim – 1977 Visp/Wallis)

„Meine Heimat ist Rheinhessen, und das heißt, daß sie landschaftlich nichts mit dem zu tun hat, was man unter Rheinromantik versteht. Diese Gegend zeigt in ihrer starken, besonnten Fruchtbarkeit ein äußerst einfaches, nüchternes Gepräge. Die Rebstöcke stehen ordentlich und brav, die Obstbäume in Reihen gegliedert, alles Land ist Nutzland, und nur der rötliche Hautglanz der Erde verrät etwas von ihrem heimlichen Heißblut, von ihrem gezügelten Temperament. Rot ist die Grundfarbe des Bodens, besonders in der Gegend meines Geburtsortes Nackenheim. Rot ist in vielen Schichten und Stufen über die Rebhügel, Felder und Wege versprengt: das stumpfe Hellrot zerbröckelter Ziegelsteine, das fleckige Rotbraun von verrosteten Radreifen, das satte volle Geleucht von den Brustfedern des Blutfinken, das verwaschene Karmin eines föhnischen Abendhimmels, all das mischt sich im Staub und in der Feuchte des wurzelkräftigen Lehms und wird im Herbst von der Verfärbung des Weinlaubs und der Baumblätter überfunkelt. Bescheidene Haufendörfer, manche mit einer hübschen, alten Kirche und ein paar Fachwerkhäusern, die meisten aus schlichtem, graugelbem Backstein gebaut, ins Gefäll der Wingerte eingeschmiegt, an der Rheinstrecke zwischen Mainz und Worms; das weithin schwingende, wellige oder bucklige Ackerland um den Donnersberg, der auch nur ein Hügel ist, und nach dem Kreisstädtchen Alzey hinüber; das flache Gelände der Obstkulturen, wie sichs linksrheinisch von der Flußbiegung bei Mainz bis fast zur Nahemündung erstreckt – auch Ingelheim mit seiner karolingischen Kaiserpfalz, und das lustige Rochuskapellchen über den Schieferdächern von Bingen – die sandigen Spargelfelder, die gleichmäßige Breite des hier nur von ein paar Werthen durchinselten Stroms – die geschäftigen Städte, denen trotz ihrer uralten Geschichte und ihrer Bauwerke nichts Museales, keine Touristenlockung anhängt: in welcher anderen Landschaft tut eine reich besiedelte, üppig treibende Natur ihr Bild so still und behutsam dar? Die Phantasie kann es mit Römerheeren bevölkern, mit keltischen und fränkischen Stammeshorden, mit Heiden und Heiligen, mit mittelalterlichen Kaiserzügen, mit barockem Kurfürstenprunk, mit marodierenden Schweden und Kosaken, mit französischen Raub-, Revolutions- und Besatzungstruppen, mit allen Gestalten und aller Wirrsal zweitausendjähriger Historie. Das Gesicht der Landschaft bleibt gelassen und anspruchslos."

sich darüber in seinem Buch *„Die deutsche Reichsverfassungskampagne"* mokiert: „Die Herstellung der Kneipfreiheit war der erste revolutionäre Akt des pfälzischen Volkes: die ganze Pfalz verwandelte sich in eine große Schenke, und die Massen geistigen Trankes, die im Namen des pfälzischen Volkes verzehrt wurden, überstiegen alle Berechnung. Die ganze Bevölkerung war einstimmig in dieser allgemeinen Schoppenstecherei, selbst der reaktionärste Spießbürger und Bauer wurde hineingerissen in die allgemeine Heiterkeit. Man braucht keinen großen Scharfblick, um zu erkennen, welch unangenehme Enttäuschung in wenigen Wochen die preußische Armee über diese vergnügten Pfälzer bringen würde. Die ganze äußere Erscheinung der pfälzer Bewegung trug einen heiteren, sorglosen und ungenierten Charakter. Und wie die Pfalz, so ihre provisorische Regierung: sie bestand fast nur aus gemütlichen Schoppenstechern, die über nichts mehr erstaunt waren, als daß sie plötzlich selbst diese provisorische Regierung ihres bacchusgeliebten Vaterlandes vorstellten sollten."

So treffend die Beschreibung von Engels ist, so fragwürdig ist die Wertung. Die traditionelle Ferne zu den politischen Zentren, ob Berlin und Wien oder Heidelberg (Kurpfalz/bis 1792) und Darmstadt (Großherzogtum Hessen/seit 1816) hat den Rheinhessen – in Verbindung mit ihrer starken Selbstbezogenheit – auch die politischen Ideologien eher fern sein lassen. Die respektlose Zunge traut ideologischen Versprechungen nicht: Verzicht im Heute für ein Paradies im Morgen? Da fehlt den Rheinhessen der religiöse Zug, der Glaube. Und das hat ihn immerhin davor bewahrt, selbst zu einem Rattenfänger einer zwangsbeglückenden Ideologie zu werden. Nicht bewahrt hat es ihn allerdings vor dem Mitläufertum. Denn natürlich kann man in einer ambivalenten Position auch leicht sein Rückgrat verlieren, weil man sich stets dem politisch Stärkeren anpassen muss, um wirtschaftlich zu überleben. Aus dem Spiel des Narren wird dadurch allzu leicht die Liebedienerei des Opportunisten. Dass es auch ein kreatives, wenn auch anstrengendes, Dazwischen gibt, hat Stefan George einmal treffend in einem Brief formuliert: „Bei allen invasionen haben die Rheinhessen am meisten nicht nur zu leiden gehabt sondern auch profitiert ... Berührung mit anderen völkern anderen sitten anderer weisheit ist das beste mittel zur ausrottung aller steifheit aller verblendung allen stumpfsinns." (nach: Frederiksen, *Lob der Völkermühle am Rhein*, in: AZ-Journal vom 24.6.2000) Zuckmayer hat diesen Sachverhalt in *Des Teufels General* als Völkermühle am Rhein beschrieben, als Kreolisierung sozusagen. Und der Schriftsteller Wilhelm Holzamer aus Nieder-Olm hat diesem ständigen Akkulturationsprozess in seinem Roman *Der Entgleiste* (1906) mit Blick auf die sich je nach Situation mit Hochdeutsch mischende Mundart die zukünftige Richtung gegeben: „Der Rheinhesse ... ist einesteils nicht mehr genug Dörfler, andernteils noch nicht genug Städter. Seine Sprache ist der Ausdruck seiner geistigen Verfassung: immer im Fluß, immer beeinflußt, immer vorfühlend, nie beharrend." (Band I, S. 59)

Die patriotischen Versuchungen der Nationalstaaten sind offenbar Schnee von gestern. Heute sucht man seine Heimaten mehr im Globalen und Regionalen. Und dabei sollten die Rheinhessen, statt den rheinischen Frohsinn oder die Weinseligkeit der Rheinromantik von Rheingau und Mittelrhein zu kopieren, besser den alten Querulanten, der in ihnen steckt, wieder auf den Schild heben. Dieser wird im Reim ja bereits dem unschuldigen Kinde eingeflößt, wenn es heißt:

Heid Owend kimmd de Niggeloos
Was will er dann vun mer?
Isch nemm en an de Zibbelkabb
un schmeiß en vor die Deer.

Statt sich gegen diese ureigenste Art zu wehren und sich an das anzupassen, von dem man glaubt, dass es in den Ballungszentren drumherum gewünscht wird – so haben es z. B. die Winzer getan, die Ende der 20er Jahre gegen eine Aufführung des *Fröhlichen Weinberg* von Zuckmayer im Mainzer Stadttheater demonstrierten –, wäre es an der Zeit, sich zu diesem besten Teil des rheinhessischen Wesens vorbehaltlos zu bekennen, ihn mit der Offenheit und Innovationsfreude des „Völkermüllers" zu mischen und schließlich auszubauen zu einer schöpferischen und damit auch globalen Erdverbundenheit, wie sie Gunderloch im *Fröhlichen Weinberg* überschäumend im Gespräch mit seiner Annemarie skizziert:
„Komm, komm her, da is es warm un grün und dunkel, da hinte, in der Ligusterlaub, da hab ich als Bub die dicke grüne Raupe geholt, da hab ich als junger Mensch oft gesesse, wenn's geblitzt un gedonnert hat, un was mer sonst alles durchmacht, Herrgott in der Hitz un in der Kält, durch all die viele Jahr, da will ich jetzt mit dir sein, noch einmal, das letztemal, das letztemal unter dene Stern und dene dampfende Weinberg in der letzt Nacht vorm Rauhreif, Annemarie! Annemarie! Der Weinberg guckt uns zu, sonst keiner, un der Weinberg is fröhlich drum, der lacht un juchzt un dudelt un kreischt vor Freud!!!"

Geschichte(n) am Rhein

Vor- und Frühgeschichte

Während der historische Bezug zu Hessen erst 1816 durch einen Staatsvertrag zwischen Preußen, Österreich und Hessen beim Wiener Kongress hergestellt worden ist, hat der Rhein die Geschichte des Tafel- und Hügellandes zwischen Worms, Mainz und Bingen schon bestimmt, als hier noch keine Menschen siedelten. Am Ende des Tertiärs, als das Meer sich aus Rheinhessen endgültig zurückzog, suchte sich der Ur-Rhein seinen Weg durch die schon bestehende Grabenzone. Durch weitere Bewegungen der Erdkruste musste er seinen Lauf von der Linie Westhofen – Eppelsheim – Bermersheim – Wißberg – Ockenheim – Bingen weg in den heutigen Bereich verlagern, und es entstand so das vom Kartenbild her bekannte Rheinknie. Das Tafel- und Hügelland im Innern wurde erstmals in der Günz-Mindel-Zwischeneiszeit vor ca. 500 000 Jahren von Menschen besiedelt. Bei Bingerbrück fanden sich Werkzeuge des Homo heidelbergensis. Am Ende der Altsteinzeit, vor ca. 20 000 Jahren, hinterließen Jäger der Höhlenmalerära auf der Jagd nach Mammut, Rhinozeros und Antilopen Reste von Feuerstellen, die man bei Wallertheim, am Mainzer Linsenberg, im Altbachtal bei Westhofen, in Kriegsheim und Pfeddersheim gefunden hat. Bedeutend ist hier vor allem der 1921 auf dem Linsenberg gemachte Fund, weil er neben Werkzeug auch Reste von zwei ca. 7 cm hohen weiblichen Figürchen aus dunklem Kalkstein beinhaltet. Über 30 000 solcher und ähnlicher Figuren finden sich in einem Raum von der Höhe Mittelitaliens über den Balkan bis ans Schwarze Meer. Die Archäologin Marija Gimbutas hat sie in ihrem Buch *The Goddesses and Gods of Old Europe* (1982) als Bildnisse einer frühen Göttinnenverehrung gedeutet und einer matriarchalen Gesellschaft zugeordnet. Auch wenn diese These umstritten ist, so fällt doch die lange Tradition von im kultischen Raum gebrauchten Frauenfiguren in der Rheinregion bis in die galloromanische Zeit hinein auf. Zu sehen ist der genannte Fund im Mainzer Landesmuseum.

Während die archäologische Überlieferung aus der Mittelsteinzeit (10 000-4000 v. Chr.) für Rheinhessen spärlich ist, werden die Funde aus der Jungsteinzeit (4000-1800 v. Chr.) immer reicher. Die Wanderbauern der Band- und Schnurkeramiker (4000-2500 v. Chr.) siedelten hier wegen des warmen und trockenen Klimas an ihrer westlichen Grenze. Ihr Kerngebiet war Mitteldeutschland. Sie legten auf höher gelegenen Flächen – wahrscheinlich wegen des guten Lössbodens und der vorhandenen Quellen – durch Wall und Graben geschützte Dörfer mit Großbauten (30 m lang/5 m breit) an. Als Siedlungskerne, die

auch in der Folge erhalten blieben, kristallisierten sich die Räume um Alzey, Wörrstadt, Wallertheim, Wöllstein und Partenheim heraus.
Von Süden durch den Rheingraben kamen dann 2500-1800 v. Chr. die Michelsberger ins Land, die als Pfahlbauer des Bodensees bekannt geworden sind. Diese sesshaften Ackerbauern ließen sich auf Bergrücken wie dem Wißberg nieder. Gegen Ende dieser Epoche drangen Schnurkeramiker und Glockenbecherleute von Nordosten und Westen nach Rheinhessen vor. Deren Lebensweise als Jäger und halbnomadische Viehzüchter führte zur Aufgabe einiger Siedlungsplätze und einem Rückgang des Ackerbaus. Die Viehzüchter der Adlerberg- und der Hügelgräberkultur aus der frühen Bronzezeit (1800-1500 v. Chr.) ließen sich vorwiegend an Furten und Hochuferrändern nieder, um ihr Vieh besser weiden und tränken zu können.
Zwischen 1500 und 800 v. Chr. siedelten sich dann daneben wieder Ackerbauern der aus dem Donauraum stammenden Urnenfelderkultur auf den Plateaus an. Das Mainzer Landesmuseum kann hierzu u. a. Funde von Bronzetassen und einem Bronzehelm aus Wonsheim vorweisen. Aus der Eisenzeit (800-500 v. Chr.) sind Siedlungen der Hallstattkultur auf Bergrücken bekannt. Das Alzeyer Heimatmuseum zeigt das Modell einer solchen Höhensiedlung auf dem Wißberg bei Gau-Bickelheim. In der La-Tène-Zeit (500-100 v. Chr.) kommt es dann nachweislich zu Ortsgründungen der in Rheinhessen ansässigen keltischen Stämme der Mediomatriker und Treverer. In der Zeit vor 300 v. Chr. entstehen Alzey (Altiaia), Mainz (Mogontiacum), Worms (Borbetomagus) und wahrscheinlich Bingen. Aus den vielen Funden dieser Zeit sticht vor allem das berühmte Glashündchen aus Wallertheim hervor, das ebenfalls im Mainzer Landesmuseum ausgestellt ist.

Glashündchen aus Wallertheim, La-Tène-Zeit, Landesmuseum Mainz

Römische Grenzziehungen

Der Rhein als Grenze – dieses Thema kam erstmals durch die Feldzüge Caesars (58-51 v. Chr.) auf den Tisch. Drusus (39-9 v. Chr.), dem seine Soldaten in Mainz ein Denkmal gesetzt haben, unternahm von den befestigten Lagern in Worms, Mainz-Weisenau und Bingen (Burg Klopp) aus weitere Feldzüge ins Innere Germaniens auf der anderen Rheinseite. Nach der Niederlage von Varus im Teutoburger Wald (9 n. Chr.) bauten die Römer die Rheinlinie als befestigte Grenze aus. Es entstanden die drei Provinzen Germania inferior (Köln und Niederrhein), Germania superior (Mainz und Oberrhein) und Gallia belgica (Trier und Moselgebiet).

Diese regionale Gliederung setzte sich dann später in den drei Erzbistümern und geistlichen Kurstaaten fort. Die Römer griffen das keltische Wegesystem auf und bauten es zu einem Netz von Fernstraßen aus, so zur Rheinstrecke von Straßburg über Mainz nach Köln, zur Moselstrecke von Reims über Trier und den Hunsrück nach Mainz und zur Pfalzstrecke von Metz über Kaiserslautern nach Worms.

Nach den Aufständen der Treverer, Bataver und Brukterer im 1. Jahrhundert n. Chr. entstand der ins Rechtsrheinische als Verteidigungslinie vorgelagerte Limes ab ca. 80 n. Chr. „Die vom Ende des 1. Jahrhunderts bis in den Beginn und die Mitte des 3. Jahrhunderts anhaltende Friedenszeit führte zu einer Hochblüte der bürgerlichen Kultur, an der die einheimischen Völker aktiven Anteil nahmen (Romanisierung). Die ländlichen Villen (kleinbäuerliche Betriebe, Höfe und Staatsgüter), in Steinbauweise ausgeführt, zogen aus den günstigen Produktions- und Absatzbedingungen die wirtschaftlichen Mittel, die nicht nur die selbstverständliche römische Ausstattung mit beheizten Wohnräumen, Bädern, kunstvoll ausgemalten Kammern mit Mosaikböden, sondern auch die vielfältigen technischen Gerätschaften einer hochentwickelten antiken Ackerbaukultur anzuschaffen erlaubte." (Ploetz, *Rheinland-Pfalz*, S. 20) Die keltischen Siedlungen im linksrheinischen Hinterland wurden zu Städten ausgebaut, entweder aus sogenannten Vororten, d. h. Volksgemeinden der nicht römischen Bevölkerung wie Speyer (Nemeter), Worms (Vangionen) oder Trier (Treverer), oder aus Legionenlagern wie Mainz.

„Die religiöse Entwicklung im Rheingebiet

Musikinstrumente aus einem Frauengrab, Dittelsheim-Hessloch (3.-4. Jahrhundert n. Chr.)

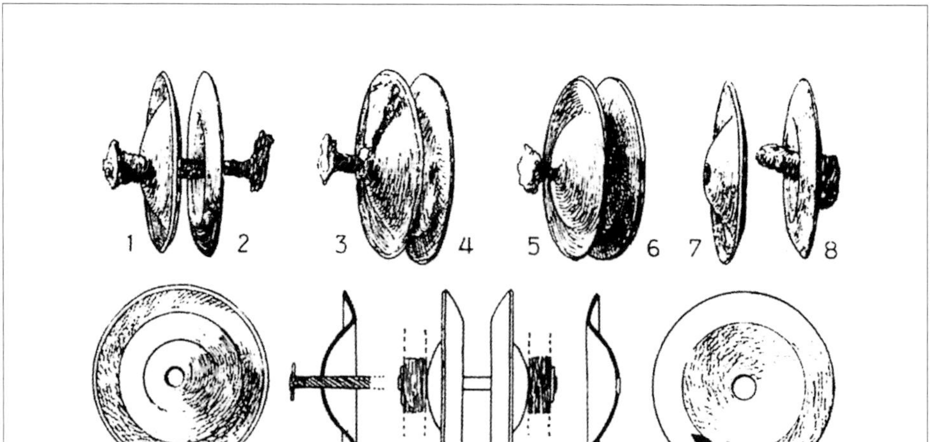

unter römischer Herrschaft entspringt dem Zusammentreffen römischer religio mit den einheimischen, d. h. keltischen und germanischen Vorstellungen der augusteischen Zeit." (H. Cüppers, *Römer in Rheinland-Pfalz*, S. 213)
Vor allem über die Quellkulte (z. B. Sirona in Alzey und Nierstein) flossen Göttinnentraditionen der Kelten und Germanen in die gallo-romanische Kultur ein. Sie harmonierten allerdings auch mit klein-asiatischen Religionen wie dem Kybelekult, der durch römische Legionäre an den Rhein kam, und mit der Venusverehrung. Der durch viele Statuetten belegte Matronenkult setzte sich später fort in der Verehrung der drei Jungfrauen Fides, Spes und Caritas, bzw. Embede, Warbede und Willebede (Dreijungfrauenstein im Wormser Dom/Nikolauskapelle). Das Verbreitungsgebiet der Matronen fügt sich auch ein in das von Südengland über den Rhein bis nach Norditalien reichende Gebiet schamanistisch-ekstatischer Göttinnenkulte um Diana und ihr nächtlich-wildes Heer, das in der frühen Neuzeit dann zum Zerrbild der Hexe verballhornt wurde. Insofern kann man hier von einer unterdrückten und vergessenen Tradition einer europäischen Göttinnenreligion sprechen.
Nach 260 n. Chr. wurde der Rhein wegen zunehmender Angriffe der Germanen erneut zur Grenze und Rheinhessen damit zu römischem Grenzland. In diese Zeit fällt der Aufstieg von Trier „zur glanzvollen Kaiserstadt mit seiner Anziehungskraft auf Rhetoren, Künstler und Kirchenväter von weither." (*Handbuch der historischen Stätten*, S. XIX) Mainz dagegen blieb eine vom Militär geprägte Garnisonsstadt. Villen wurden wie in Bad Kreuznach zu Wehranlagen umgebaut. Alzey erhielt im 4. Jahrhundert sein Kastell. Das war nötig, denn vor allem die Alemannen überfielen mehrmals die römischen Siedlungen links des Rheins.

Germanen aus dem Osten

Um 400 n. Chr. zogen die Römer einen Teil der Grenztruppen ab und verlegten die Kaiserresidenz von Trier nach Ravenna (Mailand). Darauf drangen Wandalen, Sueben und Alanen in der Neujahrsnacht 406/407 über den Rhein und vernichteten den Grenzschutz im Bereich Selz/Bingen. 420 siedelten sich Burgunder – wahrscheinlich vom Main her kommend – auf beiden Seiten des Rheins an. Da sie dem römischen Feldherrn Aetius zu mächtig wurden, lenkte er die von Osten nachdrängenden Hunnen gegen sie. 436 wurden die Burgunder geschlagen und an den Genfer See umgesiedelt. Von dort aus erweiterten sie ihren Herrschaftsbereich ins heutige Burgund und bis zur Rhone. Die historische Vorlage zum hochmittelalterlichen Nibelungenlied (um 1200) war entstanden. Mitte des 5. Jahrhunderts brach die römische Herrschaft links des Rheins zusammen. Ab 450 beherrschten die Alemannen das südliche Rheinhessen bis Oppenheim, die Franken dagegen von Köln und der Mosel her kommend den nördlichen Teil. 496 und 506 besiegte der fränkische König Chlodwig (466-511) die Alemannen und drängte sie in die Regionen südlich der Rheinpfalz zurück. Chlodwig hatte sich am Weihnachtsfest 498 taufen lassen. Da die

Franken innerhalb der galloromanischen Bevölkerung nur eine Minderheit von etwa 5 % ausmachten, musste er zum römischen Christentum übertreten, um sich die Unterstützung der Bischöfe in den Städten zu sichern. Das heutige Rheinhessen gehörte von da an zu Austrasien, dem östlichen Teil des Frankenreiches.

Von der Grenzregion zum Kernland

In der Merowingerzeit, ab der 2. Hälfte des 5. Jahrhunderts, „setzte überall im germanischen Bereich ... die Sitte ein, die Toten in West-Ost-gerichteten Gräbern in größeren Friedhöfen bei reihenweiser Anordnung beizusetzen. Die Toten bekamen ... ihre persönliche Habe mit ins Grab, die Männer ihre Waffen ..., die Frauen ihren Schmuck ... Daneben wurden oft Speise und Trank ... als Wegzehrung für die Reise ins Jenseits beigegeben. Hintergrund dieses Brauchtums dürfte die heidnische Vorstellung sein, daß der Tote auch im Jenseits ein standesgemäßes Leben führen können sollte." (Dt. Historisches Museum, Katalog: *Zwischen Walhall und Paradies*, S. 24) Aus dieser Zeit stammen die vielen fränkischen Reihengräberfunde außerhalb der rheinhessischen Ortschaften. Christliches und heidnisches Gedankengut sind noch vermischt. Als sich im 7. Jahrhundert die christlichen Vorstellungen stärker durchsetzen, verschwinden zunehmend die Grabbeigaben und die Toten werden bei den Kirchen beigesetzt. Vornehme Franken stiften sogar Klöster und Kirchen, in denen sie begraben werden. Im 8. Jahrhundert beginnen daher viele Schenkungen im rheinhessischen Raum an die Klöster Lorsch und Fulda. In den betreffenden Urkunden werden die meisten Ortschaften Rheinhessens erstmals erwähnt. Für die Merowinger des 6. Jahrhunderts n. Chr. blieb Rheinhessen lange Zeit Grenzregion im Osten. Das wird besonders deutlich an den frühen kirchlichen Besitzverhältnissen. Die Binnenkolonisation des zum Teil in der Völkerwanderung zerstörten Landes wurden von Westen nach Osten betrieben, so von Reims über Kusel nach Rheinhessen und Lorsch auf der anderen Rheinseite oder von Metz aus längs der alten Römerstraße nach Worms und ins südliche Rheinhessen. Diese West-Ost-Bewegung bleibt auch noch typisch für die spätere Ausdehnung der rheinischen Erzbistümer und Bistümer wie Mainz oder Worms unter Bonifatius († 754) oder Lul († 786). Die keltoromanische Bevölkerung der Römerzeit blieb.

Grundlegend änderte sich allerdings die Rechtsstruktur. An die Stelle der auf ein Territorium bezogenen Staatlichkeit der Römer trat das fränkische System des Personenverbandes und der damit verflochtenen Grundherrschaft. Die Bedeutung der Städte ging zurück. Im ländlichen Raum ersetzten Dörfer – an der Endung -heim zu erkennen – das römische System des Einzelhofs, der villa rustica. Als neue Verwaltungseinheiten schälten sich die Gaue heraus, in Rheinhessen der Nahe- und der Wormsgau. Es bilden sich Amtsbezirke der vom König ernannten Grafen. Das Amt des später bedeutsamen Pfalzgrafen wird unter den Merowingern geschaffen.

Die Kirche St. Georg wird um 500 in Alzey gegründet, Worms wird um 600 Sitz einer Königspfalz, Sidonius († 580), der aus dem Rhone-Loire-Gebiet stammt, wird nach einhundertjähriger Unterbrechung erster fränkischer Bischof von Mainz.

Nachdem unter Karl dem Großen (768-814) das Frankenreich bis an die Elbe ausgedehnt worden war, wandelten sich die Rheinlande von der Grenzregion zum Kernland. „Das im Maas-Mosel-Raum beheimatete Geschlecht der Karolinger bevorzugte seit dem großen Karl sichtlich die rheinischen Pfalzen, Bischofssitze und Forsten, und der Rheinstrom, auf dem auch in unruhigen Zeiten der Fernhandel nicht zum Erliegen gekommen war, bedeutete das Rückgrat und die Hauptschlagader dieses Staatswesens von abendländischer Reichweite." (*Handbuch der historischen Stätten Deutschlands*, S. XXI) 774-87 entsteht Karls Pfalz in Ingelheim. Hier stirbt 840 sein Sohn Ludwig der Fromme. 796 werden Kloster und Schule von St. Alban in Mainz gegründet, aus denen auch der „Praeceptor Germaniae" (Lehrer Deutschlands) Hrabanus Maurus kommt. Aus dieser Zeit stammt auch das umfangreiche Königsgut in den Rheinlanden, das bis ins 14. Jahrhundert Machtbasis des Königtums war, und sei es nur, um an die rheinischen Kurfürsten – sozusagen als Wahlgeschenk – verpfändet zu werden. Nach dem Teilungsvertrag von Verdun (843) entsteht das Mittelreich Lotharingien, dessen Grenze zum Ostreich am Mittelrhein und an der Nahe entlang verläuft. Rheinhessen gehörte damals zum Ostreich. 870 kam Lotharingien insgesamt zum Ostreich. Diese Rechtsstellung wurde 925 unter König Heinrich I. (919-936) besiegelt. „Damit wurde unser Gebiet geschlossen zum Kernland des deutschen Königtums bis in das 13. Jahrhundert. Es hatte fortan bis zum Dreißigjährigen Krieg im 17. Jahrhundert unter keiner ernsthaften äußeren Bedrohung zu leiden." (Ploetz, *Rheinland-Pfalz*, S. 29) Gerade wegen seiner Bedeutung für das Königtum ergab sich in den mittleren Rheinlanden im Mittelalter

Karl der Große, fränkischer König und Kaiser (ab 800), Gemälde von Albrecht Dürer, Germanisches Nationalmuseum Nürnberg

Willigis, Erzbischof von Mainz, als Förderer der Schulen. Stich, Ende 19. Jahrhunderts

ein vielfältiges Gemisch an politischen Interessen, das sich in einer starken territorialen Aufsplitterung zwischen Königsgut, kirchlichem Besitz, gräflichen Grundrechten und dem Bürgertum der freien Reichsstädten ausdrückte.

Kurpfalz und Kurmainz

Prägend für die Geschichte der Region wurden bis zum Ende des 18. Jahrhunderts der geistliche Kurstaat des Mainzer Erzbistums im Norden und der Kurstaat der Pfalzgrafen bei Rhein im Süden. Immerhin gehörten 1790 von 190 rheinhessischen Gemeinden und Städten 92 zu Kurpfalz, 40 zu Kurmainz, bzw. zum Mainzer Domkapitel, während sich die restlichen 58 auf 32 verschiedene Herrschaften verteilten. Kurmainz hatte seinen größeren Landesteil rechtsrheinisch, im Rheingau und am Main entlang bis Thüringen, die kurpfälzische Residenz wanderte erst spät nach Heidelberg und dann nach Mannheim, Alzey blieb immerhin Oberamt. Es zeichnen sich durch diese Territorialstruktur aber bereits die heutigen Ballungsgebiete Rhein-Main (mit Mainz und dem nördlichen Rheinhessen) und Rhein-Neckar (mit Worms und dem südlichen Rheinhessen) ab. Deutliche kulturelle Unterschiede prägten sich in den beiden Herrschaften vor allem im Rahmen der Reformation und der Hexenverfolgung aus. So kam es in der Kurpfalz wegen enger Gesetzesauslegungen, frühen huma-

nistischen Einflusses und einer strafferen Zentralgewalt kaum zu Hexenprozessen und -urteilen. In Kurmainz dagegen beugte sich – wenn auch weniger als in Kurtrier – die geistliche Herrschaft der Inquisition. In den kurpfälzischen Gemeinden setzte sich die Reformation durch, die kurmainzischen blieben mehrheitlich katholisch.
Eine wichtige Nebenrolle in der mittelalterlichen Regionalgeschichte spielten weiterhin Grafengeschlechter wie die Leininger mit ihrem Stammsitz westlich von Grünstadt, die Wild-, Rau- und Rheingrafen sowie die Sponheimer aus der Kreuznacher Gegend, die Reichsritterschaft und die vor allem im 13. Jahrhundert bedeutenden Städte Worms und Mainz.

Kurmainz

Die Kurmainzer Geschichte braucht nur kurz skizziert zu werden, da sie im Rahmen der Stadtgeschichte ausführlich dargestellt ist. Reichsbedeutung erhielt Mainz unter Willigis (975-1011), der als Berater der Ottonen großen politischen Einfluss ausübte. Sichtbares Zeichen dieser Zeit sind der Mainzer und der Wormser Dom. Willigis erwirbt auch die Gegend um Bingen. Das 12. und 13. Jahrhundert ist vor allem durch die Auseinandersetzung mit dem erstarkenden Bürgertum geprägt. Während die Mainzer ihre Stadtrechte 1462 wieder an den Kurstaat verlieren, behalten die Wormser den Status der freien Reichsstadt bis zur Französischen Revolution. Die Mainzer Erzbischöfe wechseln in dieser Zeit mehrmals die Fronten pro und contra zu den herrschenden Königshäusern. Nach den Schismen von 1328 und 1381 erschüttert vor allem die Stiftsfehde (1459-84) den Kurstaat.
Danach beginnt die Geschichte der Stadt Mainz als Residenz, die vor allem im 17. Jahrhundert erneut städtebaulich bedeutsame Schwerpunkte setzt. 1801 endet die Geschichte des geistlichen Kurstaats.

Kurpfalz

Ausführlicher muss die Geschichte der Kurpfalz behandelt werden; nicht etwa weil sie den größeren Teil der Fläche Rheinhessens betraf, sondern weil sich die Residenz Heidelberg seit dem frühen 13. Jahrhundert auf der rechtsrheinischen Seite befand. Damit ist eine solch enge Verbindung zwischen Kurstaat und Stadtgeschichte wie in Mainz im kurpfälzischen Territorium nicht gegeben. Lediglich die Stadt Alzey war als altes Saliererbe von Anfang an direkt mit der Kurpfalz verbunden. Die freie Reichsstadt Worms lehnte 1659 sogar das Angebot des Kurfürsten Karl Ludwig, pfälzische Hauptstadt zu werden, ab, auch wenn sie eine Schutz- und Schirmherrschaft des mächtigeren Nachbarn nicht umgehen konnte.
Erstmals um 1000 verbindet sich das Pfalzgrafenamt unter den Ehrenfrieden und Ezzonen erblich mit rheinischem Landbesitz, zuerst in der Nordeifel und um Bonn. Unter den sächischen Kaisern wird das Amt neu besetzt und der Besitzschwerpunkt wandert nach Süden in den Moselraum. Die Salier verleihen den Pfalzgrafentitel dann

verstärkt an Verwandte. Unter Hermann von Stahleck (1142-55), dessen Hausburg bei Bacharach liegt, verlagert sich der Schwerpunkt nach Auseinandersetzungen mit dem Kölner und dem Trierer Erzbischof erneut nach Süden, in den Naheraum und die Nordpfalz. Als die Staufer, welche das salische Erbe nach dem Aussterben der Wormser Herzöge 1039 angetreten hatten, mit Friedrich I. Barbarossa (1152-90) den Königsthron besteigen, wollen sie sich am Rhein eine Hausmacht sichern. Friedrich ernennt daher seinen Halbbruder Konrad (1156-95), welcher bereits salischer Herzog ist, zum Pfalzgrafen. Bereits beider Vater, Friedrich II. von Schwaben, hatte Alzey mit einer Burg befestigt, um das salische Erbe gegen die Ansprüche des sächsischen Königs Lothar von Supplinburg (1125-37) zu verteidigen. Dadurch wurde Alzey „für die Staufer Mittelpunkt ihrer Herrschaft im nordwestlichen Oberrheinland." (Schaab, *Geschichte der Kurpfalz*, S. 40) In Alzey gab der Pfalzgraf nach einem überlieferten Weistum „auf dem Stein" (heute: Obermarkt) 14 1/2 Grafschaften zu Lehen, u. a. an die Wildgrafen, die Rheingrafen und die Leininger. Von seiner Mutter, einer Gräfin von Saarbrücken, hatte Konrad außerdem die Vogtei des Wormser Hochstifts geerbt. Da Konrad keinen Sohn hatte, sicherte er seinem Haus die weibliche Erbfolge. Dadurch kamen 1214 die bayrischen Wittelsbacher zur Pfalzgrafenwürde, welche sie bis 1803 behalten sollten.

Grabplatte König Ruprechts von der Pfalz (1352-1410) und seiner Gemahlin. Holzstich, um 1880

Seit der Mitte des 13. Jahrhunderts schälte sich das Recht der Königswahl durch sieben Kurfürsten heraus, zu denen auch der Pfalzgraf gehörte. Durch die Verbindung mit den Wittelsbachern wurden aber auch der Keim gelegt zu einem Jahrhunderte andauernden Streit um die Kurwürde zwischen der Pfalz und Bayern und zu dynastischen Erbfolgekriegen wie dem Landshuter Krieg von 1504. Der Fortbestand des Territoriums steht sogar einmal stark auf der Kippe, als der mit seinem in Heidelberg regierenden Bruder Rudolf verfeindete Ludwig der Bayer (1294-1329) Teile von Alzey an den Mainzer Erzbischof verpfändet, um sich

Kurfürst Friedrich V. von der Pfalz (1569-1632), der „Winterkönig".

Liselotte von der Pfalz, Herzogin von Orleans (1652-1722)

zum deutschen König (1314-47) wählen zu lassen. 1318 soll Ludwig sogar mit den Luxemburgern, die ebenfalls mehrere Könige stellten, über einen Tausch der Pfalz gegen Böhmen verhandelt haben. Doch so weit kommt es nicht. Rudolfs Sohn, Ruprecht I. (1329-90), festigt im Vertrag von Pavia (1329), den er mit seinem Onkel in Bayern schließt, den rheinischen Besitz.

1373/74 erhält Ruprecht von König Karl IV. (1346-73), der als Gegenkönig zu Ludwig dem Bayer gewählt worden war, Oppenheim mit Nierstein, Gau-Odernheim und den Ingelheimer Grund als Reichspfandschaft, um Karls Sohn Wenzel zum König zu wählen. Damit wird eine dauerhafte Ausweitung kurpfälzischen Besitzes in Rheinhessen begründet. Ruprechts Neffe, der als der II. von 1390-98 als Pfalzgraf regiert, erwirbt sich den Beinamen „der Harte", u. a. weil er 1391 die Juden des Landes verweist und z. B. die Alzeyer Judenhäuser zugunsten der Landeskasse verkauft. Ruprecht III. wird 1400 zum deutschen König gewählt. Er ist in diesem Amt zwar nicht sehr erfolgreich, aber es gelingt ihm doch, die Reichspfandschaften Oppenheim, Gau-Odernheim und Ingelheim 1402 endgültig für die Kurpfalz zu sichern. Am 18.5.1410 stirbt er in Oppenheim. In seinem Testament legt er die Teilung des Erbes an seine vier Söhne fest. Der Älteste, Ludwig III. (1410-36), erhält die Kurwürde und das eigentliche Kurstaatsgebiet, zu dem die Besitzungen um die Stützpunkte Bacharach, Alzey (und damit Rheinhessen), Neustadt und Heidelberg gehören. Es entstehen außerdem die Nebenlinien Neumarkt in der Oberpfalz, Simmern-Zweibrücken und Mosbach im Osten des Besitzes. Friedrich I. (1449-76) erwirbt nach einem Krieg mit Kurmainz 1460 die Stadt Pfeddersheim. 1467 erbt er aus leiningschem Besitz 20 Dörfer südlich von Alzey. Osthofen kommt zu Kurpfalz. Nach Rückschlägen im Landshuter Erbfolgekrieg, in dem der Landgraf von Hessen in Rheinhessen plünderte und brandschatzte, ohne jedoch feste Orte wie Ingelheim erobern zu können, „vollzog sich im 16. Jahrhundert der Übergang vom herrschaftlich organisierten Territorium zum obrigkeitlich regierten Territorialstaat." (Ploetz, *Rheinland-Pfalz*, S. 39)

1556 führte Kurfürst Ottheinrich (1556-59) die Reformation als Landesreligion ein. Da er ohne Nachkommen starb, folgte ihm Friedrich III. (1559-76) aus der Simmerner Linie, der die enge kalvinistische Bindung ins Land brachte. Noch bestehende Klöster wurden aufgelöst und ihr Besitz wurde dem kurpfälzischen Staat einverleibt. 1563 schließlich wurde mit dem Heidelberger Katechismus auch offiziell das reformierte Bekenntnis eingeführt. „Von ihrer schwachen zersplitterten rheinischen Basis inmitten katholischer Fürstbistümer und abwartender lutherischer Nachbarn unternahm die kalvinische Kurpfalz die Sammlung des deutschen Protestantismus in dem Bündnis der Union von 1608 und wagte zehn Jahre später mit unzulänglichen Mitteln den Kampf gegen das Kaiserhaus Habsburg in dem böhmischen Abenteuer des Winterkönigs." (*Handbuch der historischen Stätten Deutschlands*, Rheinland-Pfalz, S. XXXV)

Schon nach einem Jahr jedoch wurde Winterkönig Friedrich V. (1619-32) von der katholischen Liga aus Böhmen vertrieben. Die Liga eroberte gemeinsam mit den Spaniern auch Oberpfalz und Kurpfalz. 1623 ging die pfälzische Kurwürde an Bayern. Erst 1648, am Ende des Dreißigjährigen Krieges erhielt der Sohn des Winterkönigs, Karl Ludwig, die Kurpfalz zurück sowie eine neue achte Kurwürde. Ergebnis des Dreißigjährigen Krieges, war für den Westen und Südwesten des Reiches, dass die Franzosen über 150 Jahre lang die politische Geschichte der Region bestimmten. Aufgrund der 1648 von Frankreich erworbenen Rechtstitel wie dem Vikariat über die Bistü-

Das brennende Worms, 1689

mer Metz, Toul und Verdun und der Vogtei über zehn elsässische Reichsstädte besetzt Frankreich unter Ludwig XIV. (1661-1715) 1670 Lothringen und 1681 Straßburg. Abrundung der französischen Reunionspolitik im Osten sollte die Inbesitznahme der Kurpfalz werden. Nach dem Aussterben der Simmerner kurfürstlichen Linie erhob der Sonnenkönig im Namen seiner Schwägerin, Liselotte von der Pfalz, Anspruch auf das Territorium. Es kam zum Pfälzischen Erbfolgekrieg mit seinen fürchterlichen Verwüstungen im Jahr 1689. Die französischen Truppen zerstörten Worms und viele andere rheinhessische Gemeinden. In einem ihrer berühmten Briefe schreibt Liselotte (20.3.1689): „Kaum hatte ich mich über des armen Carllutz tod ein wenig erholt, so ist das erschreckliche und erbärmliche elend in der armen pfalz angangen, und was mich am meisten daran schmerzt, ist, daß man sich meines namens gebraucht, umb die armen leute ins eußerste unglück zu stürzen." Die französischen Truppen müssen sich zurückziehen und im Frieden von Rijswijk 1697 behält Frankreich zwar die Reunionen im Elsass, nicht aber seinen Anspruch auf die Kurpfalz. Die 1685 ausgestorbene Simmerner Linie wird von den katholischen Pfalz-Neuburgern aus Bayern fortgesetzt. Dadurch gehört das Land jetzt zur kaiserlichen Partei und wird daher vom Spanischen Erbfolgekrieg 1701-14 verschont. 1714 kommt es zu einem Gebietstausch mit Kurmainz im westlichen Rheinhessen: Wöllstein und Umgebung werden mainzisch. 1720 gibt Kurfürst Karl Philipp das 1689 zerstörte Heidelberger Schloss

Karikatur der Emigrantenarmee des Prinzen Condé

auf und errichtet seine neue Residenz im erst 1607 gegründeten Mannheim.
Nach dem Aussterben der bayrischen Wittelsbacher 1777 werden Kurpfalz und Kurbayern in Personalunion verbunden. 1799 dann, als Kurfürst Karl Theodor ohne legitime Nachkommen stirbt, geht der gesamte wittelsbachsche Besitz an den Zweibrücker Herzog Maximilian Joseph I., welcher 1806 den Titel eines bayrischen Königs annimmt. Das Ende der linksrheinischen Kurpfalz aber war bereits 1801 im Frieden von Luneville besiegelt: Rheinhessen war französisch geworden.

General Custine (1740-1793), französischer Revolutionsgeneral im Linksrheinischen zur Zeit der Mainzer Republik

Die Franzosenzeit

„Der Übermut der Hofleute, die törichte Nacheiferungssucht der Geringeren, das dumpfe Dahinbrüten des Volkes, die Ränke und Verleumdungen gegen den Biedermann waren hier wie überall, wo die Aufklärung unterdrückt wird, zu Hause." (Friedrich Lehne, *Mainz im Zeitalter der Aufklärung und der Revolution*, Gesammelte Schriften IV, 1836-39) Daher verwundert es nicht, dass „am Rhein Erstaunen, ja Begeisterung die ersten Reaktionen auf das Zusammentreten der französischen Generalstände, den Ballhausschwur und den Bastillsturm" waren (Dumont, *Die Mainzer Republik*, S. 39). Und diese erste Begeisterung war im Linksrheinischen allgemein, sowohl bei den Intellektuellen, die im Zuge der Aufklärung Anstellung an den Universitäten und Gymnasien gefunden hatten, als auch bei den Kleinbürgern und Bauern, die sich von den revolutionären Flugschriften und Broschüren aus Frankreich wie Condorcets Adresse der „Franken an alle Völker Europas" gerne die Berechtigung der alten Protesthaltung gegenüber Adel, Kirche und Patriziern bestätigen ließen. Die Folgen waren Unruhen, zuerst im pfälzisch-elsässischen Grenzgebiet, dann 1790 auch in Rheinhessen. So musste der kurpfälzische Landschreiber (Finanzbeamte) von Alzey vor der Volkswut fliehen. Im Mainzer Knotenaufstand verlangten die Gesellen „ultimativ die Abschaffung der staatlichen Polizeikommissare, Nachlaß von Akzisen sowie die Wiederherstellung der alten Zunftrechte." (Dumont, S. 43) Diese Begründung von aktuellen Forderungen aus

Sitzung des Mainzer Jakobinerklubs. Kupferstich 1796 (Abb. oben) – 1848er Revolution in Mainz, der Kampf ums Theater

der Tradition heraus war ja seit dem Bauernkrieg bekannt. Ganz ähnlich kann die Auseinandersetzung in Worms zwischen den Zünften und dem Dreizehnerrat beschrieben werden. Der Mainzer Kurfürst reagiert mit Zensur. Der Theologe Anton Joseph Dorsch muss 1791 nach Straßburg fliehen. Die geistlichen Staaten des Rheinlands steuern einen Konfrontationskurs gegen die französische Revolutionsregierung. Nicht nur dass sie den geflüchteten Adligen wie dem Prinzen Condé in Worms und Bingen Aufenthalts- und Stützpunkte bieten – Johann Konrad Schiede, reformierter Pfarrer in Alzey, macht sich darüber in seiner Satire *Die privatisierenden Fürsten* ausgiebig lustig – , im Juli 1792 beginnt in Mainz zudem ein Fürstenkongress als festlicher Auftakt zu der angeblich mühelosen Zerschlagung des revolutionären Frankreichs und als gemeinsame Demonstration von deutschem Ancien regime und französischer Gegenrevolution." (Dumont, S. 56) Kurpfalz und Zweibrücken verhalten sich neutral und werden daher beim Einmarsch von Custines Revolutionstruppen im Herbst 1792 auch nicht besetzt. Die 13 000 Mann zählende Armee stößt von Landau über Alzey und Oppenheim an den Rhein vor und besetzt im Oktober Worms, Mainz und das kurmainzische Rheinhessen. Custines Sekretär, der Wormser Gymnasialprofessor Böhmer, lässt am 25.10.1792 in einem „Aufruf an das gedrückte Volk deutscher Nation" im Namen des Generals verlauten: „Euer eigener ungezwungener Wille soll Euer Schicksal entscheiden. Selbst dann, wenn Ihr die Sklaverei den Wohltaten vorziehen würdet, mit welchen die Freiheit Euch winkt, bleibt es Euch überlassen, zu bestimmen, welcher Despot Euch Eure Fesseln zurückgeben soll."

In dieser ersten Phase des Revolutionskriegs setzten die Franzosen auf die Überzeugungskraft ihrer Ideen. Custine wollte die mittleren und unteren Schichten gegen Adel und Patrizier mobilisieren und trieb zunächst auch nur von letzteren Kontributionen ein. In diesem liberalen Klima kommt es Ende 1792 gehäuft zu Abgabenverweigerungen in vielen Gemeinden Rheinhessens, Klagen gegen bisherige Beamte nehmen zu, so in Nieder-Olm, Bretzenheim, Wöllstein und Nieder-Saulheim. Etwa 50 Freiheitsbäume werden in Rheinhessen und der Pfalz gepflanzt. Dabei zeichnen sich bereits die Hochburgen der Demokraten ab: Mainz und Vororte, Worms und Umgebung, Wöllstein, Nieder-Olm und Gau-Algesheim.

Am 23.10.1792 wird in Mainz die später 500 Mitglieder starke „Gesellschaft der Freunde der Freiheit und Gleichheit", der Jakobinerklub, gegründet. Dessen Vertretern überträgt Custine Mitte November die Landesverwaltung. Um die Republik zu sichern, betreibt man im Dezember eine Abstimmung über die Annahme der französischen Verfassung. „Der Rhein ist jetzt zum Glück für Deutschland da; er muß die Grenze sein, die das Land der Republikaner von Deutschland absondert. Raserei wäre es, wenn man jetzt noch an die alten Träume von Unverletzbarkeit und Unzertrennlichkeit des Reiches dächte. Alles geht verloren, sobald man etwas zurückhaben will", schreibt der Mainzer Jakobiner Georg Forster (1754-94) am 27.10.1792 in einem

Brief an Christian Friedrich Voß. Ein autonomer Weg zur Republik wird also von den lokalen Jakobinern nicht für machbar gehalten. 29 von 40 befragten Gemeinden – Kurpfalz und Zweibrücken sind nach wie vor neutral – stimmen zu, ein ermutigendes Ergebnis.

Der Umschwung kommt im Winter 1792. Am 15.12.1792 beschließt der Nationalkonvent in Paris auf Antrag von Pierre-Joseph Cambon (1756-1820) „das Aufgeben uneingeschränkter Selbstbestimmung, die klassenkämpferische Akzentuierung des Revolutionskrieges und dessen Einsatz für die nationalen Interessen Frankreichs sowie das Abgehen von einer universalistischen und liberalen Revolutionierung zugunsten einer rigorosen Gleichschaltung der besetzten Gebiete." (Dumont, S. 293) Die nationale und autoritäre Definition der Menschheitsbeglückung, wie sie in der Terreur der nächsten Jahre gipfelte und sich später in der marxistischen Arbeiterbewegung wiederholte, war geboren. Gegen die folgende Zwangsrevolutionierung und den damit verbundenen notwendigen Anschluss an Frankreich regt sich Widerstand. Große Teile der linksrheinischen Bevölkerung bestehen auf politischer Neutralität, vor allem aus Furcht, zwischen den beiden Kriegsparteien zerrieben zu werden. Diese reale, historisch begründete Angst hat sich vom Elsass bis nach Rheinhessen bis heute im Motiv des Unentschiedenen, des „Hans im Schnokeloch", kristallisiert, von dem es heißt: „Un was er will, des het er nit, un was er het, des will er nit." Dazu kommen zunehmend Requisitionen und Fouragierungen an Lebens- und Futtermitteln durch die französische Armee, die durch ihren ersten militärischen Rückschlag bei Frankfurt zudem in die Defensive geraten ist.

Selbst im Mainzer Klub wird diese Wende in der französischen Politik heftig kritisiert, so durch den Philosophieprofessor Andreas Joseph Hofmann am 10.1.1793. In einer couragierten Rede kritisiert er nicht nur Mitglieder des Klubs, sondern auch die Pariser Kriegskommissare Merlin, Reubell und Haussmann wegen Plünderungen sowie „Mißhandlung und Despotisierung der Landleute" (Scheel, *Die Mainzer Republik* I, S. 505). In einer Antwort tut Merlin die Kritik zwei Tage später als konterrevolutionäre Miesmacherei ab und fordert auf, das Glück auf die Zeit nach den vorübergehenden Kriegsopfern zu vertagen. Es gebe keine „Freiheit ohne Gewitterstürme." (Scheel, S. 546) Und weiter: „Man malt euch eure Lage mit schrecklichen Farben, um das Feuer des Patriotismus in euch auszulöschen, oder man wehklagt über die Unglücksfälle des Krieges, um euch von einer Verfassung abzubringen, die gegen alle Tyrannen Krieg führt zugunsten aller Völker. Finstre, übertriebene Bilder werden euch vorgehalten, um euch unverändert an den Aberglauben und die Schwärmerei ... zu fesseln ... Der jüngste Tag der Kriege naht heran, der erwünschte Augenblick ist da! Jetzt, jetzt strengt alle Kräfte an, noch ein kraftvolles Bestreben, und in wenigen Stunden ist das Weltall frei! ... Der Krieg verursacht unvermeidliche Verheerungen; doch Mainzer! Das Vaterland ist da, sie gutzumachen ... Mainzer und Franken! Rechnet zusammen auf das Vaterland ... Bald glücklich miteinander auf ewig, werden wir uns die Greuel der Tyrannei und vergangener Leiden nur so erinnern, wie der Reisende im ersehnten Hafen sich der Stürme und Gefahren und der Arbeiten erinnert, die sein Mut und Beharren besiegte." (Scheel, S. 547-549) Hinter dieser Auseinandersetzung stehen unterschiedliche politische Strategien, die bereits seit Sommer 1792 im Pariser Nationalkonvent ausgetragen werden. Es geht einmal um die Frage, ob die Völker, auch in den besetzten Gebieten, ihre Regierungsform selbst bestimmen können sollen oder ob man sie zwangsweise mit der Revolution beglücken muss, nicht zuletzt um die nationale Revolution zu verteidigen und außenpolitisch abzusichern. Im Januar 1793 tauchen in der Debatte erstmals wieder die nationalistischen Reunionsargumente des ancien regimes auf, wenn Danton mit „Rhein, Meer und Alpen" (Dumont, S. 301) die natürlichen Grenzen Frankreichs beschreibt. Außerdem stellt sich die Frage, wer in den eroberten Gebieten die Kriegslasten tragen soll: alle Bewohner oder nur deren feudale Regierungen. Universalistische Theoretiker und Praktiker aus Militär und Verwaltung beginnen, sich über diese Fragen zu zerstreiten. Und so beginnt die Revolution Schritt für Schritt ihre Kinder zu fressen.

Am 24.2.1793 finden die Wahlen zum Rheinisch-Deutschen Nationalkonvent statt. Wählen dürfen alle Männer ab 21 Jahre, die einen Eid auf die französische Verfassung ablegen. Letzteres aber verweigern viele Bürger. Die Wahlbeteiligung ist daher sehr unterschiedlich und schwankt zwischen 8 % in Mainz und 38 % auf dem Land (Vergleich: 10 % bei den französischen Konventswahlen im September 1792). In einzelnen Gemeinden wie Wöllstein ist sie sehr hoch, andere verweigern sich fast ganz. Am 17.3.1793 kommen schließlich Deputierte aus 126 Orten in Rheinhessen und der Pfalz im Mainzer Deutschhaus (heute: Landtag) zusammen und proklamieren am nächsten Tag einen Rheinisch-Deutschen Freistaat, der sich Frankreich anschließen soll. 46 Gemeinden aus Rheinhessen sind daran beteiligt, alle aus den nichtkurpfälzischen Gebieten um Mainz, Worms, Bingen und Wöllstein. Präsident wird Andreas Joseph Hofmann, sein Stellvertreter Georg Forster. Im Juli besetzen die Preußen nach mehrtägigem Bombardement Mainz. Das ist das Ende der ersten Republik auf deutschem Boden. Selbst der Hofbeamte Goethe schildert in seiner „Belagerung von Mainz" die Misshandlungen der Jakobiner durch die preußischen Truppen. Die Kanonade der Stadt hatte viele Bauten wie die Liebfrauenkirche

Die Verwaltungsreform und Gesetzgebung Napoleons im Linksrheinischen hielt sich länger als seine Herrschaft

neben dem Dom oder das Schloss Favorite zerstört. Im „Plünderwinter" 1793/94 kommen die Franzosen erneut, diesmal von vorneherein als Eroberer, nach Rheinhessen zurück. Daraufhin versuchen die deutschen Demokraten 1797 nochmals die Gründung einer unabhängigen linksrheinischen Repbulik, doch das Direktorium in Paris ist nicht an einer solchen Lösung interessiert.
Andreas Georg Rebmann prognostizierte weitsichtig: „Die Grundsätze der Freiheit werden mehr aufrichtige Anhänger ... finden, wenn die Rheinländer eine abgesonderte Republik bilden, als wenn sie mit Frankreich vereinigt werden." (Haasis, *Morgenröte der Republik*, S. 126) Die Befürworter der Vereinigung dagegen argumentieren, nur der militärische Schutz Frankreichs könne die neue Verfassung in der Region verankern und die Restauration verhindern. 1835 fasst Georg Friedrich Kolb in einem Artikel über „Rheinbayern" (die angrenzende Pfalz) das Dilemma rückblickend in der griffigen Formulierung zusammen: „Das Land möchte wohl französisch sein, wenn es nur ohne Franzosen so sein könnte." (Haasis, S. 147) Im Frieden von Basel (1795) und von Campio Formio (1797) treten Preußen und Österreich das gesamte linksrheinische Gebiet an Frankreich ab. Im Jahre 1798 setzte die Napoleonische Verwaltungsreform ein, als deren wichtigsten Vertreter der Mainzer Präfekt Jeanbon Saint André (1802-13) gelten kann. Rheinhessen kommt zum Departement Donnersberg, das in etwa den späteren Regierungsbezirk Rheinhessen-Pfalz umfasste. Mainz wird Hauptstadt, es werden Kantone als Verwaltungsbezirke gebildet, in Rheinhessen Pfeddersheim, Bingen, Alzey, Worms, Ober-Ingelheim, Mainz und Oppenheim. Verwaltung und Justiz werden getrennt und eine Rechtsreform durchgeführt, die bis 1900 die Grundlage des geltenden rheinischen Rechts bilden wird. Durch die Gewerbefreiheit wird der Zunftzwang aufgehoben. Staat und Kirche werden getrennt. Die Versteigerung von Kirchenbesitz und Adelsdomänen bereichert vor allem das Großbürgertum, die Bauern werden Eigentümer ihrer Bestandsgüter. An die Stelle der aufgehobenen Feudallasten tritt ein Steuersystem. Es entsteht eine politische Sonderstellung des Rheinlandes, die sich in den demokratischen Bewegungen 1832 und 1848/49 fortsetzt, denn die linksrheinischen Bürger waren nicht mehr bereit, die „französischen" Errungenschaften in der Restauration nach dem Wiener Kongress 1816 aufzugeben. „Die französischen Reformen traten als die rheinischen Institutionen in Erscheinung, und Säkularisation und Entfeudalisierung hatten eine neue, auf einer modernen Eigentumsordnung basierende Sozialstruktur entstehen lassen, in der der Adel keine Rolle mehr spielte. Damit war eine Konkurrenz zwischen den rheinischen Institutionen und den preußischen und rheinbündischen Reformen gegeben, die die Geschichte des 19. Jahrhunderts bestimmte." (Ploetz, *Rheinland-Pfalz*, S. 102) Kurmainz und Kurpfalz verschwanden von der politischen Landkarte.

Rheinhessen wird gemacht

Nach der Niederlage Napoleons in der Völkerschlacht bei Leipzig (1813) räumten

die Franzosen die linksrheinischen Gebiete. Der 1806 nach dem Ende des „Heiligen römischen Reiches Deutscher Nation" gegründete Rheinbund löste sich auf. Napoleon dankte 1814 ab und beim Wiener Kongress wurden die Grenzen des europäischen Staatssystems neu verhandelt.
Am 12.7.1816 übernahm der in Darmstadt residierende hessische Großherzog, einer der Rheinbundfürsten, in Mainz aufgrund eines Staatsvertrags zwischen Preußen, Österreich und Hessen im Rahmen des Wiener Kongresses den nördlichen Teil des Departements Donnersberg: Rheinhessen in seiner heutigen Form war geboren. Die Pfalz dagegen wurde Bayern zugeschlagen. Der Großherzog garantierte in der Besitzergreifungsurkunde: „Nur besondere Rücksichten des allgemeinen Besten werden uns zu Änderungen bestehender und durch Erfahrung erprobter Einrichtungen bewegen; die Rechte des Feudalsystems, die Zehnten und Frohnden bleiben in diesem Landesteil unterdrückt. Das wahrhaft Gute, was Aufklärung und Zeitverhältnisse herbeigeführt, wird fener bestehen." Am 26.3.1818 wird Ludwig Christian Christoph Freiherr von Lichtenberg zum Regierungskommissionspräsidenten der Provinz Rheinhessen ernannt. Bis 1845, also 27 Jahre lang, wird er diese Funktion begleiten. Namensgebung und politische Strukturierung sind damit abgeschlossen. Nach den Kriegen und dem „Hungerjahr" 1816 – wie es der Wonsheimer Schriftsteller Heinrich Bechtolsheimer in einem Roman geschildert hat – setzt eine umfassende Wirtschaftsförderung ein. Motor dieser Politik ist Freiherr von Lichtenberg, der auch

Freischärler mit der Westhofener Bürgerwehrfahne

als Präsident der Handelskammer und des Landwirtschaftlichen Vereins amtiert. Dass man im Linksrheinischen dennoch den Hessen nicht ganz grün war, zeigt der damals beliebte Vergleich von Rheinhessen mit einer von Darmstadt gemolkenen Kuh. Die hohen Auswandererzahlen der 20er Jahre des 19. Jahrhunderts belegen zudem trotz zunehmender Industrialisierung und Verbesserungen der Infrastruktur, z. B. durch Straßenbau, eine andauernde soziale

Not in den unteren Bevölkerungsschichten. Die politischen Konflikte zwischen der konservativen Regierung und der liberalen Opposition in Rheinhessen nehmen zu, als der „unbeliebte und reaktionäre Ludwig II." (D. Neumann in: *150 Jahre Landkreis Alzey-Worms*, S. 63) Großherzog wird und die Regierungsgeschäfte 1829 dem Freiherrn du Thil überträgt, der Metternichs Restaurationspolitik unterstützt. Kein Wunder also, dass der Press- und Vaterlandsverein Johann Georg August Wirths, eines der Organisatoren des Hambacher Festes von 1832, in Rheinhessen viele Mitglieder hatte: in Mainz 146, in Alzey 55, in Wallertheim 15 und in Wöllstein und Wörrstadt je 7. Mit Edikt vom 4.2.1835 werden in Rheinhessen Kreise und Kreisräte eingeführt, um die 1821 in der Gemeindeordnung festgelegten Selbstverwaltungsbefugnisse der Gemeinden zu beschneiden. Die großherzoglichen Kreisräte übernehmen die wirkliche Leitung der kommunalen Geschäfte. Es entstehen die Kreise Mainz mit Mainz, Nieder-Olm und Oppenheim, Bingen mit Bingen, Ober-Ingelheim und Wöllstein, Alzey mit Alzey und Wörrstadt und Worms mit Worms, Osthofen und Pfeddersheim. Nach dem Tod Lichtenbergs 1845 wird der vorherige Wormser Kreisrat Reinhard Carl Friedrich Freiherr von Dalwigk Provinzialkommissar.

Im März 1848 bilden sich überall in Rheinhessen und der Pfalz Bürgerkomitees und verlangen Reformen wie Presse-, Versammlungs- und Kultusfreiheit, direkte Wahlen, Vereidigung des Heeres auf die Verfassung und die Aufhebung der obrigkeitsstaatlichen Kreisräte. In der Mainzer Bundesfestung

Ludwig Bamberger (1823-1899), rheinhessischer Reichstagsabgeordneter und Ex-48er, um 1875

kommt es zu bewaffneten Auseinandersetzungen zwischen der Bürgergarde und den im Gegensatz zu den Österreichern unbeliebten preußischen Truppen. Bei den Wahlen zur ersten Nationalversammlung in der Frankfurter Paulskirche setzen sich in Rheinhessen die republikanischen Demokraten mehrheitlich gegenüber den konstitutionell eingestellten Liberalen durch. Der Monsheimer Heinrich von Gagern, Führer der Liberalen, wird zum Präsidenten gewählt. Präsident des neugebildeten rheinhessischen Bezirksrats wird der Mainzer Rechtsanwalt Franz Zitz, der sich sowohl als Fastnachter wie als Kommandant der 1849er Freischar einen Namen gemacht hat. Nach der endgültigen Niederschlagung der Revolution durch die preußischen Truppen im Juni 1849 wird Freiherr von Dalwigk, der sich durch abfällige Äußerungen über die „niederen Klassen" und die demokratischen „Individuen" gründlich unbeliebt bei den Rheinhessen gemacht hatte, sogar Ministerpräsident in Darmstadt. Seine antipreußische, großdeutsche Politik hätte nach 1866 „das Aus für den hessischen Staat und seine Einverleibung in Preußen bedeuten können, wenn nicht England und Rußland zugunsten Hessen-Darmstadts wegen der gegenseitigen Verwandtschaft der Herrscherhäuser interveniert hätten." (Hoffmann, *Rheinhessen*, S. 49/50) 1871, als seine Politik endgültig gescheitert ist, tritt Dalwigk zurück. Bei den ersten Wahlen zum deutschen Reichstag, am 3.3.1871 werden in den drei rheinhessischen Wahlkreisen die drei nationalliberalen Abgeordneten August Metz (Bingen), Ludwig Bamberger (Mainz) – 1849 mit Zitz Kommandant der Freischar – und Johann Pfannebecker (Worms) gewählt. „Der frühe Tod des der Freisinnigen Partei nahestehenden Kaisers Friedrich III., dessen Vertrauter unser Reichstagsabgeordneter Dr. Bamberger gewesen ist, 1888 nach erst 100 Tagen Regierungszeit, war für Deutschland und Europa eine Katastrophe. Denn von ihm wären die schweren außenpolitischen Fehler seines unreifen Sohnes Wilhelm II., die zum 1. Weltkrieg und seinen Folgen (Adolf Hitler) führten, mit an Sicherheit grenzender Wahrscheinlichkeit nicht gemacht worden." (Hoffmann, *Rheinhessen*, S. 54/55) Die demokratische Tradition Rheinhessens zur Zeit des wilhelminischen Spießertums belegt auch ein Kommentar im „Mainzer Anzeiger" von 1891 zur Verabschiedung des populären Provinzialdirektors Küchler: „Die Mainzer sind ein demokratisch gesinnter, frohlebiger Menschenschlag, der sich nicht von oben herab kommandieren läßt und die Beamten der Regierung nicht als Herrn, sondern als Gleichgestellte ansieht." 1918 wird Hessen als Freistaat, später Volksstaat, endlich wieder Republik. Stärkste Partei bei den Wahlen zum Provinzialrat 1920, 1925 und 1929 wird jeweils die SPD, zweitstärkste Partei das klerikale Zentrum. Damit schlägt neben der liberalen Tradition auch die Geschichte des katholischen Kurmainz und der protestanischen Kurpfalz, übrigens bis heute, politisch durch. Prägend für die Zeit der Weimarer Republik wird die bis 1930 andauernde französische Besatzung, welche eine national orientierte Antistimmung bis in die Arbeiterbewegung hinein provoziert. Nur ein kleiner Teil der Bevölkerung sucht alte rheinische Traditionen aus der ersten Hälfte des 19. Jahrhunderts aufzunehmen und im Separatismus umzusetzen. Grund dafür war wohl nicht nur der dominante Nationalismus der Reichsgründung von 1870/71, sondern auch die Instrumentalisierung der Rheinstaatidee durch die französische Außenpolitik, die bei aller Sympathie für die Ideale der Französischen Revolution bereits in der Mainzer Republik 1792/93 zur ablehnenden Haltung großer Teile der Bevölkerung beigetragen hatte. Ein großer Teil der späteren, regionalen NS-Elite kommt über antifranzösische Aktivitäten zur deutsch-nationalen Bewegung und erst von da, Ende der 20er Jahre zur NSDAP. Diese erreicht bei den Wahlen zwischen 1931 und 1933 zwischen 35,8 % und 42,2 % der Stimmen. Ihr Anteil schwankt jedoch stark in den einzelnen Kreisen. Die Nazis dominierten in den ländlichen Kreisen Alzey und Oppenheim, Bingen bleibt zentrums- und Worms

Wormser Häftlinge auf dem Weg zum KZ Osthofen, aufgenommen in Herrnsheim 1933

SPD-orientiert, während Sozialdemokraten und Zentrum im Kreis Mainz etwa gleich stark werden. 1933/34 wird in Osthofen ein Konzentrationslager eingerichtet, von dessen Schrecken heute am gleichen Ort eine Dokumentations- und Gedenkstätte berichtet. Die Ereignisse dort gaben die Vorlage zu Anna Seghers Roman *Das siebte Kreuz*. Wie überall im nationalsozialistischen Deutschland werden auch in Rheinhessen Regimegegner und vor allem die jüdischen Bürger erbarmungslos verfolgt. „Zwölf Jahre der nationalsozialistischen Wahnsinnsherrschaft hatten genügt, die seit Jahrhunderten bestehenden Gemeinden Rheinhessens, von denen die mehr als tausend Jahre alten Gemeinden der Städte Mainz und Worms sogar die Verfolgungen des Mittelalters überstanden hatten, zu vernichten.“ (D. Hoffmann, in: *150 Jahre Landkreis Alzey-Worms*, S. 90) 1945 werden bei Luftangriffen große Teile der Städte Mainz, Worms und Bingen zerstört.

Im neugegründeten Land Rheinland-Pfalz stellt Rheinhessen zwar mit Mainz die Landeshauptstadt, aber genau wie das gesamte Regionenland strebt es oft stärker über seine Grenzen hinaus, als dass es nach eigener Identität sucht: Mainz blickt nach Wiesbaden und Frankfurt, Worms nach Ludwigshafen und Mannheim und Bingen in den Nahe- und Mittelrheinraum. Nur Alzey, in der Mitte, bleibt wahrscheinlich nichts anderes übrig, als sich echt rheinhessisch zu fühlen. Der sich ständig verändernde „Hans-im-Schnokeloch“ lebt. Und das ist gut so. Nur etwas mehr vom heute gewachsenen, elsässischen Selbstbewusstsein in kulturellen Dingen, das könnte er schon vertragen. Und da gibt es durchaus Vorbilder, nämlich die galloromanischen Matronenkulte, die mittelalterliche Kommune- und Ketzerbewegung und die Formen volkstümlicher Aufklärung, welche als Reste des demokratischen Aufbruchs zwischen 1789 und 1849 verstanden werden können. Dass hier brachliegendes Bewusstsein aufgegriffen werden kann, belegt die regionale Literaturgeschichte (Laukhardt, Kalisch, Holzamer, Zuckmayer, Glaser) ebenso wie die Volkskunde (Literarische Fastnacht, Kinderreime, Ablehnung der Tracht) und die Regionalgeschichte. Offenheit kann eben auch ein Konzept sein und muss nicht in orientierungsloser Anpassung enden. Produktiv ist stets die Begegnung an der Grenze, die Mischung von Kulturen, die kreative Lösung von Konflikten. Was dazu manchmal fehlt, ist also nicht blinder Patriotismus und Mauerbau, sondern der Mut zu geistiger Anstrengung. Da versuchen sich die Rheinhessen gerne im Genuss an der Geschichte vorbeizuschleichen. Wilhelm Hoffmann berichtet in seiner *Rheinhessischen Volkskunde* vom in Bingen stadtbekannten Notar Faber: Als Kaiser Franz 1818 in Bingen gewesen sei, habe er Faber die politische Frage gestellt, welcher Geist in der Stadt herrsche. Daraufhin habe dieser geantwortet: „Majestät, halten zu Gnaden, in Bingen herrscht gar kein Geist oder nur der Weingeist." Das ist zwar menschlicher als die bekannten Strategien ideologischer Zwangsbeglückung, wie sie im 20. Jahrhundert von rechten und linken „Geist-Herrschern" verordnet wurden, aber es ist eben doch ein Ausweichen, das nicht nach vorne, sondern immer nur zur Seite, an den Rand drängt. Es gibt auch offensivere Vorbilder einer offenen Haltung, so das frühe Engagement der Demokraten für Simultanschulen, das schließlich im rheinhessischen Schulkampf der fünfziger Jahre kulminierte. Die vom rheinischen Katholizismus beeinflusste Landesregierung versuchte, die Konfessionsschule wieder einzuführen, und gab durch den Schulartikel der neuen Landesverfassung vor allem den „kurmainzischen" Katholiken dazu die Gelegenheit. Gegenspieler war die Lehrergewerkschaft der GEW, welche die Beibehaltung der Simultanschulen favorisierte und damit die aufgeklärte Trennung von Kirche und Staat, wie sie nicht nur der Gesetzgebung der französischen Revolution entspringt, sondern auch den Vorstellungen der mittelalterlichen Kommunen und der meist täuferisch inspirierten Reformation am Oberrhein. Die Meinung der Bevölkerungsmehrheit wurde schon bei der Abstimmung der rheinland-pfälzischen Landesverfassung deutlich. Sie wurde mit 53,22 zu 46,78 % abgelehnt. Die Ablehnung des Schulartikels fiel mit 67,02 zu 32,98 % noch deutlicher aus. Die Gedanken sollen eben frei bleiben und die Möglichkeit zur Begegnung wurde höher geachtet als die Selbstvergewisserung in der Gruppe.

Gewölbe in Kirchen und Ställen

Bau- und Kunstgeschichte im Überblick

Rheinhessen ist eine alte Kulturlandschaft und weist von daher auch eine große Vielfalt an Denkmälern auf. Die starken Zerstörungen durch die Kriege von 1618-48, 1689, 1792/93 und 1939-45 haben jedoch viel historische Bausubstanz für immer vernichtet. Das gilt vor allem für die bäuerlichen und bürgerlichen Bauten, aber auch für repräsentative Gebäude wie den Wormser Bischofshof oder das Mainzer Schloss Favorite. Die geografische Lage am Rhein, der ursprünglichen Schnittstelle von romanisch und germanisch beeinflusster Kultur hat dazu geführt, dass vor allem südliche und westliche Kunst- und Architekturstile Eingang in die Baugeschichte der Region gefunden haben, hier insbesondere aus Norditalien, Burgund und dem Pariser Raum.

Die größte Bedeutung des Mittelrheins oder des Nördlichen Oberrheins in der europäischen Geschichte lag in der **Zeit der Salier und Staufer.** Von daher haben bei den repräsentativen Bauten die romanischen Kaiserdome in Mainz und Worms überregional die höchste kunstgeschichtliche Bedeutung. Die Dominanz des kirchlichen Grundbesitzes in diesen beiden Städten führte dazu, dass Rheinhessen kein Burgenland wurde. Erwähnenswert ist nur das Alzeyer Schloss als ein frühes Zentrum der staufischen Kurpfalz; daneben gibt es noch eine Reihe mittelalterlicher Wohntürme. In vielen Kirchen auf dem Land haben sich jedoch auch die typisch romanischen Türme erhalten mit Lisenen und Rundbogenfriesen als Fassadenverzierung und den gekuppelten Schallarkaden im Glockengeschoss. Im Gutenberg- und Burchardjahr 2000 sind gut beschriebene Rundgänge durch die mittelalterlichen Städte erschienen (Mainz im Zeitalter Gutenbergs, Bischof Burchard 1000-1025/Tausend Jahre Romanik in Worms), welche eine erstaunliche Vielfalt an noch erhaltenen, romanischen Bauten dokumentieren.

Aus **römischer Zeit** gibt es zwar eine ganze Reihe an Bauten und Funden in Rheinhessen, römisches Zentrum in Rheinland-Pfalz war jedoch die Moselstadt Trier mit der Porta Nigra und den Thermen. Die meisten erhaltenen oder rekonstruierten Denkmäler finden sich in Mainz mit dem Eichel- oder Drususstein auf der Zitadelle (Grabmal/Drusus † 9. Jh. v. Chr.), den Pfeilerresten des Aquädukts im Zahlbachtal (1. Jh. n. Chr.), der Kopie der Jupitersäule auf dem Deutschhausplatz (1. Jh.), dem Bühnentheater am Südbahnhof (Mitte 3. Jh. n. Chr.), die Kultstätte für Isis und Mater Magna (Ende 1. Jh. n. Chr.) unter der Römerpassage und der Kopie des Dativus-Victor-Ehrenbogens auf dem Ernst-Lud-

wig-Platz beim Römisch-Germanischen Zentralmuseum (3. Jh.). Für die Römerschiff-Funde aus dem 4. Jh. wurde ein eigenes Museum eingerichtet. Reste eines spätrömischen Kastells (4./5. Jh.) kann man in Alzey besichtigen. In Bingen steht noch eine Nahebrücke (1. Jh.), im Binger Wald (zwischen Waldalgesheim und Stromberg) wurde eine komplette Villa rustica (1. Jh.) ergraben, die man auch besichtigen kann (nahe Parkplatz Bodmannstein).
Ingelheim mit seiner Kaiserpfalz war eine bedeutende Residenz der Karolinger. Doch baulich hat sich aus dieser Zeit kaum etwas erhalten. Zu besichtigen sind die Apsismauern der Königshalle (Aula regia) und das auf Kellerebene gelegene Karlsbad. Im „Museum bei der Kaiserpfalz" gibt es weitere Informationen. Zahlreiche Funde aus fränkischer Zeit sind aber auch in vielen anderen Museen der Region zu sehen.
Die **Gotik**, getragen von dem besonders am Rhein selbstbewusst werdenden Bürgertum, hat auch Rheinhessen vielerorts geprägt. Wie der erhaltene Chor der Templerkapelle von Hof Iben und seine Verbindung zum Naumburger Meister und der Reimser Bauhütte zeigt, war Rheinhessen neben dem Moseltal Vermittler gotischer Baukunst von West nach Ost. Das bedeutendste gotische Bauwerk Rheinhessens ist sicher die Oppenheimer Katharinenkirche, die überregional herausgehoben zwischen dem Straßburger Münster und dem Kölner Dom steht. Daneben sind St. Quintin und St. Stephan in Mainz und Liebfrauen in Worms erhalten. Die Mainzer Liebfrauenkirche wurde beim preußischen Bombardement der Stadt 1793 ebenso zerstört wie das gotische Kaufhaus. In einigen Landkirchen wie in St. Johann, Jugenheim und Partenheim haben sich schöne Wandmalereien dieser Zeit erhalten, die ansonsten vor allem im Bereich der Plastik einen eigenen Kunstraum am Mittelrhein gebildet hat. Davon zeugen Madonnen- und Heiligenfiguren wie St. Barbara und St. Katharina in der Binger Basilika St. Martin. Um 1500 entstehen in Rheinhessen in großer Fülle Grabdenkmäler und Kreuzigungsgruppen aus der berühmten Werkstatt von Hans Backoffen. Ein bedeutender Profanbau aus dieser Zeit ist das bald nach 1236 errichtete Heilig-Geist-Spital in Mainz. Im älteren Dalberger Hof ist ein gotischer Wohnturm aus der Mitte des 14. Jahrhunderts erhalten. Auch das älteste, erhaltene Mainzer Haus, das Haus zum Stein (Weintorstraße 1), basiert auf einem Wohnturm, der bereits aus dem 12. Jahrhundert stammt und um 1250 verändert wurde. Entsprechend der zersplitterten Herrschaftsverhältnisse in Rheinhessen, gibt es wenig große Bauten der Gotik, dafür eine große Vielfalt an Bauten im ländlichen Raum, über die gesamte Epoche hinweg.
Aus **Renaissance und Barock** stammen vor allem Adelshöfe und Bürgerhäuser, von denen jedoch kein Bau überregionale Bedeutung hat. Vor allem in Mainz und Worms wurden viele dieser Gebäude 1945 durch Bomben zerstört. In Mainz erinnert vor allem das Ensemble von Kurfürstlichem Schloss und Deutschherrenhaus am Rhein an diese Zeit, aber auch die erhaltenen Gebäude im Bereich um den Schillerplatz. In den größeren Marktflecken wie Flonheim oder Westhofen findet man noch heute die

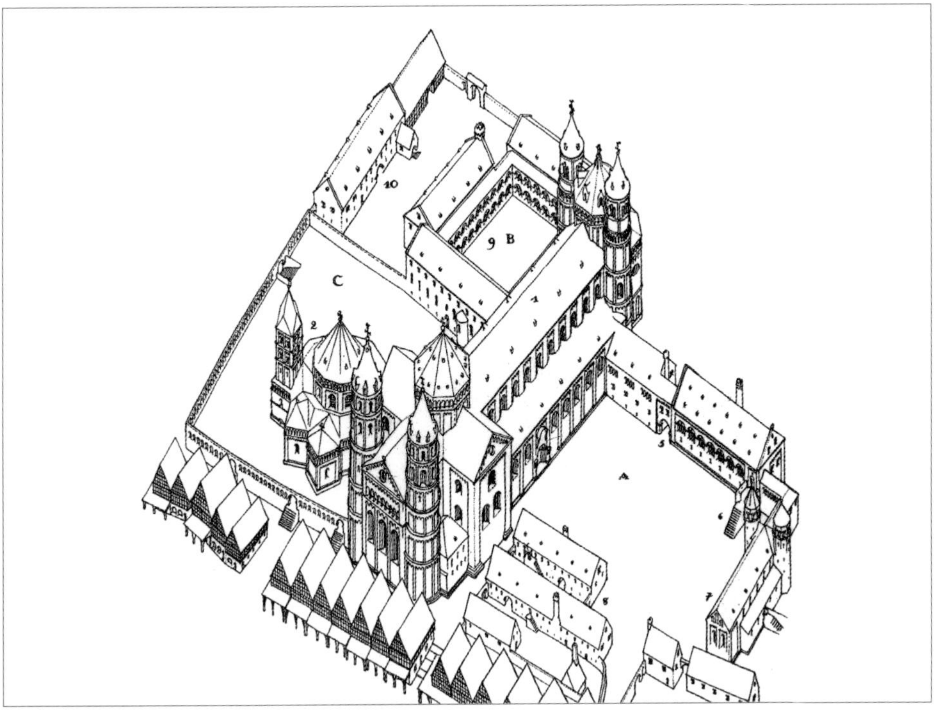

Der Wormser Dombezirk im Mittelalter. Heute fehlen der Bischofshof im Norden (rechts) sowie Kreuzgang und Johanniskirche im Süden (links)

großzügigen barocken Toreinfahrten der nach 1700 errichteten Gehöfte. Die Mainzer Residenz zog Baumeister und Bildhauer an. Maximilian Welsch (1671-1745) baute das ebenfalls 1793 zerschossene Schloss Favorite, Anselm Franz Freiherr von Ritter zu Grünstein († 1765) mehrere Adelshöfe, Johann Valentin Thomann (1695-1777) St. Peter und Balthasar Neumann (1687-1753) die abgerissene Jesuitenkirche. Von Burkhard Zamel († vor 1757) oder aus der Bildhauerfamilie Hiernle stammen Skulpturen und Altäre, auch in vielen Landkirchen Rheinhessens.

Bisher noch wenig entdeckt, aber bedeutend, sind die Bauten des **Historismus** in Rheinhessen. Vor allem in Worms haben sich viele Gebäude, ja ganze Straßenzüge im „Nibelungenstil" Karl Hofmanns erhalten. Daneben besitzt die alte Reichsstadt in der ehemaligen Arbeitersiedlung „Kiautschau" im Westend auch ein einzigartiges und gut erhaltenes Dokument des frühen sozialen Wohnungsbaus. Ignaz Opfermann und Eduard Kreyßig in Mainz haben nicht nur als Architekten, sondern auch prägend in der Stadtplanung gewirkt.

Vom Darmstädter Jugendstil der großherzoglich-hessischen Zeit ist links des Rheins weniger zu sehen als auf der anderen Seite in der Residenz. Ein Beispiel ist die 1912 nach Plänen von Friedrich Pützer erbaute Lutherkirche in Worms.

Fast völlig verschwunden sind die einstmals bedeutenden jüdischen Baudenkmäler. Sie wurden entweder am 9.11.1938 und danach von den Nazis zerstört oder in den 70er Jahren im Rahmen der Flächensanierung abgerissen. Die 1959/61 rekonstruierte Wormser Synagoge dokumentiert als einzige den romanischen Stil. An den Säulenkapitellen kann man ablesen, dass sie aus derselben Bauschule stammt wie der Dom. Von den schlichten Barockbauten des 18. Jahrhunderts wie Flonheim und Bingen steht keiner mehr. Die Emanzipation der Juden im frühen 19. Jahrhundert brachte dann den maurischen Stil mit Hufeisenbögen an Fenstern und Portalen hervor. Die beiden Mainzer Synagogen dieses Stils von Ignaz Opfermann und Eduard Kreyßig sowie die Alzeyer Synagoge sind nur noch fotografisch zu erinnern. In Ockenheim hat sich eine Dorfsynagoge mit „persischen Kielbögen im Fenster" umgebaut erhalten. Ab der Mitte des 19. Jahrhunderts orientierte man sich bewusst national und damit am romanischen Stil der Wormser Synagoge. Um 1900 finden sich Parallelen zum Kirchenbau, wo sich ebenfalls Späthistorismus, Heimatstil und Jugendstil mischten. Ein Beispiel hierfür ist die Jüdische Trauerhalle auf dem Wormser Hauptfriedhof.

In der **dörflichen Baukultur** dominieren die Steinbauten des 19. Jahrhunderts, die häufig staatlichen Bauten wie Schulen oder Bahnhöfen nachempfunden sind und an Ausfall- oder Umgehungsstraßen errichtet wurden. Aus dieser Zeit stammen auch die über 200 „Kuhkapellen", Ställe mit Kreuzgratgewölben, die ab 1832 von Maurermeister Ostermayer aus dem pfälzischen Eisenberg entwickelt wurden. „Im Jahre 1841 wurde in der Zeitschrift für die landwirtschaftlichen Vereine ein Vortrag des Gutsbesitzers Best aus Osthofen abgedruckt, der über „die Anwendung der Kreuzgewölbe in Viehställen, insbesondere aber die Einführung einer neuerdings erfundenen Vereinfachung in den nöthigen Einschalungsvorrichtungen" berichtet ... Im Hinblick auf die Feuergefahr schien es dem Verein notwendig, diese Bauweise zu empfehlen. Ein Aufruf des Freiherren von Lichtenberg vom 7. Juli 1842 forderte ausdrücklich die rheinhessischen Maurermeister auf, bei Franz Ostermayer Kurse zur Erlernung der neuen Bauweise zu besuchen. Bis zum Jahre 1865 hatten sich 50 Maurermeister von Ostermayer unterrichten lassen. Die frühesten Beispiele für Ställe mit Kreuzgratgewölben datieren in das Jahr 1832 ... Heinrich Wilhelm Riehl war der erste, der diese Ställe beschrieb und sie als „wahre Prachthallen" bezeichnete. (Frieß-Reimann, in: *Das Dorf am Mittelrhein*, S. 239)

Die historischen Ortskerne sind meist von Fachwerkbauten mit einem steinernen Erdgeschoss aus dem 18. Jahrhundert geprägt. In dieser Zeit, nach dem pfälzischen Erbfolgekrieg von 1689, in dem Ortschaften wie Dalsheim, Sprendlingen, Gau-Odernheim, Eich oder Nieder-Olm zu mehr als 50 % zerstört wurden, hat sich auch das Modell des fränkischen Gehöfts durchgesetzt: Wohnhaus an der Straße trauf- oder giebelseitig, Stallungen an der Seite, Scheune hinten auf dem Grundstück quer, dahinter

Dorfgraben und Hausgarten, alles mit einer Mauer umschlossen. Ältere Fachwerkbauten gibt es nur vereinzelt, so das „Deutsche Haus" von 1603 in Gau-Odernheim oder das Haus „Zum Engel" von 1579 in Westhofen. Aus der Zeit davor hat sich nichts erhalten; Wohnhaus, Scheune und Stall waren jedoch wohl in einem Haufenhof ohne bestimmtes System auf dem Grundstück angeordnet.

Besonderes Interesse haben in den letzten Jahren die rheinhessischen Weinbergshäuser gefunden. Aus der ersten Blütezeit des Weinbaus im 18. Jahrhundert stammen die Tonnenhäuser und die Trulli. Die Tonnenhäuser wie in Westhofen „Auf der Staasbühl" oder in Albig auf dem westlichen Hundskopf tragen ein steinernes Satteldach. Die Trulli, Rundbauten, die apulischen Gebäuden ähneln, gibt es in zwei Formen: spitzbogig in der Flonheimer Gegend und mit einer Kuppel um Monsheim und Westhofen. Erst ab der Mitte des 19. Jahrhunderts kam der Weinbau in Rheinhessen wieder zu wirtschaftlicher Blüte. Es entstand 1847 der biedermeierliche Pavillon auf dem Mettenheimer Michelsberg und ab 1860 dann eine Reihe nationalromantischer Türme, so 1865 in Siefersheim, 1884 in Mölsheim, 1887 in Weinheim und 1905 in Ober-Flörsheim als Zinnentürme und um 1900 in Nachahmung der Backsteingotik in Osthofen, z. B. „Am Schnapppfad" westlich der Bechtheimer Hohl oder „Am alten Herrnsheimer Weg" südlich der Bergkirche. Einen Einblick in die Vielfalt dieser Architektur erhält man bei der Weinbergshäuschen-Wanderung, die jeweils am ersten Sonntag im September in Alzey stattfindet.

Neben den auch andernorts üblichen Kriegerdenkmälern von 1870/71 (teilweise als Germania) und den beiden Weltkriegen finden sich in Rheinhessen auch vereinzelt Napoleonsteine, so in Wörrstadt und Westhofen. Sie stammen aus den 30er und 40er Jahren des 19. Jahrhunderts und wurden von Veteranenvereinen errichtet. Napoleon galt im Linksrheinischen nämlich keineswegs nur als „Besatzer", der die jungen Leute zur Armee presste, sondern auch als durch seine Gesetzgebung praktisch gewordenes Beispiel gesellschaftlichen Aufstiegs.

Um 1900 sind viele Stadterweiterungen entstanden, so das Westend in Worms oder in Mainz das Gebiet um die Villen „Auf der Bastei", alle unter dem Einfluss der Darmstädter Architekten Friedrich Pützer und Karl Hofmann. Die historistischen Elemente lassen sich gut aus dem Denkmalpflegegedanken verstehen, der 1902 zu einem ersten Gesetz in Hessen führte. So war Pützer auch der erste staatliche Denkmalpfleger. Der „Traubensaal" des Berliner Jugendstilarchitekten Bruno Möhring im Gebäude der Mainzer Sektkellerei Kupferberg stammt von der Pariser Weltausstellung 1900. Aus Rheinhessen, genauer aus Oppenheim, stammt auch der Erbauer des Berliner Reichstags Paul Wallot. Er war seit 1868 Kreisbaumeister in Alzey und hat dort das Gebäude Bleichstraße 1-3 errichtet.

Nach den Stadtzerstörungen von 1945 gab es radikal-moderne Wiederaufbaupläne der französischen Besatzungsmacht, die in Mainz Marcel Lods, einen Schüler von Le Corbusier beauftragte. Dessen Hochhausarchitektur setzte die deutsche Verwaltung

Kreuzgewölbe in der Straußwirtschaft Historic in Dexheim

traditionellere Planungen des Stuttgarter Architekten Paul Schmitthenner entgegen. Dazu schreibt Joachim Glatz: „Keiner der beiden konträren Planungsansätze wurde jedoch weiterverfolgt oder gar umgesetzt ... Der Wiederaufbau folgte meist dem Zufall; die Konzeptionslosigkeit der Nachkriegsjahre ist im Stadtbild bis heute spürbar." (in: *Mainz – Die Geschichte der Stadt*, 1999, S. 1165). Ähnliches gilt für Worms. Allerdings werden derzeit die vom Bauhaus inspirierten funktionalistischen Bauformen der skeptischen Generation, welche durch den Rückzug auf die Geometrie der Ideologie zu entkommen und Freiräume zu schaffen suchte, wiederentdeckt. In den 60er und 70er Jahren kam es durch die Planung autogerechter Innenstädte und die Lückenbebauung mit Standardware zu zahlreichen städtebaulichen Flickenteppichen, die erst durch gezielte Objektsanierungen in den späten 70er und 80er Jahren sowie durch postmoderne Architektur teilweise wieder ausgeglichen werden konnten. Sehenswert aus neuester Zeit sind die ab 1976 entstandenen Chagallfenster in der Mainzer St. Stephanskirche.

Der Himmel hängt in die Felder

Natur und Landschaft in Rheinhessen

„Noch kurz vor der Französischen Revolution hatte die Provinz weit mehr Gehölze und kleinere Wälder, auch mehr Brüche, Seen und Sümpfe; die Wolken wurden von den naßkalten Stellen mehr angezogen und ergossen sich in Regen, sowie der öftere Regen auch aus der Luft den Pflanzen nahrhafte Teile zuführte, die ohne diese kalte Nässe und die Anziehungskraft des Laubholzes vom Winde ferneren Gegenden zugeführt worden wären. Die vielen alten, hohen Nußbäume, die vielen hohen Pappeln und Rüstern auf den Feldern einzeln und in Gruppen, waren natürliche Hagelableiter, und schädliche Gewitter waren seltener." (Johannes Neeb, *Anfang 19. Jahrhundert*, nach: Klippel, *Drei Fragen an alle Rheinhessen*, 1955) Johannes Neeb, Bürgermeister von Saulheim und Philosophieprofessor in Bonn und Mainz, der die Pflanzung von Akazien vorantrieb, hat bereits vor über 100 Jahren ein Thema angesprochen, das Rheinhessen heute noch beschäftigt: Es fehlen die Bäume. Immer wieder beklagen Besucher die „baumlose Kultursteppe der Äcker und Weinberge". Neeb zeigt aber auch, dass die weitverbreitete Vorstellung, man habe in Rheinhessen eine Waldlandschaft vollständig gerodet, falsch ist. Gerodet wurden zwar große Teile der Galerie- und Auwälder an Rhein, Pfrimm, Selz und Wiesbach, gerodet wurden die meisten Streuobstwiesen rund um die Dörfer, gefällt wurden die alten Nussbäume in den Weinbergen, die Ulmen der Dorfgräben und die in der ersten Hälfte des 19. Jahrhunderts angelegten Alleen an den Rändern der Landstraßen, ein Waldland jedoch ist Rheinhessen nie gewesen.

Das warmtrockene Klima mit Niederschlägen um 500 mm pro Jahr und einer hohen Sonnenscheindauer ließ bereits vor 1,8 Millionen Jahren eine Steppenlandschaft entstehen, in der sich Tiere und vor allem Pflanzen einer älteren und wärmeren erdgeschichtlichen Epoche hielten, die heute sonst nur in Süd- und Südosteuropa heimisch sind. Typisch für das ungewöhnlich milde Klima am nördlichen Oberrhein ist ja auch der landschaftsprägende Weinbau, der aus Südfrankreich zur Römerzeit ins Mainzer Rheinknie eingewandert ist.

Der Eindruck einer „Agrarsteppe" oder „Kultursteppe" ist also nicht durch die Abholzung einer Waldlandschaft entstanden, wie man es aus den Mittelmeerländern kennt. Die offene Landschaft Rheinhessens ist allerdings im Zuge der Industrialisierung der Landwirtschaft ausgeräumt worden. Die kleinbäuerlich strukturierte, kleinparzellierte und vielseitige Landwirtschaft der vergangenen Jahrhunderte mit ihren Wiesen, Klauern, Gebüschen, Rechen, Terrassen und zahlreichen Einzelbäumen ist im Rahmen von Flurbereinigungen durch eine stärker spezialisierte und mechanisierte Landwirtschaft mit größeren Flächen abgelöst worden, welche sich Hindernisse aus dem Weg geräumt hat. Flächenstilllegungen und Mengenregulierungen könnten den alten Reiz der Landschaft wiederbringen, wenn sie auch ökologisch statt nur ökonomisch ansetzen würden. „Die frühe Rodung der Bruch- und Auenwälder im Selztal für die Anlage von Siedlung und Gewinnung landwirtschaftlicher Nutzflächen ließ ein abwechslungsreiches Nutzungsmuster von extensiv genutzten Streuwiesen, Weiden, z. T. Felder durchsetzt mit Auewald und Bruchwaldbeständen entstehen, was letztlich die ökologische Diversität erhöhte und eine Zunahme der Vielfalt von Tier- und Pflanzenarten ermöglichte. Aus heutiger Sicht würde man die damalige rheinhessische Kulturlandschaft als eine ökologisch intakte und landschaftsästhetisch reizvolle Landschaft bezeichnen." (Sontheimer, *Der Landschaftswandel in Rheinhessen*, in: Themenheft Langfristentwicklungen, Planungsgemeinschaft Rheinhessen-Nahe, 1994, S. 21)

Rheinhessen gliedert sich in das Tafel- und Hügelland und das Tiefland des Rheins. Im Hügelland wechseln Plateaus mit Bachtälern, deren Ton-Sand-Hänge zu häufigen Rutschungen neigen. Die ehemaligen Steppenheiden sind heute, wo sie leicht zugänglich waren, fast gänzlich umgewandelt in Ackerflächen. Die fruchtbaren Braun- und Schwarzerden auf Lössbasis haben eine intensive ackerbauliche Nutzung ermöglicht. Daher ist sogar die Ackerbegleitflora des 19. Jahrhunderts wie Kornblume oder Kornrade selten geworden. Auch die ehemals häufigen Steppentiere wie Hamster und Rebhuhn sind auf dem Rückzug. Und immer mehr hat die Zahl der Feldgehölze abgenommen, in denen Nachtigall, Igel, Waldmaus, Grau- und Goldammer, Turteltaube und Grünfink zu Hause sind. In der Rebmonokultur halten sich nur noch Amsel und Stockfink (Bluthänfling). Die alten Weinbergslandschaften mit Hohlwegen und Trockenmauern, deren Reste man vor allem noch an den teilweise aufgegebenen Steillagen der Kante zum Rheintiefland zwischen Oppenheim und Worms sowie in Bingen sehen kann, waren und sind artenreicher: Der Pirol ist dort heimisch, Eidechsen und vor allem viele Schmetterlingsarten. In den letzten Jahren wird wieder mehr auf die Tier- und Pflanzenwelt geachtet, z. B. auf stillgelegten Weinbergsterrassen oder in begrünten Weinbergen, wo – wie am Petersberg bei Gau-Odernheim – die Wildtulpe wächst. Auch die alte Dorfflora ist durch Versiegelung von Freiflächen und Abriss bzw. Verputz alter Mauern und Wirtschaftsgebäude auf der Flucht vor dem Menschen. An unwegsamen Standorten wie Felsen und steilen Abhängen in Südlage haben sich dagegen ungewöhnliche und mit in Deutschland seltenen Pflanzen besetzte Felsheiden sowie Trocken- und Halbtrockenrasen erhalten. Meist sind an diesen Stellen inzwischen Naturschutzgebiete eingerichtet worden. So findet man an den alten Schaftriften des Wonsheimer Martinsberges neben der Küchenschelle im Frühjahr, den Federgräsern im Juni und dem Goldstern im September

Rheinhessen war nie eine Waldlandschaft: Grasfluren wechselten mit kleinen Gehölzbeständen wie hier bei Guntersblum.

auch Besonderheiten wie den Spreuschuppigen Milzfarn (typisch für submediterrane Mauer- und Felsspaltengesellschaften), die Steppen-Segge, den Amethystblauen Sommerwurz oder den Liegenden Ehrenpreis, der hier die Nordgrenze seiner Verbreitung hat. Im Trockental des Aulheimer Grundes bei Uffhofen hat sich ein Mikroklima erhalten, wie es großräumig sonst nur in Südeuropa oder den Steppen Südrusslands und Südostasiens anzutreffen ist. An der Rabenkanzel finden sich seltene Pflanzen wie Felsengoldstern oder Heide-Ehrenpreis. Auf dem Gau-Algesheimer Kopf, über den bereits seit dem 19. Jahrhundert umfangreiche botanische Studien bestehen, finden sich Rote-Liste-Arten wie Leberblümchen, Apeninnen-Sonnenröschen, Diptam und Türkenbund. Ähnlich sieht es auf dem Jakobsberg bei Ockenheim und beim Wackernheimer Rabenkopf aus.

In den Dünen des Mainzer Sandes finden sich – einzig in Deutschland – Sandpflanzen wie Sandlotwurz, Büschel-Gipskraut und Sand-Quecke. Auch wärmeliebende Pilze wie Boviste, Morcheln und Erdsterne sind hier zu Hause. Zwanzig Brutpaare des Wiedehopfes leben hier, Sandlaufkäfer wie der Walker sowie ca. 300 Arten an Wanzen, 163 Spinnenarten und 127 Arten Grabwespen. Die an sich artenreichen Tagfalterpopulationen nehmen von Jahr zu Jahr ab, weil immer mehr Beton von Straßen und Häusern das engere Naturschutzgebiet umklammert.

Auch die Auenlandschaften des Rheins sind

nur noch in Resten vorhanden. Am bedeutendsten ist das Europäische Vogelreservat „Fulder Aue“ zwischen Bingen und Ingelheim, wo über 16 000 Wasservögel Winterrast halten, darunter bedrohte Arten wie Moorente, Kolbenente, Gänsesäger, Kormoran oder Rothalstaucher. In einem großen Bogen um Gimbsheim und Eich zieht sich ein verlandeter Altrheinarm, der ebenfalls unter Naturschutz steht. Sowohl im Röhricht als auch bei den Orchideen finden sich hier Rote-Liste-Arten.

Erdgeschichtlich ist die Landschaft stark vom Tertiär geprägt. Als zur Zeit der Alpenauffaltung der Oberrheingraben einbrach, erstreckte sich in Rheinhessen ein Meer. Im Kies und Sand seiner Küsten finden sich versteinerte Reste tropisch-subtropischer Fauna und Flora. In einem alten Steinbruch bei Eckelsheim ist eine solche Meeresbucht systematisch ergraben worden. Nach dem Rückzug des Meeres lagerte der Urrhein, der quer durch die Hügellandschaft floss, seine Sedimente ab. Darin finden sich Überreste des Dinotheriums, einer frühen Elefantenart, von Biber, Tapir, Nashorn, Pferd, Schwein, Giraffe, Antilope und Hirsch, alles Tiere einer wärmeren Epoche der Erdgeschichte. Zusammenfassend kann man sich über die Naturgeschichte Rheinhessens vor allem im Naturhistorischen Museum Mainz, im Paläontologischen Museum Nierstein und im Museum der Stadt Alzey informieren.

„Den weichen Linienfluß der Rebenhügel und ihre herbstliche Färbung in der Abendsonne zu genießen, gelingt nur wenig Menschen“, hat der in Wonsheim geborene Heimatschriftsteller Heinrich Bechtolsheimer 1923 festgestellt. (nach: Koch, *Rheinhessen – geliebt – gelobt – gemalt*, S.16)

Das hängt sicher nicht zuletzt mit unserem von der Romantik geprägten Bild schöner Urlaubslandschaften zusammen. Erstmals am Mittelrhein entwickelt ging es immer mehr zur bevorzugten Wahrnehmung extremer Landschaftstypen wie Hochgebirge oder Meer über, die dann auch mit Natur überhaupt gleichgesetzt wurden. Natur, das war – im Gegensatz zu Kultur – vom Menschen nicht berührte, wilde Landschaft. Und das Wilde forderte die Zähmung heraus, das Unberührte die Entjungferung. Das sanfte, alles verbindende und dennoch offen lassende, mittlere Maß des rheinhessischen Hügellandes, in welchem Natur und Kultur bereits eine jahrtausendlange, immer neu gestaltete Beziehung miteinander führen, will in dieses Bild nicht so recht hineinpassen. Die Kulturwissenschaftlerin Hildegard Kurt hat dazu in einem Aufsatz festgestellt: „So reich wir sind an Zeugnissen der bis in die Jungsteinzeit zurückreichenden Menschengeschichte dieser seit je kultur- und machtpolitisch bedeutsamen Region am Schnittpunkt kontinentaler Völkerwege und Handelsstraßen, so wenig wissen wir über die Entwicklung unserer Landschaft in historischer Zeit – in jenen gut zweitausend Jahren, während der die Geschichte der Natur bereits durch das Handeln des Menschen geprägt wird ... Bis noch vor wenigen Jahren hätte kaum jemand die Nichtwahrnehmung von Natur in einem Geschichtsbuch auch nur bemerkt.“ Zu dieser offenen Landschaft passt es, dass in den 90er Jahren Windräder prägend geworden sind. Auf den Plateaus und dort oft an den

Talkanten sind ganze Familien von Windrädern zur Stromerzeugung gebaut worden. Dass man sie so deutlich sieht, mag manchen stören, aber es wird im Grunde nur dann zum Problem werden, wenn man die einzelnen Bauwerke ungeplant quer über die Landschaft verstreut.

Ein Zukunftsproblem für das immer stadtnahe, bäuerliche Rheinhessen ist allerdings die starke Zersiedelung durch die ständige Erweiterung der Ballungsgebiete Rhein-Main und Rhein-Neckar. Wenn der Charakter der Landschaft dabei erhalten bleiben soll, muss die Flächennutzungsplanung neben Natur- und Agrarreservaten sowie der Sicherung von Gebieten für Spezialkulturen wie Wein- und Obstbau eine großzügige Garten- und Parklandschaft vorausdenken, welche Wohnen und Arbeiten in regionentypische Natur gezielt einbettet.

Die Erhaltung von Bahntrassen für den späteren Bau von Straßenbahnen und S-Bahnen ist dabei unverzichtbar. Sonst folgt auf die konzeptionslose Wiederbebauung vieler Innenstädte nach 1945 eine konzeptionslose Erstbebauung der bereits zuvor für die landwirtschaftlichen Maschinen ausgeräumten Landschaft.

Dabei blieben dann Lebendigkeit und Kreativität auf der Strecke und damit die treibenden Kräfte von Natur und Kultur, welche beide Aspekte der Welt in menschlicher Arbeit versöhnen können. Einen poetischen Blick auf die rheinhessische Landschaft hat der Schriftsteller Karl-Ulrich Nordmann zur Eröffnung der Gemäldeausstellung „Bilder aus Rheinhessen“ 1985 in Pfaffen-Schwabenheim geworfen. Aus der Perspektive des Hunsrücks sieht er ein Meer: „Wenn ich das Haus der Bäume verlasse und an den Abgrund der Weite trete, sehe ich ... den flachen, wässrig schimmernden Strich des Horizonts: des Meeres fernste Dünung ... Die fernste Dünung hebt sich von ihrem Sockel auf als Masse unbestimmter Graubraunfarbe wie eine Wand ... Als ich aus dem Talgrund der Nahe endlich emporschaue, löst sich die Wand auf in gestaffelte Reihen weit rollende Wogen; ... Wellen, deren ... Schwung in Höhen und Tiefen, zu Hügeln und Tälern erstarrt: das Heben und Sinken, Fluten und Fallen, Stürmen und Ermatten des Meeres festigt sich zu Stein und Sand, Erde und Geröll ... Ich gehe dem Meer auf den Grund. Das Meer ist tot; es lebe das Land. Die Muschelbänke liegen nackt, der Dürre der Sonne ausgeliefert ... Seekuhknochen, Haifischzähne, in gelben Sanddünen begraben, heben Baggerschaufeln ans Licht ... Die rauhe Flut des Ackers breitet sich in die Täler aus; da wiegen und wogen die Wellen des biegsamen Getreides. Wie Sandschlifflinien vom Kommen und Gehen die Symmetrie der Weinbergszeilen ... Hier und da ein Gebüsch, eine Pappelwand: Riffe, an die das Auge stößt; das Wäldchen: eine Insel, an der die Seele landen möchte. Korallenstöcke leuchten in heimeligen Buchten: die roten Dächer der Dörfer ... Wenn's wahr sein sollte, dass Bewahren, Pflegen, Erhalten weibliche Eigenschaften sind, dann ist diese Landschaft und ihre Kultur weiblich. Ihr äußerer Anschein treibt die Phantasie zu Visionen von Leiblichkeit ... die Körperteile der Landschaft sind rund, gewölbt, sanft vertieft, fließen und schwingen, liegen da in sich ruhend wie der Körper einer schönen, reifen, lebensvollen Frau.“

Ein Garten der Geschmäcker

Weinbau seit der Römerzeit

Das Weinanbaugebiet Rheinhessen ist das flächenmäßig größte der elf deutschen Anbaugebiete. Und obwohl der Weinbau hier schon seit römischer Zeit beheimatet ist und bereits im 16. Jahrhundert überregional berühmte Weine wie den Niersteiner oder den Pfeddersheimer hervorgebracht hat, musste dieser Flächenrekord lange Zeit eher als Problem denn als Auszeichnung verstanden werden. Die Gunst vielfältiger und guter Böden und eines für die Rebe idealen warm-trockenen Klimas sowie die sinkende Rentabilität des eigentlich flächenmäßig stets dominierenden Ackerbaus, haben viele rheinhessische Winzer in den 60er und 70er Jahren des 20. Jahrhunderts dazu verführt, Masse statt Klasse zu produzieren. Damit hat sich der historisch über Jahrhunderte gewachsene gute Ruf berühmter rheinhessischer oder früher kurpfälzischer Weine verwischt, und es entstand das eher negative Image von der süßen und billigen Spätlese im Supermarktregal. Dazu kam eine verwirrende Vielfalt der rheinhessischen Sorten und Lagen, die man allerdings auch als Ausdruck der regionalen Kultur und der ungewöhnlich günstigen Anbaubedingungen bewusst hätte vermarkten können, statt sie – im Vergleich mit anderen, notgedrungen einheitlicheren Regionen – zu beklagen. Vielgliedrig ist auch der rheinhessische Weinmarkt, auf dem sich im Gegensatz zu anderen Anbaugebieten nur ein kleiner Teil der Winzer zu Erzeugergemeinschaften oder Winzergenossenschaften zusammengeschlossen hat. Das hat immer wieder die Spekulation und damit den Preisverfall befördert, wie es schon der in Alzey wirkende Altmeister der Rebenzüchtung Georg Scheu (1879-1949) in *Mein Winzerbuch* klar und deutlich festgestellt hat. Um all das besser verstehen zu können und sich neben dem individuellen Geschmack ein zweites Standbein für eine treffende Beurteilung rheinhessischer Weine zu schaffen, lohnt sich daher ein Ausflug in die Weinbaugeschichte dieser Landschaft. Dabei zeigt sich, dass der Weinbau immer wieder durch Kriege und durch Massenproduktion Schaden nahm. „Der gallische Weinbau hat den linksrheinischen Weinbaugebieten die Rebkultur vermittelt, vermutlich schon im 2. Jahrhundert, spätestens aber bis gegen Mitte des 3. Jahrhunderts; er war unabhängig von den Römern durch griechische Kolonisten entstanden, blieb aber vor der Zeit der römischen Herrschaft in Gallien wohl auf die weitere Umgebung seines Ausgangspunktes (Massalia) beschränkt; erst von der römischen Kultur ist er immer weiter nach Norden bis an den Rhein und an die Mosel getragen worden." (F. v. Bassermann-Jordan, *Geschichte des Weinbaus*, 1923, S.

37/38) Die Kunst des Weinbaus wanderte also von Marseille über das Rhônetal, Narbonne, Burgund, die Franche-Comté und das Oberelsass ins Mosel- und Rheintal ein. Das beweisen vor allem Funde von Winzergeräten wie den typisch gallorömischen „falces putatoriae", Winzermessern mit einem beilartigen Rücken in Rheinhessen und der Pfalz. Auch die Herkunft der meisten Fachausdrücke der Winzersprache aus dem Lateinischen belegen die These: Wein von vinum, Most von mustum, Küfer von cuparius, Keller von cellarium oder Kelter von calcatorium sind Beispiele.

Die kriegerische Zeit der Völkerwanderung hat den Weinbau in seiner Entwicklung zurückgeworfen, aber nicht vernichtet, denn sowohl Alemannen als auch Franken waren bereits mit ihm vertraut. Merowingische Gesetzessammlungen im 6. Jahrhundert belegen den Bestand des Weinbaus. Unter den Karolingern begann dann im 8. Jahrhundert die Ausdehnung des Weinbaus, vor allem über die Klöster. Durch Schenkungsurkunden an die Abteien Lorsch und Fulda, die in Rheinhessen begütert waren, können sowohl Weinbau als auch Ortsgründungen belegt werden. Die älteste Schenkung eines Weinbergs ist 742 aus der Niersteiner Gemarkung bekannt. Es folgen Bretzenheim, Mainz, Dromersheim, Bodenheim, Dienheim, Wackernheim, Partenheim, Bingen, Eimsheim, Dorn-Dürkheim, Mörstadt, Oppenheim, Ebersheim, Pfeddersheim, Pfaffen-Schwabenheim, Wintersheim, Rudelsheim (heute Ludwigshöhe), Mommenheim, Bechtolsheim, Worms, Ibersheim, Kriegsheim, Albig, Sprendlingen, Harxheim, Ensheim, Gun-

Weinstock.
Tapete nach einem Holzschnitt von 1518

dersheim, Welgesheim, Spiesheim, Offenheim, Zotzenheim, Nackenheim, Gaulsheim, Laubenheim, Udenheim, Nieder-Saulheim, Dittelsheim und Elsheim, alle noch im 8. Jahrhundert. Karl der Große gilt als großer Förderer des Weinbaus. Von ihm stammt die Unterscheidung von besseren, fränkischen Sorten (Sylvaner) und schlechteren hunnischen Sorten (Kleinberger), die bis ins 19. Jahrundert eine Rolle in den Weinverordnungen und bei der Beurteilung der Weinlagen spielt. Der umfangreiche Grundbesitz der Klöster im Weinbau seit karolingischer Zeit legte sowohl die Keime für ständige Qualitätsverbesserung als auch für die sozialen Konflikte, die schließlich zu Bauernkrieg und Französischer Revolution führen sollten. Im 12./13. Jahrhundert soll die Weinbaufläche in Deutschland, damals u. a. auch in Bayern und Sachsen, ihre größte Ausdehnung erreicht haben. Dieser Umfang soll erst Anfang des 19. Jahrhunderts wieder erreicht worden sein. „Seit dem XIII. Jahrhundert beginnt in Deutschland eine Periode übermäßiger Trinklust; jeder Vorwand wird zur Veranstaltung einer Trinkerei benutzt, kein Geschäft kommt ohne Trinken zustande, auch die Mäßigkeit der deutschen Frauen geht stark zurück. Obrigkeit, Kirche, Ärzte, Dichter kämpften vergebens gegen die übermäßige Trinklust", schreibt Bassermann-Jordan (S.1166). Die ersten Weinmärkte in Rheinhessen sind seit 1100 in Hechtsheim und seit 1339 in Gau-Algesheim und 1346 in Gau-Bickelheim bekannt. Die Weinmarktordnungen legten auch heute wieder diskutierte staatliche Regelungen des Weinpreises fest. Die Marktgemeinde bestimmte einen verbindlichen Durchschnittspreis, zu dem verkauft werden musste. Gleichzeitig erschwerten der Zehnte, die Gülten und die Zölle, vor allem der einträgliche Rheinzoll, Produktion und Handel. Unterschieden wurde der Wein damals nur nach der Farbe (rot oder weiß) und dem Herkunfstort. So war vor allem der kurpfälzische Wein aus Bacharach berühmt. Er dominierte bis etwa 1720 auf dem deutschen Weinmarkt. Im 16. Jahrhundert kamen dazu die Rheinfront-Weine aus Oppenheim und Nierstein und der Pfeddersheimer, von dem sich z. B. 1569 Kaiser Maximilian II. einige Fässer an seinen Hof kommen ließ. Aber auch erste Zeichen des Niedergangs machten sich durch die Aufhebung der Klöster in der kurpfälzischen Reformation bemerkbar. „Nicht Naturereignisse wie Klimawechsel, Schädlinge und dergleichen haben den Rückgang des Weinbaus in Deutschland verschuldet, sondern die Menschen selbst; aber alle die anderen Gründe, wie die überhandnehmenden Abgaben und Zölle, die Weinverfälschung, die Aufhebung der Klöster usw. kamen verhältnismäßig wenig in Betracht gegenüber der furchtbaren Schädigung, die die späteren Kriege, vor allem der Dreißigjährige Krieg verursacht haben." (Bassermann-Jordan, S.155) Weinberge verwilderten, ganze Dörfer wurden menschenleer und gingen unter. Nach 1648 begann man zunächst mit dem Notwendigsten und das war der Ackerbau. Weinbau soll nur noch reduziert an den klassischen Hanglagen betrieben worden sein, eigentlich gar keine so schlechte Sache. Dem widerspricht die Darstellung Merians von 1645, dass „das gantze Göw zwischen Wormbs und Creutzenach ... so ein flach und eben Land, über die massen fruchtbar an Wein" gewesen sein soll. Im 18. Jahrhundert jedenfalls steht der Weinbau wieder in voller Blüte. Durch die Vereinigung mit Bayern entsteht für die Kurpfalz ein großer, nicht durch Zölle begrenzter Markt. Aber auch Kurmainz mit seinen Rheingauer Weinen macht sich einen Namen. Durch die umfangreichen Exporte nach Holland entsteht für den „Bacharacher" und den „Niersteiner" eine ernst zu nehmende Konkurrenz. „Die Besetzung des linken Rheinufers durch die Franzosen brachte den Winzern zunächst schwere Beschädigungen, Verwüstungen und sonstige Verluste, bald aber machten sich die Wohltaten einer einheitlichen Verwaltung und der Aufhebung der alten Feudallasten in segensreicher Weise fühlbar", schreibt Bassermann-Jordan (S.169). Unter den Franzosen seien die Grundsteine für den modernen Qualitätsweinbau gelegt worden, so durch eine rechtzeitige Lese unter Berücksichtigung der Lage, der Sorten und der Edelfäule, durch eine Bevorzugung edler Traubensorten (Rückgang des Kleinbergers) und eine Verbesserung in der Bewirtschaftung.

Nach dem Wiener Kongress erlebte der rheinhessische Weinbau erneut eine Krise. Preußen schützte durch Zölle seine aufstrebenden Anbaugebiete im Rheingau, am Mittelrhein, der Mosel und der Nahe. Der Markt in Hessen-Darmstadt war zu klein, Mainz verlor seine Bedeutung als Hauptexporteur der Rheingauer Weine. Das war sicher ein Hauptgrund für die große Beteiligung von rheinhessischen und pfälzischen Winzern am Hambacher Fest (1832). Die Bad Dürkheimer Winzer sangen:

Der Zoll und Mauthertrag ist Höllenbeute,
ihr Fürsten hört es all!
Sie machen Arme nur und schlechte Leute;
wo ist dies nicht der Fall?
Ja wüßten wir, wer schuld am Zoll nur wäre,
am Zoll auf unsern Wein;
und wär es auch ein Preuß, bei unsrer Ehre,
er müßte in den Rhein.

Verbesserungen brachten erst der Straßen- und Eisenbahnbau und die Gründung des Zollvereins. Danach sei es nach Bassermann-Jordan zu einer „flotten Entwicklung der Weinkommissionshäuser" gekommen. 1834 schrieb der Wieslocher Apotheker und Weingutsbesitzer Joh. Ph. Bronner seine Abhandlung über den *Weinbau in der Provinz Rheinhessen, im Nahetal und Moseltal.* Als vorzügliche Lagen beschreibt er die Wormser Liebfrauenmilch, wo im engeren Stiftswingert ein guter Riesling wachse, den Westhofener Tramineranbau in den Lagen Richtung Alzey, den Riesling am Bechtheimer Geiersberg, die Oppenheimer, Niersteiner und Dienheimer Weine (hauptsächlich Sylvaner und Orleans), den Orleansanbau am Binger Scharlachberg, der den Rüdesheimer nachahme, und den Ingelheimer Rotwein. Kritik übt er vor allem am Anbau von Kleinberger in zum Teil ungeeigneten Nordlagen wie am Petersberg Richtung Bechtolsheim und an der Ausdehnung berühmter Lagen auf schlechtere Standorte wie bei der Wormser Liebfrauenmilch. Daneben gilt ihm auch der Sylvaner als Massenträger für geringe Landweine. In Gundersheim hebt er ebenfalls den Rotwein hervor. Insgesamt wird bei Bronner deutlich, dass die Lage gegenüber dem Ort der Herkunft an Bedeutung gewinnt.

In einem Bericht der Landwirtschaftlichen Vereine Hessens aus den Jahren 1882 bis 1911 wird die erneute Weinbaukrise um 1900 deutlich. Die Schwerpunkte des Anbaus liegen in Bingen und Oppenheim. Seit den 80er Jahren des 19. Jahrhunderts hat sich die Rebfläche um die Hälfte vermehrt. Bei steigenden Bebauungskosten, vor allem durch die Bekämpfung der Pilzkrankheiten Oidium und Pernospora sowie der Reblaus, gehen Erträge und Preise ständig zurück. Durch Weingesetze versucht man seit 1892 Qualitätsverfälschungen durch Zuckerung zu begrenzen. Durch die Gründung der Weinbauschulen wie 1894 in Oppenheim soll die Ausbildung der Winzer verbessert werden. Orleans und Kleinberger sind ganz aus dem Anbau verschwunden, Riesling und Sylvaner dominieren.

Unter den Nationalsozialisten werden alte Ideen wie „Wein als Volksgetränk", staatliche Preisfestlegung, Werbung über Weinfeste aufgegriffen und im großen Stil propagiert. Der Erfolg dieser Maßnahmen ist bisher unerforscht, aber wahrscheinlich ähnlich oberflächlich wie die übrige Agrarpolitik des selbsternannten Dritten Reiches. Aus dieser Zeit stammen die Weinpatenschaften mit Städten in ganz Deutschland, die teilweise 1990 wiederbelebt wurden, ebenso wie viele Volksfeste, u. a. das Alzeyer Winzerfest oder das Wormser Backfischfest, wenn hier auch ältere Traditionen eingeflossen sind. Georg Scheu propagiert in Alzey, den Riesling nur in wirklich geeigneten, nämlich den wärmsten Lagen, anzubauen und sonst auf den Müller-Thurgau zurückzugreifen. In Rheinhessen werden Neuzüchtungen entwickelt, die sowohl Qualität als auch Masse gleichbleibend garantieren sollen.

Nach 1945 hat sich die Anbaufläche in Rheinhessen, vor allem im Landkreis Alzey-Worms, insgesamt verdoppelt. Gleichzeitig verringerte sich die Rebfläche „in den tra-

Weinbergshäuschen im Pavillonstil auf dem Michelsberg in Mettenheim

ditionellen Hangweinlagen der Gemeinden Bingen, Ingelheim und Oppenheim um 20 bis 50 % ... Rebflächen, die weniger aufwendig zu bewirtschaften sind, werden bevorzugt." (Koch, *Weinparadies Rheinhessen*, S. 32) Die Flucht der rheinhessischen Gemischtbetriebe vor dem Höfesterben in den noch rentablen Weinbau und die damit oft verbundene Massenproduktion haben einen erneuten Preis- und Imageverfall der rheinhessischen Weine herbeigeführt. Dieser Trend konnte erst in den 90er Jahren des 20. Jahrhunderts gestoppt und umgekehrt werden, und zwar dort, wo über die Flasche und nicht übers Fass vermarktet wurde. Im Zuge der Direktvermarktung ist zwar die Vielfalt der Angebote erhalten geblieben, aber die Qualität der Weine hat sich nachhaltig gesteigert, was die bundesweiten Prämierungen beweisen, auch in bisher wenig als regionentypisch wahrgenommenen Bereichen wie beim Riesling oder beim Rotwein. Leichte Sommerweine wurden zum Markenzeichen einer neuen Zeit. Dazu passen dann die traditionellen Sorten wie Sylvaner und Grauburgunder, aber auch ein Müller-Thurgau und neue Sorten wie Chardonnay. Rückläufig sind derzeit die fruchtigeren Sorten wie Morio-Muskat, Kerner oder Huxel, aber das sind Modeerscheinungen, die sich ändern können. Das Weinangebot wird ergänzt durch Winzersekt, Brände und andere Produkte aus Trauben. Auch der ökologische Anbau ist in der Region weit verbreitet.

Neu ist auch die enge Verbindung von Wein und Kultur, die sich in zahlreichen Theater- und Konzertveranstaltungen auf Winzerhöfen niederschlägt. Das Sommerprogramm reicht von Shakespeare-Inszenierungen bis zu Jazz-Matineen. Beliebt sind mittlerweile auch Abendprogramme mit Menüs oder Buffets gemischt mit Lesungen oder Musik. Von Mai bis Oktober findet man überall Straußwirtschaften und Gutsschänken geöffnet. Viele Winzer können auch Gästezimmer anbieten und laden ihre Kunden alljährlich zu Hoffesten und besonderen Weinpräsentationen ein. Ein besonders aktiver Zusammenschluss ist in diesem Rahmen die IG Rheinhessische Weingewölbe. Hier haben sich die Besitzer von Kreuzgratgewölben – Mitte des 18. Jahrhunderts als Kuhställe konzipiert und heute oft zu Gasträumen umgebaut – und anderen Gewölbebauten (z. B. Keller) zusammengeschlossen, um diese landschaftstypischen Bauten zu erhalten, gemeinsam zu vermarkten und die Kulturangebote miteinander zu vernetzen.

Dem Weinliebhaber muss man aus all diesen Gründen empfehlen, sich nicht so sehr nach den Urteilen und Vorurteilen der Geschichte zu richten, sondern sich die Zeit zu nehmen und bei möglichst vielen Winzern mit unterschiedlicher Angebotspalette solange zu probieren, bis er seinen Wein gefunden hat. Die oft gescholtene Vielfalt der rheinhessischen Weine und die Experimentierfreude der Winzer bieten dem Genießer nämlich auch die einmalige Chance der großen Auswahl. Rheinhessen will also aus der Nähe betrachtet, gefühlt und geschmeckt werden, seine Kostbarkeiten sind im gewissen Sinn versteckt.

Den Nikolaus vor die Tür setzen

Ländliche Kultur im 19. Jahrhundert

Nach den großen Sammlungen Herders und der Gebrüder Grimm in der Romantik beginnt die Volkskunde als gesonderte Wissenschaft 1857 mit Wilhelm Heinrich Riehls Buch *Die Pfälzer*. Und obwohl er darin versucht, die Pfälzer zu guten Bayern – und dadurch auch zu guten Deutschen – zu machen und ihren „Partikularismus" vom Verdacht der Frankophilie zu reinigen, muss er doch die Volkstümlichkeit der Aufklärung und der französischen Verfassung feststellen: „Die entscheidende Wirkung der französischen Gesetze in der Pfalz zeigt sich nicht auf dem politischen, sondern auf dem sozialen Gebiet. Die ganze Gesellschaftsverfassung ward von Grund aus umgewandelt, die Stände ausgeebnet, der Adel bedeutungslos gemacht, der Unterschied von Stadt und Land ausgeglichen." (S. 249) 1909 hat der in Nieder-Olm geborene Schriftsteller Wilhelm Holzamer diese Aussage für das ebenfalls einmal französische Rheinhessen

Rheinhessische Türen in Albig. Zeichnung von Ehrhard Hütz

bestätigt und ergänzt mit dem Hinweis auf die Mischung der Kulturen als Kennzeichen dieser Landschaft: „Der Rheinheße ist das deutliche Produkt seiner rastlosen Ruhelosigkeit. Er ist ein Produkt des geistigen Verkehrs, nicht umsonst umschlingt die älteste Verkehrsstraße, der Rhein, sein Land, nicht umsonst führt die Kaiserstraße von Mainz nach Paris. Der Rheinheße ist darum kein Bauer geblieben. Der Bauer ist ein Städter auf dem Lande." Und Heinrich von Treitschke schreibt in seiner Geschichte des 19. Jahrhunderts sogar: „Wie sollte auch der neugewonnene überrheinische Landstrich, der nun den abgeschmackten Namen Rheinhessen erhielt, sich an diese patriarchalischen Zustände (in den rechtsrheinischen Provinzen) gewöhnen. Dort (in Rheinhessen) war der Bauer fast noch städtischer als in der bairischen Pfalz, fast noch eifriger auf das „Profitieren" bedacht, der Bürger durch den Weltverkehr seines Stromes an große Verhältnisse gewöhnt." Das passt natürlich wenig zu den romantischen wie zu den völkisch-nationalen Perspektiven der frühen Volkskunde, die nach unverwechselbaren Trachten, Liedern und Märchen suchte und sie bis an die Anfänge eines Volkes, am besten bis zu den alten Germanen, zurückverfolgen wollte.

Im 1936 erstmals aufgelegten *Wörterbuch der deutschen Volkskunde* heißt es dazu noch in der dritten Auflage von 1974: „Wie Görres, Jahn und die anderen gegen Rationalismus und französische Fremdherrschaft zu Felde zogen, so stellte sich Riehl mit dem ganzen Gewicht seiner Wissenschaft und künstlerischen Begabung gegen engen Marxismus und Materialismus und jede Form der Zersetzung der Grundlagen völkischen Lebens. Es waren die inneren Befreiungskriege, die Riehl sichtbar für viele und vorbildlich noch für uns kraftvoll führte." Rheinhessen ist kein klassisches Eldorado für solche Brauchtumsforscher. Regionale Besonderheiten wurden hier früh, d. h. Anfang des 19. Jahrhunderts bereits, und in großem Umfang abgelegt. Auf die Tracht als erniedrigendes Zeichen der feudalen, mittelalterlichen Kleiderordnung verzichtete man gern. Lieber eiferte man städtischen Moden nach. Die Hosen der Männer wurden lang, man zog die Kniebundhose des Bauern, die culotte (frz.), aus und wurde so Sans-culotte, ein Spiegel der revolutionären Ohne-Hosen aus Frankreich. Das machte selbst die Aufklärer wie den Saulheimer Bürgermeister und Philosophieprofessor Neeb oder den Schriftsteller Holzamer etwas traurig. Sie spürten darin die Dialektik der Aufklärung, die alles begradigt, abreißt, neu macht und dabei auch liebgewonnene Heimaten und lebendige Bewegungen, schließlich allzu oft den individuellen Menschen selbst, samt den Hierarchien zum Teufel schickt, wo sie keineswegs hingehören. Denn schließlich gibt es auch die eigene, nicht-feudale Geschichte der Bürger und Bauern, den Acker, der generationenlang in der Familie bestellt wurde. Es gibt die jahrhundertelangen Hoffnungen auf Freiheit, Gleichheit und Brüderlichkeit in immer neuem Gewand. Man beruft sich gerade in der Neuzeit gerne auf die menschliche Gleichheit von Natur aus. Dadurch wird die Natur zu einer ethischen Kategorie, nicht allein zählbar und abzurichten, niemals eindimensional, sondern

Wilhelm Hoffmann
(Rheinhessische Volkskunde, 1932)

„Unsere alten Bauernhäuser mit niedrigen Stuben, schmalen Fenstern im Obergeschoß, mit einem bloßen Bretterverschlag, der Wohn- und Schlafraum trennt, mit den Milchtöpfen oder gar der „Käsreuse" hinter dem Ofen und Brat- und anderen Würsten unter der Zimmerdecke entsprechen gewiß hygienischen und oft auch ästhetischen Ansprüchen sehr wenig, aber von außen präsentieren sie sich dem Beschauer unfraglich vorteilhafter als die anspruchsvollen, protzenhaften, nüchternen Gebilde des 19. Jahrhunderts, deren unsere Dorfstraßen eine große Zahl aufweisen und die zwar von erheblich vermehrtem Wohlstand und pfälzisch-rationalistischem Nützlichkeitssinn, aber auch von Gemütsleere und mangelndem Kunstempfinden ... zeugen." (S. 37/38)

komplex. Die Formen von Wasser und Wind sind für alle gleich und blasen keineswegs maschinell nur aus einer Richtung: Sie wirbeln und drehen sich wie der Mensch selbst in seinem Wachstum. Holzamer stellt zur Modernität Rheinhessens Ende des 19. Jahrhunderts fest: „Im Lande selbst sind wenig Altertümer erhalten. Keine Burgen, die an die Feudalzeit erinnern, keine Ruinen, die romantischer Zauber umschwebt. Man glaubt in einem ganz neuen Lande zu sein. Und in der Tat – es fehlt hier jede historische Retrospektivität, es fehlt sogar ein wenig der historische Respekt. Kein Ballast, ein Gegenwartsvolk, das in nichts mit seiner Pietät rechnet."

Und doch findet sich natürlich bei näherem Hinsehen bis heute ein beachtenswertes Sammelsurium regionaler Kulturbruchstücke, aus verschiedenen Zeiten, Schichten und Herkünften gemischt. Standardwerk für die ländliche Kultur Rheinhessens im 19. und frühen 20. Jahrhundert ist nach wie vor die 1932 erschienene *Rheinhessische Volkskunde* des Bechtolsheimer Pfarrers Wilhelm Hoffmann, die in einem Reprint von 1980 vorliegt. Aus dem Blickwinkel der 20er Jahre beobachtet er vor allem Verluste an „rheinhessischem Volkstum", die für ihn schon im 19. Jahrhundert einsetzen.

Heute, wo Gründerzeit und Historismus bereits Geschichte sind, gelten genau diese von Hoffmann kritisierten Gebäude ihrerseits eher als schützenswerte Denkmäler und Vorlagen für eine gegen den Bauhaus-Funktionalismus gerichtete postmoderne Architektur.

Die Töpfertradition des „Alzeyer Gaus" vom 16. bis 18. Jahrhundert versorgte die Bauernhäuser mit zum Teil kunstvollen Ka-

Kacheln mit der Darstellung des Zwanzigjährigen aus der Serie „Die Lebensalter das Mannes" nach einem Holzschnitt von Tobias Stimmer (1539-1584), um 1880 nach einem Originalmodel von A. Anthes gearbeitet

Weinfassboden, 100 Jahre Staatliche Lehr- und Versuchsanstalt Oppenheim

chelöfen. Diese wurden im 19. Jahrhundert durch eiserne Plattenöfen ersetzt, die aus der Gienanth'schen Gießerei in Eisenberg stammten. Bei Wilhelm Hoffmann werden sie beschrieben als „die ungeschlachten argen Holzfresser mit Reliefs von der Hochzeit zu Kana und ähnlichen biblischen Motiven". Der typische rheinhessische Holzmangel, von dem bereits der Saulheimer Bürgermeister und Philosoph Johannes Neeb 1829 berichtet, hat auch diese Öfen bald durch Industrieware ersetzt. Auch die alten, aufgemauerten Herde verschwanden nach Hoffmann Stück für Stück um die Jahrhundertwende. In manchen Heimatmuseen findet man noch die alten Ofenplatten. Schon in den 20er Jahren waren die großen Kessel, die in der Bauernküche für Viehfutter, Wäsche und Latwergerühren benutzt wurden, in besondere Räume außerhalb des Hauses gewandert. Damit einher ging auch ein Verlust an Brauchtum, weil gemeinschaftliche Arbeiten wie das Einkochen von Latwerge (Pflaumenmus) aufgegeben wurden. Ähnlich wie in den Spinnstuben des 19. Jahrhunderts war hier der Ort für Sagen, Anekdoten, Lieder, Reime und Neckereien. Gerne erzählt wird heute noch, wie man Ortsfremde „geuzt" hat, indem man sie von Hof zu Hof schickte, das „Ladwerschlaadersche" (Latwergeleiter) zu holen. Die Aufhebung alter Nachbarschaftsbräuche findet sich auch in der Geschichte der heute als regionale Spezialität wieder beliebten „Backesgrumbeere". Das Alltagsgericht aus Kartoffeln, Zwiebeln und Salzfleisch in einer Milch-Wein-Sauce wurde noch bis in die 50er Jahre beim Dorfbäcker in der Nachhitze seines Ofens gebacken. Nach einer Zeit des Vergessens ziert der kräftige Eintopf heute die Speisekarten rustikaler Lokale.

Mit den Holzfässern verschwinden aus den Weinkellern auch die repräsentativen geschnitzten Fassböden. Ihren dekorativen und verkaufsfördernden Wert, den sie schon jeher hatten, demonstrieren sie jetzt eher an Hoffeinfahrten und in Weinprobierstuben. Kathrin Panne hat 1988 in ihrem Buch *Schnitzerkunst auf Weinfassböden* über 30 Schnitzer aus der Pfalz und Rheinhessen vorgestellt. Auch nach traditionellen Bauerngärten, wie sie Hoffmann beschreibt, muss man sich mittlerweile auf die Suche machen, denn ihr Platz hinter der Scheune ist häufig zum Bauplatz geworden. Während der Wirtschaftsgarten sich kaum verändert hat, wurde der mit Rondell, Kartusche und Buchseinfassung an höfischen Vorbildern orientierte Ziergarten häufig durch das moderne Einheitsgrün aus Zierrasen und Koniferen ersetzt. Zurückgedrängt wurden auch die Streuobstwiesen am Ortsrand und die dörfliche Spontanflora an Mauern, Brachflächen, Plastern etc. Dazu haben eine Zeit lang Wettbewerbe wie „Unser Dorf soll schöner werden" mit ihren städtisch orientierten Richtlinien beigetragen. Mittlerweile findet man neue Anlagen im alten Stil, Bauerngärten und Wildwiesen oder mit Grün bewachsene Hauswände wieder öfter. Die IG Gartenführerinnen lädt im Frühsommer zu Tagen der offenen Gärten und Höfe ein, und bei dieser Gelegenheit kann man einen Blick in die große Vielfalt an privaten Gartenanlagen in Rheinhessen werfen. Letztlich hat der liebevolle Blick von außen durch Zugezogene und Weinkäufer, die Einstellung in den Dörfern zu regionaler Tradition und Fassadengestaltung verändert.

„Schon seit dem ersten Drittel des 19. Jahrhunderts gibts in Rheinhessen keine Volkstracht mehr", schreibt Hoffmann (S. 57). Die jungen Männer ersetzten in der französischen Zeit um 1800 die Kniebundhose, die aus der feudalen Kleiderordnung des Mittelalters stammte, durch die lange Hose der Sansculotten. Aus alten Quellen beschreibt Hoffmann die Festtagstrachten des 18. Jahrhunderts: Die Männer trugen einen langen „Rock mit zwei oder gar vier Reihen ungeheurer (talergroßer) blanker Knöpfe, wozu das Brabanter Tuch nur einmal im Leben gekauft wurde, den Dreimaster auf dem Haupt, hirschlederne Hosen (die auch schon 1636 in Jugenheim Erwähnung finden), den Knotenstock in der Hand." (S. 59) Unterm Rock wurde eine Weste, „Schilleh" (franz. gilet) genannt, getragen. An den Füßen trugen die Herren Schnallenschuhe. Im Alltag war der Fuhrmannskittel aus blauem Leinen gebräuchlich. Als Kopfbedeckung machte sich im 19. Jahrhundert die Schildkappe, auch im Alltag, breit. Bei der Feiertagstracht der Frauen, Blaudruckrock (später Baumwolle), weiße Bluse und Mieder, wurden vor allem die Kopfbedeckungen und das Mieder, wahrscheinlich als Kennzeichnung für den Familienstand, betont. So sollen die Mieder der unverheirateten Frauen besonders farbenfroh, die der verheirateten eher dunkel gewesen sein. Die „Newelkapp" war eine hohe Haube, der „Schwartenmagen" ein flaches Häubchen, über dem man sogar noch ein Kopftuch tragen konnte. Bereits 1835 heißt es bei Heße (*Rheinhessen in seiner Entwicklung von 1798-1834*): „Die Hauben sind bei den jüngeren Frauen und Mädchen beinahe verschwunden." Niemand mehr kam also in Rheinhessen „unter die Haube". Die Jugendbewegung der 20er Jahre und der Folklorismus der 70er Jahre haben die Tracht für ihre Volkstanzensembles wieder neu entdeckt, weil sie eben „putzt", wie man sagt. Solange man dabei nicht die Vorzeigemode mit einem Original verwechselt und sich Mühe gibt, die alte Bedeutung von langen und kurzen Hosen, von Hauben und Goldlitzen zu verstehen und vielleicht sogar bewusst einzusetzen, ist dagegen überhaupt nichts einzuwenden. „Es gibt Leute genug, die dem Durchschnittsrheinhessen keines von beiden zutrauen", schreibt Hoffmann im Kapitel „Glaube und Aberglaube". Aber unter der aufgeklärten Oberfläche hat sich natürlich viel mehr an alten Denkgewohnheiten erhalten, als manchem Aufklärer lieb ist. Vielfach ist der alte, heute vielleicht wieder aktuelle Weisheitskern der Überlieferungen verballhornt und abgenutzt durch die Jahrhunderte. So wurden überall in Europa alte Segenssprüche, die durch Stabreim, Lautcharakter und rituelle Begleitung heilend wirken konnten, umgemünzt in Amulette mit unverständlicher Sprache und Floskeln aus dem christlichen Kirchenritus. Wilhelm Hoffmann zitiert aus zwei rheinhessischen „Brauchbüchern", die um 1800 aufgeschrieben wurden. Neben Rezepten zur Heilung von Mensch und Vieh, die aus bekannten magischen Schriften wie dem 6. und 7. Buch Mose oder dem Romanusbüchlein entnommen waren, gab es auch Rezepte aus in Rheinhessen heimischen Kräutern. In einem Artikel über volkstümliche Sitten der Gegend um Siefersheim von 1931 findet sich so z. B. der Hinweis auf die Verwendung von Schöllkrautsaft gegen Warzen. Diese Rezeptur, die übrigens bereits in den medizinischen Werken der Hildegard von Bingen vorkommt, wird in modernen pharmazeutischen Werken bestätigt.

Kenntnisse der Naturheilkunde, vor allem auch in der Frauenmedizin, waren einer der Gründe, warum Frauen seit dem 15. Jahrhundert als Hexen verschrien wurden. In den rheinhessischen Sagen ist vor allem der klassische Milchzauber überliefert, bei dem durch Hexerei Blut in die Kuhmilch gezaubert wird, oder aber die Kühe überhaupt keine Milch mehr geben. So hat Wilhelm Müller 1921 in seinem *Rheinhessischen Heimatbuch* (Band II) die Sage von einer Milchhexe aus der Eppelsheimer Blaugasse berichtet. Aufgeklärt wirkt dagegen die Geschichte, mit der begründet wird, dass die Spiesheimer „Zabbe" genannt werden: „Zur Zeit des Hexenwahns habe ein Einwohner von Spiesheim den Aberglauben der Leute zu seinem Vorteil missbraucht. Er molk heimlich in der Nacht in den Ställen eine Kuh. Als diese am nächsten Morgen keine oder nur wenig Milch gab, erbot er sich, für Geld oder Naturalien die Hexe, die hieran schuld sei, zu bannen. Hierauf verdingten ihn die Bauern. Der Scharlatan schlug alsbald einen Zapfen vom Weinfass (Zappen) in die jeweilige Stallmauer, sagte seine „Zaubersprüche" und kündigte an, bis mittags gebe die Kuh wieder Milch. Da

In der Bildmitte ist eine idyllische Weinbergsszene dargestellt, an den Ecken sind hessische Trachten dokumentiert, links unten die Trachten aus der Wormser Gegend (erkennbar am Dom). Stahlstich, um 1850

dies auch geschah, erhielt er von den Besitzern der Kühe, die an die Wirkung der Zauberformeln glaubten, reichlichen Lohn und lebte so von der Dummheit seiner Mitmenschen." (Koch, *Blarrer Zappe Leddeköpp*) „Losorakel sind bei Jung und alten sehr beliebt", stellt Hoffmann fest (S. 99), ebenso Astrologie und Wahrsagen.

Diese mehr erfolgsorientierten magischen Praktiken sind heute genauso aktuell wie in den 20er Jahren. Sie mögen den geschäftstüchtigen Rheinhessen auch mehr gelegen haben als ein Grübeln über Geheimwissenschaften. Elisabeth Langgässer hat das rheinhessische Hügelland in ihrem Buch *Proserpina* als magisches Land bezeichnet. Populär ist diese Auffassung nicht geworden. Doch es gibt in der ausgeräumten Landschaft natürlich eine ganze Reihe von Orten, denen besondere Qualitäten im fast

Das Kutschar im Wachwendel

Eine besonders orginelle Geschichte, in der sich die Motive des Mittagsgespenstes und des Aufhockers paaren, ist die vom Kutschar, das zwischen Wörrstadt und Ensheim umgehen soll. Das Kutschar bestraft Feldfrevel wie kleine Diebstähle von Getreide, achtet auf die Einhaltung der Arbeitszeiten und rächt sich für Verhöhnungen aller Art. Es ist sowohl um Mitternacht als auch in den „Untern" (mittags zwischen 12 und 13 Uhr) aktiv: „Ein übermütiger junger Mann aus Wörrstadt war einst zur Zeit des Nachherbstes in Ensheim zu Besuch gewesen. Da er dem neuen Wein mehr als gut war zugesprochen hatte, ging er seinen Heimweg in fröhlicher Weinlaune von statten. Als er an die gefährliche Stelle kam, schlug es gerade 12 Uhr. Statt mit einem Vaterunser auf den Lippen seines Weges weiter zu gehen, ließ er seiner losen Zunge freien Lauf. Um als besonders tapfer zu gelten, höhnte er das Kutschar mit dem Rufe: Kutschar komm, Kutschar komm! Sofort kam das unförmige Wesen herbei und fuhr dem weinseligen Burschen auf den Nacken. Ängstlich griff dieser nach dem Ungetüm, das wie Blei auf ihm saß. Doch vergebens suchte er es los zu werden. Wie von Entsetzen gejagt, eilte er in der Richtung nach Wörrstadt weiter, ohne daß ihn das Ungetüm locker gelassen hätte. Erst als die Lichter der ersten Häuser in Sicht kamen, verschwand die unheimliche Last. Niedergeschlagen und abgehetzt kam er nach Hause, – die Lust, das Kutschar zu verspotten, war ihm aber für immer vergangen." aus: Wilhelm Müller, *Rheinhessisches Heimatbuch*, 1921, S. 58)

vergessenen Sagenschatz der Landschaft zugeschrieben werden. So kommen aus dem Alzeyer Mühlbrünnchen die Kinder, in der Beller Kirche bei Eckelsheim geht ein kopfloser Wiedergänger um, Finthen hat seinen römischen Namen von mit Nymphen bevölkerten Quellen, auf dem Petersberg bei Gau-Odernheim soll eine „Stätte heidnischer Gottesverehrung" gewesen sein, in der Heidesheimer Gemarkung liegt die Karlsgrotte und nicht zu vergessen sind auch eine ganze Reihe von Hinkelsteinen und sagenumwobenen Einzelbäumen.

Im Gegensatz zum Mittelrhein mit seinen vielen Burgen sind in Rheinhessen die Sagen, Legenden und Geschichten meist unbekannt. Gesammelt hat sie in den 20er Jahren Wilhelm Müller in seinen beiden rheinhessischen Heimatbüchern. Da gibt es märchenhafte Erzählungen wie *Die Reise nach Venedig* aus Ober-Flörsheim, Geister- und Schatzgräbergeschichten wie von der weißen Frau in Westhofen, Schwänke wie die Volxheimer Kuckucksgeschichten oder Sagen wie die vom Mäuseturm in Bingen. Heute werden die meisten dieser Geschichten nicht einmal mehr in der Schule weitererzählt. Dafür gibt es neue Dauerbrenner nach altem Muster wie die Rettung der Stadt Alzey vor einem Bombenangriff im Zweiten Weltkrieg. Die Bomberpiloten sollen den außerhalb der Stadt gelegenen

Wartbergturm für den Kirchturm gehalten und daher dort statt über dem Zentrum ihre tödliche Last abgeworfen haben.

„Volksrätsel sind so selten wie Volkslieder", stellt Hoffmann enttäuscht fest. Von Volkstanz redet er erst gar nicht. Mittlerweile sind hier jedoch eine ganze Reihe an Tänzen und Liedern zu belegen. Hans von der Au hat in seine Tanzsammlungen auch rheinhessische Tänze wie den Schnicker aufgenommen, wenn er auch in den 20er Jahren in dieser Landschaft weniger gefunden hat als etwa in Nordhessen, dem Odenwald oder der Pfalz. Die zum Teil bis heute überlieferten Tänze und Lieder stammen, auch wenn sie ältere Formelemente aufgreifen, fast ausschließlich aus dem 19. Jahrhundert. Ein altes Tanzlied ist z. B. das bekannte:

Es geht nix iwwer die Gemitlichkeit (Gemütlichkeit),
ei jo, so so!
Wann de Vadder mit de Mudder uff die Kerwe (Kerb) geht,
ei jo, so so!
Seh isch do en Dibbe (Topf) mid Bohne steh
un do en Dibbe mid Brieh (Brühe),
dann loss isch den Dibbe mid Bohne steh
un geh zu meiner Marie,

welches ursprünglich im Wechsel von 4/4 und 3/4-Takt getanzt wurde. Neben den Balladen, wie sie in der Sammlung pfälzischer Lieder von Heeger und Wüst vorliegen, und den Kettenliedern, die sich vor allem bei den Auswanderern in Nordamerika erhalten haben, gab es vor allem einen reichen Schatz an politischen Liedern aus der Mainzer Republik und dem Vormärz, der erst in den letzten Jahren Stück für Stück aus den Archiven ans Tageslicht kommt und neu bearbeitet wird. Ein typisches Beispiel dafür ist das *Rheinische Lied*, welches das 1840 in der *Trierischen Zeitung* erstmals veröffentlichte Rheinlied von Nikolaus Becker konterkariert. Im bekannten nationalistischen Original heißt es mit Blick auf die Franzosen: „Sie sollen ihn nicht haben, den freien, deutschen Rhein, ob sie wie gierge Raben sich heiser danach schrein." Ein Anonymus hat es ein paar Jahre später mit Blick auf den Preußenprinzen Wilhelm (später als Kaiser Wilhelm I.) und seine Niederschlagung der 48er Revolution in Berlin gedichtet:

Rheinisches Lied

Wir wollen ihn nicht haben, den Herrn Kartätschen-Prinz.
Mag Rußland ihn begraben in seiner Eisprovinz.
Mag er darauf verzichten zu herrschen hier am Rhein,
wir wollen ihn mitnichten, den Brudermörder! – nein!

Wir wollen ihn nicht haben, den Schild der Despotie,
der für der Freiheit Gaben nie fühlte Sympathie.
Der nur die Frucht vom Fleiße des armen Volks genießt,
und der als ächter Preuße dasselbe niederschießt.

Wir wollen ihn nicht haben, den großen Paradeheld,
der unsre wackren Knaben als seine Puppen hält,

Lutherring (ehemalige Bismarckanlage), Konzert der Kapelle Leucht, ca. 1925-1929 in Worms

der nur das Volk zu Knechten, zum Brudermord es zwingt,
und der statt deutsche Rechte nur Rußlands Knute bringt.

Wir alle wollen haben am freien, deutschen Rhein
das Königthum begraben und selbst Regenten sein,
nur dann erblüht für Jeden der Freiheit wahres Glück,
drum fort mit Majestäten! Es lebe die Republik!

Auch die überlieferten Kinderreime spiegeln den respektlosen Umgangston Rheinhessens wieder, der die meisten Neubürger wohl ebenso abstößt wie fasziniert:

Heid Owend (Abend) kimmd de Niggeloos (Nikolaus).
Was will er dann vun mer.
Isch nemm en an de Zibbelkabb (Zipfelmütze)
un schmeiß en vor die Deer (Tür).

Oder:

Isch waaß (weiß), was isch waaß:
E Hinkel (Ein Huhn) is kaa Has.
Die Mudder färbt die Ajer (Eier)
un de Vadder leht se ins Gras.

Als außerordentlich ergiebig bezeichnet

Hoffmann das Kapitel der Ortsneckereien. Hans-Jörg Koch hat daraus sogar ein ganzes Buch *Blarrer Zappe Leddeköbb* gemacht. Genauso wie die umfangreiche Sammlung rheinhessischer Schimpfworte vom gleichen Autor (*Wenn Schambes schennt*) beweist sich darin die derbe Spottlust der Rheinhessen. Da gibt es: Plasterschisser, Blackärsch, Dibbeschisser, Stumbesiffer, Kapellschisser, Krautschisser, Schwollehubbser, Bloomäuler, Buddermilchsäck, Rotärsch u. v. m. Typische Schimpfworte sind: Allmoi (Einer, der alles haben will), Babbich Gudsje (Schmeichler), Babbsack (moralisch und/ oder körperlich ungepflegte Person), Bläß (Narr), Fulder (ungehobelter Mensch), Vejelshannes (nervöser Mensch) oder Massik (Einer, der mit dem Kopf durch die Wand will). Auch Spitznamen waren und sind sehr beliebt. Mit diesem umfangreichen Repertoire an sprachlichen Waffen können Rheinhessen schnell verletzend sein, ohne es zu merken. Untereinander schützt einen ein dickes Fell vor Verletzungsgefahr.

Die rheinhessische Mundart zählt zusammen mit der von Nassau, Oberhessen, Starkenburg, Nordbaden und der Rheinpfalz zum Rheinfränkischen. Das Sprachgebiet grenzt sich nach Osten und Süden ab durch p statt pf (Pund statt Pfund/Appel statt Apfel) und nach Norden durch s statt t (das statt dat/was statt wat). Mit dem Pfälzischen ist es enger verwandt durch die Vorliebe für sch (fescht statt fest/du hosch statt du host). Diese Vorliebe geht so weit, dass es für einen Rheinhessen nur unter großen Mundverrenkungen möglich ist, ein ch wie in Licht nach der Norm auszusprechen. Dazu passt die beliebte Verkleinerungssilbe che (Kichelche von Kuchen). Das nördliche Rheinhessen um Mainz orientiert sich stärker über den Rhein (fest statt fescht), in den Städten Mainz, Worms und Bingen gibt es einen ans Hochdeutsche stärker angepasster Honoratiorendialekt, der sich mittlerweile auch zunehmend auf dem Land ausbreitet. Vokalische Besonderheiten sind: A wird zu O (Owend statt Abend), I/Ü zu E (Veh statt Vieh/Deer statt Tür), U zu O (korz statt kurz), EI zu AI/OI/A (Ajer statt Eier/blaiwe statt bleiben/Woi statt Wein). Konsonantische Besonderheiten sind neben p statt pf und scht statt st: B/F zu W (Gawel statt Gabel/Deiwel statt Teufel), Schwund von G (Ae statt Augen; in Worms „Ache“ als Zwischenform), D/T zwischen Vokalen zu R (Brurer statt Bruder) und Anfangs-J zu G (Gehannsdrauwe statt Johannisbeeren). Statt dem Imperfekt wird immer das Perfekt benutzt (Isch hunn geschreb), Präsens und Konjunktiv werden oft mit Hilfsverben umschrieben (Isch du schreiwe/Er hot gschreb, er det kumme). Im Wortschatz fällt neben dem großen Sprachreichtum bei Neckereien, Ausdrücken für Essen und Trinken und Begriffen der ländlichen Fachsprachen eine große Anzahl an Worten französischer und hebräischer Herkunft auf.

Vom Brauchtum der Lebens- und Jahreszeit und des ländlichen Arbeitsalltags, das Hoffmann ausführlich beschreibt, hat sich nicht sehr viel erhalten. An seine Stelle sind häufig moderne Formen getreten. So hat sich das Schwergewicht des Kerwebrauchtums (Kerwered, Kerweumzug etc.) auf die von Mainz aus sich verbreitende Straßen- und Saalfastnacht verlagert. Um 1900

Dreikönigsdreschen in Westhofen

und in den 30er Jahren wurden die meisten Feste, meist Weinfeste, neugeschaffen, zum Teil anknüpfend an alte Traditionen wie beim Guntersblumer Kellerwegfest. So schreibt Bronner 1834: „Schließlich will ich noch eines Gebrauchs erwähnen, der zwar an anderen Orten früher auch ziemlich üblich war, jetzt aber so ziemlich verschwunden ist, außer in Guntersblum, wo er noch in voller Kraft aufrecht erhalten wird. Ich meine damit die Keller-Gastfreundschaft. Hier ist es nämlich üblich, daß gegen das Frühjahr, wenn der Wein abgestochen wird, jeder Kellerbesitzer, dessen Keller nicht weinleer ist, seine Nachbarn, Verwandte und Bekannte zu einem Imbiß einladet, welcher in dem Keller selbst eingenommen wird.“ (S. 59/60) Ebenfalls erhalten hat sich vom Maibrauchtum das Maibaumstecken und das Schabernacktreiben der jugendlichen Jahrgangscliquen in der Hexennacht. Durch Brauchtumsvereine neu inszeniert wurden Feuer wie das Winteraustreiben in Alzey, das anfangs leider immer wieder als Hexenfeuer von seinen Veranstaltern missdeutet wurde und damit weniger an die alten Maifeuer mit Tanz, Feuerrädern oder Sprüngen durchs Feuer erinnert, als an die finstere Zeit der Hexenverfolgung.

In katholischen Gemeinden nehmen Dreikönigssingen als letzter Heischebrauch und Martinsumzüge in den letzten Jahren wieder zu. Gehalten hat sich auf dem Land auch die Bedeutung der Konfirmation als großer Familienfeier und das damit verbundene opulente Festessen. Festtagsgerichte und ihre alte Reihenfolge bei Hochzeiten, runden Geburtstagen oder an Kerb haben auf dem Land, zumindest bei der älteren Generation, noch nichts von ihrer Anziehungskraft verloren. Die Ausdehnung der Schulzeit hat den Städten im Rahmen der Abiturfeiern feucht-fröhliche Umzüge im Frühjahr beschert. Bei Hochzeiten besteht vereinzelt noch die Sitte des Groschenwerfens, wenn das junge Paar aus der Kirche kommt, häufiger wird der Polterabend gefeiert, den Hoffmann 1932 noch gar nicht gekannt hat. Die alten Herbstbräuche sind fast alle mit dem Einzug der Vollernter in die Weinberge verschwunden. Auch beim Arbeitsbrauchtum sind jedoch Vereine in die Bresche gesprungen. So veranstalten die Westhofener jedes Jahr am 6. Januar unter großem Zuspruch ihr Dreikönigsdreschen, für das sie sogar neben dem sportlichen Wettkampf neue Ämter und Rituale entwickelt haben. Herbert und Elke Schwedt fassen in ihrem Buch *Bräuche zwischen Saar und Sieg* zusammen: „Von einem allgemeinen Niedergang ... ist nicht zu sprechen. Neue oder doch erneuerte Festbräuche haben ältere überlagert oder verdrängt ... Unser Jahrhundert und das vorige haben Beispiele dafür geliefert, wie, nach allgemeiner Vorstellung, ein Brauch, ein Fest nicht auszusehen zu habe: nicht wild, nicht exzessiv, nicht überbordend. Vielmehr bestimmt das Prinzip der Ordnung das Geschehen und das der schönen, harmonischen Form ... Das ist sehr bürgerlich und hat neben anderem zumeist auch einen pädagogischen Effekt. Und das ist durch einfache Übereinkunft immer weniger und seltener zu erreichen; also werden zunehmend Organisationen, Institutionen aktiv ... Der örtliche Bauhof, der den Maibaum aufrichtet, ist geradezu ein Symbol dafür." (S. 222)

Aber schon geht die Entwicklung weiter. Trotz noch gut besuchter Volksfeste klagen viele Vereine über zu wenig Mitarbeiter. Kleine und größere Gruppen klinken sich aus den allzu festen Organisationsformen des 19. Jahrhunderts, den Vereinen und Parteien aus und feiern alleine Straßen- und Gruppenfeste, zwanglos und ohne Wiederholung oder in jährlich wechselnder Besetzung; für das organisatorische Rückgrat sorgen zunehmend Einzelhandel und Freizeitgewerbe oder projektorientierte Initiativen aller Art, die sich nach getaner Arbeit wieder auflösen.

Fastnacht ist die fünfte Jahreszeit

„Nur der Mangel an politischem Leben, die Möglichkeit, politisch sich auszudehnen, trieb die Mainzer und die meisten rheinischen Narren unter die bunte Narrenkappe, die einzige Zufluchtsstätte derer, die nach Freiheit der Gedanken und der Rede sich sehnten. Maskenfreiheit war die einzige Freiheit, welche den Deutschen noch geblieben war."

So charakterisiert die Mainzer Zeitung *Der Demokrat* am 22.2.1849 die Fastnacht am Rhein als Ausdrucksform gegen die Zensur der Restauration. Und in der Tat: Die organisierte Fastnacht, wie wir sie heute noch als lebendigstes Element der Volkskultur im Rheinland zwischen Speyer und Köln kennen, ist ein Kind der bürgerlichen Öffentlichkeit des 19. Jahrhunderts.

In der Kölner Fastnachtsreform von 1823 wurden „die zersplitterten Kräfte der Banden auf den neuen Siegeszug des Helden (Karneval, der Verf.) konzentriert, den man auf den Montag legte, und zur Vorbereitung des Festes richtete man Generalversammlungen ein, die späteren Sitzungen." (J. Klersch, *Die Kölner Fastnacht*, S. 85) Die Accessoires stammen von den Jakobinern: Die Phrygiermütze wird zur Narrenkappe, der Jakobinerclub zum Narrenclub, das re-

Karikatur aus der „Neuen Mainzer Narrenzeitung" auf die ersten Damensitzungen

volutionäre Tribunal zum Elferrat und der öffentliche Ankläger zum Protokoller (nach A. Keim, *11mal politischer Karneval*, S. 30). Auch die Organisation als Verein ist eine typische Form der bürgerlichen Gesellschaft und hat seine Vorläufer in den Lesegesellschaften der Aufklärung. Etwas abschätzig beurteilte man die älteren Traditionen der Narrheit: „Bis zum Jahr 1836 war dieses harmlose Volksfest so ziemlich in Verfall geraten, und so weit gekommen, dass man in der altkatholischen, lebenslustigen, humorreichen Moguntia das Herumstreifen einzelner, isolierter Harlequins mit bunten, abgeschabten Fetzen am Leibe, und mit abgeschabten Witzen im Kopfe noch ein Carnevalsfest zu nennen wagte." (E. Reis, *Mainzer Silhouetten und Genrebilder*, S. 260)

1838 wurde daher der Mainzer Carneval Verein (MCV) in Anlehnung an das Kölner Vorbild gegründet, 1833 hatte bereits ein Binger Narren-Comité einen Fastnachtszug veranstaltet, 1840 rief man die Wormser und 1843 die Alzeyer Narrhalla ins Leben. Die Besonderheit der Mainzer Fastnacht, die bis zur Jahrhundertwende als Modell fast in ganz Rheinhessen übernommen wurde, war die politisch-literarische Ausrichtung mit einer deutlichen Aufwertung der Sitzungen gegenüber den Bällen und Umzügen.

„Der mittelrheinische Karneval ist nach Idee, Form und Soziologie seiner Träger ganz neunzehntes Jahrhundert. Er ist bürgerliche Honoratiorenveranstaltung, seine Organisation selber ein Stück vormärzlicher Honoratiorendemokratie." (A. Keim, S. 48) Mit dem Aufstieg der „Aktiven" in der Gesellschaft ändert sich dann auch der Tenor der Fastnacht. Nach 1871 wird ein Teil der Fastnacht

Die Zensur – das närrische Thema im Vormärz. Illustration aus der Zeitschrift „Narrhalla", 1846

nationalliberal. So singt man in der Wormser Narrhalla 1886:

Die Serben glaubten schon im Sack
die Bulgarei mit Sack und Pack.
Nicht faul der Alexander,
haut tüchtig ihn'n die Jacken voll,
jagt heim sie all mit'nander.
Deutschland einig, groß und stark
durch Kaiser Wilhelm und Bismarck
ein Machtwerk läßt's gebieten,
wenn Wolken an dem Horizont,
so bürgt's uns für den Frieden.

Der andere Teil lässt auch nach der Reichsgründung die alten antipreußischen Töne gegen den Untertanengeist hören. So singt man 1907, im Jahr des „Hauptmanns von Köpenick", beim Mainzer Carneval Club (MCC):

Des deutschen Michels Urteilskraft ist wirklich ganz abnorm,
er sieht sein höchstes Ideal in Extra-Uniform,
wenngleich oft in der Uniform der dümmste Simpel steckt,
erweist der Michel ihm devot den schuldigen Respekt!
... Wohin das Soll- und Muss-System den deutschen Michel führt!
Jetzt zupft sich Michel an den Ohren, denn er wird alt,
er fürchtet, weil er dumm geboren, nur die Gewalt.

Das Hauptthema der 20er Jahre ist die französische Besetzung des Rheinlands:

Und toben auch Stürme brausend,
hört, was euch sagt Vater Rhein!
Ein Deutscher war ich ein Jahrtausend,
und werd es noch Tausende sein.

(A.Keim, S.163) Auch hier waren die Quellen der närrischen Kritik jedoch sowohl national als auch demokratisch. Denn es ging schließlich auch um die einmal hart erkämpfte Redefreiheit:

Die Hall ist frei – awwer mir noch nit.
Mir bringe noch immer den Maulkorb mit.
Auf Befehl von Koblenz und Binge/derfe mir das Deutschlandlied nit mer singe.
Drum fahr ich alle Sonntage jetzt
als braver deutscher Mann
extra nach Frankfurt – bloß daß ich emol des Lied dort singe kann.
(Narrhalla vom 15.1.1927).

Selbst unter den Nationalsozialisten, welche auch die Fastnacht gleichzuschalten suchten, bleibt die Abwehr der staatlichen Zensur fastnachtliches Thema. So reimt Seppel Glückert 1935 in Mainz:

Aach, wenns hääßt, im Dritten Reiche,
tät mer all mein' Vers'cher streiche! -
Tröst euch, Kinner, loßt die Tricks,
Ich loß mir beschneide nix.
Un ich mään, ich hätt im Kreis
hier erbracht schun den Beweis,
bald, ich wunner selbst mich drum,
daß ich laaf noch frei herum.

Auch nach 1945 geht die Auseinandersetzung zwischen, sagen wir, konservativen und liberalen Elementen in der Fastnacht ungebrochen weiter. Herbert Bonewitz, einst Star der „Gonsbachlerchen" in der Mainzer Fernsehfastnacht, wechselt 1975 als Kabarettist auf die Kleinkunstbühne des Unterhauses wegen „der ständigen Kämpfe der etablierten Frohsinnsfunktionäre gegen den rebellischen Hackethal der Meenzer Fassenacht." (*Kleinkunst – auf Teufel komm raus*, S. 366)
Heute gibt es in fast jedem rheinhessischen Dorf einen Karnevalsverein oder zumindest die Karnevalsabteilung eines anderen Vereins. Geheimtipps für gute Büttenredner kann man überall sammeln, nicht nur in Mainz. Geboten wird nicht nur politische Satire, sondern auch viel Parodie und komödiantische Blödelei. Possen werden in Mainz jährlich und in Worms alle zwei Jahre aufgeführt. Durch das Fernsehen hat sich die Fastnacht in und um Mainz allerdings noch stärker ans Modell angeglichen, immer mehr bekannte Redner reisen für Gage während der Kampagne von Sitzung zu Sitzung. Das macht den Witz der Vorträge nicht schlechter, aber es führt zum Fehlen von Lokalkolorit. Andererseits hat die Fernsehfastnacht Mainz und

sein respektloses Mundwerk bundesweit bekannt gemacht. Eine Umfrage hat im Jahr 1984 ergeben, dass 72 % aller Bundesbürger Mainz spontan mit der Fastnacht verbinden. Dazu trägt natürlich auch der viel besuchte Rosenmontagszug bei, welcher die gesamte Stadt am Ende der Kampagne in ein wogendes Narrenmeer verwandelt.

Obwohl die organisierte Fastnacht also eindeutig Ausdruck des 19. Jahrhunderts ist, sind die historischen Quellen der „Narrenfreiheit" natürlich viel älter. Von den römischen Saturnalien über die mittelalterlichen Maskenfeste bis zum „Mainzer Königreich" des 17. und 18. Jahrhunderts, bei dem die Wahl eines närrischen Königs den feudalen Alltag auf Zeit auflöste, ziehen sich die Motive von Lebenslust und „verkehrter Welt". Immer wieder fürchteten daher die Regierenden den Aufruhr der Masken. 1431 verbietet der Kölner Rat den Brauch, nach 1795 untersagen die Franzosen Maskentreiben, erlauben allerdings nach Anmeldung das Abhalten von Bällen. Angst hatte man also mehr vor den nicht organisierten und damit nicht kontrollierbaren Formen der Fastnacht.

Ältere, ländliche Formen sind heute fast ganz verschwunden, ja, die Fastnacht hat sogar große Teile von anderem Jahresbrauchtum an sich gezogen. So haben sich „Kerwered" und „Kerweumzüge" verloren und ihre Talente auf die Fastnachtszeit verlagert. Die Heischeumzüge, die noch bis in die 50er Jahre des 20. Jahrhunderts prägend für die dörfliche Fastnacht waren, gibt es nicht mehr. Am Fastnachtsdienstag, dem Tag der unorganisierten Fastnacht, zogen die Kinder singend von Haus zu Haus und erhielten dafür Speck, Eier, Mehl, später Pfennigstücke.

Fastnacht bei der Wormser Narrhalla (1937)

Fastnachtslieder waren:

Hannappel di han,
die Fassenacht geht an,
do kummen die Faßnachtsbiewercher
un singen scheene Lierercher.
Hannappel di han!
Gewen mer Eier orer Speck,
dann geh ich vun de Deer eweg!
Dort drowe in de Ferscht,
do hängen lange Werscht,
die korze lossen hänge. (aus Alzey)
<u>Oder:</u>
Die Pann kracht, die Pann kracht,
die Kichelcher sein geback!
Eraus mit, eraus mit,
mer stecke se in de Sack. (aus Siefersheim).

Verschwunden sind damit auch die alten Lärminstrumente wie Teufelsgeige oder Ratsche. Doch beides wurde ersetzt: die Heischelieder durch Karnevalsschlager und die Lärminstrumente durch Spielzeugpistolen. Krachmachen und Singen macht – nicht nur – den Rheinhessen eben immer noch Spaß.

Reisen durch das Hügelland

Worms – Hauptstadt der Nibelungensage

„Ze Wormez bi dem Rine, sie wonten mit ir kraft", heißt es im Nibelungenlied (um 1200) von den Burgundern. Während die Wissenschaft sich jedoch nach wie vor streitet, wie viel historische Substanz aus der Zeit der Völkerwanderung im Sagenstoff enthalten ist, steht einwandfrei fest, dass der unbekannte Dichter mit seinem Werk die ritterlich-höfische Welt des Mittelalters an den politischen Zentren der damaligen Zeit, Oberrhein und Donau, detailgetreu porträtiert hat. Und genau in diese Zeit (11. bis 13. Jahrhundert) fällt auch die große Zeit der Freien und Reichsstadt Worms.

Es ist die Zeit der ottonischen, salischen und staufischen Kaiser, die Zeit einer starken politischen Zentralgewalt in Deutschland, die in besonderem Maß von den Städten gestützt wurde. Den Anfang in Worms setzt Bischof Burchhard I. (1000-1025) mit dem Baubeginn an seinem Dom. 1184 fasst Friedrich I. Barbarossa die kaiserlichen Privilegien für Worms wie die Zollfreiheit in einer Urkunde zusammen, die den Grundstein legt für die Auseinandersetzung zwischen bürgerlichem Rat und Bischof über die Vorherrschaft in der Stadt. Zur gleichen Zeit begründen jüdische Gelehrte wie Rabbi Salomo ben Isaak aus Troyes, genannt Raschi, den Ruf von Worms als „Klein-Jerusalem". Als die Stadt 1254, beim Tod des letzten staufischen Königs, Konrad IX., Mitbegründerin des rheinischen Städtebundes wird, zeichnet sich bereits der Niedergang der königlichen Zentralgewalt und damit auch der Freien und Reichsstädte am Oberrhein ab. Die Goldene Bulle von 1356 stärkt die Territorialfürsten wie Kurmainz und Kurpfalz, die sich infolgedessen immer mehr in die Geschichte von Worms einmischen. 1495 mit Kaiser Maximilians Reichstag, auf dem der ewige Landfriede ausgerufen wird, und 1521, als Martin Luther während des Reichstags den Widerruf seiner Schriften verweigert, erlebt die Freie und Reichsstadt ihre letzten historischen Höhepunkte an überregionaler Bedeutung.

Ab 1522 muss sie einen Schirmvertrag mit dem kurpfälzischen Nachbarn schließen. Die politischen Auseinandersetzungen des lutherischen Worms mit der reformierten Kurpfalz schlagen sich auch in der Stellung der reformierten Bürger nieder, die ebenso wie die Katholiken und die ohne Bürgerrecht in den Mauern lebenden Juden und Beisassen nicht im Rat vertreten sein dürfen. Um Worms herum wachsen die Residenzen der Kurfürsten wie Heidelberg und Mannheim oder neue Manufakturstädte wie Frankenthal (1562). 1658 – nach dem Dreißigjährigen Krieg – macht Kurfürst Karl

Ludwig der wenig zerstörten, aber hochverschuldeten Freien und Reichsstadt das Angebot, neue kurpfälzische Residenz zu werden. Durch Gewerbefreiheiten und den Bau einer Rheinbrücke werde die Wirtschaft angekurbelt, argumentiert er. Die Wormser aber lehnen ab, um ihre alten Freiheiten zu behalten. Daher begünstigt die merkantilistische Wirtschaftspolitik der Territorialfürsten im weiteren Verlauf der Geschichte die Entstehung der heutigen Ballungsgebiete Rhein-Neckar und Rhein-Main. 1689 zerstören die Franzosen die mittelalterliche Stadt im pfälzischen Erbfolgekrieg so gründlich, dass man heute bürgerliche Bauwerke aus Gotik und Renaissance nur mit detektivischen Detailkenntnissen aufspüren kann. Die Französische Revolution und ihre Folgen beenden schließlich 1800 die Geschichte von Bistum und Stadtfreiheit endgültig. Und noch einmal wird die Stadt vom Krieg schwer geschlagen: beim Bombenangriff am 21.2.1945. „Die Menschen in den Kellern beten, weinen, schreien, trösten. Wo die Häuser brennen, suchen sie sich zu retten und dem Tod zu entkommen ... Viele fliehen vor die Stadt. Sie sehen Worms brennen, wie unsre Vorfahren 1689 ihre Stadt schon einmal haben untergehen sehen. Damals wurde als ein Zeichen der Buße die Dreifaltigkeitskirche errichtet. Jetzt sinkt sie als lodernde Fackel in sich zusammen", heißt es in einem Augenzeugenbericht. In dieser Nacht wird auch ein großer Teil des barocken Worms und der Stadterweiterung aus der Zeit um 1900 zerstört. Die große Geschichte der Stadt, besonders die der Bürger und kleinen Leute, ist also wegen der Zerstörungen zweier Kriege an den Baudenkmälern im Stadtbild nicht oder kaum mehr zu sehen; sie muss gedacht und sie kann inszeniert werden.

Kaiser Friedrich I. Barbarossa (1121-1190) verlieh der Stadt Worms 1184 Zollfreiheit. Buchminiatur

Johann Nikolaus Götz
1721 Worms – 1781 Winterburg bei Bad Kreuznach

Biografie: 1721 in Worms geboren; 1739 Theologiestudium in Halle/Freundeskreis Gleim, Uz und Rudnik; 1742 Hauslehrer in Ostfriesland; 1743 Rückkehr nach Worms; 1744 Hofprediger in Forbach; 1745 Anonym *Versuch eines Wormsers in Gedichten*; 1746 Übersetzung *Die Oden Anakreons, in reimlosen Versen* (zusammen mit Uz); 1750 Übersetzung *Vier Gesänge von Gresset Paperle*; 1751 Pfarrer in Hornbach; 1752 Heirat mit Christine Johanette Hautt, geb. Cäsar; 1754 Pfarrer in Meisenheim; 1759 Übersetzung *Die Tempel zu Guides* (Montesquieu); 1761 Pfarrer in Winterburg. Von Johann Gottfried Herder stammt auch sein Beiname „Winterburger Nachtigall". Und wie Herder orientierte sich auch der Anakreontiker Götz an der Französischen Aufklärung. Götz förderte den Badenheimer „Bauerndichter" Isaak Maus und den Kreuznacher Maler und Dichter Maler Müller. Herder schreibt 1783: „Wer hat uns mehrere und angenehmere Formen gegeben als unser Götz? den man den vielförmigen nennen könnte ... sanft ruhe die Asche dieses während seines Lebens unbekannt gebliebenen Dichters!" Ein Denkmal des Dichters aus der Werkstatt des Magdeburger Bildhauers Heinrich Apel steht seit 1998 im Park des Heylshofes. Im Poem *Ueber den Tod seines Bruders Cornelius Georg Götzens* (1747) tauchen Wormser Topoi auf wie die Herren von Dalberg mit ihrem Stammsitz in Herrnsheim und die Maulbeerau am Altrhein gegenüber der Stadt:

Nunmehr beseufzen dich die goldnen Aehren,
Die fetten Wingerte, die Blumenflur,
Der prächtge Tempel, wo du kunstreich sangest
Die Maulbeerau, und Dahlbergs Sommerbusch.
Der Vater Rhein geht aus den dunklen Grotten
Gantz triefend ans Gestad, und rufet dir,
Dreht rund umher die grossen Riesenaugen,
Und findt dich nicht, und schmilzt für herber Pein.

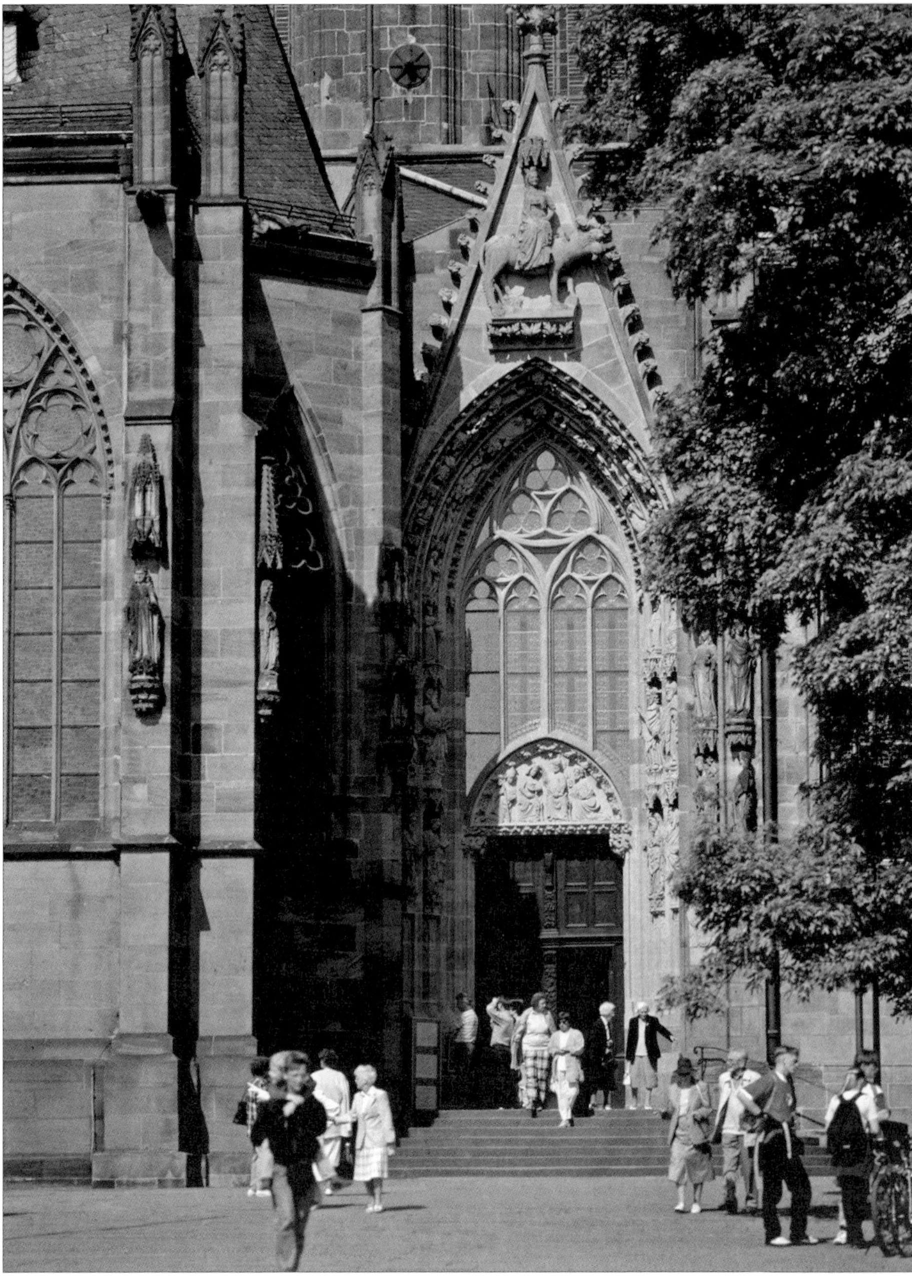

Der Dombezirk

„Mein Worms ergötzt mich schon von Ferne", schreibt der Anakreontiker Johann Nikolaus Götz „bey Wiedererblickung seiner Vaterstadt" im November 1743. Und weiter: „Und du, o Thurm, dort in der Mitte!" Noch heute sieht man vom Westen, auf einem Lössrücken des rheinhessischen Hügellandes her kommend, als erstes den „Thurm, dort in der Mitte", den spätromanischen Dom, der allerdings insgesamt sechs Türme (vier Rund- und zwei Kuppeltürme) hat.

Der hochwasserfreie Platz zwischen Eisbach im Süden und Pfrimm im Norden, an dem das Wormser Zentrum liegt, ist seit mehr als 6000 Jahren besiedelt. Aus dem keltischen Namen „Borbetomagus" wurde im Lauf der Jahrhunderte „Worms". Die Römer nannten die Stadt nach den germanischen Bewohnern des Umlandes „Civitas Vangionum" (Hauptstadt der Vangionen). Erst im späten Mittelalter setzte Friedrich Zorn (1583-1610), Rektor der Wormser Stadtschule, den Landschaftsbegriff „Wonnegau" für das Wormser Umland in Bezug zu den „Vangionen". Zorn spielte mit dem Begriff „Wonnegau" aber wohl eher auf die Fruchtbarkeit der Landschaft an, von der es bereits 1155 beim Chronisten Friedrich I. Barbarossas heißt: „Dieses Gebiet nämlich ... ist reich an Getreide und Wein und bietet eine Fülle von jagdbarem Wild und Fischen."

Alte keltische Siedlungen wurden bisher nur in Außenbereichen der Stadt durch archäologische Funde nördlich der Pfrimm in der Rädergewann (Mainzer Straße), in Worms-Nord und im Stadtteil Pfeddersheim nachgewiesen. Das „Forum romanum" lag allerdings auf dem Domhügel, ebenso der römische Tempelbezirk. Die Fundamente einer solchen Anlage (50 mal 30 Meter) wurden 1906/07 bei Renovierungsarbeiten in einigen Mauerzügen unter dem Dom entdeckt. Auch die karolingische Kaiserpfalz, die staufische Pfalz und der Bischofshof befanden sich im Dombezirk. 1884 wurde in der Nordwestecke des Geländes im Auftrag des Lederindustriellen Freiherr Cornelius Wilhelm von Heyl zu Herrnsheim (1843-1923) der „Heylshof" in neubarockem Stil errichtet. Anstelle des 1689 und 1794 von den Franzosen zerstörten Bischofshofes entstand ein kleiner Park, dessen zum Teil exotische Bäume Rundgangsziele eines Wormser Baumführers sind. An die traditionsreiche Geschichte dieses Ortes, an dem auch die großen Reichstage von 1495 und 1521 abgehalten wurden, erinnert eine kleine Tafel am Ausgang des Parks zum Schlosspark: „Hier ist eine der denkwürdigsten Stätten des Abendlandes. Hier war der heilige Tempelbezirk der Römer, die Königsburg der Nibelungen, die Kaiserpfalz Karls des Großen, der Hof des Fürstbischofs von Worms ..., mehr als 100 Reichs- und Fürstentage fanden hier statt. Hier stand vor Kaiser und Reich Martin Luther." Alles, was Rang und Namen hat in der deutschen Geschichte, wurde von Stadtarchivar Friedrich M. Illert (1892-1966), dem Autor der Tafel,

Links: Die steinerne Bilderbibel charakterisiert das Dom-Südportal als „Portal des Volkes"

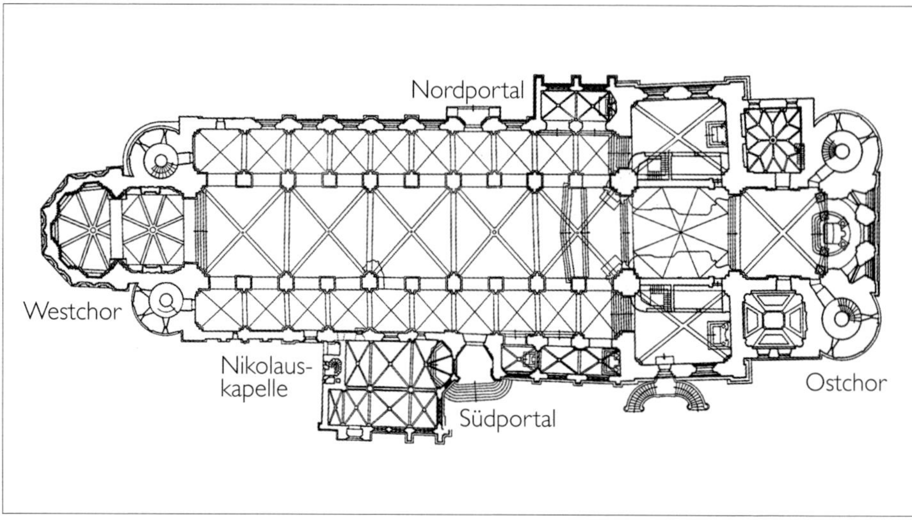

Grundriss des Wormser Domes

so an einem Platz versammelt: die Dom-, Luther- und Nibelungenstadt Worms im Schnelldurchgang sozusagen. Was fehlt, ist allerdings die jüdische Geschichte und die Geschichte der Arbeiterschaft im 19./20. Jahrhundert, die andrerseits durch den Prunkbau des ehemals größten Arbeitgebers am Ort indirekt vertreten ist.

In die „hohe Zeit" der Freien und Reichsstadt Worms (1000-1250) fällt auch das Wirken der Dombauhütte, die sowohl am fränkischen als auch am alemannischen Oberrhein einen schulbildenden Einfluss in der staufischen Architektur hatte. Besonders der Wormser Kapitelltyp und die Gliederungselemente der Domfassaden prägten lange Zeit den Baustil am Oberrhein. Der spätottonische Domneubau von Bischof Burchhard I. (Baubeginn zwischen 1005 und 1010) legte bereits den heute noch bestehenden Grundriss fest: eine dreischiffige, kreuzförmige Pfeilerbasilika mit zwei halbrunden Chören im Osten und Westen, die von jeweils zwei Rundtürmen flankiert werden. Schon der Dom zur merowingischen (um 630) und zur karolingischen (um 870) Zeit konnte durch Bodenfunde als dreischiffige Basilika, allerdings ohne Querhaus und Türme nachgewiesen werden. Der bekannteste der für die spätottonische Zeit typischen Rundtürme ist der Südwestturm, auch Eselsturm genannt, der u. a. dem Transport von Baumaterialien auf Eselrücken nach oben diente. Die Nikolauskapelle an der Südseite stammt von 1058 und wurde im späten 13. Jahrhundert in gotischem Stil neu erbaut. Sie enthielt Nikolaus-Reliquien, welche die Frau von König Otto II., die byzantinische Prinzessin Theophano, mit in die Ehe gebracht hatte. Seit dem Stadtbrand von 1689 befindet sich hier der spätgotische

Bischof Burchard I. (1000-1025)

Seit dem späten 4. Jahrhundert war Worms Bischofsstadt. Um 900 erwarb das Grafengeschlecht der Salier, welches im 11. Jahrhundert mehrere Kaiser stellte, Besitz in Worms und baute im Osten der Stadt eine Burg. Bischof Burchard, der um 965 im nördlichen Hessen geboren wurde, war ein Schüler des einflussreichen Mainzer Erzbischofs Willigis. Dies und der enge Kontakt mit Otto III. über die Mitgliedschaft in der königlichen Hofkapelle führten 1000 zur Einsetzung als Bischof von Worms. 1002 gelang es Burchard, den Saliererben Otto von Kärnten zum Tausch seiner Wormser Güter mit Königsgut in Bruchsal zu bewegen. Damit festigte er die bischöfliche Stadtherrschaft. Die Salierkaiser wählten ein Jahrhundert später den Speyrer und nicht den bis dahin genutzten Wormser Dom zu ihrer Grablege. Die Salierburg wurde eingeebnet. An ihrer Stelle wurde das Stift St. Paul errichtet. Gemeinsam mit St. Andreas im Süden, St. Martin im Norden und dem Dom-Neubau im Osten entstand so unter Burchard die bis heute sichtbare Stadtgestalt. Zwischen 1008 und 1012 schuf er „mit dem „Decretum Burchardi" in 20 Büchern eine vorbildliche Sammlung kirchenrechtlicher Vorschriften." (Bönnen/Spille, *Bischof Burchard*, 2000, S. 27) Darin finden sich Hinweise auf zahlreiche magische Praktiken wie Neujahrsbräuche, Wahrsagung, Amulette, Regen- und Liebeszauber, Quell-, Baum- und Steinkultur und die Verehrung von drei Jungfrauen. In der volkskundlichen Forschung ist es heute strittig, ob es sich dabei um die Abbildung von Resten vorchristlicher Religion im mittelalterlichen Volksglauben handelt oder um aus spätantiken Quellen übernommene Anleitungen zur Missionarstätigkeit, die zur Aufspürung heidnischer Religion dienen sollten und erst aus diesen Schriften in den Volksglauben übergewechselt sind, sozusagen als „gesunkenes Kulturgut". Der Katalog von Bönnen/Spille zur Jubiläumsausstellung 2000 enthält auch einen interessanten Rundgang durch das romanische Worms mit den Stationen: Dom, Romanische Hauswand in der Petersstraße, Bürger- und Torturm, St. Paul, Stadtmauer in der Haspelgasse mit Mayfelsturm, Stadtmauer Nordanlage, Synagoge und Mikwe, St. Martin, Stadtmauer hinter dem Dom, Jüdischer Friedhof „Heiliger Sand", Stadtmauer am Willy-Brandt-Ring, St. Andreas, Magnuskirche und Bergkirche in Hochheim.

„Dreijungfernstein", der aus dem im Besitz der Reuerinnen befindlichen Bergkloster stammt. Er erinnert an die zur Kölner Ursulalegende gehörenden drei Frauen Embede, Warbede und Willebede, deren Heiligenverehrung kulturhistorisch auf den galloromanischen Matronenkult im Rheinland zurückzuführen ist.
1130 entsteht am nördlichen Ende des Ostchores die „Silberkammer", eine Marienkapelle, die im 13. und 18. Jahrhundert nochmals umgebaut wird. Im gleichen Jahr richtet Bischof Konrad I., der ebenso wie Burchhard I. im Westchor bestattet wurde, die Dombauhütte ein, die den spätottonischen Dom in drei Etappen (Ostchor/Langhaus/Westchor) abtragen und in staufischem Stil neu errichten soll. Zuerst ist die Ostseite dran (1130-44).
Baumeister Otto gliedert sowohl Giebel als auch die Rundtürme mit Lisenen, Bogenfriesen, einer Zwerggalerie und durch ein Fenster- und Galeriegeschoss, um dem Stadtzentrum eine Schauseite zu bieten. Eine Fülle von Bauplastiken zeigt Menschen, Tiere, Bestien und Fabelwesen, die das Weltbild des mittelalterlichen Christen bevölkerten, anknüpfend an Bibelstellen wie Epheser 6,12: „Wir haben nicht mit Fleisch und Blut zu kämpfen, sondern mit Fürsten und Gewaltigen, nämlich mit den Herren der Welt, die in der Finsternis dieser Welt herrschen, mit den bösen Geistern unter dem Himmel." Unter dem Ostchor befindet sich eine Gruft mit den Steinsarkophagen der in Worms residierenden salischen Herzogsfamilie. Der 944 von seinem Schwager, Kaiser Otto I. (936-973), zum Herzog von Lothringen erhobene Konrad der Rote ist der Urgroßvater des ersten salischen Kaisers, Konrad II. (1024-39), der im Speyrer Dom beigesetzt ist.
Ein neuer Meister erneuerte um 1160-70 das Langhaus und gestaltete dabei die Nord- und die Südwand unterschiedlich. „Die offenbar älteren Nordarkaden haben eine strengere Linienführung, die Südarkaden gewinnen dem Wandkörper mehr Relief ab." (Hotz, *Der Dom zu Worms*, S. 72) An der Südseite führten drei Portale zur Nikolauskapelle, zum Kreuzgang (1830 niedergelegt) und zur Stadt. Das zwischen 1290 und 1310 in zwei Phasen entstandene gotische Südportal orientierte sich am Vorbild des Straßburger Münsters. Es diente als Portal des Volkes (ist heute noch der Eingang) und wird daher von besonders viel figürlichem Schmuck verziert. Die „steinerne Bibel", eine Darstellung der Heilsgeschichte in den Bogenläufen des Portals, kann man als eine Art Bilderbibel fürs Volk sehen, welches das Latein der Messe nicht verstand.
Das Nordportal, zum ehemaligen Bischofshof (heute Park) hin gelegen, stammt ganz aus der Romanik. Zusätzlich zu den Kapitellen und Wandmalereien (heute nur noch Ritzungen vorhanden) wurde es geschmückt durch eine Tafel mit dem kaiserlichen Privileg Barbarossas von 1184: „Von nun an Worms blühe dein Ruhm und deine Ehre, weil du fromm, klug und treu bleibst. Durch unsre Huld sei vom Hauptrecht befreit; der Freiheit würdig sollst du ihre Früchte genießen, hohen Lobes wert sollst du Worms dich immer freuen. Dich hat das Kreuz mir geweiht, dich hat das Schwert mir geschenkt, bleibe im Schutz deines guten

Südportal des Wormser Domes

Das beherrschende Thema der „steinernen Bibel" am Südportal des Wormser Domes ist die siegreiche Kirche (lat. ecclesia triumphans). Sie thront, auf einem Tetramorph reitend, über den zwölf Darstellungen der neutestamentlichen Geschichte in den Bogernläufen. „Tetramorph" ist griechisch und bedeutet „Viergestalt". Das Reittier besteht aus Teilen von Adler, Löwe, Stier und Mensch. Das entspricht den Tierkreisbildern von Skorpion, Löwe, Stier und Wassermann, welche jeweils den Mittelpunkt der vier Jahreszeiten markieren und den Evangelisten Johannes, Markus, Lukas und Matthäus und deren Themen Himmelfahrt, Auferstehung, Opferung und Menschwerdung zugeordnet werden. Die Wormser Skulptur ist einzigartig in der europäischen Kunstgeschichte. Die Ecclesia kommt ein weiteres Mal in der Kreuzigungsszene vor, und zwar gemeinsam mit der Synagoge. Die Personifikation des Judentums ist mit lauter negativen Eigenschaften ausgestattet. „Sie trägt eine Augenbinde, als Zeichen der Blindheit gegen den Messias, und hält eine zerbrochene Lanze/Fahne in der Linken, bzw. einen Bockskopf in der Rechten, als Zeichen der Unkeuschheit. Mit der Gegenüberstellung wurde der Gegensatz des alten und neuen Bunds, bzw. des Judentums und der Kirche versinnbildlicht." (E. Sebald, Das gotische Südportal, in: *Das Südportal des Wormser Doms*, S. 55/56)

Südportal des Wormser Domes

Im nördlichen Seitenschiff finden sich heute die spätgotischen Bildwerke aus dem 1830 niedergelegten Kreuzgang, hier die „Verkündigung“

Patrons Petrus.“ F. M. Illert hat das Nordportal im Gegensatz zum „Portal des Volkes“ im Süden auch Königsportal genannt, wahrscheinlich mit dem Hintergedanken, dass an dieser Stelle der Königinnenstreit des Nibelungenliedes zwischen Brunhild und Kriemhild ausgetragen worden sein könnte: „Zesamene si do komen vor demmünster wit“ (So trafen sie vor dem riesigen Bau des Münsters aufeinander/Zeile 838). Neuere Forschungen bekräftigen diese Deutung insofern, als das Nordportal bis in die frühe Neuzeit regelmäßig als Ort öffentlicher Rechtshandlungen zwischen Bürgertum, Kaiser und Dom genutzt wurde. Die Tafel mit den Stadtrechten wurde 1689 beim Stadtbrand gestohlen und erst 1981 durch ein Kaiserrelief des Wormser Bildhauers Gustav Nonnenmacher ersetzt. Konrad II. setzte von 1171-81 den Neubau mit einem neuen Meister am Westchor fort. Der wahrscheinlich aus dem Elsass stammende Meister hat durch diesen „persönlichen Beitrag zur romanischen Baukunst“ (Hotz, S. 87) die Wormser Bauschule zur gestaltenden Kraft der staufischen Architektur gemacht. Neben dem polygonalen Grundriss sind es vor allem die dekorativen Elemente wie die vier Rosenfenster, die besonderen Kapitellformen, Röllchengesimse und Zackenbänder, die diesen eigenen, unverwechselbaren Stil prägen. Besonders in den Radfenstern deutet sich bereits die kommende Entwicklung der Gotik an. Von den mittelalterlichen Altarbildern, den Holzschnitzereien und Wandbildern des 12. Jahrhunderts hat sich fast nichts erhalten. Lediglich das Christophorusbild an der Ostwand des südlichen Querhauses ist noch zu sehen. Zur Zeit des Humanistenbischofs Johann von Dalberg (1482-1503) sind die Bildwerke des 1830 niedergelegten Kreuzgangs entstanden, die heute im nördlichen Seitenschiff ihren Platz gefunden haben, so der Stammbaum Christi oder „Wurzel Jesse" genannt, die Verkündigung, die Geburt, die Grablegung und die Auferstehung. Die spätgotischen Bildwerke stammen alle von Mitgliedern der nahe Straßburg beheimateten elsässischen Bildhauersippe Seyfer (Sifer).

Die Franzosen versuchten den Dom 1689 zu sprengen. Als dies nicht gelang, zündeten sie ihn an. Bischof Franz Ludwig von Pfalz-Neuburg (1696-1732) stellte ihn 1698 wieder her. Dadurch kamen einige barocke Elemente hinzu wie die Fenster der „Silberkammer" oder die Ausstattung: der Hochaltar (1738/42) von Balthasar Neumann, Chorgestühl, Seitenaltäre, Kanzel und Figuren. 1794 brannten französische Revolutionstruppen den benachbarten Bischofshof nieder und benutzten den profanierten Dom als Speicher und Pferdestall. 1806/08 wurde die angegliederte Johanniskirche abgerissen, 1830 der Kreuzgang. Ab 1851 begannen erneut Renovierungen, die Stadt- und Dombaumeister Hofmann zwischen 1902 und 1919 abschließen konnte. Aus dieser Zeit stammt auch die Bezeichnung „Kaiserdom", denn die wilhelminische Epoche, das zweite Reich, sah sich als Fortsetzung des mittelalterlichen, ersten Kaiserreiches. Die Nationalsozialisten suchten diese Geschichtsauffassung in ihre Propaganda einzubinden und ließen daher 1933-36 am Westchor den „Platz der Nation" anlegen. Zwischen den massiven Reliefplatten, welche noch die seitlichen Mauern des heutigen „Platz der Partnerschaft" gliedern, „befanden sich bis 1945 thematisch aufeinander abgestimmte Schriftbänder aus Metall, auf die Stadtarchivar Illert eine heroische Deutung der Wormser Geschichte von der „Römerzeit" bis zur „Französischen Zerstörung" formuliert hatte." (U. Clemens-Schierbaum, Die Kaiserdome am Rhein, in: *Heimatbewegung und NS-Kulturpolitik*, S. 63). Nach dem Bombenangriff 1945 brannten das Domdach und die Obergeschosse der Osttürme aus. Gesamtrenovierungen des Baukörpers fanden zwischen 1961 und 1977 statt, der 1999 gegründete Dombauverein fördert die derzeit laufende Sanierungsphase.

Der Marktplatz

Vom Schlossplatz mit dem Palais des Beigeordneten Theodor Joseph Zell (1843/ heute: Heylsschlösschen) kommt man über die schmale Hofgasse zum Marktplatz. Bis zum Stadtbrand 1689 stand hier das reich verzierte Haus zur Münze als Teil des Rathauses. An seiner Stelle errichtete die lutherische Bürgerschaftsmehrheit 1709-25 die Dreifaltigkeitskirche nach Plänen des Capitain-Ingenieurs Villiancourt im Stil des französischen Barock. Man wollte damit „Gottes Zorn" besänftigen und es hieß: „Wir haben zu viel für unser Rathaus getan, aber zu we-

Siegfriedbrunnen von Adolf v. Hildebrand (1913)

Brunhild und Hagen (früher als Teil eines Frieses im 1945 zerstörten Cornelianum/Schmoll von Eisenwerth)

nig für Gottes Haus." Der Saalbau fasste ursprünglich einmal mit seinen 3000 Plätzen die gesamte Bevölkerung des 18. Jahrhunderts. Die bemalte Brüstung der dreiseitig umlaufenden Galerie und das Gemälde „Luther vor Kaiser und Reich zu Worms 1521" an der Turmseite (Johann Martin Seekatz/1733) sind durch die Bomben des Zweiten Weltkriegs zerstört worden.

Alte Fotografien aus der Zeit um 1900, die man im hervorragend bestückten Fotoarchiv der Stadt (Raschihaus) einsehen kann, zeigen durch die lediglich ein- bis zweistöckige Bebauung des Marktplatzes, wie sehr die Zerstörung von 1689 die Stadt wirtschaftlich und politisch auf den Rang einer Provinzstadt zurückgeworfen hatte. Erst die Industrialisierung durch die Lederfabriken im 19. Jahrhundert brachte gegen 1900 wieder repräsentative Bautätigkeit. So entstand 1907 an der Südseite der Dreifaltigkeitskirche als Heyl'sche Stiftung das Cornelianum. Das von dem Münchner Architekten Theodor Fischer errichtete Gebäude hatte als Zentrum den Nibelungensaal, der mit Gemälden nach Sagenmotiven von Prof. Schmoll, genannt Eisenwerth, ausgeschmückt war. Im hinteren Teil wurde ein öffentliches Bad untergebracht, das viele innerstädtische Mieter benutzten, denn Wohnungen mit Bad kannte zu dieser Zeit nur die begüterte Oberschicht. Nach der Zerstörung 1945 hat man auf einen möglichen Wiederaufbau verzichtet und

Nibelungen im 19. und 20. Jahrhundert

Carl Rehorn schrieb 1876 in seinem Buch *Die deutsche Sage von den Nibelungen in der deutschen Poesie*: „Die Geschichte lehrt uns, dass das zeitweise Verschwinden und Wiederaufleben der Nibelungen in genauem Zusammenhange steht mit dem absterbenden und wiedererstarkenden deutschen Nationalgefühl. Wenn die mitwirkenden Faktoren es sich zur patriotischen Pflicht machen, das glänzende Bild Siegfrieds zum Symbol der wiedererwachten Kraft und Herrlichkeit des in seiner Einheit starken deutschen Vaterlandes zu erheben, dann dürfen wir der frohen Zuversicht leben, dass der wiederauferstandene Siegfried als ein wirklicher siegreicher Friedensheld auch sein Volk nach dem glänzenden Siege über seine inneren und äußeren Feinde zu einem dauerhaften Frieden führen wird." Heutzutage setzt die Stadt Worms mit Nibelungenmuseum, Nibelungen-Festspielen und der Nibelungenliedgesellschaft auf die Wirkung der Figuren und die europäische Dimension des Mittelalters. Dass vom Dichter Worms zur Hauptstadt der Burgunder gemacht wurde, hängt wohl mit der Bedeutung der burgundischen Erbfolge für die kaiserliche Politik zusammen: Karolinger und Staufer konnten den Mythos vom Rhein gut für ihre politischen Interessen an der Rhone nutzen. Die Schilderung der Machtkämpfe am Wormser Hof, die der Dichter sowohl mit Interesse als auch mit Kritik begleitet, wirkt nicht nur wie modernes Theater und gleichzeitig wie ein altes mythologisches Beziehungsgeflecht, die mörderischen Erbstreitigkeiten der Fürstenhäuser waren europäische Realität des Mittelalters, jenseits späterer Nationalgrenzen. Die Jugendbewegung nahm das alles – ebenso wie Romantik und Biedermeier, welchen eine liebende Kriemhild wichtiger war als ein heroischer Siegfried – weniger national und suchte die Sage eher als historischen Wegweiser zu benutzen. So entstand z. B. 1929 Robert Sommers Wanderbuch *Die Nibelungenwege von Worms über Wien zur Etzelburg*. Die Nationalsozialisten dagegen betonten, z. B. durch die Nibelungen-Festspiele 1937-39 im Wormser Festhaus, erneut das nationale Pathos. Die Hebbelaufführung war dabei aber lediglich der Anlass für die am gleichen Tag inszenierte Propaganda-Veranstaltung. Goebbels schreibt 1937 in seinem Tagebuch: „Triumphale Fahrt nach Worms. Ungezählte Menschenmassen. Ich rede zu 30 000 in bester Form. Stürme des Beifalls." (nach: G. Bönnen, Nibelungenstadt, Nibelungenjahr, Nibelungenfestspiele, in: *Ein Lied von Gestern?*, S. 65). Außerdem förderten die Nazis insgesamt mehr den an der nordischen Edda orientierten Erzählstrang Wagners aus der nationalistischen zweiten Hälfte des 19. Jahrhundert als die Beschäftigung mit dem mittelalterlichen Text des Nibelungenliedes. Den Gipfel dieser Propaganda stellte Görings Durchhalteappell an die in Stalingrad eingeschlossene Armee vom Februar 1943 dar, in dem er die deutschen Soldaten mit den Burgundern an Etzels Hof verglich: „Auch sie standen in einer Halle voll Feuer und Brand, löschten den Durst mit dem eigenen Blut, aber sie kämpften bis zum letzten ..."

Hagendenkmal am Rheinufer

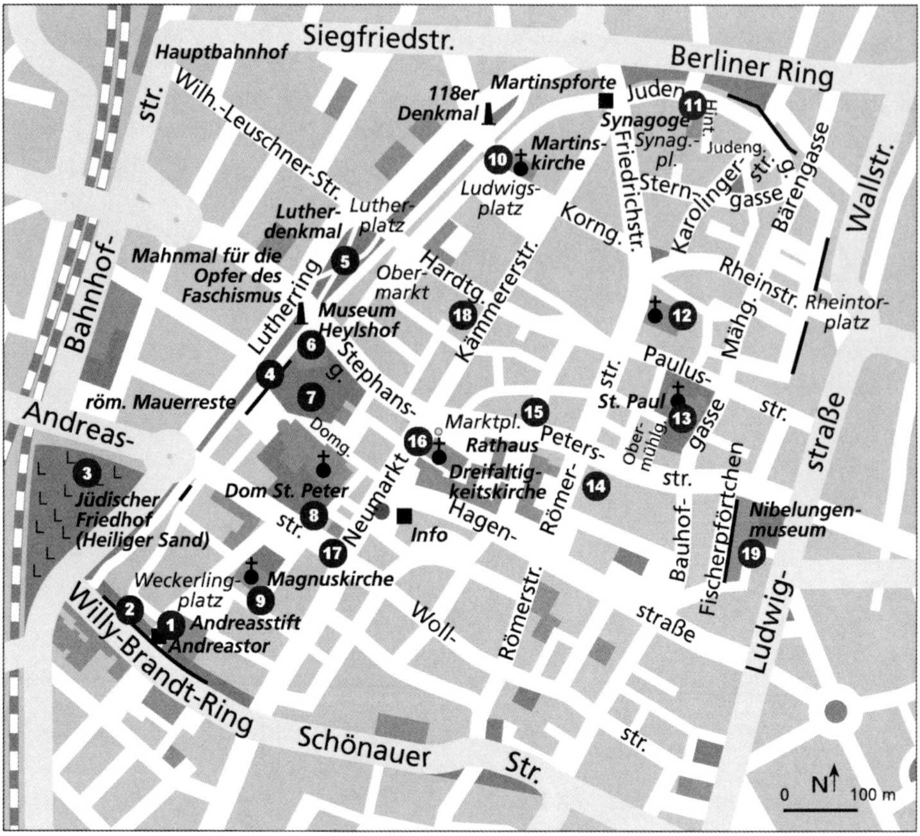

Worms

Bischof Burchard formte die Stadtgestalt von Worms durch Kirchen im Süden (St. Andreas), Westen (Dom), Osten (St. Paul) und Norden (St. Martin). Durchschnitten wird sie von einer Hauptstraße (Kämmererstraße), an deren Seiten die Märkte liegen. Der Verlauf der mittelalterlichen Stadtmauer (im Osten am Nibelungenmuseum) spiegelt sich am besten in den heutigen Parkanlagen (Willy-Brandt-Ring, Lutherring).

1 Museum Andreasstift
2 Stadtbefestigung
3 Jüdischer Friedhof (Heiliger Sand)
4 Römischer Mauerrest
5 Lutherdenkmal
6 Museum Heylshof
7 Kaiser- u. Bichschofsplatz
8 DomSt. Peter
9 Pfarrkirche St. Magnus
10 Stiftskirche St. Martin
11 Judengasse und Synagoge
12 Friedrichskirche Rotes Haus
13 Stiftskirche St. Paulus
14 Romanische Hauswand
15 Marktbrunnen und Rathaus
16 Dreifaltigkeitskirche
17 Barockpalais Adlerapotheke
18 Winzerbrunnen
19 Nibelungenmuseum

dafür in einem Neubau der 60er Jahre (seit 1980 Haus zur Münze) die Stadtbibliothek untergebracht. Davor steht der 1913 von Adolf von Hildebrand geschaffene und erst 1921 hier aufgestellte Siegfriedbrunnen, auch eine Stiftung des Hauses Heyl.
Am heutigen Marktplatz an der Petersstraße steht vor dem 1956-58 hierher verlegten Hauptbau des Rathauses der barocke Gerechtigkeitsbrunnen von 1778.
Das alte Rathaus bzw. das, was von ihm noch übrig ist, befindet sich in der Hagenstraße. 1884 wurden die alten Bauteile, deren Reste man noch in einem gotischen Innenhofgewölbe an der Bürgerhofgasse sehen kann, von dem Münchner Architekten Gabriel von Seidl ins Ganze eingefügt. Von 1849 bis 1852 (Wiederwahl noch 1851) wurde der Kaufmann Ferdinand Eberstadt als Mitglied des örtlichen Demokratenvereins, ein „Realo" der achtundvierziger Revolution, Bürgermeister von Worms. Er war damit wohl der erste jüdische Bürgermeister einer deutschen Stadt. Die Wormser wählten übrigens 1848 mehrheitlich demokratisch, d. h. für eine Republik in der Tradition der Französischen Revolution. In der Dreifaltigkeitskirche setzte sich am 16.5.1848 bei den Wahlen zur Nationalversammlung in der Frankfurter Paulskirche der Ingelheimer Demokrat Martin Mohr gegen den Alzeyer Liberalen Eduard Lehne durch.

Die Kämmererstraße

Vom Marktplatz geht die Kämmererstraße ab Richtung Nordosten. Neben der erst im 19. Jahrhundert entstandenen „KW" ist sie die traditionelle Hauptgeschäftsstraße der Stadt. Die heutige Fußgängerzone gab es schon als Straße im römischen Worms. Ihren Namen hat sie von den Dalberg genannten Kämmerern des Bischofs (seit 1239), die ihre Höfe im unteren Teil, über den Ludwigsplatz hinaus hatten. Um 1900 wurde die zweistöckige Bebauung auf beiden Seiten aufgestockt und es entstanden Wohn- und Geschäftshäuser im Stil des Historismus, oft mit Elementen des Darmstädter Jugendstils, darunter auch viele jüdische Kaufhäuser wie Lohnstein, Leonhard Tietz oder Hüttenbach.
Die Nachkriegsarchitektur hat mittlerweile die Ruinen von 1945 ersetzt, nur das „Textilhaus Hüttenbach" (1901; heute Kämmererstraße 22) ist im Wesentlichen erhalten geblieben. Blickt man an der Ecke Kämmererstraße/Schlossergasse in die Höhe, kann man sich am Beispiel des mit steinernem Weinlaub verzierten Erkers und der Bauplastik zwischen den Rundbogenfenstern die Fassaden der Jahrhundertwende vorstellen. Am 1983 eingeweihten Winzerbrunnen geht es linker Hand in die Hardtgasse. Eine Tafel im ersten Stock eines Geschäftshauses erinnert daran, dass Luther 1521 hier im Johanniterhof (an der Seite zur Kämmererstraße) gewohnt hat. Auf der Höhe des Ludwigsplatzes ist rechter Hand ein Teil des barocken Wambolder Hofes wiederhergestellt worden. Die Wappen der Familien Dalberg und Wambold von Umstadt/Schönborn – zwischen „Belle etage" und Obergeschoss – erinnern an die Domherren.
Um den Ludwigsplatz hat es heftige Dis-

Haus Hüttenbach (Kämmererstraße 22), von 1902, mit schönen Jugendstildekorationen

kussionen gegeben. Nach dem Bau einer Tiefgarage hat man jetzt die alte Gedenksäule wieder aufgestellt. Aber das Flair der 20er Jahre mit Denkmal, großem Teich, in dem im Sommer sogar Kinder planschen konnten, Bäumen und Sträuchern wird der einstmals schönste Wormser Platz wohl nie mehr zurückgewinnen. Das 1895 enthüllte Denkmal von Karl Hofmann geht auf eine von der Familie Heyl initiierte Stiftung beim Tode des hessischen Großherzogs Ludwig IV. zurück.

Neben einem weiteren Barockhaus am Eingang zur „Unner Kämmergass" fällt einem sofort die spätromanische Martinskirche ins Auge. Die dreischiffige Gewölbebasilika ohne Querhaus geht nach einer Urkunde von 991/996 auf Bischof Hildebold (979-998) zurück. Da es sich dabei jedoch bei diesem Dokument um eine Fälschung handelt,

Der Ludwigsplatz vor dem Zweiten Weltkrieg

könnten Stift und Kirche auch, so erzählt es die um 1030 verfasste „Vita Burchardi", auf Bischof Burchard I. (1000-1025) zurückzuführen sein. Das heutige Bild von Chor, Langhaus und Westbau stammt jedenfalls aus der Zeit der spätromanischen Wormser Bauschule im frühen 13. Jahrhundert. „Das System ist bis in die Einzelheiten dem des Doms nachgebildet." (Dehio) Dabei wurde der ottonische Vorgängerbau (um 1000) überformt. Im Langhaus finden sich seine Reste im 1., 3., 5. und 7. Pfeilerpaar. „Innerhalb der Hauptbauzeit ist eine deutliche stilistische Entwicklung zu beobachten. Sie reicht von den fein durchgebildeten, am Dom orientierten Details des Ostchores bis zu den frühgotischen Elementen im westlichen Bereich. Der Baufortgang von Osten nach Westen findet seinen Endpunkt im Westportal." (J. Glatz, St. Martin und seine Ausstattung, in: 1000 Jahre Sankt Martin, S. 83) Das Südportal mit seinen Pflanzenornamenten entspricht dem ehemaligen Kreuzgangsportal des Domes. Das aufwendige Westportal trägt schon frühgotisches Formengut. An den Kämpfern der beiden Türpfeiler sind Löwen und Drachen zu sehen. Ungewöhnlich ist die Darstellung der Weinreben im Bogenfeld, die aus zwei Löwenköpfen herauswachsen. Der

Der erste Kriegsdienstverweigerer

Sankt Martin (316-397) ist heute noch ein populärer Heiliger. Der römische Offizier, der später Bischof von Tours wurde, soll der Legende nach in Worms eingekerkert worden sein. Dieser „Martinskerker" wurde immer wieder als Ursprung der Wormser Martinskirche vermutet und hinter einem Bogen, der sich in der Außenwand des nördlichen Seitenschiffs befindet, gesucht. Vorbild für diese Legende waren einmal der Marmetinische Kerker am Fuße des Kapitols in Rom, wo nach mittelalterlichen Legenden Petrus und Paulus gefangen gehalten worden sein sollen und der im 16. Jahrhundert zum Wallfahrtsort wurde, und zum anderen die Vita Martins von Sulpicius Severus (360-425), in der es in einem Bericht aus dem Jahre 356 heißt: „Unterdessen waren Barbaren in Gallien eingebrochen. Kaiser Julian zog bei der Stadt der Vangionen (Worms) ein Heer zusammen und begann damit, Geldgeschenke unter die Soldaten zu verteilen. Dabei wurde nach der Gewohnheit jeder Soldat einzeln vorgerufen. So kam die Reihe auch an Martinus. Jetzt hielt dieser den Zeitpunkt für günstig, seine Entlassung zu erbitten. Er war nämlich der Ansicht, er habe keine freie Hand mehr, falls er das Geschenk in Empfang nehme, ohne weiter dienen zu wollen. Deshalb sprach er zum Kaiser: „Bis heute habe ich dir gedient; gestatte nun, daß ich jetzt Gott diene. Dein Geschenk mag in Empfang nehmen, wer in die Schlacht ziehen will. Ich bin ein Soldat Christi, es ist mir nicht erlaubt, zu kämpfen." Wutschnaubend ob dieser Rede, gab der Tyrann zur Antwort, er wolle sich nur aus Angst vor der Schlacht, die für den anderen Tag zu erwarten war, nicht um seines Glaubens willen dem Kriegsdienst entziehen. Doch Martinus blieb unerschrocken, ja der Versuch, ihn einzuschüchtern, machte ihn nur noch fester. So sprach er: „Will man meinen Entschluß der Feigheit und nicht der Glaubenstreue zuschreiben, dann bin ich bereit, mich morgen ohne Waffen vor die Schlachtreihe zu stellen und im Namen des Herrn Jesus mit dem Zeichen des Kreuzes, ohne Schild und Helm, furchtlos die feindlichen Reihen zu durchbrechen." Man ließ ihn also in Gewahrsam halten, damit er sein Wort wahrmache und sich waffenlos den Barbaren entgegenstelle. Am nächsten Tag schickten die Feinde Gesandte zu Friedensverhandlungen und ergaben sich mit Hab und Gut. Zweifellos war dieser Sieg dem heiligen Mann zu verdanken." (nach: Fritz Reuter, St. Martin und sein Biograph Sulpicius Severus, in: 1000 Jahre Sankt Martin, S. 24) Hinter dieser Legende steht eindeutig der Kampf um die religiöse Vorherrschaft im römischen Staat. Innerhalb des Militärs konkurrierten im 4. Jahrhundert vor allem Christentum und Mithraskult miteinander. Daneben hatten auch kleinasiatische und galloromanische Göttinnenkulte Hochkonjunktur. Das Christentum setzte sich schließlich als Staatsreligion durch. Das Signal dafür gab die Taufe Kaiser Konstantins im Jahre 337, die – wie bei späteren Herrscherbekehrungen auch – auf einen militärischen Sieg im Zeichen des Kreuzes zurückgeführt wurde. Der Neffe Konstantins, Julian Apostata (Kaiser von 361-363), war 356 Oberbefehlshaber in Gallien. Er gab die christliche Orientierung des Kaiserhauses auf und die in seinem Reich vorhandenen Religionen wurden durch ein Toleranzedikt gleich gestellt. Da er vor allem dem Mithras- und Kybelekult zugeneigt war, erhielt er von den Christen den Beinamen „Apostata" (der Abtrünnige).

Weinstock als Symbol Christi verweist auf die frühchristlichen Verbindungen zu den griechischen Mysterien des Dionysos. Ein Mäanderfries an der Innenwand des südlichen Seitenschiffs stammt noch vom ottonischen Vorgängerbau. Die Wandmalereien aus dem 13. Jahrhundert im Chor wurden 1945 zerstört und sind nur noch in Aquarellkopien des Bestandes sichtbar, die bei der Restaurierung durch den Wormser Maler Fritz Muth 1896 angefertigt wurden. Am vorletzten Pfeiler der nördlichen Arkadenreihe befindet sich eine sitzende Madonna mit Kind (um 1320). 1819 kam die barocke Ausstattung des aufgehobenen Zisterzienserinnenklosters Maria Münster in die Martinskirche, darunter die beiden Seitenaltäre und die vier Evangelistenfiguren mit ihren Symbolwesen im Westteil der Kirche.

Die „Unner Kämmergass" (Kämmererstraße jenseits der Korngasse) schließt ab mit der ehemaligen Stadtapotheke (1904), einer Nachbildung der Martinspforte. Nach Zeichnungen von Peter Hamann, die das etwa 50 m weiter nördlich stehende Gebäude in der Zeit vor dem Stadtbrand zeigen, entstand der historisierende Neubau, der gegenüber dem Orginal um 180° gedreht wurde, um die Schmuckseite vorzuführen. Blickt man von der „Stadtapotheke" aus in die Kämmererstraße zurück, so sieht man rechter Hand über einem niedrigeren Gebäude noch einen in der Hauswand verbauten gotischen Spitzgiebel. Wegen der Zerstörung 1689 sind solche Reste bürgerlicher Häuser aus Gotik und Renaissance häufig nur über eine detektivische Spurensicherung zu finden, die ohne Beistand der Fachleute aus dem Stadtarchiv gar nicht möglich wird.

Die Judengasse

Wenn man die Friedrichstraße von der „Unner Kämmergass" aus überquert, kommt man direkt in die Judengasse. Mit dem Rücken zur Stadtmauer stehen hier noch die meisten Häuser mit gotischen Bauelementen, so die Häuser „Zur Kante", „Zum Bären" und „Zum Hufeisen", die alle nach der Judenverfolgung von 1349 (Pestjahr in Worms) auf mittelalterliche Kellergewölbe aus der zweiten Hälfte des 14. Jahrhunderts aufgestockt wurden, weil der begrenzte Platz im Ghetto zum Bauen in die Höhe zwang. „Klein-Jerusalem" – so nannte man Worms in der jüdischen Diaspora – besaß die älteste Synagoge Deutschlands, die nach einer Stiftungstafel im Jahre 1034 errichtet wurde. Kein Wunder, dass ihr Nachfolgebau von 1174/75 ebenfalls die „Wormser Kapitelle" aus der Schule der Dombauhütte aufweist. Zollfreiheit von 1074 und Judenprivileg von 1090 bestätigen die enge Verbundenheit der christlichen und jüdischen Bürger im Worms des 11. Jahrhunderts. Das ist auch die Zeit, als die SCHUM-Städte Speyer (Spira), Worms (Warmaisa) und Mainz (Magenza) am Rhein als religiöse Zentren des aschkenasischen Judentums in Westeuropa galten.

Die alte Synagoge wurde 1938 in der „Reichspogromnacht" von den Nationalsozialisten angezündet und zerstört. Zur Erinnerung an den mutigen Widerstand von Hertha Mansbacher (1942 im KZ ermor-

Brand der Synagoge 1938

det), die sich den Mordbrennern entgegenstellte, wurde die Grünanlage gegenüber der 1959/61 wieder aufgebauten Synagoge nach dieser jüdischen Wormser Lehrerin benannt. Annelore und Karl Schlösser haben in ihrem Buch *Keiner blieb verschont* die Judenverfolgung 1933-45 in Worms untersucht und das furchtbare Schicksal sowohl der Auswanderer als auch der 464 Todesopfer aufgezeichnet. Der verstorbene Wormser Verleger Georg Heintz hat die deutsche Übersetzung von Leon Poliakovs *Geschichte des Antisemitismus* besorgt.

Am westlichen Rand des Synagogenplatzes liegt das Haus zur Sonne, das israelitische Gemeindehaus, das 1935-42 für die aus den öffentlichen Schulen ausgeschlossenen Kinder zur Schule wurde. Hinter der Synagoge wurde das alte Tanz- und Hochzeitshaus 1971 abgetragen und als „Raschi-Haus" neu aufgebaut. Rabbi Salomo ben Isaak aus Troyes, genannt Raschi, soll an der im 11. Jahrhundert berühmten Talmudschule studiert haben. „Aus dem Alltag hat er Münzwesen, Weberei, Ackerbau und den von ihm selbst betriebenen Weinbau beschrieben. Er soll eine eigene hebräische Schrift entwickelt haben, die sowohl in handschrifltichen Manuskripten wie als Druckschrift gebraucht wird ... Seine bleibenden Werke, die Kommentare zu Bibel und Talmud, zeichnen sich durch Klarheit, Verständlichkeit und Bildhaftigkeit aus." (Reuter, *Warmaisa*)

Jüdische Familie am „Sederabend". Modell von Hanns W. Herbert, 1983/1984

Im Raschi-Haus sind heute das reich bestückte Stadtarchiv (mit Fotoarchiv) und ein Judaica-Museum untergebracht, das neben Urkunden, Schriften und Gebrauchsgegenständen von Alltag und Fest auch das Leben der jüdischen Gemeinde in Modellen (Sederabend, Laubhüttenfest, Hochzeit) demonstriert. Auch die Geschichte der jüdischen Gemeinde von Worms ist dargestellt; im südlichen Kellerraum findet sich ein Modell der alten Wormser Synagoge in ihrem Zustand um 1600. Dieses vollständige Ensemble eines jüdischen Viertels, ergänzt durch Archiv und Museum sowie den außerhalb liegenden jüdischen Friedhof, ist eine europäisch einmalige Angelegenheit, die eine Extratour auf jeden Fall lohnt.

Das Paulskirchenviertel

Wenn man die Judengasse in Richtung Rhein geht, kommt man zuerst linker Hand zum Haus „Zur Büchs" oder „Guggenheim-Haus" (um 1500), dann vorbei an einem Stück restaurierter Stadtmauer und zum 1901 als Straßendurchbruch errichteten Raschitor. Ein Rundgang durch die Altstadt mit Resten ehemaliger Bauernhöfe führt auch durch die Mähgasse, wo sich in den 20er Jahren das KPD-Lokal befand. Der 1910 in Guntersblum geborene Schriftsteller Georg K. Glaser beschreibt in seinem autobiografisch gefärbten Roman *Geheimnis und Gewalt* eine fiktive Straßenschlacht zwischen Nazis und Kommunisten in der

Eine jüdische Ursprungssage von Worms

Juspa Schammes, der „Küster" der Wormser Synagoge hat 1696 in Amsterdam eine Sammlung von 25 jiddischen Volkserzählungen aus Worms unter dem Titel *Das Buch der Wunder* herausgegeben. Das mehrfach wieder aufgelegte Buch enthält auch eine schöne Wormser Drachensage, die Eugen Kranzbühler in sein 1930 posthum erschienenes Buch *Worms und die Heldensage* aufgenommen hat. „Maasze (Geschichte), warum as die stat Wurmeisza heiszt und warum ein schlüssel das wapen is. – Vor alte Zeiten is die stat Würmsz gar grosz gewesen, aso war ein lint wurm aus der midbar (Wüste) gekomen zu fliehn, und hat sich hart an die mauer von der stat gelegt und hat grosze schaden gethan. Er hat vil häuser umgerissen und hat och vil menschen und vil behemos (Tiere) eingeschlunden ... und es war das selbig mal kein mélech (König) zu Würmsz gewesen, neuert ein málka (Königin), ein almons (verwitwet), die regirt das ganze land ... und wenn man den lint wurm stillen wolt, aso must man im ein mensch alle tag anaus werfen über die mauer, da schlindt er im straks ein, und tet dernach den selbigen tag weiter kein schaden min (mehr). aso schreibt man alle menschen, die in Würmsz wonten, in ein buch, und man wirft goral (Loos) und auf dem da das goral gefalt, dem warft man über die mauer zu dem lint wurm. Leszóf (zuletzt) wollten die borgers nit mer goral warfen, denn sie forschten sich, das goral wert auf sie och fallen. Die malka sagt zu sei: was wolt ir heben? Zeichnet mich och und alle meine szórim (Fürsten) und hof haltung in das goral und wenn das goral auf einem von uns wert geflalen, so man uns och nit verschonen. Da die borgers das hörten, da waren sie alle zufriden und lieszen das goral fort gen. Das selbig malt waren zu Würmsz drei brüder, die waren grosze risen und waren alle drei schlösser und messer schmiden, das man ir gleichen wenig aso findt ... ein mal fallet das goral auf die málka selbert. Die málka trauert und weint, wie man wol denken kann. Da kam einer von den drei brüder und derbarmet sich über die málka und sagt, er wolt sich untersten dem lint wurm um das leben zu brengen, aber die málka solt im vorsprechen, dasz sie im nemen will zu ein man. Die málka vorspricht im, dasz sie im nehmen will ... nun warft man den risen anaus und der lint wurm schlindt im ein, aber er zuschneidet den lint wurm und er kam lebendig wieder araus. Die szimcha (Freude) war gar grosz ... nun die málka haltet ir wort und nam den schlösser, den risen, zu ein man, und man krönt im zu ein mélech (König), gleich man im versprochen hat ... wie der schlösser nun sach, dasz er geliebt war in die leuten augen ..., also gebietet er, dasz man zu ein ewig gedechtnis von wegen das maasze mit den lint wurm sol die stat Wormsz heiszen ... und damit as da nit sol vorgessen worn, dasz ein schlösser zu Würmsz mélech gewesen, da sol die stat ein schlüssel zum wappen füren."

Blick in die Mähgasse, um 1930

Judengasse Ende der 20er Jahre: „Die Arbeiter von Worms waren ein eigenartig grausames, dabei aber treuherziges Volk. Sie töteten und ließen sich töten, aber nur im Verlaufe eindrucksvoller Schaustellungen, die sie über alles liebten ... Das Haus der Partei lag am Ende eines engen Gäßchens, dessen Bewohner mit wenigen Ausnahmen eingeschriebene Genossen waren ...
Wir mußten lange warten. Erst kurz vor Mitternacht hörten wir den Gleichschritt mehrerer hundert genagelter Stiefel. Auch die Braunhemden waren gebürtige Wormser. Auch sie hatten sich zu einem Schauspiel geschmückt. Es fehlten keine farbigen Schnüre, kein Nickelknopf am Braunhemd und kein Schulterriemen ... Der einsame Mann vor dem Parteihaus ließ die Spitze des aufgeputzten Zuges bis auf zwanzig Schritt herankommen, kehrte eindrucksvoll gelassen um und schlug die Türe hinter sich zu ... Einige Sekunden folgten, so still, daß den Braunen über dem Geräusch ihrer eigenen Stiefel unbehaglich zumute wurde, dann trillerte eine Pfeife, und ein Regen von Steinen und Dachziegeln leitete das Treffen ein. Es kam zu keinem Kampf; es wurde ein Gemetzel. Die Reihen der Braunen lösten sich auf, und sie versuchten schon in der ersten Minute in kopfloser Flucht zu entweichen. Aber aus allen Haustüren brachen die Unserern, die ihnen den Weg verlegten. Mit in Handtücher gebundenen Steinen, mit Bleirohren und Messern machten sie einen nach dem andern der schmucken Soldaten nieder ... Die Krankenwagen fuhren die ganze Nacht hindurch hin und zurück, um die Toten und Verwundeten vom Pflaster zu klauben und in Sicherheit zu bringen." (1989, S. 124 ff.)
Von der Pfalzgrafenstraße aus – benannt nach dem früher in der Nähe liegenden Hof der Pfalzgrafen – sieht man auf der Rückseite eines Hauses der Rheinstraße einen polygonalen Renaissance-Treppenturm. Davon gibt es noch drei weitere in Worms. Der nächste steht im Hof des „Roten Hauses", des einzigen, völlig erhaltenen bürgerlichen Renaissancebaus in Worms, neben der Friedrichskirche in der Römerstraße. Nachdem der lutherische Rat nach 1689 zum Wiederaufbau der Stadt auch Reformierte eingeladen hatte, das Bürgerrecht zu erwerben – die Familien Heyl und Schoen kamen so nach Worms –, bauten diese die Friedrichskirche, die 1744 fertiggestellt

wurde. Ihren Namen hat sie nach ihrem Gönner, dem Preußenkönig Friedrich dem Großen, der für ihren Bau in seinem Land sammeln ließ. Auf der anderen Seite des „Roten Hauses" steht das ehemalige Pfarr- und Gemeindehaus, ein Barockbau, in dem heute ein Restaurant untergebracht ist.
Wer in die Zeughausgasse abbiegt, kommt zur Pauluskirche. Bischof Burchhard ließ an diesem historischen Platz, an dem sich auch das römische Kastell befunden haben könnte, Anfang des 11. Jahrhunderts die salische Herzogsburg „um der Freiheit der Stadt willen" abreißen und errichtete dafür die Stiftskirche St. Paul, die 1016 fertiggestellt wurde. Das salische Königs- und Kaiserhaus – berühmt vor allem durch Heinrichs IV. (1056-1106) „Gang nach Canossa" von 1077 – wird zu Recht in erster Linie mit dem Speyrer Dom verbunden. Die Vorfahren der Salier jedoch hatten bis zur Machterweiterung der Wormser Bischöfe Hildebold und Burchhard I. Ende des 10. Jahrhunderts ihr Machtzentrum in Worms. Die salischen Grafen, die zeitweise die Herzogswürde von Lothringen und von Kärnten innehatten, bezeichneten sich auch als „Dux Wormatie". So liegt z. B. Konrad der Rote (944-54 Herzog von Lothringen), der Urgroßvater des ersten salischen Kaisers Konrad II. (1024-39), im Wormser Dom begraben. Für den Verlust des salischen Besitzes in Worms wurde das Grafen- und Herzogshaus mit dem Königshof Bruchsal entschädigt.
Ein Umbau der Pauluskirche im Stil der Wormser Bauschule ab Mitte des 12. bis Anfang des 13. Jahrhunderts brachte dann die typische, orientalisch anmutende Kuppelbekrönung der Westtürme, die sich auch bei anderen Kirchen des Wonnegaus (Dittelsheim, Alsheim, Guntersblum) finden lässt. Über die Vorbilder dieser Kuppel gibt es mehrere Theorien. So wird u. a. vermutet, dass heimkehrende Kreuzfahrer damit an die Grabeskirche von Jerusalem erinnern wollten. Am Kreuzzug des Staufers Friedrich Barbarossa haben nachweislich „Rheinhessen" teilgenommen, so der Ritter Hugo de Wormatia und der bei Mannheim ansässige Minnesänger Friedrich von Hausen, der als Mittler der provenzalischen Troubadourdichtung an den Rhein gilt. Das Stift wurde 1797 von den Franzosen aufgelöst, aber bereits vorher hatte der aufgeklärte Mainzer Erzbischof F. Karl Joseph von Erthal (1774-1802) im Rahmen einer Verwaltungsreform eine Auflösung erwogen, um aus den Mönchen „Weltgeistliche" (Priester) zu machen, ganz im Stil von Kaiser Josephs Toleranzedikt. Der Altertumsverein brachte hier 1881 sein erstes Stadtmuseum unter, 1929 zog mit den Dominikanern wieder ein Mönchsorden ins Stift ein.

Rund um die Hagenstraße

Auf der Römerstraße Richtung Süden kommt man an einer romanischen Hauswand (13. Jh.) vorbei, der einzigen in Worms. Geht man die Petersstraße Richtung Rhein, kommt man zur alten staufischen Stadtmauer (um 1200), in deren Türmen im Sommer 2001 mit dem Nibelungenmuseum ein multimediales Literaturmuseum eröffnet wurde. Der Dichter selbst – Ma-

Rudi Stephan
(Worms 1887-1915 gefallen in Galizien)

Vom Elternhaus musikalisch durch Liedertafel und Wagnerverein vorbelastet, verließ Rudi Stephan 1905 nach einer Nicht-Versetzung das Gymnasium und studierte in Frankfurt und ab 1906 in München Komposition. Der Durchbruch gelang ihm 1913 mit der „Musik für Orchester" beim 48. Tonkünstlerfest in Jena. Das Stück war im April 1912 bei der Hundertjahrfeier der Wormser „Musikgesellschaft und Liedertafel" uraufgeführt worden. Die Oper „Die ersten Menschen" konnte erst 1920 posthum in Frankfurt aufgeführt werden. 1915 – im gleichen Jahr noch fiel Stephan in Galizien – schrieb der Komponist während der Arbeit an der neuen Oper „König Friedwahn". „Als Ironie empfand ich es, dass mich die Einberufung zum Kriegsdienst gerade bei den Vorarbeiten zu einer neuen Oper antraf, der das Problem des Weltfriedens zugrunde liegt." Nach dem Zweiten Weltkrieg wurde Stephans Werk nur noch am Rande beachtet im Rahmen der sogenannten Münchner Schule, des Expressionismus oder auch als Vorläufer der Neuen Sachlichkeit.

rio Adorf hat ihm seine Stimme geliehen – führt die Besucher per Kopfhörer durch die Ausstellung. Im „Sehturm" sammelt ein turmhoher Glaskörper Bilder aus der Rezeptionsgeschichte des Stoffes und man erklärt die Kriminalstory vom Hof der Burgunder. Im „Hörturm" wird der Originaltext rezitiert und in den Zusammenhang der hochmittelalterlichen Literatur gestellt. Das „Mythenlabor" unter der Erde vermittelt die Entstehung von Mythen und schlägt einen Bogen in die Gegenwart sozusagen vom Nibelungenlied bis zum „Krieg der Sterne". Über die Hagenstraße hinweg liegt linker Hand das Altersheim Sophienstift (gestiftet von Sophie von Heyl), in dessen Innenhof sich der dritte Renaissance-Treppenturm befindet. Durch die Wollgasse mit dem ältesten, wiederaufgebauten Barockhaus (1698/Ecke kleine Wollgasse) kommt man dann zur Andreasstraße, an deren Ecke zum Neumarkt das schöne barocke Palais Prittwitz, besser bekannt als Adlerapotheke, steht. Eine Tafel an der Hauswand verweist darauf, dass hier der Komponist Rudi Stephan (1887-1915) Kindheit und Jugend verbracht hat.

Nibelungenmuseum in und an der staufischen Stadtmauer

Am Weckerlingplatz

Gegenüber des Doms (Südportal) liegt die alte Domdechanei, heute eine Jugendherberge. An ihr vorbei geht man zum Weckerlingplatz, der noch bis 1929 Andreasplatz hieß. Als aber in diesem Jahr das Museum vom Paulus- ins Andreasstift umzog, erhielt der Platz seinen heutigen Namen nach dem ersten Museumsleiter, Dr. August Weckerling. Am Platzeingang liegt die Magnuskirche, die älteste Wormser Pfarrkirche, deren Vorgängerbauten durch Ausgrabungen ab dem Jahr 800 nachgewiesen sind. Durch viele Umbauten im Lauf der Jahrhunderte ist ein Stilgemisch entstanden. An der Südwand zeigen drei vermauerte Rundbogenfenster, dass ein Teil des Mittelschiffs in der romanischen Basilika noch aus der karolingischen Epoche stammt. Als die Stiftsherren von St. Andreas, denen auch die Magnuskirche gehörte, bald nach 1521 lutherisch wurden – schon vor der Ankunft des Reformators wurde hier in seinem Sinn gepredigt –, nahm einer von ihnen, Ulrich Preu, die alte Pfarrkirche mit zur lutherischen Gemeinde.

Auf der östlichen Platzseite liegt die 1786 gegründete Weinkellerei P. J. Valckenberg. Im 1020 von Bischof Burchhard I. erbauten Andreasstift ist heute das stadtgeschichtliche Museum untergebracht. Im letzten romanischen Kreuzgang der Stadt sind Steindenkmäler aus der Römerzeit, Grabplatten des Mittelalters und Bauplastik aus Renaissance und Barock zu sehen. Im Magazin des Hauses lagern vor allem regionale Funde aus prähistorischer und römischer Zeit. Grabungen auf dem römischen Nordfriedhof von Worms haben ergeben, dass die Stadt schon in den ersten Jahrhunderten nach Christi Geburt eine „Völkermühle“ im Zuckmayer'schen Sinn gewesen sein muss. In den Gräbern fanden sich u. a. eine englische Dame, ein böhmischer Soldat, eine Gallierin, Soldaten aus Einheiten, die zuvor im Alpenvorland, in Spanien oder im Inneren Frankreichs stationiert waren und ein Soldat aus Elb-Germanien. Der bisherige Schwerpunkt der Dauerausstellung auf die Zeit der frühen und alten Geschichte soll in den nächsten Jahren bis zur Gegenwart fortgeschrieben werden. Sakrale Kunst aus dem Mittelalter und der frühen Neuzeit ist in der ebenfalls zum Museum gehörenden

Seit 1991 findet alljährlich das Wormser Jazzfestival rund um den Kaiserdom statt: Hier swingt „Häns'che Weiß" im Kreuzgang des romanischen Andreasstiftes.

alten Stiftskirche ausgestellt, die auch als Raum für länger dauernde Ausstellungen dient. Die dreischiffige Pfeilerbasilika ohne Querhaus wurde 1180-1200 im Stil der Wormser Bauschule neu erbaut. Der Chor ist außen reich verziert mit Sockeln, Lisenen, Rundbogenfenstern und Gesimsen. Das Andreasstift verdeutlicht noch heute zusammen mit St. Paul (im Osten), St. Martin (im Norden) und dem Dom St. Peter (im Westen) die kreuzförmige, mittelalterliche Stadtplanung Bischof Burchards, bei der jeder Stiftskirche gleichzeitig eine Pfarrkirche zugeordnet war.

Judenfriedhof und Heylshof

Durch das Andreastor kommt man – entlang der Stadtmauer in der grünen Ringanlage nach Westen – zum ältesten Judenfriedhof Europas am „Heiligen Sand". Leichenhäuschen und Waschstelle am Eingang stammen von David Oppenheim (1625). Das mit Ahorn und Akazien bepflanzte Gelände gliedert sich in das tiefer liegende „Rabbinertal" und ein höher liegendes Gräberfeld, das ab dem 18. Jahrhundert belegt wurde.

Die ältesten Grabsteine stammen aus dem 11. Jahrhundert und erzählen von der jüdischen Geschichte der Stadt, so vom Märtyrer Rabbi Meir von Rothenburg, genannt

Judenfriedhof „Heiliger Sand"

Maharam (1220-93), den Kaiser Rudolf 1286 in Ensisheim (Elsass) einkerkerte, weil er mit einer großen Zahl seiner Glaubensfreunde nach dem „Heiligen Land" auswandern wollte. Der Kaiser wollte mit dieser Maßnahme den Verlust potenter Steuerzahler verhindern. Maharam verbot den hiesigen Juden, dem Kaiser Lösegeld für seine Freilassung zu zahlen. 1307 kaufte der Frankfurter Jude Alexander ben Salomo Wimpfen den Leichnam des Märtyrers mit seinem ganzen Vermögen frei. Beide wurden in Worms beigesetzt. Der Friedhof wurde bis 1911 zu Bestattungen genutzt. An einem Stück mittelalterlicher und römischer Stadtmauer vorbei gelangt man wieder zum 1884-86 erbauten und 1926 als Kunsthaus eröffneten Heylshof. Durch die reich geschnitzte Tür, die eine Allegorie von Ankunft und Abschied darstellt, gelangt man in das neubarocke Palais mit seiner bedeutenden Kunstsammlung, die aus einer Stiftung des Sammlerehepaars Sophie und Cornelius Wilhelm von Heyl stammt. Reich vertreten sind die niederländischen Maler des 17. Jahrhunderts, so Peter Paul Rubens mit einer „Madonna mit Kind" und Anthonis van Dyck mit dem „Herrenbildnis (Bildnis eines Mannes mit Halskrause)". Sehenswert ist auch eine „Verherrlichung Mariens" von einem unbekannnten Künstler aus der zweiten Hälfte des 15. Jahrhunderts. Gläsersammlung, Glasmalerei aus Süddeutschland, eine große Sammlung Porzellan aus

Neobarockes Eingangsportal des Heylshofs

der kurpfälzischen Manufakturstadt Frankenthal, Keramik (16./17. Jahrhundert) und Pariser Bildtapeten des 19. Jahrhunderts runden die Sammlung ab. In der Empfangshalle werden hauptsächlich deutsche Meister des 19. Jahrhunderts aus der Düsseldorfer und der Münchner Malschule gezeigt. Im Helyshofgarten stand bis zum Stadtbrand von 1689 der Bischofspalast, der historische Ort des Luther-Reichstags von 1521. An der Westseite des Gartens finden sich noch Wehrgangsbögen der Stadtmauer.

Am Lutherdenkmal

Vom Ausgang des Heylshofs an der Stephansgasse aus sieht man bereits die Parkanlage am Luther- und Adenauerring, dem ehemaligen Stadtgraben, wo auch das 1868 enthüllte Lutherdenkmal Rietschels steht. Ernst Rietschel (1804-1861) – Meisterschüler von Christian Daniel Rauch – schuf u. a. auch das bekannte Goethe-Schiller-Denkmal in Weimar. Für das Wormser Denkmal lieferte der Dresdner Bildhauer die Entwürfe, vollendet wurde es nach seinem Tod von seinen Schülern A. Donndorf, G. Kietz und J. Schilling (der wiederum das Niederwalddenkmal bei Rüdesheim gestaltet hat). Es ist das größte Denkmal dieser Art in der Welt und zitiert mit seinen Figuren die gesamte Reformationsgeschichte. In der Mitte steht Martin Luther in der legendären Pose „Hier stehe ich/ich kann nicht anders". An den Ecken des Sockels mit der Lutherfigur sitzen seine Vorgänger Savanarola (vorn links), Hus (vorn rechts), Wiclif (hinten rechts) und Waldus (hinten links). Der Sockel trägt auf jeder Seite ein Relief mit Darstellungen aus Luthers Leben sowie zwei Porträtmedaillons mit den Köpfen zeitgenössischer Protestanten: Relief „Luther vor dem Wormser Reichstag 1521", Johann der Beständige und Johann Friedrich der Großmütige (vorn); Relief „Bibelübersetzung und Predigt", Johann Calvin und Ulrich Zwingli (rechts); Relief „Thesenanschlag", Ulrich von Hutten und Franz von Sickingen (hinten); Relief „Abendmahl und Priesterehe", Justus Jonas und Johann Bugenhagen (links). Darunter befinden sich Wappen von protestantischen Ländern und Städten. Auch auf der äußeren Mauer befinden sich zwischen den Figuren kleine Sockel mit den Wappen protestantischer

Lutherdenkmal von Ernst Rietschel

Städte. Vorn stehen an den Ecken Figuren der beiden protestantischen Fürsten Friedrich der Weise, Kurfürst von Sachsen (links) und Philipp der Großmütige, Landgraf von Hessen (rechts). Hinten stehen Figuren des Humanisten Johannes Reuchlin und Philipp Melanchthons. Dazwischen sieht man Allegorien aus der protestantischen Geschichte, so eine „Trauernde Magdeburg 1631" (rechts), eine „Protestierende Speyer 1529" (hinten) und den „Augsburger Frieden 1555" (links).

Wie kein anderes Bauwerk in der Stadt symbolisiert dieses Denkmal den bescheidenen Wiederaufstieg in der zweiten Hälfte des 19. Jahrhunderts. Zu dieser Zeit laufen Industrialisierung (Lederfabriken und Wollspinnereien zwischen 1850 und 1872), die Bemühungen liberaler Kreise um die Gründung eines Altertumsvereins – nach 1816 waren viele historische Bauten abgebrochen und viele „Wormatiensa" versteigert worden – und die Schaffung des Lutherdenkmals mit finanzieller Hilfe von Protestanten aus aller Welt parallel. Der Lutherdenkmalverein wird 1856 ge-

Reichstag zu Worms 1495. Beim Turnier auf dem Obermarkt trat auch Kaiser Maximilian, der „letzte Ritter", an.

gründet. Auch der Festhausbau von 1889 und die Idee von Schoens und Herrigs von einem Volkstheater in Worms sind über das Lutherspiel von Herrig mit dieser gesellschaftlichen Bewegung verknüpft. Der „Rheinische Herold", eine liberale Wormser Zeitung, schreibt am 5.7.1860: „Mit neuem Klang wird jetzt unsere Stadt genannt; die Gründung des Lutherdenkmals hat die historische Bedeutung von Worms im Gedächtnis der Nation, ja der ganzen Welt, wieder aufgefrischt. Eine unberechenbare Anzahl von Reisenden wird uns besuchen ... Eine Stadt, die so viele merkantilischen und Nahrungsquellen hat wie Worms, muß neben den Mitteln, welche direkt zur Hebung von Handel und Industrie ins Werk gesetzt werden, auch geistige Quellen eröffnen." Richtung Innenstadt liegt der traditionsreiche Obermarkt, auf dem anlässlich des Reichstags von 1495 (Kaiser Maximilians „Ewiger Landfriede") Turniere ausgetragen wurden. An der Stelle, wo heute die Wormser Zeitung ihr Domizil hat, befand sich damals das Tanzhaus der Stadt. Die historischen Fassaden wurden 1945 zerstört.

Rudolf Heilgers
(1868 – 1932)

Der bekannte Wormser Fastnachter und Mundartautor Rudolf Heilgers (1868-1932) dichtete für die „Narrhalla" (gegründet 1840) auf die Bienenhausmelodie das Lied vom „Rheiadel", das den echten Wormser Star beschreiben soll.

Zu Glanz un Ruhm der Adel strebt
un jeder määnt, er wär de feinschte.
Doch drauß am Rhei en Adel lebt,
schun alt un sagenhaft umwebt.
Wer kennt ihn nit, den feine Adel,
wu stets noch Erwet guckt,
un merschtens Kimmel schluckt.
Wo Mücke fangt de ganze Dag,
Rheinadel heißt der stolze Schlag...

Den Adel summers ihr gewahrt
in Hotels erschten Rangs logiere.
m Wäldche, uff de Prumenad,
am Salzstää, uff de Borjerwaad.
Am Entekropp un an der Bachspitz,
ja uff de Bleech sogar
logirt der echte Star.
Sein Wäschkump is der grüne Rhei,
sei Handtuch is der Sunneschei.

Dass Heilgers mit seiner „Star-Figur" nicht nur die Wormser, sondern die gesamte rheinhessische Mentalität trifft, zumindest den Wunschtraum und die dominierende Lebenseinstellung der Region, beweist der landläufige Spruch: „Wann aaner trinkt, trink mit em; wann aaner ißt, eß mit em; wann aaner schafft, lossen schaffe."
Erwet = Arbeit, Kimmel = Kümmelschnaps, Wäschkump = Waschschüssel

Den Platz schmückt jetzt allein das 1986 vom Wormser Bildhauer Gustav Nonnenmacher geschaffene Schicksalsrad. Auch der Winzerbrunnen in der nahe gelegenen Kämmererstraße und das Staredenkmal unten am Rhein – Star ist der Spitzname der Wormser – stammen vom gleichen Künstler.

Die „KW"

Richtung Hauptbahnhof kommt man vom Obermarkt aus in die „KW". Eigentlich heißt sie nach dem bis 1933 amtierenden hessischen SPD-Innenminister Wilhelm-Leuschner-Straße, aber für die Bevölkerung ist sie, auch nach der gut gemeinten Umbenennung nach 1945, die KW geblieben: Kaiser-Wilhelm-Straße, benannt nach Wilhelm I., der 1868 zur Einweihung des Lutherdenkmals Worms besucht hat. Die KW war von Anfang an Geschäftsstraße, die bei der Stadterweiterung Ende des 19. Jahrhunderts in frühere Gärten gebaut wurde. Palais von Industriellen wie die Villa Enzinger in der seitlichen Karmeliterstraße und bürgerliche Wohn- und Geschäftshäuser der Gründerzeit prägen das Straßenbild.

Von der alten Flaneurstraße der 20er Jahre hat sich die Tradition der Cafés erhalten. Am Ende der KW stößt man auf den Hauptbahnhof. Er wurde 1901-04 von Fritz Klingholz erbaut und ist im ganzen Rhein-Main-Neckar-Raum wohl einzigartig durch seinen auffälligen Reliefschmuck, der sich vor allem im seitlich angeschlossenen Fürstenpavillon und im Giebelfeld befindet. Ausgeführt hat der Bildhauer Vlasdeck aus Mainz-Mombach die Arbeiten. Im Ganzen greift der malerische Stil des Späthistorismus den staufischen Stil des Doms und die Fachwerkfassaden der Bürgerhäuser aus dem 16./17. Jahrhundert auf.

Das Westend

Stadtbaurat Karl Hofmann legte 1889 systematische Planungen zum Ausbau der Weststadt jenseits der Bahnlinie Mainz-Worms-Ludwigshafen vor. Über die Brunhildenbrücke erreicht man das „Neubaugebiet der Jahrhundertwende". Die

Relief am Fürstenpavillon des Wormser Hauptbahnhofs

Friedrich-Ebert-Straße führt weiter zum Karlsplatz.

Typisch Hofmannsche Architektur bei Wasserturm, Gewerbeschule und den dreigeschossigen Wohnhäusern prägt die gesamte Umgebung. Auf den neoromanischen „Nibelungenstil" „haben die ehrwürdigen Zeugen aus romanischer Zeit, die das Wormser Stadtbild beherrschen, bestimmend eingewirkt ... Die Fundamente wurden aus Stampfbeton hergestellt. Für die sichtbare Außenhaut fand Buntsandstein Verwendung. Die Dachbedeckung erfolgte mit glasierten Ziegeln." (Reuter, *Worms ehemals*)

Das Eleonorengymnasium von Hofmanns Nachfolger Georg Metzler setzt diesen Stil fort. 1910/12 entstand dann die Lutherkirche von Friedrich Pützer im Darmstädter Jugendstil. Ein für die Bebauung in diesem Viertel typisches Mehrfamilienhaus steht in der Noltzstraße 2 (1911). Zusammen mit dem Haus 2/10 ist es repräsentativ für den Übergang vom sonst vorherrschenden Historismus zum Jugendstil.

Hinter dem Wohngebiet „Liebenauer Feld", das nach dem Zweiten Weltkrieg bis zum Ende des 20. Jahrhunderts als Thomas-Jefferson-Village Wohnblocks für die in Worms stationierten amerikanischen Soldaten umschloss, liegt an der Bebelstraße die ehemaligen Arbeitersiedlung Kiautschau die 1897 durch die Aktiengesellschaft zur Erbauung billiger Wohnungen auf Initiative des Lederindustriellen Cornelius Wilhelm Freiherr von Heyl zu Herrnsheim nach Plänen Hofmanns entstanden ist. Die 42 eingeschossigen Doppelhäuser mit Krüppelwalmdach und Fachwerkzwerchhaus sind heute noch musterhaft für den

gemeinnützigen Wohnungsbau. Arbeitersiedlungen im Ruhrgebiet (bei Krupp), die Gartenstadttheorie (Beispiel: Hellerau/ Dresden) und der genossenschaftliche Kleinhaus- und Kleinwohnungsbau dürften Pate bei dem Modell gestanden haben.

Die Ideen der Selbstversorgung durch Gärten und eine Siedlergemeinschaft haben sich teilweise bis heute erhalten. Dazu hat nicht zuletzt das Engagement der Siedlungsgesellschaft „das familiengerechte Heim (dfH)" beigetragen, die zur Stiftung des Wormser Möbelindustriellen Karl Kübel gehört.

An der Pfrimm entlang kommt man von hier aus leicht zum Pfrimmpark, der auf eine Idee von Karl Bittel zurückgeht, einem in Amerika als Kaufmann reich gewordenen Wormser, der 1892 in seine Heimat zurückkehrte. „Hier sollten Mütter allein mit ihren Kindern angenehm und in bester Luft ihre Milch und ihren Kaffee einnehmen können und sich durch Spaziergehen manche Reise und vielleicht Badereise ersparen können." (Johannes, Hochheim) An der Park-/Donnersbergstraße baute Bittel Häuser, die im Rahmen der Stadterweiterung sofort Käufer fanden. Darunter war auch sein eigene Villa, das Kanzel-Eck (1900/ Donnersbergstraße) sowie das Parkrestaurant Westendhöhe (1898/Rudi-Stephan-Allee 32). Ab 1911 entwickelte sich dann im angrenzenden Musikerviertel eine weitere Villenkolonie. Ganz in der Nähe (Donnersbergstraße 15) befindet sich auch das einzige, vom Bauhausstil geprägte Gebäude in Worms, die Villa Döss.

Links: Wasserturm am Karlsplatz

Am Rhein

Außerhalb der alten Stadtmauer, deren Reste z. B. noch auf der nördlichen Seite der Judengasse (Hertha-Mansbacher-Anlage) und am Fischerpförtchen zu sehen sind, beginnt die dem Rhein zugewandte Vorstadt. Hier liegt auch die Große Fischerweide, wo die Fischerzunft zu Hause war und ist. 1106 gab Bischof Adalbert den Wormser Fischern das ausschließliche Recht, zwischen Altrip (bei Ludwigshafen) und Saulheim (bei Mainz) Fische zu verkaufen. Aus dem traditionellen Zunftfest dieser Fischer – 1939 noch zehn Berufsfischer, heute keine mehr – entwickelten Gewerbeverein und Stadtverwaltung in den 30er Jahren das weit über die Stadtgrenzen hinaus bekannte Backfischfest Wiederbelebt wurde das Fischerstechen, ein Bootswettkampf, bei dem man versuchen muss, den Gegner mit einer Stange ins Wasser zu stoßen, und der Zunfttanz zur Melodie des Wormser Pfeifermarsches, der zur Eröffnung bei der Schlüsselübergabe vom Oberbürgermeister an den Fischerwääder Bojemääschter alljährlich auf dem Marktplatz aufgeführt wird. In der Fischerwääder Bojemääschterei (Große Fischerweide) wurde 1972 ein kleines Museum eingerichtet, das man nach telefonischer Vereinbarung mit dem Bojemääschter besichtigen kann.

Am Ende der Großen Fischerweide steht mit der Nibelungenschule ein weiteres Objekt aus dem Worms prägenden Nibelungenstil der Zeit um 1900. Aber auch weiter südlich, im Nibelungenviertel, wo

Das Fischerstechen (hier: 2001) findet alljährlich zum Backfischfest statt.

die Straßen nach Volker, Dankwart, Gernot und Giselher heißen, sind Bauformen der Reformbewegung vor 1914 ausgeprägt. Für unser postmodernes Architekturauge heute wirken viele Elemente anziehend und reizen zur Wiederholung bzw. zum Weiterdenken. Die beginnende staatliche Bauleitplanung orientierte sich an den Ideen der Gartenstadtbewegung (siehe Theodor Fritsch, *Die Stadt der Zukunft*, 1896) und suchte neue Stadtviertel – gleich, ob Mietshäuser oder Kleinhausbau – als eigenständige Einheiten anzulegen. Von diesem Konzept leiten sich die zentralen Plätze wie Dankwartsplatz, Kaiser-Heinrich-Platz oder Mathildenplatz her, auch die Hausgärten, die man z. B. in der Gibichstraße noch sehen kann. In jedem neuen Viertel sollte eine soziale Gemeinschaft entstehen. Unterstützt wurde das Konzept durch den Bau historisierender und dadurch lebendiger Fassaden sowie Grünplanungen der im Entstehen begriffenen Landespflege. Beim Ausbau des Rheintorplatzes wurden die aus dem 17. Jahrhundert stammende Woogbrücke sowie Fundamente der alten Bastion entdeckt. Beides ist jetzt in der Mitte eines neuen Platzes an der Kreuzung Wallstraße/Rheinstraße in einer Fundgrube zu besichtigen. Die Woogbrücke war früher der einzige Zugang vom Rhein zur Stadt.

Der Wormser Hafen hat heute keine große Bedeutung mehr. Hier stand bis zu einer Brandstiftung am 11.12.1986 das 1890-93 ebenfalls von Hofmann erbaute Lagerhaus, das durch Türme und eine Fachwerkzo-

Fürst'sche Badeanstalt am Rhein Anfang des 20. Jahrhunderts

ne unterm Dachgeschoss mittelalterliche Bauformen nachahmte. Von der Rheinpromenade aus übersieht man auch die Festwiese, die Rheinanlage mit dem Hagendenkmal und die 1987-1900 ursprünglich von Hofmann erbaute Rheinbrücke mit nur noch einem Torturm. Nummer zwei, am rechtsrheinischen Ufer, wurde nach der Sprengung 1945 nicht wieder aufgebaut. 2008 wurde die Brücke auf vier Spuren erweitert. Der Torturm orientiert sich im Entwurf an einem früheren Stadttor, dem Mainzer Tor, wie es 1692 von dem Wormser Peter Hamann für den Rat der Stadt festgehalten wurde, um für den Wiederaufbau ein Stadtbild aus der Zeit vor die Zerstörung durch die Franzosen 1689 zu haben.

Die Mainzer Vorstadt

In den Wormser Norden führen zwei Straßen: die Gaustraße und die Mainzer Straße. Die Gaustraße hat ihren Namen vom alten Gautor, durch das sie ins rheinhessische Hügelland, den Gau (Wormsgau/Wonnegau) führte. Die Straßenkreuzung zur Arndtstraße gestaltete Karl Hofmann platzartig durch den Bau eines Doppelhauses mit einer Tordurchfahrt und zwei Durchgängen. Das Mainzer Tor genannte Haus – nicht mit dem historischen Mainzer Tor Ecke Mainzer Straße und Pfortenring zu verwechseln – zeigte typische Merkmale von Hofmanns historisierendem malerischen Stil. Elemente der Renaissance bestimmten die architektonische Gestaltung von Giebeln und

Gewänden. Die flankierenden Erkertürme erhielten schiefergedeckte Hauben, die in eine Spitze ausliefen. Wichtig waren für Hofmann die Ausstattung der Häuser mit Vorgärten und die Baumreihe auf beiden Straßenseiten." (Reuter: *Worms ehemals*) Nach dem Zweiten Weltkrieg wurde der zerstörte rechte Flügel durch einen unpassenden Neubau ersetzt.

Durch den Neuhauser Tunnel kommt man in ein altes Arbeiterviertel, das geprägt ist durch Wohnblockbebauung aus den 20er Jahren, teilweise im Heimatstil (z. B. Stralenbergstraße 23-29). Die Gebäude, die nüchterner als der Nibelungenstil wirken, wurden überwiegend von gemeinnützigen Baugesellschaften errichtet. Hier wohnten viele Arbeiter des in der zweiten Hälfte des 19. Jahrhunderts gegründeten Werk Liebenau der Heylschen Lederfabriken. Der sich anschließende Vorort Neuhausen ist aus einem 1565 aufgehobenen Stift hervorgegangen.

Wall und Graben des Cyriakusstifts lassen sich noch an der Dorfanlage um die Stiftstraße erkennen. Vorgänger des Stifts (gegründet 847) war wahrscheinlich eine merowingische Königspfalz Anfang des 7. Jahrhunderts. Nach einer Fehde zwischen dem Stift und der Wormser Bürgerschaft wurde die „Taubenhausburg" des Stifts zerstört, und ein Wormser Bürger namens Jakob Engelmann übernahm 1290 das Gelände. Nach dem hier gelegenen Kloster Liebenau wurde es das „Liebenauer Feld" genannt. Kunstgeschichtlich bemerkenswert ist ein Rokokohaus in der Gaustraße 108, dessen Puttenrelief über dem Portal sogar im Vorbeifahren auffällt.

Die andere Straße in den Wormser Norden ist die Mainzer Straße. Hier liegt auch, inmitten von Weinbergen, die Liebfrauenkirche. „Liebfraumilch" wird als Wein erstmals 1687 im Reisebericht eines Engländers erwähnt. 1834 schreibt Bronner in seinem Buch über den Weinbau in Rheinhessen und an Nahe und Mosel: „ ... man sagt, nur so weit der Thurm seinen Schatten werfe, wachse die eigentliche Liebfrauenmilch. Natürlich erleidet diese Behauptung unendliche Modifikationen, indem viele Weingutsbesitzer sich in die Umgebung theilen, die alle besonderen Wert darauf legen, ebenfalls Liebfrauenmilch zu gewinnen, wenngleich die Qualität diesen Namen eigentlich

Wenn ich Kaiser wäre, in Worms würde ich meinen Thron aufschlagen, warum? Wegen der Liebfrauenmilch.

nicht mehr oder doch nicht ganz verdient." Das geltende Weinrecht hat die Herkunft des einstmaligen Exportschlagers nach England und Amerika nicht viel klarer gemacht. Hans-Jörg Koch schreibt: „Das neue Weinrecht lässt die Angabe zu für Qualitätswein aus Weißweintrauben, wenn er ausschließlich von Nahe, Rheingau, Rheinhessen und Rheinpfalz stammt, der Most mindestens 60 Grad Öchsle hatte, der Wein von lieblicher Art, überwiegend aus Trauben der Rebsorten Riesling, Silvaner oder Müller-Thurgau hergestellt und von deren Geschmacksart bestimmt, aber nicht mit einer Rebsortenbezeichnung versehen ist." Die Wormser Weingroßlage heißt „Liebfrauenmorgen" und der Wein direkt um die Kirche „Liebfrauenstift-Kirchenstück". Bei so viel Namensverwirrung fällt dem Laien die Orientierung nach Qualität natürlich schwer.

1276 wurde mit dem Bau der Liebfrauenkirche am Chorumgang begonnen, 1465 konnte er mit dem nördlichen Seitenschiff abgeschlossen werden. Nach der Zerstörung 1689, der auch der größte Teil der Ausstattung zum Opfer fiel, wurde die Kirche 1710 wiederaufgebaut und 1861-68 (neugotisch) sowie 1965-70 restauriert. Bis zum Ende des 18. Jahrhunderts fanden Wallfahrten hierher statt, die das noch erhaltene überlebensgroße Marienbild aus der Mitte des 13. Jahrhunderts zum Ziel hatten. Kollekten für einen Kirchenneubau von 1276 und 1310 belegen, dass diese Wallfahrten wahrscheinlich überhaupt erst den Grund für den Bau der Liebfrauenkirche geliefert haben. Die kreuzförmige Basilika wird durch die zwei Westtürme dominiert. Im Chorumgang befinden sich neben alten Grabplatten vier Beichtstühle aus dem 18. Jahrhundert, hinter dem Hochaltar ein „Marientod" (Ende 15. Jh.). Im Querhaus hat man das alte Chorgestühl von Christoph Franck aus Speyer (1625) aufgestellt. An den 1803 abgebrochenen Kreuzgang erinnert noch das Portal im 4. Joch des südlichen Seitenschiffs mit schönen Laubwerkkapitellen in der Leibung. Das Westportal unter den beiden Türmen ist reich verziert mit Skulpturen (Tod und Krönung Marias um 1310), welche an das Bildwerk des Dom-Südportals erinnern; in den Bogenläufen: Christus, Engel, kluge und törichte Jungfrauen.

An einem traditionellen Kasernengebiet vorbei – hier hausten die hessischen 118er, die Franzosen in den 20er Jahren und danach die Amerikaner – kommt man zu einer Arbeitersiedlung aus den Jahren 1929-33. Die Straßennamen Große und kleine Weide, Birken-, Erlen- und Ahornweg erinnern an ein ehemalige Feuchtgebiet. Hier befand sich in den 20er und 30er Jahren die KPD-Hochburg von Worms, vergleichbar etwa Mainz-Bretzenheim (Klein-Moskau), Mannheim-Käfertal oder dem Hemshof in Ludwigshafen, daher auch der frühere Name Moskauviertel Nördlich der Bahnlinie schließt daran ein modernes Industriegebiet an.

Die Speyrer Vorstadt

Die Vorstadt im Wormser Süden hieß die Speyrer Vorstadt und so heißt heute noch die Straße, die zum Vorort Horchheim führt. Speyer mit Dom und Bischofssitz

Die Lederindustrie prägte die Stadt um 1900, hier der Arbeitsalltag in der Heyl AG

war vor dem historisch späten Wachstum von Frankenthal und Ludwigshafen für die freie Reichsstadt Worms die dominierende Stadt im Süden. Bereits dicht hinter dem Naherholungsgebiet Bürgerweide – hier findet alljährlich im Mai mit dem Spectaculum ein großer Mittelalterevent statt; ganzjährig kann man den sehenswerten Tiergarten besuchen – beginnt die Pfalz. Hier, im Süden der Stadt, wird die Grenzsituation der Nibelungenstadt heutzutage am deutlichsten im Alltag sichtbar. Nach wenigen Kilometern aus der Innenstadt liest man auf dem Ortsschild von Bobenheim-Roxheim: Landkreis Ludwigshafen. Die Grenze zwischen Pfalz und Rheinhessen und besonders die Wormser Grenzlage seit 1817 war und ist widersprüchlich. Während kulturelle Gemeinsamkeiten die Grenze ebenso verschwimmen lassen wie das Pendeln von Arbeitnehmern und Verbrauchern in den Rhein-Neckar-Raum und die Einbindung in den Regierungsbezirk Rheinhessen-Pfalz, endet in Worms das Verbreitungsgebiet der örtlichen Tageszeitung, die ihren Schwerpunkt im Rhein-Main-Gebiet hat. So wie die Vorstädte stets nach Speyer und Mainz benannt wurden, steht auch die heutige Stadt im Spannungsfeld der beiden Metropolregionen Rhein-Main und Rhein-Neckar. Da kann man sich nur mit einem eigenständigen Profil innerhalb der regionalen Netzwerke behaupten. Und genau diese Eigenschaft hat man – in Tradition der Freien und Reichsstadt – jahrhundertelang geübt.

Der Wormser Süden beherbergt auch das

alte Industriegebiet, das im Lederboom des 19. Jahrhunderts entstanden ist. Davon zeugen heute noch die Industriearchitektur der Jahrhundertwende und der 20er Jahre, so z. B. das ehemalige Verwaltungsgebäude von Dörr & Reinhard in der Schönauer Straße. Heute steht hier allerorten die Sanierung industrieller Altlasten an. Auch Siedlungen wie die Karl-Marx-Siedlung – 1931/32 in der Zeit der Arbeitslosigkeit als Selbsthilfeprojekt begonnen – schließen sich hier an den Stadtrand an.

Die Stadtteile

Die Speyrerstraße teilt sich in die Horchheimer und die Weinsheimer Straße. Auf diesem Weg kommt man auch in die Ortsteile Horchheim/Heppenheim (nördlich des Eisbachs) und Weinsheim/Wies-Oppenheim (südlich des Eisbachs). Horchheim, Weinsheim und Wies-Oppenheim gehörten bis ins 18. Jahrhundert zum Hochstift Worms, Heppenheim zur Kurpfalz. Die Hochstiftsche Amtskellerei befand sich in **Horch-**

Das ehemalige Gaswerk (Klosterstraße 14) wurde 1889 in Erinnerung an Klosterbauten mit neuromanischen und neugotischen Stilelementen errichtet

Richard Kirn
(1905-1979)

Der romantische Reporter Kirn ist am 9.4.1905 in Worms geboren. Aufgewachsen ist er in der Eisbachstraße im Süden der Stadt. Mit 21 Jahren beginnt er für die Sport- und Feuilletonseiten der liberalen *Wormser Volkszeitung* (WVZ) zu schreiben und trimmt sie bald auf Berliner Großstadttempo. Seine bilderreiche Sprache als Sportreporter bei der legendären Wormatia wird in Worms noch gerühmt, als er schon längst Lokalchef bei der *Frankfurter Neuen Presse* ist. In die Mainmetropole wechselte er, weil man ihn in Worms wegen Besitzes des sogenannten Braunbuchs denunzierte und vor Gericht stellte. Sein Verleger verhinderte eine Verurteilung. Nach 1945 wurde er nicht nur als Sportreporter, auch bei mehreren Olympiaden bekannt, sondern auch als Glossenschreiber. In einem 1975 erschienen Buch *Eine Kindheit in Worms* beschreibt er in einem kurzen Text das Viertel, in dem er ab 1908 aufgewachsen ist: „Streifen von heißem Gold an der Decke des verdunkelten Zimmers: Ich war aus dem Mittagsschlaf erwacht. Von draußen hörte man das Tapp-Tapp schwerer Schuhe. Die Arbeiter kehrten in die Fabrik zurück. Die Fabrik war das Schicksal der Stadt. Sie gehörte dem Baron von Heyl, der auch nationalliberaler Reichstagsabgeordneter war. Seine Figur war legendär wie die des Herrn Krupp ... Es wurde wieder still. Die Fabrik war nur ein fernes Sausen. Der Sommerwind wühlte im weißgrünen Laub der Platanen in Hartmanns Garten. Als ich ein wenig älter war, entdeckte ich die Fabrik selber. Durch die Gerbergasse floß eine braune Brühe in zementierte Becken, die Bach, wie man das nannte. Man konnte durch enge Türen in die Säle blicken, grellstechende elektrische Birnen beleuchteten Männer, die schwere Karren mit Tierhäuten über Geleise schoben. Die Häute troffen vor Nässe, sie waren grünlich, sie glänzten. Man hörte das böse Rauschen von Maschinen. Manchmal sagte meine Mutter: „Geh fort, hol Steinöl!" Dann zog ich los, ein Blechkännchen in der Hand. Beim Krämer Werner stieg in gläserner Röhre quirlend das helle Petroleum in die Höhe, und wenn es einen roten Strich erreicht hatte, hörte der Mann mit dem Pumpen auf, er schraubte die fertige Kapsel meines Kännchens auf und ließ das Öl einlaufen. Ich hielt meinen Groschen hin. Ich liebte das Petroleumlicht. Es war rötlich und warf tiefe Schatten. Im Licht der Lampe, die an einem Nagel über meinem Bett hing, habe ich meine ersten Bücher gelesen, Indianergeschichten und Hauffs Märchen. Nachts fuhr ich schreiend aus dem Schlaf, weil ich von dem Mann mit der abgehauenen Hand geträumt hatte. Wir haben unter anderen Lichtern gelebt. Vor unserem Haus stand eine Gaslaterne. Abends kam ein mummelnder Mann im grauen Umhang und mit einer Stange. Er schob den Haken am oberen Ende dieser Stange in einen Ring unter der Laterne, dann machte es blaff, und ein gelbes Licht flammte auf. In diesem Licht gingen manchmal Herren in feinen schwarzen Mänteln aufeinander zu und grüßten sich mit tief herabgezogenen Hüten. Das waren, wie man mir sagte, die besseren Herren aus der Fabrik, Prokuristen und Direktoren." (S. 7f.)

heim wie auch der Sitz der heute noch bestehenden Hospitalstiftung Neuhausen, deren Aufgabe die Ausbildung von Waisen war. Das Orstbild wird geprägt von kleineren Ziegelbauten des 19. und frühen 20. Jahrhunderts. Damit wird gleichzeitig die Sozialstruktur, in der Nebenerwerbslandwirte und Arbeiter dominierten, charakterisiert. Die drei Kirchen des seit 1942 zu Worms gehörenden Straßendorfs stehen alle auf dem Goldberg. Die alte Saalkirche von 1724-26 dient heute als Friedhofskapelle. Die evangelische Gustav-Adolf-Kirche ist 1907/08 nach barocken Vorbildern im Jugendstil gebaut. Die katholische Heilig-Kreuzkirche ist ein bedeutender Bau der Neugotik und wurde von 1908-10 durch den Mainzer Architekten Greifzu errichtet. Sowohl in der Standortwahl als auch in der vertikalen Gliederung wurde die Höhenwirkung betont. An die Sakristeibauten im Norden schließt sich das im gleichen Stil errichtete Pfarrhaus an. Auch die Innenausstattung ist neugotisch. Horchheim besitzt im Rathaus ein Heimatmuseum.

Heppenheim, seit 1969 Wormser Ortsteil, hat den Beinamen „an der Wiese", um sich von Gau-Heppenheim bei Alzey und Heppenheim an der Bergstraße zu unterscheiden. Im Süden des seit 1467 kurpfälzischen Ortes befand sich ehemals zwischen Schachscher Mühle und Eisbach eine Burg. Der dörfliche Charakter wird durch die großen fränkischen Hofreiten an der Durchgangsstraße betont, in denen sich oft Bauelemente des 16. bis 19. Jahrhunderts mischen. So stammt z. B. das Haus Pfälzerwaldstraße1 aus dem 19. Jahrhundert, die Toranlage aber mit rundbogiger Pforte aus der zweiten Hälfte des 16. Jahrhunderts. Der Chor der evangelischen Kirche stammt aus dem Jahre 1597. Zwischen den spätgotischen Maßwerkfenstern und am Triumphbogen findet man Renaissance-Malerei. Das Langhaus wurde um 1700 erbaut. Steindenkmäler sind: ein romanischer Sarkophagdeckel, ein Priestergrabstein von 1485 und das Grabmal Dietrich von Weiers († 1604). Das evangelische Pfarrhaus am Kirchhofplatz 4 ist ein dreigeschossiger Putzbau mit Walmdach von 1743/44, die Schule (Nr. 8) wurde 1856/57 in neuklassizistischen Formen erbaut.

Weinsheim dagegen hat seinen dörflichen Charakter vollends verloren. Es ist geprägt durch die Ansiedlung chemischer Industrie (Jahrhundertwende) und Siedlungen, die nach 1945 entstanden sind, so in der Ostpreußenstraße. Der ehemaligen Hof des Domstifts in der Weinsheimer Hauptstraße 41 stammt im Kern aus dem 17./18. Jahrhundert. Das alte Zollhaus östlich des Ortsteils (1711 erstmals genannt) markierte früher die Grenze zwischen Hochstift und Kurpfalz. An der Kreuzung der beiden Riedwege mit der Hauptstraße steht ein Sandsteinkreuz von 1531, das an den Tod von Christoffel Lerch (21 Jahre) aus Dirmstein (Schloss der Wormser Bischöfe) erinnert. Er ist an dieser Stelle am 13.5. 1531 von seinem Gegner Hans Sigmund von Plieningen getötet worden.

Wiesoppenheim gehört seit 1909 zu Worms. Das Ortsbild wird geprägt durch landwirtschaftliche Anwesen aus dem späten 19. Jahrhundert, darunter große Höfe wie in der Zelterstraße (Nr. 7, 9, 14) und der Theodor-Storm-Straße (Nr. 45, 69,

102) und eingeschossige Kleinanwesen wie in der Theodor-Storm-Straße (Nr. 41, 43, 76). Seine neuromanische Kirche stammt aus dem Jahre 1875. Seinen Namen trägt es zur Unterscheidung von Oppenheim am Rhein.

Auf der anderen Seite der Pfrimm liegt **Hochheim**. Das ehemalige Schreinerdorf –1899 gab es hier 150 Schreinermeister – wurde 1898 eingemeindet. Die romanische Bergkirche, etwas außerhalb am Hang gelegen und heute evangelisch, geht in den drei unteren Geschossen des Westturms und in der Krypta auf das 11. Jahrhundert zurück. Sie wurde vermutlich kurz nach 1000 unter Bischof Burchhard errichtet. Im Südwesten, an der Pfrimm, wurde 1278 das Dominikanerinnenkloster Maria Himmelskron gegründet, das bis 1563 bestand. 1570 wurde die ehemaligen Klosterverwaltung in der Celtestraße 4 in eine kurpfälzische Amtsschaffnerei umgewandelt; der barocke Putzbau, der heute an dieser Stelle steht, stammt von 1728. Aus der Klosterkirche von 1293 wurde die heutige katholische Pfarrkirche, die 1706-08 wiederhergestellt wurde. Sie birgt neben einer Wandmalerei aus dem 14. Jahrhundert (Nordwand) einen Löwen-Taufstein (um 1500) und in der Vorhalle einen Priorinnen-Grabstein (1319) von einem der Meister des Dom-Südportals. Das Rathaus in der Binger Straße (Anfang des 18. Jahrhunderts) zeigt im Fachwerk des Obergeschosses die Wilde-Mann-Figur. In der Obergasse 6 steht eine Villa von 1908, bei der sich Jugendstil und Art déco mischen.

Um die Jahrhundertwende wurde der Zentralfriedhof Hochheimer Höhe als Parkfriedhof angelegt. Bemerkenswert ist hier am Eingang die neuromanische Trauerhalle sowie ein Kruzifix aus dem 15. Jahrhundert, das vom Friedhof der Amanduskirche (südlich Liebfrauen) stammt. Die jüdische Trauerhalle ist wie die Lutherkirche am Karlsplatz und die Brücken im Pfrimmpark eines der in Worms seltenen Jugendstil-Bauwerke.

Bergkirche Hochheim (Turm/11. Jahrhundert)

Der an der Höhe anschließende, alte Dalbergische Residenzort **Herrnsheim** wird immer noch geprägt durch die zum Schloss führende Herrnsheimer Hauptstraße, deren Bebauung bis heute ein ortstypisches Bild des 18./19. Jahrhunderts bietet. Von den Wohnhäusern, häufig mit großzügigen

Torbögen und Einfahrten, sind die Nr. 23, 36, 38, 52 und 54 hervorzuheben. Dazu kommen das Pfarrhaus (Nr. 18, um 1730) und das Rathaus (um 1830) sowie die katholische Peterskirche (Hauptstraße 11). Reste einer romanischen Basilika aus dem ersten Viertel des 13. Jahrhunderts wurden in den spätgotischen Bau (1470-92) integriert. Baumeister war Jakob von Landshut, der dann ab 1495 Leiter der Straßburger Münsterbauhütte wurde. Als Grablege der Dalberger erhielt die Kirche natürlich auch eine bemerkenswerte Ausstattung: eine Steinkanzel mit Relieffiguren (Muttergottes Petrus) von 1489, spätgotisches Chorgestühl (1486) sowie im Kirchenschatz eine Monstranz aus dem 15. Jahrhundert. Von der alten Ortsbefestigung sind noch drei Türme erhalten, darunter der Schillerturm im Schlosspark und der vom Heimatverein restaurierte Storchenturm am Pariser Tor. Das alte Ortsgeschehen schildert ein Roman des Schriftstellers Richard Knies: *Die Herlishöfer und ihr Pfarrer.*

1792 hat Friedrich Ludwig von Sckell, der Architekt des Englischen Gartens in München, den barocken Schlosspark ebenfalls in einen englischen Garten verwandelt, der dem Besucher einen Eindruck davon vermitteln kann, wie die rheinhessische Steppenlandschaft vielleicht ohne intensiven Ackerbau aussehen würde. Im 19. Jahrhundert wurde die Hauptstraße aus dem Park herausgelegt. Das Schloss selbst

Bibliotheksturm im Herrnsheimer Schloss. (1821/1840 in den mittelalterlichen Rundturm eingebaut). Der liberale Katholik Lord Acton, der das Schloss 1883 verkaufte, war Besitzer einer umfangreichen Bibliothek

wurde 1460 von Philipp von Dalberg als Burg errichtet. Nach der Zerstörung 1689 entstand ein barocker Neubau unter Federführung des Mainzer Architekten Caspar Herwarthel (1711-40), der auch einen französischen Park anlegte. Nach erneuter Beschädigung und Plünderung im Jahr 1792 gab Emmerich Joseph von Dalberg dem badischen Hofbaumeister Jakob Friedrich Dyckerhoff aus Mannheim den Auftrag zum Wiederaufbau (1808-24). 1840-45 baute der Mainzer Baumeister Ignaz Opfermann das Schloss im Empirestil um. Dehio nennt es den „bedeutendsten Schlossbau der ersten Hälfte des 19. Jahrhunderts im Land". 1883 erwarben die Freiherren von Heyl das Gebäude, 1957/58 ging es in städtischen Besitz über. Die wertvolle Innenausstattung stammt ebenfalls aus der ersten Hälfte des 19. Jahrhunderts, so die Parkettböden im Blauen Saal, die Deckenausmalung in Erdgeschoss und Treppenhaus von Anton Strauß aus München (1842), die Malereien im römerzeitlichen Stil im Pompejanischen Zimmer oder aber die beiden handgedruckten, farbigen Bildtapeten aus der Pariser Manufaktur Dufour: „Les monuments de Paris" (1814) und „Die Ufer des Bosporus" (1829). Besichtigen kann man diese Sehenswürdigkeiten mit Ausnahme des Parks bisher allerdings nur nach Absprache mit der Stadtinformation am Neumarkt.

In der Gabriel-von-Seidl-Straße 10, die von der Höhenstraße abzweigt, hat Gabriel von Seidl 1891 nach dem Vorbild der romanischen Klemenskapelle in Trechtingshausen die Gottliebenkapelle als Privatkapelle der Familie von Heyl errichtet. Dazu heißt es in der Wormser Denkmaltopografie von Spille: „Die Gottliebenkapelle ist ein herausragendes Beispiel neuromanischer Architektur. Vergleichbares ist in der weiteren Umgebung nicht anzutreffen. Durch ausgesuchte auswärtige Künstler wurde die hohe Qualität gewährleistet. Einmalig ist der Umstand, dass sich eine Industriellenfamilie eine großzügige Privatkapelle mit eigener Grablege ohne räumliche Verbindung zum Friedhof oder zum Wohnsitz errichtet hat." In einem Weinberg am nördlichen Ortsausgang zwischen den Straßen nach Osthofen und Abenheim steht die in byzantinischen Formen errichtete Annakapelle (um 1900).

Wenn man weiter Richtung Autobahn (A 61) fährt, kommt man zum typisch rheinhessischen Weindorf **Abenheim**, das erst 1969 im Rahmen der Verwaltungsreform eingemeindet wurde. Die Bonifatiuskirche, ein Saalbau, wurde zwischen 1724-36 von Dombaumeister Georg Endtner erneuert. Nur die Turmhalle stammt aus dem 15. Jahrhundert. Zur gleichen Zeit entstand auch das Rathaus, ein barocker Bruchsteinbau mit Mansarddach. Aus dem Jahre 1556 stammt das Dalbergische Amtshaus in der Wonnegaustraße 55, ein Renaissancebau mit steilem Krüppelwalmdach und einem Standerker mit Fachwerkaufsatz an der Straßenseite. Auf dem Klausenberg – erreichbar über die Straßenabzweigung nach Osthofen – liegt als Wahrzeichen des Dorfes eine Kapelle, die erstmals 1286 erwähnt wird. Der Legende nach soll die Gräfin Agnes von Leiningen aus Trauer über den Tod ihres Mannes an dieser Stelle ein Kloster errichtet haben. Die heutige Kapelle stammt aus dem Jahre 1572. Davor steht eine Kreuzigungsgruppe von 1809. Im Jahre 2009 hat der Heimatverein mit der Gestaltung eines Skulpturenwegs in den Weinbergen begonnen. Das Heimatmuseum in der alten Schule (gegenüber der Kirche) beherbergt neben archäologischen Funden Zeugnisse alter Handwerkskunst, so das Zunftschild der Abenheimer Schilder- und Hammerzunft (um 1760), landwirtschaftliche Geräte sowie bäuerlichen und bürgerlichen Hausrat.

Wenn man statt über die Friedrich-Ebert-Straße über die Alzeyer Straße aus Worms herausfährt, liegen rechter Hand das Villenviertel oberhalb des Pfrimmparks und linker Hand Hallenbad und Wormatiastadion. Seit 1909 ist dieser Fußballclub sportlich aktiv und hat ab den 20er Jahren mehrere Meister- und Vizemeistertitel im Südwesten eingeheimst. Dass man schließlich im 1898 eingemeindeten **Pfiffligheim** (mundartlich: Piffelkum) angekommen ist, erkennt man am Lutherbaum rechter Hand. Der dominante Charakter der vor 1600 weit außerhalb des alten Ortskerns gepflanzten Ulme ist heute durch die belebte Durchgangsstraße stark beeinträchtigt. „Trag die Supp dreimol um de Ruschtebaam, dann isse kalt", ging früher ein „Piffelkumer" Sprichwort, wenn die Mittagssuppe zu heiß war. Erst nach 1900 übernahm in Pfiffligheim von den Wormsern die Bezeichnung „Lutherbaum", welche durch eine „protestantische Sage" gerechtfertigt wird: Anfang des 16. Jahrhunderts hätten sich zwei Frauen – eine katholische und eine lutherische – über den rechten Glauben gestritten. Die Protestantin habe daraufhin schließlich ihren Stock in den Boden gestoßen und gerufen: „So wahr dieser Stock Wurzeln schlagen und zu einem mächtigen Baum emporwachsen wird, so wahr ist Luthers Lehre." Darauf soll der „Lutherbaum" gewachsen sein. Über die Lutherbaumstraße, deren giebelständige, einstöckige Häuserreihe die Ortgeschichte des 19. Jahrhunderts als Arbeiterort dokumentieren, kommt man zur alten Hauptstraße des Straßendorfes, der Landgrafenstraße. Der alte Kern gruppiert sich zwischen den Hausnummern 37/38 und 96/99 um das Rathaus (Nr. 51, Anfang 18. Jh.) und die evangelische Jesus-Christus-Kirche, einen Saalbau von 1763 mit Deckengemälden,

Lutherbaum in Pfiffligheim

Orgel und Kanzel aus dem 18. Jahrhundert. Hinterm Pfarrhaus (Querstraße 3) befindet sich am ehemaligen Friedhofseingang ein gotisches Portal von 1429.
Die nach Nordwesten abbiegende Straße überquert die Pfrimm und man gelangt ins erst 1942 eingemeindete **Leiselheim**. Die Bebauung der Durchgangsstraße (Winzerstraße, Pfeddersheimer Straße) nach Pfeddersheim ist eine Mischung aus Barock und frühem 19. Jahrhundert. In der Dr.-Illert-Straße 7 steht der ehemalige kurpfälzische Amtshof, wo im 18. Jahrhundert ein Untervogt residierte. Während das Gebäude im Obergeschoss konstruktives Fachwerk hat, trägt es im Giebel Schmuckfachwerk. Die evangelische Kirche, ein Saalbau mit Emporen, stammt von 1716. Im Friedhof bei der katholischen Kirche kommentieren zwei Denkmäler die Leiden und Verirrungen der kriegsgeprüften Stadt. Der „Kriegerstein" opfert dem deutschen Militarismus von 1870/71 und 1914/18 mit der Inschrift: „Gott beschütze uns am Tag des Kampfes." Wolf Spitzers Gedenkstein an die Opfer von 1939-45 (1985 errichtet) dagegen brandmarkt den Krieg in den Figuren Kain und Abel als Brudermord mit der Inschrift: „nicht mehr gegen Mensch!"
Dass die ehemalige freie Reichsstadt **Pfeddersheim** heute unter der Talbrücke der Autobahn fast verschwindet, muss man wohl als „Denkmal" des 20. Jahrhunderts bezeichnen. König Albrecht I. verlieh dem befestigten Ort zwischen 1304 und 1308 Stadtrechte nach dem „Oppenheimer Recht". Doch bereits 1465 verpfändete der König die Stadt an die Kurpfalz, die ihr immer mehr Rechte nahm. Nach einem Aufflackern der Eigenständigkeit 1954 wurde Pfeddersheim 1969 nach Worms eingemeindet.
Das Kloster Gorze bei Metz richtete auf dem nördlich gelegenen Georgenberg im 10. Jahrhundert eine Propstei ein, deren Grundbesitz erst im Rahmen der Reformation von der Kurpfalz eingezogen wurde. Am Nordhang liegt auch die Simultankirche von 1705 mit Bauteilen aus dem Mittelalter. Im Inneren befindet sich eine Stumm-Orgel von 1770. Die 1714 als gotisierender Saalbau errichtete lutherische Kirche ist seit 1863 zum Gemeindesaal umgewandelt worden. Im Osten (Kleine Amthofstraße 9) – nahe des ehemaligen kurpfälzischen Amtshofs – liegt die Synagoge von 1843 (nach 1918 verkauft). Der alte Ortskern um Karl-, Paternus- und Schlossstraße zeigt noch typische Altstadtstruktur. Neben der gut erhaltenen Stadtbefestigung (um 1500) gibt es jedoch kaum bauliche Reste vor 1689. Die meisten Höfe stammen aus dem 18. oder frühen 19. Jahrhundert. „ Einer der elegantesten und qualitätsvollsten Rokokobauten im Wormser Raum" (Spille, *Denkmaltopografie*) ist das katholische Pfarrhaus (Karlstraße 25) von 1751 mit abgerundeten Ecken und einem Mansarddach. In der Karlstraße 1 befindet sich im Hof ein romanisches Relief (um 1180). In der Schlossstraße 48 steht das barocke Rathaus von 1760-70, das ursprünglich als Schloss für Johann Jakob von Orb errichtet wurde. Die Stadtbefestigung lässt einen Rundgang zu, der den Ortskern umschließt. Während von der Mauer nur Stücke erhalten sind (z. B. St. Georgenstraße 45 und Paternusstraße 56), stehen von ehemals 10

Pfeddersheim. Stich von M. Merian, 1655

Volltürmen immerhin noch 9: Bürgerturm (Ringstraße 28, komplett erhalten) im Süden, Eckturm (Allee 23) im Südwesten, Roter Turm (Bundeswehrgelände, Allee) im Osten, Pulverturm (Kleine Burgstraße, komplett erhalten) im Osten, Aulturm (Aulstraße 22, bewohnt) im Nordosten, Türturm (Aulstraße10) im Norden, Johannisturm (St. Georgenstraße 27, mit Wehrgang) im Norden, Hoher Turm (Cästrich 26, volle Höhe) im Norden und Sprenger oder Lenhardsturm (Cästrich 8, bewohnt) im Westen. Am westlichen Ende der Paternusstraße hat der Heimatverein zusammen mit Professor Bertlein ein sehenswertes Schulmuseum eingerichtet.

Die linksrheinische Geschichte spiegelt sich in drei Pfeddersheimer Schlachten wieder. Im November 1388 verlor der rheinische Städtebund, zu dem neben Pfeddersheim auch Mainz, Worms, Frankfurt, Speyer, Straßburg, Hagenau und Weißenburg – die letzten drei im Elsass – gehörten, gegen das fürstliche Heer des Pfalzgrafen, des badischen Markgrafen und des Grafen von Leiningen. Damit war die große Zeit der Reichsstädte am Oberrhein vorbei. Am 4.7.1460 schlug der pfälzische Kurfürst Friedrich der Siegreiche bei Pfeddersheim den Mainzer Erzbischof Diether von Isenburg und machte damit die Kurpfalz zum wichtigsten Landesherrn in Rheinhessen. Am 23./24.6.1525 verlor der Bockenheimer Bauernhaufe, der aus Leiningschen Bauern und „etlich bös Kind von Pfeddersheim" bestand – so ein kurpfälzischer Schreiber – gegen das kurpfälzische Heer: etwa 5000 von 8000 aufständischen Bauern wurden getötet; Pfeddersheim verlor endgültig seine Unabhängigkeit. Dass neben den Bauern in der Pfalz und Rheinhessen auch die Pfeddersheimer Ackerbürger revoltierten, lag vor allem an der hohen Steuerlast für das Gemeinwesen. Während etwa 3000 Morgen der Gemarkung als adliger oder geistlicher Besitz abgabefrei waren, mussten die Bürger, darunter über 50 % Klein-Grundbesitzer (bis 10 Morgen), von den restlichen 2400 Morgen die ganze Steuerlast tragen. Hier liegen auch die Wurzeln der linksrheinischen Revolutionen von 1789 bis 1848, deren dauernde Errungenschaften (Code Napoleon und Enteignung von adligem und geistlichem Besitz)

„Sprenger" oder Lenhardsturm in Pfeddersheim

kein späterer Landesherr wieder rückgängig machen konnte. Die linksrheinische Bevölkerung setzte damit im Gegensatz zu anderen Regionen ihre republikanische Grundhaltung gegen die Bestrebungen der Restauration im Wesentlichen durch.

Der Name **Rheindürkheim** verweist auf Thüringer die den Ort gegründet haben sollen. Die Simultankirche wurde erst 1776 unter dem Patronat des Wormser Andreasstifts erbaut, denn auch hier hatte die Verwüstung von 1689 alles zerstört. Im Kircheninnern befinden sich eine Kreuzigungsgruppe (um 1620), eine Kanzel (um 1776) sowie eine Madonna und ein Kruzifix aus dem 15. Jahrhundert. Die Kirche hat keinen Turm, die Glocken hängen im Achtecktürmchen des barocken Rathauses. Das barocke Rathaus stammt aus dem zweiten Viertel des 18. Jahrhunderts, das Schulhaus (um 1860) ist neuklassizistisch. Rheindürkheim hatte jahrhundertelang Bedeutung als Ort von Fähren und schwimmenden Brücken. Letzte Fischerhäuser aus dem 19. Jahrhundert stehen in der Rheinuferstraße 27 und der Osthofener Straße 6. Im 19. Jahrhundert wurde es durch die rheinische Strohzellstofffabrik, deren Hallen zum Teil heute noch stehen, zum Arbeiterdorf. Die Klinkerbauten aus dieser Zeit prägen auch das Bild des Ortskerns; interessant ein neoklassizistischer Klinkerbau in der Rheinuferstraße 6. Einen Kilometer weiter nördlich liegt der Mückenhäuser Hof, der 1489 erstmals erwähnt wird. Die heute stark veränderte Einzelhofanlage gehörte zuerst dem Wormser Paulusstift, später gehörte sie zu Kurpfalz und erst seit 1969 zur Stadt Worms. Vor allem Naturfreunde werden Spaziergänge im hier beginnenden Altrheingebiet schätzen.

Über den Rheindamm gelangt man ins ebenfalls 1969 eingemeindete **Ibersheim**. Der leiningsche Besitz kam 1285 bis 1465 teilweise als Pfand an den Deutschen Orden, 1481 an Kurpfalz. Nach seiner Zerstörung im Dreißigjährigen Krieg wurde der Ort auf Initiative des pfälzischen Kurfürsten mit mennonitischen Siedlern aus der Schweiz wiederbelebt. Daran erinnern Namen wie Stauffer, Käge, Dettweiler, Forrer und Müllinger. Im 18. Jahrhundert noch hieß der Ort nicht Ibersheim, sondern „Wiedertaufhof". Und wie ein großer Hof ist er auch gegliedert. Reuter schreibt: „Im alten Kern rings um die 1836 an der Stelle eines älteren Gotteshauses errichteten Kirche gibt es keine wirklichen Straßen. Auch Mauern, die den Weg zwischen den Fachwerkhäusern versperren, sind unüblich. Die Scheunen stehen rings um den Wohnbereich, grenzen diesen ab und schützen ihn nach draußen." Das älteste Gebäude ist das Schloss in der Menno-Simons-Straße 10 (1469, stark verändert). Die mennonitische Kirche wurde 1836 in klassizistischen Formen errichtet. „An den Schafscheuern" hat man mehrere Sorten einheimischer Kletterpflanzen gepflanzt, viele Fachwerkhäuser und -ställe – so das Ammenhäuschen (dem Rhein zu/1788) – sind liebevoll restauriert. Der Heimatverein will sich jetzt der alten Kopfweidenbestände wieder annehmen, die früher das gesamte Altrheingebiet mit Material und Arbeit versorgt haben. Auch hier lohnt sich ein Spaziergang. Das Idyll muss allerdings mit der Präsenz des AKW Biblis leben, das keinen Kilometer entfernt überm Rhein mit seinen wuchtigen Kühltürmen aufragt. Ein Kommentar dazu ist sicher die Ausmalung der Friedhofshalle mit einem modernen Totentanz.

Das „Ammeheisje" in Ibersheim

Am Rande der Pfalz

Im südlichen Wonnegau: Monsheim, Hohen-Sülzen, Offstein, Wachenheim, Mölsheim, Flörsheim-Dalsheim, Gundheim, Bermersheim, Mörstadt

An der Kreuzung von B 47 und B 271, der späteren Weinstraße, liegt das Schloss von **Monsheim**. 1401 gehörte es Graf Emich von Leiningen, dessen Familie ab 1495 auch den gesamten Ort als pfälzisches Lehen erhielt. Im 17. Jahrhundert errichteten die Herren von Wachenheim das heute noch bestehende Herrenhaus in Renaissanceformen. Der in der Mitte vorspringende Erker mit der Jahreszahl 1651 trägt über Löwenkonsolen eine verzierte Brüstung. 1714 erwarb die aus Frankreich emigrierte, calvinistische Familie von Laroche, der

Renaissanceerker im Monsheimer Schloss

auch das Erbes-Büdesheimer Schloss gehörte, das Gut. 1780 kaufte Gottlieb Carl von Gagern (1743-1825) das Schloss; seine Frau war eine geborene Laroche. Sein Sohn, Hans Christoph (1766-1852), vertrat auf dem Wiener Kongress die Niederlande und die deutschen Kleinstaaten. Seine Enkel spielten eine bedeutende Rolle in der Politik des frühen 19. Jahrhunderts. Während Friedrich (1794-1848) als Kommandant der badischen Truppen gegen Heckers Freischaren bei Kandern fiel, gehörten Heinrich (1799-1880) und Max (1810-89) als Vertreter des rechten Zentrums der Liberalen (kleindeutsch und erbkaiserlich) der Frankfurter Nationalversammlung in der Paulskirche an. Heinrich von Gagern, der bereits 1832 als Gegenspieler des hessischen Regierungschefs du Thil (1777-1855) die durch die Französische Revolution erworbenen Rechte im Linksrheinischen verteidigte, wird sogar zum Präsidenten des Parlaments gewählt. Eine zeitgenössische Schrift von M. Duncker (1850) charakterisiert ihn als Mittler zwischen der „aufgeregten freiheitstrunkenen Bevölkerung und den niedergeworfenen betäubten Fürsten". Dieser Drahtseilakt jedoch misslingt. Ende 1849 hat die Reaktion unter preußischer Führung gesiegt.

1862-66 findet man Heinrich von Gagern dann als hessischen Gesandten am Wiener Hof. Sein Monsheimer Schlossgut

Heinrich von Gagern (1799-1880), 1848 Präsident der Frankfurter Nationalversammlung

hatte er bereits 1852 verkauft. Eine Gedenktafel am Turm zur Zufahrt erinnert an den liberalen Politiker. In der Nähe des Schlosses wurden 1866 Überreste einer jungstein-zeitlichen Siedlung gefunden, die als besondere Gruppe der Bandkeramik den Namen Hinkelsteinkultur erhielt. Eine Plastik von Gustav Nonnenmacher im Hof der 1714 erbauten Anhäuser Mühle, heute Verwaltung der Verbandsgemeinde, erinnert daran. In der Nähe des Bahnhofs hat man 1901 fränkische Gräber gefunden. Bei einem der Skelette waren 12 cm lange Nägel durch die Füße geschlagen, in der Herzgegend fand sich ein Eisenmesser. In heidnischer Zeit wendeten die Franken durch diesen Brauch ihre Angst vor wiedergängerischen Toten ab. Entlang der Pfrimm führt ein Wanderweg, über den man sowohl ins Zeller Tal als auch nach Worms gelangen kann. In der evangelischen Kirche haben sich bauliche Reste des 15. Jahrhunderts erhalten (Nordarkade, drei Spitzbögen, Säulen). Der übrige Bau stammt von 1850 und 1905/05. Ein Marmorepitaph erinnert an Samuel de la Roche († 1722), ein Grabstein außerhalb an Otto von Wachenheim († 1653).

Die evangelische Kirche des Ortsteils **Kriegsheim** hat einen romanischen Chorturm. Das Schiff stammt von 1790, Umfriedung und Tor von 1602. Die Herren von Kriegsheim haben im 14. Jahrhundert einen Wohnturm errichtet, der sich bis heute dreigeschossig in der Tränkgasse erhalten hat. Ein Fachwerkhaus in der Hauptstraße 23 (1683) zeigt zwei geschnitzte fränkische Erker, gegenüber in der Nr. 42 ist im Fachwerk die sogenannte Wilde-Mann-Figur zu sehen.

Auch das Rathaus des Nachbarortes **Hohen-Sülzen** (Ende 16. Jahrhundert) zeigt über der Erdgeschosshalle mit Rundbogenöffnungen reiches Fachwerk im Obergeschoss. Besonders schön sind die Freitreppe mit überdachtem Altan und die offene Galerie an der nördlichen Langseite. Bis zum Ende des 18. Jahrhunderts gehörte der Ort zur Grafschaft Falkenstein (Donnersberg). Die 1140 erstmals erwähnte Kirche lag auf einem befestigten Friedhof und gehörte samt einem Hof und mehreren Gütern bis 1802 zum Wormser Andreasstift. 1792-1812 wurde der spätgotische Bau (Quader an der Südwestecke 1499) umgebaut.

Offstein gehörte ursprünglich zu der elsässischen Herrschaft Lichtenberg, die es

Mennonitische Agrarreformer

„Johann Heinrich Jung-Stilling, Lorenz Westenrieder, Christian Wilhelm Dohm und Johann Nepomuk Schwerz beziehen sich in ihren Werken um 1800 und die Zeit der Landwirtschaftlichen Vereine für das Großherzogtum Hessen ab 1831 auf die Guts-Besitzerfamilien Möllinger, Dettweiler, Kaege, Stauffer und andere, wenn es sich um Fragen des Anbaues neuer Früchte, der Düngung der Äcker oder der Einführung neuer Geräte und der Betriebsführung handelt." (Frieß-Reimann, *Mennonitische Agrarreformer in Rheinhessen*, in: *Alzeyer Geschichtsblätter*, S. 139) All diese Familien waren Mennoniten, eine auch Täufer genannte Religionsgemeinschaft mit Schwerpunkten in den Niederlanden und der Schweiz, welche die Erwachsenentaufe praktizierte, den Kriegsdienst verweigerte und die Trennung kirchlicher und staatlicher Ämter verlangte. Sie wohnten in Gebieten, welche vom Dreißigjährigen Krieg verschont worden waren, wurden aber wegen ihrer Religion drangsaliert. Der pfälzische Kurfürst gewährte Religionsfreiheit und hoffte so, die Gegend wieder zu bevölkern und zu entwickeln. Durch die besondere soziale Dynamik der Minderheitensituation gelang dieses Vorhaben. So wurde die bisher übliche Dreifelderwirtschaft durch Fruchtfolgen mit gezielter Düngung abgelöst. Als „Erzbauer des heiligen römischen Reichs" und „Vater des pfälzischen Ackerbaus" wurde vor allem David Möllinger bezeichnet, der 1744 einen großen Hof in Monsheim pachtete, welcher in der Enkelgeneration schließlich 175 ha umfasste. Er brannte erstmals Schnaps aus Kartoffeln, braute Bier und stellte Essig her. Die Abfälle verfütterte er in seiner Ochsenmast. Somit hatte er genug Futter, um den leiningschen Fürstenhof bei Frankenthal mit einem Ochsen wöchentlich beliefern zu können. Er führte auch die Kalkdüngung der Esparsettekleefelder ein, die ebenfalls für eine Stallhaltung des Viehs notwendig waren. Mit der Jauche aus den Stallungen wurde ebenfalls gedüngt. Mit all diesen Maßnahmen konnte die knappe Fläche besser ausgenutzt werden. Seinen Musterbetrieb besuchten laut einem 1785 angelegten Besucherbuch 350 Personen bis zum Jahr 1805. Man verwies in Vorlesungen der Heidelberger Universität auf seine moderne Wirtschaftsweise. Unter den Besuchern waren Physiokraten, Kameralisten, Theologen, Pädagogen und Beamte aus Bayern, Hannover, Hessen und Franken. Möllinger hinterließ eine umfangreiche Bibliothek.

als Lehen an die 1661 ausgestorbenen Herren von Oberstein gab. Die Gewann Burgäcker östlich des Ortes erinnert noch an die 1349 genannte Obersteinsche Burg. Später wurde der Ort im Tausch gegen die Schaffnerei Hagenau (Elsass) kurpfälzisch. Westlich bestand von 771 bis 1317 nachweislich das Dorf Lindesheim. Die katholische St. Martinskirche ist ein Saalbau von 1768. Die Kreuzigungsgruppe hinter dem Hochaltar stammt aus der Zeit um 1500. Die evangelische Kirche ist um 1720 erbaut. Auch das Offsteiner Rathaus (1819) hat eine seitliche Freitreppe. Seit 1883 wird die Eisbachtalgemeinde stark durch die Zuckerfabrik im Westen geprägt.

Schon im Zeller Tal liegt **Wachenheim**, das seit 1318 leiningscher Besitz war. Der Ort war schon früh Sitz eines eigenen Grafengerichts. Das mag mit ein Grund dafür gewesen sein, dass die Herren von Wachenheim hier eine Burg (jetzt Hofgut) errichteten. Erhalten hat sich davon der größte rheinhessische Wohnturm (14./15. Jahrhundert) mit sieben Stockwerken, an den sich nördlich ein halbrunder Treppenturm mit Steinkegeldach anlehnt. Die Ritter von Wachenheim erbauten auch 1325 eine Kapelle, die dem Frankenbekehrer Remigius geweiht war. Von ihr stammt noch der dreiseitig geschlossene Chor der heutigen evangelischen Kirche. Das flachgedeckte gotische Schiff wurde 1748 verlängert. Der Nordwestturm mit seinem eisenbeschlagenen Tor stammt vom Ende des 15. Jahrhunderts. 1489 wurde der spätgotische Flügelaltar mit geschnitzter Muttergottes im bemalten Schrein gestiftet. Er zeigt Verwandtschaft mit den Altären des sogenannten Wolfskehl-Meisters im Darmstädter Landesmuseum und in Speyer. Hinter der hölzernen Muttergottes in der Mitte breiten gemalte Engel einen Vorhang aus, auf den seitlichen Flügeln sind die Heilige Elisabeth und die Heilige Katharina dargestellt. Seit wenigen Jahren hat Wachenheim auch ein Heimatmuseum und von Ostern bis Anfang November verkehrt hier an Wochenenden die nostalgische Eistalbahn. Am Hang des Zellertals liegt **Mölsheim**, wo man eine schöne spätmerowingische Goldscheibenfibel in Vierpassformen (Hessisches Landesmuseum Darmstadt) gefunden hat. 1512 wurde die erste Hälfte des zur Benediktinerabtei

Wohnturm in Wachenheim

Hornbach gehörenden Dorfes an Kurpfalz verkauft, 1768 auch die zweite Hälfte. 1558 war die Abtei Hornbach an die Grafschaft Zweibrücken gefallen, die ihrerseits von 1681 bis 1718 schwedisch wurde. In dieser Zeit wurde die evangelische Kirche mit dem Karlsturm neu errichtet (1703-05). Nach einem Brand 1944 konnte sie erst 1959 wiederaufgebaut werden. Am Kalkofen 1 steht ein denkmalgeschütztes Bauernhaus aus dem Jahre 1561, das zu den ältesten erhaltenen Profanbauten im gesamten Landkreis zählt. Auch der Hauptkeller unter der Scheune stammt aus dem 16. Jahrhundert. Von Mölsheim aus kann man auf einer Höhenstraße mit schönem Blick das bereits pfälzische Zellertal und die sich anschließenden Pfrimmgemeinden erkunden. Nieder-Flörsheim und Dalsheim wurden im Zuge der rheinland-pfälzischen Verwaltungsreform 1968 zur Gemeinde **Flörsheim-Dalsheim** zusammengelegt. „Fletersheim" wird erstmals 768 erwähnt. Im Jahr 867 beschenkt König Ludwig der Deutsche das Cyriakusstift (Worms-Neuhausen) und das Wormser Domstift mit Grundbesitz in Nieder-Flörsheim. Die Ortshoheit der beiden Stifte wurde im 13. Jahrhundert von Philipp von Falkenstein bestritten. Er setzte sich im Bereich der befestigten, heute evangelischen Kirche (erstmals 1184 erwähnt) auf dem Schulberg fest. Das Domstift rief 1349 wegen dieses Streits die Grafen von Leiningen zu Schirmherren. 1400 wird die erste, 1566 auch die zweite Ortshälfte kurpfälzisch. Seit dem 11. Jahrhundert ist die Familie der Edlen von Flörsheim bekannt, deren wichtigster Vertreter der Speyrer Bischof Philipp von Flersheim (1481-1552), der Verfasser der

Blick auf Dalsheim mit der Fleckenmauer. Zeichnung der 1920er Jahre

Die Dalsheimer Fleckenmauer wurde restauriert. Der örtliche Brauchtumsverein zeigt in ihrem Schatten alle paar Jahre mittelalterliches Alltagsleben

Flersheimer Chronik war. 1655 ist die Familie ausgestorben, die Gemeinde behielt davon einen Waldbesitz in der Pfalz. Die heutige evangelische Kirche ist ein Saalbau aus der zweiten Hälfte des 18. Jahrhunderts, der Westturm stammt von 1828/29. An ihre frühere Bedeutung erinnern drei vermauerte Spitzbogenarkaden an der nördlichen Außenwand (13. Jahrhundert). Der 1718 umgebaute viergeschossige Wohnturm in der Alzeyer Straße 25 stammt ursprünglich aus dem 14. Jahrhundert. Trotz Plünderungen im pfälzischen Erbfolgekrieg (1689) haben sich einige schöne Fachwerkbauten und Hofeingänge aus älterer Zeit erhalten: Alzeyer Straße 5 (1584) mit derben Reliefs an der Handpforte, Untergasse 14 (Torbogen 1587), Alzeyer Straße 4 (1593) mit Rechteckerker und Fachwerk-Obergeschoss, Pfarrgasse 3 (um 1600/1736 zum Forsthaus umgebaut) und Untergasse 2 (1617) mit reichgeschnitztem fränkischem Erker und Fachwerk-Obergeschoss.

Das Rathaus, erstmals 1705 erwähnt, hat einen barocken Kern; außen die seitliche Freitreppe und im Erdgeschoss eine katholische Kapelle mit einem Hochaltar (um 1750).

Dalsheim, 765 als Dagolfesheim erwähnt, kam bereits 1395 an Kurpfalz, behielt aber sein eigenes Gericht. Daher kommt es wohl, dass drei Kirchen und eine ansehnliche Befestigung dem Dorf einen städtischen

Fränkischer Erker in Nieder-Flörsheim

Charakter geben. Im 14. und 15. Jahrhundert wurde die heute noch erhaltene und restaurierte Fleckenmauer errichtet. 1840 wurden zwar die Tore der Ober- und Niederpforte abgerissen, die beiden Flankentürme jedoch blieben stehen. Von ehemals 9 Türmen und Halbtürmen sind 5 erhalten. An der Innenseite der Mauer sind an manchen Stellen noch die rundbogigen Blendarkaden zu sehen, die den Wehrgang getragen haben. Diesen kann man begehen.

Die katholische Peter- und Paulkirche ist ein Saalbau von 1780-85, der Chor im Mauerwerk gotisch. An der Nordseite steht der romanische Glockenturm, der 1887 abgetragen und mit altem Material wieder aufgebaut wurde; die Tier- und Menschenköpfe sind original. Die Ausstattung stammt aus dem 18. Jahrhundert, darunter eine Stumm-Orgel von 1785. Drei Grabsteine aus dem 16. Jahrhundert, darunter der von Felicitas von Greiffenclau (gest. 1550) hat man aufgestellt. Die reformierte Kirche (1708-12), auch Ober- oder Sommerkirche genannt, ist durch den Umbau einer Marienkapelle entstanden und wird seit 1979 als Gemeindezentrum genutzt. Der Westturm ist in den drei Untergeschossen romanisch, die Ausstattung frühklassizistisch (1787/88). Die lutherische Unter- oder Winterkirche ist ein Saalbau von 1738-42.

Gundheim wurde 774 erstmals urkundlich erwähnt. Die hier begüterten Ritterfamilien erbauten sich im 14. Jahrhundert als Ganerben eine Burg. 1429 gingen Dorf und Burg an Kurpfalz. Das Schloss kam als Lehen zuerst an die Familie von Oberstein an der Nahe (1442) und dann an die von Greiffenclau zu Vollrads im Rheingau (1700). Geringe Mauerreste und ein tonnen-gewölbter Keller sind in der Schlossgasse davon noch übrig geblieben, ebenso der Greiffenclauer Hof (1741), der später als Schulhaus diente. Seit dem 8. Jahrhundert hat eine Kirche bestanden. Die alte St. Laurentiuskirche wurde bei einem Brand 1896 völlig zerstört. 1901/02 wurde sie in spätgotischen Formen neu errichtet. Der Unterbau des Westturms stammt noch von 1544. Die Kirche lag in einem Wehrfriedhof, der Verbindung zur westlich davon gelegenen Burg hatte. Im Rathaus von Gundheim befindet sich heute ein Heimatmuseum.

Bermersheim ist erstmals 780 urkundlich

Eine Postkutsche aus der Kaiserzeit gehört heute zu den Exponaten des Postmuseums in Erbes-Büdesheim.

erwähnt. Das Dorf gehörte zur Grafschaft Leiningen, bis es die als Vögte fungierenden Nagel von Dirmstein 1464 an die Kurpfalz verkauften. 1368 wird erstmals ein Pfarrherr an der örtlichen Cyriakuskirche erwähnt. Die 1606 neu erbaute Kirche fiel bei der pfälzischen Kirchenteilung (1705) an die Reformierten. Und während sich die Katholiken im Rathaus eine Kapelle einrichteten, wurde die heute evangelische Kirche 1833 neu gebaut. Bis zum Ende des 18. Jahrhunderts ging hier die Postroute von Alzey über Gundersheim nach Worms durch.

Kurz nach der Gründung des Lorscher Klosters erhielten die Mönche auf der anderen Rheinseite bereits Schenkungen aus der Mörstadter Gemarkung, so von Notker 766 „eine Hofreite und alles das, was ich dort besitze, nämlich weitere Hofreiten, Felder, Wiesen, Wege, Wälder, Weinberge, Wohnhäuser und Wirtschaftsbauten". Nach dem Niedergang des Klosters im 12. Jahrhundert fiel dessen Besitz in **Mörstadt** an die Abtei Otterberg und das Wormser Domstift. Letzteres gab sie weiter an das Worms-Neuhauser Cyriakusstift. Dorf und Vogtei waren leiningisch und kamen erst 1481 an Kurpfalz. Der Westturm der evangelischen Kirche mit kreuzrippengewölbtem Erdgeschoss und die Langhauswestwand mit einem Spitzbogenportal sind spätgotisch (1509), das Schiff barock. Auf der Westempore befindet sich eine Stumm-Orgel von 1786. Am nördlichen Dorfrand liegt mit dem Woog ein kleiner Weiher, von dem aus ein Weinlehrpfad in die Weinberge abzweigt.

Zwischen Rhein und Hügelland

Im nördlichen Wonnegau: Osthofen, Westhofen, Bechtheim, Eich, Hamm, Gimbsheim, Mettenheim, Alsheim mit Hangen-Wahlheim, Guntersblum, Ludwigshöhe, Dienheim

Da, wo das rheinhessische Hügelland zum Rheingraben abbricht, haben sich vom 6. bis 8. Jahrhundert in kurzem Abstand voneinander fränkische Siedlungen entwickelt. Die erste – von Worms aus gesehen – ist die Stadt **Osthofen**, dominiert von einem hohen Mälzereiturm, der den starken Industrialisierungsgrad seit dem Ende des 19. Jahrhunderts anzeigt. Die Durchfahrtsstraße zur Bundesstraße 9, die Friedrich-Ebert-Straße, macht trotz einiger schöner Torbögen aus dem 16. bis 18. Jahrhundert, so dem Renaissanceportal am evangelischen Pfarrhaus (1598), einen wenig einladenden Eindruck. Interessant wird ein Rundgang erst, wenn man das Auto stehen lässt und zur Bergkirche auf dem Goldberg aufsteigt oder durchs Altbachviertel mit seinen Tagelöhner- und Arbeiterhäusern zum historistischen „Neubauviertel" (um 1900) an der Straße nach Mettenheim spaziert.

Die 784 erstmals erwähnte Siedlung gehörte zum engeren Einzugsbereich der merowingischen Königspfalz in Worms-Neuhausen. Die kaiserliche Vogtei wurde seit dem Ende des 12. Jahrhunderts vom Wormser Bischof verwaltet und als Lehen vergeben. Ab 1400 ging dieses Lehen teilweise, ab 1468 ganz an die Kurpfalz, die Osthofen dann bis 1798 regierte. Der königlich-fränkische Salhof mit seinem Zehentschultheiß hatte sich an der Stelle des Westhofener Seehofs befunden. Daraus folgte wahrscheinlich, dass Ost- und Westhofen bis 1798 einen gemeinsamen Oberfaut besaßen.

Die zentrale Siedlung befand sich in früher Zeit am Goldberg, wo ca. 550 eine Remigiuskapelle entstanden sein soll. Das frühfränkische Königsgut an gleicher Stelle (6. Jahrhundert) wurde in karolingischer Zeit befestigt und Sitz der Ortsvögte. Hier liegt auch die Bergkirche inmitten eines parkartig angelegten Friedhofs. Vom Hügelrand führt ein schöner Blick bis hinüber ins hessische Ried. Die Seitenwände des Chores, der Triumphbogen und der Turmunterbau stammen noch von der dreischiffigen Pfeilerbasilika des 11. Jahrhunderts. Von den beiden Turmobergeschossen stammt das erste aus der Zeit um 1200 (Lisenen/Rundbogenfries), das zweite wurde Ende des 19. Jahrhunderts aufgesetzt. Im Süden befindet sich die 1230 angebaute Katharinenkapelle mit einem Kreuzrippengewölbe und spätromanischen Ornamenten an Rippen und Schildbögen. Unter der Bogenöffnung zum Langhaus finden sich Brustbilder Christi und der Apostel (um 1230) und an der Nordwand die Katharinenlegende (Ende des 13. Jahrhunderts).

Im böhmisch-pfälzischen, ersten Teil des Dreißigjährigen Kriegs wurden Osthofen und seine Bergkirche von Spinola und seinen Truppen niedergebrannt. Die Kirchenruine stürzte 1729 zusammen und wurde

Das Pestflämmchen

Wilhelm Müller erzählt im zweiten Band seines *Rheinhessischen Heimatbuches* das 1921 in der Reihe „Hessische Volksbücher" erschienen ist, folgende Sage:
„Im Jahre 1666 herrschte die Pest in Osthofen so arg, dass die Leute davon auf der Straße ergriffen wurden und sofort tot hinfielen. Ein rotes Flämmchen schwebte durch die Straßen und Häuser, und wer von ihm berührt wurde, ist sofort tot hingefallen. Das Flämmchen ist eines Tages auch in einem Hause in der Salzgasse erschienen. Die beiden dort wohnenden Eheleute haben es näher schweben sehen, bis es nach längerem Hin- und Herflinkern in einen Ritz der mitten im Zimmer stehenden Holzsäule hineinfuhr. Da schnitzte der Mann rasch einen Zapfen, schlug ihn in das Loch und fing so das Flämmchen. Von diesem Augenblick an ließ die Seuche sofort nach. Viele Jahre später trieb den Mann die Neugierde, nachzusehen, ob das Flämmchen noch in der Säule vorhanden sei. Er bohrte das Loch auf, worauf das Flämmchen sogleich erschien, auf die beiden Eheleute losfuhr und sie tötete. Dann verschwand es auf immer."
Die Sache mit dem Zapfen gibt einen Hinweis auf die Verwandtschaft dieser Geschichte mit dem Hexenglauben, denn auch beim Milchzauber gibt es die Methode, einen Zapfen oder anderen spitzen Gegenstand in die Milch zu schlagen, damit die verhexten Kühe wieder Milch geben. Mit dem Zapfen trifft man dann die Hexe ins Herz, und es zeigt sich Blut in der Milch. Diese magische Anschauung geht ihrerseits wieder zurück auf den vorchristlichen Glauben an wiedergängerische Tote. In Gräbern findet man daher „geköpfte Leichen und solche mit einem Messer im Mund, Schädel in denen Nägel stecken." (*Handwörterbuch des deutschen Aberglaubens*, Band 9, S. 575) Dies soll die Toten von der Rückkehr ins durchaus nahe Diesseits abhalten.

von 1744-47 wieder aufgebaut. Aus dieser Zeit stammen auch die Stumm-Orgel (1755), die geschnitzte Kanzel von Schreinermeister Wahl (1747) und die Gemälde von Johann Conrad Seekatz an der Brüstung der Westempore (1747).
Nachdem das ab 1642 aufgrund der Wirren des Dreißigjährigen Krieges menschenleere Dorf etwa ab 1670 wieder besiedelt wurde mit Menschen aus den kriegsverschonten Gebieten in der Schweiz, den Niederlanden und Hessen, entwickelte sich ein Simultaneum zwischen Reformierten, Lutheranern und Katholiken. 1706 wurde die Bergkirche reformiert, die Lutheraner bauten 1739 das alte Rathaus zur Kirche um und die Katholiken kauften 1713 die alte Marienkirche (heute St. Remigius) vom Johanniterorden und bauten das neue Schiff auf den gotischen Mauerkern. Der Dachreiter über der Westwand erinnert noch an die Nutzung der Kirche durch die Templer im 13. Jahrhundert. Bemerkenswert ist hier der Hochaltar mit Kreuzigungsgruppe

(1747) und die aus der Wormser Karmeliterkirche stammende Rokokokanzel, deren Schalldecke Johann Friedrich Geiger gefertigt hat.
Weitere Besitzungen hatte in Osthofen das Mainzer Liebfrauenstift mit dem Mainzer Hof (heute Mainzer Straße 7), das Kloster Hornbach, bzw. seit dem 14. Jahrhundert das Wormser Domstift mit dem Althof (heute Ludwig-Schwamb-Straße 18), dem Salzhof in der Salzgasse, dem Mönchshof zwischen Schwerd- und Sickingerstraße und der Furtmühle. Die 1875/76 in der Friedrich-Ebert-Straße erbaute Synagoge wurde 1956 abgerissen. Alte Gasthäuser sind der „Schwanen" in der Friedrich-Ebert-Straße 40 und die „Krone" in der Ludwig-Schwamb-Straße 1.
Drei Mühlen lagen am Pilgerpfad Worms-Aachen im westlich gelegenen Ortsteil Mühlheim, ursprünglich Mittelheim, zwei dazwischen, vier im Ort (Steinmühle, Mittelmühle, Niedermühle und Furtmühle) und drei Eselsmühlen – wasserarme Mühlen wurden im Mittelalter mit Eseln betrieben – östlich, außerhalb des Ortes.
Aus der Steinmühle stammt die Familie Weißheimer, die mit Johann Weißheimer (1797-1883), Historiker, Bürgermeister und Landtagsabgeordneter, und Wendelin Weißheimer (1838-1910), Komponist, zwei bedeutende Osthofener Bürger hervorgebracht hat.
In Mühlheim befand sich auch eine 1268 erstmals erwähnte Ordensburg der Templer. Unter www.regionalgeschichte.net heißt es: „ Nach den (1865) noch teilweise vorhandenen Grundmauern hatte die Ordensburg eine Länge von 114 Fuß und eine Breite von 66 Fuß. Die Grundmauern, die zum Teil auf hölzernen Rösten standen, waren 7-8 Fuß tief und 5 Fuß dick. Die Grundmauern des Klosters wurden in den

Osthofener Bergkirche

Wendelin Weißheimer
(1838-1910)

Die Familie Weißheimer ist seit dem 14. Jahrhundert in Westhofen, seit 1791 in der Osthofener Steinmühle ansässig. Das achte und jüngste Kind, Wendelin, erfährt mit 13 Jahren sein musikalisches Schlüsselerlebnis bei einer Tannhäuserprobe in Darmstadt. Seitdem bleibt Weißheimer eng mit Wagners Musik verbunden, wird auch dessen Freund (1862 besucht Wagner Osthofen) bis zum Bruch 1868.
Ab 1856 studiert Weißheimer am Leipziger Konservatorium (Schüler von Franz Liszt), 1858 übernimmt er die Stelle des zweiten Kapellmeisters am Mainzer Stadttheater. Liszt sorgt auch für die Aufführung von Weißheimers Symphonie zu Schillers Ritter Toggenburg in einem Hofkonzert in Weimar. Ab 1861 ist Weißheimer Musikdirektor in Mainz. 1864 lernt er Ferdinand Lasalle in Frankfurt kennen. Aus dieser Freundschaft resultiert das spätere Engagement in der Arbeiterbewegung: Weißheimer dirigiert die Massenchöre auf mehreren SPD-Parteitagen in den 90er Jahren des 19. Jahrhunderts. Nach 1865 arbeitet er in Augsburg, an der Berliner Krolloper, in Düsseldorf, Würzburg und Baden-Baden. Trotz des persönlichen Bruchs mit Wagner dirigiert er mehrmals dessen Opern an der Mailänder Scala. An seiner Beerdigung 1910 nehmen über 40 000 Gewerkschafter und Sozialdemokraten teil. Werk: Liedvertonungen von Minnesängern, Goethe u.a., „Theodor Körner" (Oper), „Meister Martin und seine Gesellen" (Oper) nach einem Text von E.T.A. Hoffmann.

1830er Jahren ausgebrochen. Von diesem Gebäude findet sich heute keine Spur mehr, auch aus der schriftlichen Überlieferung sind keine Hinweise zu entnehmen. Etwas weiter westlich am Ufer des Seebachs findet sich am ehemaligen "Hof des Ritters von Mühlen" in das Hofgebäude eingebaut, eine starke, aus dicken Quadern errichtete Mauer, deren Herkunft im Dunkeln liegten. Für ein Hofgebäude viel zu mächtig, könnte es sich hierbei durchaus um letzte Reste der alten Templerburg gehandelt haben."
Um 1900 entstand das Viertel an der Straße nach Mettenheim mit Bürgerhäusern und Verwaltungsgebäuden in historisierendem Stil, so das Glaserhaus Schwerdstraße 11/13 (1893), die Pfälzische Bank in der Sickingerstraße 8 (1907), das Postamt in der Bahnhofstraße 10 (1888), das Amtsgericht in der Schwerdstraße 18 (1897), die Turnhalle (1886) und der Bahnhof (1900). Als die Altrheinbahn am 18. November 1900 eingeweiht wurde, dichtete ein Bürger mit Blick auf Goethes *Erlkönig*:

Was ächzt so spät durch Nacht und Wind?
Kommt im Nebel durch den Altrhein geschnaubt,
Was ist's das der Urahne, Großmutter, Mutter und Kind

morgens und abends die Bettruhe raubt?
Was ist's das sich nur im Dunkel zeigt?
Mit Feueraugen kommt's schleichend daher.
Der Hase entflieht, der Rabe kreischt,
die Frösche hüpfen ängstlich kreuz und quer.
Im Dunkel der Nacht nur ist es zu schauen
dann aber großes Spektakel es macht,
es ist die Nebenbahn in Altrhein's Gauen,
getauft ist sie schon: – Die Ente der Nacht.
(nach: 1200 Jahre Osthofen, 1984, S. 219)

1905/06 baute Lenz das Pumpwerk (Rheinstraße) in malerischen Jugendstilformen. In diese Zeit fällt auch die Industrialisierung mit den Papierwerken in der alten Holzmühle, der Ovomaltine-Fabrik Wander und der Mälzerei Schill (bereits 1859 gegründet). Viel alte Bausubstanz ist in Osthofen bereits durch Abriss verloren gegangen, so ein schönes Barockhaus in der Ludwig-Schwamb-Straße 2; andere Häuser wurden im Rahmen der Stadtsanierung wiederhergestellt, so der „Schwanen". Im Brunnengässchen hat sich noch ein Renaissancebrunnen (um 1600) erhalten. In den Weinbergen um die Bergkirche und nördlich Richtung Bechtheim stehen sehenswerte Weinbergstürme.

Eine traurige Berühmtheit hat Osthofen durch das Konzentrationslager (1933/34) in der ehemaligen Papierfabrik (Ziegelhüttenweg) erlangt. Die Häftlinge des KZ kamen aus nahezu allen Orten des ehemaligen Volksstaats Hessen. Auf dem Transport wurden sie bereits häufig in den Braunen Häusern, den Gestapo-Gefängnissen und SA-Kellern, schwer misshandelt. Inhaftiert wurden in erster Linie politische Gegner der Nationalsozialisten wie Gewerkschafter, Sozialdemokraten und Kommunisten, aber auch Liberale, Christen, Separatisten und Juden. Lagerleitung und Wachmannschaften stammten aus Osthofen und Umgebung. Verpflegung und Unterbringung im Lager waren miserabel. Vor allem die jüdischen Häftlinge wurden durch Maßnahmen wie Ausschöpfen einer Latrine mit Blechdosen besonders drangsaliert. In der benachbarten Holzmühle befand sich ein mit Stacheldraht umzäuntes Lager mit verschärften Haftbedingungen. Mit Hilfe der illegalen Lagerleitung und anderen Menschen inner- und außerhalb des Lagers konnten drei Häftlinge fliehen: Willi Vogel (Worms), Max Tschornicki (Mainz) und Karl Hertz (Oppenheim). 1934 wurde das sogenannte „wilde Lager", das der Verfasser der berüchtigten Boxheimer Dokumente, der SS-Mann Dr. Werner Best, hatte errichten lassen, geschlossen. Anna Seghers hat die Ereignisse in Osthofen und anderen Lagern 1939 in dem Roman *Das siebte Kreuz* verarbeitet, allerdings unter dem Ortsnamen Westhofen. Heute dokumentiert eine Ausstellung die Verfolgungs- und Widerstandsgeschichte des „Dritten Reiches" in den unter Denkmalschutz stehenden Backsteingebäuden. Während die Häftlinge im KZ Osthofen aus dem damaligen Volksstaat Hessen kamen, bezieht sich die vom Land betriebene NS-Dokumentationsstätte auf ganz Rheinland-Pfalz. Auf dem Gelände finden sich auch Plastiken, die im Rahmen der Gedenkstättenarbeit seit 1983 entstanden sind, u.a. der „Sich Windende" von Friedhelm Welge.

Die fränkischen Gräberfunde in **Westhofen** zeichnen ein typisches Bild der rheinhessischen Geschichte vom 6. bis 8. Jahr-

Anna Seghers *Das siebte Kreuz*
(1900-1983)

„Das Geheul der Sirenen drang seit der Entdeckung der Flucht kilometerweit über das Land und weckte ringsum die kleinen Dörfer, die der dicke Herbstnebel einwickelte. Dieser Nebel dämpfte alles, sogar die mächtigen Scheinwerfer, die sonst die schwärzeste Nacht aufgeblendet hatten. Jetzt gegen sechs Uhr früh erstickten sie in dem watteartigen Nebel, den sie kaum gelblich färbten.

Georg duckte sich tiefer, obwohl der Boden unter ihm nachgab. Er konnte versinken, bevor er von dieser Stelle weg durfte. Das dürre Gestrüpp sträubte sich ihm in den Fingern, die blutlos geworden waren und glitschig und eiskalt. Ihm schien es, als sänke er rascher und tiefer, er hätte nach seinem Gefühl bereits verschluckt sein müssen. Obwohl er geflohen war, um dem sichern Tod zu entrinnen – kein Zweifel, dass sie ihn und die andern sechs in den nächsten Tagen zugrunde gerichtet hätten – erschien ihm der Tod im Sumpf ganz einfach und ohne Schrecken. Als sei er ein andrer Tod als der, vor dem er geflohen war, ein Tod in der Wildnis, ganz frei, nicht von Menschenhand."

„Georg kam auf den Kasteler Brückenkopf ... Er fühlte sein Herz jetzt gefeit gegen Furcht und Gefahren, aber vielleicht auch gegen das Glück. Er ging etwas langsamer, um keine Minute zu früh anzukommen. Wie er aufs Wasser hinuntersah, erblickte er den Schleppkahn, die Wilhelmine, ganz nahe beim Brückenkopf ... Er war noch nicht zwanzig Schritte entfernt von der Anlegestelle, da tauchte an Bord der Wilhelmine der Kugelkopf eines kleinen, fast halslosen Mannes, ein rundes Gesicht, das ihn offensichtlich erwartete, ein etwas fettes Gesicht mit runden Nasenlöchern, mit vergrabenen Äuglein, ein Gesicht, hinter dem man gar nichts Gutes vermutete, eben darum für diese Zeit das rechte Gesicht für einen aufrechten Mann, der allerlei riskierte." Dem Romanhelden, Georg Heisler, gelingt die Flucht, das siebte Kreuz bleibt leer.

Die NS-Dokumentationsstätte in Osthofen will an diese vielfach in Rheinhessen wie anderswo verdrängte und vergessene Geschichte von Verfolgung und Widerstand erinnern. Diese Geschichte kann genau wie das Buch von Anna Seghers nicht aus der Erinnerung weggewischt oder aufgerechnet werden durch die Verbrechen, die vorher und nachher im Auftrag kommunistischer Parteien verübt wurden. Andrerseits tut auch hier Erinnerung Not. So hat Anna Seghers 1956 bei der Verhaftung und Verurteilung des Dissidenten Walter Janka (Leiter des Aufbau-Verlags) in der Öffentlichkeit geschwiegen. Ihre Tochter, Ruth Radvanyi, berichtete 1990, ihre Mutter habe zweimal bei Walter Ulbricht für Janka interveniert. Janka war sowohl 1933/34 – als das KZ Osthofen bestand – unter den Nazis als auch 1958-60 unter dem SED-Regime im Zuchthaus Bautzen inhaftiert: „Nachdem Janka die Decken und die Matratze über die Schulter geworfen hatte, umgab ihn Modergeruch. Über eine steinerne Treppe ging es hinunter. Dreißig oder mehr Stufen. Mit jeder Stufe wurde der Geruch penetranter. Durch ein schweres Gittertor wurde er in den Keller geschoben. Feuchtkalte Stille umfing ihn. Eine gespenstische Welt. Unterwelt ... Die Zelle war fünf Schritt lang, vier Schritt breit. Zwei Holzpritschen und ein eiserner Kübel. Sonst nichts. Kein Wasserkrug, kein Handtuch, keine Schüssel, kein Becher. Kein Fenster, kein Heizkörper, kein Luftschacht." (Walter Janka, *Schwierigkeiten mit der Wahrheit*, Berlin/Weimar 1990)

hundert und geben gleichzeitig Aufschluss über die ansonsten in der Frühzeit dunkle Ortsgeschichte. Vor dem ehemaligen Ohligtor im Westen findet sich ein alemannisch-merowingisches Gräberfeld aus dem 6. Jahrhundert. Zu dieser Zeit mischten sich christliche und heidnische Begräbnisriten. Die Gräberfelder wurden alle in Ost-West-Richtung außerhalb der Ortschaften angelegt. Im 8. Jahrhundert setzte sich das Christentum durch, die Grabbeigaben (Wegzehrung und Statussymbole fürs Totenreich) verschwanden und man begrub die Toten um eine Kirche in der Ortsmitte, die über dem Grab des Stifters errichtet wurde. Es entstanden die alten fränkischen Ortskerne, so der Marktplatz von Westhofen, der ab dieser Zeit bis 1585 (Verlegung des Friedhofs nach außerhalb zur Liebfrauenkirche im Südwesten) ein befestigter Friedhof war.

In der heute evangelischen Kirche, ehemaligen Peter und Paul, haben sich Reste des 13. Jahrhunderts in den Wänden des Chorjoches und dem Untergeschoss des Westturms erhalten. In dieses Jahrhundert fällt auch die erste urkundliche Erwähnung Westhofens (1237). Der Ortsadel ist durch einen Grabstein des Berthold von Westhofen (gest. 1292) in der evangelischen Kirche (Chorsüdwand) belegt. Die Ortshoheit besaß jedoch die Benediktinerabtei Weißenburg im Elsass, die den Ort den Herren von Hohenfels, den Winter von Alzey und den Herren von Bolanden zu Lehen gab. Die Vogtei war im 13. Jahrhundert in den Händen der Grafen von Leiningen. Die Raugrafen erhielten 1324 von König Ludwig IV. das Recht, hier einen Wochenmarkt abzuhalten. Voraussetzung dafür war „das Vorhandensein einer Fleckenmauer" (Julius Grünewald, *Chronik*, S. 17).

Sechs Tore führten in den Marktflecken: das Ohligtor am Ende der Ohliggasse im Westen, das Westertor am Ende der Seegasse im Südwesten, das Wormsertor am Ende der Wormser Straße im Südosten, die Daubhauspforte am Ende der Osthofener Straße im Osten, eine Pforte im Nordosten und das Mainzertor am Ende der Mainzer Straße im Norden. In die Ortsbefestigung waren Türme eingelassen, von denen nur noch der Pulver- oder Kelberturm im Südwesten (Nähe Seemühle) erhalten sind. Vor der Mauer waren zwei durch einen mit Ulmen bewachsenen Wall getrennte Gräben angelegt. Der Wall hat sich im Süden als Grabenweg erhalten. Der mittelalterliche Grundriss prägt bis heute das Ortsbild, die Bebauung des Ortskerns allerdings zeigt gut erhaltene ländliche Barockensemble.

1412, 1579 und 1615 sammelte Kurpfalz Westhofener Lehen ein und blieb Ortsherr bis zur Französischen Revolution. Doch die Freude über den Besitz währte nicht lange. Am 23.2.1621 brannten Soldaten der evangelischen Union die erst Anfang des 17. Jahrhunderts wiederhergestellte Kirche nieder, im September des gleichen Jahres wurde der Ort ein zweites Mal zerstört. „1634 häuften sich die Bedrückungen und Kriegsdrangsale durch Einquartierung, Durchmärsche und kriegerische Auseinandersetzungen der Soldaten ... Das Ortsgericht war in dieser Zeit schon lange nicht mehr zusammengetreten, das dörfliche Verwaltungswesen hatte aufgehört zu bestehen und im Kirchenbuch werden nur noch Todesfälle, Kriegsopfer und von Seuchen Dahingeraffte vermerkt. Mit dem 23. Mai 1635 enden diese Eintragungen. Westhofen wurde zu einem öden, ausgeraubten, ruinierten und von allen seinen Bürgern verlassenen Dorf. Erst nach 13 Jahren kamen nach dem Westfälischen Frieden von 1648 die Überlebenden mit ihren vielfach in der Fremde geborenen Kindern in den

Westhofen, Blick zum heute nicht mehr bestehenden Mainzer Tor

verwüsteten Flecken zurück. Sie begannen mit den neu hinzugekommenen Einwanderern ihre Häuser wieder aufzubauen." (Grünewald, *Chronik*, S. 40) Da es auch Ende des 17. Jahrhunderts wiederholt zu Zerstörungen, vor allem durch französische Soldaten, kam, stammt der Großteil der barocken Bebauung – wie fast überall in Rheinhessen – aus dem 18. Jahrhundert.

Im Vorfeld der 48er Revolution war Westhofen bereits eine Hochburg der Demokraten (über 200 Mitglieder) um den damals 24-jährigen Johann Georg Sponagel (1824-99), der als Gutsbesitzer im Haus Am Markt 15 lebte. Der Napoleonstein am Marktplatz (1847 errichtet) stellt die Bezüge zur Französischen Revolution her; 1832 reiste eine Gruppe Westhofener Bürger zum Hambacher Fest und hisste nach der Rückkehr auf dem Kirchturm die schwarzrotgoldene Fahne. Sponagel, der auch an bewaffneten Aktionen der Bürgerwehr gegen die Preußen teilnahm, hat sich in der Mainzer Zeitschrift „Der Demokrat" besonders für die Frauenemanzipation eingesetzt, im Mai 1849 wurde ein selbstständiger Demokratischer Frauenverein gegründet.

Nach der Niederlage im Juni 1849 wanderten zahlreiche Westhofer Demokraten aus. Der Wormser Arzt und Publizist von Löhr schreibt in einem Brief vom 9.10.1849 aus Le Havre: „Das Meer war prachtvoll. Die Sonne schien hell und freundlich und in langer Prozession zogen über 200 Schiffe hinaus ... Wir standen am Quai, an uns fuhr ein Schiff voll Westhofer vorbei, die das Heckerlied sangen." Hecker war einer der Anführer der badischen Demokraten, welche zum bewaffneten Aufstand aufgerufen hatten. Sein Revoluzzerhut mit Feder galt lange als Symbol für die linskrheinischen Freischärler. Im Heckerlied heißt es mit Blick auf die Verfolgung der Demokraten nach der verlorenen Revolution: „Er hängt an keinem Baume und er hängt an keinem Strick, sondern an dem Traume der freien Republik." (Gallé/Haasis, *Oberrheinische Freiheitsbäume*, S. 35/36)

Den Rundgang durch den gut erhaltenen alten Ortskern beginnen wir am Marktplatz. Die bereits erwähnte evangelische Kirche am westlichen Platzrand stammt in ihrer heutigen Form vom Ende des 16. Jahrhunderts.

Nach dem Brand von 1621 wurde sie 1663-70 wieder aufgebaut. Auf der teilweise noch barocken Empore befindet sich eine Orgel von Johann Nikolaus Stumm aus Kastellaun (1748), um die herum sich ein Liebhaberkreis für Denkmalorgeln gebildet hat, der ab und zu Konzerte in einer der vielen rheinhessischen Kirchen mit Stumm-Orgel veranstaltet.

Die katholische Kirche, südlich davon, wurde 1711 als Saalbau über dem mittelalterlichen Beinhaus einer Michaelskapelle errichtet. Auch sie beherbergt eine Stumm-Orgel (1754).

Unter dem Marktplatz, mit Ausgängen Richtung Süden, liegen die alten Keller des Kellerwegs, die bereits in einer Urkunde von 1600 an genau der gleichen Stelle wie heute belegt sind.

Auf der anderen Wegseite, an der Ecke zur Altbachgasse, steht das evangelische Pfarrhaus, vor dem alljährlich die Krönung der Traubenblütenkönigin erfolgt. An der Bruchsteinmauer des Pfarrgartens (Keller-

Auf diesem satirischen Flugblatt, das nach der Belagerung von Westhofen 1621 entstanden ist, verweisen die Feldherren der ev. Union, darunter auch Hans Michael von Obertraut, der „deutsche Michel“ aus Groß-Winternheim, auf die von Spinola und der kath. Liga eroberten Städte und Dörfer. Der Zeichner kommentiert die zaudernde „Versammlung“ spöttisch mit: „Alles hat sein Zeydt“

gasse) erinnert eine Tafel an die Herberge zum Roß (1594 erstmals genannt):

Hier stand die Herberge zum Roß
Sie sah böse Zeit und böse Gäst
wüst Gelag und wilde Fest
Spanier, Schwed, Franzos, Kosak
auch Schinderhannes stieg hier ab
mög Friede, Freud und guter Wein
in Zukunft nur in dieser Gasse sein.

Von der Herberge (Nr. 7) steht nur noch das kleinere westliche Fachwerkhaus. Im 1972 abgebrochenen zweiten Haus befand sich ein Tonnengewölbe mit meterdicken Mauern. Man vermutet daher, dass hier im 13. Jahrhundert ein Wohnturm der Herren von Westhofen gestanden hat. In der Kellergasse 3 steht die Saalmühle; im Hof befindet sich ein Fachwerkbau von 1744.

Von 1748 stammt der barocke Massivbau am Markt 2 mit hohem Schildgiebel und drei Rundbogenarkaden im Erdgeschoss. Der sogenannte Spionskopf wurde von dem italienischen Kaufmann Jacob Bunetti erbaut. Am Markt 4, dessen einziger Zugang sich ursprünglich in der Mandelgasse (Pforte 1726) befand, wurde nach dem Dreißigjährigen Krieg von dem Amsterdamer Kaufmann Elias Magenius errichtet, der 1661 auch als Bürgermeister von Westhofen Erwähnung findet. Nummer 6 trägt im Renaissanceportal ein Wappen (1576). 1708 wurde das Haus erneuert, wie die Initialen über einem Fenster zeigen, und zwar von dem Flomborner Küfermeister Johann Wilhelm Fitting (Zunftzeichen).

Am Markt 8 schließlich, das Gasthaus „Zur Krone" (Mitte 18. Jahrhundert), zeigt über der Toreinfahrt ein Wirtshausschild mit schmiedeeisernem Ausleger. Erstmals wird das Gasthaus 1600 erwähnt. Im Juni 1602 wurde die Schwiegermutter des damaligen Besitzers Urban Roth der Hexerei verdächtigt. Sie war „angebracht und fürbeschieden worden, daß sie das Gräblein eines jungen Bettelkindleins, welches zweien Wochen zuvor allhier uff dem Kirchhof begraben worden, fleißig gesucht, als wolle sie dasselbig ausgraben und zu ungepürlich Hexenwerk gebrauchen. Ist sie gleichwohl, daß sie's gesucht geständig gewesen, daß sie's aber ausgraben wollen geleugnet." (*Chronik*, S.147) Der Prozessausgang ist unbekannt. Umgebaut wurde das Gasthaus unter Johannes Weissheimer (1668-1736), der aus dem Seehof stammte.

Im Süden des Marktplatzes, eingangs der Altbachgasse, steht die ehemalige Herberge Zum roten Löwen (Nr. 12), ein Barockbau mit sechsfenstrigem Obergeschoss, der von Johann Wilhelm Raquet (1738-77) zur heutigen Form umgebaut worden ist. Der Löwe war seit 1730 Zunftlokal der örtlichen Leineweber- und Schneiderzunft. Das Geschäftshaus Nr. 14 wurde 1839 im „schlichten Stil der Biedermeierzeit" (*Chronik*, S.174) errichtet. Im Norden des Marktplatzes stehen die Gebäude mit ungeraden Hausnummern. Am Markt 1 (Ecke Mainzer Straße) die ehemalige Herberge zum Engel wurde um 1600 erbaut. Das Besondere am schönen Fachwerk sind fortlaufend gemusterte Fensterbrüstungen und ein Rechteckerker; das Türblatt ist klassizistisch (1806). Ein Stall ist im Türsturz mit 1579 datiert. 1527 wird ein Wolf Fuchs aus der damaligen Wirtsfamilie als Wiedertäufer angeklagt, seines Vermögens beraubt und wahrscheinlich auf dem Scheiterhaufen verbrannt. Am Markt 3 findet sich im Obergeschoss zwischen den Fenstern eine Nische mit einer Madonna. Das Haus wurde Anfang des 18. Jahrhunderts durch den italienischen Kaufmann Blasius Perpente neu erbaut. Am Ende des Bärengässchens (Markt 5) steht der Schülerhof. Das Wohnhaus stammt zwar aus dem 18. Jahrhundert, aber an der Gartenseite steht noch ein polygonaler Treppenturm aus der Renaissance (1592). Mehrere Portale und Türen tragen ebenfalls Datierungen aus dem 16. Jahrhundert. Die Hofreite wurde 1575 vom kurpfälzischen Schaffner Philipp Schüler erbaut, der die Naturalabgaben zu überwachen und zu seinem Amtssitz, dem Münchbischheimerhof bei Gundersheim zu bringen hatte. 1698 ging der Hof in den Besitz des Deutschen Ritterordens (Ober-Flörsheim) über und 1739 schließlich an Johann Weissheimer (1738-1811), der das Wohnhaus baute. Nummer 7 ist das katholische Pfarrhaus, das 1760 in ländlichem Barockstil errichtet wurde. Grundherr des Anwesens war hier bereits im 14. Jahrhundert der Deutsche Ritterorden. Am Markt 13 und 15 stand das Hohenfelser Schloss. Noch 1610 ist das Gebäude als den Marktplatz beherrschender Bau auf einer Ansicht festgehalten: mächtiges Dach, gotischer Brandgiebel, vorgelegter Treppenturm. Die Hohenfelser verkauften ihr Gut, nachdem sie 1615 auch ihre landesherrlichen Rechte an Kurpfalz abgetreten hatten, an die Grafen von Hillesheim. 1786 wird das Schloss

Ansicht von Westhofen mit Marktplatz, Seebachquelle und alter Kellergasse. Zeichnung der 1920er Jahre

als verfallen, der Turm als abgebrochen beschrieben. Während der französischen Zeit erwarb Bürgermeister Johann Georg Sponagel (1763-1843) das Gut und baute es zusammen mit dem Haus Nr. 9 und dem angrenzenden kurpfälzischen Kelterhaus zu einer Einheit in barockem Stil um. „Man darf wohl behaupten, dass er durch diese Bautätigkeit dem Westhofener Marktplatz ein neues Gesicht gab, das im wesentlichen bis zum heutigen Tag erhalten blieb." (*Chronik*, S. 166) Schräg gegenüber (Markt 18) steht das evangelische Gemeindehaus, ein Barockbau von 1786.

An diesem Ende des Marktes beginnt die Ohliggasse, die zur Ohligpforte und zur Straße nach Gundersheim führte. Hausnummer 5 ist das Rathaus von 1755 mit barocker Toreinfahrt und drei Bögen am Eingang (Portal und zwei Fenster). Aus der Erbauungszeit stammen auch die stuckverzierten Stubendecken. In der Ohligstraße 19 steht das ehemalige Meckenheimsche Hofgut von 1718 mit extrem langem Wohnhaus. Gegenüber vom Rathaus zweigt die Seegasse ab. Sie hat ihren Namen von der Quelle des Seebachs, der in der Nähe des alten Westertores entspringt und mit 5000 Kubikmeter Wasser pro Tag die bedeutendste Quelle des ansonsten wasserarmen Rheinhessens darstellt. Durch das Westertor – ehemalig am Haus Nr. 30 gelegen – gelangte man zur Liebfrauenkirche, wohin 1585 der Friedhof vom Marktplatz verlegt wurde. 1496 erstmals erwähnt stehen heute nur noch die Langhausmauern mit Maßwerkfenstern, Triumphbogenwand und Verzahnung zum Chor; dabei Grabsteine des 17. bis 19. Jahrhunderts. Ein schönes barockes Hoftor (1799) findet sich im Anwesen Nr. 5: auf dem Schlussstein das Metzgerzunftwappen mit dem Gotteslamm. 1708/09 wurde in Nummer 12 eine Synagoge errichtet, von der nur noch ein Schlussstein mit hebräischen Schriftzeichen erhalten ist.

Durch den dazugehörigen Kellereingang gelangt man in das ehemalige Judenbad. 1888 wurde der Judenhof verkauft, nachdem bereits 1820 in der Hobelsgasse 12 eine neue Synagoge erbaut worden war. Bereits um 1900 lebten nur noch 12 Juden im Dorf, die sich daraufhin der Osthofener Gemeinde anschlossen. Die leerstehende Synagoge wurde nach 1918 verkauft und zu einem Wohnhaus umgebaut. In der Seegasse Nr. 9 findet sich ein Kellergewölbe mit der Jahreszahl 1689, und einem Hinweis auf Zerstörung und Neuaufbau Ende des 17. Jahrhunderts. Im Seehof (Nr. 20, 22 und 24) oberhalb der Quelle lag vermutlich der alte merowingische Kern des ursprünglich Seeheim genannten Ortes. Der Name Westhofen stammt vom späteren fränkischen Salhof am Marktplatz. Aus dem Seehof des Klosters Lorsch ist später der kurpfälzische Kameral-Seehof hervorgegangen, der mit ca. 212 Morgen Grundbesitz das größte Gut des Ortes war. Das Hofgut wurde mehrmals geteilt und ging zur französischen Zeit in den Besitz der ehemaligen Erbpächter über. Linker Hand geht es jetzt zur Seebachquelle, die in eine alte, steingefasste Waschanlage geleitet wird, in der sich Gänse und Enten tummeln. Am Seebach Nr. 3 steht die alte Badstube mit einem gotischen Brandgiebel (Mitte 16. Jahrhundert). Über einen Fußweg kommt man zur Tränkgasse. Südlich ist der Pulver- oder Kelberturm zu sehen. Am Seebach findet sich die Seemühle mit einem noch intakten Wasserrad. Das Wohnhaus ist im Kern spätmittelalterlich, die Mühle gehörte im 13. Jahrhundert den Herren von Bolanden und danach den Herren von Hohenfels-Reipoltskirchen. Der Grabenweg führt zur Wormser Straße, wo früher ein Tor zur Straße nach Worms über den Seebach leitete. Zurück zum Marktplatz kommt man noch an weiteren barocken Hofreiten (Nr. 3, 4 und 5) vorbei. Der Westhofener Heimatverein hat das Wettkampfdreschen am Dreikönigstag zu einem beliebten Ausflugsziel im meist noch kalten Januar gemacht. Nach einem Umzug durch den Ort schwören die beteiligten Drescher/innen in einer eigens entwickelten Zeremonie: „Vor ungebührlicher Weinesüberladung wollen wir uns hüten; den Flegel allein gebrauchen, um Korn vom Geströh zu scheiden, nicht aber zum Schaden von Leib und Gliedern anderer Drescher oder sonstigen missliebigen Mitnachbarn. Dies geloben wir feierlich!" Dann dreschen die 3er und 4er Mann- und Frauschaften um die Wette. Dem Sieger winkt der „Westhofener Staubhumpen".

Bechtheim wird erstmals 793 in Urkunden des Klosters Fulda erwähnt. Im 9. Jahrhundert erhielt das Hochstift Lüttich, auf das auch der Bau der Lambertus-Basilika (Erster Bau: Anfang 11. Jahrhundert) zurückgeht, einen großen Teil des Dorfes als königliche Schenkung. Nach einer kurzen Lehenszeit der Herren von Bolanden vergaben die Lütticher den Ort im 13. Jahrhundert an die Grafen von Leiningen, die als Untergrafen der salischen Wormser Gaugrafen ihren Besitz in der Vorderhaardt und im südlichen Rheinhessen zur Stauferzeit zuungunsten von Reichsgütern zu mehren verstanden. 1317 kam es zu einer Teilung des Hauses Leiningen und Bechtheim fiel an die jüngere Linie Leiningen-Hardenburg (Stammburg bei Neustadt a.d.W.). Im 15. Jahrhundert wurde der Ort zusammen mit anderen an Hennemann von Sickingen (Vitztum/Neustadt) und Henne Werberge (Vogt/Germersheim) verpfändet, bereits 1412 aber von Graf Emicho wieder ausgelöst. 1725 verlegten die Grafen von Leiningen-Hardenburg ihre Residenz nach Dürkheim. 1792 griffen die Gedanken der Französischen Revolution auch in Bechtheim um sich. Es entstanden geheime Lesezirkel, die Flugschriften der Mainzer Jakobiner konsumierten. In den leiningschen Akten findet sich die Äußerung eines Bechtheimer Bauern, „es sei besser französisch als deutsch zu sein, weil man keine Gült und Zehnten mehr zu geben brauche." (nach Dumont, *Mainzer Republik*, S.184) Die Reunionspolitik 1793 machte dann jedoch nur ein Drittel der Bürger mit, an ihrer Spitze der leiningsche Amtmann Susemihl und der evangelische Pfarrer Heres. Johann Heinrich Friedrich Susemihl (geb. 1756) war seit 1777 Amtmann in Bechtheim, 1793 emigrierte er nach Frankreich und kam 1798 als Notar wieder zurück. Im gleichen Jahr wurde im Linksrheinischen die neue französische Verwaltung eingeführt. In Rheinhessen entstanden 11 Kantone, einer davon war Bechtheim (bis 1822). Zum Kanton gehörten 21 Gemeinden aus dem Umland, darunter auch Eich, Osthofen und Westhofen. 1834 beschrieb Joh. Ph. Bronner den

Weinbau in Bechtheim so: „Die vorzüglichste Lage soll der Geiersberg seyn ... Der Rebsatz ist durchgehend Rießling ... Die ganz in der Nähe liegenden Orte ... haben ganz dieselbe Behandlung, die eine Zierde unseres teutschen Weinbaues ist ... Das Terrain, worauf sie stattfindet, ist nach den allgemeinen Prinzipien dem Weinbau eigentlich sehr ungünstig ... Trotz diesen ... Nachtheilen wird hier ein Wein gewonnen, der sich seines Geburtsortes nicht zu schämen hat...Allein diese Qualität hat er lediglich der Behandlung zu verdanken, wodurch die Kunst der Natur das möglichste abgewinnt." Die Lage Pilgerpfad deutet auf einen mittelalterlichen Pilgerweg in der Gemarkung, der vor allem den Pilgern der Wallfahrt nach Aachen diente und von Worms aus quer durch Rheinhessen nach Bingen führte.

Das Kirchenpatronat in Bechtheim erhielt noch vor 1128 das Lütticher Augustiner-Chorherrenstift St. Ägidius. Im ersten Viertel des 11. Jahrhunderts wurde mit dem Bau einer dreischiffigen Basilika ohne Turm begonnen, von der sich u.a. Reste eines Rundbogenfrieses im zweite Seitenschiffjoch von Osten erhalten haben. Ein größerer Neubau mit Westturm entsteht Anfang des 12. Jahrhunderts. An einem Kämpfer des ersten Turmobergeschosses steht: „Henricus me fecit". Damit ist Bischof Heinrich von Lüttich (1145-64) gemeint, der auch den Bau des Langhauses veranlasst hat. Die Hochwände werden außen durch Rundbogenfries und Lisenen mit eingelegtem Rundstab (Wormser Schule/vgl. südliche Hochwand des Wormser Domes) gegliedert. 1170/80 werden Chor und südliches Seitenschiff angebaut. Dass der Chor etwa 30 Zentimeter im Verhältnis zum Mittelschiff nach rechts verschoben gebaut ist, führt Diplom-Ingenieur Wolfgang Thomas darauf zurück, dass man den Chor exakt in die Lichtachse des Frühlingsbeginns (nach dem julianischen Kalender) gebaut hat. Die Kämpfer im Chor tragen ein Palmettenfries, ähnlich wie die Kapitelle der Wormser Synagoge. Der Durchgang unter der Osthälfte des Chores trug einmal einen Reliquienschrein, wie es in Belgien und Frankreich üblich war. Nach einem Brand (1558) wurden die Dächer und die beiden Turmobergeschosse 1570 durch Steinmetz Hans Gutmann erneuert. 1721 wurde der Durchgang unter dem Chor vermauert, 1771/72 bei einer Restaurierung die Fenster vergrößert. Im Ostjoch des nördlichen Seitenschiffes und im Durchgang unterm Chor finden sich Reste von Wandmalereien (um 1400). Die evangelische Kirche wurde 1909/10 von dem Darmstädter Kirchenbaumeister Friedrich Pützer in neubarockem Stil errichtet. Das Deckengemälde mit der Bergpredigt stammt von dem aus einer Wormser Familie stammenden Maler Fritz Muth (München), die Stumm-Orgel von 1771 aus der ehemaligen Simultankirche. Das evangelische Gemeindehaus war früher die örtliche Synagoge.

Heinrich Matthäus Bender, der 1976 eine schöne handgeschriebene Chronik von Bechtheim mit vielen Zeichnungen veröffentlicht hat, beschreibt den Marktflecken als „Dorf der Herrschaftshäuser".

Kommt man vom südlichen Ortsausgang (Richtung Osthofen) her – hier war früher die Kuhpforte – so findet man auf einem

Romanische Basilika in Bechtheim

Rundgang leicht die baulichen Überbleibsel der früheren Adelshöfe: zuerst den Lehnhof, das Leyen-Uexküllsche Herrenhaus (Schwanenstraße 2) mit einem Keller von 1595, dann in der Schwanenstraße 11-13 den ehemaligen Leiningerhof. In der Kuhpfortenstraße 6 und 8 stand der Adelshof der Herren von Rottdorf (Hoftore 1587 und 1797). Die Saulgasse wurde beherrscht vom Dalbergerhof mit Zehntscheune (Nr. 5, 9, 11). In der Wilhelmstraße 10 stand schließlich der Hof der Herren von Greifenclau. Am Markt 18 befindet sich das ehemalige leiningsche Gerichtsgebäude, das bereits 1724 als Gastwirtschaft erwähnt wird. Das älteste, noch bestehende Gasthaus ist aber die Krone (Spitzenbergstraße 27), die erstmals 1662 in dieser Funktion genannt wird. Bemerkenswert sind auch die alten Brunnenanlagen wie der Ägidiusbrunnen in der Ägidiusstraße und der Lambertusbrunnen nördlich der Basilika.

„Zwische Eich un Hamm, kumm'n die Spitzbuwe z'samm", heißt es in Rheinhessen scherzhaft über die beiden Altrheindörfer östlich der B 9, zu denen sich noch Gimbsheim gesellt. Der „Uzreim" stammt aus der Zeit des Johann Bückler, genannt Schinderhannes, der am 21.11.1803 in Mainz hingerichtet worden ist. Die Hammer Fischerfamilie Seibel soll dem Räuberhauptmann nämlich jahrelang Unterschlupf gewährt und ihm geholfen haben, sich seinen Verfolgern durch Übersetzen auf die andere, nichtfranzösische Rheinseite zu entziehen.

Das Altrheingebiet passt von seiner geologischen Herkunft und damit von der Landschaft her nicht zum rheinhessischen Hügelland. Als Teil der oberrheinischen Tiefebene passt es eher zum hessischen Ried auf der anderen Rheinseite. So ist es auch kein Wunder, dass der Tulla'sche Rheindurchstich 1828/29 beispielsweise 220 Morgen der Gimbsheimer Gemarkung auf die rechte Rheinseite verlegte: das heutige Naturschutzgebiet Kühkopf.

Am Ende des Tertiär hatte der Ur-Rhein sein Bett von der Strecke Westhofen-Eppelsheim-Wißberg-Bingen bereits in den weiter abgesunkenen Rheingraben verlegt. Im Pleistozän schleppte der weitverzweigte Wildstrom dann den Rheinschotter vom Bodenseegletscher in den Graben; in den Eiszeitsommern wehte der Wind Dünen aus dem trocken liegenden Schotter auf. Die Erosion des mäandrierenden Stroms schuf dann im Holozän (vor 20 000 Jahren) zwei Zonen: die etwas höher gelegene Niederterrasse, an deren Rand sich ab der Jungsteinzeit Menschen ansiedelten, und das Überschwemmungsgebiet der Stromaue. Auf den Rand der Niederterrasse, in Spornlage sind auch die drei Altrheindörfer gebaut.

Vor 1500 Jahren etwa verlegte der Rhein wieder einmal seinen Lauf, indem er bei Hochwasser eine Mäanderschleife durchstach und damit abtrennte. So entstand der hufeisenförmig zwischen Eich und Gimbsheim verlaufende Altrhein, der seit 1966 unter Naturschutz steht. Die ehemalige Rheinschlinge ist völlig verlandet, d. h. ganz vom Fluss abgeschnitten. In der Mitte besteht noch eine Grabenrinne, die von der Pflanzengesellschaft des Großseggenrieds besiedelt ist. Hier liegt das größte zusammenhängende Schilfrohrgebiet der Bundesrepublik und am Ufer stehen mehrere Arten von Weiden.

Der ursprüngliche Grundriss der drei Dörfer zeigt eine Bebauung entlang des Dammes (heute: Hauptstraße). Typisch waren freie Hausplätze zwischen den schräg zur Straße gestellten, einstöckigen Gebäuden. Die dadurch entstehenden Vorgartendreiecke wie auch der traditionelle Birnbaum im Hof sind heute leider verschwunden. Den Dorfmittelpunkt bildeten Rathaus, Marktplatz, Kirche, Backhaus, Schmiede und Schule. Der größte Teil der Bevölkerung lebte vom Ackerbau, sei es als Bauern oder als Tagelöhner. Neben der Feldarbeit vergab die Gemeinde Tagelohnarbeiten wie „das Ausheben von Entwässerungsgräben, das Ausputzen von Gräben, das Ausheben von Gräben für neue Baumweidenpflanzungen, die Arbeiten an den Dämmen nach Hochwasserschäden, das Klopfen und Ausbringen von Steinen in den Straßen und Wegen im Ort und außerhalb. Viel Arbeit gab es auch in den Waldungen oder

Holzungen der Gemeinde (diese bestanden im 19. Jahrhundert in erster Linie aus Kopfweiden- und Pappelanlagen)."(*1200 Jahre Hamm*. Chronik)

Dem Beruf, bzw. Lebensunterhalt entsprechend können auch die nach 1689 (Zerstörung im Pfälzischen Erbfolgekrieg durch die Franzosen) errichteten Fachwerkhäuser eingeteilt werden in Tagelöhnerhäuser mit Küche, „Stubb" und Schlafkammer oder fränkische Hofreiten, durch deren Scheune man meist in den Bauerngarten gelangte.

Auch die Fischer und Handwerker wohnten in der Regel in kleinen, einstöckigen Häusern. Nur das Rathaus und die Wirtshäuser waren zweistöckig. Die Fischerei nahm vom 16. bis zum 19. Jahrhundert ständig ab und ist heute – nicht zuletzt durch die Verschmutzung des Rheins – ganz verschwunden. Erst 1804 kam der erste Korbmacher hierher und pflanzte Weiden. Daraus entwickelte sich ein Gewerbe, das seine Blüte um 1900 hatte, als etwa ein Fünftel der Bevölkerung in der Korbmacherei tätig war. Die 1925 in Hamm gegründete Korbfabrik, eine Handwerker-Genossenschaft, wurde 1952 aufgelöst. Bis dahin hatte man im Altrhein vor allem Grünarbeit hergestellt,

Am Eicher See

d. h. „die von frischen, grünen Weiden hergestellten groben Waren (z. B. Transportkörbe als Warenverpackung für Kartoffeln, Obst, Fische, Glasflaschen für chemische Produkte)". (*1200 Jahre Hamm.* Chronik) Aber auch Gold wurde 2000 Jahre lang aus dem Rhein gewaschen und zwar bei Gimbsheim und Hamm. Doch die Ausbeute des Goldflitters aus dem Rheinsand war so gering, dass man die Goldwäscherei 1874 völlig einstellte. Der Sand- und Kiesabbau der heutigen Zeit hat mehrere Baggerseen entstehen lassen, die vielen Wochenendtouristen immer wieder als Ausflugsziel dienen.

Im Jahr 906 schenkte der französische König Ludwig IV das Kind seinen Besitz in Echinheim (seit 1413 Eich) dem Wormser Domstift St. Peter. Dieses schenkte wiederum eine Hälfte an St. Paul in Worms und die andere an die Grafen von Sponheim. 1420 kam **Eich** zur Kurpfalz. Auf dem Gelände des Paulusstift-Zehnthofs gegenüber der evangelischen Kirche steht heute noch ein zweigeschossiger Wohnturm aus dem Jahre 1424, der die Zerstörung durch die Franzosen 1689 überdauert hat. Heute ist darin eine Schmiedewerkstatt untergebracht; in der Wand ist ein altes Steinmetzzeichen eingelassen. Die Backsteinkirche hat der spätere Mainzer Dombaumeister Ignaz Opfermann aus Bensheim 1841-45 als romanisierenden Saalbau errichtet. Hinter der Kirche beginnen zwei Wanderwege: die Seestrecke zum Eicher See (1-5 km) und die Rheinstrecke (2-9 km). In gleicher Richtung findet man auch den Altrhein. Die katholische Kirche stammt aus dem Jahre 1866. An der Hauptstraße stehen mehrere Fachwerkhäuser aus dem 18./19. Jahrhundert, darunter das ehemalige Gasthaus Zum Hecht (1747). Neben der Krone war es das größte Wirtshaus am Ort. Seinen Namen trägt es sicher wegen der Bedeutung der Hechtgründe im Altrheingebiet. „So weist der Fauth am 4. Januar 1730 die Rheinschützen nochmals ganz energisch und unter Androhung von 5 Gulden Strafe darauf hin, dass sie streng darüber zu wachen haben, dass keiner einen Hecht unter 1/4 Pfund aus dem Rhein holt, da sonst der Altrhein total ruiniert werden würde. Diese Vorschrift existiert zwar schon lange, aber trotzdem werden haufenweis die kleinen Hechtlein gefangen und damit dem gemeinen Mann die Nahrung genommen."(*1200 Jahre Eich.* Chronik)

In Richtung Gernsheimer Fähre kommt man rechter Hand an einem modernen Fachwerkhaus vorbei, das besser als manches innerörtliche Gebäude die Altrheinarchitektur des 17. und 18. Jahrhunderts demonstriert. Linker Hand liegt jetzt der Eicher See, ein großer Baggersee, um den herum sich ein ausgedehntes Wochenendhausgebiet – teils mit, teils ohne Genehmigung – angesiedelt hat. Hier sind auch ein Segelclub und ein Angelverein zu Hause. Obwohl die kleinen Straßen alle Namen einheimischer Vögel wie Sperber, Nachtigallen oder Eulen tragen, werden es diese an den Sommerwochenenden sicher schwer haben, sich gegenüber den Urlaubern zu behaupten. Geradeaus führt der Weg zur Fähre, mit der man ins rechtsrheinische Gernsheim übersetzen kann. Die Pfeilerreste auf einem militärischen Gelände erinnern an eine 1945 gesprengte Brücke.

Evangelische Kirche in Eich. Zeichnung von Albert Cattarius

Außerhalb von Eich liegt der im Jahre 782 erstmals urkundlich erwähnte Sandhof. Die Bauanlage ähnelt der königlicher Fronhöfe, „die hinter ihrer meist festungsartigen Einfassung Stallungen, Scheunen, Wohnhäuser und Hütten beherbergten und vornehmlich für die Verrichtung von Frondiensten ausgelegt waren."(*1200 Jahre Eich.* Chronik) Die Französische Revolution setzte diese Frondienste, die ohne Entgelt verrichtet werden mussten, gesetzlich außer Kraft und säkularisierte den geistlichen Grundbesitz, so auch den Sandhof. Der 1905 noch erhaltene Torbogen der Einfahrt ist heute nicht mehr zu sehen, aber ein Turmstumpf ist noch erhalten. Bei entsprechender Sanierung könnte der Sandhof zu einem Schmuckstück der Gemeinde Eich werden: Genügend alte Bausubstanz ist noch erhalten.

Der Ortsname Hamm heißt so viel wie am Ufer/am Ufer gelegen, am Ufer des Rheins nämlich. **Hamm** ist eine von zwei Gemeinden in Rheinhessen, die keinen Weinbau betreiben. Die evangelische Kirche stammt von 1831. An der Ecke des Kirchplatzes zur Straße steht das ehemals Bäckerseibert'sche Haus, das mit seinem hoch herausgebauten Keller und seiner Holzverschindelung eher an ein Odenwaldhaus erinnert. Die katholische Kirche wurde 1875 als einfacher Saalbau errichtet und beherbergt einen Hochaltar, Anfang des 18. Jahrhunderts „mit derber spätgotischer Muttergottes" (Dehio). Das Rathaus (Richtung Ibersheim) wurde 1827 als Bauernhaus gebaut. Von den einst vielen Tagelöhnerhäusern ist nur das in der Buttergasse 14 restauriert. Das Haus Volz am Landdamm war früher die Wirtschaft „Zur Krone", wo die Rheinschiffer und Treidelreiter Einkehr hielten. Hamm gehörte ursprünglich dem Wormser Domstift, die Hälfte wurde als Lehen von dort an die Grafen von Leiningen vergeben. Im 15. Jahrhundert wurde das Dorf kurpfälzisch.

Gimbsheim ist das größte der drei Altrheindörfer. Die erste urkundliche Erwähnung findet sich am 13. Mai 767 im Lorscher Codex. Ein Abt Wulfleub schenkt dem Kloster „10 Tagwerke Land im Wormsgau in der Gimminheimer Gemarkung und einen Weinberg". In einer Kiesgrube südlich des Dorfs wurden Reste einer Schiffsmühle aus dem 8. Jahrhundert (760) gefunden,

Hamm, Bäckerseibert'sches Haus

die nach spätantikem Vorbild arbeitete. Das zeigt die enge Verbindung zwischen römischer und fränkischer Kultur trotz der meist als dunkel bezeichneten Zeit der Völkerwanderung. Der Stand der Technik blieb durchgängig hoch. Im Mittelalter belehnten die Grafen von Leiningen die Herren von Bolanden mit den Rechten in Gimbsheim. 1414 erwarben die Kurpfälzer die Hälfte des Dorfes von deren Erben, die andere Hälfte gehörte den Herren von Hohenfels, bis das Dorf schließlich 1662 ganz kurpfälzisch wurde. Die evangelische Pfarrkirche auf dem ehemals befestigten Friedhof hat einen spätgotischen Chor mit erneuerten Maßwerkfenstern. Im Süden befindet sich der romanische Turm mit einer ursprünglich offenen, kreuzgewölbten Erdgeschosshalle. Das dreischiffige Langhaus stammt aus den Jahren 1866-68. Beim bisher schlimmsten Hochwasser 1882/83 konnten die Bürger ihre Kirche zum Silvestergottesdienst nur über einen Extradamm erreichen. Von der Kirche aus entwickelte sich das Dorf entlang dem alten Leinpfad (heute: Kirchstraße/Rathausstraße), denn Gimbsheim lag bis ca. 1400 direkt am Rhein. Die örtlichen Fischer hatten das Recht, ihre Fische auf dem Alzeyer Markt zu verkaufen. Ihr Marktweg führte über Alsheim (heute: Gewann Fischerpfad), Hangen-Wahlheim und Gau-Odernheim in die Oberamtsstadt. Das Dorf bestand zu dieser Zeit lediglich aus einer Häuserzeile am Leinpfad. Möglicherweise hat das große Erdbeben von 1387 im Oberrheingraben die Laufänderung des Rheins herbeigeführt. 1499 brannte das Dorf ab. Als Ursache wird Fahrlässigkeit beim Schnapsbrennen vermutet. 1689 wurde der Ort – wie so viele – von den Franzosen zerstört. Die alte Sage, es seien Glocken im Altrhein versenkt, beruht auf der wahren Geschichte, dass zwei Bürger die Glocken vor der Brandstiftung auf den rechtsrheinischen Kühkopf hinüber gerettet und danach wieder in die Kirche zurückgeholt haben.

Im 18. Jahrhundert entstand der heutige Dorfkern hinterm ehemaligen Leinpfad. Aus dieser Zeit stammt auch das kurpfälzische Forsthaus von 1721 in der Rathausstraße 17 mit seinen Fenstergewänden aus Holz. Im gleichen Jahrhundert (1765-67) machte man auch 600 Morgen sumpfige Rheinwiesen in Fronarbeit urbar. Die vormalige Zwerch(=Quer)gasse wurde zur

Chronik *1200 Jahre Hamm*

Besondere Aufmerksamkeit verdient die 1200-Jahre-Chronik von Hamm. „Mittelpunkt der Themen und übergeordnetes Prinzip ist der Mensch in seinem Lebensraum, seine Lebensweise und Lebensverhältnisse, in Abhängigkeit von seiner natürlichen Umwelt und dem geschichtlichen Geschehen. Es ging den Verfassern in erster Linie darum, dem Leser das Dorf und seine Bewohner in ihrem Alltag, ihrer Arbeitswelt, ihren Sorgen und Nöten in der Auseinandersetzung mit dem Lebensraum und der Zeit darzustellen", heißt es im Vorwort. Diese Absicht ist vollständig gelungen, was der folgende Auszug aus der Erinnerung eines „Backsteinmächers" aus den 30er Jahren – Lehmsteinproduktion fand im 19. und 20. Jahrhundert im Altrheingebiet statt – zeigen kann:
„Die Backsteinfabrik auf dem Wörth war bereits ein moderner Betrieb, da einige Arbeitsvorgänge schon von Maschinen erledigt wurden. Der Stundenlohn betrug 48 Pfennige. Ein Vier-Pfünder-Brot kostete damals ungefähr 90 Pfennig, ein Pfund Fleisch in Hamm 90 Pfennige, in Worms 48-60 Pfennige, ein Viertel Zucker 10 Pfennige ... Etwa 12 Mann schafften damals in dem Betrieb. Ein Trockenbagger nahm die Erde (den Lehm) in der Erdkaut auf und lud sie auf Kippwägelchen (Loren). Auf einer Fläche von ungefähr 100 mal 100 Meter wurde die Erde bis zu einer Höhe von 5-6 Metern aufgeworfen. Dabei wurde schon auf eine gewisse Mischung geachtet. Schwerer, fetter Lehm wurde mit leichterem, sandigen Lehm vermischt. Die Kippwägelchen wurden natürlich von den Arbeitern gedrückt." Dann kam die Masse nochmals zur Mischung in ein Maschinenhaus mit einer Schneckenwalze. „Am Ende der Schnecke wurden von der ankommenden Rohmasse die einzelnen Steine mit einem Drahtschneider abgeschnitten, abgenommen, auf die Loren gesetzt und zum Trocknen gefahren. Alles in Handarbeit ... Nach 4-5 Wochen waren die Steine trocken. Jetzt wurden sie wieder auf Wägelchen geladen und zum Ofenplatz transportiert ... Die Brennzeit war 6-8 Wochen. Der Mantel aus Lehm und alten Steinen wurde dann entfernt und die Steine abtransportiert... Backsteinmachen war eine schwere Arbeit, eine Schufterei." (*1200 Jahre Hamm am Rhein*, 1982, S.495 f.)

Mettenheim, Rathaus mit Trappenturm (16. Jahrhundert)

heutigen Hauptstraße. Als erstes Steinhaus wurde 1740 das heute evangelische Gemeindehaus errichtet. Der Besitz gehörte bis 1903 der Familie des Gutsbesitzers Nikolaus Mahlerwein (1769-1834). Er war bis 1801 Maire, später großherzoglich-hessischer Bürgermeister und von 1826-30 und 1834 Landtagsabgeordneter der Liberalen. Der dörfliche Vertreter aufgeklärten Denkens hatte in Heidelberg studiert und beherrschte die französische Sprache.
Ab 1800 wurde überwiegend mit Lehmbacksteinen gebaut, deren Herstellung allerdings bereits seit etwa 1500 nachgewiesen ist. Nach der typischen Form dieser Backsteine tragen die Gimbsheimer auch ihren Spitznamen „Russe", denn das Maß wurde von einem napoleonischen Soldaten namens Leonhard Schmitt aus russischer Kriegsgefangenschaft zurück ins Dorf gebracht. 1824 wurde die katholische Kirche als einfacher Saalbau errichtet, 1836 das Rathaus. In der spätklassizistischen Gemeindeschule von 1894 ist das Heimatmuseum der Verbandsgemeinde untergebracht. Aus der Ur- und Frühgeschichte sind Knochen von Riesenhirschen, Nashörnern und der fast vollständig erhaltene Schädel eines Wisent zu sehen, die man in den nahen Kiesgruben gefunden hat. Gezeigt werden

auch Teile einer Schiffsmühle, die auf das Jahr 760 datiert wird und somit als älteste Schiffsmühle Deutschlands gilt.
Als nächste Weinbaugemeinde an der Rheinfront erreicht man von Osthofen aus **Mettenheim**. Hier gab es am Hang Terrassenweinbau seit der Römerzeit. 1690 haben die Grafen von Leiningen das Dorf an den Frankfurter Bankier Campoing verkauft. Der hat es postwendend weiterverkauft an Reichsgraf Johann Casimir Kolb von Wartenberg. Mettenheim wurde 100 Jahre lang Residenzort. Doch während man sich heutzutage dieser Zeit offenbar gern erinnert und jährlich einen Wein zum „Casimir" auslobt, haben die Mettenheimer Bauern das Schloss und was dazu gehörte (Lustgarten und Fasanerie) 1793 abgerissen und die Steine zum Hausbau verwendet. Übrig geblieben ist lediglich das gräfliche Rentamt in der Bahnhofstraße 2, ein massiver Barockbau mit Mansardwalmdach. Das Rathaus stammt aus dem 16. Jahrhundert, hat im Obergeschoss Fachwerk und fällt durch seinen runden Treppenturm auf. Auch die evangelische Kirche stammt aus dem Barock (1748-56). Maurermeister Blattner aus Osthofen hat den Saalbau geplant und errichtet. Im Westteil befindet sich ein logenartiger Grafenstuhl, die Stumm-Orgel von 1762 ist sehr gut erhalten. In der Backhausgasse 10 steht ein altes Fachwerkhaus von 1606, die sogenannte Eulenburg. Schön zu gehen ist der gepflasterte Weg durch die Weinberge zum Michelsberg. Dort oben, wo auch ein Weinfest gefeiert wird, steht ein schönes Weinbergshäuschen in Formen der italienischen Frührenaissance, und zwar genau an dem Ort, wo sich früher eine Michaelskapelle befand, die der Anhöhe ihren Namen gegeben hat. In der Ortschronik vom Wilhelm Jost (1907) wird von einer Sage berichtet, die hier gespielt haben soll. Die Stifterin eines auf dem Michelsberg gelegenen Nonnenklosters soll von einer schweren Krankheit durch Heilwasser von einer Mettenheimer Quelle wieder gesund geworden sein. Sie habe den „Heilborn" gefasst und in der Nähe eine Kapelle gebaut. So erkläre sich auch der noch bestehende Gemarkungsname Hellborn.
Auch das Nachbardorf **Alsheim** war leiningisch, bevor es in kurpfälzischen Besitz kam. Die evangelische Kirche, ein Saalbau mit quadratischem Chor, der auf das Cyriakusstift in Worms-Neuhausen zurückgeht, hat einen romanischen Westturm (um 1200), dessen orientalischer Turmhelm an St. Paul in Worms erinnert. In 2/3 Gesamthöhe befindet sich ein umlaufender Fries, ein Rundbogenfries über dem Glockengeschoss. Im Schiff sind Wandmalereien aus dem 14. Jahrhundert (Anbetung der Könige/Marter der 10.000) zu sehen.
Die katholische St. Gallus-Kirche geht auf eine Marienkirche des Mainzer Domstifts zurück. Der heutige Saalbau ist 1742 gebaut, der dreiseitig geschlossene, sterngewölbte Chor 1517 von Velten Riter. Der Hochaltar (1763) mit einer Muttergottes (1460) stammt aus der Wormser Andreaskirche. Weitere barocke Arbeiten sind die Seitenaltäre (1742), die Kanzel (1744) und die Orgel (1764). Das Fachwerk-Rathaus in der Dorfmitte wurde 1739 errichtet. Die Maurerarbeiten wurden von dem Alsheimer Maurermeister Johannes Sely

durchgeführt. Sein Handwerkervertrag ist ein eher seltenes Dokument aus dem 18. Jahrhundert: „... ferne ist außbehalten, daß biß den Micheli Tag der gantze bau muß in dach und fach gestelt sein, so forth biß Martini eine stube zur gerichts session ganz fertig hergestelt werden zu steter festhaltung ist dießer acort von gericht und vorsteher auch dem Maurermeister selbst eigenhändig unterschrieben worden." (nach: Gunter Mahlerwein, *Alsheim Halasemia*, 1996). Im Mittelalter gab es zwei Burgen in Alsheim. Der Bau auf dem Dalbergschen/Ullnerschen Gut wurde Ende des 18. Jahrhunderts von einem Franzosen gekauft und abgerissen. An seiner Stelle wurde das heute noch bestehende Schloss errichtet. Die zweite Burg könnte sich auf dem Gelände des sogenannten Weißen Hauses am nordwestlichen Ortsrand befunden haben. Hier gibt es einen spätmittelalterlichen Keller, bis 1653 ist hier ein Turm belegt. Auf dem Anbau befindet sich eine Dianafigur. In Richtung Rhein liegt an der Abzweigung der B 9 ein kleiner jüdischer Friedhof.

Die Ortschronik von 1996 schildert detailgetreu das soziale Leben in der Dorfgesellschaft der frühen Neuzeit. In den Kirchenbüchern beklagen die Presbyter oft das unmäßige Feiern der Bevölkerung, eine Klage, die man bis ins 19. Jahrhundert aus der ganzen Region kennt. Da geht es um „üppige, mehrere Tage dauernde Hochzeitsfest und Kindstaufen", aber ein besonderes Augenmerk richtete man auf die Fastnacht. So schreibt der Pfarrer in den 80er Jahren des 17. Jahrhunderts: „Weil diesen Sonntag und Montag im löwen die gottloße heidnische faßnacht wider meine starcke vermahnung von der Cantzel mit sauffen, spielen, jauchtzen, springen und tantzen, fluchen und schweren, allzu üppig gehalten worden, dabei die sonntägl. und bettagspredigten versäumet, der rausch ausgeschlaffen, alß ist Löwenwirth sampt den fürnehmsten u. inheimischen interessenten vorbeschieden, wegen seines schreckl. Lasterlebens bestrafft, des neuwergangen oberamptlichen außschreibens erinnert, zu genauwerer observantz der policeiordnung und einführung eines besseren Christenthumbs an und von solchem allzuwilden ruhloßen viehischen leben und weßen angemahnt worden." (S. 102)

Alsheim, romanischer Turm der evangelischen Kirche. Der Turmhelm erinnert an die Steinkuppel von St. Paul in Worms

Über den Weinlehrpfad – Alsheim ist für

seinen Rieslinganbau bekannt – kommt man zu dem ehemals leiningschen, dann kurpfälzischen Dorf **Hangen-Wahlheim**. Direkt an der Hügelkante liegt eine Kapellenruine, von der aus man einen herrlichen Blick über die Rheinebene hat. Die 1496 erwähnte Pfarrkirche ist wahrscheinlich ein spätgotischer Umbau einer Anlage aus dem 13. Jahrhundert. „Zu schließen ist dieses aus den niederen Türen und dem Chor. Der romanische Widderkopf auf der Südseite deutet ebenfalls darauf hin." (Joseph Duttenhöfer, *Die Geschichte des Dorfes Hangen-Wahlheim und seiner Kirche*, S. 3) Die spätgotische Kirche wurde im Pfälzischen Erbfolgekrieg 1689 zerstört und ist seitdem Ruine. Fast alle Grabsteine auf dem Friedhof tragen den Namen Dudenhöfer. Weiter oben steht der Hauptbehälter der Wasserversorgung Rhein-Selz (1906), tempelartig im Darmstädter Jugendstil erbaut. Eine ganze Reihe ähnlicher Bauten aus der Zeit zwischen 1900 und 1914 zieht sich durch das mittlere und südliche Rheinhessen. Die staatliche Wasserversorgung im ehemaligen Großherzogtum Hessen wurde so gefeiert, musste man doch zuvor das Wasser in manchen Orten, so auch in Hangen-Wahlheim, zeitweise mit Fuhrwerken aus den Nachbargemeinden holen. „Wegen ihrer grob bossierten Bruchsteinquader, den massigen Silhouetten und einfachen Konturen findet solche Bauweise schon in der zeitgenössischen Literatur

Guntersblum, Kellerweg

die treffende Bezeichnung Zyklopenstil." (Kleine-Hering in: *Lebendiges Rheinland-Pfalz* 6/77) Sechs bis zehn Meter tief in die Lösshänge am Bruch zur Rheinebene sind Hohlwege eingeschnitten, die eine südländische Flora beheimaten.

„An diesem Ort, welcher den Namen Kellerweg führt, finden sich, besonders an Sonntagen, abends zahlreiche Gesellschaften ein, da jeder Eigentümer hier seinen Wein nimmt und unter den umstehenden Obstbäumen wohl auch zu verzehren pflegt. In schöner Jahreszeit wird unter den Nussbäumen und Akazien, welche die Keller beschatten, auf Bänken gelagert, nur eine umgestürzte Bütte zum Tisch gemacht. An Sonn- und Feiertagen nehmen auch die Frauen und Mädchen an diesem geselligen Vergnügen teil, ebenso viele Reisenden, denn die Gastfreundschaft ist in diesen Gegenden zuhause."

So wird 1831 der am Hang gelegene Kellerweg in **Guntersblum** beschrieben, wo sich 89 Kelterhäuser und 25 Keller aneinander reihen. Im Ortskern steht nämlich das Grundwasser zu hoch für einen trockenen Weinkeller. Kein Wunder, dass hier auch heute noch das Kellerwegfest gefeiert wird.

Urkundlich ist Guntersblum erstmals 897 erwähnt. Der Name „Cundheresprumare" wird in der zweibändigen Chronik von 1997 mit „Gunthers Pflaumengarten" übersetzt. Der Fronhof des fränkischen Ortsgründers wird auf dem Gelände des heutigen Dalberger Hofes (Kirchstraße 1) vermutet. Der Kölner Erzbischof belehnte die Grafen von Leiningen mit den Rechten in Guntersblum. Diese blieben bis zur Französischen Revolution Ortsherren und haben zwei Schlösser hinterlassen. Das zeitlich ältere neue Schloss an der Hauptstraße und das alte Schloss, in dem heute die Verbandsgemeindeverwaltung untergebracht ist. Das neue Schloss wurde 1787-89 als fast klassizistische Residenz erbaut, der nördliche Torbogen trägt allerdings die Jahreszahl 1561. Im Erdgeschoss befinden sich gedruckte und bemalte Seidentapeten von Reveillon (Paris, um 1790). Seit 1875 ist es als Weingut in Privatbesitz. Das alte Schloss wurde 1790 von Carl Wilhelm von Leiningen erbaut.

In einem zeitgenössischen Bericht aus der Zeit des Dreißigjährigen Krieges heißt es: „Insonderheit aber hat die Gemeinde

Guntersblum, Schloss

Gontersblum solch unerträgliche Kriegslast vor andern hart betroffen, als welches Dorf strack anfangs Anno 1620 durch die hispanische Soldatesca ganz angezündet und darinnen fast alle Wohnhäuser verbrannt und eingeäschert worden." (Chronik, *Band I*, S. 144/145) Zwischen 1697 und 1809 wurde die Ortsgeschichte dann von den Auseinandersetzungen zwischen Katholiken und Lutheranern geprägt. Das machte sich vor allem an der gemeinsamen Nutzung der Kirche fest. Die evangelische Kirche, ein dreiseitig geschlossener Saalbau, stammt von 1684, der romanische Nordturm von ca. 1200. Der 1702 eingestürzte Südturm wurde 1842 von Ignaz Opfermann neu errichtet. Die fünf sich verjüngenden Geschosse weisen eine reicher werdende Gliederung mit Lisenen, Rundbogenfriesen, gekuppelten Schallarkaden, Konsolen und figürlichen Reliefs auf. Die Fenstersäulen im Obergeschoss tragen Tier- und Menschenfiguren. Auch hier erinnert das steinerne Kuppeldach an St. Paul in Worms. Innen finden sich eine Stuck-Falchdecke von 1842, ein Orgelprospekt von Stumm (1765) und ein Taufstein (1490) auf vier Löwen mit Astwerk und Reliefbüsten.

Am 22. 12.1839, also zwei Tage vor Weihnachten ging ein von allen protestantischen Kirchenvorstehern unterschriebener Brief an den Kreisrat mit der Feststellung, „... daß wir die Auflösung des Simultanverhältnisses dahier nicht nur für wünschenswert, sondern auch zur Vermeidung der früher stattfindenden Streitigkeiten und Reibungen zwischen beiden Konfessionen und zur festen Begründung des friedlichen Zusammenlebens derselben notwendig halten." (*Chronik, Band II*, S. 33) Dem wurde stattgegeben und die Gemeinde musste sich nun um die Finanzierung eines Kirchenneubaus für die Katholiken kümmern. Dieser wurde schließlich 1844 im Stil der Moller-Schule als Saalbau mit einem Westturm errichtet. Aber die Bevölkerung kam nicht zur Ruhe, denn auch in Guntersblum gab es Anhänger einer demokratischen Republik, die sich unter Führung des Turners und Bäckermeisters Georg Conrad Frey der 48er Revolution und der 49er Freischar anschlossen. Um die Niederlage gegen die Preußen zu meistern und gleichzeitig dem landesherrlichen Ton des evangelischen Pfarrers zu entkommen, wechselten Frey und seine Anhänger (etwa 40 Personen) zum Deutschkatholizismus. Aber sie wollten sich weiter in der evangelischen Kirche treffen. Das aber passte dem Pfarrer nicht, der am 5.5.1851 an die Regierungskommission in Darmstadt schrieb, dass „die Deutschkatholiken religiöse Vorträge halten, in welchen Religion mehr Gegenstand der Unterhaltung als der Erbauung ist ... Schließlich kann ich die Bemerkung nicht unterdrücken, daß ich die Überzeugung hege, daß die hier stattgehab-te Agitation für die Sache der Deutschkatholiken auch nur eine Fortsetzung der demokratischen Bestrebungen ist, welche von dem politischen Gebiet aus das religiöse und kirchliche übertragen wurden." (*Chronik, Band II*, S. 54ff) 234 Männer im Dorf unterschrieben eine Liste, welche den Anspruch der Deutschkatholiken auf eine Kirchenmitbenutzung unterstützte. Am Ende musste man sich dann doch im Saal des Gasthauses Zur Krone treffen. 1859 schloss man sich mit den Freireligiösen zusammen und traf sich im Rathaussaal. Doch der 48er Elan war dahin, das preußisch dominierte zweite Reich diktierte das politische und gesellschaftliche Klima, und so wurde die Gemeinde immer kleiner, bis sie sich 1908 ganz auflöste. In diesen Jahren entstand auch das Pumpwerk der Wasserversorgung(1906/07), in barockisierendem Jugendstil verputzt und mit Gliederungen aus rotem Sandstein.

Das jüngste rheinhessische Dorf ist **Ludwigshöhe**, das 1823 am Hang gegründet wurde, nachdem Rudelsheim in der Rheinebene 1819 nach einer starken Überschwemmung kaum noch bewohnbar war. Im *Dienheimer Correspondenzbuch* von 1820 heißt es dazu: „In der Nacht vom 26. auf den 27. brach die Guntersblumer Schleuse, welche auf 180 Klafter Entfernung von der Rudelsheimer Gemarkung angebracht ist. Der furchtbar angeschwollene Strom warf sich mit zerstörender Wut von der Ecke, wo die schwedische Säule sich befindet, auf diese Schleuse und unterhöhlte bald die Fundamente. Das Wasser bahnte sich reißend einen Durchweg und riss bald die Quader zusammen. Der Wirbel in dieser künstlich gebildeten Brandung steigerte die Wellen, die es bald unmöglich machten, Rettungsversuche anzustellen. Der Strom wurde mit jeder Sekunde übermächtiger."

Benannt wurde Ludwigshöhe nach dem damaligen Großherzog, der die Erlaubnis zur Umsiedlung gab. Die katholische Kirche stammt von 1848, den Marmoraltar (1715) hat der Mainzer Kurfürst Lothar Franz von Schönborn gestiftet. An Rudelsheim erinnert noch ein Feldkreuz am heutigen Hochwasserdamm. An dieser Stelle soll der alte Dorfplatz gewesen sein.

Dienheim wurde 1495 kurpfälzisch. Die evangelische Kirche hat einen romanischen Westturm und einen spätgotischen Chor mit Wandmalereien (Mitte des 15. Jahrhunderts) und Ornamenten (Ende des 16. Jahrhunderts). Luzie Bratner schreibt im Kulturführer *Liebfrauenland – Gotik in Rheinhessen*: „An der linken Wand ist eine große Schutzmantelmuttergottes zu sehen. Zwischen den vier Maßwerkfenstern sind Heilige dargestellt. Im Sockelgeschoss ist ein umlaufender Rankenteppich aufgemalt, als Bekrönung der Figuren eine reiche Scheinarchitektur." Das Schiff wurde 1756/57 umgebaut. An der Grenze zur Oppenheimer Gemarkung steht der „steinerne Stock", ein tabernakelartiges Grenzmal, das um 1226 von Erzbischof Engelbert von Köln gesetzt wurde und in seiner heutigen Gestalt spätgotisch ist. Im Jahre 1819 wurden Inschriften angebracht, im Osten zum Rhein: „Mich sah Gustav Adolph, der große Schwedenkönig, als er am 7. 12. 1631 über den Rhein setzte und Oppenheim im Sturm eroberte"; im Süden (Dienheim): „Die Karl Philipp und Karl Theodor und die große Zeit mit ihren Erscheinungen gingen an mir vorüber. Alles veränderte sich, ich blieb unverändert."; im Westen zur B 9: „Mich sieht erneuert unter der Regierung Ludwig I. Großherzog von Hessen und bei Rhein das weingesegnete Jahr 1819." Die Freiherren von Dienheim waren ein bekanntes Ministerialengeschlecht, das von

Foto rechts: I Worms, Brückenturm

2 Worms, Südfassade des Doms

3 Worms, Portal von St. Martin

ᵢrms, Radenfenster im Dom-Westchor
ᵢrms, Westportal der Liebfrauenkirche

6 Worms, Tetramorph im Dom-Südportal
7 Worms, St. Paul mit „Heidentürmen“

8 Westhofen, Marktplatz

9 Hohen-Sülzen, Treppenaufgang (Rathaus)

10 Ibersheim, Ammenhäuschen

'sheim, Heidenturm

13 Osthofen, Weinbergsturm

ns, Premiere bei den Nibelungenfestspielen: Blick in den festlichen Heylshof

14 Worms, Jüdische Trauerhalle (Friedhof Hochheimer Höhe)
15 Worms, Modell einer jüdischen Hochzeit (Jüdisches Museum im Raschi-Haus)

/orms, Kiautschau (Arbeitersiedlung, um 1900 entstanden)

/orms, Villa Döss

18 Worms-Herrnsheim, Schloss (Innentreppe)

Georg K. Glaser
(1910-1995)

Ein erst in den letzten Jahren wieder erinnerter in Guntersblum gebürtiger Schriftsteller ist Georg K. Glaser (1910 - 1995) Als KPD-Mitglied veröffentlichte er 1932 seinen ersten Roman *Schluckebier.* 1933 emigrierte er nach Paris und sagte sich von der KPD bereits vor den stalinistischen Schauprozessen los. Als französischer Soldat geriet er in deutsche Kriegsgefangenschaft, aus der er 1944 fliehen konnte. Er ist auf dem Pariser Friedhof Père lachaise begraben. In seinem Werk *Geheimnis und Gewalt* stellt er seine biografische und regionale Identität her über das „Rebellenblut" seiner Großmutter aus Dolgesheim, die wohl den Deutschkatholiken angehört haben muss. Und er sieht auch die im 19. Jahrhundert andauernden Beziehungen seiner Geburtsheimat zur Französischen Revolution, wenn er schreibt: „In meiner engeren Heimat hat Paris den Klang eines Wortes aus dem Märchen. Was ich auch später las und erfuhr, nahm ihm diesen Glanz nicht. Es war die Stadt Heinrich Heines, die Stadt Johann Christophs, die Stadt Hugos, Balzacs, Zolas, die Stadt Marats, Robespierres, Dantons, die Stadt der ewigen Barrikaden und der Kommune, die Stadt der Liebe, des Lichtes, der leichten Luft, des Lachens und der Lust." (*Geheimnis und Gewalt*, S. 207). Mit Erinnerung an seine Kindheit in den Dörfern des Wonnegaus schreibt er:

„Der Alte schickte mich mit den Mietquittungen zu den Hausbewohnern. Ich lernte den Lokführer Kästner kennen, einen Mann, der seine gebieterische Würde wie zum Spaß trug, so fröhlich leuchtete seine rote Nase über dem buschigen Schnurrbart. Er trank unmäßig während jeder Fahrt, was ihn nicht hinderte, seine Maschine stets heil in den Schuppen zurückzubringen. Er grüßte jedermann freundlich, nicht aber seine eigene Frau, der er kein Wort gönnte. Sie ließ ihre Wohnung im Schmutz verkommen und lief von Morgen bis Abend in die Messe. Der Kästner schloss sich in eine Stube ein, in die er nur einließ, wer ihm gefiel, und das war eigentlich alle Welt, außer seiner Angetrauten ... Ich kam in die Wohnung des Hausschlachters Kehl, der so wuchtig auf die Leute zuging, als ob er eine Axt in der Hand trüge, und seine dunklen, traurigen Augen finster in einem runden Seehundgesicht rollte. Seine Frau litt an einer unheimlichen Krankheit – sie wurde immer dicker und war schon gelähmt, eingeschlossen in Zentnern von Fett, seit Jahren bettlägerig. Über ihrem Lager hing an einem Strick von der Decke herab ein waagrechtes Holz, an das sie sich mit beiden Händen klammerte,

Foto links: 19 Worms, Lutherkirche

wenn sie sich aufrichten wollte. Die Leute kannten ihr genaues Gewicht, halb schadenfroh über jedes zugenommene Pfund, halb stolz wie über ein ortsansässiges Wunder ... Ich grüßte eifrig Heiner, den berühmtesten Mann aus der Zeit der Räte-Tage. Eine leidenschaftliche Rede zugunsten der Bäume hatte ihn in aller Leute Munde gebracht. Im kohlenarmen Winter 1919 hatte der Arbeiter- und Soldatenrat den Schlosswald der damals noch reichen Familie Althaus abholzen wollen. Dank Heiner war der Wald erhalten geblieben, jedoch nicht für uns, die Arbeiterkinder, wie er es sich gedacht hatte. Eine wehmütige Enttäuschung stand dem Mann auf dem Gesicht geschrieben. Die Arbeiter grüßten ihn liebevoll und schuldbewusst, wie einen Traum, an den zu glauben sie zu alt waren. Er litt darunter, schon zu Lebzeiten den toten Heiligen spielen zu müssen."

1100 bis 1800 im Umkreis als Vögte, Schöffen und Schultheißen tätig war und Schlösser in Hahnheim und Dexheim besaß.
Am vierten Fastensonntag, dem Sonntag Lätare, feiert man in Dienheim den Stabaus. Der Winter als Strohmann und der Sommer als Ebschmann (Efeumann) kämpfen miteinander. Währenddessen läuft das Eiermännchen Eier bzw. Geld heischend von Haus zu Haus und ruft: „Eier raus, Eier raus, de Marder hockt im Hinkelhaus!" Das einheimische Stabauslied heißt: „Stab aus, Stab aus, stech em Winter die Aa aus! Veiole, Schlüsselblume, mer krieh'n en gute Summer. Kihler Wei, Brezel nei, morje wolle mer lustig sei!"
Das Naturschutzgebiet Große Viehweide hat einen großen Feuchtbestand mit Silberweiden, Rohr oder dem seltenen Echten Eibisch, der hohen Salzgehalt im Boden anzeigt. Von hier aus kann man in Richtung Rheindamm eine schöne Wanderung zum Oppenheimer Wäldchen machen.

Landschaft zwischen Dienheim und Oppenheim

Oppenheim – im Bann der Katharinenkirche

Am Rhein: Oppenheim, Nierstein mit Schwabsburg, Nackenheim, Bodenheim

Wie die Weinberge dampfe! Die Sonn holt nochemal was heraus!
Heut steigt's aus der Erd wie Knospedunst. Der reine Frühlingsherbst!
Die Heck schwarz von Brombeern! Das Jahr hat's in sich!
Jetzt wächst uns alles zum Glück!

Lauter Ausrufezeichen in Zuckmayers *Der fröhliche Weinberg*. Nirgendwo ist es besser beschrieben als hier, das Lebensgefühl, das man an den sonnigen Weinbauhängen des Rheintals bei **Oppenheim** geradezu riechen kann. Das barocke Stadtbild mit dem gut erhaltenen ländlichen Fachwerk ergänzt das „Heimisch Fühlen".

Anfang des 18. Jahrhunderts, nach der Einäscherung durch die Franzosen 1689, sind fast alle bürgerlichen Wohngebäude entstanden. In einer Eingabe an die kurpfälzische Regierung schreibt der Oppenheimer Rat 1702: „Obwohl durch den französichen Brand alle gemeinen Stadtgebäude, bürgerliche Häuser und adlige Höfe, nebst den herrlichen schönen Kirchen und Gotteshäusern auf den Grund eingeäschert, Türen, Tore und Mauern eingerissen und die Bürgerschaft vertrieben worden, so hat nichtsdestoweniger der meiste Teil den ganzen Krieg hindurch (bis 1697) sich in kleinen Hütten über dem Rhein (Neu-Oppenheim) sehr miserabel beholfen." Und der Rat der Stadt bittet den Kurfürsten, die Oppenheimer Bürger freizustellen von den geforderten Schanzarbeiten in Landau, die ab dem Frühjahr 1701 angeordnet waren. 1706-1740 setzt eine rege Sanierungstätigkeit ein, die erst von Ruhrepidemie und Auswanderung 1780 und der Französischen Revolution wieder unterbrochen wird.

Der Grundriss der Stadt allerdings ist mittelalterlich. Zwischen Rheinnutzung und Weinbau liegt der alte Stadtkern in hochwassergeschützter Hanglage. Daraus wahrscheinlich leitet sich auch der seltsame Vergleich mit Jerusalem in der Chronik von 1643 her. Darin wird Bernhard von Breitenbach, Kämmerer und Dechant aus Mainz, zitiert, der 1484 nach der Rückkehr von einer Pilgerreise nach Jerusalem formuliert hat: „Man sagt, weit und breidt, Oppenheim liege der gegendt nach alß Jerusalem, das Schloß als Davidtsburgk, die Kirch alß der Tempel Salamonis."

Das fränkische Bauerndorf ist belegt durch eine Schenkungsurkunde an das Kloster Lorsch von 765. Es lag um die 1837 abgebrochene Sebastianskirche im südlichen Teil der Altstadt, etwa zwischen Wormser Straße und der Straße Am Stadtgraben. 1008 erhielt Lorsch hier Marktrecht. 1147 wird Oppenheim wegen des Verfalls der Abtei ans Reich zurückgegeben. König Konrad III. baut die 1118 durch den Mainzer Erzbischof Adalbert zerstörte Burg zum Schutz des umliegenden Reichsgutes wieder auf. Das Bauerndorf erweitert sich zum Marktflecken rund um das alte Rathaus (bis 1661/Pfaugasse).

1226 wird Oppenheim im Bereich des heutigen Marktplatzes an der Krämerstraße mit der „Nova Civitas" (Neustadt) ausgebaut, welche die Verbindung zum Reichsgut herstellt. Dort beginnt man mit dem Bau der Katharinenkirche. 1225 erhält Oppenheim Stadtrechte. Die Grenze der Diözesen Mainz und Worms verläuft genau zwischen dem Bauerndorf/Marktflecken und der Neustadt. Das Straßenbild wird geprägt durch die Kreuzung der Elsässer Handelsstraße, die in Nord-Süd-Richtung von Köln über Mainz nach Basel führt (heute: Mainzer/Wormser Straße) und der Westricher Handelsstraße, die in Ost-West-Richtung von Prag über Frankfurt nach Paris verläuft und bei Oppenheim den Rhein überquert (heute: Krämerstraße).

Der Niedergang des Kaisertums führt zu Verpfändungen seit 1315. 1398 wird die freie Reichsstadt endgültig kurpfälzische Oberamtsstadt. Im 15. und 16. Jahrhundert entsteht die Vorstadt nördlich des Uhrturms.

Kurfürst Friedrich IV. (1592-1610) siedelt ab 1605 im „Welschdorf" zwischen Gautor und Zuckerberg niederländische und französische Calvinisten an, die als Glaubensflüchtlinge nach Oppenheim kommen, also auch Hugenotten. Der gebürtige Lütticher Johann Theodor de Bry (1561-1623) ist einer von ihnen und bringt die nach dem Tode Jakob Köbels (1460-1533) in Oppenheim vergessene Buchdruckerkunst zu neuer Blüte. 1616 kommt der heute weltbekannte Baseler Kupferstecher Matthäus Merian in die Werkstatt de Bry's, heiratet ein Jahr später dessen Tochter Maria Magdalena und stellt in den Folgejahren weit über 300 Kupferstiche her, darunter auch Oppenheimer Ansichten.

Die wirtschaftliche Blüte der Oberamtsstadt wird durch den Dreißigjährigen Krieg jäh beendet. 1621 brennen Spinolas Spanier 100 Häuser nieder. 1631 erobert der Schwedenkönig Gustav Adolf die Stadt. Daran erinnert noch die Schwedensäule am anderen Rheinufer. Im Pfälzischen Erbfolgekrieg zerstören die Truppen des Sonnenkönigs die Stadt vollständig (31.5.1689). 1797 endet die kurpfälzische Herrschaft. Oppenheim wird französische Grenz- und Kantonsstadt. Die Straße Mainz-Worms wird mit Steinen aus der Ruine Landskrone ausgebaut.

1816 kommt Oppenheim wie ganz Rheinhessen zum Großherzogtum Hessen. Wie in vielen Städten der Region entsteht auch hier, 1835, eine Casino-Gesellschaft, die sich der Freizeitgestaltung der Gutbetuchten in verschiedenen Wirtshaussälen widmet und sich erst 1934 zwangsweise auflösen muss. Sehr früh gründet sich in Oppenheim auch ein Arbeiterbildungsverein, dessen Zweck die Volksbildung (Vorträge, Bibliothek, Gesang) und die genossenschaftliche Organisation (Sparkassen, Credit-, Consum- und Rohstoff-Vereine) darstellte. 1867 schloss man sich mit anderen Vereinen zum mittelrheinischen Arbeiterbund, der Keimzelle von Gewerkschaften und Sozialdemokratie, zusammen. 1888 wird das Wasserwerk gebaut, 1892 der Winterhafen. Die Wein- und Obstbauschule am Zuckerberg, aus der heute das „Dienstleistungszentrum Ländlicher Raum" (DLR) mit der Weinbaujdomäne sowie das Weinbaumuseum hervorgegangen sind, wird 1895 gegründet und betont die Bedeutung, die Oppenheim bis heute für die rheinhessische Weinwirtschaft hat.

Den Rundgang durch die **Altstadt** beginnen wir am **Marktplatz**. Im Westen finden sich über den Eingangstüren der Häuser Krämerstraße 17 und 19 alte Zunftzeichen, die von der Oppenheimer Handwerkertradition erzählen: Nr. 17 zeigt den Fasshaken der Küfer und Bierbrauer, Nr. 19 die Brezel der Bäcker. Auf unserem Rundgang werden uns diese Zeichen noch öfter begegnen. Am Markt 6 steht ein 1715 erbautes Bürgerhaus mit einem schönen Oberlichtportal, rechts darüber eine Muttergottes auf einer Konsole.

In der Mitte des Marktplatzes reckt sich das 1709 erbaute Rathaus mit abgetrepptem Renaissance-Giebel in die Höhe. Zwar war es bereits 1621 nach einem Brand von der Pfaugasse hierher an den Platz des Kaufhauses verlegt worden, doch die Einäscherung von 1689 überlebte nur der rückseitige Treppenturm. Erst im Jahre 1879 wurde der westliche Bau errichtet. An der Südostecke des Ostbaus befindet sich die Kopie eines in der Eingangshalle verwahrten steinernen Reliefs (2. Hälfte 15. Jh.), das zu einem Kreuzweg gehört, der vom ehemaligen Dienheimer Tor zur Katharinenkirche führte.

Schräg gegenüber liegt die katholische **Pfarrkirche St. Bartholomäus**, die ehemals zu einem Franziskanerkloster (1318-1561,1686-1802) gehörte. Das einschiffige Langhaus aus der ersten Hälfte des 14. Jahrhunderts beherbergt unter einem Kruzifix des 17. Jahrhunderts vier überlebensgroße Heiligenfiguren: Agnes, Augustinus und Ambrosius 1719 aus dem Mainzer

Oppenheim, Kupferstich von M. Merian, 1655

Agnetenkloster; Bartholomäus aus dem Umkreis von Sebastian Pfaff (spätes 18. Jahrhundert). An der Langhausnordwand befinden sich Schnitzfiguren aus einem Altarschrein um 1500. Die Orgel stammt von dem Mainzer Johann Anton Will (1718), Kanzel und Beichtstühle sind ebenfalls um 1720 entstanden.
Den Berg runter in der Krämerstraße 10 findet sich unterm Fachwerkerker des Hauses das Zunftzeichen der Fischer und Fährleute: Anker, Bootshaken und Ruder. Das Eckhaus Merianstraße/Krämerstraße steht für ein weiteres Phänomen der alten Stadt an der Rheinkante; es reicht mit seinen Kellern bis in die 5. unterirdische Ebene. So ist der ganze Untergrund Oppenheims von etwa 600 Kellern und Gängen in mehreren Etagen durchzogen, welche meist keine Beziehung zur oberirdischen Bebauung aufweisen. Ähnliche Konstruktionen (13. bis 17.Jahrhundert), die als Brunnengänge, Vorratslager und Fluchtgänge von den Bewohnern in den Löss gestochen oder aber als Gewölbe gemauert wurden, findet man sonst kaum anderswo in Europa. Seit dem Frühjahr 2003 können Besucher das unterirdische Labyrinth auf einem Rundkurs besichtigen. Feste Führungen finden an den Wochenenden statt, aber man kann auch Termine nach Bedarf sowie Nachtwächterführungen bei der Stadt Oppenheim buchen.
Wenn wir die Merianstraße hoch zur Katharinenkirche gehen, fällt zuerst linker Hand am hinteren Eingangstor des Rathauses eine barocke Gedenktafel auf. Sie berichtet davon, dass das Rathaus 1689 abgebrannt und 1719 von Stadtbaumeister Eppstein neu errichtet wurde. Gegenüber in der Nr. 11 öffnet ein weinumranktes Barockportal den Blick in den Innenhof des **Hauses zum Freitag, dem ehemaligen Thurn- und Taxis'schen Posthof**. Im Haus Nr. 4 befindet sich das Stadtmuseum, das die Geschichte Oppenheimes von der Vorgeschichte bis heute erzählt. In der Nr. 13 befand sich einst die Kupferstecherwerkstatt, in der Meister Merian von 1617-20 arbeitete. Der Dreißigjährige Krieg, der Oppenheim mit spanischer Besetzung und einem großen Brand 1621 gleich zu Beginn heimsuchte, ließ die Kupferstecher und Drucker, die sich seit 1499 hier angesiedelt hatten, nach Frankfurt abwandern.
Über die Stadt jedoch dominiert die 1275-79 begonnene **Katharinenkirche**. Sie war das Zentrum der reichsstädtischen „Nova Civitas" von 1225 und gilt als „bedeutendster Kirchenbau der Gotik am Rhein zwischen Straßburg und Köln"(Dehio). Von der Südterrasse aus, wo sich's gut zwischen alten Bäumen sitzen lässt, kann man die gesamte Baugeschichte an der Schauseite studieren. Der spätromanische Gründungsbau wurde bis auf die beiden Westtürme abgerissen. Nach der Erhebung zur Pfarrkirche (1258) errichtete man Chor und Querschiff neu. 1317 wird mit dem Neubau des Langhauses begonnen (Bauinschrift an einer Seitenschiffkapelle im „Hungerbrotstein"), der 1333 vollendet ist. 1320 wird St. Katharinen zur Stiftskirche erhoben. 1332/33 entstehen die berühmten Glasfenster an der Südfassade des Langhauses. Das weitgehend original erhaltene Rosenfenster – in den gotischen Grundfarben gold, rot und blau – zeigt die

Wappen der zur Entstehungszeit im Oppenheimer Rat vertretenen Herren in den Blättern einer Heckenrose. Das Lilienfenster wurde 1937 neu verglast. „Dabei ist es symptomatisch für die künstlerische Stellung der Katharinenkirche, dass die östliche Rose ihre Vorbilder in Straßburg, die westliche dagegen in Köln hat." (Nicolai, *Gotik*, S. 197) Die Südfassade kann als Bindeglied zwischen nieder- und oberrheinischer Hochgotik verstanden werden. Die Glasfenster der Gotik sind darüber hinaus an sich theologisches Programm. Durch ihre diffuse Raumbelichtung sollen die Gläubigen „die materiellen Lichter als ein Sinnbild der immateriellen Lichtergießung betrachten und verstehen" (Dionysios Areopagita, nach: Koch, *Baustilkunde*, S. 150) und diese Lichtmetaphorik kann durchaus als gedanklicher Vorläufer der später säkularen Aufklärung betrachtet werden. Die Fensterrose, die sich aus den spätromanischen Radfenstern (Westchor Wormser Dom) entwickelt hat, öffnet den Kircheninnenraum aber nicht nur für das Licht, sie ist in ihrer Kreisgestalt auch Symbol für die Vollkommenheit des Göttlichen. Gleichzeitig ist die Rose auch Bild der im 12. und 13. Jahrhundert aufkommenden Marienverehrung. Aus den Mariengebeten entwickelte sich der Rosenkranz. Die Bedeutung des Rosensymbols wird auch deutlich in der Legende vom Rosenwunder, das sich um die Heiligen Elisabeth rankt (1207-1231), der zu Ehren die gotische Elisabethenkirche in Marburg erbaut wurde: Als Elisabeth wieder einmal Brot an die Armen verteilen will, obwohl ihr das von ihrem Mann, dem Landgrafen, verboten wurde, trifft sie ihre Schwiegermutter, die sehen will, was sie im Korb mit sich trägt; Elisabeth hebt das Tuch hoch und statt Brot finden sich Rosen. In dieser Tradition, wenn auch weltlich gewendet, stehen auch der hochmittelalterliche Rosenroman aus dem 13. Jahrhundert, das 1911 entstandene amerikanische Arbeiterlied *Bread and roses* und Umberto Ecos Roman *Der Name der Rose*. Der Vierungsturm und der Querhausgiebel der Katharinenkirche entstehen 1360, der Westchor Madern Gertheners wird 1419-39 angebaut. Die beiden romanischen Türme werden 1468 aufgestockt.

Beim Bildersturm 1565 wurde die mittelalterliche Ausstattung bis auf Orgel und Grabmäler zerstört. 106 Grabdenkmä-

Oppenheim, Grabtafel

ler an den Wänden rundherum erzählen Oppenheimer Stadtgeschichte. Sie sind jeweils mit Hinweisschildern kurz beschrieben. Dabei fällt vor allem die Häufung des Namens von Dalberg, der Kämmerer des Wormser Bischofs, auf, die ganz in der Nähe, in der heutigen Dalbergstraße (östlich der Kirche) ihren Adelshof hatten. Sie waren 1342 als Lehnsleute von Ludwig IV. auf die Oppenheimer Burg gekommen. In der Chronik von 1643 heißt es: „In dieser Statt ist auch sunderlich zu sehen geweßen, der Edelen von Dalburgh überaus schöne behausung und luftige Wohnung und sonderlich der Saal darinnen, in welchem zu rings an den Wänden in rechter Mansgröße, die fürnembste Teutsche Helden, Kayser, Könige und Fürsten, von Tuisconn dem ersten Teutschen, biß uff Carolum Quitum mit ihren eigendlichen Kleidung und schönen Farben künstlich abgemahlet ... Es ist auch in diesem Saal zu Pferdt, abgemahlet gewesen Weylandt Friedrich Cämmerer zu Wormbs, genannt von Dalberg, Ritter, wie er uff dem großen Reichstag zu Wormbs ao 1495 geritten und als ein Ritter in antiquitätischer Formb uffgezogen." Der heutige **Dalberger Hof** stammt allerdings erst aus der zweiten Hälfte des 19. Jahrhundert. Ebenfalls mit Grabmälern vertreten ist die Familie Wolfskehl-Gemmingen, deren Besitz 1801 im Rahmen der Mediatisierung versteigert und schließlich 1857 von der Stadt als Sitz für das großherzogliche Kreisamt erworben wurde.

Ebenfalls Erwähnung in einer Grabinschrift findet die Familie Frankenstein, die erst in kurpfälzischer Zeit auf die Burg kam. Das heutige **Weingut Wallot** (Dalbergstraße 19) wurde als **Frankensteiner Hof** 1612 errichtet. Gut erhalten ist heute noch der Renaissancecharakter in den Portalen und im Treppenturm des Wohnhauses. Dieser ehemalige Adelssitz war das Wohnhaus der Eltern von Paul Wallot, dem Erbauer des Berliner Reichstagsgebäudes und des Dresdner Ständehauses, der als Nachkomme hugenottischer Einwanderer 1841 in Oppenheim geboren wurde.

1689 stürzten Dächer, Fenster und Gewölbe der Katharinenkirche ein. Ostchor, Vierung und Langhaus wurden 1697-1701 restauriert. Im 19. Jahrhundert finden zwei Restaurierungen unter Ignaz Opfermann (1834-45) und Friedrich von Schmidt (1878-89) statt. 1934 - 37 wird eine weitere Restaurierung, u. a. des Westchors, unter Paul Meißner durchgeführt.

Dehio schreibt angesichts des Maßwerks, der Bauornamentik und der Farbverglasung: „Man sieht einen Meister, der auf einer sehr vorgerückten Stufe der gotischen Stilentwicklung noch originell sein wollte und dem seine Erfindungskraft dies zu sein auch gestattet. Seine Einzelformen sind noch fast klassisch, aber sein Geschmack ist es nicht mehr. Die glänzende Entfaltung des Maßwerks drängt die struktiven Werte in den Hintergrund; ja auch die Dauerhaftigkeit, die doch ein Teil aller wahren Monumentalität ist, wird geopfert." Gleiches kann sicher auch für die Bauplastik gelten. Erhalten sind die der Dachentwässerung dienenden drachenförmigen Wasserspeier. Dazu schreibt Böcher: „Die Aufgabe solcher Dämonenplastiken am Außenbau ist, nach den Gesetzen der homöopathischen Magie, der Schutz des Gotteshauses vor

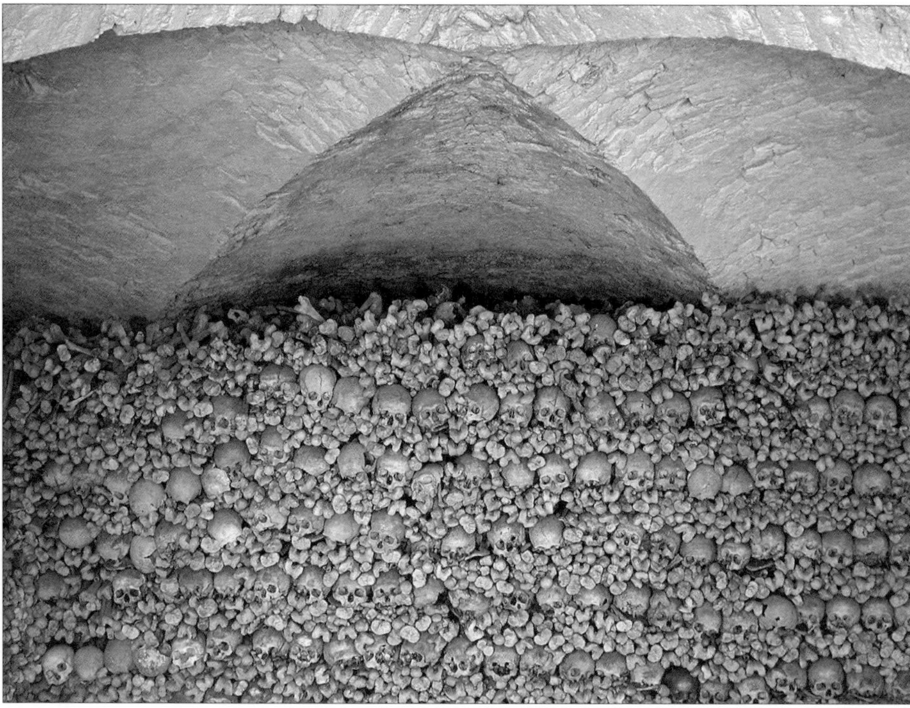

Oppenheim, Beinhaus in der Michelskapelle

dem Ansturm der im Luftraum hausenden (vgl. Eph 2,2; 6,12) teuflischen Mächte; Fratzen und Wasserspeier der Gotik stehen in der Tradition jener antidämonischen Groteskplastik, wie sie besonders die Zwerggalerien der romanischen Dome (Worms) auszeichnet. Höchste Reinheit nämlich beherrscht die Gottesstadt; nichts Unreines darf in die Stadt gelangen (Apk 21, 27) und draußen bleiben die vom Teufel Verführten: Hunde, Zauberer, Unzüchtige, Mörder, Götzendiener und Lügner (Apk 22,15)."

Auf dem nördlich gelegenen, ehemaligen Friedhof hinter der Kirche steht die gotische **Michaelskapelle** mit einem noch gefüllten Beinhaus im Erdgeschoss. Hier sind die Schädel und Knochen von etwa 20 000 Toten aus den Jahren 1400 bis 1750 fein säuberlich aufeinander gestapelt.

Geht man die steile Straße im Osten an St. Katharinen vorbei Richtung Ruine Landskrone, kommt man zum **Geschlechterbrunnen** (1556), der die Wappen der drei umwohnenden Adelsgeschlechter (Dalberg, Wolfskehl-Gemmingen, Frankenstein) im steinernen Überbau abbildet. Links ab geht die Straße Zuckerberg.

Über die Schlossgasse gelangt man ins „Welschdorf", das 1609 mit calvinistischen Flamen und Wallonen besiedelt wurde.

Nach den Epidemien und Hungersnöten des 16. Jahrhunderts versuchte Kurpfalz mit dieser Siedlerpolitik wie andernorts neuen wirtschaftlichen Schwung in die Stadt zu bringen. Übers lutherische Frankfurt waren die Calvinisten ins reformierte Oppenheim gekommen. Aus der Stadt am Main hatten sie zünftige Konkurrenz und Behinderung in der freien Religionsausübung vertrieben. Das Verlagssystem der „Welschen", das moderne Unternehmen mit ungelernten Arbeitern neben dem Handwerk aufbaute, war den Zünftigen ein Dorn im Auge gewesen. Einflussreiche Kaufleute wie die Druckerfamilie de Bry oder die Mitbegründer der Frankfurter Börse, Johann Noe Gogol und Nicolas und David Malapet kamen so in die verschlafene Oberamtsstadt und begründeten vorübergehend ein internationales Klima in Wirtschaft und Kultur.

Am Ende der Schlossgasse trifft man auf das im Unterbau spätromanische **Gautor** mit seinem 1566 erneuerten Torturm, das ins Innere Rheinhessens, ins Gau eben, führt. Vorbei am Haus Krämerstraße Nr. 40, das ebenfalls durch eine Brezel im Wappen über der Tür geziert wird, gelangt man, den Berg runter, rechter Hand in die Spitalgasse. Dort, auf einem schattigen Parkplatz, findet sich ein Stadtplan, an dem man sich orientieren kann.

Weiter geht's durch die Rathofstraße in den ältesten Teil der Stadt. Im **Weingut Rathof** (Rathofstraße 21) von 1735 befindet sich die ehemalige Kapelle des Erbachschen Klosterhofes mit einer spätgotischen Giebelwand. Die Weinberge darüber am Hang tragen die berühmten Lagennamen Krötenbrunnen und Sackträger. Weiter draußen, in den Weinbergen Richtung Dienheim, liegt der **Torbau** des **ehemaligen Gutleuthauses** von 1589 mit drei reich gearbeiteten Volutengiebeln.

Biegt man unten auf der Wormser Straße nach rechts ab, kommt man zum **ehemaligen Tempelherrenhof** (Nr. 49), einem Barockbau mit Mansarddach, in dem heute das **Weinbaumuseum** untergebracht ist. Die Ausstellung zeigt Geräte zur Bodenbearbeitung (Pflug, Hacken), Geräte und Geschichte der Rebenerziehung und des Rebschutzes, historische und neuere Traktoren, Keltern, die Kellerwirtschaft, eine Holzküferwerkstatt, Trinkgefäße seit der Römerzeit, alte Winzerfotos und als Besonderheit – etwas abseits vom Thema – Mausefallen aus aller Herren Länder.

In der Wormser Straße 62 schräg gegenüber lag die Fabrik des Apothekers Friedrich Karl Koch (1786-1865), der hier vor 150 Jahren erstmals fabrikmäßig das Malariamedikament Chinin herstellte. Dass gerade ein Oppenheimer dieses Verfahren entwickelte, hängt sicher nicht zuletzt damit zusammen, dass wegen der rheinnahen Sümpfe im Unterfeld bis in die 80er Jahre des 19. Jahrhunderts in der Gegend immer wieder Fälle von Malaria auftraten. In den *Vaterländischen Berichten für das Großherzogtum Hessen* heißt es 1835: „Zu den ausgezeichneten chemischen Fabriken Deutschlands dürfen wir dreist auch die des Herrn Koch zu Oppenheim in Chinin und Chinchonin zählen, welche derselbe schon 12 Jahre lang, unter Erwerbung eines wohlverdienten Rufes durch fast ganz Europa, führt." 1888 wurde die Fabrik geschlossen.

Aus der gleichen Familie stammt auch die Komponistin Johanna Senfter (1879-1961), eine Schülerin Max Regers, die 133 Werke, darunter 9 Symphonien und 26 große Orchesterwerke im Stil der Spätromantik hinterlassen hat.
Geht man die Wormser Straße jetzt zurück zum Zentrum, also Richtung Norden, findet man linker Hand, an der Ecke zur Rathofstraße/Kirchgasse ein weiteres, stark ergänztes Relief des Kreuzweges sowie ein Fragment des Tympanons aus der 1349 zerstörten Synagoge mit hebräischer Inschrift. Am Haus Nr. 31 ist dann wieder das Zeichen der Küfer und Bierbrauer zu sehen. In der rechter Hand abzweigenden Hasenbrunnengasse Nr. 3 findet sich mit Winkel und Spitzhammer das Zeichen des Bauhandwerks. Das Haus Nr. 21 zeigt ein schönes Fachwerkobergeschoss (1715). Die Wormser Straße geht auf der Kuppe über in die Mainzer Straße.
Diese führt zur Vorstadt des 15. und 16. Jahrhunderts. Bemerkenswert sind neben anderen Fachwerkbauten die Häuser Nr. 4 (Fachwerk über Arkaden) und Nr. 16 (geschweifter Giebel/18. Jahrhundert). Auffällig sind auch die barocken Lauben-, Kellereingangs- und Torbogen der Geschäftshäuser.
In der Vorstadt, am nördlichen Ende der mittelalterlichen Stadtmauer, liegt der mehrfach restaurierte **Uhrturm** (früher: Zollturm) mit einer Aussichtsplattform. Von hier aus kann man – wenn man sich immer links hält – über Fußwege wieder zur Dalberger Straße und von dort zur **Burgruine Landskrone** aufsteigen.
Die Wege sind zwar schmal und steil, bieten aber eine schöne Aussicht bis hinüber in den Odenwald. Die von Herzog Friedrich II. von Schwaben errichtete Burg wurde erstmals 1118 zerstört, dann wieder 1257 und 1689. Die Burgmannen aus den Adelshöfen der Stadt mussten hier drei Monate im Jahr wohnen. 1410 starb König Ruprecht von der Pfalz in ihren Mauern. Den Namen Landskrone trägt sie erst seit 1668. Die Steine der Ruine wurden unter Napoleon zum Straßenbau verwendet. Heute sind nur noch die Reste des Wohnhauses zu sehen. Hier finden mittlerweile im Sommer Theater-Festspiele statt.

Nierstein

Als Faust mit anderen „lustigen Gesellen" in Auerbachs Keller zecht (Goethe, Urfaust, 1775), fragt er: „Was für ein Gläsgen möget ihr trinken ?" Frosch antwortet sofort: „He! He! So ein Glas Reinwein ächten Niersteiner." Das ist ein Beweis dafür, dass Niersteiner Wein als typischer Rheinwein bereits im ausgehenden 18. Jahrhundert ein Markenzeichen war. Ab dem 16. Jahrhundert hatte er zusammen mit dem Oppenheimer und dem Pfeddersheimer stets an Bedeutung gewonnen.
Erstmals urkundlich erwähnt wird **Nierstein** im Jahre 882. Darin bestätigt Ludwig der Fromme eine Schenkung seines Vorfahren Karlmann aus dem Jahre 742 an das Bistum Würzburg. Dadurch wurde Kilian zum Schutzpatron der ursprünglich Maria geweihten Niersteiner Kirche. Hier liegt auch die bereits im 14. Jahrhundert erwähnte Glöcknergewann, die den Glöcknern der am Berg gelegenen Kilianskirche

als Besoldungsgut diente und aus der sich der bekannte Weinlagennamen Glöck ableitet. Ein Gedicht des 19. Jahrhunderts bringt diese älteste Ortsgeschichte miteinander in Verbindung, wenn es behauptet, Karlmann habe den Weinbergen den Namen Glöck verliehen, weil ihm bei seiner Ankunft im fränkischen Nierstein ein dort gewachsener Wein als Begrüßungstrunk gereicht worden sei, der ihn ebenso beeindruckt habe wie der Glockenschall der nahen Kirche.

Nierstein ist allerdings bereits seit der Jungsteinzeit besiedelt, was Funde aus der Kultur der Bandkeramiker (5700-4900 v. Chr.) beweisen. In römischer Zeit bestand im Raum Nierstein-Oppenheim die Militärstation Buconica. 1803 wurde im Süden des Ortes an der Straße nach Oppenheim ein römisches Heiligtum über einer Mineralquelle ergraben. Die Inschrift des Altars lautet: „Dem Gott Apollo und der Sirona löst Julia Frontina ihr Gelübde gern und freudig nach Gebühr." Über der Quelle hat man dann nach der Ausgrabung ein Badehaus errichtet. Sirona ist eine der galloromanischen Göttinnen, die meist als Teil eines Paares auftreten, hier gemeinsam mit Apollo Grannus, einem jugendlichen Licht- und Heilgott mit Pfeil und Bogen, Kithara und dem Greif als Begleittier. Sironas Attribute sind Früchte und Ähren, was auf eine Verbindung mit dem im Rheinischen weit verbreiteten Matronenkult hindeutet. Gelegentlich wird sie auch mit einer Mondsichel auf dem Haupt gezeigt. Ihr Attribut ist eine Schlange, welche aus einer Schale gefüttert wird. Das Schlangenei steht in der druidischen Tradition für das noch ungeteilte Prinzip des Lebens. Die Schlange „begleitet alle weiblichen Gottheiten und die Große Mutter, und häufig ist sie so dargestellt, dass sie sie umwindet." (Cooper, *Illustriertes Lexikon der traditionellen Symbole*, S. 160). Ein großes Sironaheiligtum wurde südwestlich von Hochscheid im Hunsrück (Landkreis Bernkastel-Wittlich) ausgegraben. Auch der Alzeyer Nymphenaltar von 223 bezieht sich auf ein Quellheiligtum, an dem Sirona und Apollo Grannus verehrt wurden.

Seit merowingischer Zeit waren Nierstein, Dexheim und Schwabsburg Königsgut und damit im Mittelalter Reichsdörfer. Schenkungen und Lehen gingen an das Mainzer

Fassaden am Marktplatz. Hier standen die Adelshöfe aus dem 17. und 18. Jahrhundert

Erzbistum, das Kloster Selz im Elsass sowie die Herren von Hohenfels. Die Reichsvogtei wurde den Herren von Münzenberg übertragen. Den adligen Grundherren, die ein eigenes Rittergericht bildeten, musste jährlich ein Festessen bereitet werden, das erst 1655 in eine Verköstigung im Wirtshaus umgewandelt wurde.

Noch 1752 hatten 19 Adelsgeschlechter Besitz in Nierstein. Davon zeugen noch heute Adelshöfe wie der **Haxthäuser Hof** am Marktplatz (Langgasse 35), ein barockes Herrenhaus von 1670, dessen dem Hof zugewandte Fassade einen giebelgekrönten Mittelrisalit trägt. Im Jahre 1375 verpfändete Kaiser Karl IV. sein Reichsgut in Oppenheim, Nierstein und Ingelheim an die Kurpfalz. Die Pfandschaft wurde nie eingelöst. Somit kam Nierstein zum kurpfälzischen Oberamt Oppenheim. 1853 wurde der alte Ortskern um den Marktplatz durch den Bau der Eisenbahn vom Rhein abgeschnitten, und es entwickelte sich das heute noch prägende Ortsbild mit der Gasthaus bestückten Durchgangsstraße am Rhein und dem etwas abgelegenen Marktplatz an der Martinskirche, den man am besten über die Rheinstraße, ein Stück vor dem Ortsausgang Richtung Nackenheim erreicht.

Die **Martinskirche** liegt mitten in einer mittelalterlichen Friedhofsbefestigung. An der Südwestecke steht noch ein gotischer Rundturm. Der Chorturm stammt aus dem 12. Jahrhundert, das romanische Glockengeschoss hat je zwei gekuppelte Klangarkaden. Der Helm stammt von 1895. Nach der Zerstörung der Kirche 1689 wurde das Langhaus 1782-87 einschiffig über den Fundamenten der dreischiffigen romanischen Kirche errichtet und 1895 durch Querschiff und Westchor erweitert. Im Innern haben sich der gotische Taufstein und drei Doppel-Grabmäler erhalten: Erlenhaupt von Saulheim (1539), Moosbach von Lindenfels (1560) und Schlichter von Erpfenstein (1597).

Das klassizistische **Rathaus** von 1830 beherbergt heute ein paläontologisches Museum. Es zeigt versteinerte Tiere und Pflanzen vom Präkambrium bis zum Jungtertiär. Der größte Teil der Funde stammt aus Rheinhessen, so auch aus Niersteiner Steinbrüchen und Sandgruben.

Über dem Marktplatz, in den Weinbergen stehen der **Wartturm**, ein Signalturm aus dem 12. Jahrhundert, der die Verständigung zwischen den staufischen Burgen Oppenheim, Schwabsburg und Alzey ermöglichte, und die katholische **Kilianskirche**. Auch ihr Chorturm ist romanisch, die Zwiebelhaube stammt aus dem 18. Jahrhundert. Das Langhaus wurde 1772-74 – wie bei St. Martin – einschiffig errichtet. Ein Stein mit Kerbschnittmuster an der Nordostecke ist karolingischen Ursprungs und verweist auf einen alten fränkischen Friedhof, der in der Nähe ausgegraben wurde. In das nahe Gelände einer Malzfabrik integriert ist das **ehemalige von Dalberg-Herdingsche Schloss** (Rheinstraße 10), dessen Kapelle an Wand und Decke nazarenische Monumentalmalerei von Jakob Götzenberger (1839-42) zeigt.

In der Oberdorfstraße, die zum Ortsteil Schwabsburg führt, findet sich neben einigen großen Weingütern aus dem 18. Jahrhundert auch der **Metternich'sche**

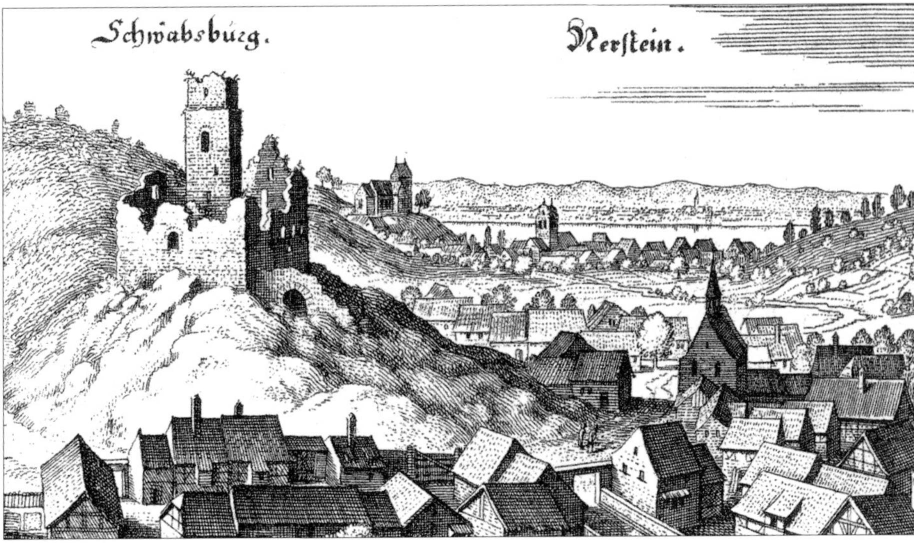

Nierstein und die Schwabsburg. Kupferstich von M. Merian, 1655

Hof (um 1500). Hier führte einst auch die römische Heerstraße von Nierstein nach Mommenheim. Von der **Schwabsburg** steht nur noch der mit Kalksteinquadern verkleidete **Bergfried**. 1257 belehnte König Richard von Cornwall den Rheingrafen Wernher mit dieser stattlichen Burg, die 1620 im Dreißigjährigen Krieg durch die Spanier zerstört worden sein soll. 1799 wurde die Ruine versteigert und abgebrochen. Im Turm, den man über steile Feldwegserpentinen erreicht, wohnen heute die Krähen; die Tür zur niedrigen und dunklen Treppenanlage steht für „Abenteurer" offen. Unten im Ort unterhielt die Mainzer Karthause ein Hofgut. An der **evangelischen Kirche** (1892/93) teilt sich die Straße in Richtung Dexheim und in Richtung Mommenheim.

Am Rheinufer zeigt sich, dass Nierstein auch eine alte Schiffergemeinde ist. Noch bis ins 17. Jahrhundert wurden die Rheinschiffe von Pferden oder Menschen entlang der Treidelpfade am Ufer mit Seilen gezogen. Im 18. Jahrhundert setzte sich dann für die Talfahrt das Segel durch, im 19. Jahrhundert die Dampfschifffahrt. Auch Wassermühlen und Fähren hat man nachgebaut. Mehr über den Allltag und das Brauchtum der Rheinschiffer erfährt man aus Stephanie Steppats Buch *Schifferfrauen auf dem Rhein*, das die rheinland-pfälzische Gesellschaft für Volkskunde herausgegeben hat. Darin heißt es: „Fährt man durch einen Schifferort wie etwa Nierstein, so kann man meist schnell erkennen, wo Schifferfamilien wohnen. In den Vorgärten steht vielfach der Schiffsmast als Symbol für die Schiffahrt, oder es ist ein Steuerrad an der Hauswand befestigt. Manchmal ist auch eine entsprechende

Malerei dort zu sehen."(S. 66) Auch die Straßen heißen entsprechend Schiffergasse oder Bordhof.
In der Nacht vom 18. auf den 19. März 1945 wurde die 1939 errichtete militärische Holzbrücke gesprengt. Zwei Tage später, am 21. März, wurde vor Ort zum letzten Mal ein Verbrechen im Namen des NS-Regimes verübt, und zwar auf Veranlassung des Kommandanten des Brückenkopfes Alfred Schniering. Noch am gleichen Tag rückten amerikanische Truppen ein. Am 18. März verhaftete man fünf NS-Gegner, brachte sie über den Rhein und verhörte sie bei der Gestapo in Darmstadt. Diese ließ die Gefangenen am Vormittag des 21. März frei mit der Bemerkung, ihre Verhaftung sei auf eine örtliche Schikane zurückzuführen und sie könnten zu ihren Familien zurückkehren. Doch am Rheinübergang wurden Jakob Schuch I., Nikolaus Lerch, Georg Eberhard, Johann Eller und Cerry Eller erneut verhaftet und gemeinsam mit dem von Schniering als „Deserteur" verurteilten Volkssturmmann Rudolf Gruber gegen 14 Uhr von dem erst 18-jährigen Leutnant Hans-Alfred Kaiser erschossen. Ein Gedenkstein am Kornsand, dem Nierstein gegenüberliegenden Rheinufer, erinnert an dieses Verbrechen.

Nackenheim

Wie die Schwabsburger haben auch die Nackenheimer den Spitznamen Rotärsch. Dieser Spitzname kommt von der Bodenfarbe des Weinberghangs. Auch der 1896 in **Nackenheim** geborene Schriftsteller Carl Zuckmayer hat dieses Rot intensiv erlebt. Er schreibt in seinen Lebenserinnerungen: „... nur der rötliche Hautglanz der Erde verrät etwas von ihrem heimlichen Heißblut, von ihrem gezügelten Temperament. Rot ist die Grundfarbe des Bodens, besonders in der Gegend meines Geburtsorts Nackenheim. Rot ist in vielen Schichten und Stufen über die Rebhügel, Felder und Wege versprengt: das stumpfe Hellrot zerbröckelter Ziegelsteine, das fleckige Rotbraun von verrosteten Radreifen, das satte volle Geleucht von den Brustfedern des Blutfinken, das verwaschene Karmin eines föhnischen Abendhimmels, all das mischt sich im Staub und in der Feuchte des wurzelkräftigen Lehms und wird im Herbst von der Verfärbung des Weinlaubs und der Baumblätter überfunkelt." (Zuckmayer, *Als wär's ein Stück von mir*, S. 110) Ähnlich formulierte er bereits es in der 1927 erstmals veröffentlichte Erzählung *Die Weinberge von Nackenheim*.
Heute gibt es einen Carl-Zuckmayer-Platz in der Ortsmitte und eine Zuckmayer-Büste am alten Fachwerkrathaus von 1751. Die Zuckmayergesellschaft zeigt immer wieder, auf Freilichtbühnen und in Höfen der Umgebung, Aufführungen des *Fröhlichen Weinberg*. Doch anfangs klang das alles anders. Die Nackenheimer wehrten sich gegen das lebensfrohe, vitale, liberale und multikulturelle Portrait, das der Dichter in der Figur des Gunderloch – übrigens ein alter Nackenheimer Familienname – von seiner Heimat gezeichnet hat. Als das Mainzer Stadttheater in den 20er Jahren das Stück aufführte, demonstrierten die rheinhessischen Winzer in der Stadt mit

Nackenheim, Zuckmayer-Büste

Parolen wie:

Carlche, komm nach Nackenheim,
Du sollst uns hoch willkommen sein!
Wir schlagen krumm und lahm dich all
und sperrn dich in de Schweinestall,
denn da gehörste hi!

Zuckmayer hat diese Spannungen wahrgenommen, aber nicht für mehrheitsfähig gehalten. So beschreibt er in seinem 1930 entstandenen Erzählungsfragment *Das Götterdorf* – damit meint er Nackenheim – das vierzigjährige Berufsjubiläum eines liberal denkenden, christlichen Landarztes, der aus einer jüdischen Familie stammt: „Der Doktor Bernhard Fröhlich erfreute sich einer enormen Beliebtheit bei den Bauern und Weingutsleuten weit und breit, er war nicht nur ein tüchtiger Arzt, sondern sozusagen einer von den Ihren ... Der Urgroßvater war wohl noch ein strenggläubiger Jude gewesen, aber bei den späteren Geschlechtern ... hatte sich die Bindung zu Religion und Gemeinde immer mehr gelockert, die zur Umwelt und zum Landvolk, in dessen Mitte man lebte, immer mehr gestrafft." (*Eine Liebesgeschichte*, 1995, S. 35). Zum Jubiläum im Jahre 1932 kommt sogar der Apotheker, dessen Söhne überzeugte Antisemiten und Nationalsozialisten sind. Darauf angesprochen, sagt er „mit unterwürfigem und ziemlich krampfhaftem Lächeln: „Meine Söhne, die meinen es doch nicht so ... Man macht schließlich Ausnahmen." Und Doktor Fröhlich antwortet: „Jeder nach seiner Facon! Und Pfälzer Wein für uns alle! Ich freue mich, dass sie gekommen sind! Wir Deutschen müssen jetzt zusammenhalten, das ist wichtiger als der Parteienzank!" (S. 54)

Obwohl Zuckmayer nach dem Krieg nicht mehr nach Deutschland zurückkehrte, sondern sich im schweizerischen Saas-Fee ansiedelte, hat er immer an seinem Bild vom anderen, besseren Deutschland festgehalten, das er in der freisinnigen, pragmatischen und von jahrhundertelanger Mischung der Kulturen geprägten Geburtsheimat am Rhein repräsentiert fand. Und das, obwohl die Gegenseite doch auch in seinem Rheinhessen von 1933 bis 1945 die Oberhand in der Bevölkerung gewann.

Noch in seiner 1966 erschienen Autobiografie schrieb er: „Der Antisemitismus hatte in meiner Heimat keinen Boden. Es gab ihn, wie überall in der Welt, aber er beschränkte sich auf eine enge Schicht und

Carl Zuckmayer
(1896-1977)

Der Schriftsteller Carl Zuckmayer wird am 27. Dezember 1896 in Nackenheim geboren. Sein Vater besitzt eine Fabrik, die Kapseln für Weinflaschen herstellt. 1900 zieht die Familie nach Mainz um. Dort besucht er das humanistische Gymnasium und legt 1914 das Notabitur ab. Er meldet sich freiwillig zur Feldartillerie, überlebt den Weltkrieg und ist am Ende Leutnant. 1917 veröffentlicht er erste Gedichte in Franz Pfemferts expressionistischer Wochenschrift *Aktion*. 1918 wird er Mitglied des Mainzer Arbeiter- und Soldatenrates. Ab 1919 arbeitet er an Carlo Mierendorffs Zeitschrift *Das Tribunal* mit. Er studiert kurzzeitig an den Universitäten Frankfurt und Heidelberg. 1920 wird sein erstes Drama *Kreuzweg* am Städtischen Schauspiel Berlin aufgeführt, allerdings ohne Erfolg. Von 1922 bis 1923 arbeitet er als Dramaturg in Kiel, danach gemeinsam mit Bert Brecht am Deutschen Theater in Berlin. 1925 erhält er den Kleist-Preis für die Komödie *Der fröhliche Weinberg*. Die beiden nächsten Stücke *Schinderhannes* (1927) und *Katharina Knie* sind weniger erfolgreich. 1929 erhält Zuckmayer den Georg-Büchner-Preis. Im gleichen Jahr schreibt er das Drehbuch zu dem Film *Der blaue Engel*. „Ein deutsches Märchen" ist das 1931 uraufgeführte Schauspiel *Der Hauptmann von Köpenick* im Untertitel bezeichnet. Die politische Satire erntete wüste Beschimpfungen von seiten der Nazipresse. 1933 übersiedelt die Familie in das bereits 1926 erworbene Haus in Henndorf bei Salzburg. Hier entstanden die Dramen *Der Schelm von Bergen* und *Bellmann*, die in Wien und Zürich uraufgeführt werden. 1939 wird Zuckmayer ausgebürgert und emigriert über die Schweiz in die USA. Von 1939 bis 1941 arbeitet er als Drehbuchautor in Hollywood und als Dozent an Piscators Theaterschule in New York. 1941 wird er Farmer in Vermont. Hier beginnt er die Arbeit an dem Drama *Des Teufels General*, das 1946 in Zürich uraufgeführt wird. Die Dramen der Nachkriegszeit erreichen kein großes Publikum mehr, dafür aber Verfilmungen des *Hauptmann von Köpenick* (u.a. mit Heinz Rühmann) und des *Schinderhannes* (mit Curd Jürgens). Auch die 1959 erschienene Erzählung *Die Fastnachtsbeichte* und die 1966 erschienen Autobiografie *Als wär's ein Stück von mir* werden viel gelesen. 1958 übersiedelt Zuckmayer in das Walliser Bergdorf Saas-Fee. 1972 erhält er den Heinrich-Heine-Preis der Stadt Düsseldorf. Er stirbt am 18. Januar 1977 in Visp/Schweiz. Die Carl-Zuckmayer-Gesellschaft mit Sitz in Nackenheim gibt ein Jahrbuch heraus und führt jeden Sommer die rheinhessischen Volksstücke *Der fröhliche Weinberg*, *Schinderhannes* und *Katharina Knie* im Freilichttheater auf.

auf einen gewissen, mehr rhetorisch aufzufassenden Gassenhumor. Gesellschaftlich spielte er, schon durch die häufigen Konversionen und Mischehen, kaum eine Rolle. Früher als anderwärts waren hier, wohl unter der napoleonischen Zeit, die Gettos verschwunden, es gab keine „Judenviertel", und selbst die religiös gestimmten Juden lebten nicht in Absonderung. Die Aufgeschlossenheit des Strom- und Grenzlandes, das leichte und schmiegsame Temperament seiner Bevölkerung mochten dazu beigetragen haben. Ein Antisemitismus aber, der sich auf „Rasse", auf die Religion und Herkunft der Voreltern oder eines Vorelternteils bezog, war völlig unbekannt." (*Als wär's ein Stück von mir*, S. 134ff) War das der vielleicht sogar regionentypische Irrtum der Assimilation, verursachte die antifranzösische Stimmung des Rheinlands, die in den Jahren der Besatzung nach 1918 alle gesellschaftlichen und politischen Kreise im Linksrheinischen erfasste und zum nationalen Konsens strebte, am Rhein den Schulterschluss mit den Nazis und nicht der Antisemitismus, war das der Heimwehgedanke eines Emigranten, oder war es das Festhalten an einer alten, volkspädagogischen Hoffnung, die nur schrecklich unterbrochen, aber nicht zerstört worden war? Ein zukünftiges Selbstverständnis Rheinhessens wird diese Fragen eindeutig beantworten müssen.

772 wird **Nackenheim** erstmals in einer Schenkung an das Kloster Lorsch erwähnt. Lehensherr war das Kölner Stift St. Gereon, von dem die Kirche ihren Namen hat. Ab 1258 gehörte der Ort dann dem Mainzer Stift St. Stephan, das den Besitz gegen die Niersteiner Vögte von Hohenfels und gegen die Pfalzgrafen verteidigte. Von 1615 bis 1805 ist Nackenheim dann kurmainzisch.

79 Stufen führen am Kirchberg hoch zu **St. Gereon**. Die Kirche wurde 1716 von Johannes Vordörffer als Saalbau errichtet, der Westquerbau stammt von 1902, der Westturm von 1913. Der Hochaltar (1697) kommt aus dem Mainzer Dom. Die Figuren der Immakulata und des Heiligen Joseph (um 1770) stammen aus der Schule von Nikolaus Binterim und waren ursprünglich für die Seitenaltäre angefertigt. Im Eingangsbereich wird die Rekonstruktion eines gotischen Fensters aus einem Maßwerkteil dokumentiert. Als geschlossene barocke Hofanlage zeigt sich in der Wormser Straße, der Durchgangsstraße, das **Weingut Gunderloch**. Die Häuser am Rhein reihen sich am Damm entlang des alten Leinpfades. Gegenüber liegt die Insel Kisselwörth.

Bodenheim

Bodenheim liegt weiter vom Rhein weg als Nackenheim, denn hier beginnt sich das Mainzer Becken zu öffnen. Von einem Löwenkopf am Wasserwerkbrunnen haben die Bodenheimer den Spitznamen „Löbcher". 756 wird das große Weindorf erstmals urkundlich erwähnt. 1092 geht die Vogtei an das Mainzer Domstift St. Martin, das damit die Niersteiner Vögte von Hohenfels belehnt (1276). Diese verkaufen die Vogtei nach Auseinandersetzungen mit der Mainzer Abtei St. Alban, die einen Fronhof in Bodenheim unterhält, an die Abtei, die bis 1797 die Ortsherrschaft ausübt. 1184 wird erstmals eine Kirche erwähnt, eine

Nackenheim, Weingut Gunderloch. Gunderloch heißt auch die Titelfigur von Zuckmayers „Der fröhliche Weinberg"

Kapelle ist seit 1271 belegt. In Bodenheim hatten viele Mainzer Adelsgeschlechter und Orden Grundbesitz, so die Schönborn, Bassenheim, Breidenbach und Layen sowie die Jesuiten, Karthäuser, Zisterzienserinnen und die Benediktiner. Am Rhein bekannt, vor allem in Holland, war der örtliche Weinmarkt.

St. Alban auf dem Kirchberg wurde 1828-30 vom Mainzer Stadtbaumeister Augustin Wetter errichtet; Ausmalung und Stuck stammen von 1910. Aus Mariamünster in Worms kommt der Hochaltar (Mitte des 18. Jahrhunderts) mit dem Gnadenbild der Bodenheimer Wallfahrtskapelle Maria Oberdorf (frühes 16. Jahrhundert). Die Seitenaltäre von 1683 stammen aus dem Mainzer Dom und sind erst 1870 hierher gebracht worden, die Kanzel (Mitte 18. Jahrhundert) hat St. Stephan in Mainz geliefert. Unterhalb der Kirche erhebt sich der barocke **Oberhof des Albansklosters**, der in der heutigen Zeit als Schule dient.

In der Ortsmitte steht das **Rathaus**, ein reichverzierter Fachwerkbau von 1608 mit Erker. Auf dem Erker ist das Wappen von St. Alban zu sehen: ein Esel, der aus einem Brunnen säuft. In der Umgebung stehen weitere Adelshöfe aus dem 17. und 18. Jahrhundert. In Richtung der Weinberge, am Ortsrand, kommt man zum Dollesplatz, benannt nach dem 1774 von den Freiherren von Breidbach-Bürresheim erbauten Weingut, das von 1813 bis 1968 der Familie Dolles gehörte. In diesen Räumlichkeiten ist heute die Verbandsgemeindeverwaltung untergebracht sowie das Heimatmuseum; ein kleiner Park lädt zum Ausruhen ein. Entlang der Rheinstraße findet man im Sommer eine ganze Reihe von Straußwirtschaften mit eigenem Wein und deftiger Speisekarte.

Im Sommer 1612 verlangt die Gemeinde vom Propst des Klosters St.Alban, eine der Hexerei beschuldigte Frau zu verfolgen. Andernfalls werde man keine Steuern mehr bezahlen. Im Anschluss an eine vom kurmainzischen Amtmann einberufenen Versammlung im August 1613 werden weitere elf Frauen denunziert und eingesperrt. Aber auch die Kurpfalz unterhält eine Vogtei in Bodenheim. Anders als in Mainz ist man hier gegenüber der Hexenverfolgung grundsätzlich skeptisch eingestellt und befürchtet zudem, die Ausrottung kurpfälzischer Untertanen durch die Kurmainzer, sozusagen als politische Maßnahme im Kampf um die Ortsherrschaft. Daher marschiert der kurpfälzische Amtmann aus dem Oberamt Alzey mit 150 Bauern und 14 Reitern am 15. Juni 1614 nach Bodenheim, bricht das Gefängnis im Rathaus auf und befreit eine Frau. Eine andere Frau ist bereits tot. Als der kurpfälzische Vogt Martin Schmidt ebenfalls inhaftiert wird, kommt das Alzeyer Aufgebot am 27. Mai 1615 erneut und befreit ihn sowie zwei Frauen. Auch in anderen Fällen weigert man sich in Alzey, der Hexerei beschuldigte Personen, die ins Oberamt geflüchtet sind, auszuliefern.

Die Kirche St. Alban in Bodenheim

Auf der Gaustraße nach Süden

Vom Mainzer Stadtrand bis an den Petersberg: Gau-Bischofsheim, Harxheim, Lörzweiler, Mommenheim, Selzen, Hahnheim mit Wahlheimer Hof, Köngernheim, Undenheim, Friesenheim, Dexheim, Dalheim, Weinolsheim, Uelversheim, Eimsheim, Dolgesheim, Hillesheim, Wintersheim, Dorn-Dürkheim

Von Bodenheim aus führt eine Straße durch die Weinberge nach **Gau-Bischofsheim**, das – wie der Name bereits sagt – an der 1826 gebauten Gaustraße von Mainz nach Worms liegt, der wir jetzt ein Stück weit folgen werden. Die Gautore der beiden Bischofsstädte am Rhein dokumentieren die Bedeutung dieser Straßenverbindung schon im Mittelalter. „Gau" war ursprünglich der Name für offenes, waldfreies und für Siedlungen günstiges Land. Die Gau-Orte sind also im Gegensatz zu den mittelalterlichen Rodungsorten, den Wald-Orten, altes fränkisches Siedlungsland. Bekannt sind daher auch Gegensatzpaare wie Gau-Algesheim/ Waldalgesheim oder Gau-Bickelheim/ Wald-Böckelheim.

Gau-Bischofsheim liegt bereits auf der zweiten Rheinterrasse, also etwas höher (ca. 200-250 m) als die Mainzer Vororte, die alle auf der ersten Terrasse liegen. Der ganze Ort ist an den Hang gebaut und erstmals 769 in einer Schenkung an das Kloster Lorsch erwähnt. Das Mainzer Domkapitel war hier reich mit Weinbergen begütert. 1424 tauschte Erzbischof Konrad III. die Hälfte von Bingen mit dem Erzstift gegen einige Dörfer, darunter Gau-Bischofsheim. Bis zur Französischen Revolution wurde die Ortschaft dann von der Amtsvogtei des Erzstiftes in Nieder-Olm aus verwaltet.

Säule bei Dolgesheim; erinnert an den Bau der Gaustraße

1184 wird erstmals eine Kirche erwähnt. Es ist die katholische Pfarrkirche St. Peter in den Ketten. Der heutige Bau stammt von 1725 und wurde 1864 umgebaut. Interessant ist die Ausstattung; so eine fast lebensgroße stehende Madonna mit Kind aus Stein (um 1320), die ursprünglich aus der Mauernische eines Weingutes stammt. Die Orgel wurde von Meister Johann Peter Geissel 1667 für St. Christoph in Mainz gebaut, nach Gau-Bischofsheim ist sie erst 1773 gekommen. Damit handelt es sich um die älteste Orgel in der Mainzer Diözese. Bei der Restaurierung 1972/73 fand man im Innern der Windlade eine bemerkenswerte Inschrift: „Repariert im Jahr 1848 von Jakob Köhler, Orgelbauer in Mainz. Im Februar wie in Frankreich sich die Republik gegründet hat und wie wir Deutschen uns von 33 Jahr in Knechtschaft das Joch der Fürsten abgeschüttelt haben und wie es in der großen Festung Mainz ausgegangen ist, gegenwärtig sind wir Deutsche daran unsere Fürsten auch fortzujagen um auch eine Republik zu bilden wen uns gelingen wird. Got wird uns dabei segnen."

In der Bergstraße 8 findet sich ein barockes Herrenhaus mit einem jenseits der Straße liegenden, axial aufs Haus ausgerichteten Garten. Der frühere Spitzname „Bell-Bischem" (Bettel-Bischofsheim) deutet auf Zeiten hin, in denen man bei den Nachbardörfern unterstellte, die Gau-Bischofsheimer seien arme Leute. Hans-Jörg Koch überliefert dazu in seinem Buch *Blarrer Zabbe Leddeköbb* den Spottvers: „Bell-Bischem koch Kleeß, wann de Mehl host."

Auch **Harxheim** (767 erstmals erwähnt) liegt an der Gaustraße. Neben dem Kloster Lorsch war auch das Kloster Fulda hier begütert. 1190 belehnte der Pfalzgraf Werner II. von Bolanden mit Gütern in Harxheim. Später kam der Ort an Kurmainz, die Vogtei jedoch an die Grafen von Falkenstein, welche die Herrschaft ausübten. Die Falkensteiner machten den Ort 1548 lutherisch. 1740 wurde die Grafschaft österreichisch. 1801 trat Österreich die gesamte Grafschaft an die französische Republik ab. Eine Laurentiuskirche wird bereits im Jahre 800 erwähnt. Der Unterbau des Chorturms der heute evangelischen Kirche stammt von 1484. 1873 wird er aufgestockt und das Langhaus vom Mainzer Baumeister Ebert neu in den Formen des Rundbogenstils errichtet. Die katholische Kirche erbaut 1871 der Ebersheimer Maurermeister Philipp Nustadt. Von 1864 stammt ein Kapellchen auf dem Osterberg. In der Obergasse 9 findet sich ein hoher Torbogen mit einem Wappenschlussstein aus dem 18. Jahrhundert. Barockbauten sind das Schick'sche Haus (1725), der von Forstbaum'sche Hof (1724) und ein Wohnhaus mit Dreifaltigkeitsrelief (1752).

Über eine schmale Landstraße, die kurz vor dem südlichen Ortsausgang von Harxheim abbiegt, gelangt man nach **Lörzweiler**, das 790 erstmals als „Lorenzevillare" (Lorenzweiler) urkundlich Erwähnung findet. Die Herren von Bolanden erhielten den Ort ursprünglich von den Wildgrafen zu Lehen. Der erste Salierkönig Konrad II. wird hier am 8.9.1024 gekrönt. In der südlichen Gemarkung nämlich befand sich ein sogenannter Königsstuhl, ein festes Gemäuer, dessen Ruine erst im 15. Jahrhundert abgebrochen wurde. Das Kölner Kloster

Wappenstein der Hettensdorfer, Lörzweiler

St. Gereon verkaufte 1258 seine Güter in Lörzweiler an das Mainzer St. Stephansstift. Der daraufhin kurmainzische Ort wurde im 14. Jahrhundert der Familie „Hunt von Saulheim" zu Lehen gegeben, 1755 bis zur Französischen Revolution gehörte er der Familie von Hettersdorf, die den Lindenbaum zum Ortswappen beisteuerte. Eine Michaelskirche wird erstmals 1336 erwähnt, der jetzige Bau stammt jedoch erst von 1790. Seit 1869 befindet sich darin ein Hochaltar aus dem Ostchor des Mainzer Domes, den Domdekan Wolff-Metternich 1683 gestiftet hat. Das Altarbild (1684) von Johann Baptist de Ruel stellt eine Himmelfahrt Mariä dar. An der Brücke über den Kinsbach im Südosten des Ortes steht ein Steinkreuz aus dem 15. Jahrhundert. Der Sage nach soll es erinnern an zwei Mäher, die sich gegenseitig im Streit ermordet haben, bzw. an zwei Juden, die sich gegenseitig getötet haben. Die meisten Steinkreuze in Rheinhessen sind wahrscheinlich Sühnemale, welche die Selbstjustiz der Blutrache ersetzen sollten. „Der Vertrag zwischen einem Bewohner, der einen anderen getötet hatte, und der Familie des Erschlagenen wurde unter Aufsicht eines Richters an der Grenze des Burgbanns, der städtischen Gemarkung, geschlossen. Dabei standen die Angehörigen des Opfers wie die Freunde des Täters innerhalb des Burgbanns, während dieser die städtische Gemarkung noch nicht betreten durfte. Nachdem die Parteien die Bestimmungen des Vertrages mündlich festgelegt hatten, forderte sie der Richter ... feierlich auf, zu den Heiligen zu schwören, daß sie die getroffene Übereinkunft ... halten werden. Danach breitete er ein Tuch auf dem Boden aus, ging mit dessen Freunden zu dem Täter, der, nur mit einem Hemd bekleidet, immer noch außerhalb des Burgbanns stand, fasste den linken Zipfel seines Unterkleides und führte ihn so auf städtisches Gebiet. Sobald der Täter dieses betreten hatte, legte er sich auf das Tuch. Nun fasste ihn der Richter an und forderte die Angehörigen des Opfers auf: „griffent an und hebent Ine off." Mit dieser Geste der Versöhnung galt der Täter wieder in die Stadt aufgenommen." (Schnabel/Azzola, *Die Steinkreuze in Rheinhessen*, in: Alzeyer Geschichtsblätter 15/S. 87) Zu den Leistungen des Sühnevertrages gehörte neben Entschädigungszahlungen und der Stiftung von Seelenmessen häufig das Setzen eines Steinkreuzes oder Bildstocks bzw. das Errichten einer Kapelle.

Dorfflora ohne Zukunft?

Mitte der 80er Jahre hat Hans-Jürgen Dechent die traditionelle Dorfflora der Gemeinden Lörzweiler, Dolgesheim, Wintersheim, Friesenheim, Hahnheim, Hillesheim und Undenheim kartiert und dabei festgestellt, dass Bodenversiegelung, Neubaugebiete und Erneuerungsmaßnahmen, auch im Rahmen des Wettbewerbs „Unser Dorf soll schöner werden", große Lücken in die alte Artenvielfalt gerissen haben. So wurden floristische Unterschiede zwischen den Dörfern des Selztales und des Plateaus eingeebnet. Statt Streuobstwiesen dominiert am Ortsrand jetzt das Einheitsgrün der Neubaugärten, sanierte Bruchsteinmauern lassen den Mauerpflanzen keinen Lebensraum mehr, der Abriss mancher alten Lehmfachwerk-Scheune hat die Wohnungen der Mauerbienen zerstört und viel spontanes Grün beseitigt und auch der Verlust der Wiesen und „Reile" (Fußwege im Ort/ von französisch „rueille" = Sträßchen) hat zum Artenschwund beigetragen. Rückzugsgebiete sind noch alte Friedhöfe um die Dorfkirchen wie in Undenheim oder Hillesheim. (Dechent, ***Wandel der Dorfflora***, Darmstadt 1988)

Mommenheim ist einer von vier Orten in Rheinhessen, die bis zur Französischen Revolution von einer Ganerbschaft, d. h. einer Erbengemeinschaft von Ritterfamilien, verwaltet und regiert wurden. Unter den Staufern wurden die Ministerialengeschlechter als Unterstützer der Reichs-idee gefördert, so auch die Herren von Bolanden, die Mommenheim 1190 zu Lehen erhielten. Der Neffe des letzten Bolanders, Philipp von Hohenfels (1220-77), stellte den örtlichen Adelsfamilien dann am 19.12.1276 einen Freibrief aus, der ihnen Selbstverwaltung garantierte. Die Herren waren: Ober-Schultheiß Schlitterer zu Nierstein, Junker Köth zu Udenheim, Junker Partenheim von Walbrunn, Junker Wolf von Dalberg, Junker Freidrich Moßbech zu Nierstein und Junker Frettenheim zu Alsheim. Nach dem Aussterben der Hohenfelser kam das Lehen über die Falkensteiner (Burgruine am westlichen Donnersberg) an die Familie von Löwenhaupt und damit an das Herzogtum Lothringen. Das nahmen die Reuinionskammern Ludwig des XIV. zum Anlass, Mommenheim 1681 an Frankreich anzuschließen. Die Ganerben unterwarfen sich, überstanden den Pfälzischen Erbfolgekrieg so unbeschadet und waren 1697 wieder Ortsherren bis zur Französischen Revolution. Bereits 791 wird eine Albanskirche in Mommenheim erwähnt. Auf sie geht die heute evangelische Kirche mit ihrem spätgotischen Chor (14. Jh.) zurück. Das Langhaus ist im Kern romanisch und wurde um 1700 nach Norden erweitert. Die Ausstattung in ländlichen Barockformen hat sich erhalten, die Orgel (1726-31) hat Marcander (Frankfurt) gebaut. Vom mittelalterlichen Bodenbelag sind noch einige gemusterte Tonfliesen vorhanden. Neben dem Portal befindet sich ein Bild-

nisgrabstein Heinrichs von Mauchenheim († 1363).
In der sozialgeschichtlichen Ortsmonographie von Ulrich Luig (Mainz 1990), in der vor allem die örtliche Agrargeschichte ab Mitte des 19. Jahrhunderts sowie die Zeit des Nationalsozialismus und nach 1945 detailliert dargestellt werden, finden sich auch anschauliche Berichte über die konfessionellen innerörtlichen Auseinandersetzungen seit der Reformation, in deren Verlauf z. B. die Reformierten Ende des 16. Jahrhunderts eine katholische Kirche auf dem Nazarienberg (1194 bereits erwähnt) niedergebrannt haben. Die Streitigkeiten in der Simultankirche führten dazu, dass die Katholiken 1719 ganz in der Nähe eine eigene Kirche errichteten, deren Hochaltar aus der Mainzer Kapuzinerkirche stammt (1765-67 von Michael Henle). In der Herrengasse 7 steht ein Fachwerkbau von 1683, der die Verschonung vom Pfälzischen Erbfolgekrieg (1689) dokumentiert.
Über den Berg liegt **Selzen**, dessen Bewohner den Spitznamen Frösch tragen. Hans-Jörg Koch schreibt: „Nicht nur, dass es entlang der Selz viele Frösche gab. Der Legende nach seien die Bewohner im Mittelalter verpflichtet gewesen, die Frösche im Bach oder Teich dadurch zum Schweigen zum Bringen, dass sie mit Stangen in das Wasser schlugen. Die Gutsherrschaft wollte ungestört vom Quaken schlafen können."
Im 782 erstmals erwähnten Ort besaßen die Herren von Bolanden im 12. Jahrhundert eine Burg. Seit 1294 hatte das Wormser Domstift die Vogtei inne. Nachdem es 1453 deren eine Hälfte an die Kurpfalz abtreten musste, bemächtigte sich der stärkere Partner Schritt um Schritt der gesamten Ortsherrschaft.
Selzen ist, das zeigen fränkische Gräberfunde, aus drei Siedlungskernen zusammengewachsen: der Kirche im Osten, dem Wormser Zehnthof im Nordwesten und der Mühle im Süden (Stall mit Kreuzgewölbe), in deren Nähe ein steinerner Steg (1617) den Fußpfad nach Undenheim über die Selz führt. Bereits 1413 besaß Kurpfalz drei Höfe, darunter auch den heute noch bestehenden Kapellenhof, in dem öfter Ausstellungen und Theateraufführungen während der Sommermonate stattfinden. 1572 wird die romanische Kirche bis auf den Turm, der heute noch steht, abgerissen. Der gotische Neubau wird dann 1740/41 durch einen barocken Saalbau ersetzt, der eine Stumm-Orgel von 1787 beherbergt. Östlich der Durchgangsstraße, in den Seitenstraßen, befinden sich mehrere Fachwerkbauten. Am Ende der Osterstraße sind Pfeilerreste der ehemaligen Ortsbefestigung, der Oppenheimer Pforte, zu sehen.
In der Gemarkung von Hahnheim lag bis 1401 auch der Ort Bleidesheim (Richtung Sörgenloch an der Selz). In gleicher Richtung liegt auch der Wahlheimer Hof, ein ummauerter Einzelhof aus fränkischer Zeit, der zum Besitz des Rheingauer Klosters Eberbach (seit 1227) gehörte. Im Hofhaus finden sich noch Eberbach'sche Wappen aus dem 18. Jahrhundert. Der spätbarocke Schlossbau mit angebauter Kapelle wurde im März 1945 zerstört und erst nach dem Krieg wiederaufgebaut. Im Selztal hat man auch die Überreste zweier römischer Villen gefunden.

Der jüdischen Friedhof in Hahnheim

Hahnheim selbst wird erstmals bekannt durch eine Schenkung des Grafen Cancor und seiner Mutter Williswinda an das Kloster Lorsch, das er auch begründet hat, vom 12.7.764. In einer Straßenkurve am Ortsausgang Richtung Undenheim liegt das 1590 erbaute Renaissanceschlösschen der Herren von Dienheim, die vom 16. bis ins 19. Jahrhundert das Ortsgeschehen bestimmt haben. Bei der Sanierung 1961 wurde die ursprüngliche Gestalt nach starken Veränderungen im 19. Jahrhundert wieder hergestellt. Die geschweiften Giebel ähneln denen des Nieder-Saulheimer Amtshauses, an der östlichen Langseite befindet sich ein haubengekrönter Treppenturm. Auf dem Weg zum Schloss steht am Rande eines Parkplatzes in der Hauptstraße ein Gedenkstein, der an die 1938 von den Nazis niedergebrannte Synagoge von 1840 erinnert.

Richtung Ortsausgang stand bis vor gut 20 Jahren eine 700 bis 900 Jahre alte Ulme, die seit 1330 den Gerichtsplatz des Dorfes markierte. 1978 ist der landschaftstypische Baum wie alle anderen Ulmen in Rheinhessen einem eingeschleppten Pilz zum Opfer gefallen. Am Anfang eines kleinen Pappelwäldchens befindet sich die 1836 in vereinfachtem barockem Stil errichtete evangelische Kirche, die bis 1934 simultan von beiden Konfessionen genutzt wurde. In der nicht weit davon entfernten Neugasse errichtete der Architekt Philipp Preis aus Mainz 1935 die katholische Kirche. Sie beherbergt die Hahnheimer Traubenmadonna (1530/40). „Diese Madonnenart ist eine besonders im Mittelrheingebiet im 15.

und 16. Jahrhundert beliebte Form ... Die Weintraube symbolisiert die Menschwerdung Christi. Maria gilt als edle Weinrebe, an der Christus als göttliche Traube wuchs und reift ... Aufgrund ihrer Merkmale, kräftige statuarische Figur mit weichen runden Gewandfalten und ihrem realistisch-bürgerlichen Aussehen halte ich die Hahnheimer Traubenmadonna für ein Werk des 16. Jahrhunderts." (Hildegard Sobel in: *Katholische Kirche in Hahnheim*, 1980)

Nördlich der B 420 liegt **Köngernheim**. Den Spitznamen Staaklobber haben die Bewohner noch von ihrer Arbeit als Pflasterer (Steinklopfer) beim Bau der „Chaussee" von Wörrstadt nach Nierstein. Ortsherren waren bis zur Französischen Revolution die Grafen von Sickingen. Die baulichen Reste ihrer Wasserburg aus dem 16. Jahrhundert, am Ende der Tränkgasse gelegen, sind in einem Schulhaus verbaut worden. Am Gemäuer der evangelischen Kirche – Ortsausgang Richtung Selzen – erinnert ein Wappen an Johann von Sickingen (1616): „ Er hat unser Volk lieb und diese Schul hat er uns erbauet." Die erstmals 1299 erwähnte Kirche wurde nämlich 1526 und 1616 umgebaut. An der Westwand befinden sich zwei heute zugemauerte Fenster vom ältesten Bau. Empore und Bänke tragen geschnitzte Wangen, der Sakramentsschrein stammt aus dem 15. Jahrhundert. Am südlichen Beginn der Waldstraße stehen zwei Fachwerkhäuser vom Anfang des 18. Jahrhunderts, davon Nr. 2 (1709) mit Zierfachwerk.

Undenheim ist heute ein langgestrecktes Straßendorf, dessen alten Ortskern man jedoch gut mit einem Rundgang vom freien Platz aus über Schul- und Kirchstraße und zurück am Goldbach entlang abgehen kann. Fachwerkbauten stehen sich an der Kreuzung von Schul- und Kirchstraße mit den Häusern Nr. 2, 4 und 6 direkt gegenüber, interessant vor allem die erkerartig abgeschrägte Hofecke und die Fenster-Blendrahmen mit ausgesägten Profilen beim Haus Nr. 6.

Weiter hinten in der Kirchstraße kommt man dann rechter Hand zur katholischen Kirche Mariä Himmelfahrt, die etwas erhöht in einem heute baumbestandenen ehemaligen Wehrfriedhof liegt. Die Mauer mit Wehrgang war ursprünglich einmal ca. 11 m hoch, erhalten haben sich rundbogige Blendarkaden und der Stumpf eines runden Schalenturms. Die Kirche gliedert sich in ein barockes saalartiges Langhaus (18. Jh.), das

Grundriss der katholischen Kirche in Undenheim

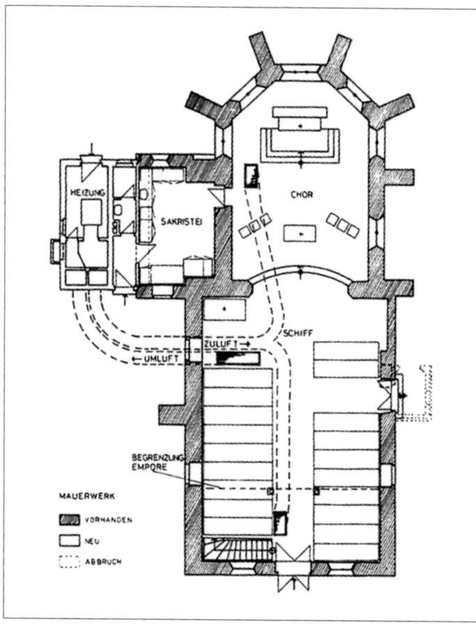

unter Verwendung gotischer Mauerreste errichtet wurde, und einen spätgotischen Chor mit Sternrippengewölbe (1440-60), der den Chor von St. Alban in Mainz bzw. den Westchor der Oppenheimer Katharinenkirche zum Vorbild haben soll.
Das Gestühl wurde 1714 angeschafft, stammt aber wahrscheinlich aus dem 17. Jahrhundert. Selten für den mittelrheinischen Barock greift es in den grotesken Tierköpfen der geschnitzten Wangen antike Vorbilder auf. Orgel (1738) und Taufstein (1709) stammen aus dem 18. Jahrhundert. Volkstümliche Heilige waren und sind die 14 Nothelfer, die im linken Seitenaltar dargestellt sind. Sie stammen aus der Mainzer Werkstatt der Gebrüder Sebastian und Johann Caspar Hiernle und sind im frühen 18. Jahrhundert angefertigt worden. Der neugotische Altar kam 1911 aus der Saarbrücker Jacobskirche hierher. Im Mainzer Dommuseum befindet sich ein Sandsteinrelief aus der 1768 abgebrochenen gotischen Mainzer Augustinerkirche, das die fünf Apostel darstellt. Man hat es 1929 in einer Gartenmauer des gegenüberliegenden Pfarrhauses entdeckt.
Am erst in den 20er Jahren angelegten freien Platz blickt man auf die 1779/80 erbaute evangelische Kirche. Richtung Alzey liegt das alte Brauhaus von 1860/70, in dem sich heute eine Weinstube befindet. Richtung Nierstein kommt man in die Staatsrat-Schwamb-Straße. Ludwig Schwamb, Bauernsohn aus Undenheim und bis 1933 stellvertretender hessischer Innenminister (SPD), war ein bedeutendes Mitglied des Kreisauer Kreises. Er wurde am 23.1.1945 von den Nazis wegen seines Engagements im Widerstand in Plötzensee erhängt. Linker Hand, in der Sackgasse 1, befindet sich in einer Scheune ein Heimatmuseum, das neben allerlei landwirtschaftlichem Gerät auch die Werkstatt des letzten Undenheimer Bürstenbinders zeigt. Weiter hinten, um die Nr. 61, finden sich mehrere historistische Gebäude, die u. a. die Treppengiebel der Renaissance nachahmen.
Im Südwesten der Gemarkung hat einmal das Dorf Nordelsheim gelegen, das nach einer Flutwelle 1535 wohl endgültig aufgegeben worden ist. In einer Monographie, die in den Alzeyer Geschichtsblättern erschienen ist, hat Dieter Curschmann die ganze Wüstung rekonstruiert. Undenheim wurde zu dieser Zeit bereits vom kurpfälzischen Oberamt Alzey aus regiert. 1349 hat das Dorf die Hoheit der Pfalzgrafen gegen eine recht niedrige Steuerleistung (40 Malter Korn jährlich) anerkannt. Die ortsansässigen Adelsgeschlechter wie die von Dalberg, die von Gemmingen, von Dienheim oder von Walbrunn verwalteten ihren Besitz also wahrscheinlich ziemlich selbstständig, etwa im Sinn einer Ganerbschaft. Auch die Mainzer Kirchen waren im Ort reich begütert.
Dass der revolutionäre Elan der Jakobiner auch im 19. Jahrhundert in Undenheim noch nicht zu Ende war, beweist ein Brief von 1848, den Peter Jungbluth und Tobias May von hier an Bruder und Schwager nach Wisconsin geschrieben haben, um die nach dem Hambacher Fest (1832) Ausgewanderten wieder nach Hause zu locken: „Wir glauben Euch hiermit eine Neuigkeit mitzutheilen, welche Euch gewiß sehr erfreuen wird, nähmlich unterm 24. Februar

dieses Jahres brach in Frankreich eine Revolution aus, die sich dahin endigte, daß der König fortgejagt und sofort die Republik erklärt wurde; allein wer sollte es glauben, auch in Deutschland verbreitete sich diese Idee mehr und mehr, die Unzufriedenheit, die schon früher sehr groß war, kam endlich zum Ausbruch und man verlangte durch Petitionen Abschaffung der Kreisräthe, Preßfreiheit, Geschworenengericht, ein freies Petitionsrecht, Volksversammlung zur Besprechung der örtlichen und staatlichen Angelegenheiten, Beschränkung der Beamtenwillkür und dergleichen mehr." Um ihrer Forderung Nachdruck zu verleihen, hätten sich 100 Undenheimer Bürger bewaffnet, 400 Mann würden von Framersheim und Gau-Odernheim erwartet. Durch die Abdankung des großherzoglich-hessischen Regierungschefs du Thil und die Einsetzung des liberalen Monsheimer Gutsbesitzers Heinrich von Gagern wurde der Bürgerkrieg damals zuerst einmal beigelegt.

Wenn man von Undenheim Richtung Nierstein weiterfährt, kommt rechter Hand, am Ende der Allee, ein Abzweig nach **Friesenheim**, das von 1322 bis zur Französischen Revolution im Besitz der Freiherren von Dienheim gewesen ist. Im 14./15. Jahrhundert gab es ein Adelsgeschlecht derer von Friesenheim. Im Wormser Museum befindet sich noch ein Grabstein der 1346 verstorbenen Anna von Friesenheim, die Äbtissin des Klosters Maria-Münster bei Worms war. Einen großen landwirtschaftlichen Besitz (100 Morgen) hatte auch das Gau-Odernheimer Spital im Ort. Von der Durchgangsstraße geht es rechts ab zur Ortsmitte. Zuerst stößt man auf die beiden Kirchen. Im Jahre 1740 erbaut wurde die katholische St. Walburga-Kirche. Sie beherbergt einen Hochaltar mit Gemälde aus dem Jahr der Erbauung sowie eine Orgel von J. A. Onymus aus Mainz (1763). Weiter die Straße runter stößt man auf ein sehr schönes Fachwerkhaus mit Krüppelwalm und seitlichem Zwerchhaus. An der Vorderfront ist ein Gemarkungsstein mit dem Dienheimer Wappen von 1734 eingemauert, Jahreszahlen im Dachgebälk weisen auf eine Bauzeit um 1700 hin. Ursprünglich katholische Schule und Lehrerwohnung wurde das Haus später Rathaus und 1974 durch Unterschutzstellung vor dem Abriss gerettet und von privat saniert.

Napoleonischer Offiziershelm aus Stein von einem Grab in Friesenheim

774 schenkte Karl der Große ein Gut in „Thedichesheim" dem Kloster Lorsch. **Dexheim** hat eine gemeinsame Geschichte mit Nierstein und Schwabsburg. Als freies Reichsdorf wurde es an die Kurpfalz verpfändet, der es 1376 „huldigen" musste. Im Ort waren mehrere rheinhessische Adelsfamilien begütert, so auch eine Familie von Albig, die sich den Beinamen „Dexheimer" zulegte. Zur evangelischen Kirche gehört ein romanischer Chorturm, Schiff und Ausstattung stammen von 1757. Im ehemaligen Altarraum hat man 1958 mittelalterliche Malereien freigelegt, so einen thronenden Christus am Gewölbe (um 1320). Die katholische Kirche wurde 1912/13 von Dombaumeister Ludwig Becker in spätgotischen Formen errichtet. Vom früheren Schloss der Herren von Dienheim hat sich nur ein zweigeschossiger Torturm erhalten. Am auffallendsten im Ortsbild ist jedoch sicher das trulloartige Backhaus an der Abzweigung der alten Landstraße nach Oppenheim. Von der Kuppe des Rheinbruchs aus hat man einen schönen Blick auf die Katharinenkirche und zum Rhein hinunter bis hinüber ins hessische Ried.

Fährt man dagegen ins „Gau", ins rheinhessische Hügelland, kommt man nach **Dalheim**. Die Klöster Lorsch und Fulda waren hier seit 766 begütert. Die Herren von Bolanden erhielten das Dorf 1190 von den Wildgrafen zu Lehen. Ab 1253 ging Dalheim dann wie Harxheim an die Nebenlinie der Grafen von Falkenstein (Burg am Donnersberg). Wie die gesamte Grafschaft kam es dann 1667 an Lothringen, 1740 bei der Heirat von Herzog Franz Stephan mit Maria Theresia an Österreich. Den Zehnten erhielten der Propst, später die Kanoniker des Wormser Martinsstifts. Die Kirche wurde daher auch St. Martin geweiht. 1548 wurde sie wie die ganze Grafschaft Falkenstein lutherisch. Der Saalbau wurde mehrfach umgebaut, die Chorwände sind gotisch, das Schiff von 1611. 1962 ersetzte ein freistehender Turm den barocken Westturm. Emporenbrüstung und Gestühl (um 1740) sind bäuerlich bemalt.

Dexheim, Backhaus

Von Dalheim gehts hoch aufs Plateau nach **Weinolsheim**. An der evangelischen Kirche biegt man linker Hand ab zum freien Platz. Hier erinnern Sedanseiche und Kriegerdenkmal von 1870/71 an den deutsch-französischen Krieg. Diese wilhelminischen „Siegessäulen" findet man in fast jedem rheinhessischen Dorf.

789 wird „Winolfesheim" erstmals in den Schenkungsurkunden der Klöster Lorsch und Fulda erwähnt. Vom 8. bis 10. Jahrhundert besaß das elsässische Kloster Weißenburg hier ein Königsgut, das sich Graf Otto von Worms 991 gewaltsam aneignete. Damit kam Weinolsheim zum salischen Besitz, der den Grundstock für die Pfalzgrafschaft, später Kurpfalz, legte. Die salischen Herzöge belehnten die Nahegaugrafen mit dem Besitz und deren Nachkommen, die Grafen von Veldenz, belehnten Werner II. von Bolanden Ende des 12. Jahrhunderts, der hier eine bis 1370 nachgewiesene Burg unterhielt. Sie soll auf einem Lehmhügel hinter der katholischen Kirche, dem Porzelberg, gestanden haben. „In Weinelsem kumme die Kinner vom Boazelbäg", heißt es.
1282 erwirbt Rudolf von Habsburg den Ort gemeinsam mit Gau-Odernheim für das Reich. Diese enge Verbindung der beiden Orte erhält sich auch, als Kurpfalz sie ab 1407 zu Pfand erhält. Sie werden nicht mehr ausgelöst. 1504 wird Weinolsheim im Landshuter Erbfolgekrieg von Landgraf Wilhelm von Hessen zerstört. Die Vogtei geht an die Familie von Nassau, welche die Kämmerer von Worms, genannt Dalberg, damit belehnt. Letztere betreiben bis zum Ende des 18. Jahrhunderts ein 170 Morgen großes Rittergut in der „Meyntzergaß" (heute: Gaustraße).
Die katholische Kirche St. Peter ist ein Saalbau von 1727 und liegt auf einem alten Wehrfriedhof, ähnlich wie Mariä Himmelfahrt in Undenheim. Der Chor ist äußerlich nicht vom Langhaus abgesetzt. Dass hier ein älterer Bau (Erwähnung bereits 1257) bestanden hat, beweisen Reste eines Ap-

Katholische Kirche „St. Peter" in Weinolsheim

sissockels an der Ostseite zwischen Chor und Sakristei. Noch weiter zurück weist ein fränkischer Steinsarkophag, den man 1930 an der üblichen Stelle des Stiftergrabs gefunden hat. 30 Meter links vom Eingangsportal steht ein Bildnisgrabstein von 1378 mit der Inschrift: „Im Jahre des Herrn 1378 am 6. Februar starb Gudela, Gattin des Brethelini, genannt Barfuszen." In der Kirche befindet sich linker Hand vom Eingang ein gotischer Taufstein (15. Jahrhundert). Im Giebel der Sakramentsnische (Chorwand) ist ein Christuskopf (1408) zu sehen. Altar und Orgel stammen aus dem 18. Jahrhundert. Die barockisierende Ausmalung der Gebrüder Schilling von 1931 „war recht phantasievoll, besonders die Wappenkartusche über dem Triumphbogen. Lothar

Franz von Schönborn, der von 1695 bis 1729 Erzbischof von Mainz war, hatte eigentlich gar nichts mit Weinolsheim zu tun, da im 18. Jahrhundert der Bischof von Worms zuständig war." (Hildegard Sobel, in: *Alzeyer Geschichtsblätter* 24, S. 157)

Rechts sieht man Mainzer Dom und Rad, links erinnern Adler und Zweig an die Herren von Bolanden. Anregungen zu den Deckengemälden stammen wahrscheinlich aus süddeutschen Barockkirchen. Die Leiden des pfälzischen Erbfolgekriegs 1689 belegt ein Bericht des reformierten Pfarrers von Weinolsheim (1693), in dem er über das Pfarrhaus schreibt: „Das Pfarrhaus ist 1689 sehr ruiniert worden an Thüren, Fenstern, Ofen, Getäfel, Speicher etc., sodaß fast nichts mehr als die vier Wände oder Mauern sampt dem Dach stehen blieben, auch hänget der förderste Gipfel sehr hinauß und ist dem Ruin nahe, weil dieser Zeit nichts unterhalten, gebauet und gebessert wird." (*Alzeyer Geschichtsblätter* 24, S.151)

Am südlichen Ortsausgang biegt die Straße linker Hand nach **Uelversheim** ab. In einem Spottvers über dieses Dorf heißt es: „Mer esse Beere, mer trinke Beere, mer hawwe Beere fer uffs Brot ze schmeere und hawwen immer noch Beere." Koch führt den Vers darauf zurück, dass noch bis 1914 viele Rotbeerbäume in der Gemarkung gestanden hätten. „Es handelte sich um eine kleine rotbackige Birne von säuerlichem Geschmack. Meistens wurde aus diesen Früchten Latwerg (Pflaumenmus) hergestellt, desgleichen Haustrunk." Mit der Flurbereinigung der 50er Jahre sind die Bäume verschwunden, der Spitzname Rotbeermäuler ist geblieben. Merkwerdische (Merkwürdige), so Koch, sei ein weiterer Spitzname der Uelversheimer. Dies geht auf die ungewöhnliche Form der achteckigen evangelischen Kirche von 1722 zurück. Seit 1560 gehörte der Ort zum Besitz der Guntersblumer Grafen von Leiningen, die im gleichen Jahr – 5 Jahre nach dem Augsburger Religionsfrieden – auch zum lutherischen Glauben übergewechselt waren. Im Kirchenbau von 1722 sieht man den Versuch einer eigenen protestantischen Architektur. In einem Gutachten von 1905 heißt es: „Das Bestreben, für das protestantische Gotteshaus eine selbstständige

Uelversheim, ***achteckige Kirche***

Gestaltung zu wählen, hat hier zu einer Zentralanlage geführt, wie sie in gleicher Einfachheit, Klarheit und Konsequenz kaum wieder anzutreffen sein wird. Nicht nur im Äußeren ist die Einheit der um Altar und Kanzel sich scharenden Gemeinde trefflich zum Ausruck gebracht, sondern auch die Anlage der Empore und der Kirchenbänke lässt klar den logischen Gedankengang des Erbauers erkennen. Die Bänke gruppieren sich organisch um den Altar und die dahinter in der Hauptachse aufgebaute Kanzel, so dass von allen Plätzen aus der Gottesdienst aufs Beste verfolgt werden kann." 1836 wurde die Kirche und dabei auch die Bilderbibel an der Emporenbrüstung neu gestaltet. Der unbekannte dörfliche Handwerksmeister ließ sich dabei vom Stil der Nazarener leiten. die übrige Ausstattung stammt noch aus der Erbauungszeit (18. Jh.).

Eimsheim (762 erstmals erwähnt) war alter Besitz des Bistums Worms. Bischof Burchhard I. (1000-1025), der Domerbauer, verpflichtete die Eimsheimer zu Bau und Unterhaltung der Wormser Stadtmauer. Später kam das „Bergdorf" an das Dautenheimer Nonnenkloster Weidas (bei Alzey) und 1551, bei Klosterauflösung, an Kurpfalz. Die katholische St. Pirmin-Kirche ist ein Saalbau von 1780, der Westturm stammt im Kern noch aus dem Mittelalter. Hochaltar und Kanzel, im gleichen Stil, sind 1662 entstanden, die Seitenaltäre 1672 und 1723. Die evangelische Kirche wurde 1906 vom Darmstädter Kirchenbaumeister Friedrich Pützer (Architekt der Wormser Lutherkirche) in neubarockem Bruchsteinstil erbaut. Das Westportal stammt noch vom barocken Vorgängerbau, die Kanzel im Ohrmuschelstil aus der zweite Hälfte des 17. Jahrhunderts. Auf dem baumbestandenen Friedhof steht einer von mehreren rheinhessischen Napoleonssteinen.

„Die Bauern in **Dolgesheim** fürchteten sich ordentlich vor uns, denn es verging kein Tag, daß wir die Leute nicht geneckt oder sonst gehudelt hätten", berichtet der Wendelsheimer Pfarrerssohn F. C. Laukhard (1758-1822) in seinen Memoiren über die Schulzeit: „Im Latein kam ich freilich weiter. Auch fing ich an, Griechisch zu käuen. Aber der ganze Unterricht wollte mir nicht recht behagen: Ich fühlte den Unterschied zwischen der Lehr- und Behandlungsart meines Vaters und der des Herrn Kratz. Jener war immer liebreich, fluchte und schalt nie; Herr Kratz war ganz anders. Der fluchte, wenn er tückisch war, wie ein Bootsknecht und gab uns immer die garstigsten Zunamen: Flegel, Esel, Schlingel, Büffel, Ofenlochsgabel, Hache waren die gewöhnlichen Titel, womit er uns begrüßte, und darauf pflegte eine derbe Prügelsuppe zu folgen. Selten war Herr Kratz freundlich. Konnte ein Schüler seine Vokabeln ohne Anstoß hersagen, so bestand der ganze Beifall in einem mürrischen „Hm, Hm". Fehlten aber ein paar Worte, dann klang die Musik anders. Kurz, die Schulstunden waren allemal wie ein Fegefeuer, und doch durften wir sie bei schwerer Strafe nicht versäumen."

Dolgesheim (769 erstmals erwähnt) gehörte wie Uelversheim zum leiningschen Amt Guntersblum. Die evangelische Kirche ist 1616 aus einem Umbau ihres mittelalterlichen Vorgängerbaus entstanden. Im Chorraum finden sich noch zwei romanische Halbsäulenbasen. Die Fensterumrahmungen sind gemalt. Bemerkenswert ist auch das Rathaus mit seiner Erdgeschosshalle von 1594, das Fachwerk-Obergeschoss stammt aus dem 18. Jahrhundert. Die Ulmen des Dorfgrabens wie der über 700 Jahre alte Gerichtsbaum am Dorfplatz vor der ehmaligen Oberpforte mussten wie andernorts in Rheinhessen aufgrund einer Pilzerkrankung gefällt werden. An der Straße nach Hillesheim steht eine Säule von 1831, die an den Bau der Gaustraße erinnern soll.

Ursprünglich war **Hillesheim** eine Ganerbschaft, bis es – nach 1135 – wie Dalheim und Harxheim falkensteinisch wurde. 1387 kam die Hälfte des Dorfes durch Verkauf an das Kloster Rosenthal bei Göllheim (Nordpfalz) und damit über die Herren von Wrede 1786 an den Grafen von Riancourt. Die andere Hälfte ging wie die gesamte Grafschaft Falkenstein 1641 an Lothringen und 1736 an Österreich und wurde vom Amt Winnweiler (Nordpfalz) aus verwaltet. Den Spitznamen Plattköbb haben die Hillesheimer von einer „wandernden" Schildbürgersage, die sich in ganz Südwestdeutschland, so z. B. auch in Kempten bei Bingen oder Griesheim bei Darmstadt wiederfindet: Um die Kirche vom Ort auf den Berg zu versetzen, hätten die Bewohner mit der Stirn gegen die Mauern gedrückt und davon seien ihnen die Haare ausgefallen. In der Tat liegt die evangelische Kirche über dem Ort auf einem ehemaligen Wehrfriedhof. Langhaus-Südwand und zwei Chorseiten sind romanisch. Der Westturm stammt laut Bauinschrift von den Oppenheimer Steinmetzen Magister Johann d. Ä. und Johann Lecheler (14. Jh.). 1710 findet eine Erweiterung nach Norden statt. Die Ausstattung, z. B. Stumm-Orgel (1746) stammt im Wesentlichen aus dem 18. Jahrhundert. Im 19. Jahrhundert hatte Hillesheim eine große, ca. 80-köpfige jüdische Gemeinde (10 % der Bevölkerung), deren Mitglieder völlig ins Vereinsleben integriert waren. Die Synagoge befand sich auf dem Anwesen Kemmer, das Judenbad im Anwesen Simon.

Seit 1414 ist **Wintersheim** (765 erstmals erwähnt) ein kurpfälzischer Ort. 1100 Gulden zahlte der Pfalzgraf dafür an Eberhard von Hohenfels. Nochmals 8000 Gulden

Die evangelische Kirche von Hillesheim

kostete ihn 1481 der Kauf der leiningschen Vogtei. Ein Stammbuch von 1721 gibt Aufschluss über die für die Bauern unbefriedigenden Besitzverhältnisse: 10 Morgen (Gemeinde), 120 Morgen (Bauern), 110 Morgen (geistlicher Besitz), 140 Morgen (Kurpfalz), 560 Morgen (Adel); der größte Teil der Gemarkung war also Pachtland. Am Ortsausgang steht das ehemaligen Schlossgut der Freiherren von Frayss. Das Herrenhaus stammt von 1618, Doppeldach und Fensteranlage aus dem 18. Jahrhundert. Nach der französischen Revolution pachtete der Mennonit Christian Dettweiler das Gut vom Staat. Die aus der Schweiz stammende Familie hatte sich zuerst im Nordelsass niedergelassen. Von dort soll sie auch die Kalkdüngung der Kleefelder mitgebracht haben, welche letztendlich die Stallhaltung von Vieh ermöglichte. Sohn Samuel wurde von 1826 bis 1845 der erste mennonitische Bürgermeister einer rheinhessischen Gemeinde. Erhalten hat sich in Wintersheim auch ein alter Wehrturm der Herren von Gemmingen-Westerburg. Auf dem Berg wurde 1906 der Wasserhochbehälter mit dem Aussichtsturm errichtet.

Dorn-Dürkheim (erstmals 763 erwähnt) war über Jahrhunderte ebenfalls kurpfälzisch. Zehntherr allerdings war von 1245 bis 1798 das Wormser Kloster Maria-Münster. Die evangelische Kirche, die man über einen Abzweig der Durchgangsstraße erreicht, ist ein rechteckiger Saalbau von 1618. In den Chorwänden sind auch noch zwei gotische Maßwerkfenster zu sehen. Am ursprünglich freistehenden Nordturm befinden sich Schießscharten. Drei Grabsteine der in Wintersheim begüterten Herren von Frayss aus dem 17./18. Jahrhundert haben sich erhalten. Die katholische Kirche (1745/1892 neugotisch umgebaut) beherbergt eine Kanzel (um 1500) und eine Monstranz (um 1750). Im Ortskern finden sich mehrere Fachwerkbauten. Eine Straße im Neubaugebiet ist benannt nach dem reformierten Lehrer Johann Nicolaus Krämer (1710-61), der 1753 im Wormser Verlag Kranzbühler ein Rechenbuch *Arithmetica Practica* herausgegeben hat, in dem sich christliches Gedankengut und ländliche Themen zu einer interessanten Mischung vereinigen. So lautet z. B. eine Aufgabe: „Die Sündfluth ist über die Welt kommen vor Christi unseres theuren Erlösers Gebuhrt 2294 Jahr; wie lange ist es von da bis auf das 1740te Jahr nach Christi; da auf Weihnachten der rheinfluß aller Orten am ganzen Strohm übergegangen und das Gewässer unschätzbar großen Schaden gethan? Antwort: 4034 Jahre."

Rund um Kloppberg und Petersberg

Framersheim, Gau-Odernheim mit Gau-Köngernheim, Bechtolsheim, Biebelnheim, Frettenheim, Dittelsheim-Hessloch

Östlich der B 40, von Alzey aus gesehen, liegt der Petersberg. Die Landstraße (L 401) zu dem 240 Meter hohen, kegelförmigen Berg führt zuerst an **Framersheim** vorbei. Der fränkische Siedlungskern, ein Fronhof, befand sich auf dem Gelände der heutigen Anwesen Schlossstraße 9 und 12 (ehemals Schloss). „Über Werner II. von Bolanden kam Framersheim in falkensteinische Ortsherrschaft." (Zink, *Framersheim*, S. 41)
Dort blieb es bis 1797, auch wenn der falkensteinsche Besitz mehrfach wechselte (ab 1660 zu Lothringen und ab 1736 zu Österreich). Als der Alzeyer Burggraf im Bauernkrieg 1525 eine Miliz des Oberamts von 230 Bauern zusammenstellt und gegen den aufständischen Bockenheimer Haufen in Pfeddersheim stationiert, laufen die Milizionäre zu den Bauern über, darunter auch acht Framersheimer, die dafür später Geldstrafen bezahlen müssen. In einem Protokoll heißt es: „Nachbenante von fraymersheym seint zu Pfedersheim zu der Besetzung gelegen und wie ander nit halten wollen. Lorenz Seupel Scholtheis zu fraymersheim, Degen Hans Rauff, Falcken Hengin, Lenhart Kratz, Kratzen Kegel, Zarden Niclaus, Caspar Kratz, Merten von Sawlnheym, Wentz Rubel. Sollen geben zum abtrag XXXI Gulden uff Martini bezahlen." (Zink, S. 47)
Eine Martinskirche wird in Framersheim erstmals im 8. Jahrhundert erwähnt, später außerdem eine Stephanskirche, die in der heutigen Hinterstraße 10 stand und deren Ruine Anfang des 19. Jahrhundert abgerissen wurde. Sie verfiel, weil das Dorf 1555 ebenso wie die 16 anderen Dörfer der Grafschaft Falkenstein evangelisch geworden war. Die Martinskirche wurde als Simultankirche genutzt, nachdem 1701, nach dem Besitzwechsel zum katholischen Lothringen, sich wieder Katholiken ansiedelten. 1902 endete die gemeinsame Nutzung und das baufällige Gebäude wur-

Schreiberhaus in Gau-Odernheim

de abgerissen. Kirchenbaumeister Ludwig Hofmann (Herborn) baute 1903/04 unter Verwendung spätgotischer und barocker Mauerteile eine neue evangelische Kirche in neugotischem Stil. Der Chorflankenturm ist im Kern noch mittelalterlich, ein Portal ist mit der Jahreszahl 1749 bezeichnet. Aus der alten Kirche übernommen wurde die Stumm-Orgel von 1775. Parallel dazu wurde in gleicher Bauzeit auch die neue katholische Kirche St. Martin durch Hans Becker (Darmstadt) ebenfalls in neugotischem Stil errichtet. Der ältere jüdische Friedhof befand sich dort, wo heute der Freie Platz ist. Die Ortsgmeinde kaufte das Gelände 1892 von der israelitischen Gemeinde. 1893 wurde neben dem christlichen Friedhof ein neuer jüdischer Friedhof angelegt, den man noch heute besichtigen kann.

Ein über vier Kilometer langer Weinlehr- und Wanderweg informiert auf Schrifttafeln nicht nur über die hier angebauten Rebsorten, sondern auch über das ortstypische Gericht der Framersheimer „Backesgrumbeere" (Backhauskartoffeln). Dazu heißt es in der Ortschronik: „Eigentlich hat der alte Brauch, dass es in Framersheim am Dienstag Backesgrumbeere gibt, einen ganz realen Hintergrund. Der Dienstag war Waschtag und die Frauen standen den ganzen Tag in der Waschküche. Da blieb keine Zeit zum Kochen. Um jedoch trotzdem ein deftiges Essen auf den Tisch zu bringen, wurden die Backesgrumbeere schon am Abend vorher vorbereitet und morgens gegen Zehn zum Backes (Bäcker) getragen. Mit der Resthitze nach dem Brotbacken garten sie dann bis zum Mittag." (Zink, S. 479) Zum Rezept: In einem großen Topf wird Fleisch (Schweinebauch, Kammstück oder Rauchfleisch) zusammen mit Kartoffeln und Zwiebeln in einer Sahne-Wein-Sauce gegart. Gewürzt wird mit Salz, Pfeffer, Lorbeer und Nelken.

Am Osthang des Hornbergs, im Rücken die Windräder der Anhöhe, hat die Framersheimer Künstlerin Rita Breuder inmitten eines Grün- und Streuobstgeländes ein Stein-Labyrinth von 34 Metern Durchmesser mit 7 Umgängen in einem Weg aufgebaut. Mit Blick auf die 3000 Jahre alte Tradition des Labyrinthsymbols sagt die Künstlerin: „Der ursprüngliche Sinn solch eines heiligen (= heilenden) Platzes soll wieder lebendig werden: sinnliche und geistige Erfahrungen neben dem Alltag zu erleben und sich bewusst in den Jahres- und Lebenskreislauf der Natur einzubinden. Durch diese Steinsetzung möchte ich der Erde ihren Stellenwert zurückgeben, stärkend mit diesen Handlungen auf sie einwirken und damit auch auf uns selbst – hier im engen Umfeld von Agrar-, Müll-, Atom- und Windindustrie."

Durch **Gau-Köngernheim**, das die Fürsten von Löwenstein-Wertheim von Kurpfalz zu Lehen hatten, kommt man zur ehemaligen freien Reichsstadt Gau-Odernheim am Fuße des mit Reben bestockten Petersberges. Oben auf dem Berg finden sich noch geringe Reste einer Basilika aus dem 10. Jahrhundert. Am besten erhalten haben sich die Grundmauern der im 12. Jahrhundert eingebauten Krypta. Von 600 bis 1187 gehörte die Ortschaft den Stiftsherren von St. Stephan in Metz. Diese brachten um 850 die Reliquien des heiligen Rufus in die

Das Rathaus der Stadt Odernheim, rekonstruiert

romanische Kirche. So wurde **Gau-Odernheim** zum Wallfahrtsort. 1146 überließen die Stiftsherren ihre Güter im nördlich am linken Selzufer gelegenen Gommersheim dem Grafen Ludwig von Arnstein zur Gründung eines Frauenklosters. 1187 bis 1282 waren die Herren von Bolanden im Besitz der Vogtei und errichteten eine Burg, von der sich noch ein Rundturm (am Ende der Burggasse links abbiegen) erhalten hat. 1282 kaufte König Rudolf von Habsburg die Siedlung und erhob sie zur freien Reichsstadt. Die beiden Jahrmärkte wurden vom Petersberg in die Stadtmitte verlegt (1289), es entstand eine Befestigung (Steuererlass für Mauerbau 1286). Trotz verschiedener Verpfändungen an Kurmainz (1315-55) und Kurpfalz (1356-75) blieb Gau-Odernheim freie Reichsstadt. Zwei große Brände (1479 und 1553) zerstörten einen Großteil der Wohngebäude. Nach einem Aufstand der Bürgerschaft 1579 gegen die kurpfälzischen Pfandherren, ging dann allerdings die Freiheit verloren und Gau-Odernheim wurde kurpfälzisches Unteramt. Die Reichsburg war bereits am Ende des Dreißigjährigen Krieges zerstört worden, 1689 brannten die Franzosen im pfälzischen Erbfolgekrieg nochmals etwa 50 % der Wohnhäuser nieder. Bereits 1565 hatte die Gommersheimer Äbtissin Apollonia von Biebelnheim das Prämonstratenserinnenkloster an Kurpfalz abgetreten; letzte Mauerreste wurden 1882 abgebrochen.

Aus kurpfälzischer Zeit haben sich noch viele Fachwerkbauten erhalten. Der Grundriss des Ortes spiegelt immer noch das mittelalterliche Stadtbild wieder, das durch Burg, Kirche und die beiden Märkte festgelegt war. Vom Obermarkt aus gelangt man über die Kirchgasse zur alten Stadtschreiberei (1609) mit ihrem eindrucksvollen Rechteckerker an der Giebelfront. Dahinter, in der Nachbarschaft barocker Gehöfte, steht die seit 1705 simultan genutzte Kirche St. Rufus, benannt nach einem Bischof von Metz. Das Langhaus (evangelisch) wurde 1415-20 von Johann von Diepach errichtet, vom dem auch der Chor der Ober-Ingelheimer Burgkirche stammt. Der durch eine Wand abgetrennte Chor (katholisch) wurde 1497-1507 von Meister Arnold aus Frankfurt gebaut. Den alten romanischen Westturm hat man 1830-33 nach altem Vorbild neu in die Höhe gezogen. Im nördlichen Seitenschiff finden sich Wandmalereien des 14./15. Jahrhunderts (Anbetung der Könige, Passion, Heilige, Weltgericht). Die Steinkanzel im Langhaus stammt von 1543, die Apostelfiguren in den Nischen aus der Backoffen-Schule. Die Wandverkleidung (17. Jh.) kam aus dem ehemaligen Schloss. Zwei Epitaphe (1607 und 1620) erinnern an eine Familie Reuber. Die Ausstattung des Chores ist durchweg aus dem 18. Jahrhundert, das Altarblatt *Anbetung der Hirten* kopierte Philipp Veith im 19. Jahrhundert nach einem älteren Gemälde, das aus der Seekatz-Werkstatt gestammt haben könnte. Das Doppelgrabmal von Eberhard von Geispitzheim und Lisa von Ingelheim (1519/1520) stammt vom Meister des Wolf-von-Dalberg-Grabmals in der Oppenheimer Katharinenkirche. Der heilige Rufus außen am Chor (1418) ist vom gleichen Meister wie das Grabmal Johanns von Nassau im Mainzer Dom.

Am Obermarkt hervorzuheben ist von den vielen Fachwerkhäusern die Gaststätte „Deutsches Haus" (1603). Über die Burggasse gelangt man zum Roßmarkt mit dem Wachenheimer Hof, einem Barockbau von 1731. Linker Hand geht es vorbei an der Burgruine mit dem Rundturm (13. Jh.) und zurück über die Spitalgasse zum Obermarkt.

Nördlich des Petersbergs liegt **Bechtolsheim**. Das Dorf wurde seit 1270 von 17 Ritterfamilien gemeinsam als Ganerbschaft verwaltet. Die Herren von Dalberg, Kämmerer des Wormser Bischofs, errichteten um 1300 an der Selz eine Wasserburg, die 1689 zerstört wurde. Der Sprecher der Ganerben, Philipp von Dalberg, gab 1482 den Auftrag zum Bau der spätgotischen Kirche. Sie wurde wie die Pfarrkirche in Herrnsheim, dem Residenzort der Dalberger, von bayrischen Steinmetzen unter Leitung von Jacob von Landshut, dem späteren Leiter der Straßburger Dombauhütte († 1509) errichtet. Verwandtschaft zu bayrischen Kirchenbauten der Stethaimer-Schule in Burghausen und Landshut zeigen sich daher im Gewölbe, den Achtkantpfeilern, den Strebepfeilern und in dem Fries unter der Mauerkorne des Außenbaus. Dehio würdigt den Bau: „Vorzüglich das Innere. Der Chor und das durch schlanke Achteckpfeiler geteilte Langhaus fließen zu einem einheitlichen, weit und frei sich ent-

faltenden Raum zusammen." Die Fenstergewände tragen eine gemalte Umrahmung in Renaissanceformen, die Fenster selbst sind durch Fischblasenmaßwerk verziert.
Zu dem wenigen aus der Spätgotik überhaupt erhaltenen Kirchengestühl gehören die um 1496 entstandenen Bechtolsheimer Arbeiten des aus Abensberg in Bayern stammenden Erhart Valckener. „Es handelt sich um insgesamt 30 Bänke mit Bankwangen in Flachschnitztechnik aus Tannen- oder Fichtenholz in einer Rahmenkonstruktion, die zum Teil aus Eiche besteht. Die Wangen selbst sind Rahmen-Füllungs-Konstruktionen, die Füllungen mit Flachschnitt in Gestalt von Stabranken und Maßwerkformen verziert." (R. Dölling, *Die Simultankirche von Bechtolsheim*) Die vorderen Abschlussbretter sind zusätzlich mit großen Schriftzügen gestaltet, und zwar den biblischen Namen Bartholomäus, Johannes, Thomas, Katharina, Anna, Andreas, Petrus, Maria, Jesus, Philippus, Jakobus, Juda, Simon, Salomon und David. Die Schriftzüge werden von ornamentierten Feldern getrennt. Der Hochaltar (1699) stammt aus dem Wormser Kloster Mariamünster. Am Chor außen finden sich Grabsteine, so von Limanis Bube von Geispitzheim oder Peter von Dalberg (beide † 1397). Das Rathaus von Bechtolsheim, Fachwerk über massiver Erdgeschosshalle, stammt von 1592/93.
Das Nachbardorf **Biebelnheim** kam über die Bolander und Hohenfelser im 13. Jahrhundert an das Mainzer Erzbistum, welches das Dorf 1391 mit Kurpfalz gegen das bei Bingen liegende Dromersheim tauschte. Von der ersten Hälfte des 14. Jahrhunderts bis zu einem Brand im Jahre 1567

Wange des spätgotischen Gestühls der Simultankirche in Bechtolsheim

befand sich am Ort ein Pilgerhospital, das vornehmlich den Pilgern auf der Aachen-Wallfahrt diente. Die katholische Kirche wurde 1737 gebaut. Im Hochaltar befindet sich eine Muttergottes (um 1470), die wahrscheinlich aus dem zum Hospital gehörenden Vorgängerbau stammt, an der Kanzel Heiligenstatuetten (um 1330). Die evangelische Kirche stammt von 1770, der Turm wurde erst im 19. Jahrhundert errichtet. Der Wappengrabstein einer Margarete von Biebelnheim wird auf 1589 datiert. Das benachbarte Spiesheim gehörte im Mittelalter den Herren von Bolanden gemeinsam mit den Truchsessen von Alzey, ab 1579 wurde es dann kurpfälzisch. Das Kirchenpatronat hatte ursprünglich das Kloster Sion bei Mauchenheim. Die katholische Kirche ist aus einer ehemals befestigten Berganlage entstanden. Während der Westturm noch romanisch ist, wurde das Schiff 1726-28 von Kaspar Valerius (Heidelberg) erbaut, der auch die katholische Kirche in Erbes-Büdesheim errichtet hat. In der Kirche befindet sich ein Doppelgrabmal von Philipp Wilch († 1555) und Helena von Erenberg († 1549). Die evangelische Kirche wurde 1846 in romanisierenden Formen der Moller-Schule erbaut. Im Dorf finden sich mehrere Fachwerkbauten aus dem 17. und 18. Jahrhundert.

Fährt man in südlicher Richtung aus Gau-Odernheim vom Petersberg weg, kommt man nach Dittelsheim-Hessloch. Zuvor zweigt eine kleine Straße nach **Frettenheim** ab. Ende des 16. Jahrhunderts ist die Familie derer von Frettenheim ausgestorben, die Vogtei des 766 erstmals erwähnten Dorfes fiel damit an die kurpfälzischen Lehensherren zurück. In der katholischen St. Georgskirche (1749) befindet sich ein Hochaltar (um 1740), der aus der Kapelle des Mainzer kurfürstlichen Schlosses stammen soll. Die evangelische Kirche (1755) hat noch eine einheitliche Ausstattung aus ihrer Bauzeit. In der Gemarkung hat man römische und fränkische Funde gehoben.

Die Doppelgemeinde **Dittelsheim-Heßloch** am Fuß des Kloppbergs ist heute zwar räumlich zusammengewachsen; dennoch haben die beiden Dörfer eine ganz unterschiedliche Geschichte: Dittelsheim war kurpfälzisch und evangelisch, Heßloch dalbergisch und katholisch. In Schenkungen an das Kloster Lorsch werden Dittelsheim (775) und Heßloch (767) erstmals urkundlich erwähnt. Gemeinsam gehen sie 1190 als Lehen der Grafen von Katzenelnbogen an Wernher von Bolanden. Ab dem 14. Jahrhundert trennen sich dann die historischen Wege. 1358 kauft das Kloster Fulda Dittelsheim von den Nassauer Grafen, zu Vogtsherren wird ein ortsansässiges Adelsgeschlecht mit dem Beinamen „von Dittelsheim". 1429 erwirbt Kurpfalz „ein Teil an dem Gerichte, an der Bede und den Fastnachtshühnern" (Alzeyer Saal- und Lagerbuch). Durch verschiedene weitere Käufe wird der Pfalzgraf dann 1606 endgültig Ortsherr.

Heßloch dagegen kommt Anfang des 15. Jahrhunderts, nachdem es zwei Jahrhunderte lang leiningsches Lehen der Edlen von Hirschhorn gewesen ist, an die Kämmerer des Wormser Bischofs, genannt Dalberg. Unter dem pfälzischen Erbfolgekrieg hatte die Gemeinde trotz ihrer Befestigung mit Wall und Graben stark zu leiden, wie der damalige Karmeliter-Pfarrer Damian in seiner Chronik mitteilt: „Das Jahr 1692 brachte gleich an seinem ersten Tage eine Nachricht, welche allgemein den größten Schrecken erregte. In Osthofen nämlich hatten Franzosen übernachtet, den Ochsenkopf und die Aue bei Guntersblum geplündert und ihre Beute in Bechtheim verkauft. Aber der eingehandelte Raub brachte den Abnehmern keinen Gewinn; denn am 27. Februar übernachteten 400 Husaren in Bechtheim, eigneten sich vor ihrem Abzuge an, was sie nur fortbringen konnten und fügten auch noch großen Schaden an Kälbern und Schweinen zu ... Am 29. Mai erhielten die Heßlocher Nachricht, dass feindliche Truppen im Anmarsch gegen ihr Dorf seien. Alle wurden von einem solchen

Blick auf Dittelsheim-Hessloch mit dem „Heidenturm". Zeichnung der 1920er Jahre

Schrecken erfasst, dass sie Haus und Hof, Hab und Gut im Stiche ließen und nach Bechtheim entflohen ... Da in den nächstfolgenden Wochen die Truppenbewegungen ruhten, kehrten sie ... am 16. Juli an ihren eigenen Herd zurück. Kaum hatten sie sich wieder häuslich eingerichtet ..., da sammelte sich ein französisches Heer um Osthofen ... und verwüstete ... in der ganzen Pfalz alle Felder mit ihrer reifen Frucht; kein Bauer durfte unter Androhung von Todesstrafe die Sichel an seine Saaten anlegen. Bei dieser 3-4 Wochen andauernden Verheerung wurde auch das Dach der Heßlocher Kirche herabgerissen und die Fenster eingeschlagen, so dass man darin keinen Gottesdienst abhalten konnte ... Auch das Pfarrhaus wurde derart zertrümmert, dass es unbewohnbar war. Gleiche Heldentaten, d.h. Schurkereien verübten die tapferen Krieger im ganzen Orte, aus welchem die Einwohner ... abermals nach Bechtheim geflohen waren. Am 20. August kamen zwar noch einmal viele auf ihre Äcker, um ... wenigstens noch einige Ähren aufzulesen, und benetzten nach fast vergeblichem Suchen den Boden mit heißen Tränen des Kummers; man kann sagen: von da an hat die Gemeinde Heßloch aufgehört zu existieren. Nur 7 Hausgesassen kehrten bis zum 1. November 1692 aus Bechtheim zurück, und von diesen 7 verließen noch drei bis zu Ende des Jahres wieder ihre Heimat."

Nach Dehio ist der romanische „Heidenturm" der evangelischen Kirche in Dittelsheim „der schönste und entwickelste der in der Gegend mehrfach vorkommenden Türme mit Kuppelbekrönungen nach dem Vorbild orientalischer Zentralbauten" (St. Paul/Worms, Alsheim, Guntersblum). Untersuchungen am beim Bau verwendeten Eichenhölzern haben eine Datierung um 1100 ergeben. Damit kommen die Kreuzzüge Ende des 12. Jahrhunderts als Auslöser für die ungewöhnliche Gestaltung der steinernen Kuppel nicht infrage. Bereits vorher jedoch gab es in der Buchmalerei Bilder des „himmlischen Jerusalem" mit kuppelgekrönten Kirchenbauten in byzantinischem Stil. Der „Heidenturm" wäre also – so oder so – Ausdruck des Bildes vom „himmlischen Jerusalem" im Mittelalter. Die Kirche, deren Zehnte von der Abtei Hornbach (Bistum Metz) über das Kloster Zelle (Zell/ Pfrimm) an die Heidelberger Universität ging, wurde Anfang des 18. Jahrhunderts bis auf den romanischen Turm niedergelegt und erhielt ein barockes Langhaus (Ausstattung um 1730, Stumm-Orgel von 1785).

An der Hauptstraße stehen das sogenannte Babelshaus (Nr. 22) von 1715, das im Fachwerk-Obergeschoss zur Hofseite hin einen Rechteckerker trägt, und der Geispitzheimer Hof (Nr. 1), ein Barockbau aus dem 18. Jahrhundert. In der Flachsgasse 4 steht ein Fachwerkhaus aus dem 17. Jahrhundert mit fränkischem Erker. Auf dem Kloppberg, von dem aus man einen schönen Ausblick auf das Umland zum Petersberg hin hat, befinden sich Fundamentreste einer Burg der Herren von Sickingen. 1810 wurde in Dittelsheim der Maler Jakob Becker (1810-72) geboren, der als Professor am Frankfurter Städel Genrebilder aus dem Westerwälder und dem hessischen Dorfleben in die Malerei des 19. Jahrhunderts einführte. In Frankfurt befinden sich

Die Kirche von Dittelsheim

folgende Werke: *Der vom Blitz erschlagene Schäfer, Der Kirchgang, Heimkehrende Schnitter* (Städel); *Vor dem Sturm, Weinlese* (Historisches Museum).

Auf dem Heßlocher Liebfrauenberg erinnert die Mariensäule von 1914 an die hier 1728 erbaute Kapelle, die 1810 abgerissen wurde, um mit dem Erlös von Mobiliar und Baumaterial das katholische Pfarrhaus zu renovieren. Zur Zeit der französischen Säkularisation von Klöstern und Stiften verfuhren viele katholische Kirchengemeinden so, um ihren Haushalt zu finanzieren.

Gestiftet hatten die Dalberger die Kapelle bereits um 1300, gleichzeitig mit der heute noch bestehenden Spitalstiftung. Zum Hospitalhof in der Westhofener Straße gehörten 140 Morgen Äcker, 20 Morgen Weinberge sowie ein Haus in der Kirchgasse und die freien Plätze in der Dalber- und der Westhofener Straße. Eine Marienstatue aus der Kapelle (um 1450) steht heute in der 1810 errichteten katholischen Kirche. Über deren Hochaltar befindet sich ein Ölgemälde Verherrlichung Mariä aus der erste Hälfte des 17. Jahrhunderts, das aus dem Alzeyer Antoniterkloster stammen soll. Der Seitenaltar (Mitte 18. Jh.) stammt aus Mölsheim, zwei Beichtstühle von 1760 und die Orgel (1811) von Philipp Stumm. In einer Rundbogennische des Hauses Backhausgasse/Gaustraße steht eine Madonna (um 1550) aus dem 1576 abgebrochenen Spital, die Anklänge an die Backoffen-Schule aufweist. In der Gaustraße stehen noch das jüdische Gemeindehaus (linker Hand/

Blick vom Framersheimer „Labyrinth" auf den Petersberg

Gedenktafel) und die Synagoge (rechter Hand). Seit dem 15. Jahrhundert gab es eine jüdische Gemeinde in Heßloch. Das Gemeindehaus, die sogenannte „Judenschule", wurde 1740 gebaut, die Synagoge 1836. 1938 wurde das Gemeindehaus verkauft und die Synagoge zerstört. In einer Broschüre hat die Ortsgemeinde 1986 die Geschichte der Heßlocher Juden aufgezeichnet. Am Ortsausgang Richtung Hillesheim liegt rechter Hand der seit 1719 genutzte jüdische Friedhof mit Grabsteinen aus dem 19. und 20. Jahrhundert. Etwa 750 m südöstlich vom Ortsausgang Richtung Bechtheim hat man den 1927 gefundenen „Weißen Stein", einen 2.50 m hohen Monolith, aufgestellt, dem sowohl kultische Bedeutung als auch die Funktion einer Grenzmarkierung zugeschrieben worden sind.

Kunstforum Rheinhessen in Essenheim

stammt aus dem 18. Jahrhundert. In einem Urteil des Ingelheimer Oberhofs von 1630 ist ein interessantes Burschenbrauchtum aus Essenheim überliefert. Am Aschermittwoch erbaten sich die Burschen des Dorfes vom Schultheiß einen „Aschenfaut", der „Gericht halten" durfte. „Sie zogen vor eines Mannes Haus, der aber nicht daheim war. Jedoch die Frau war zugegen. Die Burschen machten Anstalten, als ob sie auf das Dach steigen und die Firste einhauen wollten. Dies trachtete die Frau dadurch abzuwenden, dass sie dem Aschenfaut einen Gulden versprach." (*Beiträge zur Essenheimer Ortsgeschichte*, S. 6) Die Burschen willigten ein und vertranken den Gulden im Wirtshaus. Doch die Frau verweigerte die Bezahlung. Der Oberhof gab ihr recht: die Frau durfte den Mann rechtlich nicht vertreten. Im Urteil ist der Grund für den Rügebrauch zwar nicht angegeben, aber Jacob Grimm überliefert in den „Deutschen Rechtsaltertümern" einen Mainzer Amtsbericht von 1666, in dem der gleiche Brauch geschildert wird: „... nachdem ausfündig gemacht worden, daß die frau den mann geschlagen, wird ihnen der einzug in den flecken gegönnt ..., und falls der mann sich mit ihnen nicht vergleicht und abfindet, schlagen sie leitern an, steigen auf das dach, hauwen ihme die firste en und reißen das dach biß uff die vierte latt von oben an ab." Daher also kommt der Ausdruck: Ich steig dir aufs Dach.

Holzamers Geburtsort **Nieder-Olm** war alter Besitz des Mainzer Erzstifts, ein erzbischöflicher Maierhof zu „Ulmena" wird bereits 899 erwähnt. Im Jahrhundert wurde die Ortschaft mit Mauern und Gräben befestigt. 1301 ist in Ottokars österreichischer

Wilhelm Holzamer
(1870-1907)

„Der Rheinheße ist das deutliche Produkt seiner rastlosen Ruhelosigkeit. Er ist ein Produkt des geistigen Verkehrs, nicht umsonst umschlingt wie mit liebenden Armen die älteste Verkehrsstraße Deutschlands, der Rhein, sein Land von Worms bis Bingen, nicht umsonnst führt die Kaiserstraße, die große Heerstraße seit Napoleons Tagen, von Mainz nach Paris. Der Rheinheße ist darum kein Bauer geblieben. Der Bauer ist ein Städter auf dem Lande. Es fehlt diese Unberührtheit wie sie der Odenwald und der Vogelsberg aufweisen, diese Unberührtheit mit der europäischen Völkerbewegung, in der jede Entwicklung langsamer vor sich geht, und im Einzelnen wie in der Gesamtheit dieser Widerstand einer verschloßnen Starrheit entgegensteht, der auf die Dauer schädlicher wird als eine rasche Begeisterung und Aufnahmefähigkeit, auch wenn sie weniger in die Tiefe dringt ... Die Beßerwißerei ist des Rheinheßen schlimmste Untugend. Sein Rechtssinn übertreibt sich leicht in Rechthaberei. Ein offenes Herz gegen Fremde, Gastfreundschaft, Reinlichkeit, Freimut, Herzlichkeit und frohes Gemüt sind seine guten Eigenschaften. Es fehlt hier die historische Retrospektivität, es fehlt sogar ein wenig der historische Respekt. Kein Ballast, ein Gegenwartsvolk, das in nichts mit seiner Pietät rechnet." Der dies Anfang des Jahrhunderts schrieb, war selber rastlos, litt am wilhelminischen Untertanengeist und liebte dennoch seine Heimat: der in Nieder-Olm geborene Schriftsteller Wilhelm Holzamer (1870-1907). Der aus einer Demokratenfamilie stammende, gelernte Lehrer schilderte all diese Aspekte in seinem autobiografisch beeinflussten Roman *Der Entgleiste*. Zu Unrecht wurde Holzamers Werk bereits nach dem Ersten Weltkrieg vergessen. Seine Heimatdichtung ist nämlich auf ganz rheinhessische Art individualistisch und ohne jede völkische Idylle. Was ihn, ebenso vielleicht wie Elisabeth Langgässer, vergessen ließ, war die Sehnsucht nach einer lyrischen Landschaft, die im respektlosen Rheinhessen leicht gestaut werden konnte und dann machmal ins Schwülstige abrutschte.

Reimchronik eine Burg nachgewiesen. 1503 baute Erzbischof Berthold von Henneberg die Laurentzburg zum Sitz eines Amtmanns aus, der für die Ämter Nieder-Olm und Algesheim zuständig war. Beim Bau der Kaiserstraße 1808-11 wurde das Bauwerk als Verkehrshindernis eingestuft und abgerissen. Da die Mainzer Martinsburg ebenfalls nicht mehr steht, kann man sich von den erzbischöflichen Burganlagen heute nur noch nach Plänen ein Bild machen. Der Saulheimer Bürgermeister Johannes Neeb schreibt dazu 1821, rückblickend auf den Geist des von der Französischen Revolution inspirierten technischen Fortschritte: „Es thut mir leid um die alte Burg, von der nur noch die Seitentrümmer zu sehen sind. Sie gab dem Orte ein pittoreskes Ansehen. Ihre Form war nicht in gothischer Mißgestalt, die Türme waren ein schlankes, üppig aufgewachsenes Gewächs. Aber die Burg konnte nicht bleiben, sie lag so recht mitten im Visir in der geraden Richtung von Mainz nach Paris; und wir leben in Zeiten, wo die biblischen Prophezeiungen von Eben-Gleich- und Gerademachen in Erfüllung gehen."

Die katholische Kirche in der Ortsmitte wurde 1777-79 nach Plänen des kurmainzischen Baudirektors Jacob Joseph Schneider errichtet. Über dem Portal zeigt sie die Nischenfigur eines Heiligen Georg aus der Werkstatt von Nikolaus Binterim. Der romanische Turm an der Ostseite (12. Jh.) mit den typischen gekuppelten Schallarkaden wurde im 19. Jahrhundert

Nieder-Olm, ehemalige Dorfschmiede (Werkstatt erhalten)

aufgestockt. Östlich an den Turm schließt sich die gotische Katharinenkapelle (14. Jh.) an. Von der Straße aus gesehen, bietet sich so ein Bild über die Stilepochen hinweg, zumal die einzelnen Bauteile farblich deutlich voneinander abgesetzt sind. Innen findet sich rechter Hand neben dem Chor eine hölzerne Muttergottes mit Kind, das eine Weintraube hält (um 1500) und dem Meister mit dem Brustlatz zugeschrieben wird, und am romanischen Chorbogen, der ins Erdgeschoss des Turmes führt, ein gemaltes Wappen aus der gleichen Zeit.

Geht man neben dem katholischen Pfarrhaus durch die Enggasse, gelangt man an der nächsten Straßenecke zur alten Dorfschmiede, die samt Werkstatt und Geräten liebevoll restauriert wurde. Die dazugehörige Scheune wurde zu einem Ausstellungs- und Veranstaltungsraum für Literatur und Musik umgebaut. Die evangelische Kirche an der Pariser Straße ist ein Saalbau von 1861-65, bei dem sich spätklassizistische und neuromanische Stilelemente mischen. Kanzel und Altartisch (1808) stammen aus der Mainzer Welschnonnenkirche. Überregional bekannt geworden ist Nieder-Olm durch die Weinbrennerei Eckes, die 1857 von Peter Eckes (1804-73) gegründet wurde.

Oben auf dem Plateau über Nieder-Olm liegt **Zornheim**. 1329 kaufte sich das Mainzer Reichsklarenkloster hier die Ortsherrschaft, nachdem es bereits seit 1276 im Ort begütert war. 1579 übergibt die Äbtissin die politischen Rechte an das Mainzer Erzbistum. Das große Klostergut kam 1781 unter Erzbischof Friedrich Carl Joseph von Erthal zum Fonds der Mainzer Universität. Bis 1979 stand der ehemalige Klosterhof

noch an der alten Oberpforte, dann wurde das 1725 erbaute Haus abgebaut und ins Freilichtmuseum Sobernheim transportiert. Im Giebel befindet sich aufwendiges Fachwerk mit dem typisch fränkischen „Mann"-Motiv (halb und ganz) und schönem Schnitzwerk an den Eckpfosten. Die katholische Kirche wurde 1894 von Ludwig Becker (Mainz) aus Bruchstein in spätgotischen Formen errichtet. Der Nordturm ist im Untergeschoss noch mittelalterlich. An der Westfassade ist ein polygonaler Treppenturm angebaut, eine Taufkapelle am nördlichen Seitenschiff. Die neugotische Ausstattung hat sich teilweise erhalten.

Drunten im Selztal liegt **Sörgenloch**. Das 1190 erstmals als „Sulegloch" urkundlich erwähnte Dorf wurde vom Mainzer Erzbistum adligen Familienverbänden zu Lehen gegeben, zuerst den Herren von Mauchenheim und dann denen von Köth-Wanscheid. Der Chor der katholischen Kirche stammt aus dem 14. Jahrhundert, die nördlich angebaute Sakristei von 1482. Im Hochaltar (um 1780) befindet sich eine thronende Muttergottes aus Ton (um 1420), ähnlich

Johannes Neeb
(1767-1843)

Johannes Neeb (1767-1843) war Philosophieprofessor in Bonn, Landwirt, Jakobiner und Bürgermeister von Saulheim. In seinen vielen Aufsätzen, die meist in den 30er Jahren des 19. Jahrhunderts publiziert wurden, als er Abgeordneter des hessischen Landtags war, hat er viele zeitgeschichtliche, aber auch regionale Themen aufgegriffen. Interessant sind vor allem seine biographischen Schilderungen über das Leid der nach Freiheit strebenden Menschen. So beschreibt er einen 1788 in Marienborn inhaftierten Geistlichen, „der während seiner Kerkerjahre halb wahnsinnig geworden war. Er hatte zuvor etwas unprosaisch gelebt. Im Kerker wurde der Dichter in ihm vollendet. Er machte den ganzen Tag Verse. Die Wände seiner dunklen Behausung waren mit Kohlen vollgeschrieben. Er hatte die Freiheit erhalten, war aber nicht zu bewegen, seinen vorigen Aufenthalt zu verlassen. Seine Reimereien waren ein wunderbares Gemisch von Aberwitz und Wahnsinn. Seine poetische Ader war unerschöpflich." Oder er beschreibt den aufmüpfigen Bauerndichter Johannes Schmid aus Saulheim, der wöchentlich das Ortsgeschehen in Reimen karikierte und die Verse dann an die Kirchentüre heftete. 1792 zwang ein nicht deutsch sprechender Offizier der nach Valmy flüchtenden preußisch-österreichischen Truppen „den armen Mann, ihm die Knittelverse herzusagen, und, um aus ihm Akzente zu locken, die dem Ohre des Barbaren wohler taten, ließ er ihm 50 Prügel geben. Das Leben des armen Mannes unterlag nach sechs Monaten den Schmerzen und der Beschimpfung."

wie die Figuren auf den Seitenaltären von St. Martin in Bingen. Sie gehört damit in die Blütezeit der mittelrheinischen Tonplastiken. Maria hält den Jesusknaben auf dem Schoß und spielt mit seiner Hand. Am 8. September, dem Fest Mariä Geburt, ist das Gnadenbild Ziel einer Wallfahrt. Nach Sörgenloch benannte sich das Mainzer Patriziergeschlecht zum Gensfleisch, zu welchem auch Johannes Gutenberg, der Erfinder der Buchdruckkunst zählte.

Während **Ober-Saulheim** rheingräflicher Besitz war, gehörte **Nieder-Saulheim** sieben Ganerben, darunter den Hund von Saulheim. Der alte Ortskern von Nieder-Saulheim gruppiert sich um die beiden neugotischen Kirchen. In der katholischen Kirche (1871-73) aus gelbem Sandstein haben sich von der ursprünglichen Ausstattung die Glasfenster und ein geschnitzter Hochaltar erhalten. Die nebenan liegende evangelische Kirche (1885/86) stammt von Heinrich von Schmidt (München). Um die Ecke (Richtung Partenheim) steht das alte Rathaus von 1571 mit seinem Treppenturm. Gegenüber liegt das ehemalige Gasthaus „Rheinischer Hof" (Neue Pforte 1) mit einem reich ornamentierten Renaissanceportal und einer klassizistischen Tür. Geht man die Straße weiter Richtung Partenheim, kommt man zum Postamt, dem früheren Amtshaus, dessen Entstehung am Ende des 16. Jahrhunderts sich gut am östlichen Giebel ablesen lässt. In der Schlossgasse stößt man nach ein paar Metern auf das ehemalige Schloss der Herren von Dienheim (zweite Hälfte 16. Jahrhundert), einen einfachen Bau mit einem geschwungenen Giebel an der Schmalseite

Saulheim, Rathaus mit Renaissance-Treppenturm

(Schlossgasse 12 und 14). An der Außenwand sind die Familienwappen der Besitzer angebracht, so auch das von Bürgermeister Neeb, der 1803-50 hier „residierte".

In der evangelischen Kirche von Ober-Saulheim (1808/09) findet sich Gestühl mit geschnitzten Wangen aus der Erbauungszeit, eine Orgel mit Rokokoprospekten vom Mainzer Orgelbauer Kohlhaaß und eine holzgeschnitzte Kanzel vom Anfang des 16. Jahrhunderts. Auf dem Plateau, an der B 40, steht mit dem „langen Stein" (fast vier Meter hoch) der größte rheinhessische „Hinkelstein" (um 1500 v. Chr.). Bei solchen Steindenkmälern, die auch andernorts in Rheinhessen vorkommen, könnte es sich um Grabstelen handeln, die ein Hügelgrab kennzeichnen. Aber die Deu-

Saulheim, „Langer Stein“

tungen der Hinkelsteine „reichen vom Seelenthron über Opferpfahl zu der Theorie des Menhirs als Ersatzleib für die Seele des Toten (was natürlich einen vorgeschichtlichen Seelenglauben voraussetzt), weiter als Zeiger astronomischer Uhren zur Deutung der Menhire als Pahlloi.“ (Hermann Jockhövel, *Die Vorgeschichte Hessens*, S. 173). An der Ostseite des Langen Steins befindet sich eine spätgotische Kielbogennische für eine Heiligenfigur. Daneben soll es früher einen zweiten Stein gegeben haben, der oben schüsselartig ausgehöhlt war und daher den Beinamen „Des Teufels Suppenschüssel“ gehabt haben soll. Auch die Sage verortet den Teufel an dieser Stelle. So soll er sich beim Bau der Kirche in Alzey-Dautenheim darüber geärgert haben, dass ein Gotteshaus vor einem Gasthaus errichtet worden war. Er habe deshalb einen Steinblock vom nordpfälzischen Donnersberg geholt und nach der neuen Kirche geschleudert. Der Stein sei jedoch an der Kirche vorbeigeflogen und an eben seinem heutigen Platz bei Ober-Saulheim stecken geblieben. Auch Schatzsagen verbinden sich oft mit vorchristlichen Kult- oder Grabstätten und verweisen damit auch auf mögliche Hortfunde. Wilhelm Müller schreibt 1921 in seiner rheinhessischen Sagensammlung: „Als die Franzosen am Ende des 18. Jahrhunderts im Land weilten, hat ein armes Weib aus Wörrstadt sein sauer erspartes Geld nächtlicherweise auf der Spitze des Steins verwahrt. Jahrelang brausten die Kriegsstürme durchs Land, unzählige Scharen von Soldaten zogen in der Nähe vorüber. Kein Mensch aber sah oder ahnte etwas von dem niedergelegten

Schatz. Erst als nach langen Jahren der Frieden geschlossen war, wagte es die Hinterlegerin ihre Sparsumme wieder abzuholen, und siehe da, es fehlte nicht ein Heller."

Westlich von Saulheim liegt **Partenheim** auf der anderen Seite des Plateaus. Bis zur Französischen Revolution war das Dorf im Besitz der Freiherren von Wallbrunn und von Wambold. Die von Wallbrunn erbauten das Schloss als eine dreigeschossige Anlage um einen Rechteckhof. Die Ostfront (1595 bez.) wurde im 18. Jahrundert erneuert, die anderen Flügel stammen aus dem Jahre 1609. Im Westflügel ist ein gotischer Rundturm eingebaut. Der ehemalige Wambolder Hof liegt in der Vordergasse 46-48. Der Barockbau (um 1770) hat im Erdgeschoss eine Tordurchfahrt mit Pilasterrahmung. In der Nähe des Schlosses steht auch die spätgotische evangelische Kirche. Das Turmuntergeschoss stammt noch aus dem 13. Jahrhundert. Im Chor haben sich reiche Maßwerkfenster erhalten. 1875 wurden spätgotische Wand- und Gewölbemalereien freigelegt, im Chor der heilige Christophorus, an der Langhauswand zwei Verkündigungsbilder, ein Vesperbild und Bibelszenen und am Langhausgewölbe Rankenmalereien mit Medaillonbildnissen Christi und der Apostel. Im Kulturführer *Liebfrauenland* heißt es: „Besonders interessant sind die Darstellung der ägyptischen Plagen und der zehn Gebote, die den Alltag des 15. Jahrhunderts lebendig werden lassen." Auch die Holzkanzel ist spätgotisch. Aus dem 15./16. Jahrhundert finden sich Grabsteine der Familie von Wallbrunn, darunter einer von Kuno von Wallbrunn († 1522), dessen Harnischfigur Backoffen-Einfluss zeigt. Fachwerkbauten sind das evangelische Pfarrhaus nördlich der Kirche (1732) und das Wohnhaus Vordergasse 18 mit einem geschnitzten fränkischen Erker (1700).

Partenheimer Schloss.
Zeichnung von Ehrhard Hütz

Die Geschichte des Nachbardorfes **Jugenheim** ist geprägt von der Zeit als Amtssitz der Grafen von Nassau-Saarbrücken (seit 1393). Zum Amt gehörten noch Tiefenthal im Appelbachtal sowie Wöllstein, Gumbsheim und Pleitersheim, die gemeinsamer Besitz mit Kurmainz waren. Die evangelische Pfarrkirche wurde 1769-75 nach Plänen des Saarbrücker Oberbaudirektors Friedrich Joachim Stengel als Breitsaal errichtet (Einflüsse der Saarbrücker Friedenskirche). Das Hauptportal an der östlichen Breitseite ist in einem giebelbekrönten Mittelrisalit eingebettet. An der Westwand steht noch der Chorturm der 1762 abgebrochenen gotischen Kirche (zweite Hälfte des 13. Jahrhunderts). Hier finden sich im Innern Wandmalereien aus der Zeit um 1420, so Christus am Ölberg, Petrus an der Himmelstür und eine Marienkrönung sowie eine Beweinung Christi, Höllenfahrt und Noli me tangere. Die einheitliche Ausstattung der Erbauungszeit stammt von den Schreinermeistern Kohl (Wiesbaden) und Scholl (Otterbach bei Kaiserslautern). Das ehemalige Amtshaus (1772) steht in der Hauptstraße 51.

Östlich der Kaiserstraße liegt **Udenheim**. Hier besaß die Domkirche zu Chalons (Frankreich) im frühen Mittelalter einen Hof, den sie später mit dem Mainzer Erzbischof Liutbert tauschte. Im 13. Jahrhundert errichteten die Herren von Udenheim eine Burg, deren Ruine noch bis zur Mitte des 19. Jahrhunderts existierte. Ortsherren und größte Grundbesitzer mit 600 Morgen Land waren bis zur Französischen Revolution die Köth zu Wanscheid. Die evangelische Bergkirche, von weitem sichtbar, wurde als befestigte Berganlage auf einer ehemals römischen Kultstätte errichtet. Ihre charakteristische Silhouette ergibt sich daraus, dass der Westturm niedriger und das Chordach höher ist als der Langhausfirst. Romanisch (Mitte 13. Jh.) sind der Westturm, die Langhausnordwand und drei Spitzbogenarkaden in der Südwand. Nach einem Brand Anfang des 16. Jahrhunderts wurde die Kirche von bayrischen Steinmetzen aus dem Bautrupp Jakobs von Landshut, der auch die Bechtolsheimer Kirche errichtet hat, zwischen 1518 und 1527 völlig umgebaut. Das Mittelschiff und das nördliche Seitenschiff wurden zu einem flachgedeckten Saal zusammengezogen, das südliche Seitenschiff dagegen abgebrochen und ein Chor mit Maßwerkfenstern angebaut. An der Südwand des Langhauses finden sich noch Wandmalereien (um 1300), die Adam und Eva sowie Kain und Abel zeigen. Von einem spätgotischen Gestühl (um 1520), das aus der Werkstatt Erhard Valckeners (siehe evangelische Kirche Bechtolsheim) stammt, haben sich ein Herrenstuhl und drei Bänke erhalten. Ein Epitaph erinnert an Georg Köth zu Wanscheid († 1590).

Karl der Große gab die Schornsheimer Kirche samt Grund und Boden 782 der heiligen Lioba (angelsächsich: Leofgyth) zur Nutzung als Alterssitz. Die Verwandte des Bonifatius hatte eine Art pädagogische Hochschule für Nonnen im Kloster Tauberbischofsheim geleitet. Nach Liobas Tod im gleichen Jahr fiel Schornsheim an das Kloster Hersfeld. Aus der späteren bolandischen Vogtei des 12. Jahrhunderts wurde das Dorf 1288 durch einen Freiheitsbrief in eine Ganerbschaft (bis 1755) umgewandelt.

Am Dorfrand liegt auf einem früher befestigten Hügel die katholische Kirche St. Wigbert. Man erreicht sie über eine Treppenanlage von 1741. Der zweigeschossige romanische Chorturm (1107) trägt ein Rautendach von 1850. Um 1400 wurde daran ein gewölbter Chor angebaut und an dessen Nordseite um 1500 eine Sakristei. Das Langhaus wurde 1850 abgebrochen und fehlt seitdem. Das Chorgewölbe ruht auf figürlichen Konsolen, die Winzer,

Schornsheim, katholische Kirche. Zeichnung von Ehrhard Hütz

Bäuerin sowie musizierende und singende Engel darstellen. Wandmalereien (um 1420) zeigen Apostel und weibliche Heilige, Deckenmalereien (16. Jh.) Engel mit Leidenswerkzeugen und Musikinstrumenten. An den Friedhof über dem Dorf an der Straße nach Nierstein schließt sich ein größerer jüdischer Friedhof mit etwa 70 Grabmälern an.

Über den nächsten Hügel liegt **Gabsheim**, das auch den Spitznamen „Gottesgabsheim" trägt, wahrscheinlich weil es als dalbergischer Besitz eine fast durchweg katholische Bevölkerung besitzt. Rückseite dieser dalbergischen Herrschaft waren die Hexenprozesse des 16. Jahrhunderts. In Gabsheim allein wurden 1588 zehn Frauen der Hexerei angeklagt und verbrannt. Der Chor der spätgotischen katholischen Kirche stammt aus dem 14. Jahrhundert, das Langhaus (um 1490) wurde zwischen 1510 und 1518 durch Steinmetzen der Meisenheimer Hütte um Philipp von Gmünd von ein- auf dreischiffig ausgebaut. Der Westturm wurde um 1500 erbaut. Unter den Holzfiguren der Ausstattung sind ein auferstandener Christus in der Sakristei (16. Jh.) und ein lebensgroßer Heiligen Alban (um 1730), der wahrscheinlich vom Mainzer Bildhauer Franz Matthias Hiernle stammt. Im Chor findet sich der Grabstein eines dalbergischen Kindes († 1564), außen der Grabstein eines Ritters von Geispitzheim (14./15. Jh.). Geispitzheim war auch der mittelalterliche Name des Dorfes.

Aus der Zeit vor dem Dreißigjährigen Krieg hat sich in **Wörrstadt** kaum etwas außer der heute ehemaligen evangelischen Laurentiuskirche erhalten. Der alte wild- und raugräfliche Besitz hatte im Jahre 1642 keinen einzigen Bewohner mehr. Im 17. Jahrhundert fielen auch die Güter der Herren von Löwenstein an die Rheingrafen, die hier als Erben der Wild- und Raugrafen ein Amt einrichteten. Im 18. und 19. Jahrhundert wanderten viele Wörrstädter Familien nach Osteuropa (ab 1720), Nordamerika (ab 1748), Brasilien (ab 1828) und Algerien (ab 1844) aus. 1787/88 ließ Rheingräfin Marianne, die von ihrem in Grumbach residierenden Mann getrennt lebte, durch den französischen Architekten Mangin, der möglicherweise auch das rheingräfliche Schloss in Wendelsheim gebaut hat, im Südosten des Marktfleckens (jenseits der B 40) ein Schloss errichten, welches bereits

1793, zur französischen Zeit, zerstört wurde. Die Baumaterialien wurden von den Bürgern zum Hausbau verwendet.
Mit dem Schloss kamen offensichtlich auch die demokratischen Gedanken nach Wörrstadt, so durch den rheingräflichen Arzt Dr. Koeler, einen Freund Forsters, und den Hofapotheker Dassel, die beide 1793 verhaftet und zuerst in Frankfurt, dann in Königstein inhaftiert wurden. Von Koeler, der wie die anderen rheingräflichen Beamten in der Obergasse wohnte, ist eine Rechtfertigungsschrift erhalten. Im Juni 1848 tagten in der evangelischen Kirche die rheinhessischen Bürgerkomitees. Dabei „schmauchten einzelne Bauern ganz behaglich am Altare sitzend ihre Pfeife.“ (*Der Demokrat* vom 11.6.1848) Die Darmstädter Regierung ordnete beim Tod des Großherzogs vierzehn Tage später an, in allen Gemeinden müssten vier Wochen lang um die Mittagszeit die Glocken geläutet werden. Darauf entfernten die örtlichen Demokraten eines Nachts aus Protest die Klöppel. 1849 im Mai trafen sich dann in Wörrstadt 800 bis 900 rheinhessische Freischärler auf ihrem Zug nach Kirchheimbolanden, wo sie den Pfälzern bei ihrer bewaffneten Verteidi-

Wörrstadt, Schmiedebrunnen von Eberhard Linke (1977)

gung der Verfassung beistehen wollten und eine Niederlage erlitten. Den Aufruf dazu unterschrieb u. a. der örtliche Demokrat Friedrich Ritzinger (später Bankier in Indianapolis/USA). Ludwig Bamberger, einer der „Zivilkommissare" der rheinhessischen Freischar schrieb in seinen Erinnerungen: „Der Ort war über und übervoll mit Zuzüglern, an allen Ecken wurde nach Herzenslust getrommelt, geschossen, musiziert, geschimpft, gejubelt ... Alsbald erdröhnten alle Schmiede- und Schlosserwerkstätten von Wörrstadt von den Hämmern unserer braven Sensenmacher; was an gedienten Soldaten im Orte war, wurde zusammengesucht, um Patronen zu fabrizieren. Alles war voll Eifer, die ganze Einwohnerschaft natürlich auf der Straße und in größter Aufregung."

Die evangelische Kirche, rechter Hand am Ortsende Richtung Mainz, wurde in der Spätgotik aus einer romanischen Basilika umgebaut. Unterm Langhausdach finden sich noch Reste der Mittelschiffwände aus dem 12./13. Jahrhundert mit zugemauerten Rundbogenfenstern und einer Gliederung durch Lisenen und Rundbogenfriese. Während der Turm ebenfalls romanisch ist, hat man das Langhaus im Barock weiter umgebaut und mit einer Flachdecke und einer Orgelempore versehen. Neben dem Chorbogen findet sich das Reliefbild einer Kreuzabnahme (12./frühes 13. Jh.), im Chor Epitaphien rheingräflicher Beamter aus dem 17./18. Jahrhundert. Zur Ausstattung gehören ein spätgotischer Löwen-Taufstein, eine Holzkanzel (um 1500) und eine gut erhaltene Stumm-Orgel (1759). Wörrstadt ist in der Region bekannt für die alljährlich hier stattfindende Bachwoche. Im Kirchhof befindet sich ein Gedenkstein der napoleonischen Veteranen, der 1846 errichtet wurde und nicht an die Gefallenen erinnert, sondern allgemein an die Soldaten der französischen Armee, die aus der Umgebung Wörrstadt stammten.

Die benachbarte katholische Kirche ist ein klassizistischer Saalbau von 1835. Direkt gegenüber gelangt man über die Pfarrgasse in den alten Ortsteil mit barocken Massiv- und Fachwerkbauten. Ein Stück weiter den Hang hinauf beginnt an einem geschnitzten Baumstumpf der frühere Dorfgraben, ehe-

Wörrstadt, Napoleonstein

dem mit Ulmen bestanden. Auf dem früheren Wall kann man im Rücken des alten Scheunenkranzes um den alten Dorfkern herumgehen. In der umgekehrten Richtung der Pariser Straße liegt der Neunröhrenbrunnen, zu dem eine Treppenanlage hinunterführt. Die Brunnenstube stammt noch von 1608. Das Wohnhaus Nr. 4 ist ein massiver Barockbau von 1765. Auch die ehemalige Post – Wörrstadt war zur französischen Zeit Relaisstation auf der Strecke Mainz/Paris – in der Pariser Straße 83 ist ein Massivbau von 1806/07; am kleinen Giebel der Traufseite ist noch der einköpfige französische Adler zu sehen.

Den Ortsteil **Rommersheim**, früher wie Wörrstadt rheingräflich, erreicht man, wenn man den Wingertsberg im Süden hinabfährt. Sehr früh, nämlich 782, wird bei einer Schenkung Karls des Großen an das Kloster Hersfeld bereits die dortige Kirche erwähnt. Der heutige Bau mit Walmdach und achteckigem Dachreiter stammt von 1733-51. Dicht daneben, in der Ortsmitte, steht das ehemalige Rathaus (um 1700) mit Fachwerkobergeschoss und seitlicher, überdachter Freitreppe.

Im Südwesten, an der Landstraße nach Wöllstein, liegt als nächstes **Sulzheim**, das seit 1468 zum erzbischöflichen Amt Nieder-Olm gehörte. Die katholische Kirche, ein flachgedeckter Saal mit Chor von 1715, beherbergt einen Hochaltar (um 1720) und Seitenaltäre des 17. Jahrhunderts. In der Hauptstraße 26 findet sich ein Fachwerkbau mit fränkischem Erker (Anfang 18. Jh.). Selten in Rheinhessen ist das vorkragende Fachwerkobergeschoss der früheren Bäckerei (1709) in einem Seitengässchen.

Das 1250 erstmals urkundlich erwähnte **Wallertheim** kam aus rheingräflichem Besitz an die Grafen von Leiningen-Guntersblum, wo es bis zur Französischen Revolution blieb. Der freistehende Turm der evangelischen Kirche (1880) wurde um 1300 errichtet. Im Chor sieht man noch ein romanisches Doppelfenster. In der Kirche findet sich eine Stumm-Orgel (um 1745). Die katholische Kirche wurde Anfang des 19. Jahrhunderts aus einem Beinhaus umgebaut. Das evangelische Pfarrhaus (Steggasse 15) mit seinem großen Torbogen stammt von 1727.

Über **Schimsheim**, das früher als Wahrzeichen eine etwa 1000 Jahre alte Ulme beherbergte, kommt man am Wiesbach entlang nach **Armsheim**, das im 14. Jahrhundert ein wichtiger Stützpunkt der Grafen von Veldenz war. Sie bauten den Ort mit einer Wasserburg und einer Mauer zu einer stark befestigten Stadt aus (Stadtrechte 1387). Doch in einer kriegerischen Auseinandersetzung zwischen den Veldenzer Erben, den Herzögen von Zweibrücken und Kurpfalz wurde die Stadt 1470 von Kurpfalz erobert und Mauern und Tore niedergerissen. Armsheim wurde zu einem kurpfälzischen Dorf. Im Pfälzisch-Bayrischen Krieg 1504 brannte der Landgraf Wilhelm von Hessen nochmals viele Häuser nieder. Der hohe Chor der ehemaligen Wallfahrtskirche mit seinen großen Maßwerkfenstern wurde 1431 erbaut. Er hat Ähnlichkeit mit Madern Gertheners Westchor der Oppenheimer Katharinenkirche. 1450-60 wurde das ältere Langhaus umgebaut. An den Gewölben finden sich 1911 kopierte spätgotische Rankenmalereien. Mit dem

Bau des hochaufragenden Westturms, der Nikolaus Eseler zugeschrieben wird, wurde 1471 begonnen. Nach der Zerstörung 1504 und einem Brand 1854 wurde die alte Kirche jeweils restauriert. Über dem Eingang ist die Gründungstafel (zwei Engel mit Kelch) angebracht, die an die im 15. Jahrhundert bedeutende Wallfahrt zum Heiligen Blut erinnert. Der Kanzelfuß im Innern mit Evangelistensymbolen und Engeln ist um 1500 gefertigt. Aus Terrakotta sind die Wappen der Herren von Hohenberg im Chor (um 1440). In der Sakristei finden sich Reste von Glasmalereien (um 1440). Die Orgel wurde 1739 von Johann Michael Stumm gebaut. Es haben sich auch mehrere Grabsteine des 15. Jahrhunderts erhalten. Die ehemals gotischen Buntglasfenster des Chores (um 1440) wurden bei einem Hagelsturm 1859 weitgehend zerstört. Der Frankfurter Glaskünstler Otto Linnemann hat 1914 die drei östlichen Chorfenster neu gestaltet, 2006-08 kamen drei weitere Fenster des Glaskünstlers Hans-Gottfried von Stockhausen hinzu.
Gemeinsam mit der Ortsbefestigung entstand um 1440 auch die Veldenzer Wasserburg. Aber bereits Mitte des 13. Jahr-

Armsheim, Nachfolgebau der Veldenzer Wasserburg aus der Renaissance (1574)

hunderts wird mit der Burg Hohenfels ein möglicher Vorgängerbau erwähnt. Nach 1470 zerfiel die Burg. Der heute noch bestehende Renaissancebau (Bahnhofstraße 18) wurde 1574 errichtet und als kurpfälzischer Verwaltungssitz genutzt. Als das Schlösschen dann um 1800 in Privatbesitz überging, begann erneut der Verfall. 1904 schreibt Brilmayer in seinem Rheinhessenbuch: „Im Dorfe befindet sich noch jetzt ein unansehnliches Gebäude, welches im Volksmunde „Schloss" genannt wird." Später war im rechten Flügel die Gaststätte „Zum alten Schloss", im linken Flügel ein „Kolonialwarenladen" untergebracht. Erst als das Gebäude 1960 einen neuen Besitzer bekam, konnte es renoviert werden. Gegenüber, in der Bahnhofstraße 17, steht das heutige Rathaus (um 1750) mit einem Fachwerkobergeschoss und einem Erker über figürlichen Steinkonsolen. Zum evangelischen Gemeindehaus wurde dagegen das frühere Rathaus von 1866, das anstelle eines Vorgängerbaus von 1539 (Stein über dem Eingang) errichtet wurde, als man die Straße zum neugebauten Bahnhof der Hessischen Ludwigsbahn verbreitern musste.

Aus Armsheim stammt auch der Gutsbesitzer Karl Behlen, der dem Wahlkreis Wörrstadt von 1847-49 und von 1863-66 im hessischen Landtag vertrat. Der überzeugte Achtundvierziger unterschrieb die sogenannte Erklärung der Dreizehn vom Mai 1849, die als Programm zur Bildung einer demokratischen Fraktion gilt. Gemeinsam mit dem Wörrstädter Friedrich Ritzinger, der später nach Nordamerika auswanderte, und dem späteren Mainzer Oberbürgermeister Oechsner rief er am 20. Mai schließlich im Namen des Provinzial-Komitees zur bewaffneten Verteidigung

Armsheim, 1469. Zeichnung von Willi Herbst

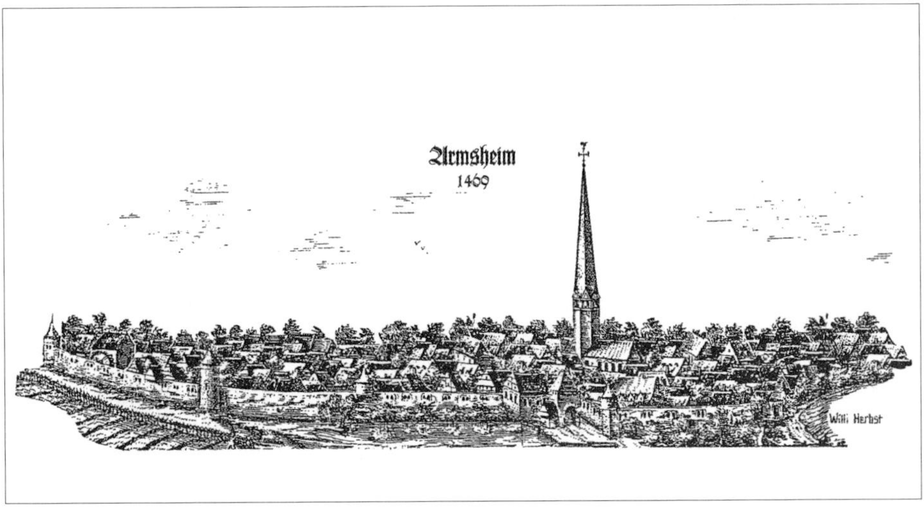

der Verfassung auf. Das war der Auslöser zur Aufstellung der rheinhessischen Freischar, welche im Juni von den preußischen Truppen bei Kirchheimbolanden in die Flucht geschlagen wurde.

Dort, wo das Wörrstädter Plateau ins Tal abbricht, ist eine der höchsten Stellen des rheinhessischen Hügellandes. Wohl deshalb hat man hier Mitte der 90er Jahre mit dem Bau von Windrädern zur Energiegewinnung begonnen. Eine Seitenstraße führt nach **Spiesheim**. Das 770 erstmals in Lorscher Schenkungsurkunden erwähnte Dorf wurde im 16. Jahrhundert kurpfälzisch. Erstmals 1246 wird eine Kirche erwähnt. Sie liegt am Berg, früher wohl rundherum befestigt. Während der Westturm mit den gekuppelten Schallarkaden typisch romanische Formen zeigt, stammt das 1726-28 von Kaspar Valerius aus Heidelberg errichtete Schiff aus dem Barock. Der auffallend breite Saal könnte darauf hindeuten, dass er auf den Fundamenten einer dreischiffigen Basilika errichtet ist. Die Ausstattung stammt aus der Erbauungszeit, der Hochaltar (um 1700) ist etwas älter. Auch hier findet sich eine Stumm-Orgel. Vom Alter der Kirche zeugt das Doppelgrabmal von Philipp Wilch und Helena von Erenberg aus dem 16. Jahrhundert. Die evangelisch Kirche (1846) ist ein romanisierender Bau aus der Moller-Schule. Auch sie beherbergt eine Stumm-Orgel.

Die Lage von **Ensheim** am Hang führt zu einem reizvollen Ortsbild. Wenn man von der B 40 z. B. über die Schlaggasse in den alten Ortskern abbiegt, kommt man zuerst zum Platz An der Eiche. Von hier aus geht ein schmaler Weg mit Treppe zur evangelischen Kirche von 1723, die im Kern noch mittelalterlich ist. Am Brunnen 4 ist ein Fachwerkhaus von 1748 – zum Teil im zweiten Weltkrieg zerstört – das vor allem durch sein schönes Portal glänzt, welches man vom etwas höher gelegenen Platz am Brunnen über die Mauer hinweg einsehen kann. Das alte Kopfsteinpflaster, die efeubehangenen Bruchsteinmauern und der alte Baum an diesem Platz laden zum Verweilen ein. Weiter oben am Hang finden sich weitere Fachwerkhäuser mit vollständigen oder teilweise ausgeführten „Mann"-Motiven, so in der Obergasse 20 (1718) mit einem Schildgiebel an der Rückseite, am Schlosshügel 8 und in der Herrgasse 9. Von 1802-08 war der Satiriker Johann Konrad Schiede als reformierter Pfarrer in Ensheim tätig. Zur Religiosität der Rheinhessen bemerkte er: „Wir trafen ein Dorf an, wo Atheisten und Religionsspötter sich sogar unter den Bauern befanden." Schiede schrieb unter dem Pseudonym „Momus" u.a. die Bücher *Allerneueste Reisen ins Innerste Afrikas* (1802), *Die privatisierenden Fürsten* (!802-04) und *Gynaikokratie oder die Regierung der Frauen und Jungfrauen als einziges Rettungsmittel der Welt* (1816). Aus Ensheim stammt auch der Gründer der ersten hessischen Lehrergewerkschaft, des hessischen Landes-Lehrervereins, Johann Schmitt (1815-1893). Wegen seines demokratischen Engagements nach 1848/49 kam er sogar für ein halbes Jahr in Haft und wurde für fünf Jahre seines Amtes enthoben. In dieser Zeit ernährte er seine neunköpfige Familie als Buchhändler in Oppenheim. Sein Geburtshaus (mit Tafel) steht in der Obergasse 28.

Zwischen Ensheim und Albig lag im 13. Jahrhundert der Hof Kronkreuz, der dem Mainzer Martinsstift gehörte. Heute befindet sich hier ein Kreisel, der die sich kreuzenden Straßen verbindet. Von hier aus gelangt man zu dem ehemaligen wildgräflichen Dorf **Bornheim**, das seit dem 15. Jahrhundert zum rheingräflichen Amt Flonheim gehörte. Ein Rundgang durch den südlich der Durchgangsstraße liegenden alten Dorfkern führt auch zur evangelischen Kirche auf einem ehemals befestigten Friedhof am Dorfrand. Während das Schiff 1714-27 errichtet wurde, stammt der Chorturm noch aus der Zeit um 1200. Im Erdgeschoss befinden sich gotische Maßwerkfenster (um 1320) und Wandmalereien, die den heiligen Petrus, Paulus und zwei Propheten darstellen. Die Sakristei stammt aus dem 15. Jahrhundert, der Taufstein um 1510, Kanzel (1727) und Stumm-Orgel (1760) sind barock.

Der im Mittelalter ebenfalls wildgräfliche Nachbarort **Lonsheim** kam 1679 an Kurpfalz. Der Westturm der katholischen Kirche stammt von 1349, das Schiff mit Stuckdecke von 1722. Auch die Ausstattung stammt aus dem 18. Jahrhundert. Ein 1751 restauriertes Kruzifix ist 1510 gefertigt. Über seine Anbringung gab es einen Streit zwischen evangelischer und katholischer Kirchengemeinde, welche die Kirche bis 1912 simultan benutzten, als eine neue evangelische Kirche errichtet wurde. Immer wieder waren Objekte der Ausstattung Auslöser für Zwistigkeiten. So berichten die Lutherischen 1716 in einem Brief: „Daher sich dan der papistische Schultheiß, ein abgesagter Lutherfeind, erkühnet, weis nicht, ob ers vor sich oder Instigation des Pastoris, der mir die Helfft Zehenden wegnimbt, gethan, und hat ein Marienbild an die Kirch wider Vermuthen der Vorsteher, wie auch einen Weihkessel in die Kirch setzen lassen. Weil sich nun keiner zur Auslöschung des Marienbildes verstehen wollen, aus Furcht für gewaltthätiger Straffe, steht solches noch bis dato an der Kirch. Im Gegentheil aber haben die Vorsteher D. Martin Luther in Lebensgröße gleich neben der Cantzel an die Wand mit einem Buch, Schwanen und Schreibfeder in der Hand mahlen lassen und mit Versalbuchstaben den Nahmen darunter: Doctor Martin Lutter. Daß nun dieses Lutherbild denen Papisten muß ein rechter Stachel in den Augen geweßen seyn, hat der Effect bezeiget. Vergangene Woche geräth eine böse Hand des nachts bey Mondenschein mit einem Messer über D. Luttern und gratzet solchen gantz aus, schreibet auch noch folgende Worte drunter: „Du Dieb, du Seelenmörder, du Galgenvogel." Wie wir uns hierin zu verhalten, wissen wir nicht." (nach: Volker Heeb, *Lonsheim*, 1999, S. 59/60) Im Lonsheimer Wäldchen wurde 1904 ein 22 Meter hoher Aussichtsturm errichtet, der auf einer Tafel die gefallenen und überlebenden Teilnehmer des deutsch-französischen Krieges 1870/71 feiert. „Die Planung begann um die Jahrhundertwende unter der Leitung von Lehrer Crecelius und Bürgermeister Philipp Claß. Ebenfalls beteiligt waren der Verschönerungsverein, der Turnverein, der Gesangverein sowie der Krieger- und Soldatenverein." (Heeb, S. 95) Wendet man sich von hier aus wieder zur Kaiserstraße, kommt man nach **Bermersheim**, wo 1098

Hildegard von Bingen geboren ist. Ihre Familie schenkte dem 1147 von ihr gegründeten Kloster Rupertsberg bei Bingen so viel Grundbesitz in Bermersheim, dass das Benediktinerinnenkloster ab 1400 alleiniger Ortsherr werden konnte. Als die Schweden Kloster Rupertsberg 1632 zerstörten, übernahm das 1165 ebenfalls von Hildegard gegründete Kloster Eibingen bei Rüdesheim im Rheingau die Ortsherrschaft. 1792 weigerte sich eine Mehrheit der Bermersheimer Bauern, weiterhin Pachtzinsen an die Nonnen zu zahlen. Auch im weiteren Verlauf der Französischen Revolution blieb etwa ein Drittel der Bevölkerung auf der Seite der Klubisten; dafür wurden 12 von ihnen 1793 in den Gefängnissen von Königstein und Ehrenbreitstein inhaftiert. Die mehrfach umgebaute Simultankirche hat einen Chorturm von 1141.

Direkt an der „Kaiserstraße" (B 40) , kurz vor Alzey, liegt schließlich **Albig**. Der Ortsname ohne die sonst in Rheinhessen typisch fränkische Endung „-heim" weist auf eine keltisch-römische Siedlung „Albiacum" hin. Während das Kirchenpatronat seit dem 8. Jahrhundert beim Trierer Kloster St. Maximin lag, übten die Truchsessen von Alzey, ab dem 14. Jahrhundert Kurpfalz die Ortsherrschaft aus. Im 13./14. Jahrhundert sind die Herren von Albig, genannt Dexheimer, nachgewiesen. Die evangelische Kirche des Dorfes erreicht man, wenn man von der Langgasse, der Durchfahrtsstraße, am Rathaus linker Hand abbiegt. Der Westturm aus dem 11. Jahrhundert ähnelt dem der Bergkirche in Worms-Hochheim. Das Erdgeschoss ist außen durch Blendarkaden gegliedert, die Obergeschosse durch Lisenen und Rundbogenfriese (im Süden und Westen erhalten). Auch die typischen gekuppelten Schallarkaden in der Süd- und Nordwand weisen auf die romanische Herkunft des Turmes hin. Das einschiffige Langhaus wurde 1775-83 auf romanischen Fundamenten errichtet. Das Rathaus davor ist ein Putzbau von 1766 mit einer rückseitigen Freitreppe; im Erdgeschoss ist eine katholische Kapelle untergebracht, deren Ausstattung aus der zweiten Hälfte des 18. Jahrhunderts stammt. Einladend sind auch die schmalen Fußwege, die sich im Süden längs durchs Dorf ziehen.

Albig, Rathaus mit katholischer Kapelle im Erdgeschoss

Alzey – im Herzen des Hügellandes

Die Volkerstadt und ihr südliches Umland: Alzey, Gau-Heppenheim, Hochborn, Monzernheim, Hangen-Weisheim, Eppelsheim, Gundersheim, Flomborn, Ober-Flörsheim, Dintesheim, Esselborn, Kettenheim, Wahlheim, Freimersheim

„In dem rheinhessischen Hügelland, dessen eintönige und unbewaldete Bodenwellen nach Südwesten in die pfälzischen Berge zu münden beginnen, hat sich dies alles zugetragen. Vielleicht ist es durchaus gleichgültig zu wissen, an welcher dieser weißen, von unschuldigen Apfelbäumen enggefaßten Straßen der Schauplatz jener Dinge gewesen ist, denn sie alle laufen über magisches Land, aber es sei noch hinzugefügt, daß der Name des Ortes auf eine keltische Siedlung schließen läßt ..."

Altiaia (Ort auf/an der Höhe) ist der keltische Name der Geburtsstadt von Elisabeth Langgässer. In ihrer Kindheitsmythe *Proserpina* (1929 entstanden) beschreibt die Büchnerpreisträgerin treffend die Umgebung der knapp 18.000 Einwohner zählenden Kleinstadt **Alzey** im Herzen des Hügellandes.

Die Apfelbaumstraßen der Langgässer sind ab 1825 von der großherzoglich-hessischen Provincial-Regierung in Mainz angelegt worden. Nach dem Hungerjahr 1816, das durch Spekulationen auf dem Getreidemarkt entstanden war, wanderten viele Rheinhessen nach Nordamerika oder Brasilien aus. Die Regierung begegnete dem durch Arbeitsbeschaffungsmaßnahmen im Straßenbau, die das an sich fruchtbare Land gleichzeitig besser erschließen sollten. Ein staatliches Bepflanzungsgebot sah für die Straßen von Alzey nach Worms, Bad Kreuznach und Undenheim Apfel- und Birnbäume in ebenen Lagen und sanften Anhöhen vor, Nußbäume in höheren Lagen ohne Frost und italienische Pappeln an Wiesen und steilen Abhängen.

Aus ihrer Kindheit Anfang des Jahrhunderts erinnerte sich die Langgässer dieser Obstbaumalleen, die großenteils mit dem Aufkommen des Automobils in den 60er Jahren der Straßenverbreiterung weichen mussten.

Während viele Obstbäume verschwunden sind, hat sich viel Geschichte in diesem weniger magischen als durch und durch aufgeklärten Landstrich erhalten. Auf den keltischen Namen der Stadt verweist der römische Nymphenaltar vom 22.11.223, der keltischen Quellgottheiten geweiht war. 212 verleiht Caracalla der Kleinstadt römisches Bürgerrecht. Eine erste Blüte (170-230) im Handwerk beweisen Funde, die u. a. im städtischen Museum und der Steinhalle zu sehen sind.

352 wird der Vicus durch die Alemannen zerstört. Valentinian I. (364 - 375) lässt ein Kastell errichten, dessen Grundriss sich anhand der Mauerreste an der Jean-Braun-Straße nachvollziehen lässt. Von 406-436 herrschen die Burgunder im Einvernehmen mit Rom in Rheinhessen und vermutlich auch im Alzeyer Kastell. Das Nibelungen-

lied findet hier seine erzählerischen Wurzeln in der Gestalt des Spielmanns Volker von Alzey, die allerdings eine Hinzufügung des hohen Mittelalters sein dürfte, vielleicht eine Spiegelung des Autors im Text. Auch wenn Straßennamen, ein Brunnen auf dem Roßmarkt, das Stadtwappen und eine Abteilung im Museum der Stadt heute wieder an diese Gestalt erinnern, konnte bisher kein noch so engagierter Heimatforscher den Nachweis für eine historische Volkerfigur erbringen.

Die fränkische Besiedlung verschiebt den Ortsmittelpunkt auf den Obermarkt, wo sich mit dem Salhof die Verwaltung des Königsgutes befand, und die darunter liegende Talaue der Selz. Eine regionalpolitische Bedeutung gewinnt Alzey jedoch erst durch das Entstehen der Pfalzgrafschaft. Ursprünglich ein Amt am fränkischen Königshof, das Gerichtsvorsitz und diplomatische Dienste in sich vereinte, wurde dieser Titel seit dem späten 10. Jahrhundert immer mehr an territorialen Besitz gebunden, zuerst unter den Ehrenfrieden und Ezzonen an Mosel und Mittelrhein, dann unter dem Stiefbruder Barbarossas Konrad ab 1156 am nördlichen Oberrhein. Konrad verlagerte aufgrund von Auseinandersetzungen mit den Erzbistümern Köln und Trier den politischen Schwerpunkt seines Besitzes in den rheinhessischen Raum, wo er, gestützt durch die Übernahme des salischen Herzogtums in Worms, „auf dem Stein zu

Alzey. Kupferstich von M. Merian, 1655

Alzey" 14 1/2 Grafschaften zu Lehen geben konnte. Die Neugründung Heidelberg (1196 erstmals urkundlich erwähnt) wurde erst 1214 unter den wittelsbachschen Pfalzgrafen zur Residenz, weil sich hier schneller als an den historisch älteren Orten einheitliche Rechtstitel durchsetzen ließen.

1260 zeigt sich erstmals die heute noch lebendige Rivalität zwischen Alzey und Worms. Bischof und Bürger von Worms belagern vom 1. bis 12. Juli erfolgreich das „Räubernest" (spelunca latrorum) Alzey und schleifen die Mauern und Wälle. 1277 verleiht der nach dem Interregnum (1256-1273) zum König gewählte Rudolf von Habsburg Alzey Stadtrechte. Durch diese Unterstützung des Pfalzgrafen Ludwig II. gegenüber dessen Ministerialen in der Alzeyer Burg, den Truchsessen, sucht Rudolf seine Macht mit und gegenüber den großen Territorialherrn zu festigen.

1405 stellt König und Pfalzgraf Ruprecht den „Keßlern des Alzeyer Tags" (Zunft der Kupferschmiede) das Privileg aus, über den Verkauf von Kesseln und Pfannen im Zunftbereich, der von Koblenz bis Hagenau im Elsass reichte, zu bestimmen. 1460 wird Alzey Oberamtsstadt und bleibt es bis 1796. Das 14. und 15. Jahrhundert bringt eine wirtschaftliche Blüte für die Stadt, was sich an der regen Bautätigkeit, z. B. in der Vorstadt zeigt.

Nachdem eine Zerstörung im Dreißigjährigen Krieg durch die Übergabe an die Truppen Spinolas vermieden werden konnte, wird die Stadt 1689 von den Franzosen angezündet. Der Kapuzinerpater Cyprian schildert die Katastrophe in einem Bericht an seinen Orden so: „Um 10 Uhr ungefähr stürzten Bewaffnete ohne Zahl und Ordnung mit Beilen und Äxten durch ein gerade offen stehendes Tor in die verschlossene Stadt herein ... Sie schlugen die äußeren Türen vom hof in unser haus ein, zerbrachen die Fenster, sprangen in die Küche und steckten das Haus an, in dessen Keller und Küche wir unsere anderen Geräte aus Furcht vor einer Feuersbrunst zusammengetragen hatten. Bei diesem ersten Einfall zerbrachen sie diese Geräte und Türen ... Sie zerbrachen auch die Gefäße, Wein und Getreide wurden ausgegossen, bzw. zerstreut und andere Geräte weggeschleppt."

Das Ende der Kurpfalz wird auch in Alzey ab 1790 von republikanischen Zirkeln herbeigewünscht. Am 22. 9. 1797 – relativ spät also im Vergleich zu Mainz oder Wöllstein – wird ein Freiheitsbaum aufgestellt, aber bereits zwei Monate später wieder abgeschält: Ob aus Zorn über die hohen Kriegsabgaben des französischen Generals Custine? Doch die demokratische Tradition bleibt. Bei der pfälzischen Freischar, über die man mehr im Heimatmuseum des nur 15 km entfernten Kirchheimbolanden (Pfalz) erfahren kann, kämpften nämlich 1849 auch die Alzeyer Gebrüder Haas mit. Bei einigen ortsansässigen Familien lassen sich die aufklärerischen Positionen der Französischen Revolution im politischen Engagement durch mehrere Generationen verfolgen. So war der lutherische Pfarrer Friedrich Franz Matty (1755-1833) Präsident der Kantonsverwaltung. Seine beiden Söhne wurden Pfarrer und gingen als Achtundvierziger in die Politik, Johann Georg Balthasar Matty (1804-83), republikanisch gesinnter Landtagsabgeordneter von 1849-56 und 1851

„wegen politischer Umtriebe" als Pfarrer von Frei-Laubersheim abgesetzt, wurde schließlich 1877 erster Prediger der heute noch in Alzey ansässigen Freiprotestanten. Da, wo die Willhemstraße heute auf die Hospitalstraße stößt, stand 1848/49 die Lederfabrik des liberalen Landtagsabgeordneten Wilhelm Preetorius (1791-1863). Sein Schwager war der Landtagsabgeordnete Georg Philipp Rauschert, Pächter des Münchbischheimerhofes bei Gundersheim. Sein Sohn Carl Julius (1830-1901) organisierte 1866 eine antipreußische Demonstration gegen Bismarcks Politik und gründete 1879 den freisinnigen *Alzeyer Beobachter*. Kopf der freisinnigen Partei war der Reichstagsabgeordnete Ludwig Bamberger, dessen Frau aus der Alzeyer Bankiersfamilie Belmont (St. Georgenstraße 19) stammte.

Mit der Angliederung Rheinhessens an das Großherzogtum Hessen mit Sitz in Darmstadt im Jahre 1816 kam Alzey noch mehr in eine Randlage als zu kurpfälzischer Zeit. Die rechtsrheinische Bevormundung und der Versuch, die durch den Code Napoleon und die Säkularisation geschaffene besondere Rechtssituation im Linksrheinischen wieder zurückzunehmen, war einer der Gründe für die revolutionären Aktivitäten der Jahre 1848/49. Nach der Niederlage gegen die Preußen und der Emigration der führenden Köpfe verliert sich auch die rheinhessische Geschichte zunehmend im provinziellen Einerlei des spießbürgerlichen Nationalismus. 1969 wird Alzey im Zuge der rheinland-pfälzischen Verwaltungsreform nach heftigen Auseinandersetzungen mit Worms Kreisstadt des neugebildeten Landkreises Alzey-Worms.

Mittelalterlicher Grundriss

1619 ließ der Kurfürst die Befestigungsanlagen von Alzey überprüfen, da sie so „beschaffen gewesen, daß sie einem Anlauf, und Überfall Zu widerstehen nicht für wehrhaft gehalten." Von dieser Inspektion hat Laurentius Engelhart einen Grundrissplan vom Mauern, Türmen und Schloss gezeichnet. An dieser mittelalterlichen Struktur hat sich bis heute nichts geändert: im Osten das Schloss, die Altstadt südlich, die Vorstadt nördlich der Selz. Wo früher der Bach samt Mühlgraben offen durch die teilweise grüne Aue floss, zieht sich heute

Taubenturm in der Paeseler-Anlage

die Hospitalstraße in Ost-West-Richtung durch die Stadt. Die Selz fließt – bereits seit der letzten Jahrhundertwende verrohrt – im Hauptsammler der Kanalisation Richtung Schafhausen.
Den Mittelpunkt der Altstadt bildet der Marktkomplex mit Rossmarkt (bürgerliche Geschäftshäuser/Fachwerk), Fischmarkt (Rathaus von 1586) und Obermarkt (ehemaligen fränkischer Salhof) mit Nikolaikirche. Von hier gehen drei Straßen zu den gleichnamigen Haupttoren: St. Georgenstraße (Süden), Spießgasse (Westen) und Antoniterstraße (Norden). Die Flonheimer Straße mit ihren bäuerlichen Hofreiten und Tagelöhnerhäusern heißt heute noch im Volksmund Vorstadt. 1387 entsteht das Hospital (heute: Museum) in der Froschau vorm Antoniustor. Die Lage ist typisch für soziale Einrichtungen des Mittelalters: Außerhalb an Hauptstraßen und in Wassernähe. Erst in der zweite Hälfte des 15. Jahrhunderts wird die Vorstadt befestigt. Etwa zur gleichen Zeit (1450) wird die nur schwach befestigte Oberstadt geschleift. Zwischen Spießtor und der heutigen Straße Am Roten Tor hatte sich neben den beiden Frauenklöstern Himmelgarten und Zu den Klingen bis dahin eine dünne Bebauung entwickelt. Die Stadttore wurden beim Bau der Napoleonschen Kaiserstraße Paris – Mainz, heute B 40 (Nibelungenstra-

Alzey

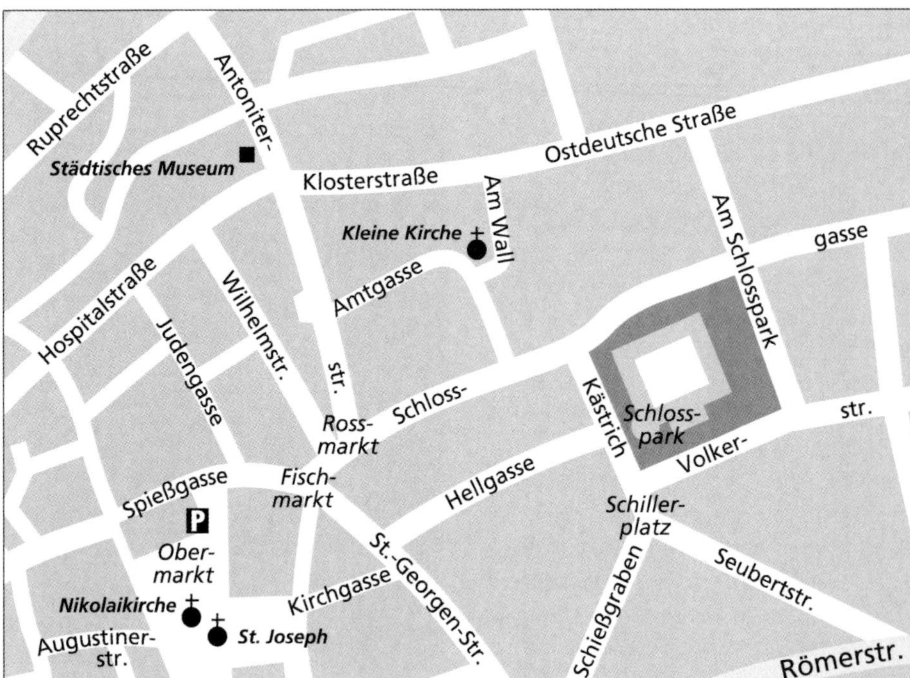

ße/Römerstraße/Kaiserstraße) 1807 abgerissen. Die Stadt begann sich außerhalb der Stadtmauern zu erweitern. Aus dieser Zeit stammt ein Ring historisierender Bauten (um 1900) in der Umgebung von Weinrufstraße, Ernst-Ludwig-Straße, Schillerplatz und Wartbergstraße (z. B. Nr. 5 und 8 neubarock). Neue Begrenzung der Stadt wurde die Bahnlinie.
Restaurierte Stadtmauerreste kann man heute in der Paeseler-Anlage (Ostdeutsche Straße), unterhalb der Kreisverwaltung (Bleichstraße) und am Judengraben (Nähe Postamt) sehen. In den 20er und 30er Jahren entstanden die Wohnblocks im Osten und Norden der Stadt, nach 1945 erfolgte vor allem die Erweiterung über die Bahnlinie hinaus Richtung Weinheim. Im Osten, Richtung Schafhausen/Dautenheim wurde Industriegebiet ausgewiesen. Mittlerweile wird das Selztal vor und nach der Stadt von je einer Autobahnbrücke überspannt.
1689 wurden Stadt und Schloss von den Franzosen fast völlig eingeäschert. Überlebt haben fast nur Steinhäuser wie das Rathaus mit seinem bemerkenswerten Renaissance-Treppenturm, der Hospitalneubau von 1580, das Amthaus in der Amtgasse 6 (1629) und das Haus Spießgasse 48 (1570) mit der dahinter liegenden Zehntscheune. Von den älteren Fachwerkhäusern blieben meist nur Reste, wie die Grundmauern des Hauses Zum Raben am Rossmarkt (Kern 15. Jahrhundert) oder in der Schlossgasse 15 (1579). Stehen geblieben waren nur das Giebelhaus in der Atzel 3 (1683) mit seinem landschaftstypischen Zierfachwerk („Eckständer mit gedrehten, weinrebenverzierten Säulchen"/Suthoff, *Denkmaltopografie Alzey*) und das Haus Heimerle, eine alte Schmiede, die 1961 der autogerechten Straßenerweiterung weichen musste.
Die übrigen Fachwerkhäuser der Altstadt, die vor allem an den drei Märkten noch schöne Ensembles bilden, stammen aus der Zeit des Wiederaufbaus im 17. und 18. Jahrhundert. „Zwei bis drei Geschosse mit Giebel- oder Walmdach, das Erdgeschoß massiv (größtenteils modern umgebaut), die Obergeschosse in der für die rheinfränkische Fachwerkbauweise charakteristischen Art und Weise durch Streben, Gegenstreben und Brüstungsfiguren gemustert." (Dehio) Gute Beispiele dafür sind die Gebäude in der Weberstube (7 bis 10, 13 und 15), zu denen sich klassizistische Elemente gesellen (11 und 18), sowie das Deutsche Haus am Fischmarkt mit dem Volkerbrunnen von 1912 und das Haus Klosterstraße 9 (1725).
Barocke Ensemble findet man in den Obergeschossen der Häuser Spießgasse/Nähe Fischmarkt, so Nr. 10, 16 oder 20 (Wendeltreppenturm um 1600/Renaissancekern). Der klassizistische Stil der Französischen Revolution hat sich in der ehemaligen Unterpräfektur des Departements Donnersberg (1797-1814), Löwengasse 4, niedergeschlagen. Das Haus soll von Eustache de St. Far errichtet worden sein, der auch für den Mainzer Gutenbergplatz verantwortlich zeichnet. An der Ecke Kaiserstraße/Bleichstraße (Nr. 1 und 3) hat Paul Wallot, der Erbauer des Berliner Reichstags und aus einer alten Oppenheimer Hugenottenfamilie stammend, seine Spuren als Kreisbaumeister hinterlassen.

Rundgang durch die Stadt

Den Rundgang beginnen wir am alten Judengraben, wo sich heute über dem Gelände des alten Judenfriedhofs – der neue Judenfriedhof liegt innerhalb des Friedhofs an der Berliner Straße – ein Parkplatz befindet. An der Südseite kann man restaurierte Stadtmauerreste mit einem Turmstumpf erkennen. Geht man die Antoniterstraße hinunter, kommt man zum Kronenplatz. Im alten Hospital ist heute das Museum untergebracht. Der erste Bau wurde 1380 von Pfalzgraf Ruprecht I. im gotischen Stil erbaut. Das heutige Gebäude stammt aus der Renaissance und erhielt im 18. Jahrhundert ein neues Dach und eine neue Turmhaube. Jahrhundertelang war es ein „Sozialasyl" für Kranke, Arme, Fremde, Alte, Waisen und andere Hilfebedürftige. Erst im 19. Jahrhundert gliederten sich diese Asyle in medizinische und soziale Einrichtungen auf. Heute noch gibt es eine von der Stadt betreute Hospitalstiftung, die den Haus- und Grundbesitz des mittelalterlichen Instituts betreut, der durch Schenkungen und Ankäufe von Alterssitzen entstanden ist.

Das 1906 gegründete Museum hat einen gut ausgebauten stadtgeschichtlichen Schwerpunkt im Erdgeschoss. Die Judaica-Sammlung zeigt u.a. eine Thora-Rolle, die 1938 aus der von der SA geschändeten und angezündeten Synagoge in der Augustinerstraße gerettet wurde. Lokale Handwerkstradition wird am Beispiel des Kunsthandwerks vorgestellt. Eine Abteilung ist auch der Alzeyer Symbolfigur, dem Spielmann Volker aus dem Nibelungenlied, gewidmet. Im ersten Stock befindet sich die vor- und frühgeschichtliche Abteilung mit keltischen, römischen und fränkischen Funden. Die paläontologische Abteilung im zweiten Stock zeigt vor allem Funde aus dem Mittel-Oligozän (vor 35 Millionen Jahren), so z. B. das fast vollständig erhaltene Skelett einer Seekuh.

Geht man an der Kreuzung zur Hospitalstraße links, kommt man zum Fachwerkhaus Klosterstraße 9 (1725) mit einer in Rheinhessen seltenen Muttergottes in der Ecknische des Obergeschosses. Gegenüber in der Paeseler-Anlage findet sich wieder ein Teil der Stadtmauer mit dem restaurierten Taubenturm und einem angedeuteten Wehrgang. Vor der Mauer erinnert eine Büste an Georg Scheu (1879-1949), der in der Alzeyer Landesanstalt für Rebenzüchtung einige Rebsorten, darunter die nach ihm benannte Scheurebe züchtete. Durch die kleine Anlage und rechter Hand durch die Amtgasse kommt man wieder zur Antoniterstraße. Der gegenüberliegende Torbogen führte früher ins Antoniterkloster. Über die Fußgängerzone gelangt man zum Rossmarkt, dem zentralen Platz der Stadt, der sich heute überwiegend als Fachwerkensemble präsentiert. In den Obergeschossen der Häuser Zum Raben (Kern 15. Jh./am Eingang zur Wilhelmstraße), dem Gasthaus Zum Römer und dem Fachwerkhaus an der Ecke zum Fischmarkt findet sich mehrfach das typische Fachwerkmotiv des „Wilden Mannes". Mitten auf dem Platz steht der Rossmarktbrunnen des pfälzischen Bildhauers Gernot Rumpf. Dass man auf dem Bronzegaul, dem Schlachtross Volkers von Alzey, reiten darf, freut besonders die Kinder. Den Kunstfreund werden

Haus „Zum Raben“ am Rossmarkt

jedoch sicher die kleineren Bronzefiguren am Brunnenrand, eine Maus und ein Drache, stärker ansprechen. Vom Rossmarkt aus kann man zwei Rundgänge, einen nach Osten und Süden und einen nach Westen, anschließen.

Im Osten der Stadt liegt die ehemals staufische Burg, die man über die Schlossgasse erreicht. Nach vielleicht 100m stößt man linker Hand auf das um 1700 erbaute Burggrafiat, in dem sich auch die Steinhalle des Museums mit römischen Artefakten befindet, und rechter Hand auf ein ebenfalls dreiflügliges um 1850 im Stil des Klassizismus errichtetes Gebäude, das das Weingut der Stadt beherbergt. Im ehemaligen Sitz des Burggrafen finden heute das ganze Jahr über Kunstausstellungen statt. Die Stadt verleiht außerdem alle zwei Jahre den Elisabeth-Langgässer-Preis – bisherige Preisträger: Luise Rinser, Rolf Hochhuth, Ursula Krechel, Wulf Kirsten, Christa Wolf, Claude Vigée, Ulla Hahn und Hanns-Josef Ortheil – und in ihren Mauern wird, ebenfalls alle zwei Jahre, der rheinhessische Mundartwettbewerb ausgetragen. Diese Pflege des heimischen Dialekts und seiner Literatur setzte jedoch erst in den 80er Jahren ein. Früher galt vielfach, was der Alzeyer Mundartdichter Franz Kampe Anfang

Elisabeth Langgässer
(1899-1950)

Die Schriftstellerin Elisabeth Langgässer wurde am 23. Februar 1899 als Tochter des Kreisbaurats Eugen Langgässer und seiner Frau Eugenie in Alzey geboren. Als der Vater 1909 starb, zog die Familie nach Darmstadt. Von 1920 bis 1928 arbeitete Elisabeth Langgässer als Volksschullehrerin in Griesheim. 1924 erschien ihr erster Gedichtband *Wendekreis des Lammes*. In dieser Zeit verkehrt sie in linkskatholischen Kreisen des Rhein-Main-Gebiets um Walter Dirks. Als 1929 ihre Tochter Cordelia – Vater ist der aus einer jüdischen Familie stammende Staatsrechtler Hermann Heller – unehelich geboren wird, geht sie nach Berlin. Dort erscheinen 1932 der Erzählungsband *Grenze. Besetztes Gebiet* und 1933 die stark von Bachofens Mutterrechtstheorie beeinflusste Erzählung *Proserpina*. 1935 heiratet sie Wilhelm Hoffmann. Im Frühjahr 1935 erscheint das Buch *Gang durch das Ried*, kurz darauf wird sie als „Halbjüdin" aus der Reichsschrifttumskammer ausgeschlossen. Ihr Vater war vom Judentum zum Katholizismus konvertiert. Wie Bachofen und der Katholizismus lehnt Elisabeth Langgässer die liberalen Traditionen der Französischen Revolution ab. Das wird besonders deutlich in ihrem1938 in Österreich erschienen Erzählungsband *Rettung am Rhein*, der die ganze antifranzösische Stimmung der Region seit 1918 atmet. 1942 erkrankt die Schriftstellerin an Multipler Sklerose. Alle Versuche, die Tochter Cordelia vor dem Zugriff der Nazis zu retten, scheitern. 1944 wird Cordelia nach Theresienstadt und dann nach Auschwitz deportiert. Sie überlebt und schreibt später ihre Autobiografie. 1947 erscheint der Roman *Das unauslöschliche Siegel*, 1948 zieht Elisabeth Langgässer nach Rheinzabern um. Am 25.7.1950 stirbt die Schriftstellerin, posthum erscheint der Roman *Märkische Argonautenfahrt*.

Die heute oft schwer verständlichen, weil mit Mythen beladenen Texte lassen sich besser verstehen, wenn man einerseits die galloromanische Vorgeschichte der Region einbezieht mit ihren mutterrechtlichen Traditionen und deren Konflikt mit dem Christentum und andererseits die besondere Situation des rheinischen Katholizismus, der sowohl antipreußisch (und damit weniger nationalistisch) als auch antijakobinisch (und damit gegen die westlichen Demokratien) ausgerichtet war. Das alles geschieht auf dem Hintergrund der Assimilation aus jüdischem Milieu, welche der Vater vollzogen

hat. Er war immer um besondere Anpassungsleistungen bemüht, um Anerkennung zu finden. Hier liegen die Gründe für Elisabeth Langgässers Blauäugigkeit gegenüber dem NS-Terror und für die von der Autorin bedachte „geschichtsphilosophische Kausalkette, die die Juden via Aufklärung, Protestantismus und Preußentum in einen schuldhaften Zusammenhang mit dem Faschismus bringt, sie als Mitschuldige jener Katastrophe ansieht, deren Opfer sie wurden, um dann zu erklären, mit der Schoa habe sich so etwas wie eine Entsühnung jener vollzogen, die den Gottessohn mordeten." (Frederik Hetmann, *Schlafe, meine Rose*, 1999, S.14/15)
Das Gedicht *Frühling 1946* hat Elisabeth Langgässer ihrer Tochter Cordelia gewidmet, die das KZ Auschwitz überlebt hat. Nausikaa ist eine Königstochter, die den schiffbrüchigen Odyssus findet.

Frühling 1946

Holde Anemone,
Bist du wieder da
Und erscheinst mit heller Krone
Mir Geschundenem zum Lohne
Wie Nausikaa?

(...)
Aus dem Reich der Kröte
Steige ich empor,
Unterm Lid noch Plutons Röte
Und des Totenführers Flöte
Gräßlich noch im Ohr.

Sah in Gorgos Auge
Eisenharten Glanz,
Ausgesprühte Lügenlauge
Hört ich flüstern, daß sie tauge,
Mich zu töten ganz.

Anemone! Küssen
Laß mich dein Gesicht:
Und gespiegelt von den Flüssen
Styx und Lethe, ohne Wissen
Um das Nein und Nicht.
(...)

des 20. Jahrhunderts formulierte: „Die Alzer Sprach – ich hunns gesaat! – Sie ist die scheenscht net grad im Staat."

Das Weingut der Stadt wurde vom Alzeyer Bürgermeister Heinrich Gottlob Pentocrates Seubert erbaut. 1916 hat es die Stadt von einem Nachfahren des Weggefährten von Heinrich von Gagern (Präsident des Paulskirchenparlaments aus Monsheim) geerbt. Einige Schritte weiter biegt linker Hand die Amtgasse ab, wo (Nr. 6) noch das Amthaus von 1629 steht. Die sogenannte Kleine Kirche (ehemals lutherisch) am Straßenende wurde vermutlich auf den Fundamenten einer Kapelle des Antoniterklosters errichtet. Der renovierte Bau beherbergt eine Stumm-Orgel. Oben, an der Ecke zur Schlossgasse (Nr. 15), steht das älteste Fachwerkhaus der Stadt von 1579.

Durch den gut erhaltenen Torbogen der mittelalterlichen Stadtbefestigung gelangt man zum Schloss. Die erstmals 1260 zerstörte staufische Burg wurde im 15. und 16. Jahrhundert von den Pfalzgrafen als zweite Residenz neben Heidelberg ausgebaut. 1689 wurde sie von den Franzosen gesprengt und diente danach den Alzeyer Bürgern vor allem als Steinbruch für den Hausbau. Die großherzoglich-hessische Denkmalpflege restaurierte die Ruine in den Jahren 1901-03. Ältester Teil ist neben der Ringmauer der nordwestliche Torturm. Der kreisrunde Bollwerkturm im Südwesten, im Volksmund „Bolles" genannt, weil er lange Zeit als Stadtgefängnis diente, wurde erst 1556 errichtet. Der Saalbau im Norden (heute Sitz des Amtsgerichts) stammt aus der Zeit um 1500. Den Südbau (heute Sitz eines Internats) ließ Kurfürst Friedrich II. 1546-49 errichten. Das Fachwerk am Nordbau und am Bollwerksturm ist nicht ursprünglich, sondern historisierendes Stilelement der Jahrhundertwende um 1900. Im heute bebauten Bereich westlich und nördlich lag einst die Vorburg, die nur über die Toranlage in der Schlossgasse zu erreichen war. Gegenüber dem „Bolles" steht im Kästrich noch die alte Schlossscheune von 1468, unter der sich ein ebenso alter Weinkeller mit Kreuzrippengewölbe befindet.

Durch ein weiteres Tor kann man einen kurzen Abstecher in die Hellgasse machen, wo man bald auf das Haus Diez (Hellgasse 14) stößt, ein ehemals schönes Herrenhaus vom Anfang des 18. Jahrhunderts, zu dem ursprünglich auch einmal die Meierei/Schweizerei schräg gegenüber (Nr. 19/21) gehörte. Am Schillerplatz zeigt sich ein typisch historistisches Ensemble, das sich in der Seubertstraße fortsetzt.

Über die Dr.-Georg-Durst-Straße gegenüber dem linker Hand gelegenen Finanzamt kommt man zum Gelände des römischen Kastells. Fundamentreste wurden in der Jean-Braun-Straße neben den beiden Gymnasien ausgegraben. Eine Tafel erläutert den Grundriss, ein Modell der Anlage kann im Museum besichtigt werden. Über den alten ummauerten Weg zur nicht mehr bestehenden Georgskirche geht es zurück zum Stadtzentrum. Am Eingang der St. Georgenstraße findet sich linker Hand (Bleichstraße 1 und 3) das von Paul Wallot errichtete Wohnhaus. Er bebaute das Eckgrundstück 1869-72 für den Landtagsabgeordneten Carl August Römer (1834-1905), den ersten Besitzer des gegenüber im Schießgraben liegenden Saalbaus, mit einem repräsentativen Bau, der durch die Fassadengliederung und die belvedereartige Dachgaupe hervorgehoben wird. Auch die Innenausstattung mit Gipstondi („Vier Jahreszeiten") und farbigen Bodenfliesen im Treppenhaus entsprach den gehobenen Ansprüchen des Auftraggebers. In der St. Georgenstraße, die zum Rossmarkt zurückführt, befindet sich rechter Hand ein kleiner Brunnen. Hier etwa stand das südliche Stadttor.

Wendet man sich vom Rossmarkt aus Richtung Westen, gelangt man zum Fischmarkt, auf dem die Rheinfischer der Wormser Gegend im Mittelalter lebende Fische verkaufen durften. Hier steht auch das alte Rathaus, das 1586 aus Steinen des abgebrochenen Klosters Weidas (Stadtteil Dautenheim) gebaut wurde, mit seinem bemerkenswerten Renaissancetreppenturm. An der Tür ist ein schwarzer Metallstab angebracht, die Alzeyer Elle, an der die Tuchhändler einst Maß zu nehmen hatten. An der Wand ist auch eine Tafel mit Daten zur Stadtgeschichte eingelassen. Die Apotheke gegenüber zeigt eine klassizis-

Alzey, Städtisches Weingut in der Schlossgasse

tisch verputzte Fassade, weitere Häuser in der Spießgasse (Nr. 10, 16 oder 20) sind barocke Massivbauten. Hier geht auch die Judengasse ab, in der sich bis 1420 das Ghetto befand. An der Ecke zur Spießgasse steht das Deutsche Haus mit einem schönen Fachwerkobergeschoss.

Geht man am Ende der Fußgängerzone die Selzgasse hinunter, kommt man linker Hand zur Weberstube, wo im Mittelalter die Weberzunft zu Hause war. Über den diesem Handwerk zugrunde liegenden Flachsanbau informiert ein Teil der Museumsausstellung. Die Fachwerkbauten hier (Nr. 7 bis 10, 13 und 15) stammen alle aus der Zeit nach 1689, in Nr. 11 und 18 kommen klassizistische Elemente hinzu. Durch

Historistisches Wohnhaus am Schillerplatz

die schmalen Gassen kommt man, wenn man sich links hält, wieder zur Spießgasse, wo sich bald rechter Hand das älteste Steinhaus (Nr. 48) von 1570 mit dahinterliegender Zehntscheune erhebt. Der Volutengiebel stammt allerdings erst aus der Zeit der ersten Renovierung (1669). Nicht weit davon befand sich die alte Synagoge in der Zwerchspießgasse von 1791, die Elias Simon Belmont, der Stammvater des in New York bekannten Bankhauses Belmont, gestiftet hatte. Das Gebäude fiel 1976 der Altstadtsanierung zum Opfer.

Gegenüber gelangt man über einen kleinen Fußweg zum Haus Atzel Nr. 3. Das Fachwerkhaus von 1683 fällt durch sein landschaftstypisches Zierfachwerk, nämlich Eckständer mit gedrehten, weinrebenverzierten Säulchen, auf. Von der Atzel über die Löwengasse mit der klassizistischen ehemaligen Unterpräfektur (Nr. 4) aus napoleonischer Zeit kommt man in die Augustinerstraße, wo eine Gedenktafel mit den Namen aller im Nationalsozialismus vertriebenen und ermordeten Alzeyer Juden an den Standort der 1938 in Brand gesetzten Synagoge erinnert.

Die Straße öffnet sich zum Obermarkt, dem alten fränkischen Salbezirk. Die Nikolaikirche wird erstmals 1350 urkundlich erwähnt und geht wahrscheinlich zurück auf die alte fränkische Kapelle des Salhofs. 1420-32 wurde dann der Langhausbau errichtet. Der Hochchor entstand 1450 im Umkreis Maden Gertheners, der Turm 1485-99. Der heutige Spitzhelm wurde erst 1905 aufgesetzt, da der alte Barockhelm von 1715 baufällig geworden war. Am Bau der großen, dreischiffigen Hallenkirche war vermutlich der aus Alzey stammende Baumeister Nikolaus Eseler federführend beteiligt. Im 18. Jahrhundert diente das im Pfälzischen Erbfolgekrieg schwer beschädigte Kirchenschiff als Feldlazarett und als Bäckerei. Erst 1844-48 und noch einmal 1926 wurde es wieder hergestellt. In der Vorhalle des Erdgeschosses ist eine Grablegungsgruppe aus Sandstein von 1430 aufgestellt. Gebildet wird sie vom Sarkophag für Christus, der nur als hölzerne Figur aufgelegt wurde, den beiden Initiatoren der Grablegung, Joseph von Arimathia (am Haupt) und Nikodemus (an den Füßen) sowie der Maria-Johannes-Gruppe hinter dem Sarkophag. Die an den Seitenschiffen aufgestellten Grabsteine (Gerhard Truchsess von Alzey, † 1339, oder Johannes von Albig genannt Dexheimer, † 1407) stammen meist aus dem Kloster Weidas bei Dautenheim. Seit 1997 beherbergt die Nikolaikirche eine Beckerath-Orgel, die aus dem Kloster Knechtsteden bei Dormagen stammt.

Auch am Obermarkt haben sich Reste älterer Bebauung erhalten, so in der Nr. 10, einem Giebelhaus um 1700.

Im Mai 1849 fanden hier zwei Volksversammlungen statt, bei denen Bürgermeister Seubert und seine Freunde vom Märzverein (Liberale) Lehne und Preetorius sowie die Vertreter des Demokratenvereins Ferdinand Haas und Balthasar Mathy die Menge dazu aufforderten, die in Frankfurt beschlossene Reichsverfassung gegen die „rebellischen Regierungen" der Fürsten durchzusetzen. Am 11.5.1849 um die Mittagszeit machte die rheinhessische Freischar auf dem Weg in die Pfalz hier Station, darunter die 9. Kompanie unter Haas. Bereits am 19.9.1848, nach dem Frankfurter Volksaufstand, hatte der Demokratenverein auf dem Alzeyer Rathaus eine rote Fahne gehisst. Im Haus Obermarkt Nr. 9 tagte dann 1918 der Alzeyer Arbeiter- und Soldatenrat.

Den Stadtteil Weinheim kennen Fachleute überregional wegen der Fossilienfunde (Haifischzähne, Seekuhgerippe) im Naturdenkmal Trift. Die Ablagerungen stammen aus einem Meer, das im Tertiär das Mainzer Becken bis an die Weinheimer Bucht bedeckte. Am ersten Sonntag im September findet in den Weinbergen zwischen Alzey und Weinheim die „Wingertshaisjerwanderung" des Altstadtvereins statt. Dabei kann man in vielen der laubenartig gebauten Weinbergshäuschen Rast machen. Am Ortsanfang von Weinheim kommt man zu einem zinnenbewehrten Weinbergsturm von 1887 und einer Kapelle von 1830, die zur Villa Heiligenblut gehören. Unten im Selztal ist die Poppenschenke an der Abzweigung nach Mauchenheim unter die Autobahnbrücke gerückt. Im Hof der früheren Mühle (1585) befindet sich ein Barockbrunnen mit gedrehten Säulen und einer Muttergottes aus Tecklenburg/Westfalen. Die Weinstube beherbergt eine kleine Samlung mit Gemälden, Fayencen und Zinngeschirr. Geht man den Höhenweg über Weinheim weiter, kommt man am Ende zur Weinkirche. Der Schweizer Naturbautenarchitekt Marcel Kalberer hat 2008 ein Gerüst aus Bambus aufstellen lassen, an dem sich Weinreben hochranken. Von hier aus hat man einen schönen Blick zum Donnersberg.

Alzey-Weinheim, Villa Heiligenblut

Die katholische St. Galluskirche – zwischen Bäumen am Fuß des Heiligblutberges (St. Gallus-Ring) gelegen – fällt durch ihren romanischen Westturm auf. Das spätgotische Langhaus wurde 1740 umgebaut. Der dreiseitig geschlossene Chor ist um 1300 entstanden, die doppelgeschossige Sakristei an der Südseite mit schönen Konsolen im Erdgeschoss (1483). Im Innern: Reste eines Gestühls von Erhart Falckener (Signatur: erhart.val...er) aus Abensberg/Bayern (1496/siehe Bechtolsheim), Grabstein eines Priesters (1499), Gemälde Abschied des Tobias (1. Hälfte 17. Jh.). Die Marienkapelle ziert eine Muttergottes (um 1410) aus Holz im Typ der Schönen Madonna, die den Binger Tonplastiken von St. Martin verwandt ist. Die evangelische Kirche stammt von 1747, das katholische Pfarrhaus von 1766. Der Deutschherrenhof (1613) an der Ecke Hauptstraße/Offenheimer Straße zeigt an den Fenstern noch das Zeichen des Ordens. Von hier führt ein gemütlicher Fußweg mitten durch den Stadtteil, an Gärten vorbei zur St. Gallus-Kirche.

Die katholische Kirche St. Mauritius im Stadtteil Heimersheim liegt auf einem ehemals befestigten Friedhof. Vom spätgotischen dreischiffigen Langhaus ist nur das Ostjoch der Seitenschiffe erhalten (heuti-

Heimersheim, Freier Platz. Zeichnung von Ehrhard Hütz

ge Sakristei). Der Chor mit Sterngewölbe (1479) stammt vom Meister der Weinheimer Sakristei. Das Langhaus wurde 1726-29 als flachgedeckter Saal erneuert. Die Untergeschosse des Westturms sind 1552, der Oberbau 1897 errichtet. Die Innenausstattung mit Figuren (Mauritius, Nepomuk, Muttergottes, Joseph) und Monstranzen stammen aus dem 18. Jahrhundert. Die evangelische Kirche von 1726 beherbergt eine Orgel der Gebrüder Stumm (1750). Das klassizistische Rathaus (um 1840) liegt an einem der beiden im Rahmen der Dorferneuerung gestalteten Plätze.

Im Stadtteil Dautenheim erinnert ein Gedenkstein an der Straße nach Kettenheim an das 1237 gegründete und 1551 aufgelöste Zisterzienserinnenkloster Weidas, das umfangreichen Grundbesitz in ganz Rheinhessen hatte. In den Regesten von 1553 wurde der gesamte Besitz nochmals aufgenommen; darunter befanden sich Höfe in Dautenheim, Gau-Heppenheim, Esselborn, Dintesheim, der Wüstung Huckenhofen (südöstlich von Dautenheim), Wahlheim, Schafhausen, Eimsheim, Wintersheim, Dolgesheim, Erbes-Büdesheim, Abenheim, Blödesheim (heute Hochborn), Weinheim und dem Wasenbacher Hof. Der Besitz fiel an die Heidelberger Universität, die Gebäude verfielen und dienten als Steinbruch zum Hausbau, u.a. nach kurfürstlicher Genehmigung von 1580 zum Bau des Alzeyer Rathauses. Grabsteine aus dem Kloster, u.a. aus der Alzeyer Truchsessenfamilie, befinden sich in der Nikolaikirche und im Landesmuseum Darmstadt. Die evangelische Kirche ist ein einfacher Saalbau von 1787, auch die Kanzel stammt aus der Zeit der Erbauung (1790). Ein Kultur- und ein Weinlehrpfad führen den Spaziergänger in Geschichte und Wirtschaft des Dorfes.

Richtung Gau-Odernheim liegt der bereits früh eingemeindete Weiler Schafhausen. In einer Lokalsage wird der Ortsname zurückgeführt auf eine mittelalterliche Liebesgeschichte zwischen einem hier an der Selz beheimateten Schafhirten namens Amich und einer am Alzeyer Burggrafenhof lebenden jungen Frau namens Gunde, die den Segen der Herrschaft erhielt und damit zum glücklichen Ende einer Ortsgründung führte. Seit 1426 gehörte zum Einkommen des Pfarrers an der Alzeyer Nikolaikirche auch der Zehnte von Schafhausen, der etwa 80 Malter Frucht und ein Fuder Wein betragen haben soll. Im 16. Jahrhundert war der Weiler ein „dorfflein mit zweyen hofen und just zweyen hußwohnungen", wie Heinrich Becker in seiner Alzeyer Kirchengeschichte (S. 24) berichtet. Dennoch habe es damals bereits eine Kapelle am freien Platz gegeben, die allerdings in sehr schlechtem Zustand gewesen sei. 1596 wurde versucht, das Gebäude zu renovieren und wieder regelmäßig Gottesdienste einzurichten, „dieweil die nachbarn doselbst so neidisch gegen einander leben", aber das Projekt scheiterte. Becker: „Wenigstens hören wir nichts mehr von einer Wiederherstellung, allerdings auch davon nichts, ob es dem Superintendenten gelang, den Schafhäuser Hofleuten etwas mehr brüderliche Gesinnung beizubringen." (S. 92)

Das Alzeyer Umland im Süden der Stadt

Erst seit 1903 heißt **Gau-Heppenheim** nicht mehr „Heppenheim im Loch", wie man das Dorf im Gegensatz zu „Heppenheim an der Wiese" bei Worms im 18. und 19. Jahrhundert nannte. Bereits 794 ist eine Schenkung an das Kloster Fulda urkundlich erwähnt. In Lorscher Schenkungen von 805 und 813 sind Äcker und Weinberge dokumentiert. Eine Familie von Heppenheim besaß hier eine Burg, die 1766 durch einen Blitz zerstört worden sein soll. Teile der katholische Kirche stammen noch von einem früheren romanischen Vorgängerbau, worauf die Rundbogenfenster in der Nordwand verweisen. Der hohe, spätgotische Chor erinnert an die Kirchen in Armsheim und Gabsheim. An der Chorwand findet sich ein Kreuzigungsgemälde (um 1750), das aus der Seekatz-Werkstatt stammen könnte. Die evangelische Kirche ist ein Saalbau von 1726. Das ehemalige katholische Pfarrhaus (Friedhofstraße 5) stammt vom Ende des 16. Jahrhunderts und weist gekuppelte Rechteckfenster auf.

Auch **Hochborn** hat eine Namensänderung mitgemacht. 782 wird es in einer Lorscher Schenkung als Blatmaresheim erwähnt. Daraus wurde 1401 Bledesheim und später Blödesheim. Kein Wunder also, dass man sich einen neuen Namen gesucht hat. Im 1618 errichteten Langhaus der evangelische Kirchen finden sich hochgotische Bauelemente. Der Westturm wurde allerdings in seinen unteren Geschossen bereits um 1200 errichtet, der Helm aber erst 1907 aufgesetzt.

Monzernheim, 765 erstmals als Munzinheim erwähnt, gehörte lange zum Bistum Worms, bevor es kurpfälzisch wurde. Die Grafen von Zweibrücken gaben das Kirchenpatronat an das Wormser Kloster Mariengarten, welches es bis Anfang des 16. Jahrhunderts behielt. Der Chor der katholischen St. Johann-Baptist-Kirche stammt noch aus dem 14. Jahrhundert, in die Ostwand sind Maßwerkfenster eingelassen. Das spätgotische Langhaus ist lediglich einschiffig. Am freien Platz in der Ortsmitte stand bis 1979 das Schul- und Rathaus, das bis 1874 auch einen Gemeindebäcker beherbergte. In der Sickingenstraße findet man ein barockes Haus (Anwesen Kiefer) mit einem Renaissanceportal.

Die Töpferstraße weist auf eine wichtige Handwerkertradition des Dorfes hin, die seit Anfang des 20. Jahrhunderts ihr Ende gefunden hat. Am Haus Nr. 8 erinnert eine große Tonschüssel noch an die Töpferei von Johann Stork (1889), die den weißbrennenden Ton aus den örtlichen Tongruben zu allerlei Haushaltsgerät, vom Blumentopf bis zum „Latwergedippe" (Pflaumenmustopf), verarbeitete. Ein großer Teil des Tons wurde allerdings auch über die Eisenbahn – ab 1897 gab es eine Bahnstrecke Osthofen/Gau-Odernheim – exportiert.

Östlich liegt die Ortschaft **Hangen-Weisheim** – im Volksmund „Ha-Wei" – sprichwörtlich am Hang. Über dem Dorf hatten die Johanniter bis 1811 eine Kommende, Malteserhof genannt, zu dem auch eine

Hangen- Weisheim, Romanische Kirche

Kapelle gehörte (1306 erwähnt/1854 abgebrochen); daran erinnert heute die Johanniterhofstraße. Der Westturm und die Langhausnordwand der evangelischen Kirche sind spätromanisch, Chor, südliches Seitenschiff und Sakristei stammen von 1434. Innen findet sich eine Stumm-Orgel von 1784. Drumherum sieht man Fachwerkbauten aus dem 18. Jahrhundert.

Eppelsheim kann noch einen gut erhaltenen Dorfgraben aufweisen, auch wenn die traditionellen Ulmen wegen einer Krankheit mittlerweile durch andere heimische Laubbäume ersetzt werden mussten. Man erreicht alle Sehenswürdigkeiten auf dem Graben-Rundweg rund um das Dorf. So steht am nordwestlichen Dorfrand, nahe der Jahnstraße, ein sechsgeschossiger Wohnturm (1602 verändert/ursprünglich romanisch) im früheren Dalberger Hof. In einem ehemaligen Wehrfriedhof steht die 1070 erstmals genannte Kirche. Aus dem 11. Jahrhundert stammt auch das Turmerdgeschoss. Das Turmobergeschoss wurde 1502 errichtet, das Langhaus 1791. Bruchsteinhöfe aus dem 19. Jahrhundert finden sich im Ensemble in der Gau-Heppenheimer Straße. Das Haus Lutz (Schweizereck 10) ist das älteste Haus (1576) des Dorfes. Im Rathaus befindet sich das Dinotherium-Museum, das Originalfunde fossiler Säugetiere aus dem Ur-Rhein zeigt, die im frühen 19. Jahrhundert hier gefunden wurden.

Seit 1979 besteht oberhalb der alten Rotweingemeinde **Gundersheim**, die eigentlich aus den beiden fränkischen Siedlungen Gundersheim und Enzheim zusammengewachsen ist, das Naturschutzgebiet Rosengarten. Die rheinhessentypische Trockenrasenvegetation hat sich in einem ehemaligen Kalksteinbruch entwickelt. Im 19. Jahrhundert gehörten „die Steinbrecher, die mit ihren Pickeln die Steine brachen, mit ihren vom Kalkstaub bedeckten Kleidern und Schuhen zum Ortsbild" (Koch). 1956 wurden die Steinbrüche stillgelegt. In Lorscher Schenkungsurkunden werden Gundersheim 776 und Enzheim 849 erstmals erwähnt. Während Ludwig der Deutsche (843-876) seine Leibeigenen in den beiden Orten „von der Gewalt der Vögte und Grafen frei machte" (Brilmayer, S. 189), kamen die Ortsrechte im 12. Jahrhundert an die Rau-, Wild- und Rheingrafen. Die Raugrafen – während der Stauferzeit 1125-1250 ähnlich wie die Leininger ein bestimmendes Grafengeschlecht im Südwesten – stammten von den Nahegaugrafen ab. Ihre Stammburg war die Altenbaumburg im Kreis Rockenhausen. Ende des 13. Jahrhunderts verkauften sie einen Teil ihrer Ortsrechte und Güter an die Wormser Stifte St. Paul und St. Andreas sowie an das Zisterzienserkloster Otterberg. Grundbesitz hatten seit 1100 auch die Abtei Sinsheim und bereits seit dem 9. Jahrhundert auch die Abtei Weißenburg. 1457 kaufte Pfalzgraf Friedrich I. die gesamte niedergehende Raugrafschaft: Gundersheim und Enzheim wurden kurpfälzisch. Den erstmals 769 erwähnten, nahegelegenen Münch-Bischheimerhof verkauften die Raugrafen an das Kloster Otterberg/Pfalz. Im Zuge der Reformation zog Kurpfalz den Klosterhof ein und machte ihn zur „Schaffnerei". Im 19. Jahrhundert kam die Familie Rauschert, die sich begeistert am Hambacher Fest 1832 und der Revolution von 1848/49 beteiligte, in den Besitz des Hofes.

Bereits im 13. Jahrhundert ist eine St. Remigiuskirche erwähnt. Sie liegt am oberen Ortsende inmitten eines ehemals befestigten Friedhofes. Von diesem Verteidigungssystem haben sich noch ein halbrunder Schalenturm und Reste von unterirdischen Gängen erhalten. Der Chor stammt von 1491, der Westturm mit gewölbter Halle von 1521-24. Das dreischiffige Langhaus wurde von 1910-13 errichtet. Von der Ausstattung sind eine Muttergottes (um 1480) und ein Wandgrab (J. H. Haas † 1773) erwähnenswert. Der Turm der evangelischen Kirche stammt von 1892, das Schiff von 1726. In Gundersheim war der Maler Daniel Wohlgemuth (1876-1967) ansässig. Nach

Wiedehopf, einer der Vögel des Vogellehrpfads

einer Lehre als Lithograph besuchte er an der Münchner Akademie die Klasse Franz von Stucks. Hier lernte er die Portraitmalerei, die vor allem in seinen Kinderbildern ihre besonders gelungene Ausprägung fand. Auf Reisen nach Russland, Palästina und Italien begann er mit Landschaftsstudien, die sich in seinen rheinhessisch-pfälzischen Motiven fortsetzten und ihren Abschluss in „metaphysischen Landschaften" mit reduzierter Farb- und Formgebung fanden.

„Ein Rudewin von Flamburn kommt schon im Jahre 1208 unter den Zeugen einer Urkunde vor" (Brilmayer, S. 140). Auf der südlichen Seite des Dorfes lag eine Burg, deren Überreste noch im 19. Jahrhundert zu sehen waren. 1902 fand man bei einer Friedhofserweiterung steinzeitliche Hockergräber (3000-4000 v. Chr.). Da man auch fränkische Grabstätten kennt, muss **Flomborn** als eine der ältesten Siedlungen in Rheinhessen bezeichnet werden. Die evangelische Kirche wurde 1779 erbaut. Im unteren Mauerteil des Saalbaus deuten Spitzbogenfenster auf Mauerreste aus dem 13. Jahrhundert. Der Westturm wurde erst 1907/08 errichtet. Im Inneren findet sich eine Stumm-Orgel von 1783. Das Rathaus (1756) mit Fachwerkobergeschoss hat einen runden Treppenturm. Sein Erdgeschoss beherbergt eine katholische Kapelle mit einer Muttergottes (um 1760). Auch ein 1732 errichtetes Wohnhaus (Langgasse 26) besitzt ein Fachwerkobergeschoss. Mit einer Schautafel an der Kreuzung Weedegasse/Grabenstraße beginnt ein Vogellehrpfad, der über 2 km bis zur Gemarkungsgrenze zu Gundersheim führt und die heimische Vogelwelt erklärt. Die Schilder stehen jeweils dort, wo man

Freimersheim, Katholische Kirche auf einem früheren Wehrfriedhof

die beschriebenen Vögel auch in natura sehen und hören kann.

„Die Geschichte von **Ober-Flörsheim** besteht wesentlich in einer Geschichte der Niederlassung des Deutschen Ordens daselbst", heißt es treffend in Brilmayers Rheinhessenbuch. 1237 verkaufte das elsässische Benediktinerkloster Hugshofen seinen Besitz in Ober-Flörsheim für „850 Mark Silber" an den 1190 während des dritten Kreuzzugs in Akkon/Palästina gegründeten Deutschen Orden. Nach weiteren Käufen und Schenkungen gehörten zur Blütezeit 1482 Morgen Äcker, Wiesen und Weinberge in den umgebenden Gemarkungen zur Kommende, die neben dem Kirchenpatronat im Dorf auch mehrere Privilegien, darunter ab 1451 Steuerfreiheit in der Kurpfalz innehat. Von der alten, im Viereck angelegten Kommende, die man von Süden kommend erreicht, indem man am 1871er Kriegerdenkmal rechts abbiegt, stehen noch die Kommturei (Herrenhaus/ Ende 18. Jh.) an der Hauptstraße – darin heute ein Heimatmuseum – und ein Torturm (15. Jh.) mit spitzbogiger Durchfahrt auf der Feldseite. Vor der Kommturei liegen die katholische Kirche, ein Saalbau von 1776-83 mit stuckierter Flachdecke und Barockausstattung, und die evangelische Kirche, ein neugotischer Bau von 1887/88.

Die Klöster Weidas bei Dautenheim und Gommersheim bei Gau-Odernheim besaßen beide zu fast gleichen Teilen die Ortsgemarkung von **Dintesheim**, das zum kurpfälzischen Oberamt Alzey gehörte. Die kleine gotische Kirche wurde 1535 erbaut und im 18. Jahrhundert verändert.

Das benachbarte **Esselborn** wird bereits 763 in einer Schenkung an das Kloster Lorsch erwähnt. Im 12. Jahrhundert waren die Herren von Stralenberg Ortsherren. Nach deren Aussterben fiel das Dorf an die Kurpfalz. Ortsbildprägend ist die evangelische Kirche auf einem ehemaligen Wehrfriedhof über dem Dorf. Westturm, Langhausnordwand und zwei Chorseiten sind romanisch, die Sakristei wurde 1486 angebaut, das Langhaus 1713 erweitert. In einer Fensternische hat man 1971 Malereien aus der Zeit um 1500 freigelegt. In der Obergasse 27 steht noch ein Fachwerkhaus aus dem Jahre 1719.

Die Dörfer des Kettenheimer Grundes gehörten zur Alzeyer Burg. Bis 1662 war hier eine Familie von Kiedenheim (= **Kettenheim**) reich begütert. Das Kettenheimer Rathaus stammt von 1686 und hat den pfälzischen Erbfolgekrieg also überdauert. Das Obergeschoss trägt reiches Fachwerk und einen geschnitzten fränkischen Erker, mit dem Kirchturm ist es über eine Treppe verbunden. Die evangelische Kirche hat einen romanischen Chorturm, das Langhaus dagegen wurde 1816 mit Baumaterial aus dem untergegangenen Kloster Weidas (Dautenheim)errichtet.

Wahlheim verteilt sich auf die beiden Hänge des Bachtales. Die Langhausnordwand und der vermauerte Triumphbogen der evangelischen Kirche sind noch romanisch, der Chor wurde im 16. Jahrhundert abgetrennt und das Langhaus 1750 erweitert. In Wahlheim ist 1834 der Maler Jakob Wick geboren. Der in Frankfurt und Darmstadt lebende Städelschüler malte überwiegend Landschaften und Figurenbilder nach Sagen und Werken der romantischen Literatur.

Zwei Drittel der **Freimersheimer** Gemarkung gehörten im Mittelalter zu den Klöstern Sion (Mauchenheim), Münsterdreisen und Otterberg und kamen nach deren Aufhebung zur Kurpfalz. Die katholische Kirche liegt erhöht auf einem ehemals befestigten Friedhof. Auch hier findet sich ein Stilgemisch: Chorturm romanisch (1151), Sterngewölbe und östliche Sakristei 1494, Langhaus im Kern mittelalterlich, aber im 17. Jahrhundert umgebaut. Die Ausstattung stammt vom Ende des 18. Jahrhunderts In der Ostwand des Chores befinden sich allerdings Maßwerkfenster mit Malerei um 1430 im Gewände (links Cyriakus oder Laurentius; rechts Erasmus).

Rheinhessische Schweiz

Mauchenheim, Offenheim, Bechenheim, Nieder-Wiesen, Nack, Erbes-Büdesheim, Flonheim mit Uffhofen, Wendelsheim, Eckelsheim, Gumbsheim, Wöllstein, Siefersheim, Wonsheim, Stein-Bockenheim, Hof Iben, Fürfeld, Neu-Bamberg, Freilaubersheim, Volxheim, Pleitersheim, Badenheim, Pfaffen-Schwabenheim

In einem Pachtvertrag von 1557 wird das ehemals zwischen **Mauchenheim** und **Morschheim** nördlich der Selz gelegene Kloster Sion als „gotzhauß Sion am Vorholtz" bezeichnet. Und wirklich sieht man vom Selztalradweg aus über der Hügelkuppe des Weinbergshangs die Waldsilhouette des hier beginnenden Pfälzer Waldes. Das Zisterzienserinnenkloster wurde 1247 von den Alzeyer Truchsessen gegründet und 1566 durch Kurpfalz aufgelöst und in eine Klosterschaffnerei umgewandelt. Noch 1836 waren Reste von Kirche und Konvent zu sehen. Das in der Umgebung reich begüterte Kloster hatte seinen Namen von der Verehrung des himmlischen Jerusalem (Tochter Zion) zur Kreuzzugszeit. Es entstand wie die Nachbarklöster St. Johann, Weidas und Deinbach in und bei Alzey aus der religiösen Frauenbewegung des 13. Jahrhunderts heraus. Sie ist eingebettet in das gesamte damalige Reformgedankentum, das besonders die Nachfolge Christi und den Armutsgedanken als Gegenbild zur römischen Kirche in den Mittelpunkt seiner Bestrebungen stellt und auch die Entstehungen zahlreicher „Ketzerbewegungen" begünstigte. Aber das Leben im Kloster war auch eine gesellschaftlich geachtete Alternative für Frauen gegenüber dem Eheleben, dem häufigen Unverheiratetsein wegen Frauenüberschuss und den geringen Bildungsmöglichkeiten als Frau in der mittelalterlichen Gesellschaft: „Frauen konnten ungestört von Familiensorgen und Berufstätigkeit studieren, lesen, nachdenken, diskutieren und schreiben." (Eva Schirmer, *Mystik und Minne*, S. 50) Das galt jedoch nur für adlige oder bürgerliche Frauen, die sich ins Klosterleben einkaufen konnten. Im gesamten Erzbistum Mainz entstanden zu dieser Zeit 33 Frauenzisterzen, mehr als anderswo. 1228 und 1251 suchte der Orden wegen großer organisatorischer Probleme die weitere Aufnahmen von Frauenklöstern zu stoppen, was nur teilweise gelang. Sion wurde zeitweise vom 1136 im Rheingau gegründeten Männerkloster Eberbach aus beaufsichtigt. Heute steht nur noch ein restaurierter Mauerrest im Westen des Geländes, der zu den Wirtschaftsgebäuden und dem Trakt der Laienbrüder gehört haben könnte, im Osten muss man nach den Idealplänen des zisterziensischen Klosterbaus Kapitel- und Schlafsaal vermuten, im Norden den Speisesaal und die Küche und im Süden eine einschiffige Basilika mit Ostchor. Die Pächter der seit dem 16. Jahrhundert bestehenden kurpfälzischen Schaffnerei kamen nach der Französischen Revolution in den Besitz der von ihnen bewirtschafteten Güter. In einer handgeschriebenen Biografie von 1906 erinnert sich der 1841 in Mauchenheim geborene Philipp Arnold an die Revolution von 1848/49 und setzt sie in Beziehung zur Französischen Revolution: „Die Idee von Freiheit, Gleichheit und Brüderlichkeit kam von Frankreich her und wurde auch mit Begeisterung in ganz Deutschland aufgenommen ... In jedem Dorf wurden Versammlungen abgehalten, um junge Leute militärisch auszubilden, welche Freischaren genannt wurden. Die älteren Mannschaften waren bekleidet mit Kittel und Hosen von grauem Zwillich, ein Gürtel um den Leib, mit einer messingenen Schnalle, dann eine Mütze mit einer schwarz, rot, goldenen Kokarde dran ... Links und rechts an den Hosen ein zweifingerbreites Band und zum Schluß als Waffe eine gerade gebogene Sense." Im Vorfeld des Gefechts im Kirchheimbolandener Schlossgarten, das am 14.6.1849 stattfand, löste sich die Bürgerwehr auf, denn am 13.6. hatte das 1. Bataillon der 4. Division unter dem preußischen General Brun sein Hauptquartier in der Mauchenheimer Schule aufgeschlagen und startete von hier aus am nächsten Morgen den Angriff, der siebzehn Freischärler

Evangelische Kirche Mauchenheim. Aquarell von Alwin Kling

aus Rheinhessen den Tod bringen sollte. Dorflehrer Scholl, der sich den Freischaren angeschlossen hatte, musste fliehen. Einen anderen aus Wörrstadt stammenden Freischärler versteckte die Pfarrersfamilie Fleischmann auf der Flucht. Die Mauchenheimer Kirche hat einen spätgotischen Chor (1578), an den zwischen 1730 und 1752 ein barockes Schiff angebaut wurde. Im Gehäuse der Stumm-Orgel von 1778 sind Reste eines geschnitzten Chorgestühls (um 1500) von Erhard Falkener, der auch das bekannte Bechtolsheimer Gestühl gefertigt hat, verarbeitet. Am Ortsende Richtung Offenheim hat man linker Hand durch Luftbildaufnahmen Mauerreste einer ungewöhnlich großen römischen Palastvilla entdeckt. Peter Haupt schreibt, auf wohl mehr als 2.000 qm Gebäudegrundfläche und in geschätzt 35 Räumen (auf zwei Stockwerke verteilt) habe hier eine ebenso reiche wie einflussreiche Familie mit ihrer Dienerschaft gelebt (HJB 2007, S. 77ff).

Offenheim, das wie Mauchenheim ursprünglich zur Raugrafschaft gehörte, kam 1303 durch Verkauf mit dem größten Teil seiner Gemarkung, dem halben Gericht und der Vogtei an Kloster Sion. Der Westturm der evangelischen Kirche stammt noch vom Ende des 13. Jahrhunderts, das chorlose Schiff wurde 1765 angebaut. Die katholische Kirche ist ein Saalbau von 1756, Altar und Kanzel kommen aus Undenheim. In der Sakristei ist ein gemaltes Antependium (Vorsatzteil des Altars) mit dem Heiligen Martin (um 1730) zu sehen. Das alte spätklassizistische Schulhaus von 1899 hat einen schönen Giebel mit Holzarbeiten im Schweizer Landhausstil. Wenn man von hier aus die Landstraße weiter Richtung Ober-Wiesen fährt, kommt man zum Forsthaus Vorholz, von wo aus man zu Wanderungen und Spaziergängen durch den Wald starten kann, u.a. zum Kappelberg, dem höchsten Punkt Rheinhessens (358 Meter). Der sogenannte Napoleonstein, die Nachbildung eines dreikantigen Sandsteinobelisken, stand ursprünglich auf dem Alzeyer Rossmarkt und erinnert an die Heirat Napoleons mit Marie-Louise von Österreich im Jahre 1810.

In nördlicher Richtung dagegen liegt **Bechenheim**. „Im Jahre 855 vertauschte Agano, Steuereinnehmer des königlichen Palatiums zu Ingelheim, einen Hof und 74 Morgen Ackerland in Bechenheim im Wormsgau an das Kloster Prüm in der Eifel“, schreibt Brilmayer. Das große Gut der Gebrüder Buschen von Offenheim wurde 1303 an Kloster Sion verkauft. 1579 wird das Dorf kurpfälzisch. Die ursprünglich turmlose Kirche von 1756 erhielt 1994 einen Turmaufsatz. Geplant war sie als „Trimultankirche“ für drei Konfessionen. In einer Quelle von 1784 heißt es: „Es ist im hiesigen Ort nur eine Kirche, worin Catholisch, Reformiert und Luterisch ihren Gottesdienst halten.“ Im Hochaltar der Albanskirche befindet sich ein Gemälde der Heiligen Familie (um 1750). Auch die Orgel stammt aus der Erbauungszeit.

Den Berg hinunter im Wiesbachtal liegt **Nieder-Wiesen**. Nach dem Aussterben der als Alzeyer Burggrafen bekannten Herren von Morschheim im 17. Jahrhundert, denen das Dorf zur Hälfte gehörte, kam es an die Herren von Hunolstein, die um 1725 hier ein von Wassergräben umgebenes Schloss

Nieder-Wiesen, ehemaliges Wasserschloss

errichteten. Vom Hauptbau hat sich ein Geschoss erhalten. Über dem Portal der Gartenseite findet man einen Balkonrest, innen eine Steintreppe mit Balustrade und einen Saal mit Stuckdecke (Vier Jahreszeiten). Der letzte Hunolsteiner Ortsherr hieß Karl-Philipp (1732-1816). Zu seinen Besitztümern gehörten auch Nack und der Schniftenbergerhof. Die evangelische Kirche stammt von 1723. Westempore und Kanzel sind mit Apostelbildern bemalt, ebenso die Ostempore mit Stumm-Orgel (um 1740). Der Grabstein eines Ehepaares von Hunolstein (2. Hälfte 16. Jahrhundert) zeigt kniende Bildnisfiguren in Lebensgröße.

Eine wirklich romantische Landstraße führt von Nieder-Wiesen aus am Wiesbach entlang nach **Wendelsheim**. Dabei kann man rechter Hand die Teufelsrutsch von unten sehen. Der Sage nach soll der Teufel hier eine Tochter des Hauses Hunolstein gefreit haben. Doch er hat sie nicht bekommen, die ihm gestellte Aufgabe war zu schwer: Er sollte auf nacktem Hinterteil den Fels hinunterrutschen. Im Gestein sind hier überall Quecksilber- und Eisenerzstollen eingegraben. Die Bergwerke wurden vom 15. bis ins 19. Jahrhundert hinein betrieben. Und in einem Stollen soll sich – wie vielerorts in Rheinhessen – einmal der berühmte Räu-

Erbes-Büdesheim, ehemaliges Schloss

berhauptmann Schinderhannes versteckt gehalten haben.

Bevor man zur Teufelsrutsch kommt, kann man jedoch auch rechts nach **Nack** abbiegen. Das Dorf entstand aus einem Fronhof der Herren von Randeck und gehörte später den in Nieder-Wiesen beheimateten Herren von Hunolstein. Wegen der engen Beziehungen zu Erbes-Büdesheim besaß es keine eigene Kirche. Die katholische Kirche wurde erst 1901 vom ortsansässigen Maurermeister Marouelli im neuromanischen Stil erbaut, die evangelische Kirche zwei Jahre später. Von Nack aus kommt man auch zum Ausflugsziel Schweizerhaus (1886) des Mainzer Architekten Högy, das oben auf der Teufelsrutsch steht und im Schweizer Landhausstil erbaut ist.

Erbes-Büdesheim kam 1333 als Lehen der Grafen von Leiningen und von Sponheim an die Herren von Randeck. Oberhoheit hatte jedoch bereits 1382 Kurpfalz, das den Ort 1673 zum Unteramt machte. Von den ursprünglich zwei Burgen hat sich nur die im Süden gelegene als Schloss erhalten. Im späten 15. Jahrhundert war die ehemalige Wasserburg von den Herren von Morschheim erweitert worden (Kreuzstockfenster in der Nordwand). Um 1690 ergänzte die Familie von Rochow die zweiflüglige

Flonheim, Barockportal

Anlage zum Quadrat. Im 18. Jahrhundert war die Familie von de la Roche, die auch in Monsheim residierte, im Besitz des Schlossses. Die katholische Kirche wurde 1736-45 vom kurpfälzischen Landbaumeister Kaspar Valerius erbaut. An der Ostseite des innen runden und außen fünfseitigen Chores ist ein fünfgeschossiger Turm mit Zwiebelhaube angebaut. Die Ausstattung stammt überwiegend aus dem 18. Jahrhundert. In der evangelischen Kirche (1733-35) befindet sich die Familiengruft der Familie von Laroche. Es gab 1701–1748 eine kleine Mennonitengemeinde, die ihre Gottesdienste im Weißen Schloss hielt, ein Zeichen der toleranten Haltung der hugenottischen Schlossbesitzerfamilien. Seit dem 16. Jahrhundert gab es eine jüdische Gemeinde mit einem Friedhof im südlichen Teil des nicht mehr vorhandenen Schlosses im Nordwesten und seit 1840 einem neuen Friedhof im Nordosten des Dorfes. In der Niedergasse befand sich ein Synagogenraum. In der ehemaligen Dorfschmiede (Hauptstraße 44) ist ein Relief (1654) eingemauert, welches das Beschlagen eines Pferdes und Personen in niederländischer Tracht zeigt.

1139 nannte sich Wildgraf Emicho auch Graf von **Flonheim**. Bei der Teilung in eine Kyrburger und eine Dhauner Linie der Wildgrafen wurde auch Flonheim geteilt. Durch Heirat und Erbe kam es 1409 in rheingräflichen Besitz und bildete ein eigenes Amt. Ab 1506 war der Marktflecken Poststation der Thurn- und Taxischen Post. Dadurch entstanden am Markplatz neben den Amtsgebäuden auch viele Gasthäuser. Das rheingräfliche Amthaus (Marktplatz 6-8) wurde um 1750 aus Flonheimer Sandstein gebaut. Die seitliche Toreinfahrt wird von Pilastern umrahmt, die ein Gesims tragen. Über dem Bogenschlussstein befand sich ein Doppelwappen, das um 1800 abgeschlagen wurde. Nach dem Vorbild des Amthauses sind viele Gehöfte des 17. und 18. Jahrhunderts traufseitig mit seitlichem Tor an die Straße gebaut. 1733 ist das im Kern ältere Rathaus mit offenem Erdgeschoss und dem Betzenkämmerchen (Gefängnis) entstanden. An der Rückseite befindet sich ein Treppenturm von 1587. Auf beiden Seiten des Rathauses, in der Langgasse und der Alzeyer Straße, findet

Flonheim, Trullo im Aulheimer Tälchen

man schöne Portale aus der ersten Hälfte des 18. Jahrhunderts.

Schon die Römer nutzten die Flonheimer Sandsteinbrüche. Und auch später sind aufgrund dieser örtlichen Ressourcen viele Steinhäuser entstanden, so Langgasse 9 (1615) oder Langgasse 25 mit einem Tor von 1589. Schöne Fachwerkbauten stehen in der Alzeyer Straße 3-5 (1625) und in der Wassergasse 8 (1715). Sie sind alle vom mittelrheinischen Typ, der sich auszeichnet durch enge Reihung der senkrechten Pfosten, Anwendung des „Mannes-Motivs" an Eck- und Bundpfosten, häufige und lebhaft geschwungene Gegenstreben mit Nasen, reichen Schmuck der Fensterbrüstungen und reich geschnitzte fränkische Erker. Selten sind dagegen Vorkragungen des Obergeschosses. Die neugotische evangelische Kirche am Marktplatz wurde anstelle der Kirche des Augustiner-Chorherrenstifts (1181-1554) 1882-85 von Heinrich Schmidt errichtet. Die Fassade – unten Block, oben zwei zusammengeschmolzene Ecktürme – ist der Berliner Nikolaikirche von Johannes Otzen nachempfunden. Hinter dem Altar finden sich noch Reste des Bodenbelags aus dem 13. Jahrhundert. Aus der alten Kirche stammt wahrscheinlich auch ein Relief (um 1120), das im Haus Langgasse 8 eingemauert ist. Es zeigt zwei Greifen, die zwei Drachen an den Schwänzen packen, und ähnelt Arbeiten in der südöstlichen Vorhalle des Mainzer Doms. Wie die Analyse der Mainzer Ikonografie gezeigt hat, stehen die Greifen wohl für Christus, der mit dem Drachen (Satan) kämpft. Weitere Reliefs finden sich auch im Garten des evangelische Pfarrhauses und in der Backhausgasse. Die der Mainzer Bauzier entlehnte Bildsprache stammt wahrscheinlich aus Oberitalien und ist über den

Im Wiesbachtal

Speyrer Salierdom nach Rheinhessen gelangt. Die katholische Kirche ist ein kleiner neugotischer Bruchsteinbau von 1877/78. Die evangelische Kirche im eingemeindeten Nachbarort **Uffhofen** liegt schön am Ortsausgang inmitten des Friedhofs. Der barocke Saalbau von 1756 wurde 1846-49 vom Mainzer Baumeister Ignaz Opfermann nach Westen verlängert und erhielt auch einen Westturm. Auch in Uffhofen gab es eine Mennonitengemeinde, deren Kirche aber mittlerweile profaniert ist. Weiter im Wiesbachtal Richtung Wendelsheim gelangt man am Bahnübergang zur erstmals 1315 erwähnten Geistermühle. Wohnhaus und Scheune stammen beide vom Ende des 18. Jahrhunderts. In dieser Zeit (1732 bis 1849) bewirtschaftete die mennonitische Familie Gallé das Gehöft. Man kann die stillgelegte Mühle und das Gehöft nicht nur am Mühlentag, sondern auch nach Vereinbarung besichtigen. Gegenüber kommt man über einen Fedlweg ins abgelegene Aulheimer Tälchen. Dort findet sich nicht nur ein Naturschutzgebiet mit den für Rheinhessen typischen trockenwarmen Standorten, sondern auch eines der weißgekalkten Weinbergshäuschen mit spitzer Steinkuppel, die man hier Trullo nennt. Die Trulli sind Mitte des 18. Jahrhunderts entstanden und erinnern an apulische Bauten. Wolfgang Bickel vermutet dahinter mit Verweis auf sakrale Steinkuppelbauten im Wormser Raum (St. Paul, Guntersblum, Alsheim) sowie ähnlich konstruierte Brunnen- und Backhäuser (Dexheim) eine regionale Bautradition, die wegen des Mangels an Bauholz sinnvoll war und mit der Zeit von Rechteckbauten verdrängt wurde (Bickel, *Weinbergshäuser*, Worms 1987).

Verfolgt man den Wiesbach weiter in Richtung seiner Quelle, kommt man in das seit

Friedrich Christian Laukhard
(1757-1822)

1757 wurde in Wendelsheim F. C. Laukhard als Sohn des örtlichen Pfarrers geboren. Laukhard hat die Autobiografie *Leben und Schicksale* hinterlassen, die als zeitgeschichtliches Dokument der Wende vom feudalen zum bürgerlichen Zeitalter von großem Interesse ist. Er beschreibt darin nicht nur seine rheinhessische Kindheit und die studentischen Ausschweifungen, sondern auch sein bewegtes Leben zwischen den Fronten des Revolutionskrieges. So gehörte er als Soldat zu der preußischen Armee, die 1793 das republikanische Landau belagerte. Man überredete ihn, sich als Scheindeserteur in die Festung zu begeben und den Jakobiner Dentzel zur Übergabe zu bringen. Das gelang ihm nicht. Da ihn die „Anhänglichkeit der Sansculotten an ihre Sache" jedoch zunehmend überzeugte, trat er in Lyon in die französische Armee ein. Den Krieg insgesamt beschreibt Laukhard sehr realistisch aus der Sicht des einfachen Soldaten, der nichts zu befehlen hat: das schlechte Schuhwerk, unhygienische Verhältnisse im Lazarett, der Tod. 1822 starb Laukhard in Kreuznach, wo er sich als Privatlehrer niedergelassen hatte. Aus seiner Kindheit in Wendelsheim schildert er reihenweise ländliche Orginale: Der Vater beschäftigt sich mit Alchimie; Hexen- und Gespensterglauben treiben täglich neue Blüten, die Knechte pflegen vor allem die Kunst des Fluchens und eine Magd nimmt den Jungen mit ins Heu. „Meine Tante war eine große Freundin vom Trunk, und diese Neigung ging so weit, daß sie sich nicht nur oft beschwipste, sondern sich auch dann und wann recht derb besoff. Daß sie aber auch mich – mich, einen Knaben von sechs Jahren – zum Weintrinken anführte, war im höchsten Grade unrecht, ich würde sagen, daß es schändlich war, weil sie dadurch den Grund zu vielen meiner folgenden Unfälle gelegt hat. Auf diese Art wurde ich also in der zartesten Jugend ein Säufer." Heute pflegt die in Wendelsheim ansässige Laukhardgesellschaft die Erinnerung an den immer noch lesenswerten aufklärerischen Satiriker.

dem frühen Mittelalter wildgräfliche Dorf **Wendelsheim**. Stammsitz der Wild- oder Rheingrafen war die Burg Rheingrafenstein bei Bad Kreuznach. Zu ihrem Besitz gehörten u.a. auch Wörrstadt und Flonheim. In all diesen drei Orten bauten sie als Ortsherren Schlösser. Das Wendelsheimer Schloss, in der Ortsmitte gelegen, wurde unter Rheingraf Carl Magnus um 1780 erbaut. Es gibt Vermutungen, dass das Gebäude von dem französischen Architekten Charles Mangin stammen könnte, der von 1778 bis 1793 in Mainz lebte (Heimatjahrbuch 1991, S. 79). Von den neun Achsen sind die drei mittleren leicht vorgezogen und mit Giebel, Freitreppe und Säulenportal versehen. Auf der anderen Straßenseite, etwas tiefer, liegt der ehemalige Schlossgarten. Nicht weit von dem Schloss entfernt steht das alte Rathaus (Mitte 18. Jahrhundert). Ende der 1960er Jahre wurde es zusammen mit dem Nachbarhaus (Unterwendelsheim 68) umgebaut. Dieses Haus zeigt im Untergeschoss noch spätgotische Formen an Tür- und Fensterstürzen, nämlich Doppelfenster mit Blendmaßwerk (1563), im Obergeschoss Fensterteilung durch ein Säulchen (1610). An der Stirnwand hängt eine Gedenktafel, welche „die Einwohner der Gemeinde Wendelsheim am 7. März 1848 bei Verkündigung der bürgerlichen Freiheit" gestiftet haben. Die Sammlung wurde u.a. von Pfarrer Wehsarg – im Ratssaal hängen zwei Bilder von ihm, welche die Freischärler von 1849 zeigen – und Bürgermeister Best durchgeführt. Am Textende liest man auf der Tafel: „Sicherheit und Friede in der Gemeinde über Allem." Also nicht „Deutschland über alles", sondern die Gemeinde. Das entspricht ganz und gar der älteren Tradition des südwestdeutschen Förderalismus und Kommunalismus. Über dem Straßendorf steht die evangelische Kirche auf einem früher einmal befestigten Friedhof, von dem noch ein runder Schalenturm erhalten ist. Der romanische Chorturm im Untergeschoss und die Apsis stammen aus der zweite Hälfte des 12. Jahrhunderts, Turmoberbau und Schiff von 1783-86. Fährt man Richtung Mörsfeld aus der Ortschaft heraus, kann man linker Hand zum Forsthaus Weisenstein abbiegen. Hier lag im 13. Jahrhundert eine Burg der Familie von Randeck, die aus weißem Gestein erbaut worden sein soll.

Nach Wöllstein, dem Zentrum der rheinhessischen Schweiz, wie sich die Gegend hier selber genannt hat, führen von Wendelsheim aus zwei Straßen. Fährt man über

Älteste bekannte Urkunde vom Beller Markt

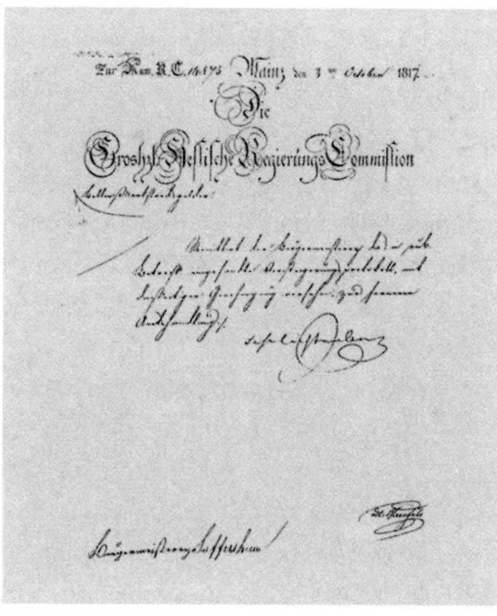
Mainz den 3 October 1817
Die
Groshzl. Hessische Regierungs Commission

Die Sage vom Hasselmüller

Vor langen Jahren wollten zwei Männer in der Beller Kirche miteinander zum Abendmahl gehen. Sie waren wegen eines Ackers in einer seit Jahren andauernden Prozess verwickelt. Endlich war die Sache vor Gericht entschieden worden und der Hasselmüller aus Wendelsheim hatte ihn verloren. Das wurmte ihn gewaltig, aber er sagte kein Wort. Nun traf es sich, dass er und sein Prozessgegner bei dem genannten Abendmahl in der Männerreihe direkt hintereinander zu stehen kamen. Da packte der Teufel den einen, dass er dem Hasselmüller ins Ohr flüsterte: „Jetzt ist der Acker mein!“ Da stieg in dem Angesprochenen eine solche Wut hoch, dass er das Altarkreuz ergriff und seinen Gegner damit totschlug. Von Stund an war die Kirche entweiht. Niemand betrat sie mehr und sie zerfiel. Der Hasselmüller aber wurde hingerichtet. Als Strafe für seine Freveltat musste er bis auf den heutigen Tag als Gespenst ohne Kopf in der Ruine umgehen. Wenn der Jahrestag des Totschlags herankommt, kann man ihn nachts in der Beller Kirche sehen, wie er versucht, die Blutspuren seiner Tat wegzuwischen. Dabei macht er sich Licht, das man im vorübergehen flackern sieht.
(nach: Wilhelm Müller, *Rheinhessisches Heimatbuch II*, 1921, S. 126/127)

Eckelsheim, kommt man an der Ruine der spätgotischen Beller Kirche vorbei, einer ehemaligen Wallfahrtskirche „von vortrefflicher Behandlung“ (Dehio). Während die Erbauung der Marienkirche zwischen 1490 und 1519 datiert wird, ist ihr Verfall rätselhaft. Bis 1903 fand hier im September jeweils drei Tage lang der regional bedeutsame Beller Markt statt. In den Kirchenbüchern gibt es Eintragungen dazu seit 1700. Für die Marktpredigt, so ein Eintrag von 1707, erhielt der Pfarrer einen Gulden. Immer wieder wird aber auch von Schlägereien mit zum Teil tödlichem Ausgang berichtet. Der in Wendelsheim geborene Schriftsteller F. C. Laukhard schreibt in seiner Biografie mit Blick auf seine Jugend um 1775: „Eine halbe Stunde von Wendelsheim wird jährlich ein berühmter Jahrmarkt unter dem Namen Bellermarkt gehalten und zwar in dem blanken Felde, woran mehrere Ortschaften teilnehmen. Dahin kommen Kaufleute und Krämer viele Meilen her, von Mainz, Worms, Mannheim, ja sogar von Frankfurt und Straßburg. Es werden auch eine Menge Weinhütten, ohngefähr 50, errichtet und von allen Bierfiedlern aus dem gesamten Umkreis her bemusiciert. Daher besucht die dortige Gegend von weither den Jahrmarkt.“ Aus einem Tarif für die Stand- und Hüttengelder von 1850 kann man gut die Verkaufs- und Unterhaltungsangebote ablesen, Kunstreiterei, Karussells, Panorama, Wachskabinette, Drehorgel, Harfenspieler, Weinhütten, Metzgerhütten, Kaffee- und Waffelhütten, Krämerbuden, Porzellan und Tonwaren, Pirmasenser Schuh, Körbe, Spinnräder, Stühle, Bildhändler, herumwandernde Hausierer. (*Eckelsheim und seine Geschichte*, 1993, S. 364) Heute finden in

der Kirchenruine in jedem Sommer Konzerte und Rezitationen statt.
Oberhalb der Kirche liegt ein Naturschutzgebiet, das wie die meisten trockenwarmen Standorte der Umgebung süd- und südosteuropäische Pflanzenarten in ihrer nördlichsten Verbreitung beherbergt. Interessant ist auch die in einem Steinbruch gelegene Bucht eines früheren Meeres aus dem Tertiär, das sich hier im Gestein abgebildet hat. Das ursprünglich raugräfliche **Eckelsheim** kam im 15. Jahrhundert an die Grafschaft Falkenstein (Donnersberg) und wurde entsprechend deren Besitzwechseln 1667 lothringisch und 1740 österreichisch. Die evangelische Kirche ist ein im 18. Jahrhundert umgebauter Saalbau von 1609. „Die Anschaffung zweier Glocken im Jahre 1922 wurde ermöglicht durch großherzige Spenden der im 19. Jahrhundert nach Amerika Ausgewanderten und ihrer Nachkommen. Sie hatten sich vor allem in der Stadt Evansville im Staate Ohio angesiedelt." (*Eckelsheim und seine Geschichte*, S. 120) Die zwei Bildfenster links und rechts der Kanzel wurden 1920 von Otto Linnemann gestaltet. Die Orgel (1782) stammt von Johann Georg Geib.
In einer Schenkungsurkunde von 783 heißt es: „Ich, Herolf, besorgt um mein Seelenheil, wende dem heiligen Märtyrer Nazarius eine Gabe zu. Sein Leib ruht im Lorcher Kloster, das unter der Leitung des ehrwürdigen Abtes Richbodo steht ... Ich schenke drei Tagwerk Ackerland in pago Nahgowe (Nahegau) in der Gimminsheimermarca."
Gumbsheim gehörte den Raugrafen, danach den Sponheimern, den Falkensteinern und den Grafen von Nassau-Saarbrücken. 1714 wurde das inzwischen großtenteils kurpfälzische Dorf im Rahmen eines Gebietstausches wie Wöllstein und Siefersheim kurmainzisch. Die alte Peterskapelle wurde 1873 abgerissen und im Jahr darauf durch einen Neubau am Ortsrand ersetzt. Am Flutgraben, etwa 700 Meter östlich des Ortes, hat man einen Menhir aufgestellt.
Der andere Weg nach Wöllstein führt über **Wonsheim**, das ab 1674 kurpfälzisch wurde. Bis dahin hatten es die Herren von Wonsheim von den Wildgrafen zu Lehen gehabt. Der ehemalige Chorturm der evangelischen Kirche ist noch romanisch und erinnert an die Wormser Schule (um 1200). Unter dem Chorbogen befindet sich eine aus der Krypta hierher versetzte karolingische Säule mit stilisierten Blättern im Kapitell. Das Schiff wurde 1754 angebaut. Das Rathaus von 1751 zeigt ein schönes Portal. In der Weiherstraße 156 steht ein barockes Wohnhaus von 1781 mit doppelläufiger Freitreppe. In Wonsheim ist auch der Heimatschriftsteller Heinrich Bechtolsheimer (1868-1950) geboren.
Stein-Bockenheim hat seinen Namen von den rheingräflichen Ortsherren, die ihre Burg bei Bad Kreuznach auch zum „Stein" nannten. Von 1576 bis zur Französischen Revolution gehörte das Dorf dann je zur Hälfte Kurbaden und den Fürsten von Salm. Rheingraf Ludwig Wilhelm (1721-75) lebte hier in einem Hofgut in der Hintergasse, wo sich noch sein Wappen (1727) findet. Die evangelische Kirche, ein Saalbau von 1723, erhielt 1866-69 von Kreisbaumeister Rhumbler ihren großen neugotischen Turm. Das ehemalige evangelische Pfarrhaus (Kirchgasse 11) mit reichem Fachwerk im

Heinrich Bechtolsheimer
(1868-1950)

Er hat vor allem mit den Romanen *Zwischen Rhein und Donnersberg* (1903) und *Das Hungerjahr* (1907) Geschichten aus dem Rheinhessen Anfang des 19. Jahrhunderts geschrieben, die auch als sozialgeschichtliche und volkskundliche Quellen von Bedeutung sind. Das kommt nicht von ungefähr, denn der evangelische Pfarrer (1895-1907 in Mombach, danach in Gießen) setzte sich mit genau diesen Bereichen auch in anderen Schriften auseinander, so *Seelsorge in der Industriegemeinde* (1907) und *Rheinhessen zur Zeit der Franzosenherrschaft 1792-1814* (1905). Während in Rheinhessen das *Hungerjahr* 1816 eher für die Tagelöhner ausbrach, weil Missernten in Südhessen die Preise für das rheinhessische Getreide in Wucherhöhen trieben, schildert Bechtolsheimer dieses Jahr als schlechtes Erntejahr für die rheinhessischen Bauern. „Adam Mühlbach saß abends bei seinem Rüböllichte und schrieb bald auf eine Schiefertafel, bald in den Kalender, der überall mit weißem Papier durchschossen war. Es waren meist Zahlen, die er schrieb. Der junge Bauer rechnete, wie er in diesem Jahr auskommen sollte. Im Herbste stellt der Bauer seine Bilanz auf; denn diese Zeit bringt seine Haupteinnahmen und auch seine Hauptausgaben. So viel er auch rechnete, er bekam immer dasselbe Resultat, daß er nämlich bis zur nächsten Ernte unmöglich auskommen konnte. Der Martinstag stand vor der Tür. An diesem Tage sollten die Pachtgelder für die Zinsäcker und die Zinsen für das von Daniel Schättinger geliehene Kapital bezahlt werden. Aber woher das Geld nehmen? Die Kornernte war so schlecht gewesen, daß Adam gar nichts verkaufen konnte. Nach langem Nachsinnen fand Adam keinen anderen Ausweg, als daß er die Hälfte des Rindviehs verkaufen mußte, um wenigstens Geld für Pacht und Zins flüssig zu machen."

Obergeschoss zeigt am Hoftor die Jahreszahl 1600. Das Wohnhaus Breitegasse 22-24 stammt vom Ende des 16. Jahrhunderts, Torbögen tragen die Jahreszahlen 1586 und 1596. Im alten Dorfkern sind solche Fachwerkbauten ortsbildprägend.
Von Wonsheim aus Richtung Fürfeld liegt am Appelbach der **Hof Iben**. Von der Mitte des 12. Jahrhunderts bis zur Ordensauflösung im Jahre 1312 befand sich hier eine Komturei der Templer. Der Name erinnert möglicherweise an eine Schlacht der Kreuzritter im Jahre 1123 bei der Philisterstadt Ibenium. Über die Raugrafen kam die Wasserburg 1362 an die Ritter von Waldeck, 1582 an die Herren von Kronenberg und 1704 an die Schenken von Schmidtburg. Besser als das stark verbaute Burghaus hat sich der Chor der gotischen Kapelle aus den 1230er Jahren erhalten. Ihre Maßwerkfenster ähneln denen der Kathedrale von Reims. Der Stil der Kapitelle mit ihrem sich

frei entfaltenden Laubwerk findet sich bei den Fragmenten des Lettners im Mainzer Dom wieder. Daher schreibt man den Bau dem Umfeld des bedeutenden Naumburger Meisters zu. Die Pflanzendarstellungen haben nicht nur funktionale Bedeutung wie die Weinrebe im Schlussstein, sondern verweisen auch auf die religiöse Ikonografie der Zeit, von der in der Bibel häufig zitierten Weinrebe, die ja auch im Abendmahl eine zentrale Rolle spielt, über das Mariensymbol der Rose bis hin zur magischen, Schadzauber abwehrenden Symbolik der Zaunrübe. Wolfgang Bickel schreibt: „Und wie der Wein gehört auch sie zum festen Bestand des Reimser Herbariums ... Ihre schützende Kraft half bei Gewittern, gegen böse Geister ebenso verlässlich wie bei der Behandlung von Geschwüren und der Vertreibung von giftigem Getier wie Schlagen und Kröten" (*Templerkapelle Iben*, S. 98). Die Westwanderung des Naumburger Meisters in den 1230er Jahren von Reims über Iben und Mainz nach Naumburg zeigt ebenso wie die Zugehörigkeit der Komturei Iben zur Ordensprovinz Francien der Templer die Bedeutung Rheinhessens als Region kultureller Vermittlung zwischen Nordfrankreich und den deutschsprachigen Gebieten östlich des Rheins. Schon Georg Dehio verweist darauf, dass „der Kapellenchor von Iben das früheste Zeugnis für die Vermittlung unverfälschten Formgutes der französischen Hochgotik am Mittelrhein" sei.

In **Fürfeld**, das den jeweiligen Besitzern der Burg Iben gehörte, kam es nach langem Rechtsstreit der beiden Konfessionen 1774-76 zeitgleich zum Bau zweier Kirchen. An einen gotischen Chorturm ist der rechteckige Saalbau der evangelischen Kirche angebaut. An der Decke sieht man ein restauriertes bäuerliches Abendmahlsgemälde. Gegenüber dem Eingang sind Altar, Kanzel und Orgel übereinander angeordnet. Der Bildnisgrabstein von Elisabeth Landschad von Steinach († 1547) stammt aus der Werkstatt des Meisters von Sickingen. Die katholische Kirche wurde nach Plänen des Elsässers Peter Reheis gebaut, eines Schülers von Friedrich Joachim Stengel, des Erbauers der Schlosskirche Blieskastel. Ein kleiner geschnitzter Flügelaltar (um 1500) stammt aus dem Frankfurter Dom. In der Rathausgasse 8 wohnte der Gutsbesitzer Franz Joseph Brunck (1787-1848). Aufgestiegen zur Franzosenzeit wurde er 1814 Bürgermeister und war von 1826-48 hessischer Landtagsabgeordneter. Als Katholik heiratet er eine lutherische Frau. Diese biografische Entscheidung war vielleicht die Grundlage für seine religiöse Toleranz. So ließ er 1828/29 ein gemeinsames Schulhaus für beide Konfessionen bauen. Im Landtag trat er engagiert für gleiche Rechte von Juden und Christen ein. Als Abgeordneter der Paulskirche gehörte er 1848 zur Fraktion der republikanisch gesinnten Demokraten.

Die seit 1437 kurpfälzische Ortschaft **Siefersheim** kam 1714 ebenso wie Volxheim, Wöllstein, Gumbsheim und Pleitersheim an Kurmainz und damit zum Amt Neu-Bamberg. 1431 wird eine Kirche auf dem naturschützerisch bedeutsamen Martinsberg erwähnt, die nach der Reformation verfallen ist. An den romanischen Chorturm der evangelischen Kirche schließt sich ein 1569

Siefersheim, Wohnhaus von Johann Wirth (1931)

erbautes Schiff an. Das Renaissanceportal stammt aus dem gleichen Jahr. Bis 1874 befand sich hier ein Altarbild von Nikolaus Sublin aus dem Jahre 1410 mit der Kreuzigungsszene und den 12 Aposteln auf dem für die Gotik typischen Goldgrund. Heute befindet es sich im Darmstädter Landesmuseum.

Die neugotische katholische Kirche wurde 1903/04 von dem Mainzer Architekten Greifzu errichtet. 1865 errichtete Jakob Jung am Hang des Galgenberges einen Wingertsturm, der nach einem steinernen Hund zwischen den Zinnen den Namen Ajax trägt. In Siefersheimm ist auch der Sitz der IG „Rheinhessische Weingewölbe", in der sich über 50 Besitzer der landschaftstypischen, Mitte des 19. Jahrhunderts entstandenen Kreuzgewölbeställe zusammengeschlossen haben. Seit den 60er Jahren des 20. Jahrhunderts werden diese sakral anmutenden Wirtschaftsgebäude überwiegend als Weinprobierstuben, Straußwirtschaften, Winzerhotels und Restaurants genutzt. Häufig werden auch Kulturprogramme im Sommer angeboten. Daneben ist Siefersheim gemeinsam mit Eckelsheim und Wöllstein für geführte Kräuterwanderungen bekannt. In einer Monographie des Ortes von 1931 stellen Jungk/Pabst nicht nur die Geschichte und Sozialgeschichte ausführlich dar, sondern beschreiben auch viele volkstümliche Sitten und Gebräuche, so den Eiermarkt. Man traf sich im 19. Jahrhundert am Ostermontag, um die Stabilität der Eier zu testen. Zwei Eier wurden mit Spitz- und Breitseite aneinandergeschlagen. Waren beide Seiten bei einem Ei eingeschlagen, so hatte der Spieler verloren.

855 wird **Wöllstein** erstmals in einer Urkunde des Lorscher Codex erwähnt. Zunächst im Besitz des Trierer Klosters St. Maximin kam der Ort im 12. Jahrhundert teilweise in den Besitz der Wild- und Raugrafen, die ein kurzes Stück südwestlich an der Appelbachmündung die Osterburg (1313 erwähnt; bereits 1683 Ruine/heute Sportplatz- und Schwimmbadgelände) errichteten. Der wildgräfliche Teil wurde 1417 von den Grafen von Nassau gekauft und vom Amt Jugenheim aus verwaltet. 1714 kam Wöllstein durch einen Vertrag mit Kurpfalz zu drei viertel in kurmainzischen Besitz.

Der Chorturm der evangelischen Kirche ist um 1300 erbaut, das Langhaus 1515. 1812-16 wurde es um zwei Seitenschiffe

erweitert. Von der Ausstattung sind erwähnenswert ein Taufstein von 1507 mit Astwerk und Figuren, vier Relieffiguren (um 1515) am Mittelschiffpfeiler, die Kanzel von Adam Gaul aus Wöllstein (um 1815) und der Grabstein von Anna Schuermann von Sulzbach († 1525), der vom Meister der Katharina Bach in Oppenheim stammt.
Die katholische Kirche wurde 1906/07 wie in Siefersheim von August Greifzu errichtet. Dehio bezeichnet die Bruchsteinbasilika als „im asymmetrischen, malerischen Aufbau des Baukörpers und der reichen formalen Durchbildung charakteristischen Bau des Späthistorismus." Das älteste Haus des heutigen Verbandsgemeindesitzes steht in der Pfarrgass 1 und ist 1585 erbaut. In der Ernst-Ludwigs-Straße 6 steht ein Wohnhaus von 1706 mit einem Erker, der einen geschwungenen Giebel trägt. An die besonderen politischen Aktivitäten der Wöllsteiner Jakobiner zur Zeit der Mainzer Republik erinnert das „Lied des freien Wöllsteiners", das der Mainzer Demokrat Friedrich Lehne auf die Melodie der Marseillaise gedichtet hat:

Wir pflügten willig unsre Äcker,
viel träge Prasser nährten wir;
doch seht, sie wurden immer kecker,
erniedrigt waren wir zum Tier.
Geblendet von dem schönen Glanze,
den ihnen unser Fleiß verschafft,
war stolz und stark durch unsre Kraft,
manch fetter Pfaff, manch geiler Schranze.
Wohlan! Die Wahl ist leicht!
Nur Freiheit oder Tod!
Weh dem, weh dem!
der es je wagt und unsrer Freiheit droht.

Wir selbst, wir machen die Gesetze,
denn wer weiß besser, was uns nützt.
Dadurch behalten wir die Schätze,
die dann kein Schwelger mehr besitzt.
Wir wählen uns gerechte Richter,
die keines Schurken Gold besticht:/
Vertrauen wecket ihr Gesicht,
schröckt nit wie jene Amts-Gesichter.
Wohlan! Die Wahl ist leicht!
Nur Freiheit oder Tod!
Weh dem, weh dem!
der es je wagt und unsrer Freiheit droht.

1792 hatte man hier fast einstimmig für die französische Verfassung gestimmt. Grundlage war für dieses Verhalten das Bestehen aufgeklärt denkender Zirkel um den Badenheimer Bauerndichter Isaak Maus. Die Kommissare Faciola und Meuth berichteten begeistert nach Paris, dass sie auf den Zinnen des Rathauses einen „emporragenden Freiheitsbaum erblickten, geziert mit Kranz und Nationalbändern und einer Freiheitsmütze auf dem Wipfel." Und weiter, dass „die Wöllsteiner den Namen der deutschen Marseiller bekamen." (Haasis/Gallé, *Oberrheinische Freiheitsbäume*, S. 37) 1848 setzte sich diese Tradition mit dem „Demokratischen Centralverein" fort, der in vielen, umliegenden Dörfern Filialen besaß. Der Paulskirchenabgeordnete Brunck (Fürfeld) und der Mitbegründer der Freiprotestanten, Pfarrer Baltasar Matty (Frei-Laubersheim) entstammen diesem Kreis. Der örtliche Wahlverein sprach sich im April 1848 sehr fortschrittlich gegen die indirekte Wahl der Abgeordneten durch die besser gestellten Bürger aus und übte daher laut *Rheinischer Zeitung* eine starke Anzie-

hungskraft auf ärmere Gewerbetreibende aus.
Verwaltet wurde Wöllstein von 1714 bis 1801 vom kurmainzischen Amt Neu-Bamberg aus, einer ursprünglich raugräflichen Gründung (um 1200). Über der Ortschaft steht noch die Burgruine, welche die Straße durchs Appelbachtal von Alzey nach Kreuznach sichern sollte. Von der Ortbefestigung hat sich noch die Kandelpforte (14. Jahrhundert) erhalten. Die meisten älteren Wohnhäuser sind im Rahmen des kurmainzischen Wiederaufbaus nach 1714 errichtet.
Ein paar Kilometer weiter liegt **Frei-Laubersheim**, wo sich noch viele Fachwerkbauten des 17. und 18. Jahrhunderts, meist jedoch verputzt, erhalten haben. Das älteste Haus von 1664 steht in der Rathausstraße 16. Aus dem 17. Jahrhundert stammt auch das Rathaus mit schönem Fachwerkerker. Hier war Johann Georg Balthasar Matty (1804-83) von 1829-51 Pfarrer. Er stammte aus einer Alzeyer Familie, die sich in französischer Zeit in der Kantonsverwaltung engagiert hatte. 1851 wurde er – in seiner Zeit als hessischer Landtagsabgeordneter der Demokraten – wegen „politischer Umtriebe" als Pfarrer abgesetzt. 1877 wurde er der erste Pfarrer der rheinhessischen Freiprotestanten, die aus der Landeskirche ausgetreten waren, weil diese ihre Forderungen nach mehr Mitsprache der Laien und Gemeinden und gegen die allgemeine Kirchensteuer nicht erfüllt hatten. (nach: Haasis/Gallé, *Oberrheinische Freiheitsbäume*, S. 18)
Über die nächste Anhöhe von Wöllstein aus hinweg Richtung Kreuznach liegen **Volxheim** und **Pleitersheim**. Die evangelische Kirche von Volxheim hat noch eine einheitliche Ausstattung aus der Erbauungszeit (1790). In der spätgotischen Simultankirche von Pleitersheim (1498) sind Malereien aus dem 15. Jahrhundert zu sehen, an der Ostwand eine Kreuzigung mit Heiligen und an der Nord- und Südwand Heilige aus dem Kreis der 14 Nothelfer, teilweise vor einer gemalten Landschaft, teilweise vor Pflanzenornamenten. **Badenheim**, ursprünglich im Besitz der rheinischen Ritterschaft, kam im 17. Jahrhundert an die Freiherren Faust von Stromberg und nach deren Aussterben an die Familie von Schönborn, bekannt aus der Kurmainzer Geschichte. Die ehemals Schönbornsche Amtskellerei von 1783 steht noch nahe der katholischen Kirche (1775), über deren Portal das Schönborn-

Freiheitsbaum, Zeichnung von Ehrhard Hütz

Isaak Maus
(1757-1822)

Von 1748 bis 1833 lebte hier der Bauerndichter Isaak Maus, der in seinen Gedichten der damals modischen Bukolik den Realismus des Landwirts und das Freiheitsbedürfnis des revoltierenden Bürgertums einhauchte. Gedichtbände erschienen 1786, 1819 und 1821. 1788 veröffentlichte Maus eine Schrift *Etwas über Ackerbau und Landwirtschaft*, auch einige jakobinische Flugschriften werden ihm zugeschrieben. Als führender Kopf der Wöllsteiner Klubistenszene bekannte er sich in einer Rede zum Revolutionsfest am 10.8.1798 zur „frommen Aufklärung". Viele Anregungen soll er sich aus den Schriften des Illuminaten Carl Friedrich Bahrdt (1740-92) geholt haben, der in Heidesheim bei Bad Dürkheim ein Philanthropin, eine Art Summerhill der Aufklärung, betrieb. 1809 wurde Maus französischer Maire und blieb auch in der nachnapoleonischen Zeit Bürgermeister. Sein Sohn Wilhelm (1777-1849) publizierte 1848 im Binger Volksboten, dem Organ der Demokraten, politische Kolumnen. Gewohnt hat er im Haus Hauptstraße 29, wo sich auch eine Gedenktafel befindet. Der Grabstein auf dem Friedhof ist erhalten. Den revolutionären Mythos der Liebe in der bürgerlichen Kultur dokumentiert sein Gedicht *Der Glückliche* (1786):

Wer ist glücklicher als ich?
Niemand unter Gottes Sonne.
Welche Freude, welche Wonne
Liebes Mädchen! strömt auf mich.
Fürsten mögen Fürsten sein;
Nimmer werd ich sie beneiden.
Es sind gegen meine Freuden
Ihre Freuden viel zu klein.

Sein Jahreszeitengedicht *Das wahre Landleben* (1819) verbindet Poesie und Arbeit:

Mir lastet Madame Geschäftigkeit
mit schweren Ballen den schwachen Rücken.
Schon im Erwachen der holden Frühlingszeit
befiehlt sie die Felder mit Dung zu beschicken,
zu wühlen mit Pflug und Grabescheit,
des Weinstocks Ranken hübsch zu beschneiden,
die Gräben und Bäche mit Pappeln und Weide
neu zu bepflanzen und auszubessern den Damm.

Pfaffen-Schwabenheim, Chor der Stiftskirche

sche Wappen. Im klassizistischen Stil hat der Mainzer Stadtbaumeister Augustin Wetter 1827/28 die evangelische Kirche errichtet. Gut erhalten ist das Ortsbild mit seinen giebelständigen Häusern des 17. bis 19. Jahrhunderts entlang der Hauptstraße.

Das benachbarte **Pfaffen-Schwabenheim** kam 1437 von den Sponheimer Grafen in gemeinsamen Besitz von Kurpfalz und Baden, 1707 wurde es ganz kurpfälzisch. Graf Eberhard von Sponheim gründete 1040 das Augustinerchorherrenstift, das 1130 dem Mainzer Erzbischof unterstellt wurde. Zwischen 1230 und 1260 kam es zum Neubau der Klosterkirche. Aufgehoben wurde das Stift 1568 von Kurpfalz. Brilmayer schreibt dazu: „Die von Kreuznach abgeschickten Beamten hausten in den Tagen von Ende Januar bis Anfang Februar in dem Kloster auf eine recht rohe Weise." 1699 wurde das Kloster wieder eingerichtet, Schiff und Klostergebäude neu gebaut. Nach der endgültigen Aufhebung 1802 kamen die Gebäude in Privatbesitz. Bemerkenswert ist vor allem der spätromanische Chor der Kirche. In ihm treffen ober- und niederrheinische Baustile aufeinander.

So entstammen das unverputzte Quadermauerwerk (siehe Kloster Otterberg/Pfalz) und die geschossweise Gliederung der runden Flankentürme (siehe Westchor Wormser Dom) oberrheinischer, die Dreigeschossigkeit der äußeren Wandgliederung und der Verzicht auf Strebepfeiler (siehe Sinzig und Münstermaifeld) niederrheinischer Tradition. Im Mittelalter soll es kein Langhaus gegeben haben. Die Ausstattung stammt durchweg aus dem 18. Jahrhundert, u.a. ein schöner Hochaltar (1714) und Chorgestühl (1716) mit Akanthusschnitzereien. Da die Kirche auch Begräbnisstätte der Kreuznacher Linie der Sponheimer Grafen war, haben sich auch zwei Tumbendeckel aus dem 14. Jahrhundert erhalten. In den Klostergebäuden hat sich seit einigen Jahren auch eine Kunstgalerie niedergelassen. Die evangelische Kirche des Dorfes wurde 1907/08 in romanisierenden Formen errichtet.

An Wißberg und Wiesbach

Sprendlingen, Zotzenheim, Welgesheim, Gensingen, Horrweiler, Gau-Bickelheim, Gau-Weinheim, Vendersheim, Wolfsheim, St. Johann

Sprendlingen liegt am Wiesbach und am Wißberg. Den Wiesbach vor seiner Begradigung 1910/11 beschreibt der Heimatdichter Jakob Hirschmann (1803-65) im Jahre 1825 so: „Die Uferböschungen aber sind ein Paradies für die Vögel. Da bilden Schleh- und Weißdornbüsche, Brombeersträucher, Wildrosen, Berberitzen, Liguster, Waldreben, Hollunder und Spiere ein dichtes Verheck. Da stehen dazwischen dicht beieinander haushohe Effen und weithin sichtbare spitze Bellen (= Pappeln) und Schwarzellern und Rotelsen (= Erlen) daneben. Da haben niedrige Weidenstümpfe mit ihren goldgelben Biegeruten für die Winzer ihren Platz. Ihre Stämme, meist hohl, sind Zuflucht der Eulen, ein Eldorado des Grünspechts, Unterschlupf des Siebenschläfers, Niststätte des Wiedehopfs. Da grollt in der Dämmerung im dichten Schilf mit starker, tiefer Stimme die Rohrdommel. Da fallen die Wildenten in Scharen ein, schreitet der weiße Storch durch die Sümpfe, haust an den stillsten Plätzen der Fischotter."

Der Wißberg, mit 271 Metern die zweithöchste Erhebung Rheinhessens, springt wie eine Halbinsel vom dahinterliegenden Plateau ins Wiesbachtal und ist umgeben von einem Siedlungskranz an Weinbaugemeinden.

Sprendlingen liegt nordwestlich des Wißbergs. 877 schenkte König Karl der Kahle das Dorf dem Kloster der Heiligen Gertrud in Nivelle (Belgien). Nach ihr nennt sich noch heute ein Viertel. Von den Sponheimer Grafen kam es 1437 an Kurpfalz und Baden. Ab 1707 bildete es zusammen mit St. Johann ein eigenes badisches Amt. In der Ebene Richtung Pfaffen-Schwabenheim fand 1279 eine Schlacht zwischen Graf Johann von Sponheim und dem Mainzer Erzbischof Werner statt. Dabei soll ein Kreuznacher Metzger namens Michael Mort dem

Sprendlingen, Birkenallee in der Schulstraße

Sprendlingen, Heimatmuseum

sieglosen Grafen das Leben gerettet haben. In der Graf-Johann-Straße erinnert ein Gedenkstein seit 1979 nicht nur an das historische Ereignis, sondern auch daran, dass vom 13. bis 18. Jahrhundert am Ort der Schlacht, in der Gewann „Am Michel Mort", bereits ein Denkmal der Sponheimer Grafen stand. Die evangelische Kirche am Marktplatz wurde zwischen 1819 und 1830 nach Plänen von Landbaumeister Schneider auf den Fundamenten der alten gotischen Kirche errichtet. Klassizistische Elemente prägen den an sich neugotischen Saalbau. Der Turm an der Rückseite ist auf den ehemaligen Wehrturm aufgestockt. Hier ging auch die Ringmauer des mittelalterlichen Dorfes entlang, deren Verlauf durch die vielen Sackgassen im Ortskern dokumentiert wird. Erhalten hat sich hier die 1825 erbaute Synagoge (Synagogengasse 8), ein Saalbau mit neoromanischen und neobarocken Stilelementen, der nach der Verwüstung 1938 und einer langjährigen Nutzung als Schreinerwerkstatt 2003/04 restauriert wurde und heute als Ort für kulturelle Veranstaltungen der Ortsgemeinde genutzt wird. In der Schmittstraße 6 steht noch das alte badische Amtshaus von 1708. Die katholische Kirche wurde

1900 von Diözesanbaumeister Renard (Köln) gebaut. In einem Fachwerkhaus in der St. Johanner Straße 14 ist das Heimatmuseum untergebracht, das eine Fülle von Zeugnissen des alten Handwerks, von Landwirtschaft und Weinbau zeigt. Eine Küche, ein bürgerliches Wohnzimmer, ein Schlafzimmer und ein Schulsaal sind im Stil des 19. Jahrhunderts eingerichtet.

Von Sprendlingen aus entlang dem Wiesbach kommt man zunächst nach **Zotzenheim**, das im 14. Jahrhundert von den Sponheimer Grafen in gemeinschaftlichen Besitz von Kurpfalz und Baden kam und ab 1707 allein kurpfälzisch wurde. Die evangelische Kirche wird bereits 1316 urkundlich erwähnt. Der gotische Saalbau wurde 1709 im Langhaus verändert. Über dem gotischen Westportal befindet sich, ähnlich wie in Engelstadt, ein Türsturz aus dem 11. oder 12. Jahrhundert mit eingeritzten geometrischen Figuren und Kreuzen. Im Altarraum sieht man die Maßwerkfenster (um 1300) und in der Friedhofsmauer befindet sich ein Spitzbogenportal von 1575.

Im Nachbarort **Welgesheim** war im frühen Mittelalter das Binger Kloster Rupertsberg begütert. Dessen Vögte, die Herren von Hohenfels verkauften das Dorf 1382 an Kurpfalz, die es dem Oberamt Stromberg zuordnete. Deutlich wird dadurch die historische Beziehung dieser Gegend zum Hunsrück dokumentiert.

Biebelsheim gehörte im Mittelalter – ebenso wie Framersheim bei Alzey – zur Grafschaft Falkenstein, deren Stammburg am Donnersberg liegt. 1667 kam es zum Herzogtum Lothringen und mit diesem 1740 an Österreich. Die Simultankirche stammt aus dem Jahre 1486. Im Inneren findet sich eine Bank mit Flachschnitzereien von 1506 und eine Steinkanzel von 1669. Am Chor außen birgt eine Nische ein Vesperbild und zwei Wappen mit der Stifterinschrift und dem Datum 1498.

Gensingen ging ebenfalls den Weg vom Sponheimer Besitztum über den kurpfälzisch-badischen Gemeinschaftsbesitz 1437 an die Kurpfalz 1707. In Bingen hatten die Gensinger Zollfreiheit, weil sie einen Turm der Stadtmauer bauen, unterhalten und mit einer Wachmannschaft besetzen mussten. Die evangelische Kirche stammt von 1748, die katholische Kirche (1969) beherbergt einen Hochaltar (1751), dessen Figuren von den Gebrüdern Hiernle aus Mainz stammen.

Horrweiler, ebenfalls zum kurpfälzischen Oberamt Stromberg gehörend, ist „ungewöhnlich reich an bäuerlichen Wohnhäusern des 17., 18. und frühen 19. Jahrhunderts." (Dehio) Fachwerk über gemauertem Erdgeschoss findet man z. B. in der Backhausstraße (Nr. 12, 14 und 67), im Bingerweg (Nr. 12, 18 und 21) sowie in der Hauptstraße (Nr. 98). Vielfach befinden sich Schnitzereien an Erker und Fachwerk, so im Bingerweg 12 (1681). Die evangelische Kirche liegt auf einer Anhöhe auf einem ehemaligen Wehrfriedhof. Die Fenster zeigen noch spätgotisches Maßwerk, die Rundbogenfenster an der Nordseite sind noch romanisch. Ein spätgotischer Torturm des befestigten Friedhofs wurde im 18. Jahrhundert zum Glockenturm erhöht, an der Nordseite haben sich Wall und Graben noch erhalten.

Auf der anderen Seite des Wißbergs liegt

Wuleewu Kardoffelsupp?

Aus Horrweiler stammt der passionierte Mundartforscher Wilfried Hilgert, der in mehreren populären Büchern die rheinhessische Mundart auf ihre französischen, jiddisch-hebräischen und lateinischen Sprachanteile untersucht hat. Sein bekanntestes Buch heißt nach einem alten Spruch *Wuleewu Kardoffelsupp?* (Voulez-vous Kartoffelsuppe?) und steht für die landschaftstypische Mischung von Stadt und Land, Paris und Kartoffelacker. Im Vorwort heißt es: „Bereits mit dem letzten Drittel des 12. Jahrhundert beginnt ein breiter Strom französischer Wörter über die deutsche Sprache hereinzubrechen. Während der Zeit von 1618 bis zum Beginn der eigentlichen französischen Herrschaft war den Bewohnern immer wieder Gelegenheit gegeben, das Französische reden zu hören und selbst zu sprechen. Den stärksten Einfluß übte die Zeit unter Napoleon I. von 1797 bis 1814 aus. Was nun die Jahre nach 1814 betrifft, so sind keine bedeutenden französischen Einflüsse mehr zu verzeichnen. Auch die beiden großen Weltkriege im 20. Jahrhundert haben kaum zu einer Erweiterung des Sprachschatzes beigetragen. Im Gegenteil ist es sogar zu einem weiteren Rückgang gekommen." (Hilgert, *Wuleewu*, S. 7/8). Ein paar Beispiele, zuerst in „rhoihessisch", dann in französisch und schließlich in hochdeutsch:

Schossee – chaussée – Landstraße
Troddewa – trottoir – Bürgersteig
dusmaa – doucement – langsam, sachte
rumpussiere – pousser – flirten
Wäschlavor – lavoir – Waschbecken mit Kanne
Kumbeer – compère – Kumpan
Gruschel – groseille – Stachelbeere, auch: sonderbare Frau
verbumbaschiere – bambocher – verschwenden
vereschdemiere – estimer (achten) – verachten
Kassade – cassade (Ausrede) – Kassade mache (Ausflüchte machen),
Kassade gehe (ein Schwätzchen halten)

Gau-Bickelheim. Seit 1278 kurmainzisch, sozusagen als vorgeschobener Posten ins Kurpfälzische, hatte das Dorf unter den kriegerischen Auseinandersetzungen zwischen Kurmainz und Kurpfalz mehrfach in seiner Geschichte zu leiden. So wurde es im Rahmen der Mainzer Stiftsfehde am 24. März 1462 von Pfalzgraf Friedrich I. und Landgraf Heinrich von Hessen, den Verbündeten von Erzbischof Diether von Isenburgs, vollständig zerstört und mit 1300 Gulden gebrandschatzt, weil es sich auf die Seite des Gegenspielers Adolf von Nassau gestellt hatte. Michel Beheim hat dieses Geschehen in einem zeitgenössischen Flugblattlied geschildert:

Von Gaw-Beckelham

Do ruckt der pfaltzgraf Friderich
und von Hessen landgraf Heinerich,
den pfaltzgraf Fridrich mit im nam
und rucket fur Gaw-Beckelham,
in solcher wyß und forme
er daz gewan mit sturme.

Und vieng darinn den von Huntstein
mit sechzig reisiger und ein
hundert gar wehrhafftiger knecht,
die zu sölchem schimpff warn gerecht
waß wer den marckt umbschweiffet
er alles brach und schleiffet.

Gut erhalten hat sich dennoch das historische Bild des Marktplatzes Am Römer. Die Winzergenossenschaft (Am Römer 6) ist ein Putzbau von 1749, daneben bei Nr. 7 ein spitzbogiges Hoftor aus dem 16. Jahrhundert. Schmuckfachwerk im Obergeschoss zeigt die Nr. 8. Auch das Rathaus von 1749 passt ins Bild. Die katholische Kirche wurde 1845-53 in neuromanischen Formen nach Plänen von Kreisbaumeister Rhumbler errichtet. Auf dem Weg nach St. Johann über den Wißberg findet sich eine Kreuzigungsgruppe von 1646 und die Kreuzkapelle, die 1907-10 zum dritten Mal erbaut wurde. Sie ist heute noch Wallfahrtsort und zwar an den Festen Kreuzauffindung im Mai und Kreuzerhöhung im September. Die Kreuzwegstationen stammen aus dem Jahre 1862. In seiner Erzählung *Die Umsiedler* zeichnet der bissige Schriftsteller Arno Schmidt, der nach seiner Kriegsgefangenschaft offenbar gegen seinen Willen in Gau-Bickelheim untergebracht wurde, ein unfreundliches Bild der Landschaft: „Als wir dann bei Bingen vom Rhein abbogen, wurden Gesichter flach und lang wie die furchtbare Öde ringsum; manchmal trieb der platte Erdenbauch bucklige Runddörfer, geduckt, dächerwarzig, krötig: hier also ist das Wort vom platten Lande entstanden."

Das Dorf **Gau-Weinheim** gehörte im frühen Mittelalter zur Burg Stromberg im Hunsrück. Es blieb kurpfälzisch, wurde später aber vom Oberamt Alzey aus verwaltet. Die katholische Kirche ist im Kern romanisch, wurde aber 1742 umgebaut und durch einen Chor erweitert. 1929 wurde ein neuer Chor im Westen und ein Turm angebaut. Am alten Chor befinden sich zwei romanische Masken. Als Rest des früheren Wehrfriedhofs steht noch der sogenannte Gemeindeturm, der 1749 zum Glockenturm ausgebaut wurde.

In der ersten bekannten Urkunde von 841 heißt **Vendersheim** noch „Uentilesheim". Das Dorf am Südhang des im Wißberg auslaufenden Plateaus war reichsritterschaftlich und gehörte den Freiherren Faust von Stromberg und danach den Grafen von Eltz-Kempenich. Die katholische Kirche wurde 1790 als Saalbau errichtet. Die Ausstattung stammt wahrscheinlich aus der Mainzer Hauskapelle der Grafen von Eltz. Darunter sind neben einem Hochaltar von 1775 und geschnitztem Gestühl von 1722 eine Nikolausfigur von 1480, eine Muttergottes um 1720 und weitere Heiligenfiguren aus dem 18. Jahrhundert. Der Taufstein (um 1750) trägt das Wappen der Faust von Stromberg.

Wolfsheim kam aus rheingräflichem Besitz an Kurpfalz. Brilmayer zitiert dazu das Alzeyer Sal- und Lagerbuch von 1429: „Dies

Die Via Vinea, ein Weinerlebnisweg bei Sprendlingen

sind die Dörfer, die dienent und gebent alle Jar meinem gnedigen Herrn Herzog Ludwig Zinnß, Bede, Sture und anders, als sie herkommen sint off die Burg zu Alzey. Item Wolfsheim das Dorf gibt alle Jahr 36 Gulden Atzung." Der Chorturm der evangelischen Kirche stammt aus dem 12. Jahrhundert und war ursprünglich höher. Das Gewölbe im Altarraum wird ins 14. Jahrhundert datiert, das Langhaus auf 1586. In der Gemarkung hat man neben römischen Funden auch im Grab eines ostgermanischen Fürsten einen Goldschatz gefunden. Auf der Rückseite des Brustschmucks ist der Name eines persischen Herrschers aus dem 3. Jahrhundert, Ardaschir, eingraviert. Das deutet darauf, dass dies ein Beutestück der Hunnen gewesen sein könnte. Der Schmuck ist allerdings an einem ostgermanischen Halsring befestigt. Damit ist die Mischkultur, welche die Rheinregion seit der Zeit der Völkerwanderung prägt, sozusagen in einer Person, erneut dokumentiert. Auf dem Plateau über dem Dorf steht seit 1950 der Wolfsheimer Sender, ein Sendeturm des Südwest-Rundfunks (SWR).

St. Johann, früher Megelsheim, hat den Namen seiner ehemaligen Wallfahrtskirche angenommen, die Johannes dem Täufer geweiht ist. Die turmlose, dreischiffige

St. Johann, Backsteinhaus (Anfang des 20. Jahrhunderts)

Pseudobasilika stammt aus der zweiten Hälfte des 14. Jahrhunderts und ist im Stil pfälzischer Bettelordenskirchen gebaut. An den Chorwänden finden sich acht Meter hohe Gemälde (um 1400), im Süden der Heilige Christophorus und im Norden eine Verehrung Muttergottes und Johannes des Täufers durch Mitglieder des Stifterhauses Sponheim. Die Orgel stammt vom hessisch-darmstädtischen Hoforgelbauer Oberndörfer (1793). Der alte Ortsmittelpunkt liegt südlich der Durchgangsstraße. Diese ist entstanden, als 1912 eine Straßenbahnlinie von Bad Kreuznach nach St. Johann gebaut wurde. Entlang der neuen Verbindung nach draußen entstanden dann große Winzerhöfe, die im historistischen Stil in Backstein erbaut wurden. Die Hoftore bleiben wie überall in Rheinhessen in der Regel geschlossen, die Tore und Torhäuser sind Grenze zum Privaten. Den Blick dahinter erlaubt der Eigentümer, wenn er es will. Beschrieben habe ich diese rheinhessische Eigenart in einem Gedicht mit dem sprichwörtlichen Titel *Mer strunze net, mer hun* (*rhein.hessen.blues*. Gedichte, Ingelheim 2007):

Winzerhöfe in St. Johann, Zeichnung von Ehrhard Hütz

mer strunze net ...
wenn draußen die soldaten. besser die hoftore bleiben heute
geschlossen. besser der putz blättert ab von den wänden. und
kleine fenster zur straße hin. die holzläden morsch. das dach
windschief. und die ziegel gebrochen.

im hinterhaus kronleuchter. dort ist es warm am ofen. unter
der kommode ein geldkasten. man kann eine bodendiele
hochwuchten. da träumt das liebe geld von blühender
landschaft. sonnt sich im ernterausch.

selbst wenn die soldaten von gestern vorüber sind. nachbarn
und verwandte haben noch feinere spürnasen. alles elstern
und raben. die das glitzernde lieben. wo man hinschaut diebe.
setz die alte kappe auf. zieh die grüne

jacke an. der älteste mann im dorf schlappt hinaus in seine
weinberge. mer strunze net. mer hunn. und wenn ein tourist
kommt. schick ihn übern berg ins nachbardorf. dort kann er
blumen lieben, so viel er will.

Bingen – das Tor zum romantischen Rhein

„Das altertümliche dorf wo unsere vorfahren lebten und der reihe nach an der eppichbewachsenen mauer des kirchhofes begraben sind. Auf den wacken-gepflasterten gassen grüssen mich einige leute die ich niemals zuvor gesehen hatte und auf dem kirchhof begegnet mir eine greisin die mich mit urväterlicher freude erkennt und befragt. Dunkel tauchen mir wieder auf: das rundbogige hölzerne tor, die geschnitzten köpfe am treppenaufgang und die unmodischen möbel die anheimeln wie die verjährte ehrliche gastlichkeit der einwohner." So beschreibt Stefan George (1868-1933) in *Sonntage auf meinem Land* einen Besuch in seinem Geburtsort Büdesheim, der heute ein Vorort von Bingen ist. In Büdesheim liegen auch seine Vorfahren begraben. Die Familie stammte aus Lothringen und hatte sich nach dem Frieden von Lunéville (1801) im säkularisierten Grundbesitz der Kirche an der Nahe eingekauft. Großonkel Stephan Etienne George war bis 1875 Vizepräsident der zweiten Kammer im hessischen Landtag. Damit steht die Familie George nicht nur für die „französische" Geschichte des Linksrheinischen, sondern auch für die Sehnsucht und die Kämpfe des städtischen Bürgertums am Rhein um Selbstverwaltung, die sich in Bingen von der erzbischöflichen Zeit (ab 983) bis ins 19. Jahrhundert ziehen.

Im *Kindlichen Kalender* schildert George dann den starken Eindruck, den das sakramentale Jahr der katholischen Kirche auf das Kind machte: „Im monat der Maria gingen wir des abends mit kränzen und grossen fliederbüschen zur kapelle um das bild

Bingen am Zusammenfluss von Rhein und Nahe. Kupferstich von M. Merian, 1655

der himmelskönigin zu schmücken. Hier wurden uns die beiden gebärden des gebetes gewiesen: die eine mit ineinandergeschlungenen fingern um ergebenheit und dank auszudrücken. die andere mit aufrecht aneinandergelegten zu bitte und preis. Am Fronleichnam wurde in grossem aufzug das Allerheiligste durch die bestreuten und geschmückten weihrauchduftenden straßen geführt und mit den dumpfen männerstimmen vereinigten sich unsre helle klingenden zum Tedeum." Damit ist der andere, katholische Strang der Binger Geschichte angesprochen, der sich in den Gestalten des Heiligen Rupert und der Heiligen Hildegard verkörpert und heute noch in den alljährlichen Wallfahrten zur Rochuskapelle sichtbar wird.

Im Binger Loch beginnt der Mittelrhein und damit eine ganz andere Landschaft als das rheinhessische Hügelland. Das hat Bingen auch im Zug der Rheinromantik zu einem Fremdenverkehrsort gemacht, von dem aus bis heute die vor allem bei Japanern und Amerikanern beliebten Schiffsrundfahrten zur Loreley und den Rheinburgen starten. Die Drususbrücke über die Nahe – erstmals 77 n. Chr. errichtet und in ihrer heutigen Form 989 durch Bischof Willigis wegen der Schenkung des Binger Waldes auf der anderen Naheseite erbaut – steht für die Grenzstadt Bingen, die von jeher Verkehrswege und Märkte in den Hunsrück und Naheraum erschloss und an den Rhein vermittelte. Wein und Getreide waren die wichtigsten Handelsgüter, durch die sich die Binger Stapelrechte im Mittelalter ebenso begründeten wie die Funktion als Zoll- und Münzstätte. Was die alte Stadt am Rhein-Nahe-Eck mit Rheinhessen und der Pfalz darüber hinaus verbindet, sind die Zerstörungen der vorbarocken Bauwerke durch die französischen Truppen des sogenannten Sonnenkönigs im Jahre 1689. Die Altstadtsanierung der 1970er Jahre hat ein Übriges dazu getan und sehenswerte Barockbauten wie das alte Rathaus (Rathausstraße) und das alte Amthaus (Amtstraße), aber auch Rekonstruktionen wie den Mainzer Hof (1913/Schmittstraße) zu Opfern der Spitzhacke bestimmt.

Ab dem 4. Jahrhundert kontrollierte ein römisches Holz-Erde-Kastell die Verkehrswege an Rhein und Nahe. Das römische Fiskalgut (Kastell, Villa, Friedhöfe) wurde unter den Merowingern wie im ganzen Umland zu Königsgut, zugehörig zum Wormsgau. Dass im 8. Jahrhundert auch mehrmals eine Zugehörigkeit zum Nahegau erwähnt wird, weist auf die Grenzlage hin. Der merowingische Haupthof fiel nicht – wie an-

Römisches Kastell und römische Brücke in Bingen

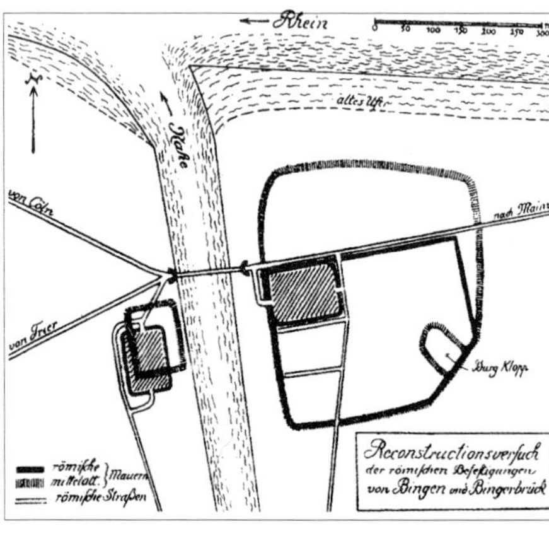

dernorts – bereits zu dieser Zeit an den Mainzer Bischof, sondern an die Adelsgruppe der Rupertiner. Aus dieser Familie stammt wahrscheinlich auch der Heiligen Rupert (712-732), der in einer Kapelle auf der anderen Naheseite verehrt wurde. Insgesamt entstand zu dieser Zeit ein vielfältig an König, Erzbischof, Klöster und Adel aufgeteilter Besitz in Bingen. Verwaltet wurde das Krongut von der Ingelheimer Pfalz aus. Größer als die politische muss daher die wirtschaftliche Bedeutung der Münzstätte gesehen werden, welche „einen gewissen Grad von stadtgemäßer Infrastruktur" (Dotzauer, in: *Bingen*, 1989) voraussetzte.

Einschneidende Veränderungen für die Entwicklung der Stadt brachte der Reichstag zu Verona (983), wo Otto II. (973-983) seinem Kanzler, Erzbischof Willigis (975-1011), umfassende Herrschafts- und Bannrechte in Bingen und im Rheingau mit den dazugehörigen Einkünften verlieh, um die Reichspolitik gegen Ansprüche der Salier zu festigen. Markt- und Stadtrechte müssen entsprechend der Formulierung jener Schenkungsurkunde als gegeben angenommen werden. 996 kam der Binger Wald, ein ehemaliger Königsforst, dazu. Der etwa zeitgleiche Bau der Drususbrücke (989) markiert den Beginn für die wirtschaftliche Erschließung des Hunsrücks durch das Mainzer Erzbistum und die Auseinandersetzung um die Nutzungsrechte zwischen Stadt und Erzbischof, bzw. Domkapitel.

1150 gründete Hildegard von Bingen das Kloster Rupertsberg am anderen Naheufer, das 1632 von schwedischen Truppen zerstört und nicht mehr aufgebaut wurde.

Bingen, Drususbrücke um 1880. Zeichnung von Friedrich Rudolf Engelhardt

Hildegard von Bingen
(1098-1179)

1098 als jüngstes von zehn Kindern einer adligen Familie in Bermersheim bei Alzey geboren wird Hildegard mit acht Jahren zur religiösen Erziehung in die Klause der Jutta von Sponheim auf dem Disibodenberg bei Sobernheim/Nahe gegeben. Zwischen 1112 und 1115 wird sie Benediktinernonne und nach dem Tod ihrer Lehrerin 1136 Äbtissin des Klosters Disibodenberg. 1141 hat sie eine Vision, die sie in ihrem Erstlingswerk *Scivias* (1151 beendet) beschreibt: „Im Jahre 1141 der Menschwerdung des Sohnes Gottes Jesu Christi, als ich zweiundvierzig Jahre und sieben Monate alt war, kam ein feuriges Licht mit Blitzesleuchten vom offenen Himmel hernieder. Es durchströmte mein Gehirn und durchglühte mir Herz und Brust gleich einer Flamme, die jedoch nicht brannte, sondern wärmte, wie die Sonne den Gegenstand erwärmt, auf den sie ihre Strahlen legt. Nun erschloß sich mir plötzlich der Sinn der Schriften, des Psalters, des Evangeliums und der übrigen katholischen Bücher des Alten und Neuen Testamentes." 1147/48 wird diese Vision von Papst Eugen III. in Trier bestätigt. Hildegard korrespondiert von da an die nächsten 20 Jahre mit allen weltlichen und geistlichen Höfen Europas zu Fragen der Zeit und unternimmt Predigtreisen nach Franken, Lothringen, Schwaben und ins Rheinland. 1150 gründet sie das Kloster Rupertsberg bei Bingerbrück und wird dessen Äbtissin. 1152-58 schreibt sie ihre Natur- und Heilkunde, in der sie 513 Pflanzen, Tiere, Elemente, Steine und Metalle sowie deren Heilwirkungen vorstellt. Von 1158-63 entsteht die Lebenskunde *Liber vitae mentorum*, die 35 Tugend-Untugend-Paare darstellt. 1165 erwirbt sie das heute noch bestehende Kloster Eibingen (über Rüdesheim). Ihr Spätwerk *Liber divinorum operum*, die Vision einer kosmischen Ordnung, entsteht in den Jahren 1168-74. Hildegard stirbt am 17.9.1179 auf dem Rupertsberg im Alter von 81 Jahren. Ihre Reliquien werden in Eibingen aufbewahrt. Im September 1998 hat die Stadt Bingen anlässlich des 900. Geburtstages von Hildegard im ehemaligen Elektritzitätswerk am Rheinufer (Museumsstraße 3) das „Historische Museum am Strom – Hildegard von Bingen" eröffnet. Kern des Museums ist die Sonderausstellung zum 900. Geburtstag von Hildegard, die schrittweise durch Abteilungen zur Rheinromantik und zur Stadtgeschichte ergänzt werden soll.

Bingen, „Historisches Museum am Strom" (ehemaliges Elektrizitätswerk)

1165 lässt Friedrich I. Barbarossa (1152-90) Bingen und den Rheingau durch den Landgrafen Ludwig von Thüringen zerstören. Die reichspolitische Auseinandersetzung um den erzbischöflichen Stuhl in Mainz prägt auch weiterhin die Binger Geschichte.

So zieht sich z. B. im Erzstiftsschisma (1200-1230) die welfische Minderheitspartei im Mainzer Domkapitel mit ihrem Erzbischof Siegfried von Eppstein nach Bingen zurück, um von hier aus 1208 von Mainz Besitz zu ergreifen.

Gleichzeitig wächst jedoch auch die Bedeutung der städtischen Patrizier, was sich in der Stadtentwicklung des 13. Jahrhunderts ausdrückt. Neben den repräsentativen Bauten des Adels und der Burg Klopp (1239) entstehen Stadtmauer, Rathaus, der Rheinkran und neue Stadtviertel wie die Salzgasse – wegen der Salzstapelrechte –, der Markt und die Judengasse. 1220 schließt sich Bingen einem Städtebündnis mit Mainz, Worms, Frankfurt und Speyer an, das 1226 von Heinrich VII. aufgelöst wird, weil der Mainzer Erzbischof die wachsende Macht der Städte fürchtet. Für das Jahr 1230 berichtet die Sponheimer Chronik des Abtes Trithemius von einem Aufruhr der Binger Bürger, der vom Erzbistum blutig niedergeschlagen wird. Die Bestrebungen nach städtischer Selbstständigkeit, die 1254 im Beitritt zum rheinischen Städtebund gipfeln, fallen in die Zeit der Territorialisierung, der Bildung kurfürstlicher Staaten. Statt einer republikanischen Entwicklung setzt sich letztlich absolutistisches Denken auf Landesebene durch. Schon Friedrich II. im fernen Sizilien stützte sich weniger auf die alten Reichsstädte am Rhein, sondern überließ die Macht im Norden seines Reiches den großen Territorialherrn wie den Pfalzgrafen und den Mainzer Erzbischöfen.

Dennoch versuchen die Binger Bürger auch im 14. Jahrhundert mehrfach, ihre Interessen gegen den Erzbischof durchzusetzen, doch trotz des wechselnden politischen Geschicks im Zollkrieg 1300-02 oder den Stiftsfehden im Erzbistum nach 1328 bleibt die Stadt im wesentlichen Verpfändungsobjekt ihres Mainzer Landesherrn. Seinen Einfluss steigern kann in dieser Zeit lediglich das Domkapitel, das 1424 und 1438 schließlich sogar die Landeshoheit über Bingen, seine „Gegenresidenz", erwirbt. Die Stadt selber muss 1403 durch einen verheerenden Brand, der drei viertel der Gebäude in Schutt und Asche legt, einen schweren Rückschlag hinnehmen. Dennoch wehren sich die Bürger gegen den Herrschaftswechsel. Sie beanspruchen gegenüber dem Domkapitel Zollfreiheit und freie Jagd im Binger Wald. 1489 setzt Erzbischof Berthold von Henneberg als Schiedsrichter die volle Landeshoheit des Domkapitels endgültig durch.

Damit sind allerdings die Streitigkeiten zwischen Stadt und Domkapitel keineswegs beendet. So leben Bürgermeister, Rat und Gemeinde 1524 im allgemeinen Aufruhr des Bauernkriegs ihre alten Beschwerden und Forderungen in 20 Artikeln erneut vor. Dem wird am 23.5.1525 entsprochen. Nach den Niederlagen der Bauern jedoch wird der Rat der Stadt bereits am 15.7. wieder zur Unterwerfung gezwungen. Erst 1755 und 1789, am Vorabend der Französischen Revolution, soll die Bürgerschaft ihre Rechte, vor allem die im Binger Wald, erneut und diesmal erfolgreich einklagen.

Vom 16. bis zum Ende des 18. Jahrhunderts erlebt auch Bingen die Kriegswirren in Europa. 1632, im Dreißigjährigen Krieg, zerstören die Schweden das Kloster Rupertsberg und Dietersheim, 1636 brennen französische Truppen Büdesheim ab. 1689, im pfälzischen Erbfolgekrieg, zünden wiederum die Franzosen die Stadt an. Und immer wieder muss die Stadt vorüberziehenden Truppen Kontributionen zahlen. Dennoch nimmt Bingen aufgrund seiner günstigen Verkehrslage einen stetigen wirtschaftlichen Aufschwung, der vom Umschlaggeschäft auf dem Markt und durch den Kran bestimmt ist. Deswegen gibt es ständige Auseinandersetzungen mit Kurpfalz, welches einen eigenen Kran in Frei-Weinheim (Ortsteil von Ingelheim) und einen eigenen Getreidemarkt in Münster, später in Gaulsheim errichtet. Während der Zoll eher dem Domkapitel zugutekommt, ist der Weinzapf in den Gasthäusern für die städtische Wirtschaft von großer Bedeutung. Die größte Berufsgruppe bilden im 18. Jahrhundert – charakteristisch für städtisches Milieu – mit 50 Prozent die

Der Pestheilige Rochus (1295-1337). Federzeichnung von F. R. Engelhardt

Handwerker, unter denen sich im Vergleich mit anderen Städten besonders viele „Faßbender" (15 Prozent) wegen des örtlichen Weinmarkts befinden. Von Bedeutung sind noch der Handel (20 Prozent) und die Verwaltung (15 Prozent). Im Vergleich zu den Jahrhunderten davor hatten demnach vor allem die Berufsgruppen der Wirte, Schiffer und Verwaltungsleute stark abgenommen.

Nach dem Dreißigjährigen Krieg kommt es zu einer beträchtlichen Zuwanderung italienischer Kaufleute. 1666 muss die Stadt das Pestjahr erleben, in dem fast die Hälfte der 1300 Einwohner stirbt. Damals gelobt man den Bau der Rochuskapelle, zu Ehren des Pestheiligen Rochus.

Die Herrschaft des Domkapitels endet am 24.2.1793 mit dem Eid der Bürgerschaft auf die französische Verfassung. Vorher war Bingen eine Zeitlang Standort der Emigranten um den Prinzen von Condé. Aus dem Kreis der Demokraten ragt vor allem die Familie Soherr hervor. 1797/98 gibt der Jakobiner Matthias Metternich hier die „berüchtigte Binger Zeitung" heraus, in der er den Anschluss an Frankreich oder die Bildung einer eigenen linksrheinischen Republik propagiert. Als Blücher 1814 im nahen Kaub den Rhein überquert, bleibt die napoleonische Verwaltung unter Bürgermeister Geromont im Amt, auch, als Bingen wie ganz Rheinhessen 1816 zum Großherzogtum Hessen kommt und dadurch Grenzstadt zum preußischen Nahe-Hunsrück-Raum wird. Die sehr profane und pragmatische Einstellung der Rheinhessen zur Politik, welche die gekrönten Häupter wie die Revolutionäre gleichermaßen zu spüren bekamen, drückt sich in einer kurzen Anekdote aus, die Wilhelm Hofmann in seiner *Rheinhessischen Volkskunde* berichtet hat. Als Kaiser Franz 1818 in Bingen gewesen sei, habe er dem stadtbekannten Notar Faber mit Blick auf die erst kurz zuvor abgeschlossene französische Zeit die politisch gemeinte Frage gestellt, welcher Geist denn in der Stadt herrsche.

Daraufhin habe dieser geantwortet: „Ma-

Kloster Rupertsberg, um 1600

jestät, halten zu Gnaden, in Bingen herrscht gar kein Geist oder nur der Weingeist."

In der Revolution von 1848/49 bildet Bingen dann neben Mainz und Wörrstadt einen politischen Schwerpunkt in Rheinhessen. Mehrfach finden hier große Volksversammlungen statt, so zuletzt im März 1849 auf dem Rochusberg zur Reichsverfassungskampagne und im April auf dem Fruchtmarkt. Interessant ist auch, dass die Stadt sich durch die Wahl ihrer Abgeordneten eindeutig für die republikanisch-demokratische Tradition und gegen die konstitutionelle Monarchie ausgesprochen hat. Trotz der Niederlage der linksrheinischen Freischaren gegen die Preußen, bei der auch Johann Baptist Burghäuser aus Bingen umkommt, erringen die Demokraten bei den Landtagswahlen im Herbst 1849 mit 33 von 50 Sitzen einen überwältigenden Sieg. Josef Soherr, Besitzer des Gasthauses Weißes Roß (Vorstadt 40/42) versteckte hier übrigens seinen Freund, den Schriftsteller Georg Weerth (Feuilletonist der Neuen Rheinischen Zeitung unter Chefredakteur Karl Marx), als dieser Ende September 1848 vor den Preußen aus Köln fliehen musste.

Auch im 19. Jahrhundert ist Bingen Umschlagplatz für Wein, landwirtschaftliche Produkte und Erz aus dem Hunsrück. Die Gründung des Zollvereins 1834 und der

Bau der Eisenbahn 1859 holen die Stadt an der Nahemündung heraus aus ihrer hessisch-preußischen Grenzlage. Als zusätzliche Einnahmequelle entwickelt sich die Getränkeindustrie (Racke 1855) und im Zuge der Rheinromantik der Fremdenverkehr.
Wenn man, von Büdesheim kommend, an der Nahe entlang nach Bingen hineinfährt, kommt man am Stadteingang linker Hand an der Drususbrücke vorbei, über die man aufs andere Ufer zum Rupertsberg hinüberwechseln kann. Dort stand bis 1632 das von der Heiligen Hildegard gegründete Kloster. Die Drususbrücke ist die älteste erhaltene mittelalterliche Brücke Deutschlands und soll unter Erzbischof Willigis Anfang des 11. Jahrhunderts erbaut worden sein. In einem Brückenpfeiler ist eine kleine frühromanische Kapelle eingelassen.
Die Römer haben an dieser Stelle bereits die Nahe überquert. Dafür spricht auch, dass nicht weit davon die Basilika St. Martin auf den Resten eines 406 zerstörten Merkurtempels errichtet worden ist. Das zugehörige Stift, erstmals 1006 erwähnt, wurde wahrscheinlich ebenfalls von Willigis ins Leben gerufen. Die ottonische Basilika (1925 ausgegraben), welche Ähnlichkeit mit St. Stephan in Mainz, der Grabkirche von Willigis, aufweist, brannte beim großen Stadtbrand ab. Erhalten hat sich aus dieser Zeit lediglich eine Krypta mit Kreuzgratgewölbe, Säulen mit attischer Basis und Würfelkapitellen, die in die Gruppe der frühsalischen Krypten (Speyrer Dom, Worms-Hochheim, Ladenburg und Andlau/Elsass) eingereiht wird. Das nördliche Schiff des unter Johann von Nassau (1397-1410) entstandenen Neubaus wurde 1502-05 durch den Barbarabau ersetzt, der als Pfarrkirche diente. 1819 wurden die Gebäude des 1672 aufgehobenen Stifts abgebrochen, die Kirche 1885 durch Max Meckel restauriert. Nach einem Brand im Zweiten Weltkrieg wurde sie erst 1958 wiederhergestellt. Von der ursprünglich reichen Ausstattung der Martinskirche ist zwar vieles verschwunden, wie der spätgotische Lettner, den der bekannte Prediger, Pfarrer Bartholomäus Holzhauser (1613-59), hat abreißen lassen, dennoch sind vor allem die verbliebenen Bildhauer- und Holzschnitzerarbeiten sehenswert. Man betritt die Kirche durch das offene Turmportal im Süden. Innen, gleich am ersten Pfeiler rechter Hand des Mittelbaus, findet sich eine Sitzfigur von Papst Urban I., dem Schutzheiligen der Winzer (um 1500). Am letzten Pfeiler auf derselben Seite ist die barocke Kanzel von 1681 angebracht. Links und rechts des Altarraums stehen die neugotischen Seitenaltäre mit Tonfiguren der Heiligen Barbara und der Heiligen Katharina (um 1400). Der Hochaltar (1768) stammt von dem Mainzer Bildhauer Peter Heinrich Hencke. Nebenan im Barbarabau findet sich rechter Hand am zweiten Pfeiler die Seccomalerei einer spätgotischen Kreuzigungsgruppe (Christus zwischen Maria und Johannes). Am dritten Pfeiler in der Mitte hängt eine thronende Muttergottes mit Kind (um 1320). Unter Marias Füßen wird, gemäß Offenbarung (12,4), der Drache zertreten. Rita Otto (in: *Bingen*, 1989) hebt die „verhaltene Ferne und Feierlichkeit der Thronenden" deutlich ab vom „weichen Stil" des Mittelrhein, in dem die 120 Jahre jüngeren Frauenfiguren der

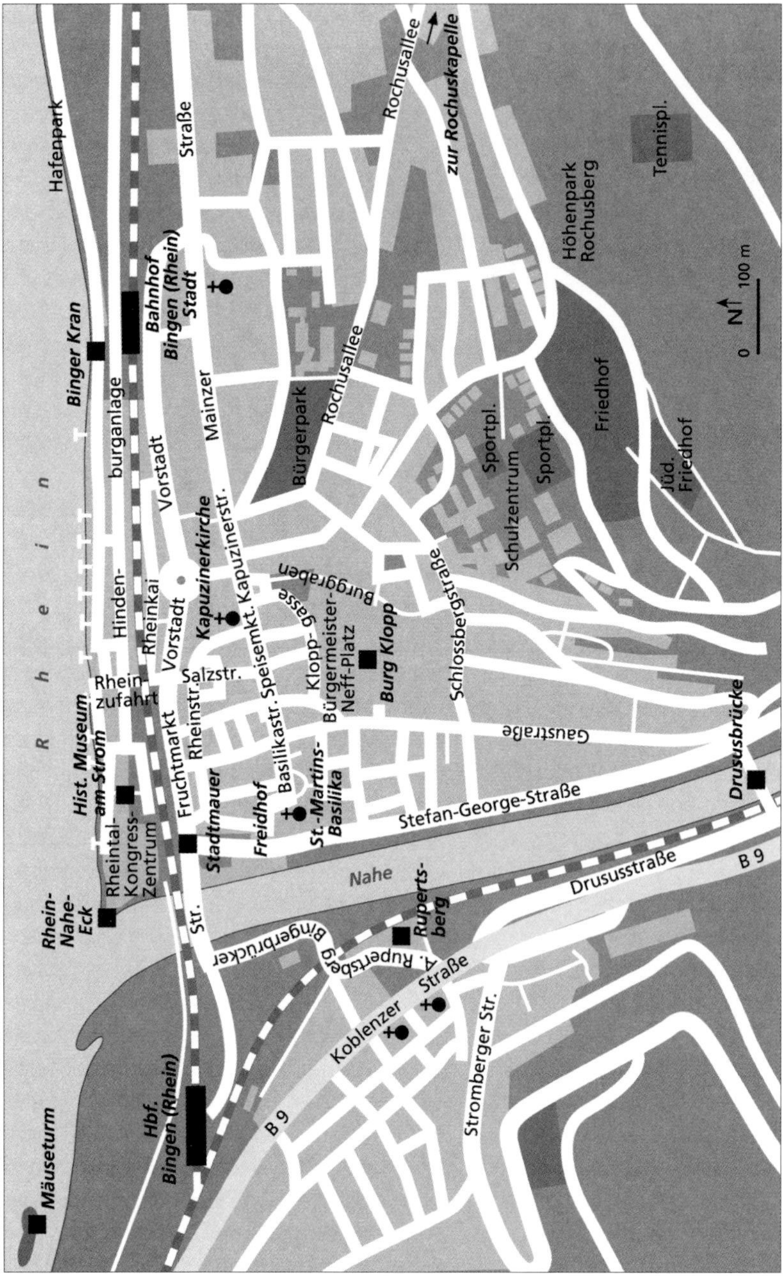

Bingen am Rhein

Bingen, Am Freidhof

beiden Seitenaltäre gehalten sind. Rechter Hand kann man zur Krypta hinuntersteigen. Geradeaus fällt der dreiseitige Flügelaltar des Delfter Antonis von Montfort (1579) ins Auge, welcher allerdings erst 1872 nach Bingen gelangt ist. Um 1430 ist die holzgeschnitzte Darstellung der Beweinung Christi in der nördlich angebauten Gedächtniskapelle entstanden.

Geht man um die Martinskirche herum, kommt man linker Hand zum Freidhof, wo sich einst das 1689 zerstörte Kaufhaus der Stadt erhob. Auf dessen Areal entstanden dann um 1700 das Brüderhaus der Franziskaner (seit 1892 in Bingen) und der im Obergeschoss verschieferte Haferkasten, in welchem heute das Stefan-George-Museum untergebracht ist. Hier findet man neben einer informativen Ausstellung zu Leben und Werk einen Teil der nachgelassenen Handbibliothek des Dichters, darunter schöne Jugendstil-Erstausgaben von George und seinem Kreis. Typisch für die Binger Bürgerhäuser des 17. und 18. Jahrhunderts sind nach Friedrich Rudolf Engelhardt die für Rheinhessen untypische „vorgekragte, etagengeformte Bauweise des Haferkastens" (zum Freidhof hin) und der Torbogen (zur Kaufhausgasse hin). Am Freidhof kann man sich noch am besten eine Vorstellung vom alten Bingen machen. Geht man dagegen die Basilikastraße, am Hang entlang, in die heutige Fußgängerzone, wird das ganze Ausmaß der Zerstörung – sowohl durch Krieg als auch durch Sanierung – bewusst. Alte Fassaden entdeckt man, wenn man den Blick rechter Hand in die Obergeschosse der Häuser lenkt. Vom ehemaligen Amthaus des Domkapitels hat man einen Erker und Arkaden in einen Neubau (Amtsstraße) eingebaut. Das Rathaus in der gleichnamigen Gasse von 1544/45 wurde 1973, nach jahrelangem Abstieg, abgerissen. Die Baulücken füllte man mit funktionalistischen Bauklötzen, die Büros und Kaufhäuser beherbergen. Die beißende Diskrepanz dieser Sanierung wird besonders deutlich am Speisemarkt mit dem Nebeneinander des barocken Puricelli-Hauses (1780) und den blickschluckenden Nachkriegsfassaden an der Nordseite. Geschlossene Bebauung des 18. Jahrhunderts findet man zum Teil noch in der Bader- und der Rheingasse. Die Häuser stehen meist traufseitig zur Straße und tragen über der Mittelachse ein giebelgekröntes Zwerchhaus. Beim städti-

Stefan George
(1868-1933)

George wurde am 12.7.1868 in Büdesheim geboren, wo der Vater das Gasthaus Zur Traube (1944 zerstört) betrieb. Großonkel Stephan Etienne war liberaler Abgeordneter und Vizepräsident des hessischen Landtags. Die Familie stammte aus Lothringen und war zu napoleonischer Zeit an den Rhein gekommen. 1873 siedelte man nach Bingen über, ab 1882 ging George nach Darmstadt, um 1888 auf dem Ludwig-Georgs-Gymnasium sein Abitur abzulegen. Danach begann seine Studien-, Dichter- und Reisezeit, die bis zu seinem Tod am 4.12.1933 in Minusio (Schweiz) andauerte. Das lyrische Werk, das durch eigenwillige und strenge Formgebung auffällt, wird von der Wissenschaft eingeteilt ins Frühwerk (Hymnen, Pilgerfahrten, Algabal, 1890-92; Die Bücher der Hirten- und Preisgedichte, der Sagen und Sänge der hängenden Gärten, 1895; Das Jahr der Seele, 1897; Übersetzungen von Baudelaire u.a.), in eine Phase der Selbstreflexion, die nach der nichterwiderten Liebe zu Ida Coblenz einsetzt (*Der Teppich des Lebens*, 1898; *Der Siebente Ring*, 1907) und in den Entwurf eines künstlerisch-elitären Männerbundes (*Der Stern des Bundes*, 1913; *Das Neue Reich*, 1928). Georges Formliebe, der Rückbezug auf den Mythos und die Entfaltung des Kultischen in einem Männerbund zeichnen den Dichter als geistverwandt mit der Jugendbewegung. Dem George-Kreis gehörten so unterschiedliche Persönlichkeiten wie Ludwig Klages, Friedrich Gundolf und Karl Wolfskehl an. In seiner Nachfolge standen aber auch konservative Gegner des Nationalsozialismus wie Claus Graf Stauffenberg.

schen Krankenhaus in der Kapuzinerstraße steht die 1698 wieder aufgebaute katholische Kapuzinerkirche St. Laurentius, an die 1746 westlich die Loretokapelle angebaut wurde.

Den Berg hoch kommt man bald zur 1282 erstmals erwähnten Burg Klopp, dem ehemaligen Sitz der erzbischöflichen Burgmannen und des Domkapitel-Amtmanns. Sie wurde 1711 von der mainzischen Besatzung gesprengt. Um 1800 erwarb der Notar Faber – bekannt durch seine 1842 erschienenen humoristischen Lieder, Tischreden und Gedichte zu lokalen Themen – die Ruine. Doch erst der Kölner Kaufmann Ludwig Cron und sein Schwiegersohn Max Allert ließen die 1853 erworbene Ruine durch den Binger Architekten und Bürger-

Burg Klopp über der Stadt Bingen, im Hintergrund links der Mäuseturm im Rhein

meister Eberhard Soherr (1812-87) in den Jahren 1875-79 wieder aufbauen. 1897 geht die Burg in städtischen Besitz über und wird Sitz der Verwaltung. Aus romanischer Zeit stammen wohl nur noch der untere Teil des Bergfrieds und ein Teil der südlichen Ringmauer.

Wer genügend Zeit hat, sollte die Fußwege zur Höhe des Rochusberges benutzen. Vorbei am Villenviertel, mit z. B. der Jugendstil-Villa Katharina (Schillerstraße 1), von dem aus man einen schönen Blick zum Rhein hat, kommt man auf das Plateau des Rochusberges, den Goethe durch seine Beschreibung der Wallfahrt bekannt gemacht hat: „Nun wurden wir aber sogleich gewahr, daß wir uns dem Lebensgenusse näherten. Gezelte, Buden, Bänke, Schirme aller Art standen hier aufgereiht. Beschäftigt fanden wir eine junge, tätige Wirtin, umgehend einen glühenden weiten Aschenhaufen, frische Würste – sie war eine Metzgerstochter – zu braten ... Auch wir, mit fetter, dampfender Speise nebst frischem, trefflichem Brot reichlich versehen, bemühten uns, Platz an einem geschirmten, langen, schon besetzten Tisch zu nehmen. Freundliche Leute rückten zusammen, und wir erfreuten uns angenehmer Nachbarschaft, ja liebenswürdiger Gesellschaft, die von dem Ufer der Nahe zu dem erneuten Feste gekommen war. Muntere Kinder tranken Wein wie die

Alten ... Niemand schämte sich der Weinlust, sie rühmen sich einigermaßen des Trinkens. Hübsche Frauen gestehen, daß ihre Kinder mit der Mutterbrust gleich Wein genießen." Das war 1841, zur Einweihung eines Neubaus der Rochuskapelle, welche 1795 zerstört worden war. Im Pestjahr 1666, dem 1300 Binger zum Opfer gefallen waren, hatte der Rat der Stadt dem Pestheiligen Rochus den Bau dieser Kapelle gelobt, wenn die Seuche ein Ende finden sollte. 1677 fand dann die erste Einweihung statt. 1889 brannte die Kapelle infolge eines Blitzschlages erneut aus. Ihr Nachteil war die exponierte Lage auf dem bewaldeten Rochusberg, der einen herrlichen Blick ins Rheintal als auch nach Rheinhessen zulässt. Nicht umsonst heißt das Kempter Eck am Ende des Plateaus „Goetheruhe". 1893-95 erbaute Diözesanbaumeister Max Meckel (Limburg) die heutige neugotische Kapelle. Im östlichen Außenaltar ist die Kopie einer Kreuzigungsgruppe von Backoffen (1510/ Frankfurter Dom) aufgestellt. Im Innern befindet sich ein von Goethe gestiftetes Gemälde Heiliger Rochus auf der Wanderstraße von Louise Seidler (1814) und eine barocke Holzfigur des Heiligen, die als einzige aus dem Brand von 1889 gerettet werden konnte. Ein Eindruck von Dreischiffigkeit entsteht durch die zwischen die Pfeiler der seitlichen Langhausmauern eingepassten Beichtkapellen. Im letzten Joch sind an beiden Seiten hohe Baldachinaltäre aufgebaut. Der linke ist Hildegard von Bingen gewidmet, rechts steht ein Altar mit spätgotischen Figuren (Madonna, Johannes, Barbara, Katharina, Magdalena) aus Bruchhausen bei Linz am Rhein. Das inhaltliche Programm der farbigen Glasgemälde hat wahrscheinlich Baumeister Meckel bestimmt. Neben Heiligen wie Bonifatius, Willigis sowie Karl dem Großen und Rhabanus Maurus findet man szenische Darstellungen wie eine Kinderspeisung durch Rupert oder eine Pestheilung durch Rochus. Über der Orgelempore ist eine Verherrlichung der Musik dargestellt. David mit der Harfe und die notenschreibende Hildegard sind zu sehen. Vor dem Eingang befindet sich zur Erinnerung an die Bethlehemskapelle des 11./12. Jahrhunderts eine Sandsteinkapelle. Als 14. Kreuzwegstation ist hier die Grablegungsgruppe dargestellt (1898). Zur Geburtsgrotte kommt man von Süden, unterhalb der Terrasse. Heute noch finden alljährlich Wallfahrten der umliegenden Pfarrverbände zum Rochusberg statt.

Um zum Binger Rheinufer zu kommen, muss man die Bahnlinie überqueren und kommt dann zum Rheinufer, das durch die Landesgartenschau 2008 neu gestaltet wurde und die Stadt näher zum Fluss gebracht hat. Dort liegen auch die Anlegestellen für die Touristenklassiker „Romantische Rheinfahrt". Linker Hand kommt man zum Historischen Museum am Strom – Hildegard von Bingen (Museumsstraße 3). Im Hafengelände stehen noch die Wahrzeichen des Binger Rheinhandels, so nördlich des Bahnhofs der alte Rheinkran (2. Hälfte 16. Jahrhundert) und das klassizistische Zollhäuschen. Das historische Lagerhaus mit seinem am – mittlerweile abgebrannten – Wormser Vorbild orientierten Fachwerkaufbauten wurde 1987 abgerissen. Unter Ludwig dem Deutschen (843-769) wurde die Schifffahrt zu einem königlichen

Hahnheim, Schloss
Eimsheim, ehemaliger Gewölbestall

22 Partenheim, Ev. Kirche (spätgot. Wandmalerei)
23 Mommenheim, Ev. Kirche (got. Bodenfliese)

24 Bechtolsheim, Simultankirche (Gestühl)
25 Armsheim, Ev. Kirche (Stumm-Orgel)

Alzey, Schloss

Alzey, Rossmarkt

28 Alzey, Fischmarkt mit Rathaus

29 Ensheim, Fachwerkhaus
30 Rommersheim, Rathaus

31 Gau-Odernheim, Schreiberhaus
32 Bodenheim, Erker am Rathaus

Plateau am Wolfsheimer Sender
Nierstein, Museumsschiff

35 *Eppelsheim, Effengraben*
36 *Weinlese in Rheinhessen*

37 *Flonheim, Trullo bei der Geistermühle*

lbig, „Reilchen" (Fußweg)
tadecken-Elsheim, Elftausend-Mägdeturm

40 Ober-Flörsheim, Tor zur Kommende (Dt. Orden)
41 Eppelsheim, mittelalterlicher Wohnturm

42 Schwabsburg, Winterimpression
43 Hochborn, Windräder

1620 gab es drei Kräne am Binger Rheinufer. Zeichnung von Friedrich Rudolf Engelhardt

Nutzrecht. Der dadurch erhebbare Rheinzoll galt als Gebühr für die Unterhaltung der Leinpfade und die Erhaltung der Schiffbarkeit an gefährlichen Stellen wie dem Binger Loch. So entstand auch der vom Rhein-Nahe-Eck aus gut sichtbare Mäuseturm, den Matthias Merian 1646 in seiner *Topographia* beschreibt: „Ein Büchsenschuß unter der Statt stehet auff einer kleinen Insul in dem Rhein der beruffene Mäußthurn gleichsamb als ein kleines Schloß, welcher auff einem Felsen unnd auff grossen und wehrhafften Steinen wieder alle deß flusses Wellen unnd Güsse erbawet ist ... Und von solcher Wart vermeynet gedachter Serarius, habe der Thurn den Namen bekommen." Anfang des 14. Jahrhunderts wurde der Mautturm als Wartturm der kurmainzischen Zollburg Ehrenfels erbaut. 1689 zerstört, diente er ab 1855 als Signalturm für die Schifffahrt und erhielt bei der dafür durchgeführten Erneuerung Zinnenkranz und Ecktürmchen.

Die Binger Stadtteile

Richtung Ingelheim kommt man rechter Hand, unterhalb der Rochuskapelle, an der neoklassizistischen Villa Sachsen vorbei, die der Gutsbesitzer Edmund von Hohenstein 1843 bauen ließ. Kapelle und Bergfried im dazugehörigen Park zitieren ganz spätromantisch das Mittelalter. Der aus Leipzig stammende Konsul Kurt Berger, auf den sich der heutige Name der Villa bezieht, ließ Bau und Garten 1910 erweitern. Folgt man der Straße weiter, kommt man nach **Kempten**, das 983 durch eine Schenkung Kaiser Ottos II. an den Mainzer Erzbischof Willigis ans Erzstift kam, ab 1480 ans Domkapitel. Am nördlichen Ortsrand liegt die 1926 erbaute katholische Kirche, die Reste einer spätkarolingischen Kirche aus dem 9. Jahrhundert (im Querbau) ebenso integriert hat wie den romanischen Südturm und die barocken Fenster. Im Chor findet sich ein Grabstein der Bertichildis aus dem

Die Sage vom Mäuseturm

„Anno Christi 968 ist Hatto, der Erzbischof zu Mainz, nachdem er zuvor eine Scheune voller armer Leute hat verbrennen lassen und sie „unnütze Kornmäuse" genannt hatte, von den Mäusen angegriffen und verfolgt worden, weswegen er sich in einen Turm, der unweit von Bingen mitten im Rhein steht, zurückgezogen hat. Das hat ihm aber nichts geholfen, da die Mäuse hinüberkamen und ihn totbissen und auch seinen Namen überall zernagten, wovon besagter Turm bis auf den heutigen Tag den Namen „Mäuseturm" behalten hat." (nach: Rainer Schlundt, *Sagen aus Rheinland-Pfalz*, 1983, S.134)
Schon 1814 findet sich diese Sage in der Sammlung *Die Sagen und Volksmährchen der Deutschen* von Friedrich Kaspar Gottschalck. In der Fassung der Brüder Grimm ist sie als eine Sage verzeichnet, die den Ortsnamen klären soll. Es handle sich dabei, so die Deutung, um eine sprachliche Verschleifung von Maut (= Zoll)-Turm zu Maus-Turm. Der Sagentyp selbst allerdings ist europaweit bekannt. Im *Handwörterbuch des Deutschen Aberglaubens* heißt es: „Typisch ist die Sage von dem Tyrannen, der die um Brot flehenden Untertanen in eine Scheune sperren und diese anzünden läßt. Die Seelen der im Feuer Umgekommenen erscheinen als Mäuse und verfolgen ihren Mörder, der vergeblich vor seinen Rächern in einer Burg oder einem Schiff Zuflucht sucht. Als die wichtigsten Vertreter dieses Sagentypus seien genannt Popiel II., Herzog von Polen, Bischof Widerolf von Straßburg, Bischof Hatto von Mainz, Bischof Gottfried von Osnabrück, Herr von Göttingen (Schloß Wasserburg im Bodensee)." (Band 6, S. 6-7) Das Bild der Maus ist einmal verknüpft mit der Vorstellung, dass die Seele im Schlaf oder beim Tod den Körper durch den Mund als ein Tier (u.a. eine Maus) verlässt, zum anderen (ähnlich der Ratte) mit der Vorstellung von sozialen Massen, die in Konkurrenz um das Überleben (Getreide als Grundnahrungsmittel) stehen. (Gallé, *Geheimnisvolles Rheinland-Pfalz*, 1996, S.138-139)

7. Jahrhundert. Die Steinfiguren von Christus und drei Aposteln an der äußeren Ostwand stammen aus dem ehemaligen Ölberg der Binger Martinskirche. Das Kruzifix vor dem Eingang ist wahrscheinlich vom Mainzer Bildhauer Johann Jakob Juncker (1785) gefertigt.

Der nächste Stadtteil im Osten ist **Gaulsheim**, das bis 1668 der Ritterfamilie der Brömser von Rüdesheim (überm Rhein) gehörte und dann durch Erbschaft an die Familie Metternich-Winneburg-Beilstein kam, welche das Dorf 1717 ans Mainzer Domkapitel verkaufte. Die katholische Kirche wurde 1898/99 von Heinrich Renard (Köln) in neuspätgotischem Stil erbaut. Typisch für den Späthistorismus ist die asymmetrische Gruppierung der Bauteile. Der westliche Flankenturm stammt noch von der alten Kirche und ist romanisch mit einer barocken Schieferhaube (1818). Zur neugotischen Ausstattung kommen eine Beweinung Christi (um 1730) und ein Kelch des Mainzers Johann Franz Schmitt (1756). Das Naturschutzgebiet Fulder Aue/Ilmen-Aue ist ein europäisch bedeutsames Reservat für Wasservögel. Ab dem Naturschutzzentrum des NABU beginnt ein Erlebnispfad, der über acht Stationen auf wertvolle Lebensräume und seltene Tierarten hinweist.

Mehr in Richtung Gau-Algesheim und damit im rheinhessischen Hügelland liegt **Dromersheim**, das nach einem Besitzstreit mit dem Grafen von Montfort 1434 ans Mainzer Stephansstift fiel und von dort 1491 gegen eine andere Herrschaft mit dem Erzstift getauscht wurde. Die St. Peter-und-Paul-Kirche ist nach einem Plan des Kurmainzer Baudirektors Jacob Joseph Schneider 1775/76 von Maurermeister Johann Hotter (Groß-Ostheim) als Saalbau errichtet worden. Im Süden steht noch der mittelalterliche Turm der ehemaligen Marienkirche. Die reiche Barockausstattung besteht aus einem Hochaltar (Anfang 18. Jahrhundert), einer Kanzel (um 1780), Chorbänken (um 1700), einer Kreuzigungsgruppe des Mainzer Hofbildhauers Burkhard Zamel (um 1750) und einer Monstranz von Johann Ledent aus Mainz (1722). In der Hauptstraße 8 befand sich früher ein Spital, der Katharinenhof (Torbogen 1767). Die dazugehörige Katharinenfigur der Mainzer Gebrüder Hiernle ist heute am Haus Hauptstraße 25 zu sehen.

Fährt man von der Binger Stadtmitte aus an der anderen Seite des Rochusberges entlang, kommt man nach **Büdesheim**, das

Bingen-Büdesheim. Gaststätte „Zur Traube", Geburtshaus von Stefan George

ebenfalls 983 zum Erzbistum kam. Zwischen 1363 und 1716 kam es immer wieder zwischen Stephansstift und Erzstift in Mainz zu Auseinandersetzungen über die dortige Vogtei. Das Rathaus an der Ecke Saarland-/ Burgstraße des ursprünglich mauerbewehrten Dorfes stammt von 1539, das Walmdach ist allerdings barock. Typisch für mittelrheinische Steinbauten dieser Zeit sind die zinnengekrönten Ecktürmchen, die sich auch auf Zeichnungen des 1805 abgebrochenen Mainzer Kaufhauses wiederfinden lassen. In der Burgstraße 78 steht noch ein Fachwerkhaus von 1654. Ihren Namen hat die Straße von der bis ins 18. Jahrhundert nachgewiesenen und dann abgebrochenen Burg Winecke. Dort wohnte auch Johann Ernst Baron Frey von Dehren, Binger Amtmann (1644-84), der den Rat zum Gelöbnis des Kapellenbaus auf dem Rochusberg im Pestjahr 1666 veranlasste. Am Ende der Burgstraße liegt die katholische Kirche. Der westliche, einschiffige Teil des Langhauses stammt von 1756, der basilikale Ostbau von 1865 und der romanische Westturm vom Ende des 12. Jahrhunderts. Zur Büdesheimer Gemarkung gehört auch die berühmte, erstmals 1248 erwähnte Weinlage Scharlachberg. 1697 verordnete das Stephansstift, auf dem Scharlachberg dürfe nur noch Riesling angepflanzt werden, da der „sonst gewesene gute Beruf der Weine zu büdesheim um deß willen in etwas abgenommen", weil dort „schlechte Traubenstöck eingeführt und gepflanzt worden seien." (Brilmayer, *Rheinhessen*).

Jenseits der Schnellstraße liegt **Dietersheim**. Ursprünglich im Besitz derer von Bolanden, verkauften 1489 Ludwig von Andernach und seine Frau Elße von Mauchenheim ein Viertel der Ortsherrschaft an den Pfalzgrafen. In der Folgezeit jedoch wird das Dorf kurmainzisch. Die alte Kirche aus dem 13. Jahrhundert liegt am Ehrenfriedhof an der Nahe (Gensinger Straße). Das Mauerwerk ist romanisch, Maßwerkfenster und Portal aus dem 15. Jahrhundert, der Glockenstuhl ist mit 1391 bezeichnet. Die spätgotischen Wandmalereien sind heute im Landesmuseum Mainz zu sehen. Erhalten hat sich von der spätgotischen Ausstattung lediglich das aus der Wand hervorragende Sakramentshäuschen. Die Muttergottes und die Patronatsfiguren von St. Gordianus und St. Epimachus (um 1460) befinden sich heute in der katholischen Kirche (Saarlandstraße), die 1910-12 von Adam Rüppel (Bonn) in neugotischem Stil erbaut wurde. Die damalige Ausstattung ist erhalten. Dazu kommen eine heilige Kümmernis (18. Jahrhundert) und ein spätgotisches Weihwasserbecken.

Sponsheim wird bereits im achten Jahrhundert urkundlich erwähnt. „Als im Jahre 745 der Bischof Gewielieb von Mainz von seinem Amte zurücktrat, zog er sich nach Spansheim, unserem heutigen Sponsheim, zurück, wo er 14 Jahre lang auf einem ihm zum Unterhalte angewiesenen Hofe lebte." (Brilmayer, S. 420) Sein Nachfolger auf dem Mainzer Bischofsstuhl wurde der angelsächsische Missionar Bonifatius. Mit Hilfe der fränkischen Hausmeier Pippin und Karlmann, den Stammvätern der Karolinger, betrieb er die Amtsenthebung Gewiliobs, „der 743 an einer Schlacht gegen die Sachsen teilgenommen und dabei die Tötung seines Vaters durch einen Sachsen mit eigener Hand gerächt hatte." (*Mainz*

– *Die Geschichte der Stadt*, S. 80). Teil der Kirchenreform des Bonifatius aber war die strenge Trennung von Bischofsamt und militärischer Betätigung. Im 15. Jahrhundert und danach gehörte das Dorf zur Kurpfalz. Seit dieser Zeit kennt man auch eine Georgskirche, die 1863 abgebrochen und in den folgenden beiden Jahren durch einen Neubau ersetzt wurde, der vom Binger Kreisbaumeister Köhler stammt.

Der Stadtteil **Grolsheim** war im Mittelalter kurpfälzisch und wurde vom Hunsrücker Oberamt Stromberg aus verwaltet. Die mittelalterliche Martinskirche fiel im 16. Jahrhundert an die Reformierten. Der Turm der 1821/22 als Saalbau erbauten, heutigen evangelischen Kirche wurde 1911 in Formen des Darmstädter Jugendstils errichtet.

Auf dem anderen Naheufer liegt das nicht mehr rheinhessische **Bingerbrück**. Dort haben sich im Haus am Rupertsberg 16 geringe Reste des Klosters der Heiligen Hildegard erhalten (fünf Arkaden der südlichen Mittelschiffwand). In den Formen der rheinischen Spätromanik wurde 1890-92 die Bruchsteinbasilika St. Rupert errichtet. Ein neugotischer Bau ist dagegen die vier Jahre später (1896) errichtete evangelische Gustav-Adolf-Gedächtniskirche. Ebenfalls auf dem anderen Naheufer liegt **Münster-Sarmsheim**. Chor und Turmbekrönung der katholischen Kirche (16. Jahrhundert) im Ortsteil Münster gehören der Meisenheimer Bauschule an und werden wie die dortige Schlosskirche, einem der „bedeutendsten und eigenwilligsten spätgotischen Kirchenbauten am Mittelrhein“ (Dehio, S. 658) dem Baumeister Philipp von Gmünd zugeschrieben. Innen finden sich – einzig im Nahegebiet – schöne Glasgemälde aus dem frühen 16. Jahrhundert Die katholische Kirche im Ortsteil Sarmsheim stammt im Kern von 1445 und wurde in einen Neubau Ludwig Beckers aus Mainz von 1901/02 einbezogen. Das alte Rathaus mit überdachter Außentreppe stammt von 1520.

Napoleonstein auf dem Binger Friedhof

Gau-Algesheim – typisch linksrheinisch

Ockenheim, Gau-Algesheim mit Laurenziberg, Appenheim, Nieder-Hilbersheim, Engelstadt, Ober-Hilbersheim, Aspisheim

Wahrscheinlich gelangte **Ockenheim** durch die Schenkung Ottos II. 983 an das Mainzer Erzbistum. Das Kirchenpatronat kam 1325 vom Kölner Andreasstift an das Mainzer Liebfrauenstift. Nordöstlich wurde im 12. Jahrhundert eine mainzische Burg errichtet, deren Ruine noch um 1900 gestanden haben soll. Die katholische Kirche von 1774 stammt von Johann Hotter (Groß-Ostheim), der Hochaltar (1761) aus der Werkstatt des Mainzer Hofschreiners Franz Anton Hermann. Eine Kreuzigungsgruppe (um 1775) ist in der Art Johann Jacob Junckers gearbeitet. Im rechten Seitenaltar (um 1720) findet sich eine thronende Muttergottes (um 1430), die der Figur in der Mainzer Karmeliterkirche ähnelt und der Gruppe der rheinhessischen Kreuzszeptermadonnen zugerechnet wird (Mainz: Korbgasse, Karmeliterkirche, Marienborn). Das Kruzifix in der rechten Hand Marias ist mit Blättern und Rosen umrankt. Eine Heilige Bilhildis stammt aus dem 15. Jahrhundert, Kanzel und Kommunionbank aus dem Rokoko. 1720 begründete Pfarrer Blasius Caesar die Wallfahrt (am Sonntag vor oder nach dem 25. Juli) zur Verehrung der Mater Dolorosa in sieben Stationen auf den Jakobsberg. Der Weg beginnt in der Mainzer Straße an einer barocken Kreuzigungsgruppe von 1751. Von den alten Bildstöcken ist nur noch einer erhalten. Die Wallfahrtskapelle oben auf dem Berg wurde 1862 nach Plänen von Ignaz Opfermann (Mainz) im neoromanischen Stil neu erbaut. Seit 1922 gibt es auf dem Jakobsberg auch ein Kloster, das heute den Benediktinern gehört. Oberhalb seines Obst- und Gemüsegartens beginnt ein Weinlehrpfad mit 65 verschiedenen Rebsorten. Interessant ist der Jakobsberg auch als Naturschutzgebiet. Im trockenwarmen Klima wachsen vorwiegend kalkliebende Pflanzen wie Helm- oder Purpurknabenkraut (Orchideen). Zur vielfältigen Vogelwelt zählen auch gefährdete Arten wie Steinkauz, Wiedehopf und Neuntöter. Seit 1980 hat Ockenheim in der alten Schule ein Heimatmuseum, das neben der Ortsgeschichte und Funden aus der Gemarkung hauptsächlich die Geschichte des Handwerks und von Acker- und Weinbau dokumentiert. Von 1920 bis 1924 war Nikolaus Schwarzkopf Lehrer in Ockenheim. Für seinen 1925 erschienen Dorfroman *Der Schwarze Nikolaus* erhielt er 1930 den 1923 begründeten hessischen Büchnerpreis. Der Roman erlebte fünf Auflagen, auch nach 1945, und schildert die Auseinandersetzungen zwischen dem streng katholischen Lehrer Vonabiszett, dem Schwarzen Nikolaus, mit dem genuss- und weinfreudigen Dorf und den von ihm ins Land gerufenen Klosterbrüdern der Totalisten.

Von 1876 bis 1883 lehrte Carl Johann Brilmayer (1843-1905) an der „Aljessemer Hochschul", dem Gymnasium **Gau-Al-**

Ockenheim, Kloster Jakobsberg

gesheim. Der katholische Theologe verfasste nicht nur eine Geschichte dieser kleinen Stadt sowie viele regionalhistorische Aufsätze, sondern auch das Standardwerk *Rheinhessen in Vergangenheit und Gegenwart*. Nach ihm benennt sich auch die örtliche Carl-Brilmayer-Gesellschaft, die sich in einer mittlerweile umfangreichen Schriftenreihe der historischen Erforschung der Gegend um Gau-Algesheim widmet.

Das alte Reichsgebiet Algesheim – das „Gau" kam erst 1560 zur Unterscheidung von Waldalgesheim (zwischen Bingen und Stromberg) zum Namen – wurde 983 durch eine Schenkung Ottos II. erzbischöflicher Besitz. 1355 erlaubte Karl IV. den Mainzern, die Dörfer Algesheim und Höchst zu Städten zu machen. Sofort begann man mit dem Bau einer Ringmauer. Von den ehemals zehn Türmen ist heute nur noch der Graulturm am südöstlichen Ortsrand erhalten. 1444 ist das Schloss Ardeck im Süden erstmals urkundlich erwähnt. Im ehemaligen Wohngebäude mit Stufengiebeln und

Die dortige Wallfahrtskapelle von 1707 wurde 1906 in gotisierenden Formen umgebaut. Der Hochaltar (um 1680) stammt aus der Lambertkapelle des Mainzer Doms, die Seitenaltäre (um 1720) aus der Mainzer Christophskirche.

Appenheim im Welzbachtal gehörte vor der Französischen Revolution zum kurpfälzischen Oberamt Stromberg. Das Rathaus (um 1660) zeigt reiches Fachwerk im Obergeschoss. Die evangelische Kirche von 1761-65 wurde auf älteren Fundamenten errichtet, der Turm 1908 hinzugefügt. In der katholischen Kirche von 1773-75 haben sich aus der Erbauungszeit die Kirchentür mit Rokokoschnitzereien und die geschweiften Bankwangen erhalten. Auf dem Hochaltar findet sich eine Kreuzigungsgruppe (um 1650) mit lebensgroßen Figuren aus dem Kloster Notgottes im Rheingau. Eine klassizistische Haustür kann man im Wohnhaus Hauptstraße 44 (1790) bewundern.

1256 kaufen die Grafen von Veldenz das Gut des Klosters Disibodenberg in **Nieder-Hilbersheim**, das Kirchenpatronat liegt beim Mainzer Liebfrauenstift. Ab dem 16. Jahrhundert wird der Ort kurpfälzisch und gehört zum Oberamt Stromberg. Der spätgotische Bau der evangelischen Kirche wurde 1614 verändert, im Maßwerk der Fenster haben sich gotische Teile erhalten. In der Südostecke befindet sich ein romanischer Türsturz aus dem 11. Jahrhundert. Die Ausstattung ist einheitlich barock. Das Rathaus von 1754 ähnelt dem von Appenheim.

Das kurpfälzische **Engelstadt** wird erstmals 1197 urkundlich erwähnt. 1311 wurde es dann an die Grafen von Sponheim verpfändet und kam von dort auf ungeklärten Wegen in den Besitz des Kölner Ursulinenklosters, mit dem die Sage von den elftausend Jungfrauen in Zusammenhang steht und damit wohl auch der Elsheimer Elftausendmägdeturm unten an der Selz. 1454 wurde das Dorf von Kurfürst Friedrich I. zurückgekauft. Am Ostrand liegt eine spätgotische Kirche mit einem interessanten romanischen Westturm (12. Jahrhundert). Im Sturz des Südwandportals findet sich Reliefschmuck (von links: Baum, Sonne, Kreuz, Blüte, springendes Tier sowie Spiralornamente), der Treibarbeiten auf fränkischem Schmuck ähnelt.

Ober-Hilbersheim kam 1437 aus spon-

Die evangelische Kirche in Ober-Hilbersheim

Aspisheim, gotische Wandmalereien in der evangelischen Kirche

heimischem Besitz an Kurpfalz und Baden und 1707 schließlich allein an Kurpfalz. Die katholische Kirche am nördlichen Ortsausgang wurde 1883 vom Mainzer Dombaumeister Lucas in neugotischem Stil errichtet. Die zeitgenössische Ausstattung hat sich vollständig erhalten. Im rechten Querhaus findet man vier barocke Heiligenfiguren aus dem Mainzer Karthäuserkloster, die aus der Werkstatt von Nikolaus Binterim stammen. Die evangelische Kirche ist im gleichen Jahr, ebenfalls in neugotischem Stil, allerdings von dem Münchner Architekten Heinrich von Schmidt erbaut. Im Westturm wurden Elemente des mittelalterlichen Vorgängerbaus (romanischer Sockel und Ecklisene, gotische Fenster) verwendet. Ein gotisches Friedhofsportal draußen erinnert an den ehemaligen Wehrfriedhof.

Aspisheim kam 1430 von den Grafen von Montfort an Kurpfalz. Der Chorturm der evangelischen Kirche stammt vom Anfang des 13. Jahrhunderts. 1964 hat man hier gotische Wandmalereien aus dem späten 15. Jahrhundert entdeckt, so im gewölbten Erdgeschoss des Turms die Evangelistensymbole Engel, Löwe, Stier und Adler zwischen Ranken und Spruchbändern, in einer Fensternische über dem Altar eine Heilige Barbara. Es findet sich aber auch die Darstellung des Heiligen Martin zu Pferd. An der Nordwand sieht man den Bilderzyklus Tod des reichen und des armen Mannes. „Der Reiche stirbt in einem viel größeren und komfortableren Umfeld, in dem die herumflitzenden Teufelchen aber eindeutig die Seele des Verblichenen – in Gestalt eines kleinen Kindes – zu fassen kriegen. Darüber, dem Himmel näher, gewinnen die Engel den Kampf um die Seele des Armen." (Benz/Kersting, *Reizvolles Rheinhessen: Zwischen Selz- und Nahetal*, S.180).

Zwischen Karolingern und Boehringer – die Rotweinstadt Ingelheim

Ingelheim mit Sporkenheim, Frei-Weinheim und Groß-Winternheim, Schwabenheim, Bubenheim, Stadecken-Elsheim, Heidesheim, Wackernheim, Budenheim

Ingelheim

1802 schreibt A. Klebe in seiner *Reise auf dem Rhein*: „Wenn das rechte Rheinufer von Mainz bis Rüdesheim die höchsten natürlichen Schönheiten darbietet, so ist dagegen das entgegen gesetzte linke Ufer desto öder. Die ganze Gegend von Mainz bis Bingen besteht meistens aus einer langen Ebene voll Sand und Heide, wo kein Wein wächst. Die Dörfer liegen nur einzeln und zeigen in ihrem Auessern auch nicht von hohem Wohlstand ihrer Bewohner ... Die Ruinen von dem an der Selzbach liegenden Niederingelheim, dem Wohnsitz Carls des Großen, sind kaum noch zu bemerken. Fischerhütten, arm und klein, stehen jetzt an dem Orte des von hundert Marmorsäulen getragenen Kaiserpallastes."

Damit ist nicht nur das heute noch, wenn auch abgeschwächt, gültige Verhältnis zwischen noblem Rheingau und nüchternem Rheinhessen beschrieben, das um den Begriff der „äbsch Seit" (minderwertige Uferseite) kreist, sondern auch die große Zeit Ingelheims unter den Karolingern im 9. Jahrhundert. Dabei hat der 840 auf einer Rheininsel in seinem Tierpark verstorbene Ludwig der Fromme trotz der vielen Karlssagen Ingelheim mehr besucht und bewohnt als Charlemagne. Ihre heutige Struktur hat die für ihren Rotwein bekannte Stadt am Rhein mit der Industrialisierung im 19. Jahrhundert gewonnen, wofür in erster Linie die 1885 gegründete Chemiefabrik C. H. Boehringer steht. Die Industrie hat das Zusammenwachsen der über 1200 Jahre selbstständigen Gemeinden Nieder-Ingelheim, Ober-Ingelheim und Frei-Weinheim bewirkt, die 1939 zur Stadt zusammengeschlossen wurden. Während Nieder-Ingelheim – das zeigt auch die hufeisenförmige Straßengestaltung im Saalbereich, welche die Ausmaße der Pfalz noch abbildet – die karolingische Zeit repräsentiert, steht Ober-Ingelheim mit seinen Adelshöfen und dem Wehrfriedhof der Burgkirche für die mittelalterliche Geschichte der Stadt.

Von diesen alten Ortskernen aus hat sich auch die Siedlungsgeschichte der Frühzeit entwickelt. Erste Bodenfunde in der Ingelheimer Gemarkung stammen von den Bandkeramikern (4. Jahrtausend v. Chr.). Es sind Gefäßstücke, die bei der Saalkirche in Nieder-Ingelheim gefunden wurden. 1855 fand man in Ober-Ingelheim Keramikscherben der Becherkulturen (u. a. Schnurkeramik). Im Wald Richtung Heidesheim wurde 1879 Michelsberger Keramik gefunden. Ein Menhirrest stammt vom Ober-Ingelheimer

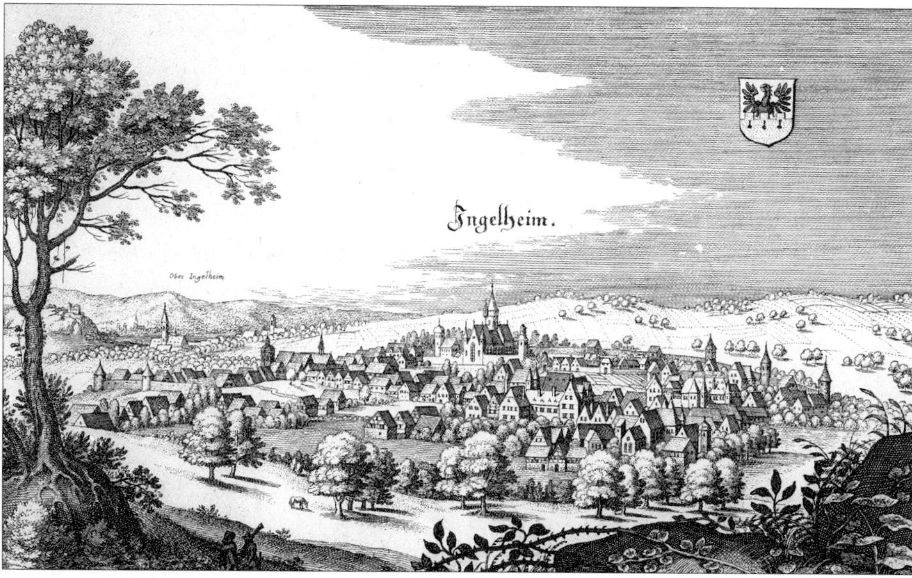

Ingelheim. Kupferstich von M. Merian, 1655

„Uffhubtor". Auch Urnenfelder und Hügelgräber der Bronzezeit wurden ausgegraben. Die keltischen Treverer siedelten 400 v. Chr. um ein Gehöft in der heutigen Bahnhofstraße 80 (Ober-Ingelheim). Aus römischer Zeit stammt eine schlossartige Villa auf dem Gelände der heutigen Winzergenossenschaft und ein bäuerliches Gehöft „In der Hohl" (beides Nieder-Ingelheim). Der fränkische Haupthof lag unterhalb der Remigiuskirche (Nieder-Ingelheim/heute: Gärtnerei), war im Mittelalter als Fron- oder Münchhof bekannt, der noch im 13. Jahrhundert dem König steuerpflichtig war, und ist im Dreißigjährigen Krieg abgebrannt. Die Königsdomäne ist wahrscheinlich aus dem römischen Fiskalland der Villa hervorgegangen. Unter der nahen Saalkirche hat man einen weiteren fränkischen Hof gefunden, der vor dem Pfalzbau 807 abgerissen worden sein muss. In Ober-Ingelheim hat man mehrere fränkische Gräberfelder um den Hersfelder Hof an der Burgkirche gefunden, ebenso in Frei-Weinheim vor dem früheren Bahnhof. In einer Tauschurkunde von 835 wird das Königsgut mit 6 Höfen und 2 Kirchen genau beschrieben. 741-743 schenkte Hausmeier Karlmann die Remigiuskirche dem Bistum Würzburg – daher die Kiliansverehrung –, 769 Karl der Große den Hersfelder Hof mit Kapelle dem Kloster Hersfeld.

774 hielt sich Karl erstmals auf einer Reise von Italien zum Niederrhein auf dem fränkischen Haupthof auf. Trotz der Bistümer waren die römischen Städte Mainz und Worms als Residenzen zu dieser Zeit unbedeutend. Die fränkischen Könige richteten ihre wechselnden Regierungsorte auf

Karl der Große. Aus dem Miniaturenzyklus, der die Chronik Ottos von Freising schmückt

ländlichen Gehöften ein, die aufgrund ihrer Größe den vorübergehenden Aufenthalt des Hofstaats bewerkstelligen konnten. Von Ende 787 bis Juni 788 hält sich Karl erstmals länger in Ingelheim auf; es findet eine Reichsversammlung statt, welche den besiegten bayrischen Herzog Tassilo aburteilt. Aus dieser Zeit stammt auch die Errichtung der Pfalz, die durch Ausgrabungen von Christian Rauch (1909-35), Walter Sage (1960-70) und durch seit 1993 erneut laufende Ausgrabungen erforscht wurde und weiter erforscht wird.

Den Saalbezirk erreicht man heute vom alten neoromanischen Rathaus in Nieder-Ingelheim aus. Im Museum bei der Kaiserpfalz (François-Lachenal-Platz 5) ist seit 1999 eine Dauerausstellung untergebracht, die sich schwerpunktmäßig mit der karolingischen Geschichte beschäftigt. Dokumentiert sind die drei Aufenthalte Karls in Ingelheim, die Geschichte der Kaiserpfalz (mit Modellen) und Funde vom Pfalzgelände, u. a. eine Goldmünze Karls des Großen. Zu sehen ist auch der Nachbau des Säulengangs der großen Exedra (Halbkreisarchitektur) im Maßstab 1:1, den man begehen kann. Am François-Lachenal-Platz informiert eine Stele über das Kaiserpfalzgebiet. Die Aula Regia mit einer eigenen Informationswand ist werktags von 7.30-17 Uhr sowie am Wochenende von 10-17 Uhr für Besucher zugänglich. In der Wand erkennt man links oben einen karolingischen Kämpfer. Die Aula Regia im Südwesten der Gesamtanlage war 38,20 m lang und 14,50 m breit. Die erhaltene Apsis mit 9,80 m Durchmesser befand sich an der südlichen Schmalseite der Königshalle.

Der Saalbau stand in der Tradition römischer Kaiserresidenzen, war jedoch mit einer Firsthöhe von 18 m kleiner als diese. Ermoldus Nigellus hat 830 die Wandmalereien in der Halle beschrieben, die das Selbstverständnis des fränkischen Kaisertums definierten: Szenen aus dem Leben heidnischer Herrscher und Taten christlicher Herrscher bis Karl. Östlich lagen kleine Nebengebäude, u. a. die Hofkapelle, die beim Bau der Saalkirche (um 1000) abgerissen worden sein soll, nördlich der Wohntrakt mit Badeanlage. Letztere hat sich ebenfalls erhalten. Ein halbkreisförmiger Bau mit zum Hof vorgelagertem Säulengang schloss die Anlage nach Osten hin ab. Die wehrhaften Außenmauern (2 m tief fundamentiert) wurden alle 25 m von schweren Türmen unterbrochen. Eine 8 km lange Wasserleitung von der Karlsquelle (südliche Gemarkung Heidesheim) versorgte den Palast. Zu den Einrichtungen des Tierparks auf der Rheininsel oberhalb von Ingelheim gehörten Zwinger und Gatter, z. B. für Bären, Tribünen und pavillonartige Sommerhäuser. In Frei-Weinheim, an der Selzmündung, wurde der Rheinverkehr

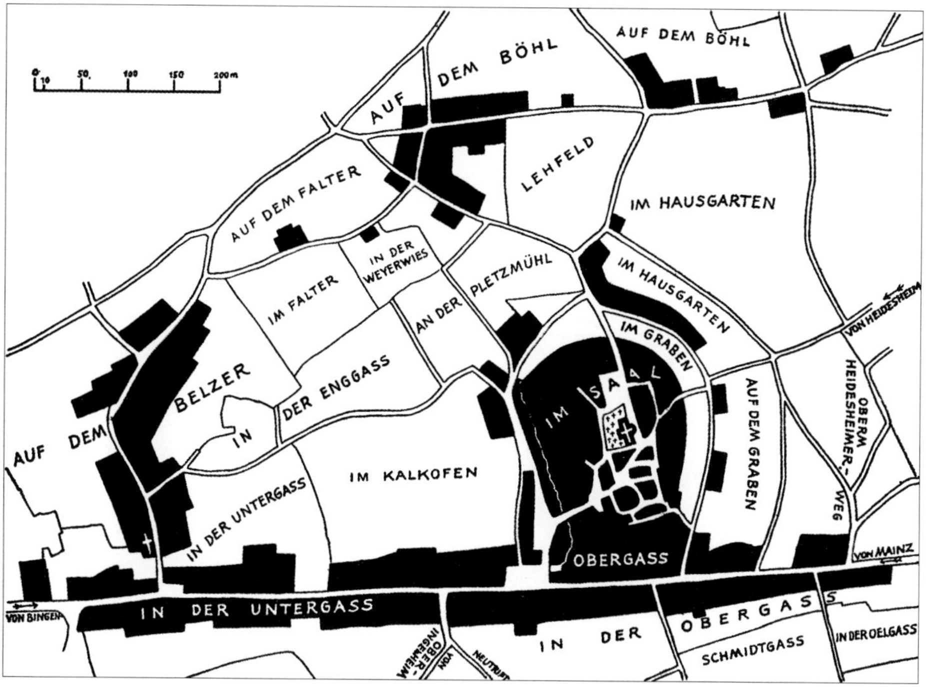

Nieder-Ingelheim 1840/43

abgewickelt. Ihre große Zeit hatte die Pfalz unter Ludwig dem Frommen, der zehnmal hier zu Besuch war. Nach der Reichsteilung kam Ingelheim an Ostfranken und verlor an Bedeutung (bis Anfang des 10. Jahrhunderts nur sieben Königsbesuche). Erst Otto der Große nahm die alte Tradition wieder auf (34 Aufenthalte zwischen 941 und 1040), vor allem zu Osterfeiern.

An die Zeit der Ottonen erinnert eine Dauerausstellung in der Saalkirche, deren Eingang sich an der Nordseite befindet. Die ersten Legenden um Karl, so von seiner Geburt in Ingelheim, bildeten sich unter Friedrich Barbarossa, der 1163 Ingelheim besuchte und Karl als deutschen König – politisch gegen Frankreich gerichtet – verehrte. Dies führte 1165 zur Heiligsprechung Karls. Es entstand ein neuer staufischer Mauergürtel rund um die Pfalz, dessen Reste man an vielen Stellen des Saalbezirks noch sehen kann.

1160 wurde die aus der zweiten Hälfte des 10. Jahrhunderts stammende Saalkirche erneuert. Nach Profanierung 1576 bis 1705 wurde sie 1707 wieder aufgebaut. Der flachgedeckte Saalbau hat durch das Querhaus und die Apsis an dessen Stirnseite Kreuzform. Lisenen, Kopfkonsolen und Rundbogen-Röllchenfries der Apsis stammen ebenfalls von 1160. Im Inneren (Querhaus) finden sich noch romanische

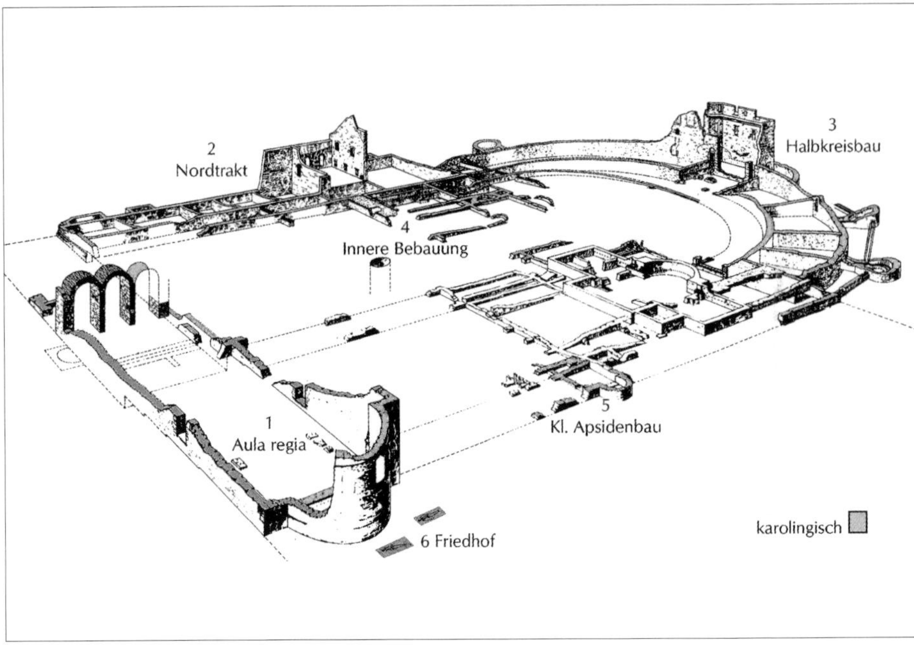

Isometrische Darstellung der Baureste der Kaiserpfalz

Kapitelle mit Weinlaubverzierungen. Am nordöstlichen Vierungsturm ist außen ein romanisches Reliefbild Löwe und Lamm zu sehen. Den neuromanischen Glockenturm hat Kreisbaumeister Köbler 1861 hinzugefügt. Kanzel (1710) und Kirchenbänke (1708) wurde 1803 vom Mainzer Weißfrauenkloster erworben, ebenso die bekrönenden Figuren der Orgel, die das Vorgängerinstrument 1853 ersetzte.

Weiter westlich, an der Kreuzung Binger Straße/Belzerstraße liegt die Remigiuskirche (742 erstmals erwähnt). Der fünfgeschossige Turm (um 1230) ist romanisch. Gegliedert wird seine Fassade durch Blendarkaden und ein Rundbogenfries auf Lisenen, über den gekuppelten Schallarkaden der beiden Obergeschosse befinden sich Rechteck- und Kleeblattbogenblenden niederrheinischen Typs. Kirchenschiff und Chor sind wahrscheinlich 1739 vom kurpfälzischen Landbaumeister Kaspar Valerius aus Heidelberg erbaut, der auch die Bartholomäuskirche in Erbes-Büdesheim errichtet hat. Der Hochaltar mit Kreuzigungsgruppe (1775) stammt von Johann Jakob Juncker. Auch die übrige Ausstattung ist aus dem 18. Jahrhundert.

1356 verpfändete Karl IV. Ingelheim an die Stadt Mainz, 1376 kam es an die Kurpfalz, wo es bis zur Französischen Revolution blieb. Nach dem Interregnum suchten die deutschen Könige, so die Habsburger, eine neue Machtbasis in Ländereien des Ostens

Sebastian Münster
(1489-1552)

Zeuge der Belagerung von 1504 war auch der in Ingelheim geborene Humanist Sebastian Münster (1489-1552). Nachdem er an den Franziskanerkonventen Heidelberg, Rufach (Elsass), Pforzheim, Tübingen und Basel gelehrt hatte, trat er aus dem Orden aus und wirkte 22 Jahre lang als Hebraist an der Universität Basel. Sein bekanntestes Werk ist die 1554 erschienene *Cosmographia*: Der Untertitel der *Cosmographia* lautete: „Beschreibung/aller Lender Durch Sebastianum Munsterum/in welcher begriffen./Aller völcker Herrschaften,/stetten, und namhaftiger flecken, herkomen:/Sitten, gebreuch, ordnung. glauben, secten, und hantie/rung, durch die gantze welt, und fürnem/lich Teütscher nation./Was auch besunders in iedem land gefunden,/und darin beschehen sey".

In den *Beiträgen zur Ingelheimer Geschichte* (Heft 4) heißt es: „Der wissenschaftliche Wert von Münsters Werk wird nicht im mindesten geschmälert durch den Umstand, daß er trotz der freien, fortschrittlichen Haltung, trotz des unvergleichlich wertvollen Einsetzens der Beobachtung an der Stelle bloßen literarischen Quellenstudiums, trotz der reichen Beigabe von neuen Karten, Ansichten und Plänen, in vielen Dingen seiner Zeit und ihrem Wunderglauben verhaftet bleibt. Gerade in der Länderkunde muss sich ja das Maß der Kenntnis oder Unkenntnis der fernen Länder widerspiegeln, und wenn sich auf den hübschen Kartenblättern fremder Erdteile oder Meere Basilisken, Greifen, Drachen, Meeresungehuer, einäugige Menschen, Schattenfüßler, Hundsköpfe oder auch nur Kannibalen finden ... so dürfen wir das gerne mit einem Lächeln als die Füllung leerer Räume verstehen, über die demVerfasser jede sichere Kunde fehlt."

(Alpen, Böhmen, Thüringen, Sachsen). Die ehemaligen Reichsgüter am Rhein gingen als „Handsalben" an umliegende Kurfürsten, die so als Geldgeber und Wahlmänner gewonnen wurden. Damit endet auch die Geschichte der Pfalz. „So wie in der Zeit vor 774 die Gemarkung Ingelheim als Gut der fränkischen Könige in nichts erkennbar von ihrem Umland unterschied, bot sie 600 Jahre später als erbliches Pfand in der Hand des Kurfürsten von der Pfalz wiederum nichts Außergewöhnliches mehr. Dazwischen lag aber eine Epoche, in der Ingelheim als Residenz der fränkischen und deutschen Könige immer wieder Mittelpunkt des Reiches war, dann, wenn der Herrscher dortwaltete." (*Ingelheim am Rhein, Geschichte und Gegenwart,* 1974, S. 56)

Eine gewisse Bedeutung erreichte allerdings der Ingelheimer Oberhof (Ober-Ingelheim) seit 1360 für die deutsche Rechtsgeschichte. Schöffengerichte aus Rheinhessen, Nahe, Hunsrück und Taunus fragten hier um Rat, vor allem in Fragen des Privatrechts. Im 14. Jahrhundert wurden die unbefestigten Nieder-Ingelheimer Bezirke auf dem Belzen und dem Böhl von Bürgern bewohnt. Befestigt waren dagegen Groß-Winternheim, Ober-Ingelheim und der Saalbezirk in Nieder-Ingelheim. In Ober-Ingelheim lagen die Adelshöfe der Burgmannen. Ende des 13. Jahrhunderts kam das Patronat von Remigiuskirche (Würzburg) und Burgkirche (Hersfeld) an die Mainzer Diözese. In der Mainzer Stiftsfehde (1460-62) zwischen Pfalzgraf Friedrich I. und Erzbischof Dieter von Isenburg belagerten die Mainzer vergeblich den „Saal". Auch im Landshuter Erbfolgekrieg musste der hessische Landgraf 1504 unverrichteter Dinge wieder abziehen.

1555 wird Ingelheim unter Ottheinrich lutherisch, 1565 unter Friedrich III. reformiert. Zuständig für die Amtsgeschäfte ist der Oppenheimer Amtmann. Der Landesherr lässt sich in der Provinz nur höchst selten blicken, spürbar wird er nur durch Verordnungen wie 1765 beim Befehl zur Bebauung und Baumbepflanzung aller öden Weiden oder 1774 beim Seidenraupenzuchtprivileg. Unter Napoleon wird Ingelheim Kantonsstadt des Department Mont-Tonnere (Donnersberg). Als 1816 Rheinhessen zum Großherzogtum Hessen kommt, hemmt die Randlage die wirtschaftliche Entwicklung. Das Übergewicht liegt bei Ober-Ingelheim, wo Verwaltung und Friedensgericht

Eduard Douwes Dekker (1820-1887), Pseudonym „Multatuli", niederländischer Schriftsteller, der ab 1866 in Ingelheim lebte.

eingerichtet werden. 1849 wird auf den preußischen „Kartätschenprinzen", später Wilhelm I., in Ingelheim ein Attentat verübt, doch der Schuss aus einem Getreidefeld verletzt nur den Kutscher. Im Mai 1849 hatte sich bereits eine Schar von Ober-Ingelheimern um den Arzt Hermann Thudichum der pfälzischen Freischar angeschlossen. Erst nach der Reichsgründung 1871 klingt die demokratische Protesthaltung ab und macht dem neuen Nationalismus Platz. Durch den Eisenbahnbau 1859 und die folgende Industrialisierung verschiebt sich der Schwerpunkt der Stadt wieder nach Nieder-Ingelheim. Es entstehen großbürgerliche Villen, so die des Niederländers Albert Gerhard de Roock (1787-1867) oder auf der Höhe der Steig das Haus des Schrift-

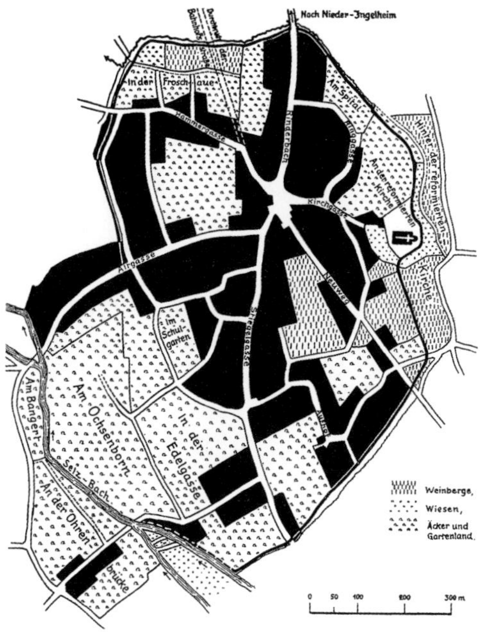

Plan von Ober-Ingelheim 1840/41

stellers Eduard Deuwes Dekker (1820-1887), genannt Multatuli, der durch seinen antikolonialistischen Roman *Max Havelaar* (1860) bekannt wurde. Die Bankiersfamilie von Harder baut die ehemals kurpfälzische Schaffnerei von 1612 im Saal (Zuckerberg 26) aus und Freiherr von Erlanger, „der Herr Baron", errichtet die Villa Carolina mit Grundbesitz von der Mainzer Straße bis zum Rhein.

Den Rundgang durch Ober-Ingelheim beginnen wir am alten Marktplatz mit seinem klassizistischen Rathaus. Den Weg zur Burgkirche hoch kommt man rechter Hand an einem bürgerlichen Barockhaus (Nr. 10) von 1740 mit geschnitzter frühklassizistischer Tür vorbei. Linker Hand sieht man bereits den Staffelgiebel des ehemaligen Geismarschen Hofes von 1612 (Nr. 11-13), des einzigen gut erhaltenen Adelshofes von Ober-Ingelheim.

Die spätgotische Burgkirche mit integriertem romanischen Turm erhebt ihren Giebel inmitten einer gut erhaltenen Wehrmauer des 15. Jahrhunderts. Der Turm trägt über der romanischen Verzierung durch Ecklisenen und einem Rundbogenfries einen gotischen Zinnenkranz mit einem Erkertürmchen. Der Chor mit seinen großen Maßwerkfenstern wurde 1404 von Johann von Diepach fertiggestellt. „Die Schlußsteine, einige Arkadenpfeiler und das Portal haben figürliche Plastik, die Gewölbe eine 1960 freigelegte Rankenmalerei." (Dehio, S. 402) Das Langhaus entstand bis 1431, der höhere westliche Teil wurde 1450 unter Peter Arnolt aus Bingen vollendet. Im östlichen Chorfenster wurde ein seltenes gotisches Glasgemälde von 1406 (Anbetung der Könige/Marienkrönung) ergänzt. Im Innern finden sich viele Grabmäler des örtlichen Adels aus dem 15. Jahrhundert, vor allem der Grafen von Ingelheim. Im Kulturführer Liebfrauenland heißt es, das harmonische Gesamtbild der Kirche komme dem ursprünglichen Erscheinungsbild recht nahe. Auf dem ehemaligen Kirchenfriedhof erinnert ein Denkmal an den Demokraten Martin Mohr (1788-1865). Nach seinem Jurastudium in Heidelberg und Gießen wurde der unter Napoleon sozialisierte geborene Hunsrücker 1829 Vizepräsident des Mainzer Kreisgerichts. Als er 1833, ein Jahr nach dem Hambacher Fest, eine Regierungsverordnung als nicht konform mit der durch den Code civil geprägten Verfassung erklärte, wurde er seines Amtes enthoben. 1848/49 war er Mitglied der Nationalversammlung in der Frankfurter Paulskirche und gehörte wie alle rheinhessischen Abgeordneten der republikanisch orientierten Donnersberg-Fraktion an.

Vorbei an der Freilichtbühne – auf dem gesamten Gelände hier wird alljährlich das Rotweinfest gefeiert – gelangt man in die Weinberge. Ein Blick zurück zeigt gut die doppelte Wehrmauer. Rechter Hand geht es zum Uffhubtor, einem Teil der mittelalterlichen Ortsbefestigung vom Anfang des 15. Jahrhunderts. Den Hesselweg und die Burgunderstraße runter kommt man zur

Ingelheim, Bismarckturm

Stiegelpforte, ebenfalls einem Teil der alten Befestigung. Rechter Hand in der Stiegelgasse öffnet sich der schöne Innenhof eines Weinguts (Nr. 65), links ab geht es in die Edelgasse und zum Ohrenbrücker Tor. Von hier aus kann man über kleine Straßen einen längeren Extraausflug den Berg hoch zur Waldeck mit dem Bismarckturm von 1907-12 oder zum Schloss Westerhaus machen, das seit 1900 der Familie von Opel gehört. Aus altbolandischem Besitz kam dieses Gut 1370 an die Grafen von Ingelheim. Der burgartige Mittelbau hat einen Renaissance-Treppengiebel; es ist wohl der älteste Teil. Als die Familie von Ingelheim 1737 in den Grafenstand erhoben wurde, erweiterte sie ihren Besitz im Hunsrück, im Rheingau und in Mespelbrunn und es entstand der barocke Frontbau, den man auch vom Selztal aus sehen kann. Die Bewaldung des Bergrückens sowie die Obstbaumpflanzungen im Tal geben der ansonsten nüchternen rheinhessischen Landschaft hier etwas Garten- und Parkhaftes, das zum Wandern einlädt. Den Rundgang durch Ober-Ingelheim kann man aber auch früher beenden, indem man an der Selz entlang und dann an Bauerngehöften vorbei die Alte Gasse hoch zurück zum Markplatz geht.

Bei der Fahrt durch den nahegelegenen Stadtteil **Groß-Winternheim** fällt lediglich die neuromanische, evangelische Pfarrkirche, 1887/88 von Heinrich von Schmidt aus München erbaut, ins Auge. Wie bei vielen anderen Orten Rheinhessens würde man nach dem ersten Augenschein weiterfahren, doch es lohnt sich, einmal in den alten Ortskern am Hang einzubiegen, der von mehreren ehemaligen Adelshöfen geprägt ist. Der ehemalige Hof Obertraut (Ingelheimer Straße 1) mit seinem Renaissanceportal stammt von 1609. Auch das Nachbarhaus (Nr. 3) hat einen Renaissancegiebel. Der Hof Wallbraun (Schwabenheimerstraße 4) ist ein stattliches Herrenhaus aus dem 18. Jahrhundert und trägt an einem Nebengebäude das Wappen des nahen Haxthäuser Hofes (1539). Neben dem alten Rathaus stehen Tor und Handpforte von 1576. Reste der Wehrmauer und des Ulmengrabens sind am Weinbergshang erhalten. Die katholische St. Johann-Kirche ist ein Saalbau von 1760-64 mit einem romanischen Südwestturm. Die Ausstattung aus dem 18. Jahrhundert beinhaltet u. a. Arbeiten des Mainzer Hofbildhauers Burkhard Zamel (um 1740). Hinter der katholischen Kirche liegt die jetzt als Gemeindehaus genutzte, ehemalige reformierte Kirche von 1747.

Zu Ingelheim gehört auch der alte Weiler **Sporkenheim**, der im Mittelalter aus sechs Höfen bestand, die Ober-Ingelheimer Burgmannen und dem Zisterzienserkloster Engeltal – gegenüber vom Ohrenbrücker Tor in Ober-Ingelheim liegt eine Mühle dieses Nonnenklosters – gehörten. Anfang des 18. Jahrhunderts erwarben die Grafen von Ingelheim die Höfe, die nach der Französischen Revolution von den vormaligen Pächtern in Besitz genommen wurden. Eine Kirche ist erstmals 1339 bezeugt. Im Haus Nr. 27 haben sich Reste der romanischen Kapelle erhalten. Von 1349 bis 1769 wallfahrte man in regelmäßigen Abständen von sieben Jahren aus Ungarn, Böhmen und Österreich nach Aachen. Dabei gab es eine Rast in der Sporkenheimer „Bildgesgewann": „Erstlich am Sporkenumer Weg ... bei dem Landwehr ist ein Schlag und ein Brun, da bey ein steinern Stock, wo die hungaren Betfahrt hielten, in pflegt zu stellen." (A. Saalwächter, *Aus der Vergangenheit des Weilers Sporkenheim*, 1950).

Die Reichsdörfer des Ingelheimer Grundes wie Schwabenheim, Bubenheim und Elsheim kamen alle nach einer nicht ausgelösten Verpfändung durch den König 1407 in kurpfälzischen Besitz. In **Schwabenheim** war das Trierer Kloster St. Maximin seit dem 10. Jahrhundert begütert; es erhielt den großen Zehnten bis 1802. Im an der Selz gelegenen Weiler Pfaffenhofen, der

Die Alte Propstei in Schwabenheim um 1930

heute mit dem alten Dorfkern zusammengewachsen ist, errichtete das Kloster eine Propstei (heute: auf dem Gelände von Intervet). Das in der Reformation enteignete Gut wurde 1705 zurückgegeben. Neben dem großen Wohngebäude von 1709 und einem Gartenpavillon des 18. Jahrhunderts hat sich vor allem die ehemalige Klosterkirche der Benediktinerpropstei, heute katholische Kirche, erhalten. Der frühmittelalterliche Bau ist ähnlich wie die Heidesheimer Georgskapelle um 1000 entstanden. Während die Chorfenster spätgotisch sind und das Langhaus um 1700 verändert wurde, erinnert ein Flachrelief (11. Jh.) im Sturz eines vermauerten Portals in der Chorsüdwand, das zwei fischende Vögel zeigt, an die Erbauungszeit. Die Ausstattung der Kirche stammt aus dem frühen 18. Jahrhundert, ein Wappenstein erinnert an den Abt Maximinus von Gulich († 1660) des Mutterklosters. Der alte Ortskern, oben am Marktplatz, war ursprünglich einmal mit einer Mauer umgeben, die ebenso wie die alte evangelische Kirche beim Bau der neuen Kirche 1844-46 abgerissen wurde. Erst 1988-90 wurde im neuen Saalbau die Jugendstilausstattung von 1911 wieder restauriert. Das Rathaus mit offener Eingangshalle (1742) steht an der Stelle, wo sich zuvor das kurpfälzische Amtshaus befand. Auf der anderen Straßenseite zeigt sich ein fast geschlos-

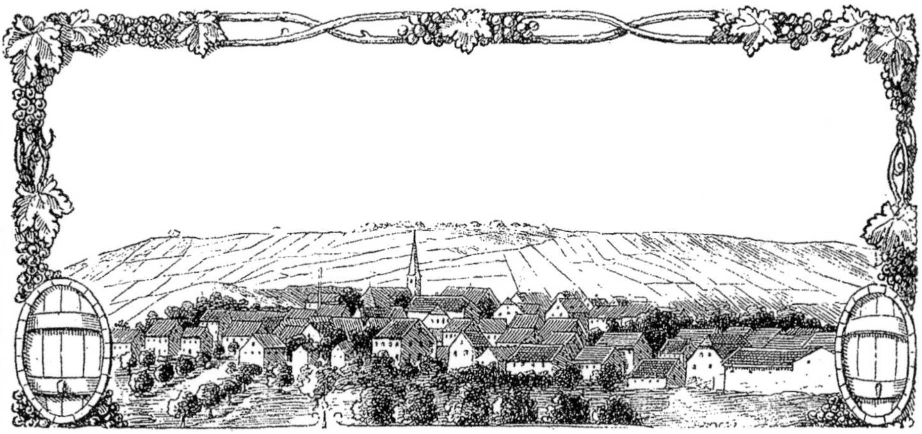

Blick auf Stadecken. Zeichnung der 1920er Jahre

senes Bild von barocken Fassaden des 18. Jahrhunderts. Die Franzosenzeit war für das Dorf prägend, legten es doch die französischen Truppen 1796 in Schutt und Asche, nachdem man die Bewohner verdächtigt hatte, auf die Soldaten geschossen zu haben. In der Familienchronik *Die Schwabenheimer Freiheit* von Hans Altendorf, die von der Gau-Algesheimer Carl-Brilmayer-Gesellschaft herausgegeben wurde, wird diese Zeit aus der Sicht des Greiffenclauer Gutsverwalters und Bürgermeisters Carl Joseph Maria Tourelle detailliert geschildert.

Auf der anderen Seite der Selz liegt **Bubenheim**, nach dem sich auch eine Adelsfamilie des 14./15. Jahrhunderts nennt. Bereits 706 wird das sehr alte Dorf in den Lorscher Schenkungsurkunden erwähnt. Im Mittelalter waren das Trierer Kloster St. Maximin und das Mainzer Stephansstift hier begütert. 1407 kam es an Kurpfalz. Die evangelische Kirche stammt von 1740, die Ausstattung aus der Erbauungszeit. An der katholischen Kirche von 1866 hat man eine Gedenktafel an den 1882 hier geborenen Führer der hessischen Zentrumspartei Dr. Fritz Bockius angebracht, der am 5. März 1945 im KZ Mauthausen gestorben ist. Als markantes Beispiel für Rechtsaltertümer gilt das „Bubenheimer Geckengericht". Im hessischen Sagenbuch von Wilhelm Müller heißt es dazu: „Die Gegenstände dieses Gerichts waren Unachtsamkeit und sonstige tadelswürdige Torheiten. Dergleichen Ungereimtheiten wurden von den Einwohnern verschiedener benachbarter Ortschaften das ganze Jahr über hindurch angemerkt und dem Gerichtsschultheißen angezeigt. Dieser ließ drei Wochen vor Aschermittwoch alle angeklagten dreimal vor das Gericht laden, welches eine Landmiliz mit hölzernen Waffen ..., auch Fahnen, Trommeln und Pfeifen, Ober- und Unteroffiziere hatte. Die angezeigten Verbrecher wurden in geringe Geldbuße verurteilt. Diejenigen, die sich verbargen oder widersetzten, hatten in Feuers- oder Wassersgefahr keine Hilfe von ihren Nachbarn zu erwarten ... Beispiele für Torheiten: Es hatte einer frühe ausgebrütete Enten zur Verwahrung vor der Kälte in einem irdenen Hafen nahe an ein Kohlefeuer gestellt und solche wegzutun vergessen, bis sie gebraten waren. Ein anderer dem Pferd das Kummet unterst zu oberst angetan. Ein dritter junge Bäume mit der Krone in die Erde gesetzt, so daß die Wurzeln oben standen. Ein vierter sich von seiner Frau mit dem Waschblaul prügeln lassen."

Elsheim und **Stadecken** sind heute eine Gemeinde, obwohl sie eine recht unterschiedliche Geschichte haben. Elsheim kam als Reichsdorf des Ingelheimer Grundes 1407 an Kurpfalz. Am westlichen Ortsrand ist heute noch eine spätmittelalterliche Straßensperre der Verbindung Mainz-Kreuznach an einer Selzbrücke zu sehen. Reste des Torhauses und zweier runder Ecktürme haben sich erhalten. Man nennt die Ruine Elftausendmägdeturm. „Nach einer Sage soll die Heilige Ursula mit ihren elftausend Mägden auf der Reise nach Köln auch an dem Dorf Elsheim vorbeigekommen sein. In Wahrheit handelte es sich nur um elf Jungfrauen, durch einen Lesefehler sind aber aus den XI M(artyres) virgines elftausend Jungfrauen geworden." (Müller, *Hessisches Sagenbuch*, S. 91) Den direkten Bezug zu Köln stellt jedoch der Besitz des dortigen Andreasstiftes im 13. Jahrhundert in Bubenheim und Stadecken her. Noch aus vorromanischer Zeit stammt die Krypta, die man in der Untergasse 9 gefunden hat. Von den beiden Räumen ist der vordere quadratisch mit einem Kreuzgratgewölbe und der hintere querrechteckig mit einem Tonnengewölbe, ähnlich dem der Krypta von St. Martin in Bingen. In der katholischen Kirche (1747) finden sich ein Ölgemälde der Heiligen Walpurgis im Hochaltar (Mitte 18. Jahrhundert) und reich geschnitzte Bankwangen mit Akanthus- und Knorpelwerk (um 1700). Die evangelische Kirche stammt von 1760 und hat noch ihre ursprüngliche Ausstattung.

Ende des 13. Jahrhunderts wurden die Bewohner von Hedensheim in die Nähe der etwa ein Kilometer entfernten Wasserburg „Stadeck" umgesiedelt, das Dorf Stadecken war entstanden. Ab 1276 kam die Burg in Besitz der Grafen von Katzenelnbogen. 1301 erhielt der Ort sogar Marktgerechtigkeit nach dem Oppenheimer Recht, also Stadtcharakter. 1563 kam Stadecken an Pfalz-Zweibrücken. Die Burg wurde 1632 zerstört. Reste der Ringmauer und eines runden Eckturms finden sich noch in zwei Gärten (Burggraben 7). Die ehemalige Burgscheune ist heute zu einem Veranstaltungsraum umgebaut. 1732 bauen die Pfalz-Zweibrücker ein neues Amtshaus (Großgasse 10/heute evangelisches Pfarrhaus), aber bereits ein Jahr später wird Stadecken kurpfälzisch. Das Schiff der evangelischen Kirche wird 1735 errichtet, 1770 entsteht der Ostturm. Als Baumaterial werden die Steine der abgebrochenen gotischen Kirche von Hedensheim verwendet. Im Windhäuser Hof, oben auf der Höhe über der Doppelgemeinde, findet sich ein schönes Kreuzgratgewölbe.

Am Rhein entlang Richtung Mainz kommt man von Ingelheim zunächst nach **Heidesheim**. Der heutige Verbandsgemeinde-

Schloss Waldthausen

sitz war früher im Besitz des Mainzer Altmünsterklosters. Zwischen 1414 und 1609 kam das Dorf zum Erzbistum. Der östlich gelegene Sandhof und der Ortsteil Heidenfahrt (früher Walsheim) gehörten zum Rheingauer Kloster Eberbach. In der Ortsmitte erhebt sich die markante Fassade der 1791 bis 1811 nach einem Plan von Baudirektor Jakob Joseph Schneider (Mainz) errichteten katholischen Kirche. Pilaster und der geschweifte Giebel kennzeichnen den spätbarocken Baustil. Die Altäre im Innern stammen aus der Mainzer Karmeliterkirche (um 1720); im Hochaltar ein Bild Maria und Johannes vor der Kreuzigung (um 1500). Während die Kanzel (Mitte 18. Jh.) aus der Mainzer Armklarenkirche kam, wurde das Chorgestühl (um 1700) aus der Mainzer Welschnonnenkirche hierher verfrachtet. Mehrere lebensgroße Holzfiguren (um 1725) sind in der Werkstatt von Franz Matthias Hiernle entstanden. Der Turm ist im unteren Teil noch romanisch (um 1300).

Zu dieser Zeit wurde die gesamte Siedlung wahrscheinlich wegen Hochwasser hierherverlegt. Denn wenn man unter der Bahnlinie hindurchfährt und am Rande des Neubaugebiets durch die Obstwiesen Richtung Rhein geht, findet man die aus dem 10. Jahrhundert stammende St. Georgskapelle, den ältesten Ortsmittelpunkt. Die kleine Kirche, die im Dreißigjährigen Krieg und durch einen Brand 1776 schwer in Mitleidenschaft gezogen wurde, ist auf den Fundamenten eines römischen Heiligtums errichtet. Die profilierten Triumphbogenkämpfer erinnern an die Kämpfer in der Ingelheimer Saalkirche. An der Südwand ist das Portal mit der Weiheinschrift vermauert.

In Bahnhofsnähe erreicht man – selten in Rheinhessen – die gut erhaltene Burg Windeck, 1209 von den Herren von Winterheim als von Wassergräben umgebene Turmburg errichtet. Erhalten haben sich aus dem Mittelalter der quadratische Wohnturm und die kreisförmigen Ringmauern. Dazwischen wurde im 16. Jahrhundert das Wohnhaus gebaut. Fährt man hinter der katholischen Kirche den Berg hoch Richtung Wackernheim, kann man linker Hand zum 1577 vom Mainzer Domkantor Heinrich von Stockheim erbauten Schloss (Grabenstraße 44) gelangen. Das Renaissancegebäude mit Wellengiebeln war von 1650 bis 1802 im Besitz der Familie von der Leyen.

Wackernheim, ein Dorf am Hang mit über 100 Metern Höhenunterschieden innerhalb der Siedlung, gehörte zu den Reichsdörfern des Ingelheimer Grundes, die nach der Verpfändung (1356) ab 1407 ganz an Kurpfalz fielen. Von 1733 stammt die Kirche Schmerzen Mariens, deren Bau durch eine Schenkung der Familie Gedult von Jungenfeld ermöglicht wurde. In der Gemarkung erhebt sich als Kalklotz der Rabenkopf, von dem aus man einen schönen Blick in den Rheingau und zum Taunus hat. Im Naturschutzgebiet dieses typischen trockenwarmen Steppenstandorts finden sich seltene Pflanzen wie das Frühlings-Adonisröschen oder die Küchenschelle.

Nördöstlich Richtung Mainz, im Gonsenheimer Wald liegt ein 1908-10 von Hans Bühling (Pforzheim) für Baron Martin Wilhelm von Waldthausen errichtete Schloss. Als „in seiner konservativen Stilhaltung charakteristischer Bau der Spätphase des deutschen Kaiserreiches" wird die Anlage bei Dehio eingestuft. Die Villa inmitten des Parks ist dem Stil staufischer Palais nachempfunden, vermischt mit Renaissanceformen; innen wurde sie nach 1945 neoklassizistisch ausgebaut.

Das benachbarte **Budenheim** gehörte früh zum Besitz des Mainzer Altmünsterklosters. 1563 wurde es dem Erzbistum übergeben. Die katholische Kirche von 1734 hat ihre gotisierenden Gewölbe erst 1840 erhalten. Bei der Ausstattung sind neben einer spätklassizistischen Kanzel vor allem die spätnazarenischen Wandmalereien (um 1920) erwähnenswert. Friedrich Pützer aus Darmstadt, der Architekt der Wormser Lutherkirche (Jugendstil), hat die evangelische Kirche 1912/13 errichtet. Der Bruchsteinbau im Heimatstil orientiert sich am Vorbild barocker Dorfkirchen. 1911 wurde in der Budenheimer Gemarkung das Fossil eines etwa 20 Millionen Jahre alten Nashorns gefunden, das sich heute im Frankfurter Senckenbergmuseum befindet und als Vorläufer des heute vom Aussterben bedrohten Sumatra-Nashorns gilt.

Mainz – nicht nur närrisch

Ach, wie lieb' ich diese Stadt,
die im Schmerz das Lachen hat
niemals nicht verloren.
Die in ihre Arme nahm
Römer und Franzosenkram,
Narren hat geboren.

Diese Liebeserklärung an Mainz schrieb mit Hanns Dieter Hüsch einer, der es sich als Kabarettist mit dem Nachkriegsdeutschland gewiss nicht leicht gemacht hat. Es kann also wohl nicht die leichtfertige Zuneigung der Städtewerbung sein, die Hüsch und andere seines Schlags lange Zeit an die Stadt im Rheinknie gebunden hat. Immerhin ist Mainz mit dem Gutenbergmuseum, der Minipressenmesse, dem Unterhaus und dem Kabarettarchiv so etwas wie die heimliche deutsche Kleinkunsthauptstadt. Metropole der kleinen Formen zu sein, zeigt aber natürlich bereits in seiner von Grund auf widersprüchlichen Formulierung die Doppelbödigkeit einer Existenz in der Randlage, stets schwankend zwischen Schlafmützigkeit und Aufbruch. Obwohl Landeshauptstadt, ist Mainz doch Provinz geblieben, ebenso wie das gesamte Bundesland Rheinland-Pfalz, dessen Landesparlament die Stadt im Deutschhaus am Rhein beherbergt. Geschichte wird auf der anderen Rheinseite gemacht, in der Bankenmetropole Frankfurt. Der Keim für diese Konstellation wurde Anfang des 14. Jahrhunderts gelegt. Streitigkeiten zwischen Erzbischof, Patriziern und Zünften „führten seit 1322 zu dem bedauerlichen Exodus bedeutender Familien aus der Stadt, deren Namen dann in der aufblühenden Messestadt Frankfurt/M. begegnen: Lichtenstein, Frosch, Frankenstein, Nußbaum, von denen später nur wenige nach Mainz zurückkehrten." (Stephan, *Das Bürgerhaus in Mainz*, S.10)

Nach der Stiftsfehde 1460-62 verlor die Stadt schließlich alle Privilegien des Mittelalters. Der Erzbischof wurde wieder alleiniger Stadtherr. Vom gotischen Rathaus weiß man heute nur noch aus Urkunden des 13. Jahrhunderts. Doch der Sieg des Klerus war ein Pyrrhussieg. Die bedeutende politische Stellung des Mainzer Erzbischofs im mittelalterlichen Deutschland als Erzkanzler des Reiches, welche vor allem im Dombau unter Willigis (975-1011) ihren Ausdruck fand, erreichten weder Erzbistum noch Stadt wieder. Dafür begann eine Blüte von Kunst und Wissenschaft, die in der Erfindung des Buchdrucks durch den Mainzer Patrizier Johannes Gensfleisch zum Gutenberg gipfelte. Von sich reden machten die Mainzer Bürger dann erst wieder in der Mainzer Republik (1792/93), als sie glaubten, die verhassten Fürsten endgültig vom Thron gestoßen zu haben. Trotz der folgenden Restauration blieb die Bürgerschaft für die Obrigkeit unbequem und schuf sich im Vormärz in der Saal- und Straßenfastnacht ein Sprachrohr, das bis heute das Bild der Stadt in der deutschen Öffentlichkeit prägt. Insofern lebt die Stadt, mit allen Vor- und Nachteilen, in ihrer politischen Kultur nach wie vor also im bürgerlichen 19. Jahrhundert. Kein Wunder also, dass auch der Kabarettist Hüsch hier anknüpft:

Die in ihre Arme nahm
Römer und Franzosenkram,
Narren hat geboren.

Die römische Stadt

Nachdem Caesar 58 bis 51 v. Chr. den Rhein zur östlichen Grenze des römischen Reiches gemacht hatte, gründete Drusus, ein Stiefsohn des Augustus, 13/12 v. Chr das Legionslager auf dem Kästrich als Ausgangspunkt der Feldzüge gegen die rechtsrheinischen Germanen. Weitere Stützpunkte wurden in Weisenau und überm Rhein in Kastel errichtet. Das Lager auf der Anhöhe gegenüber der Mainmündung (Kästrich) umfasste ca. 35 ha und beherbergte 12 000 Soldaten. Das Kästrichtor (1985 wiederentdeckt) wurde aus Steinen des ehemaligen Lagerhauptgebäudes errichtet. An der Straße zum Weisenauer Lager, in der heutigen Zitadelle, steht der heute noch sichtbare Drusus- oder Eigelstein vom Ende des 1. Jahrhunderts n. Chr., der als Ehrenmal für den 9 v. Chr. gefallenen römischen Feldherrn diente. An der Straße vom Lager zum Hafen fand man die Jupitersäule (zu Ehren Neros) von 58-67 n. Chr., deren Orginal im Landesmuseum zu besichtigen ist; ein Abguss steht vor dem zum Landtag gehörenden Deutschhaus. Weitere Funde können im 1852 gegründeten Römisch-Germanischen Zentralmuseum besichtigt werden, dessen Schausammlungen einen systematischen Überblick zur europäischen Geschichte von der Altsteinzeit bis zum Beginn des Mittelalters geben. Beim Hildegardis-Krankenhaus, zwischen Universität und Zahlbacher Straße, stehen die Römersteine, Reste einer 5 km langen Wasserleitung vom Quellgebiet um Finthen zum Kästrich-Lager (70-80 n. Chr.). Im Museum für Antike Schifffahrt (Neutorstraße) werden bei Grabungen in Mainz gefundene Schiffe der römischen Rheinflotte (1. bis 3. Jahrhundert) gezeigt; darüber hinaus wird die Schiffahrt im römischen Staat überhaupt dokumentiert. In der Römerpassage kann man ein unter der Erde liegendes Heiligtum der Isis und der Magna mater besichtigen; die Ausgrabungen sind durch einen musealen Rundgang ergänzt und erklärt. Für Liebhaber der römischen Stadtgeschichte gibt es einen Stadtplan Mainz zur Römerzeit, nach dem man einen vollständigen römischen Rundgang machen kann.

Der in den Jahren 81-96 n. Chr. unter Domitian errichtete Limes machte Mainz zur Hauptstadt der römischen Provinz Obergermanien (Germania Superior), die von Andernach bis zum Genfer See reichte. Obwohl diese „Mauer" bis zur Mitte des 3. Jahrhunderts 150 Jahre Frieden garantierte, war sie – wie alle Mauerbauten der Geschichte – bereits die Andeutung des Endes. Zu dieser Zeit entstanden viele repräsentative, heute nicht mehr erhaltene Bauten wie das 10 000 Zuschauer fassende Bühnentheater am heutigen Bahnhof Römisches Theater. Die Zivilsiedlung verlagerte sich ins heutige Stadtzentrum.

Nachdem sich die Alemanneneinfälle im 4.

Jahrhundert häuften, wurde die römische Stadtmauer errichtet, die bis zum Ende des 19. Jahrhunderts die Stadtgestalt bestimmen sollte. Sie verlief ausgehend vom Kästrich über die Hintere Bleiche nach Nordosten, knickte auf dem Gelände des heutigen Römisch-Germanischen Zentralmuseums nach Süden ab und verlief westlich der Rheinstraße bis zum Holzturm und von dort in westlicher Richtung zurück zum Kästrich. Die Legionen wurden vom Kästrichlager in die Stadt verlegt. Im Bereich des heutigen Zollhafens siedelte sich am Dimesser Ort eine galloromanische Kaufmannsbevölkerung an. Der Schillerplatz war ein römischer Tiermarkt und zwischen dem heutigen Domwestchor und der Johannis-Kirche vermutet man den Tempelbezirk, in dem um 340 die erste Bischofskirche gebaut worden sein soll. Als erster Bischof wird 343 ein Martinus genannt, der durch seine Teilnahme an der antiarianischen Synode von Köln belegt ist.

Siegel des Klosters St. Alban, Mainz

368 drangen die Alemannen unter Rando in Mainz ein. Der römische Geschichtsschreiber Ammianus Marcellinus berichtet, sie hätten Christen während eines Gottesdienstes überrascht und als Sklaven verschleppt. Valentinian (364-375) ließt daraufhin die Befestigungen ausbauen. Die durch Kämpfe mit fränkischen Stämmen nach Süden abgedrängten Vandalen erstürmten und plünderten Mainz 406/407. Dabei soll auch der Heilige Albanus das Martyrium erlitten haben. Er wurde in einem Gräberfeld südlich der Stadt (heute Stadtpark) beigesetzt. Nach ihm benannte sich das 796 gegründete, berühmte St. Albanskloster. Es entstand um die 413 erbaute, einschiffige, rechteckige, ca. 15 mal 30 m große Albans-Basilika. Fastrada, die Ehefrau Karls des Großen, wurde hier 794 ebenso begraben wie fast alle Mainzer Erzbischöfe des 10. Jahrhunderts. Die Klosterschule war Ausgangspunkt der karolingischen Hofschule, zu der auch der um 780 in Mainz geborene Rhabanus Maurus gehörte. Das Kloster wurde in den Kämpfen zwischen protestantischen und katholischen Reichsfürsten 1552 zerstört und nicht mehr aufgebaut. Im Stadtpark zeugen Sarkophage von dieser ersten klösterlichen Blüte in Mainz. Im Priesterseminar wird das kostbare Sacramentarium aus der sogenannten Mainzer Schreibstube des Klosters aufbewahrt. 451 stürmten die Hunnen, mit deren Hilfe der römische Feldherr Aetius Flavius die Burgunder aus der Gegend um Worms verdrängt hatte (vgl. Nibelungensage), die Stadt. Dabei sollen Bischof Aureus und seine Schwester Justina das Martyrium erlitten haben.

Die Zeit der Franken

Ab 456 besiedelten die Franken Rheinhessen und drängten die Alemannen 496 nach Süden ab. Das merowingische Königsgeschlecht schuf neue kirchliche Strukturen, so auch in Mainz, wo Sidonius (gest. 580) Bischof wurde. Der gallomanische Dichter Venantius Fortunatus (gest. 606) schreibt nach einem Besuch in Mainz, der Bischof habe „der Stadt die Hand gereicht und sie erneuert, der bisherige Verfall ist zu Ende. Die alten Gotteshäuser sind in prächtigem Schmucke wiederhergestellt, neue Kirchen hat Sidonius errichtet." Durch die Ausdehnung des fränkischen Reiches im 6. und 8. Jahrhundert nach Hessen und Thüringen erweiterte sich auch der Mainzer Bistumssprengel. Für diese Zeit steht vor allem der wegen seiner Missionstätigkeit berühmte Bonifatius († 754), der seit 752 Mainzer Bischof war. Die päpstliche Legatenwürde, die er seit 738 innehatte, diente den Mainzer Erzbischöfen ab dem 10. Jahrhundert zur Begründung ihres Vorrangs im Reichsepiskopat.

Zentrum des fränkischen Reiches und damit auch seiner Kirche war im 8. Jahrhundert jedoch Metz. Die Bedeutung des Mainzer Erzbistums wuchs unter Lul (754-786), der erreichte, dass die Bistümer Erfurt und Biraburg dem Mainzer Sprengel angeschlossen wurden. Der Versuch, das Kloster Fulda mainzisch zu machen, scheiterte, und es kam zur Gegengründung der Benediktinerabtei Hersfeld. Im 9. und 10. Jahrhundert erweiterte sich das Erzbistum Stück für Stück: im Norden bis Verden, im Osten bis Prag und im Süden bis Chur.

Mainz im Mittelalter

Gegen Ende des 9. Jahrhunderts zerfiel das karolingisch-fränkische Reich. Unter dem sächsischen König Heinrich I. dem Vogler (919-936) trennten sich die Reichsteile, aus denen sich später Deutschland und Frankreich entwickeln sollten, endgültig. Dadurch wurde der Grundstein gelegt für die Territorialkämpfe um das linksrheinische Gebiet an Ober- und Mittelrhein zwischen dem östlichen und dem westlichen Machtzentrum der europäischen Politik. Otto I. (936-973) schuf das ottonisch-salische Reichskirchensystem, in welchem die Bischöfe zugleich Reichsfürsten waren. Typischer Vertreter dieses Systems wurde der Mainzer Erzbischof Willigis (975-1011), „des Kaisers und des Reiches Vater." „Unter

Erzbischof Willigis. Nach einer Glasmalerei im Mainzer Dom

ihm wurde der Mittelrhein die „maxima vis imperii", die kraftvolle Achse des Reiches, und der Mainzer Erzstuhl wirklich die Metropolis Germaniae." (*Bistum*, S. 65) Otto II. bestätigte dem Erzbistum seinen Besitz an der unteren Nahe (Raum Bingen). In Mainz suchte man – begrenzt von den Erzbistümern Köln und Trier im Norden und der französischen Grenze im Westen – die Erweiterung der politischen Macht in den Osten, über den Rhein: Die Bistümer Erfurt und Aschaffenburg werden endgültig mainzisch. Erzbischof Willigis stieg während der Minderjährigkeit Otto III. von 983 bis 994 zum eigentlichen Regenten des Reiches auf. Nach Konflikten mit dem im Jahre 1000 zweiundzwanzigjährig gestorbenen Otto III. vollendete Erzkanzler Willigis (Titel seit 965 beim Mainzer Erzbischof) unter Heinrich II. (1002-1024) das Reichskirchensystem und gewann seinen starken politischen Einfluss zurück. „Das ihm durch den Papst bestätigte Recht, den römischen König zu krönen, sichert Mainz den Vorrang vor den übrigen Erzbistümern des Reiches und findet seinen Ausdruck in der Anlage eines neuen Domes nach dem Vorbild von St. Peter in Rom." (Dehio, S. 579)

Der Mainzer Dom

Um 900 errichtete Erzbischof Hatto den „alten" Dom, dessen Mauerwerk noch heute im Langhaus der evangelischen Johanniskirche gegenüber dem Domostchor in der Schöfferstraße erhalten ist. Der „neue" Willigisdom, bald nach 975 begonnen, wurde den fränkischen Nationalheiligen St. Martin und St. Stephan geweiht. Er brannte 1009 am Vortag der Einweihung ab. Erhalten hat sich von ihm die Bronzetür des Marktportals (Nordseite des Langhauses). Auf den Rahmenprofilen steht: „Nachdem der große Kaiser Karl gestorben war, hat als erster Erzbischof Willigis aus Metall die Türflügel gemacht." Damit wollte Meister Berengar auf seine gewaltige technische Leistung aufmerksam machen, die Flügel jeweils aus einem Stück in verlorener Form zu gießen. Das zeitgenössische Verfahren war demgegenüber, kleine Bronzeplatten auf Holz zu nageln.

Erzbischof Bardo (1031-1051) ließ den Dom wiederaufbauen und 1036 weihen. Aus dieser Zeit erhalten haben sich konzeptionell die Doppelchörigkeit (Ost- und Westchor) und baulich die Treppentürme am Ostchor und die Nordwand des Westquerschiffs, die zugleich Südwand der Gotthardkapelle neben dem Marktportal ist. Ausschlaggebend für die Doppelchörigkeit war wohl die lokale liturgische Tradition. Der Westchor war St. Martin geweiht und diente als Stiftschor, der Stephanschor im Osten wurde später Pfarrchor. Beide Chöre waren bis ins 17. Jahrhundert durch Lettner (Scheidewände) vom Langhaus abgetrennt. Den Laien war nur das Mittelschiff zugänglich. Kostbarster Besitz des Dommuseums sind die Fragmente des 1682 abgebrochenen Westlettners. „ Als Mittelpunkt einer Weltgerichtsdarstellung des Naumburger Meisters um 1240 gehören dazu die Deesis, also Christus mit der fürbittenden Maria und Johannes, die Seligen und Verdammten, ein Auferstehender, der Kopf mit der Binde als Teil einer Gewölbefigur mit den

Westbau des Mainzer Domes, vom Leichhof aus gesehen

Attributen der Kardinaltugenden, und viele Architekturbruchstücke." (Arens, S. 162). Der Naumburger Meister stammte von der Bauhütte in Reims und brachte über Hof Iben (Templerkapelle) und Mainz die französische Gotik an den Rhein und von da aus weiter nach Osten.

Im Osten lag die Liebfrauenkirche, als Königskapelle ähnlich St. Peter in Rom geplant. 1285-1311 als gotische Hallenkirche neu errichtet ist sie 1793 beim Bombardement der Stadt durch die Preußen zerstört worden. Ihre Fundamente liegen unterm Liebfrauenplatz und sind durch Pflasterungen markiert.

Nach Sturmschäden und einem Brand im Jahre 1081 ließ Kaiser Heinrich IV. (1056-1106) – der mit dem Gang nach Canossa (Investiturstreit) – das gewölbte Langhaus und den Ostchor nach Speyrer Vorbild neu errichten. Beim Tode Heinrichs schreibt sein Biograf: „Wehe Mainz, welche Zierde hast du verloren! Wenn er solange leben geblieben wäre, bis er die letzte Hand an das Münster, das er begonnen hatte, angelegt hätte, es hätte mit jenem berühmten Speyrer Dom wetteifern können!" (Arens, S. 29) Typisch für den Speyrer Stil ist die Zwerggalerie (eigentlich Zwerchgalerie von zwerch = quer) des Ostchores (um 1100). Die Einfügung eines Gesimses unter den Säulen beweist, dass der Mainzer Bau zeitlich nach Speyer einzuordnen ist. Chor und Langhaus hat Erzbischof Adalbert (1110-1137) vollendet, der in der ebenfalls von ihm errichteten bischöflichen Palastkapelle (Gotthardkapelle) begraben liegt. Erzbischof Konrad (1183-1200), der in seiner Zeit als Verwalter des Salzburger Erzbistums auch den dortigen Dom errichten lässt, bricht Querschiff und Westchor ab und lässt einen neuen Westbau errichten, der allerdings erst nach seinem Tode im Jahr 1239 durch Erzbischof Siegfried III. (1230-1249) samt den neuen Seitenschiffen geweiht wird.

Mit der Gotik setzt ab 1250 „die eigentliche Blüte der Mainzer Kunst ein, Privilegien des Erzbischofs, die Gründung des rheinischen Städtebundes durch eine Mainzer Amtsperson, der wachsende Reichtum der Patrizier schufen die Voraussetzungen für die Fülle der Kirchen- und Profanbauten der Folgezeit." (Arens, S. 3) Es entstehen die Kapellen an den beiden Langhausseiten, die nördliche Reihe 1279-91 und die südli-

ʻau-Bickelheim, Wissberg im Winter
ʻiefersheim, Martinsberg

46 *Schwabenheim, blühende Apfelbäume im Selztal*
47 *Wöllstein, Steinbruch*

ingen, Rochuskapelle

ingen, Martinsbasilika

50 Bingen, Mäuseturm

51 Bingen, Burg Klopp
52 Ingelheim, Burgkirche

53 Ingelheim, Saalkirche
54 Heidesheim, Burg Windeck

;au-Algesheim, Marktplatz

)ber-Ingelheim, Burgweg

57 Erbes-Büdesheim, Straßenzug

58 Ingelheim, Skulptur Martin Mohr
59 Wendelsheim, Rathaus (Gedenktafel 1848)

60 Offenheim, Napoleonstein (Vorholz)
61 Badenheim, Grab von Isaak Maus

'Vendelsheim, Portal Schloss
:ckelsheim, Beller Kirche

64 St. Johann, Ev. Kirche (gotische Wandmalerei)
65 Siefersheim, ehemaliger Gewölbestall

66 Neu-Bamberg, Kandelpforte
67 Gau-Algesheim, neuer Turm Schloss Ardeck

68 Hof Iben, Turmkapelle

che Reihe 1300-1319. 1361 wird der Ostturm, 1482 der Westturm aufgestockt, der Kreuzgang 1410 erneuert. Vor 1498 wird die Marien- (jetzt Sakraments-) kapelle zwischen Marktportal und Westquerhaus errichtet.

1767 brennen nach einem Blitzschlag die Dächer von Westbau und südlichem Seitenschiff ab. Valentin Thomann stellt 1769/70 das Langhaus wieder her, Franz Ignaz Michael Neumann 1771-74 die Steindächer vom Westbau und den drei Westtürmen. 1793 wird der Dom während der preußischen Belagerung in Brand geschossen. Der französische Präfekt Jeanbon de St. André will die Ruine in der Zeit um 1800 abreißen lassen. Nur den zahlreichen Eingaben des von Napoleon eingesetzten, aus Straßburg stammenden Bischofs Joseph Ludwig Colmar (1802-1818) beim Pariser Kultusministerium sind Erhalt und Wiederherstellung des Domes zu verdanken. Nach der Rückgabe der Ruine an das Bistum 1802 wird er bis zum Jahr 1804 wiederhergestellt. 1828 erhält der mittlere Ostturm eine Eisenkuppel nach einem Entwurf Georg Mollers. Vor und nach dem Ersten Weltkrieg muss der Dom neu fundamentiert werden, da die ihn tragenden Holzpfähle wegen Sinken des Grundwasserspiegels faulen. Nach Dachbrand und Beschädigung des Kreuzgangs durch einen Bombenangriff 1942 wird der Dom in den 60er und 70er Jahren erneut restauriert.

Die vielerorts im 19. Jahrhundert praktizierte Freilegung der Kirchen von umgebender Bebauung hat in Mainz glücklicherweise nicht stattgefunden. Nicht nur, dass sich dadurch u. a. die barocken Domhäuser am Leichhof von Ignaz Michael Neumann (1778/79) erhalten haben, „man kann sogar behaupten, daß die meisten romanischen und gotischen Kirchen im untern Teil gar nicht frei stehen sollen, denn die reiche Verzierung setzt häufig erst in der Höhe der Seitenschiffdächer oder auf den Giebeln an." (Arens, S.18)

Lediglich der Ostbau steht seit dem Abriss der Liebfrauenkirche im Jahr 1807 frei. Die ältesten Teile des nach außen querhausartigen Baus sind die aus Bruchstein gemauerten Untergeschosse der Treppentürme (1036/Bardo-Bau). Aus rotem Haardt-Sandstein wurde der Rest im Auftrag Heinrichs IV. nach Speyrer Vorbild errichtet. Die Apsis ist gegliedert durch Blendbögen, in denen sich Wandfelder und Fenster abwechseln. Darüber schließt eine Zwerggalerie das Halbrund zum Dach hin ab. Der Giebel über der Apsis trägt fünf Rundbogenfenster, in der Giebelspitze ist die Segenshand Gottes in einem Kreuz zu sehen. P. J. H. Cuypers errichtete den wuchtigen Mittelturm in romanisierenden Formen – ähnlich dem Original – in den Jahren 1873-79. Begrenzt wird die Fassade von den beiden Treppentürmen, in denen sich frühromanische (Arkadengeschoss im Südturm), gotische (1361) und neuromanische (1872) Bauformen mischen. „Wie in Speyer, so zeichnen sich auch in Mainz die unter Kaiser Heinrich IV errichteten Bauteile durch prachtvolle, von lombardischen Steinmetzen gearbeitete figürliche und ornamentale Skulptur aus." (Dehio, S. 587) Das zeigt sich vor allem am südlichen Ostportal. Unter dem nach antikem Vorbild geformten Blattwerk der Akanthuskapitelle

finden sich linker Hand der Kampf von Löwen und Widder, rechter Hand ein Mann, der einen Löwen mit dem Schwert in den Hals sticht. Die Skulpturen setzen sich in der südlichen Vorhalle fort mit einem antiken Sagenmotiv: einem Kentaur, der mit Pfeil und Bogen einen Hirsch verfolgt. Das nördliche Ostportal zeigt dagegen glatte, würfelförmige Kapitelle. Man geht daher davon aus, dass nach dem Tod des Kaisers kein Geld zur Bezahlung der lombardischen Künstler mehr zur Verfügung stand.
Im Innern befinden sich über den Durchgangshallen zu den Seitenschiffen im Obergeschoss quadratische Nebenräume und im zweiten Obergeschoss Kapellenräume, die sich mit großen Öffnungen zum mittleren Kuppelraum hin öffnen. So sind die Orgelprospekte zu sehen. Unter dem Ostchor hat man 1872-76 eine Krypta rekonstruiert, deren Reste bis zur Höhe von gut 2 m erhalten waren. Die um 1100 angelegte Krypta wurde spätestens zu Beginn des 13. Jahrhunderts abgerissen und mit Schutt verfüllt.
Das Langhaus mit den beiden Seitenschiffen im Norden und Süden sowie den angegliederten gotischen Kapellen wurde mit Sicherheit nach dem Ostbau errichtet, weil hier die lombardische Plastik ganz fehlt. Im Aufbau der Mittelschiffwände ist erneut das Speyrer Vorbild festzustellen. Da man in Mainz jedoch von Anfang an eine gewölbte Decke errichtet hat, findet sich vor jedem zweiten Pfeiler eine Halbsäule, die das Gewölbe trägt. Neben Brandkatastrophen und Plünderungen haben auch die schweren Gewölbe dem Bau im 12. Jahrhundert geschadet und die Langhauswände auseinandergedrückt. „Man mußte also zunächst die Außenwände der Seitenschiffe abbrechen sowie alle Seiten- und Mittelschiffgewölbe einreißen, und führte dann, nach Ausweis der Kapitelle und des Marktportals die Langhausaußenwände zusammen mit den Gewölben wieder neu auf." Um 1210 war das in Kalkstein errichtete Langhaus dann, nach einem Jahrhundert Bauexperimenten, im Wesentlichen vollendet.
Das Marktportal an der Nordseite (um 1210) zeigt im Bogenfeld einen thronenden Christus in einem von Engeln gehaltenen Heiligenschein. Über den seitlichen Kämpfern liegen brüllende Löwen, die sich vom Stil her in die spätromanische Plastik des Niederrheins (z. B. St. Severus/Boppard) einreihen lassen. Die Randbebauung der Gasse davor stammt von Johann Valentin Thomann aus dem Jahre 1769.
Die gotischen Kapellen an der Nordseite wurden von 1279-91 errichtet, um Raum für Altäre zu erhalten, in denen die vielen Vikare die gestifteten Totenmessen lesen konnten. Gewidmet sind sie St. Peter und Paul, St. Bonifatius (jetzt Marien), St. Lambert, St. Magnus, St. Nazarius, St. Barbara und St. Victor. Die Marienkapelle westlich des Marktportals wurde erst 1495 errichtet. Die St. Gotthard-Kapelle dagegen, die sich ans nördliche Querhaus des Westbaus anschließt, stammt bereits von 1137. Erzbischof Adalbert I. (1110-1137) ließ sie in der Tradition herrschaftlicher Doppelkapellen errichten. Der Platz des Erzbischofs befand sich im oberen Geschoss, zu dem er von seinem Palast aus direkten Zugang hatte. Die gotischen Kapellen an der Südseite wurden in den Jahren 1300-1319

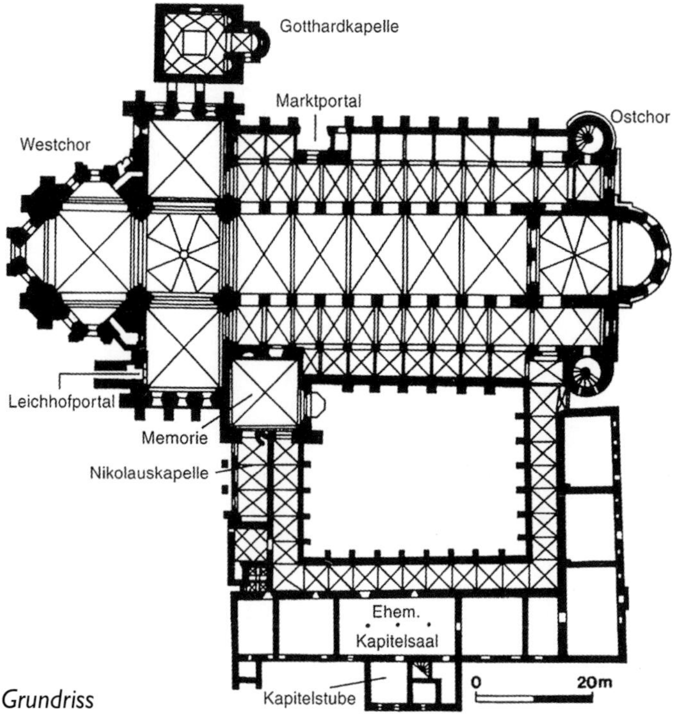

Mainz, Dom, Grundriss

errichtet. Sie sind St. Michael, St. Andreas, St. Laurentius, St. Margareta, St. Johann und St. Dionysius sowie Allerheiligen gewidmet. Als Grabkapelle der Domherren, ursprünglich als Kapitelsaal, diente die sogenannte Memorie östlich des südlichen Westbau-Querhauses aus dem 13. Jahrhundert. In der Nordwand befindet sich das „ehemals ins südliche Seitenschiff führende romanische Stufenportal mit Relieffigur des Heiligen Martin im Tympanon." (Dehio, S. 592) Ersetzt wurde es 1425 durch ein spätgotisches Portal des Frankfurter Dombaumeisters Madern Gerthener. Südlich schließt sich an die Memorie die 1382 erbaute Nikolauskapelle an sowie der kurz vor 1400 begonnene und gegen 1410 vollendete Kreuzgang. Von hier aus erreicht man das Dom- und Diözesanmuseum in den beiden zwischen 1989 und 1992 restaurierten Gewölbekellern (11. und 13. Jahrhundert) unter den Kapitelsälen. Bedeutend in seiner Sammlung früh- und hochmittelalterlicher Sakralkunst sind vor allem die Fragmente, die vom 1682 abgebrochenen Westlettner des Naumburger Meisters aus dem 13. Jahrhundert stammen: ein thronender Christus zwischen Maria und Johannes, eine Gruppe der Seligen und eine Gruppe der Verdammten, der sogenannte Kopf mit

Die Nassauer Kapelle unter dem Mittelschiff des Domes.

Binde, ein Auferstehender, eine Teufelsfratze sowie Kapitelle mit Laubwerk.
In der Kapitelkammer wird der Domschatz aufbewahrt, von dem nach der Veräußerung durch die Franzosen 1803 nur noch wenige Stücke übrig geblieben sind, so zwei Vortragekreuze aus dem 12. Jahrhundert, Epistolar und Evangeliar aus St. Stephan (um 980 geschrieben/Silbereinbände um 1340), Epistolar und Evangeliar aus Liebfrauen (um 1380 geschrieben) sowie Altargerät des 14.-19. Jahrhunderts, darunter der 1755/56 von Edmonde Petit gearbeitete Napoleonskelch, ein Geschenk an Bischof Colmar.
Als das Langhaus um 1210 vollendet war, stand immer noch das Westquerhaus des Willigis-Domes mit seiner Holzdecke. Der Neubau, der an seiner Stelle errichtet wurde, gilt als baugeschichtlicher Höhepunkt des Domes, Ausdruck der politischen Bedeutung des Mainzer Erzbischofs im Stauferreich. Der Westbau wurde 1239 in Anwesenheit König Konrad IV. eingeweiht. „Im Mainzer Dom fließen oberrheinische, niederrheinische und trierisch-lothringische Formen zusammen. Oberrheinisch ist die Betonung der Mauermassen und der Charakter der Ornamentik, niederrheinisch-kölnisch der hier allerdings entscheidend abgewandelte Gedanke des Dreikonchenchores (in Köln schließen die Konchen an Chor und Querhausarme an). Der Aufbau der Apsiden mit der Zwerggalerie hat den

Ostchor des Trierer Domes zum Vorbild. Französisch-gotischer Einfluß macht sich erst in der letzten Bauphase beim Lettner bemerkbar." (Dehio, S. 590)

Querhaus und Chor wurden neu fundamentiert und die Fundamente nach untern verbreitert, um möglichen Bauschäden vorzubeugen, die man am 100 Jahre älteren Ostchor beobachtet hatte. Die beiden Nebentürme an den Ecken des Westchores bestehen vom Boden bis zur Zwerggalerie aus kompaktem Mauerwerk, sind also als überdimensionierte Strebepfeiler anzusehen. Das sehr hohe Untergeschoss zeigt glatte Flächen und hohe Fenster. Erst darüber werden die Formen reicher, mit den Radfenstern in den Chorgiebeln, die als erste ihrer Art in Deutschland nordfranzösische Formen aufnehmen. Der Steinhelm des Vierungsturms stammt erst aus dem Jahr 1767 von Franz Ignaz Michael Neumann. Dehio kommentiert: „Der Vergleich zwischen Neumanns genialer Naivität (Westturm) und Cuypers archäologischer Stilgerechtigkeit (Ostturm) ist ein überaus lehrreiches Probestück für die Prinzipienfragen der Denkmalrestauration." (Dehio, S. 590)

Besonders die Querhaus-Fronten tragen reiche Bauplastik: „Auch einander entsprechende Stellen sind häufig unterschiedlich behandelt; so die beiden Stirnwände des Querhauses: die südliche hat glatte Wände und tiefgestufte, reich profilierte Fenstergewände, im Giebel eine dreifache Fenstergruppe mit überhöhter Mitte; die nördliche ist mit flachen Blendgalerien und Friesen aus Rundbogen- und Kleeblattbogenarkaden übersponnen, im Giebel ein Doppelfenster, darunter ein großes Rundfenster." (Dehio, S. 589) Im Schnittpunkt der Chordächer befindet sich die barocke Steinfigur des Heiligen Martin mit Bettler.

Das Leichhofportal (nur während des Gottesdienstes geöffnet), das vom Westen her ins südliche Querhaus führt, ist in seinem niederrheinischen Stil vergleichbar dem nördlichen Marktportal. Es trägt im Bogenfeld einen thronenden Christus zwischen Muttergottes und Johannes dem Täufer.

Bis 1682 war der Westchor durch eine Mauer, den Westlettner, gänzlich vom Langhaus abgetrennt, sodass die Laien keinen Einblick hatten. „Der Thron innerhalb des Chorgestühles steht vermutlich heute noch an der gleichen Stelle, wo die großen Erbauer des romanischen St. Martinsdomes Willigis und Bardo, zu Beginn des 11. Jahrhunderts saßen. Die Nachfolger des Heiligen Bonifatius nehmen damit den gleichen Platz im Scheitel der Westapsis ein, an dem der Papst im konstantinischen Bau von St. Peter zu Rom und in zahllosen frühchristlichen Basiliken der Bischof thronte. Diese Bischofsstühle sind im allgemeinen in Verbindung mit den Priesterbänken längs der Apsisrundung errichtet, genau wie sich noch im Mainzer barocken Chorgestühl der Sitz des Oberhirten mit denen der Domkapitulare, Domizellare und Vikare vereinigte." (Arens, S. 52) Das eichene Chorgestühl stammt aus dem Jahre 1767 und ist vom Mainzer Hofschreiner Franz Anton Hermann gefertigt. An der Nordwestseite des Chores schließt sich die gotische Sakristei an, die zwischen 1239 und 1540 gebaut wurde.

Besonders aufschlussreich für die Mainzer Bistums- und Kunstgeschichte ist ein Rundgang entlang der Altäre und der Grabdenkmäler von Bischöfen und Domherren, den wir im nördlichen Seitenschiff am Pfeiler der Westvierung beginnen. In einer Rundbogennische befindet sich hier die Figur Erzbischofs Albrecht von Brandenburg (1514-1545), in dessen Auftrag der Luthergegner Tetzel den Ablass predigte. „Der feiste Kopf entpricht der Wirklichkeit, wie wir aus den vielen Portraits des Kardinals von Albrecht Dürer, Grünewald, Cranach und anderen großen Künstlern dieser Zeit wissen." (Arens, S. 115) Im Architekturrahmen haben sich die Formen der Reanissance völlig durchgesetzt. Als Bildhauer wird Dietrich Schro vermutet. Am nächsten Pfeiler im Seitenschiff befindet sich, zum Mittelschiff gewandt, das spätgotische Denkmal von Albrechts Vorgänger Uriel von Gemmingen (1508-14). Hans Backoffen zeigt den Erzbischof knieend zwischen den Bistumspatronen Martinus und Bonifatius. „Unter allen deutschen Denkmälern der Epoche ist dieses das originellste und künstlerisch stärkste, ein Strom leidenschaftlichen Lebens und doch voller Monumentalität." (Dehio, S. 594)

Am 6. Pfeiler dann, ebenfalls dem Mittelschiff zugewandt, das gotische Denkmal Erzbischofs Diether von Isenburg (1459-63/1475-82), dessen Fehde mit seinem Konkurrenten Adolf II. von Nassau Mainz 150 niedergebrannte Häuser, mehr als 350 Tote und den Verlust der Stadtrechte kostete. Während seines 2. Pontifikats erbaute er die Martinsburg (Vorläufer des Kurfürstlichen Schlosses) und gründete die Universität. Dass die in einem Buch lesende Figur erstmals auf einem Statuensockel statt der zuvor üblichen Tierfiguren dargestellt wird, weist auf ein gesteigertes Selbstbewusstsein der Zeit hin.

Am 9. Pfeiler findet sich die Grabplatte des Erzbischofs Konrad von Daun (1419-34). Stilistisch ist hier neu die Darstellung der Gemütsbewegungen, hier des Leidens, in einem Portrait. Als Meister für dieses „Hauptwerk des weichen Stils" (Dehio) werden Madern Gerthener oder Eseler der Ältere genannt.

Schräg gegenüber in der Barbarakapelle steht der frühbarocke Saulheimer Altar, den Dompropst Adolf Hund von Saulheim (gest. 1668) gestiftet hat. In der westlich darauf folgenden Magnuskapelle befindet sich der sogenannte Bassenheimer Altar, der von Hans Juncker und Nikolaus Dickhardt (um 1610) stammt; daneben die um

Kardinal Albrecht von Brandenburg, Mainzer Erzbischof von 1514 bis 1545

1490 geschaffene Grablegungsgruppe des Adalbert-Meisters.
In der sich anschließenden Marienkapelle liegt das Tumbagrab von Bischof Wilhelm Emanuel von Ketteler (1850-77), der sich vor allem durch seine 1864 erschienene Schrift *Die Arbeiterfrage und das Christentum* einen Namen gemacht hat. In der Kapelle westlich des Marktportals ist dann noch der 1657 gestiftete Kreuzaltar zu sehen. Hinter dem ausdrucksvollen Kruzifix befand sich früher eine gemalte Ansicht Jerusalems. An der Ecke des nördlichen Westquerhauses befindet sich das Denkmal des späteren Kurfürsten Adalbert von Sachsen (gest. 1484).
Den unbekannten Meister der Hauptfigur, der auch die Grablegung in der Magnuskapelle, das Strohhut-Epitaph im Kreuzgang von St. Stephan und das Grabmal des Domdekans Breidenbach (gest. 1497) in der gegenüberliegenden Ecke des Querhauses geschaffen hat, nennt man nach dieser Arbeit Adalbert-Meister. Im Querhaus sind weiterhin zu sehen: der Nassauer Altar (um 1601), das Jugendstil-Denkmal von Bischof Haffner (gest. 1899) und die Wächterstube hoch oben in der Wand (1572), von der aus der Glöckner entsprechend dem gottesdienstlichen Verlauf das Geläut auf dem Westturm „dirigieren" konnte.
Im südlichen Westquerhaus steht an der Westwand das Grabmal Konrads von Weinsberg (1390-96). Der Meister stammt aus Franken, wahrscheinlich ist es der Meister des Denkmals von Gerhard von Schwarzenberg im Würzburger Dom. Neben dem Leichhofportal stehen das reichverzierte gotische Epitaph des Wormser Bischofs und Mainzer Dompropsts Georg von Schöneberg († 1595) und das klassizistische Denkmal des Dompropsts Franz von Breidbach-Bürresheim († 1743) mit dem vielbewunderten Kopf des sterbenden Chronos, welcher das Denkmal trägt.
Im südlichen Seitenschiff fallen an den Pfeilern 1 und 3, vom Westquerhaus gesehen, die Plastiken Hans Backoffens ins Auge. Im Ausklang der Gotik, dem sogenannten spätgotischen Barock, legte dieser Meister besonderen Wert auf den Gemütsausdruck im Gesicht, die Faltenbildung des Gewands und die Gebetsanrufungen an den Säumen in plastischen Buchstaben. All dies zeigt sich an Denkmal und Grabplatte von Erzbischof Berthold von Henneberg (1484-1504), der unter Kaiser Maximilian eine letzte Reichsreform versuchte, und am Denkmal von Erzbischof Jakob von Liebenstein (1504-08). Gegenüber am Eingang zur Memorie befindet sich die um 1500 erfolgte Nachbildung des Grabsteins der Fastrada (gest. 794), der Gattin Karls des Großen, die ursprünglich im Benediktinerkloster St. Alban beigesetzt worden war.
Am 5. Pfeiler befindet sich die ursprünglich spätgotische Kanzel, die jedoch 1834 gründlich restauriert wurde. Am 7. Pfeiler sowie links und rechts der Treppe zum Ostchor sind Tumbengrabmäler des 13. und 14. Jahrhunderts zu sehen. Bei ihnen liegt die „Platte mit der Inschrift und der Darstellung des Verstorbenen waagrecht auf einem Unterbau, der geschlossen ist und ringsum oft mit Skulpturen und Malerei geschmückt wird." (Arens, S. 88) Es handelt sich um die Grabmäler der Erzbischöfe Siegfried III. von Eppstein (1230-49), der den 1235

vom Stauferkaiser Friedrich II. in Mainz ausgerufenen Landfrieden „mitinszentierte", Peter von Aspelt (1305-20), Matthias von Bucheck (1321-28) und Adolf von Nassau (1381-90).

In den Seitenkapellen sind zu sehen (von Ost nach West): der 1604 geweihte Scharfenstein Altar aus Alabaster, dem Lieblingsmaterial des Manierismus; der 1608 gestiftete Fürstenberger Altar; der 1676 gestiftete Laurentius Altar; der 1629 gestiftete Greiffenclau Altar, der erst 1662, nach Ende des Dreißigjährigen Krieges vollendet werden konnte.

Vom Mittelalter zur Neuzeit

Unter Erzbischof Willigis, dem Domerbauer, bildete sich die endgültige Struktur des Mainzer Erzbistums mit dem Unterstift um Mainz, dem Oberstift um Aschaffenburg und dem Erfurter Staat aus. Durch Stiftsgründungen wie Disibodenberg wurde die bis dahin eher klösterlich geprägte Infrastruktur stärker auf den erzbischöflichen Stuhl hin gestrafft, die seelsorgerliche Betreuung wurde erweitert und der Adel in seiner Bedeutung zurückgedrängt. 1031 wurde der Kölner Erzbischof Erzkanzler für Italien, der Mainzer Erzkanzler für Deutschland. Neben dem Wahleinberufungsrecht bei der Königswahl erhielt Mainz auch das Erststimmrecht. Diese Funktionen bestimmten die Mainzer Rolle im Reich bis zur Säkularisation im 18. Jahrhundert. Es begann die große Phase der Auseinandersetzung mit dem erstarkenden Bürgertum, welches die politischen Auseinandersetzungen der Reichsfürsten bis ins 13. Jahrhundert hinein dazu benutzte, eigene Rechte zu erkämpfen. Um von den Auseinandersetzungen zwischen Kaiser- und Papsttum abzulenken, wurde die Kreuzzugsidee geboren. In Mainz führte sie am 27.5.1096 zu schweren Judenpogromen. Kreuzfahrer ermordeten die etwa 600 Personen zählende jüdische Gemeinde. In den folgenden Jahren unterstützte die Bürgerschaft Erzbischofs Adalbert I. (1110-37) Politik gegen die salischen Kaiser und erhielt dafür das große Freiheitsprivileg (zwischen 1119-22), welches im Bronzeportal des Doms eingetragen ist. Am 24.6.1160 erschlug eine aufgebrachte Menge im Streit um weitere kommunale Rechte und gegen die finanziellen Belastungen durch die Reichspolitik Erzbischof Arnold (1153-60). Kaiser Friedrich I. Barbarossa verhängte daraufhin 1163 über einige der Anführer die Todesstrafe und nahm der Bürgerschaft städtische Rechte. Die Selbstverwaltung durch einen Stadtrat wurde erst wieder durch Erzbischof Siegfried III. (1230-49) gewährt.

1254 gründeten die freien Reichsstädte am Rhein, darunter Mainz, im Zenit ihrer Macht – es war die kaiserlose Zeit des Interregnums zwischen Staufern und Habsburgern – den rheinischen Städtebund. Das Bürgertum trug die modernen Orden und religiösen Gemeinschaften wie die Franziskaner, Dominikaner, Karmeliten, Antoniter und Beginen. Es kam zu vielen Kirchenneubauten in Mainz, so St. Christoph, St. Emmeran, St. Quintin, St. Stephan, Liebfrauen sowie eine Karmeliten- und zwei Klarissenkirchen. Bereits um 1236 hatte die Bürgerschaft das Heiliggeisthospital erstellt, um 1277 wird

Mainzer Stadtsiegel, um 1180

ein hochgiebliges gotisches Rathaus erwähnt und in den Hungerjahren 1315-17 entsteht das Kaufhaus auf dem Brand.

Nur zögerlich löste Erzbischof Peter von Aspelt (1305-20) den Templerorden auf, an dessen Komtei heute nur noch das Tempelgässchen nahe St. Ignaz erinnert. 1312 holte Peter von Aspelt auch den Minnesänger Heinrich von Meißen genannt Frauenlob nach Mainz. Dieser wurde nach seinem Tod im Domkreuzgang beigesetzt. 1325 erklärte Erzbischof Mathias (1321-28) die Mainzer Bürger für steuerfrei.

Auch aus den erzbischöflichen Streitigkeiten (Schismen 1328 und 1381) ging die Stadt jeweils gestärkt hervor. Seit 1332 mussten die Patrizier neben dem „Rat der Alten" auch einen Zunftrat anerkennen. Die sozialen Spannungen zwischen Patriziern und Zünften entluden sich 1348 erneut in schweren Judenpogromen.

Seit dem Abriss der Stifte St. Alban, St. Jakob und St. Viktor 1329 wurde der Stadtsäckel zudem wegen der zu zahlenden Entschädigung finanziell stark belastet. „Neben die Kontroverse zwischen Klerus und Bürgerschaft trat Anfang des 15. Jahrhunderts der offene Kampf der unterprivilegierten Zünfte gegen die im Stadtregiment tonangebenden Patrizier." (Bistum, S. 153) 1428 verlassen die Patrizier, darunter auch Gutenberg, 1430 der Klerus für kurze Zeit die Stadt. Erst 1435 kommt es wieder zu einer Einigung. Doch die Kraft des Bürgertums ist erlahmt. Nachdem der vom Papst bestätigte Erzbischof Adolf II. von Nassau (1461-75) die Stadt gegen den vom Domkapitel gewählten Diether von Isenburg erobert, verliert die Stadt 1462 all ihre Rechte. „Es ist keine Bischofsstadt bekannt, in der die Entwicklung zur freien Stadt derart rigoros und endgültig abgeschnitten wurde wie in Mainz. Auf wirtschaftlichem Sektor trat nun eine jahrzehntelange Stagnation ein. Nur die erzbischöfliche Verwaltung war tätig und errichtete zu ihrer eigenen Sicherheit die Martinsburg am Rhein. Schließlich folgte 1469 die offizielle Ernennung von Mainz zur erzbischöflichen Landeshauptstadt mit einem Vicedominus anstelle des bürgerlichen Rats." (Stephan, S. 11) Die Territorialfürsten haben gesiegt. Kein Wunder auch, dass sich gerade in dieser Zeit die Hexenverfolgung in Deutschland ausbreitet (Hexenhammer 1487). Sie richtet sich auch gegen die bürgerliche Freiheitsbewegung, wie sie sich drei Jahrhunderte lang in Bettelorden, Beginen- und Ketzerbewegung ausdrückte.

Diether von Isenburg, der von 1475-82 zum zweiten Mal Erzbischof wird, beginnt den Ausbau von Mainz zur Residenz. Er gründet 1477 die Universität und errichtet 1478 die erste Martinsburg (1807 abgebrochen). Finanziert wurden die Bauten aus beschlagnahmten Spenden von Pilgern, die zum Geburtsort des 1476 als Aufrührer hingerichteten Bauern- und Volkspropheten Hans Böhm aus Niklashausen wallfahrten. Während sich Erzbischof Diether aus der Reichspolitik zurückgezogen hatte, suchte sein Nachfolger Berthold von Henneberg (1484-1504) unter Kaiser Maximilian letztmals eine Reichsreform durchzusetzen. Das scheiterte und damit verlor der Mainzer Stuhl weiter an politischem Einfluss.

Unter Albrecht von Brandenburg (1514-45) erlebte Mainz Reformation und Bauernkrieg. Albrecht unterstützte anfangs die innerkirchliche, humanistische Reformation und berief daher Ulrich von Hutten, Wolfgang Fabricius Capito und Kaspar Hedio an Hof und Dom. 1521 zögerte er dann sogar, die in Worms gegen Luther ausgesprochene Reichsacht zu publizieren. In einem Aufruhr (April 1525) erkämpfte sich die Mainzer Bürgerschaft noch einmal alte Rechte, die jedoch bereits im Juli des gleichen Jahres wieder verloren gingen, als die Fürsten des Schwäbischen Bundes im Oberstift Aschaffenburg die aufständischen Bauern besiegt hatten. Nach 1525 begründete Albrecht als Kardinal die katholische Reform im Erzbistum. 1561 ließen sich erstmals Jesuiten in Mainz nieder. Die erzbischöfliche Herrschaft war gefestigt. Man sprach mehr vom Kurfürsten als vom Erzbischof.

Unter Johann Adam von Bicken (1601-04) setzte im Erzbistum erstmals in größerem Ausmaß die Hexenverfolgung ein. Im Dreißigjährigen Krieg ist Mainz lange Zeit von Schweden und Franzosen besetzt. Erzbischof Johann Philipp von Schönborn (1647-73) ist maßgeblich beteilgit am Zustandekommen des Westfälischen Friedens im Jahre 1648. Unter ihm kommt es dann auch zu einer neuen Bistumsordnung, zu wirtschaftlichem Aufschwung und einer neuzeitlichen Stadtbefestigung. Als Ausgleich für die abgebrochenen Vorstädte lässt er das Bleichenviertel bebauen.

Durch die kampflose Übergabe an die Franzosen im pfälzischen Erbfolgekrieg 1689 wird die Stadt weitgehend von Zerstörungen wie in Worms oder Oppenheim verschont. Barocke Bautätigkeit beginnt unter Erzbischof Lothar Franz von Schönborn (1695-1729), der das 1792 zerstörte Lustschloss Favorite (im heutigen Stadtpark) nach dem Vorbild von Marly anlegt. Unter Erzbischof Johann Friedrich Karl von Ostein (1743-63) hält nicht nur die Aufklärung mit Wirtschafts- und Bildungsreform Einzug in Mainz, sondern auch die Kunst. Es entstehen zahlreiche neue Adelshöfe, neben St. Peter und St. Ignaz auch die Augustiner- und die Jesuitenkirche (1793 abgebrannt), das Schloss wird erweitert. Eine Reihe führender Künstler und Architekten des 18. Jahrhunderts wie Balthasar Neumann, Burkhard Zamel oder Franz Ignaz Michael Neumann werden in Mainz tätig. Auch unter Osteins Nachfolgern Emmerich Joseph von Breidbach-Bürresheim (1763-74) und Friedrich Karl Joseph von Erthal (1774-1802) geht diese Bautätigkeit weiter, allerdings Hand in Hand mit der politischen Restauration. „Mainz genoß nicht umsonst den traurigen Ruhm, an Reichtum und Eleganz nach Wien die zweite Stadt im Reiche zu sein. Die Bezüge des Kurfürsten durch Zölle und Steuern waren riesenhaft und seine Ausgaben entsprechend. Tatsächlich hat der Kurfürst fast alle städtischen Gewerbe für den sardanapalischen Aufwand seiner Hofhaltung beschäftigt. ... Zwei Drittel der Steuern flossen in die kurfürstliche Kasse. Vom Rest, der die nötigen Ausgaben der Stadt nicht deckte, kam nur ein knappes Drittel auf die gemeinen Bedürfnisse; das übrige ging an die Stadtaristokratie." (*Mainz zwischen Rot und Schwarz*, S. 14/15) Die Landesherren wurden so während ihrer Amtszeit zu Millionären. Nur der exklusive Teil der vom Hof als Auftraggeber oder Dienstherr abhängigen Kaufleute, zünftigen Handwerker und Beamten war im Genuss des Bürgerrechts. Das waren 1771 z. B. 2236 Bürger von 26 753 Einwohnern, also knappe 10 Prozent. Das war die soziale und politische Ausgangslage, als Mainz 1792 erstmals wieder europäische Geschichte machte: Mainz wurde die erste Republik auf deutschem Boden. Der Erzbischof war nach Aschaffenburg geflohen, die Stadt von französischen Revolutionstruppen unter General Custine besetzt. Georg Forster, Weltreisender mit Cook und führender Kopf der Mainzer „Gesellschaft der Volksfreunde", sprach im November 1792 im Jakobinerclub „Über das Verhältnis der Mainzer gegen die Franken": „Ihr müßt nicht vergessen, Mitbürger,

Alte Universität (Gründung der Jesuiten)

Georg Forster: Ein Weltbürger zwischen den Stühlen (1754-1794)

Der Ethnologe, Naturforscher und Schriftsteller Georg Forster wurde am 26.11.1754 in Nassenhuben bei Danzig geboren. Sein Vater Reinhold war Pfarrer, aber weit mehr noch Wissenschaftler. Von 1772-75 nahmen beide an Cooks zweiter Weltumseglung teil. 1777 erschien Georgs erstes vieldiskutiertes Buch *A voyage round the world* in London. Damit war er in der Ethnologie der Aufklärung zu Hause, welche Naturforschung, Naturrecht, Reisebeschreibung, frühe Soziologie und politische Kritik an der eigenen Gesellschaft miteinander verband. Nach einer Zeit als Professor in Kassel und Wilna (1779-87) wurde Georg Forster zum Leiter der Mainzer Universitätsbibliothek berufen. Für dieses Amt schmückte man sich gerne mit gut dotierten Gelehrten oder Schriftstellern, wie auch das Beispiel Lessing in Wolfenbüttel zeigt. 1790 reiste Forster über das Rheintal nach Belgien, den Niederlanden, England und Paris. Er berichtet davon in seiner berühmten Reisebeschreibung *Ansichten vom Niederrhein* (1792/93). Aus Paris bringt er jedoch auch die Begeisterung für die gerade mal ein Jahr alte Französische Revolution mit. Als die Revolutionstruppen unter General Custine in Mainz einmarschieren, schließt er sich dem örtlichen Jakobinerclub an, übernimmt Aufgaben in der Verwaltung und geht schließlich im Frühjahr 1793 als Abgeordneter des Rheinisch-Deutschen Nationalkonvents nach Paris, um den dort beschlossenen Anschluss an Frankreich zu vereinbaren. In seinem letzten Buch, den *Parisischen Umrissen* reflektiert der durchaus zum Tugendterror neigende Jakobiner auch die Rückseiten der Revolution wie Eigennutz und stellt resignierend fest: „Wirklichkeit verschlingt doch immer das Gedachte." (nach: Ausstellungskatalog, Mainz 1994, S. 238). Er lebt bereits seit Monaten von seiner Frau Therese getrennt, welche in dem Schriftsteller Ludwig Ferdinand Huber einen neuen Liebhaber gefunden hat. Am 10.1.1794 stirbt Forster in Paris an den Folgen einer Lungenentzündung. Die Mainzer 48er konnten sich 1862 nicht mit dem Wunsch nach einem Forsterdenkmal durchsetzen. Seit 1880 ist eine Straße nach ihm benannt, seit 1994 erinnert eine Gedenktafel an seinem Wohnhaus in der Neuen Universitätsstraße 5 an den unglücklichen Weltbürger.

daß die Franken das Recht der Eroberer so lange über Euch behalten, bis Ihr Euch eine freie Verfassung gebt. Die Franken sind frei, und freien Menschen befehlen sie nicht. Werdet frei, Mitbürger, gebt Euch eine freie Verfassung, und die Franken versprechen Euch Ihren Schutz; sie sind von dem Augenblicke an nicht mehr Eroberer, sondern Brüder." (*Mainz zwischen Rot und Schwarz,* S. 239) In dieser Rede wird die historische Doppelbödigkeit der deutsch-französischen Beziehungen seit der bürgerlichen Revolution von 1789 überdeutlich. Die linksrheinischen Bürger müssen wählen zwischen deutscher Unterdrückung und französischer Freiheit: für die Durchsetzung eines eigenen Weges sind sie zu schwach.

Ab März 1793 wird Mainz dann von preußischen Truppen belagert. Dabei werden durch das Bombardement Dom, Liebfrauenkirche, Dompropstei und Domdechanei, die Ordenskirchen der Jesuiten, Franziskaner, Dominikaner und Kapuziner, die Kirchen St. Sebastian, St. Aureus und Heilig Kreuz sowie das Kloster Jakobsberg und das Schloss Favorite zu Ruinen.

Goethe beschreibt die Ereignisse nach der Kapitulation am 23.7.1793: „Ein sehr schöner dreispänniger Reisewagen rollt daher, eine freundliche junge Dame versäumt nicht, sich am Schlage sehen zu lassen und hüben und drüben zu grüßen; aber dem Postillon fällt man in die Zügel, der Schlag wird eröffnet, ein Erz-Klubist an ihrer Seite sogleich erkannt. Zu verkennen war er freilich nicht, kurz gebaut, dicklich, breiten Angesichts, blatternarbig. Schon ist er bei den Füßen herausgerissen; man schließt den Schlag und wünscht der Schönheit glückliche Reise. Ihn aber schleppt man auf den nächsten Acker, zerstößt und zerprügelt ihn fürcherlich; alle Glieder seines Leibes sind zerschlagen, sein Gesicht unkenntlich." (Goethe, *Belagerung von Mainz*, S. 27/28)

Mit dem Frieden von Campo formio am 17.10.1797 und der Abtretung aller linksrheinischen Gebiete an Frankreich kam das Ende des Erzbistums und kurfürstlichen Staates. Die neue französische Verwaltung gliederte die Rheinlande in vier Departements. Mont-Tonnere (Donnersberg) erhielt den Verwaltungssitz Mainz. 1802 ernannte Napoleon den Straßburger Joseph Ludwig Colmar (1802-18) zum Bischof. Dieser konnte z. B. die vom Präfekten Jean Bon St. André geplante Abtragung der Domruine verhindern und den Wiederaufbau beginnen. Nach dem Wiener Kongress 1815 wurde der alte Kurstaat nicht mehr neu belebt. Das Oberstift um Aschaffenburg fiel an Bayern, die thüringischen Gebiete um Erfurt waren seit 1802 bereits preußisch, das Unterstift fiel wie ganz Rheinhessen an das Großherzogtum Hessen-Darmstadt.

Was blieb, war ein kirchliches Bistum, das noch einmal unter Bischof von Ketteler (1850-77) wegen seines Engagements in der Arbeiterfrage von sich reden machte. Mainz wird zur unbedeutenden Provinzstadt. Aber immer wieder regt sich demokratische Tradition wie 1848/49. Ein interessantes Licht auf die Stadtkultur wirft z. B. die Tatsache, dass der Rechtsanwalt Franz Zitz in den 40er Jahren des 19. Jahrhunderts gleichzeitig Präsident des Mainzer Carneval Vereins (MCV) und Kommandant der rheinhessischen Freischar war. Noch 1893/94 versucht der Ex-Achtundvierziger

Ludwig Kalisch
(1814-1882)

Die spitzeste Feder des Vormärz schrieb in Mainz der Journalist und Schriftsteller Ludwig Kalisch (1814-1882). Geboren in einer jüdischen Familie im polnischen Lissa studierte er Sprach- und Literaturwissenschaft in Heidelberg, München und Gießen. 1843 übernahm er die Redaktion der zwei Jahre zuvor gegründeten Zeitschrift *Narrhalla*. „In kurzer Zeit verstand er es, dem Blatt eine freiheitlich-demokratische Note zu geben ... Es erscheinen Satiren, Parodien, Humoresken und kürzere Glossen, die sich wechselseitig an gewagten, politischen Scherzen übertreffen. Im Mittelpunkt stehen zumeist Pressefreiheit und Zensur." (Julius H. Schoeps, *Deutsch-jüdische Symbiose*, Bodenheim 1996, S.129) Überregional bekannt wird er durch die beiden Bücher *Schlagschatten* (1844) und *Buch der Narrheit* (1845 und 2. Auflage 1847). Vom April bis zum September 1848 übernimmt er die Redaktion der Wochenzeitung *Der Demokrat*, des rheinhessenweiten Organs der republikanisch gesinnten Demokratenvereine. Die Zeitung betont besonders die soziale Frage. Ab September 1848 beobachtet Kalisch das Geschehen in der Frankfurter Paulskirche. In den *Shrapnels* (1849) portraitiert er treffend die einzelnen Abgeordneten, in der *Allgemeinen Heulerbibliothek* (1849) macht er sich in heute noch lesenswerten Texten über die Zauderer und spießbürgerlichen Philister im Lager der Liberalen lustig: „Weil die Demokraten so transparent sind, daß ihnen die Sonne durch den Leib scheint, müssen wir, die wohlgesinnten Bürger, uns schnüren, damit man uns nicht ansieht, daß wir wohlgenährt sind. O meine verehrten Mitbürger, es ist schon so weit gekommen, daß man in Todesangst geräth, wenn Einem der Rock zu eng wird. Dick sein gilt für Reaktion; und am Ende wird die galloppirende Schwindsucht für eine demokratische Tugend gelten und man wird zwischen der Abzehrung und der Hinrichtung zu wählen haben." (S. 4) Im Mai/Juni 1849 redigiert Kalisch mit dem *Boten für Stadt und Land* in Kaiserslautern das offizielle Organ der pfälzischen Revolutionsregierung. Dafür wird er im Zweibrücker Hochverratsprozess 1851 in Abwesenheit zum Tode verurteilt. Er ist inzwischen nach Paris emigriert. Dort arbeitet er bis zu seinem Tode 1882 als Korrespondent (u. a. für *Die Gartenlaube*) und übersetzt Opernlibretti (u. a. Offenbachs *Orpheus in der Unterwelt*). Zeitweilig ist er auch in London als Hauslehrer bei Baron Anthony Rothschild engagiert. Sein vielleicht bestes Buch sind die 1851 unter dem Titel *Paris und London* erschienen Städtebilder, denen 1880 weitere Skizzen aus dem *Pariser Leben* folgen. 1859 hält Kalisch vor 3000 deutschen Emigranten die Festrede zum 100. Geburtstag Schillers im Pariser „Cirque de l'Impératrice". In einem Nachruf rühmt die *Vossische Zeitung* am 7. März 1882 „seine feurige Begeisterung, seine liebenswürdige Laune und seinen sprudelnden Geist."

Adolf Hitler in Mainz am 11. Oktober 1938

und damalige Oberbürgermeister Georg Oechsner das von Kaiserin Sisi gesponserte und in Düsseldorf verschmähte Heinedenkmal nach Mainz zu bringen, aber er bekommt gegen die Mehrheit der Nationalliberalen und des politischen Katholizismus nur noch etwa ein Drittel der Stadtverordneten dafür zusammen. Herbert Bonewitz fasst die Entwicklung der Stadt von der Höhe der Zeit bis zur biederen Provinz am Beispiel der Fastnacht so zusammen: „Mitte des vorigen Jahrhunderts waren es überwiegend politisch motivierte Proteste unter der Narrenkappe: eine Art Ventilfunktion für liberale Freigeister und revolutionär denkende Radikaldemokraten in der sogenannten „Vor-März-Zeit". Später wurden daraus vorwiegend reine Unterhaltungsveranstaltungen für mehrheitlich konservativ eingestellte Besitzstandsbürger – meist auch noch streng katholisch gesinnt. Nur die Straßenfastnacht blieb nach wie vor fest in der Hand des proletarischen Volkes." (*Kappen, Kult und Kokolores*, in: *Fastnacht/Karneval im europäischen Vergleich*, Stuttgart 1999, S. 95) Die barocken Festungsanlagen hemmen das Wachstum der Stadt. Erst die Planung der Neustadt ab 1872, der Bau der Rheinbrücke 1880-85 und die Verlegung des Hauptbahnhofs 1884 führen zur industriellen Entwicklung. „Zwischen 1864 und 1907, also bis zu den ersten Eingemeindungen, verdoppelte sich die Zahl der Mainzer von 49.000 auf 98.000." (*Mainz*, 1999, S. 465)

Mit dem Ausbruch des Ersten Weltkriegs endete diese wirtschaftliche Blütezeit der Stadt. Einschneidend für die weitere politisch-kulturelle Entwicklung wurde die lange französische Besatzung während der Weimarer Republik (1918 bis 1930). Dass die Stimmung in der Stadt dadurch insgesamt und quer durch die Lager nationalistisch gefärbt wurde, zeigt ein Zitat aus der 1938 erschienen Erzählung Elisabeth Langgässers *Das erfüllte Versprechen*: „Es kam die Zeit, wo mit Hörnern und Pfeifen, mit hüpfendem Trommelschlag, rasselnden Schellen und hurtigen, kleinen Maultierkarren die Mohren in Mainz ihren Einzug hielten und nicht nur die Mohren, sondern die Mauren, die bei dem Bart des Propheten schwören und statt des Käppi, wie jedermann weiß, den roten Fez auf den Wollköpfen tragen, hielten in Mainz ihren Einzug, wie es vorausgesagt war; es kamen die Gelben, die Schwarzen, die Braunen und brachten schneeweißes Weizenbrot und ranzigen Dosenspeck mit; machten den Leutnants das Schnalzen und Spucken und den Herrenschritt auf dem Bürgersteig nach und lernten fleißig, wie Christen den Christen Pistole und Peitsche zeigten. Die Rache, allons-enfants, zog über die Kaiserbrücke und ließ die phrygische Zipfelmütze der alten Hure Vernunft wie ein Fähnlein am Reiterspieß flattern; und weder war jene gallische Rache, auch wenn sie sich diesmal „Sanktion" und „Repressalie" zu nennen pflegte, dem guten Mainzervolk fremd noch diese Mütze, an welcher schon lange, bevor sie das Pack aus Paris umtanzte, die heidnischen Legionäre aus Rom ihren Soldatengott Mithras, wie die Getauften den Gott am Kreuz, insgeheim zu erkennen wußten." (Langgässer, *Ausgewählte Erzählungen*, 1980, S. 154)

Die erste Ortsgruppe der NSDAP wurde 1925 gegründet. Ihr Parteilokal war der Apostelhof (Insel 6). 1932 wurde Dr. Werner Best, der Initiator des KZ Osthofen, Kreisleiter der Mainzer NSDAP. Im gleichen Jahr erhielt die Partei bei den Reichstagswahlen rund ein Viertel der Stimmen aller Wahlberechtigten und wurde damit stärkste Partei in der Stadt (*Mainz*, 1999, S. 493). Aber auch bei den Märzwahlen 1933 kamen die Nationalsozialisten nicht über ein Drittel der Stimmen hinaus: NSDAP (33 262), SPD (21 805), Zentrum (18 790) und KPD (13 502). Das Mainzer Stadthaus eroberten sie über das Ermächtigungsgesetz und die am 20. März vom hessischen Landtag beschlossene „Verordnung zur Sicherung der Verwaltung in den Gemeinden", welche zur zwangsweisen Einsetzung des Wormser NS-Landtagsabgeordneten Philipp Wilhelm Jung zum kommissarischen Oberbürgermeister und Staatskommissar führte. Am Ende der nun beginnenden NS-Diktatur standen die Deportation von 1092 jüdischen Bürgern (1942) in die Vernichtungslager, die Emigration und Zerschlagung der demokratischen Kultur und die Zerstörung der Innenstadt durch Bombenangriffe (1942 und 1945). 1945 hatte sich die Bevölkerung halbiert, in der Innenstadt waren 80 Prozent der Bausubstanz vernichtet. „2800 Menschen waren bei Bombenangriffen getötet worden, Tausende als Soldaten an der Front umgekommen. Die ehemals blühende jüdische Gemeinde war ausgelöscht." (*Mainz*, 1999, S. 509)

Wieder wurde Rheinhessen französisch besetzt. 1946 kam es zur „Wiedereröffnung" der 1798 von den Franzosen geschlossenen Universität. 1950 wurde Mainz schließlich Landeshauptstadt des neugeschaffenen Landes Rheinland-Pfalz.

Das Stadtbild

Die Stadt Mainz hat sich entwickelt zwischen dem römischen Lager auf dem Kästrich im Südwesten und dem Rhein im Nordosten. Die römische und darauf aufbauend die mittelalterliche Stadtmauer begrenzte die Stadt bis zum 19. Jahrhundert, im Nordwesten etwa auf der Höhe der Hinteren Bleiche, im Südosten entlang einer Linie vom Eisgrubweg zum Holzturm. Die Vorstadt Selenhofen rund um St. Ignaz im Südosten wurde erst in der ersten Hälfte des 13. Jahrhunderts in den Mauerring einbezogen. Die außerhalb der Stadt liegenden Stifte und Klöster St. Alban, St. Jakob und St. Viktor wurden bereits 1329 während des ersten Mainzer Schismas abgerissen. Stadtkerne waren die südliche Altstadt um Dom und Marktplatz und die nördliche Altstadt um St. Quintin. Letzteres Viertel wurde im Zweiten Weltkrieg besonders stark durch Bomben zerstört. Während der bürgerlichen Hochblüte der Stadt (11.-13. Jahrhundert) wurden u. a. die Augustinerstraße bebaut, das 1812 abgebrochene Kaufhaus (1314-17) errichtet; es entstanden neben dem Markt für Fernhandelswaren am Brand und dem Speisemarkt am Dom Spezialmärkte wie Flachs- und Fischmarkt. 1663 entstand das barocke Bleichenviertel im Nordwesten durch eine Bebauung bis zur Stadtmauer. Die Ludwigsstraße, ursprünglich Rue Napoleon, verband als Prachtstraße 1804 erstmals auf direktem Wege den

Blick auf den Turm der Christuskirche

bischöflichen Marktplatz mit dem Diehtmarkt (heute Schillerplatz).
Von 1845-62 wurden die Weinberge am Kästrich unter der Planung von Johann Heinrich Hartmann, Joseph Laske und Eduard Kreyßig bebaut und 1861/62 von Ignaz Opfermann die große Stützmauer samt Treppenanlage errichtet. Ab 1872 entstand die Neustadt nördlich der Stadtmauer nach Plänen Eduard Kreyßigs, ebenso die Neubebauung des Geländes zwischen Rheinstraße und Rhein nach der Verlegung der Ludwigsbahn auf die Höhe des heutigen Hauptbahnhofs. Am Ende der boulevardartigen Kaiserstraße wurde die Christuskirche sozusagen als „protestantischer Gegendom" errichtet.

In ganz Deutschland trieb die Industrialisierung und die aus ihr folgende Stadtentwicklung mit schnell ausgreifendem Wohnungsbau dazu, die begrenzenden Festungsanlagen zu überschreiten. Oft, so auch in Mainz, wurden dadurch erste Grüngürtel geschaffen. „Das neue Planungsideal kam aus Frankreich, seitdem dort ab 1860 unter Kaiser Napoleon III. und seinem Präfekten Baron Haussmann die Stadt radikal umgestaltet wurde. Große Schneisen wurden durch die vorhandene dichte Bebauung geschlagen. Sternförmig liefen sie auf zentrale Plätze zu. Diese Freiflächen wurden mit öffentlichen Bauten besonders betont, sogenannte Points de vue." (Custodis) Beispielhaft wurde dafür die Pariser Weltausstellung von 1867, die auch der Mainzer Stadtbaumeister Kreyßig besuchte. „In der Größe und Konsequenz des Entwurfs blieb die Planung für die Mainzer Stadterweiterung von Stadtbaumeister Eduard Kreyßig einzigartig ... Alle anderen Stadterweiterungen blieben, an Mainz und Koblenz gemessen, Stückwerk." (Custodis) Ab 1905 wurden die Bastionen in Grüngürtel umgewandelt. Im Norden schlossen sich an die Neustadt Industrie- und Arbeiterviertel an, im Süden ein Villenviertel, das Friedrich Pützer (Darmstadt) in den „Formen des Neoklassizismus, Landhaus- und Heimatstils" (Dehio) konzipierte. Während die Baudenkmäler der nördlichen Altstadt im Zweiten Weltkrieg stark durch Bomben in Mitleidenschaft gezogen wurden, kam es in den Vierteln von südlicher Altstadt und Kästrich seit Anfang der 1970er Jahre immer wieder zu heftigen Auseinandersetzungen um die Art und Weise der Sanierung. „In beiden von Kriegszerstörungen weitgehend verschonten Gebieten sind heute nur noch 50% der Substanz alt", resümierte der Arbeitskreis „Stadtplanung und Denkmalpflege" 1984. (*Mainz bleibt Mainz?*)

<u>Rundgang I:</u>
Südliche Altstadt

Von der mittelalterlichen Stadtmauer, am Eisenturm, bis zum Rhein war einmal viel Platz, des Hochwassers wegen. 1833-36 entstanden dann, veranlasst durch den englischen Rheintourismus, die Hotelensembles der Rheinstraße. Die Idee zu einer Bebauung ging von der Personendampfschifffahrt aus. Und noch heute sind hier im nahe gelegenen Uferbereich die Anlegestellen der Köln-Düsseldorfer. 1875-90 wurde das Ufer im Rahmen der Rheinregulierung aufgeschüttet und die hessische Ludwigsbahn verlegte ihre Schienen in den Westen der Stadt, also weg vom Rhein. 1884 konnte Stadtbaumeister Kreyßig die Stadthalle fertigstellen, einen großen Saalbau, rundum eingegrünt. 1944/45 wurde sie durch Bomben zerstört. Um 1970 entstand dann an gleicher Stelle ein moderner Baukomplex mit Rheingoldhalle und Rathaus. Das Auto eroberte die Rheinstraße. Das im Grundriss dreieckige Rathaus mit den dunkel eloxierten Aluminiumgittern vor der hellgrauen Marmorfassade, das nach einem Entwurf des dänischen Architekten Arne Jacobsen gebaut wurde, bestimmt die moderne Silhouette der Stadt vom Rhein her.

Im Gegensatz zu seinen kantigen Formen steht die rundgearbeitete Bronzeplastik „Schlüssel des Stundenschlägers" auf dem Rathausplatz davor, die nach einem Original des Dadaisten Hans Arp (1887-1966) angefertigt wurde. Die Stimmung des Platzes kann man gut mit einem Arptext von 1961 kommentieren:

Wie leer sind die Tage und Nächte geworden!
Wie lange schon ist die Schönheit fort.
Weit fort ist sie geflohen mit ihren singenden Sternen mit ihrem Lichtangesicht.

Wann haben die Fortschrittler genug geschritten?
Wann haben die Überrunder genug gerundet?
Wann sind die Überrunder endlich rund geworden?
Wann ist die höchste Ebene hoch genug ?

Was da so dahinflattert sind Menschen die Gott verloren haben.

Über eine Fußgängerbrücke kommt man zum Brand, dem alten Handelszentrum, wo bis 1813 das gotische Kaufhaus stand. Dessen Zinnen, die jeweils einem Kurfürsten gewidmet waren, finden sich jetzt als Originale im Landesmuseum und als Kopien am Rheinufer. Die Kriegs-Baulücke wurde 1974 geschlossen und zu einem modernen Einkaufszentrum gestaltet. Rechter Hand liegt der Eisenturm mit seinem breiten Torbogen im Stil der westlichen Domteile. Linker Hand blickt man auf das durch die Kombination von Zinnenkranz, Lisenen und Bogenfriesen arabisch anmutende Heilig-Geist-Spital, das 1236 in spätromanischen Formen errichtet wurde und damit das älteste Bürgerspital Deutschlands ist. Kritisiert wird, dass sich „die seit 1975 erfolgte Restaurierung einseitig am ursprünglichen Zustand des 13. Jahrhundert orientiert und dabei die historische Substanz mehr verfälscht als konserviert." (Dehio, S. 614) Vor allem der aufgesetzte Zinnenkranz und die Farbfassung seien historisch nicht nachweisbar. Die umgebenden Häuser aus Barock, Klassizismus und Historismus wurden ebenfalls restauriert: „Ein gotisches Pförtchen, ein Treppenturm in den Formen des 17. Jahrhunderts, eine Jugendstiltür geben sich ein Stelldichein mit den Barockhäusern – eine lückenlose, komplizierte Baugeschichte, die nie existiert hat." (*Mainz bleibt Mainz?*, S. 97) Gastwirtschaft allerdings war das Spital bereits seit mehr als 100 Jahren. Friedrich Engels war hier zu Gast, ebenso der dritte Parteikongress der Sozialdemokratischen Arbeiterpartei 1872.

Weiter geht's, quer durch das Einkaufszentrum, zum Rebstockplatz. Bis 1939 hatte sich in der hier abzweigenden Mailandsgasse noch mittelalterliche Architektur erhalten. Von hier aus sind es nur ein paar Schritte zum bischöflichen Marktplatz am Dom, wo heute noch dreimal in der Woche Markt gehalten wird. Den Marktbrunnen, den ältesten Renaissancebrunnen Deutschlands, ließ Erzbischof Albrecht von Brandenburg 1526 nach seinem Sieg über die aufständischen Bauern errichten. Die Figuren im Dachaufbau stammen von einem Bildhauer der Backoffen-Werkstatt. Ab 1978 wurden

Mainz, Löhrgasse mit Eisenturm, Ansicht vor 1945. Zeichnung von Heinz Leitermann

die im Zweiten Weltkrieg zerstörten Bürgerhäuser des 16. bis 18. Jahrhunderts an der Nordseite des Marktplatzes rekonstruiert, zum Teil durch Verblendung der Fassaden. Die umstrittene Rekonstruktion heißt daher auch im Volksmund „Babbedeckelbarock" (Pappkartonbarock).

Im Osten schließt sich der Liebfrauenplatz mit dem Haus Zum römischen Kaiser an. 1653-64 vom Kaufmann Eduard Rokoch erbaut, fällt es vor allem durch die prachtvollen Stuckarbeiten der Tordurchfahrt (1665) auf. 1900 wurde hier das Gutenbergmuseum als Weltmuseum der Druckkunst gegründet und später in einem Neubau dahinter untergebracht. Neben der Lebens- und Werkgeschichte von Johannes Gensfleisch genannt Gutenberg (1398-1468), dem Mainzer Erfinder des Buchdrucks, dokumentiert das Museum die Geschichte von Schrift, Buch und Druck von den Anfängen bis heute. Es werden u. a. eine Nachbildung von Gutenbergs Werkstatt, zwei Mainzer Gutenbergbibeln (1452/55) und zahlreiche Frühdrucke, aber auch Handschriften gezeigt. Dazu kommt die Darstellung der frühen Mainzer Werkstätten. Umfangreich ist die Sammlung alter, oft mit Holzschnitten illustrierter Bücher aus dem 15. Jahrhundert. Moderne Buchkunst wird ebenso vorgestellt wie Einbände und Illustrationen aus fünf Jahrhunderten und die Schrift- und Druckkunst aus China, Japan und Korea. Das Museum beherbergt auch das Archiv der 1970 erstmals durchgeführten Mainzer Minipressenmesse, auf der sich Kleinverlage aller Sparten und Weltanschauungen mit ihren Produkten vorstellen. Schwerpunkte sind buchkünstlerische Experimente und die Literatur der Alternativszene. In der Fischtorstraße (gegenüber dem Römischen Kaiser) besteht seit Mai 1990 der Druckladen als museumspädagogische Außenstelle. Hier können Gruppen wie auch Einzelpersonen selbst setzen und drucken.

Durch einen barocken Torbogen aus dem 1964 abgerissenen Bischofspalais kommt man vom Liebfrauenplatz (Dom-Ostbau) in die Domstraße mit ihren Mitte des 19. Jahrhunderts erbauten spätklassizistischen Wohnhäusern (Nr. 8-14). Vor 1850 hieß die Gasse Kaltelochgasse. Sie gehörte bereits zur Vilzbach, dem alten Mainzer Kleine-Leute-Viertel rund um die Augustinerstraße, das heute per Sanierung weitgehend

Johannes Gutenberg: Unterm Druck der neuen Zeit
(1400-1468)

„Die Kunst der Truckerei hat sich in teutschen Landen in der Stadt Mainz am Rhein gelegen im Jahre 1440 ereignet und sich schier in alle Örter der Welt ausgebreitet. Dadurch die kostbaren Schätze schriftlicher Kunst und Weisheit (die in alten Büchern lange Zeit für die Welt unbekannt in einem Grab der Unwissenheit verborgen gelegen sind) hierdurch ans Licht gelanget sind." *Schedelsche Weltchronik* (1493) Um 1400 ist Johannes Gensfleisch geboren. Der Sohn eines Mainzer Patriziers (Mitglied der Münzerhausgenossenschaft und städtischer Rechenmeister) nannte sich ab 1420 wie seine ganze Familie nach dem von ihr bewohnten Hof Zum Gutenberg, der an der Ecke von Schustergasse und Christophstraße stand. Des öfteren in seinem Leben musste er wegen der Auseinandersetzungen der Patrizier mit den Zünften samt Familie aus der Stadt ziehen und wohnte dann in Eltville, wo die Mutter her stammte. Die Schule soll er im nahe Weisenau gelegenen Stift St. Viktor besucht haben. 1434 finden sich seine Spuren in Straßburg, wo er als Kaufmann die Finanzierung eines Geschäfts mit Wallfahrtsspiegeln in Aachen betreibt und als Lehrmeister in der Goldschmiedekunst auftritt. 1448 ist er wieder in Mainz. Seine ersten Drucke, die berühmte Bibel, Ablassbriefe und ein Türkenkalender, kommen 1454 auf den Markt. Die von ihm erfundene neue Technik verbindet den Satz von Einzelbuchstaben, eine besondere Gußtechnik und den gleichmäßigen Druck auf Papier. Gutenberg nutzte dazu seine Kenntnisse aus der Goldschmiedekunst, dem Glocken- und Münzguss und der regional bekannten Weinpresse. Als er ein Darlehen an seinen Kompagnon Fust nicht zurückbezahlen kann, geht seine Werkstatt samt dem Gesellen Peter Schöffer an den Schuldner, der damit weiterarbeitet. Ab 1465 betreibt Gutenberg wahrscheinlich eine Werkstattgemeinschaft mit den Gebrüdern Bechtermünz aus Eltville. Als er 1468 stirbt, wird er in der Franziskanerkirche bestattet. Wegen der Stadtzerstörungen im 16. und 18. Jahrhundert hat sich das Grab aber nicht erhalten. An sein Geburtshaus erinnert eine Gedenktafel am Haus Christophstraße 2. Beim Staatstheater findet sich ein 1836 von Crozatier in Paris gegossenes Bronzedenkmal nach einem Modell von Thorwaldsen.

durch die elegantere Altstadt ersetzt ist. In der Grebenstraße Nr. 8 stößt man rechter Hand auf den barocken Arnsburger Hof, wo sich die öffentlich zugängliche Bibliothek des bischöflichen Priesterseminars befindet. Rheinwärts liegt der Erbacher Hof, der ehemalige Stadthof des Rheingauer Klosters Eberbach (1177 erstmals erwähnt), der heute die Akademie des Bistums beherbergt. Im Obergeschoss des Neubaus von 1975 mit seiner vielgegliederten Dachlandschaft befindet sich die 1259 geweihte frühgotische Marienkapelle. Bei der Wiederherstellung wurden umfangreiche Teile der ursprünglichen Ausmalung freigelegt, so „an der Südwand die ikonographisch seltene Darstellung eines Thrones Salomonis" (Dehio, S. 614). In der anderen Richtung der Grebenstraße, also vom Rhein weg, trifft man auf die „Hauptstraße der Altstadt", die Augustinerstraße. Richtung Dom kommen wir zum Leichhof. Hier finden sich vier schöne Fachwerkhäuser wie das Haus Nr. 1-3 (Leichhofstraße) „Zum Bechtelmüntz" aus dem 17. Jahrhundert oder das Haus „Zum Spiegelberg" (Augustinerstraße 75) mit seiner viergeschossigen Giebelfassade. Auch der typische Mainzer Eckerker taucht hier auf, z. B. im Haus Leichhofstraße Nr. 11-13 von 1730. Der Leichhof wird geprägt durch die 1778/79 von Franz Ignaz Michael Neumann errichteten dreigeschossigen Domhäuser, deren schiefergedeckte Dächer wegen der Brandgefahr (Dombrand 1767) auf einem Steingewölbe sitzen.

In der Schöfferstraße, gegenüber dem Dom-Westbau, liegt die Johanniskirche. An ihrer Nordostseite wurden 1950 in vier Meter Tiefe Reste der spätrömischen, ersten Mainzer Bischofskirche ausgegraben. Erzbischof Hatto (893-913) erbaute an dieser Stelle den ersten, spätkarolingischen Dom, der 1036 nach Vollendung des romanischen Doms in eine Stiftskirche umgewandelt wurde. Auf den Hatto-Bau geht auch der heutige Grundriss der Johanniskirche mit seinem breiten, aber kurzen Mittelschiff zurück. Im gotischen Westchor (um 1325), quadratisch mit Kreuzrippengewölbe, fallen die paarweise zusammengefassten Maßwerkfenster auf. Im Osten des südlichen Seitenschiffs wurde ein Portal (Anfang 14. Jahrhundert) der 1829 abgebrochenen Domdechanei-Kapelle eingebaut, das im Tympanon den Heiligen Georg zeigt.

An der Südwestecke des Leichhofs biegt die Heilig-Grab-Gasse ab, wo sich in der 1742 erbauten ehemaligen Johanniterkommende heute der Amtssitz des Mainzer Bischofs befindet. Der alte Bischofsplatz kann als abschreckendes Beispiel einer autogerechten Altstadtsanierung gelten (Parkhaus von 1962). Linker Hand geht es in die Weihergartenstraße mit einer einheitlichen Bebauung aus dem ausgehenden 18. Jahrhundert. Die frühklassizistischen Fassaden sind mehrfach durch Mittelrisalite (vorspringende Gebäudeteile) gegliedert. Die ehemaligen Domkurien (Nr. 10, 11 und 12) stammen von Emanuel Josef von Herigoyen (1790-1800). Im Haus Nr. 5 residiert der Musikverlag B. Schott Söhne, der u. a. Werke von Beethoven, Wagner, Liszt, Strawinsky, Hindemith, Schönberg, Orff, Weill und Henze verlegte und verlegt. Das Hausmuseum, das man nach Vereinbarung besichtigen kann, zeigt neben dem Wagnersaal Briefe und Notenhandschriften berühmter Kom-

Der historische Wagnersaal befindet sich im Hausmuseum des Musikverlages B. Schott in Mainz, in dem Richard Wagner am 5. Februar 1862 vor einer ausgewählten Gesellschaft erstmals den Text der „Meistersinger" vortrug

ponisten. Auch die Notenstecherei kann besichtigt werden.

Eine Treppenpassage im Haus Nr. 6 führt in die 1977 eingeweihte Boutique- und Wohnzone des Hollagässchens. Von hier aus geht's zum Kirschgarten, der seinen Namen von den früher hinter den Häusern liegenden Gärten hat. Der Platz wird gesäumt von Fachwerkhäusern aus dem 15. bis 18. Jahrhundert. Das Haus Nr. 26-28 Zum Aschaffenberg (2. Hälfte 15. Jahrhundert) zeigt Vorformen des „Wilden Mannes", einer besonderen Fachwerkform. Das Backhaus auf dem Treppchen (Nr. 19) ist mit dem Zunftwappen der Bäcker geziert und stammt aus dem späten 16. Jahrhundert. Die goldene Gans (Nr. 30) erinnert an den alten Hausnamen Zur wilden Gans. Im Haus Nr. 21 wurde 1801 Kathinka Zitz-Halein geboren, die sich als Schriftstellerin der 48er Revolution in Mainz einen Namen gemacht hat. „Donner und Blitz wie die Kathinka Zitz!" sollen Eltern gegenüber jungen Frauen ausgerufen haben, die weibliche Rollenklischees durchbrachen. Ihr Mann, Franz Zitz, war Karnevalspräsident, Landtagsabgeordneter und Führer der rheinhessischen Freischar von 1849. Er ist als großer Volksredner in Erinnerung geblieben. So donnerte er am Abend des 8.3.1848 vom Balkon des Stadttheaters herab: „Mitbürger! Der Untertan schwört Treue seinem Fürsten und dem Gesetze, der Soldat schwört auf seine Fahne, der freie deutsche Mann schwört auf die Freiheit, diese leuchtende Standarte der Völker!" Vom Dom weg gehen wir die Augustinerstraße weiter. Linker Hand befindet sich die Augustiner- oder Seminarkirche von 1768-72, die auf das 1260 gegründete Kloster der Augustinereremiten zurückgeht. Nur die Fassade des Saalbaus „mit ihrem machtvoll über die Dächer sich emporschwingenden Giebel" (Dehio) steht frei. Die Innenausstattung stammt aus dem späten Rokoko, so die Deckengemälde von Johann Baptist Enderle (Donauwörth), Stuck von Andreas Henkel (Mindelheim) oder der Hochaltar aus Stuckmarmor von Johann Bernhard Kamm (Bamberg). Nur eine thronende Muttergottes (um 1420) aus der abgebrochenen Liebfrauenkirche stammt aus älterer Zeit, die Orgel wurde 1773 von den Gebrüdern Stumm gebaut. Das Portal des ehemaligen Klosters und jetzigen Priesterseminars

Ludwig Bamberger
(1823 -1893)

Bamberger wurde als Sohn eines jüdischen Kaufmanns und Bankiers (1841 am Gutenbergplatz) am 22. Juli 1923 in Mainz geboren. Während des Jurastudiums in Gießen, Heidelberg und Göttingen nahm er die Einflüsse des Linkshegelianismus und der Nationalökonomie nach Adam Smith auf. Nach dem Examen war er stellungslos, weil er als Jude nicht in den Staatsdienst gehen konnte und auf die Eröffnung einer Anwaltspraxis hätte 10 bis 15 Jahre warten müssen. Im März 1848 wurde er für kurze Zeit Redakteur der im Verlag Zabern erscheinenden *Mainzer Zeitung*. Dabei thematisierte er vor allem den Einheitsstaat als Republik und die deutsch-französische Verständigung. Seine begeisterten radikaldemokratischen Artikel brachten ihn jedoch bald in Konflikt mit dem Verleger, der den konstitutionell gesinnten Liberalen zuneigte, und er wurde entlassen. Daraufhin engagierte er sich in zahlreichen Bereichen des Demokratenlagers und wurde im Mai 1849 schließlich in die Frankfurter Nationalversammlung gewählt. Zur gleichen Zeit übersetzte er Proudhous Buch über Volksbankgründungen. Gemeinsam mit seinem Freund Zitz setzte er sich an die Spitze des bei Kirchheimbolanden gescheiterten Freischarenzugs. Im Zweibrücker Hochverratsprozess zum Tode verurteilt floh er nach Paris. Dort hat er in einem Artikel für Proudhons Zeitschrift *La Voice du Peuple* seine republikanische Vorstellung eines einheitlichen Staates präzisiert: „Ich leugne jene Einheit, die Gegenstand eines idealisierenden Kults, einer mystischen Religion, einer romantischen Liebe ist, mit einem Wort: ich leugne sie als Frage der Nationalität. Aber ich bejahe sie als unsre erste revolutionäre Aufgabe, als die Grundbedingung unserer Existenz, mit einem Wort: ich bejahe sie als vordringliche politische und administrative Reform." (nach: Christian Jansen, *Ludwig Bamberg*, in: *Die Achtundvierziger*, 1998, S. 209)
Nach einer Lehre im bedeutenden Bankhaus Bischoffsheim, das zwei Onkeln seiner Mutter gehörte, und einem kurzen Gastspiel als Bankier in Rotterdam, wechselte Bamberger als Prokurist in die Pariser Filiale des Bankhauses Bischoffsheim. Dort machte er bis 1866 ein Vermögen, das ihm die Möglichkeit gab, sich ab 1868 wieder ganz der deutschen Politik zu widmen. Von 1868 bis 1893 war er Abgeordneter des Reichstages, zunächst vom Wahlkreis Mainz und ab 1874 von Bingen/Alzey. Als führende Figur der Nationalliberalen ging er ein Bündnis mit Bismarck zur Umsetzung der Reichseinheit ein. Hierbei tragen vor allem das Münzgesetz (1873) und das Bankgesetz (1874) seine Handschrift. 1869/70 gehörte er zu den Gründern der Deutschen Bank. Wegen des zunehmenden nationalistischen Kurses der Nationalliberalen schloss er sich der freisinnigen Abspaltung an, welche die Keimzelle der späteren Demokratischen Deutschen Partei (DDP) bildete. Am Ende seines Lebens analysierte er messerscharf den aufkommenden Antisemitismus:

Die Rassenunterscheidung „ward eben erst zu Hülfe gerufen, als es nicht mehr anging, die Ungleichheit des Rechtes auf das religiöse Bekenntniß zu stützen ... Diese Unmöglichkeit einer Rechtsverweigerung auf Grund der Religion drängt bei uns den Kampf immer wieder von neuem auf das physiologische Gebiet der Rassenungleichheit hinüber." (*Deutschthum und Judenthum*, in: *Gesammelte Schriften*, 1897, S. 16) 1901 errichteten Freunde für Bamberger und seinen Freund Eduard Lasker ein Denkmal auf dem Jüdischen Friedhof an der Schönhauser Allee in Berlin mit der Inschrift : „Hier ruhen im Tode vereint die im Leben gemeinsames Wirken für Deutschlands Einheit und Freiheit verband." (Benedikt Koehler, *Ludwig Bamberger*, 1999, S. 282)

neben der Kirche trägt drei Figuren von Nikolaus Binterim (Madonna Immakulata, Heiliger Nikolaus von Tolentino, Heiliger Johannes von Sahagün). In der öffentlich zugänglichen Bibliothek wird neben vielen anderen Handschriften auch das *Sacramentum Gregorianum* aus dem 11. Jahrhundert aufbewahrt.

Schräg gegenüber, an der Nordseite der Badergasse, liegt der Frankfurter Hof, wo ab 1842 die Mainzer Narrhalla tagte. Ferdinand Scherf schreibt in der 1998 erschienen neuen Stadtgeschichte: „In der Märzrevolution wird das Gasthaus zur Mainzer Paulskirche." (S. 835) Am 6.3.1848 wird hier das Bürgercomité gegründet, am 11.5. der Demokratische Verein und am 15.11. findet hier die Trauerfeier für Robert Blum statt. 1864 geht das traditionsreiche Demokratenlokal an den katholischen Leseverein. Nicht zuletzt dadurch zeigt sich die Dominanz der katholischen Kirche in der Altstadt. Ihr gehören hier noch heute rund 20 Prozent der Grundstücke. Seit März 1991 wird im Frankfurter Hof wieder ein überwiegend musikalisches Kulturprogramm angeboten. Ein paar Schritte weiter auf der rechten Straßenseite (Nr. 23) steht der ehemalige Hof Zum Salmann (Adler-Apotheke), ein Fachwerkbau von 1696, der eine besondere Stilvielfalt aufweisen kann: Apothekenschränke im Laden von 1828 (Pariser Empire), in einem rückwärtigen Anbau eine gotische Balkendecke mit Maßwerk und eine vielfach veränderte Fassade.

Am Ende der Augustinerstraße zweigt links die Weintorstraße ab. Dort befindet sich in der Nr. 1 das letzte romanische Haus Zum Stein, ein ursprünglich turmartiges Gebäude, das im 13. Jahrhundert als Wohnsitz der Patrizierfamilie de Lapide erbaut wurde. In einer denkmalpflegerisch umstrittenen Rekonsturktion machte man 1982/83 die romanischen Fenster im Obergeschoss sichtbar. „Der frühste Zustand des Hauses ist etwa zu vergleichen mit dem allerdings aufwendigeren Dreikönigshaus in Trier (um 1200)." (Stephan, S. 16)

Über den Graben, die alte Stadtbefestigung also hinweg geht es in die Kapuzinerstraße, die sich ihren Altstadtcharakter in den Bürgerhäusern mit verschiefertem Obergeschoss und Zwerchhäusern im Dach (linker Hand hinter St. Ignaz) noch bewahrt hat.

Hier liegt die 1763-73 auf Veranlassung Erzbischofs Johann Friedrich Karl von Ostein (1743-63) erbaute Pfarrkiche St. Ignaz. „Wenig jünger als die Peterskirche, ungefähr gleichzeitig mit der Augustinerkirche, zeigt St. Ignaz deutlich die Wandlung des Geschmacks zum Klassizismus." (Dehio) Die dreigeschossige Fassade orientiert sich an französischen Vorbildern des frühen 17. Jahrhunderts (Paris, St. Gervais). Stiltypisch sind der Dreiecksgiebel über dem Mittelportal – orientiert an antiken Tempelstirnwänden – und die Fassadengliederung durch Doppelpilaster. Die Deckengemälde

Romanisches Haus „Zum Stein" in der Weintorstraße

stammen wie in der Augustinerkirche von Johann Baptist Enderle. Stuckkanzel und die vier Seitenaltäre stammen von Peter Metz (1774-80), der Hochaltar (1784) von Jacob Joseph Schneider. Die gesamte Ausstattung stammt einheitlich aus der Erbauungszeit.
Auf dem ehemaligen Friedhof ist eine sechsfigurige, von Hans Backoffen begonnene und erst 1519 vollendete Kreuzigungsgruppe zu sehen. Zumindest Christus und Magdalena werden als letzte Werke des Meisters bezeichnet. In der Neutorstraße liegt das Museum für Antike Schifffahrt. Auslöser für diese thematische Präsentation war der Fund von fünf römischen Schiffen Anfang der 80er Jahre im Bereich des Hiltonhotels. Hier war zu römischer Zeit der direkt vor der Stadtmauer liegende Rheinhafen von Mainz. Die Kriegsschiffe aus dem 4. Jahrhundert gehörten zur römischen Rheinarmee und wurden wahrscheinlich beim Germaneneinfall im Jahre 406 n. Chr. aufgegeben. In dem 1994 eröffneten Museum wird aber nicht nur der spätantike Schiffsbau im Rheinland anhand von mehreren Modellen gezeigt, sondern ein Überblick über die römischen Reichsflotten insgesamt gegeben.
Über das Hänleingässchen mit dem schmalen Schifferhaus aus dem 17. Jahrhundert an seinem Ende kommen wir erneut zur Rheinstraße. Das Tempelgässchen, eine Abzweigung weiter Richtung Holzturm, erinnert an die in Mainz nur zögernd befolgte Aufhebung und Verfolgung des Templerordens vom 22.3.1312. Damals ging die nahe St. Ignaz gelegene Komtei in den Besitz der Johanniter über. Im Holzturm (um 1400) schließlich wurde 1802/03 der Räuberhauptmann Johannes Bückler, genannt

»**Schinderhannes**«
Johannes Bückler (1783 -1803)

„Schinderhannes ist deshalb so berühmt geworden, weil er dem Image des Räubers im Buch zu entsprechen trachtete; weil er eine dem Volk vertraute Rolle spielte", schreibt Manfred Franke 1977 in seinem Schinderhannesbuch. Johannes Bückler, 1783 geboren und 1803 wegen 53 verschiedener Verbrechen in Mainz hingerichtet, wurde also nur ganze 20 Jahre alt, übernahm die Rolle eines Sozialbanditen, der von den Reichen nimmt und den Armen gibt. Unabhängig von der tatsächlichen Historie tauchen solche Figuren immer wieder in allen europäischen Volkserzählungen auf. Da Bückler vor allem die „französische" Ruhe und Ordnung des Mainzer Präfekten störte und selbst in der Gerichtsverhandlung angab, er habe vorzüglich Juden das Geld auf der Straße abgenommen, diente er in der Folgezeit den Politikern gerne als Symbol für nationale und antisemitische Propaganda. Und das, obwohl an den Räuberbanden beiderseits des Rheins stets auch Juden beteiligt waren. Der Kern des populären Bildes jedoch hat keine parteipolitische Kontur. Hier verwirklicht sich die Sehnsucht vieler Menschen, „jemanden zu erfinden, durch den sie in der Phantasie verwirklichen, was sie in der Realität nie erreichen." (Franke) Carl Zuckmayer hat diesen Teil der Figur aufgegriffen und in einem Theaterstück umgesetzt: den nicht unbedingt immer edlen Sozialrebellen. Daher ist es sicher kein Wunder, dass Schinderhannes noch heute zu Werbezwecken, z. B. für Brot herhalten muss. Die Rolle dauert. „Das, was die Unsterblichkeit des Schinderhannes genannt werden kann, ist die Unsterblichkeit der Probleme, für deren Lösung Schinderhannes einstehen soll." (Franke) Ein schwacher Trost für die wirklichen Räuber, von denen 19 zusammen mit ihrem Hauptmann am 21.11.1803 hingerichtet wurden. Becker schreibt dazu 1804 in seiner *Actenmäßigen Geschichte der Räuberbanden an den beyden Ufern des Rheins*: „Gegen ein Uhr Nachmittags wurden die zum Tode verurtheilten auf fünf Wägen und von Geistlichen nach ihren verschiedenen Religionen begleitet, nach dem Richtplatze gebracht. Der Maire von Mainz hatte diesen vor dem Weissenauer Thore, da wo die churfürstliche Favorite gestanden hatte, bestimmt ... Das ganze Trauerspiel hatte in sechs und zwanzig Minuten ausgespielt."

Schinderhannes, während seines Prozesses gefangen gehalten.

Hinter dem Holzturm zweigt rechts die Kappelhofgasse ab, die Zuckmayer in seiner *Fastnachtsbeichte* als altes Mainzer Bordellviertel beschreibt. Das ist vorbei. In Hausnummer 2-4 hat man 1979-81 das spätgotische Fachwerkhaus Zum Leiningen (Ende 15. Jahrhundert) restauriert; interessant der dreiseitige Erker im Obergeschoss. Auch der Hof zum Homburg (Nr. 6-8) ist im Kern gotisch. Erhalten sind aus dieser Zeit Portale und Treppenturm am Westflügel. 1662-65 baute Erzbischof Johann Philipp von Schönborn den Adelshof zum Waisenhaus um.

Schinderhannes wurde am 21.11.1803 in Mainz hingerichtet

Rundgang 2: Nördliche Altstadt, Bleichen- und Regierungsviertel

Neben dem Dombezirk bildete die nördliche Altstadt um St. Quintin und St. Emmeran mit ihren Spezialmärkten wie dem Flachsmarkt den zweiten Kern der mittelalterlichen Stadt. Zwischen der Bebauung und der nördlich begrenzenden Stadtmauer – ein 1982 restaurierter Mauerrest ist noch in der Hinteren Bleiche Nr. 17 zu sehen – lagen die Wiesen, Gärten und Felder des Bleichenviertels. „Die Weber und Tuchscherer von der Umbach und aus der Großen Langgasse hatten dort ihre Tuchrahmen stehen." (L. Falck, S. 111) Die Schießgartenstraße erinnert noch an den Schießplatz der Büchsenschützen, der bis in den Dreißigjährigen Krieg hinein hier beheimatet war. Ab 1663 veranlasste Kurfürst Johann Philipp von Schönborn die Entwässerung und Bebauung des Gebiets. Schachbrettartig angelegte Straßen und viele Höfe von Patriziern und Adligen dokumentieren das rationale Rasterschema der barocken Planung einer Residenzstadt. Die Palais entstanden aber nicht nur im Bleichenviertel, sondern auch in der nördlichen Altstadt, vor allem um den Schillerplatz und am Rhein, im Regierungsviertel rund um das kurfürstliche Schloss.

Ende des 19. Jahrhunderts wurde die nördliche Altstadt zum Einkaufs- und Geschäftsviertel mit vielen Kaufhäusern, Banken und Versicherungen. Im Bleichenviertel siedelten sich Mühlen und Lederindustrie an. Es wurde zum „schwarzen Viertel", berühmt-berüchtigt für seine Jugendbanden. Im Zweiten Weltkrieg wurde der ganze Bereich durch Bomben stark zerstört. Dadurch sind kaum Ensembles erhalten. Nach 1945 kam es dann zu einem raschen Wiederaufbau einzelner, oft wenig ins Stadtbild eingepasster Objekte. Der Charakter eines Einkaufs- und Geschäftsviertels hat sich allerdings in der nördlichen Altstadt und im Bleichenviertel ebenso erhalten wie der des Regierungsviertels am Rhein.

Wir beginnen unseren Rundgang am Stadioner Hof in der Großen Bleiche 15, seit 1923 Sitz einer Bank. 1728-33 nach einem Entwurf von Anselm Freiherr von Ritter zu Grünstein errichtet, fällt der dreiachsige Mittelrisalit mit großem Balkon als fassadengliederndes Element auf. Das ursprüngliche Mansarddach wurde 1949 durch ein Drempelgeschoss mit Walmdach ersetzt. 1753-63 lebte in diesem Gebäude Sophie La Roche, die sich vor allem durch ihren Roman *Die Geschichte des Fräulein von Sternheim* als Schriftstellerin des empfindsamen Stils in der Aufklärung einen Namen gemacht hat. Richtung Rhein öffnet sich die Straße linker Hand zum Neubrunnen-Platz, der bei seiner Anlage einmal als Marktplatz für das neue Viertel gedacht war. Eine 1724-28 neu gebaute Wasserleitung von Bretzenheim speist den barocken Laufbrunnen von 1726, der ursprünglich nach seinem Erbauer Lothar Franz von Schönborn Schönbrunnen hieß. Den mit Emblemen verzierten Obelisken krönte anfangs ein vergoldeter Kurhut, der 1798 nach der zweiten französischen Eroberung heruntergeholt wurde. An den Brunnenschalen sind allegorische Darstellungen von Rhein und Main, Kopien nach Franz Matthias Hiernle (1726/heute im Landesmuseum) und wasserspeiende Löwen von Joseph Scholl (1828) zu sehen. Von der barocken Platzumbauung, zu der auch das bereits 1793 von den Preußen zerstörte, 3000 Besucher fassende Theater von 1767 gehörte, haben sich nur Plastiken an den Eckhäusern erhalten, so zwei Madonnen und ein heiliger Wendelin (um 1700). Die nüchterne Nachkriegsbebauung hat den ehemals schönen Platz zur Durchgangsstation gemacht.

Gegenüber führt die Lotharstraße, heute eine Fußgängerzone, mitten in die nördliche Altstadt. Von der barocken Bebauung hat sich hier nach 1945 so gut wie nichts erhalten. Bei Bauarbeiten hat man hier im Jahr 2000 sechs Meter unter Straßenniveau einen römischen Tempelbezirk entdeckt. In mehreren Opferschächten wurden Kultgegenstände wie Öllämpchen oder Venus- und Liebespaarstauetten und Bleitäfelchen mit magischen Zeichen und Schrift gefunden, die auf eine Verehrung der weiblicher Gottheiten Isis und Magna mater hindeuten. Unter der Römerpassage kann man heute die Ausgrabungen besichtigen und sie sich auf einem musealen Rundgang erläutern lassen. Hält man sich am Ende der Straße rechts, kommt man zur ehemals katholischen Pfarrkirche St. Emmeran, die heute ein Gemeindezentrum beherbergt. Die 1220 erstmals erwähnte Kirche liegt an der alten Römerstraße vom Kastell zur Rheinbrücke. Während das Langhaus der dreischiffigen Basilika vom Ende des 13.

Jahrhunderts stammt, gehörte der Turm an der Chor-Nordseite zu einer 1972 ergrabenen Kirche des 12. Jahrhunderts. Die knappe Formensprache verweist auf eine an die Architektur der Bettelordenskirchen angelehnte Planung. In der Emmeranstraße standen viele barocke Adelshöfe, so der Wambolter Hof (1953 abgerissen). An seiner Stelle gelangt man zurück zur Kolpingstraße, an deren Ende man rechter Hand auf die katholische Armklarenkirche, ursprünglich Kirche des 1334 erstmals erwähnten Armklarenklosters, trifft. Der Chor stammt aus dem 14. Jahrhundert, ebenso die mit Maßwerk umrahmten Malereien am gotischen Gewölbe: thronender Christus zwischen Maria und Johannes, thronende Apostel und stehende Heilige. Als Rest des abgebrochenen Klosters, das 1620 von den armen Klarissen übernommen worden war, steht in der rechtsabbiegenden Klarastraße ein Portal von 1726, das mit einer Plastik der Heiligen Klara von Burkhard Zamel (1725) geziert ist.

Von hier aus sieht man bereits die imposante Barockfassade des von 1715-18 von Kaspar Herwarthel erbauten jüngeren Dalberger Hofes. Die besonders stark durch Risalite, Pilaster, Doppelsäulen, Fensterverdachungen und Gesimse gegliederte Fassade lässt auf den Einfluss österreichisch-böhmischer Architektur schließen. Ab 1827 wurde das Gebäude als Justizpalast genutzt, nach 1933 wurden in seinem Keller Gegner und Opfer des Naziregimes bis zur ihrer Deportation in ein Konzentrationslager verhört, gefoltert und eingesperrt.

Geht man die Emmeranstraße weiter Richtung Rhein, kommt man zum Narrhallaplätzchen, wo der Mainzer Carneval Verein (MCV) seinen Sitz hat. Linker Hand biegt die Löwenhofstraße ab. An ihrer Kreuzung mit der Margaretengasse begann einmal das jüdische Ghetto.

Über die Flachsmarktstraße gelangen wir zum ehemaligen kurfürstlichen Marstall, der heute das Landesmuseum beherbergt. Die sogenannte Golden-Roß-Kaserne – benannt nach der 1774 von Hohenauer gegossenen und seit 1979 nachgebildeten Plastik über dem Giebel – wurde in mehreren Bauabschnitten ab 1750 errichtet.

1967 wurden Altertumsmuseum und Gemäldegalerie zum heutigen Landesmuseum zusammengelegt. Dazu kamen eine umfangreiche Porzellansammlung der Kurmainzer Manufaktur Höchst (18. Jahrhundert) und die Jugendstil-Glassammlung Gruber. Sammlungsgebiete sind insgesamt Vorgeschichte, römische Zeit, Mittelalter, Renaissance, Barock, Grafik des 16.-20.

Der Komponist Peter Cornelius (1824-1874)

Jüdisches Mainz

„Während das Mainzer Stadtbild, trotz schwerer Verluste, noch immer geprägt wird von eindrucksvollen Bauwerken der Erzbischöfe und Kurfürsten, der Kirchen und Konfessionen, der Stifte und Klöster, des Adels, der Ämter und Behörden, des Militärs, der Reichs- und Bundesfestung, der alten und der neuen Universität, erschließen sich die wenigen Spuren der einst bedeutenden und wohlhabenden Mainzer Judengemeinde nur dem Kundigen." (*Juden in Mainz*, S. 98) Zwei Gedenktafeln erinnern an die liberale Synagoge von 1912 in der Hindenburgstraße und ihre Vorgängerin, die orthodoxe Synagoge von 1856/79 in der Margaretengasse, die von Ignaz Opfermann entworfen worden war. Beide wurden 1938 von den Nazis niedergebrannt. Die neue Synagoge von 1952 befindet sich jetzt im Erdgeschoss des jüdischen Gemeindehauses, ein Neubau des Kölner Architekten Manuel Herz entsteht derzeit an Stelle der alten Hauptsynagoge (Synagogenplatz, früher Teil der Hindenburgstraße). In einem Zeitungsinterview erläuterte Herz den Bau: „Die Silhouette des Gebäudes ist aus fünf Buchstaben geformt. Der hebräische Begriff für „Segnen", Kiddusch, wird dem Gebäude im Längsschnitt seine Form geben." (AZ 28.7.2009) Die große Bedeutung der Schrift im Judentum sei durch die Diaspora weiter erhöht worden, der Talmud sei als „Ersatz für Heimat" zu betrachten. Das hornförmige Dach richte sich nach Osten, nach Jerusalem. Am Eingang des jüdischen Friedhofs in der Unteren Zahlbacher Straße erinnert ein Mahnmal an die Verfolgung durch den Nationalsozialismus. Im *Tagebuch einer jüdischen Gemeinde 1941/43* fasst Anton Maria Keim die Tragödie zusammen: „Am 16.6.1933 lebten in Mainz 2609 Juden, am 17.5.1939 waren es noch 1453. Am 1. April 1963 zählte Mainz 127 jüdische Bürger." Der 1881 eröffnete jüdische Friedhof in Zahlbach dokumentiert die starke Einbindung der jüdischen Gemeinde in das öffentliche Leben der Stadt im 19. Jahrhundert, ist doch die Leichenhalle von Stadtbaumeister Kreyßig, dem Planer von Neustadt und Christuskirche, erbaut worden.

Eine Mainzer Synode beschloss um 900, dass jeder, „der aus Haß oder Begierde einen Juden oder einen Heiden tötet, wie ein Mörder büßen muß." Das ist der erste Beleg über Juden in „Magenza". Im 10./11. Jahrhundert entfaltete die jüdische Gemeinde sich – wie die Stadt überhaupt – zu ihrer höchsten Blüte. Diese Zeit repräsentiert der berühmte Gelehrte Rabbi Gerschom ben Jehuda (960-1028). Aber auch diese Zeit kannte antijüdische Ausschreitungen, die 1096 in einem Massenmord durch Kreuzfahrer unter Graf Emicho gipfelten. Durch verbrieften Königsschutz kam es aber bereits in den folgenden Jahren zum Wiederaufbau der jüdischen Gemeinde, deren Mitglieder in der Gegend zwischen Betzelsgasse und Flachsmarkt wohnten. Ende des 13. Jahrhunderts kam es erneut zu Verfolgungen, die auch in Mainz mit erfundenen Geschichten von Ritualmorden begründet wurden, sowie zu extremen Erhöhungen der „Judensteuer" unter Rudolf von Habsburg. Viele oberrheinische Juden wanderten daher nach Syrien aus. 1349 kam es infolge einer Pestepidemie erneut zu einem Massaker an den zu „Sündenböcken" erklärten jüdischen Bürgern. Trotz des Verbots an Grundeigentum für Juden kam es ab 1356 zur Wiederansiedlung. Die neu gegründete Gemeinde wurde 1438 und 1471 erneut aus Stadt und Erzstift vertrieben. Erst 1583 siedelten sich danach wieder Juden an. Kurfürst Johann Philipp von Schönborn (1647-73) begründete in seiner berüchtigten Judenordnung von 1662 das Ghetto, das sich zwischen Klara- und Flachsmarktstraße befand. Im aufgeklärten 18. Jahrhundert lockerten sich die Gesetze. Um 1765 fielen die Tore des Ghettos. Die Franzosen brachten 1792/93 die Aufhebung aller Sonderregelungen für Juden. Das preußische Bombardement der Stadt zerstörte auch große Teile des alten Judenviertels. Ab 1798 sind jüdische Bürger auch in der Kommunalpolitik aktiv. Der Reichstagsabgeordnete und 48er-Demokrat Ludwig Bamberger (1823-99), der aus einer alten jüdischen Familie stammte, beschreibt die tolerante Atmosphäre seiner Kindheit so: „Friedfertig ganz und gar waren die religiösen Umstände. Das Gymnasium hatte zwar einen katholischen Charakter, aber von Reibungen zwischen den Schülern der verschiedenen Konfessionen war nicht entfernt etwas zu spüren." (*Juden in Mainz*, S. 70/71) Die jüdische Gemeinde teilte sich in einen liberalen und einen orthodoxen Flügel. „Das Ende des 19. Jahrhunderts sah eine blühende Mainzer Gemeinde, der allgemein Respekt gezollt wurde." *Juden in Mainz*, S. 75) Im Jahre 1900 wohnten 3104 jüdische Bürger in der Stadt (3,7 Prozent der Bevölkerung). Im gleichen Jahr wird auch Anna Seghers als Tochter des jüdischen Kunst- und Antiquitätenhändlers Reiling in Mainz geboren. Die Nazis ermordeten und vertrieben dann nicht nur die Mehrheit der jüdischen Mainzer Bürger, sie setzten damit auch den schrecklichen Teil der rheinischen Geschichte fort, welcher seit dem Mittelalter immer wieder das Mündigwerden der Bürger verhindert hatte. Demgegenüber steht von Anfang an die Tradition demokratischer Bewegungen, an denen die Mainzer Juden stets großen Anteil hatten.

69 Mainz, Dom-Westchor vom Leichhof aus

70 Mainz, Lombardische Steinmetzarbeiten am Dom-Ostchor
71 Mainz, Dom: Rekonstruktion des Reiterstandbilds von St. Martin

Mainz, Dom-Kreuzgang
Mainz, Marktbrunnen

74 Mainz, Dom (Marktportal)
75 Augustinerkloster

76 Mainz, Kreuzigungsgruppe (Friedhof St. Ignaz)
77 Mainz, Plastik von Hans Arp (Rathausplatz)

78 Mainz, Haus zum Stein (Weintorstraße)
79 Mainz, Fastnachtsbrunnen (Schillerplatz)

Mainz, St. Ignaz

Mainz, Kirschgarten

82 Mainz, Kurfürstliches Schloss

83 Mainz, Christuskirche
84 Mainz, Heilig-Geist-Spital

85 Mainz, Römische Jupitersäule

Mainz, Wochenmarkt am Dom

Mainz, Museum für Antike Schifffahrt

88 Mainz, Rosenmontagszug
89 Mainz, Bergung des Orpheus-Mosaiks in der Badergasse

Jahrhunderts, niederländische Malerei, Porzellan des 18. Jahrhunderts, Malerei des 19. Jahrhunderts, Judaica, Stadtgeschichte, Glas des Jugendstil und Kunst des 20. Jahrhunderts.

Bis 2010 befindet sich das Landesmuseum im Umbau, danach kann man im Gebäudeteil an der Großen Bleiche die Sammlungen mit Werken von der Renaissance bis zum Jugendstil besichtigen, im Erdgeschoss des Marstalles die Funde der Vor- und Frühgeschichte, darüber im Dachgeschoss die großformatigen Malereien der Sammlung „Napoleonische Schenkung" und im 1970er Jahre Flügel (1. und 2. OG) die Mittelaltersammlung und die Sammlung des 20. Jahrhunderts.

Blickt man vom Eingang des Landesmuseums Richtung Rhein, fällt sofort St. Peter mit der wirkungsvollen Rokokofassade auf. 1749 bis 1756 wurde diese Kirche anstelle eines gotischen Vorgängerbaus nach Plänen von Johann Valentin Thomann errichtet. Nach schwerer Beschädigung 1944/45 ist das Gebäude zwischen 1962 und 1989 renoviert worden. Der Grundriss der dreischiffigen Hallenkirche mit ihren beiden Türmen im Südwesten ist wahrscheinlich den Mainzer Hallenkirchen der Gotik Liebfrauen, St. Quintin und St. Stephan nachempfunden. Die im Krieg ebenfalls zerstörten Deckenmalereien des Mainzer Hofmalers Appiani (die Vita des Heiligen Petrus darstellend) wurden zwischen 1979 und 1989 nach fotografischen Vorlagen von Manninger und seinem Meisterschüler Peiker neu geschaffen, sodass sich der Innenraum heute wieder in prachtvollem Glanz präsentiert. Im nördlichen Kreuzaltar befindet sich ein Kruzifix von Hans Backoffen (Anfang 16. Jahrhundert). An der Friedhofsmauer im Süden sind Grabsteine der Stiftsherren (14. bis 18. Jahrhundert) aufgestellt.

Über den Ernst-Ludwig-Platz mit dem Ehrenbogen des römischen Ratsherren Dativius Victor (Kopie) gelangt man zum Kurfürstlichen Schloss. Von der alten Martinsburg, die 1478-81 an dieser Stelle von Erzbischof Diether von Isenburg errichtet worden war, finden sich nur noch Grundmauerreste im rheinseitigen Schlossgraben. Andere Teile der Schlossanlage wurden Anfang des 19. Jahrhunderts abgerissen. Der erhaltene Bau stammt aus dem 17. Jahrhundert. Der Rheinflügel wurde 1627-31 begonnen. Die Bauarbeiten mussten jedoch während des Dreißigjährigen Krieges unterbrochen werden, weil der Erzbischof vor den schwedischen Truppen geflohen war. Erst 1675-78 wurde er vollendet. Der Nordflügel wurde 1687 begonnen und ebenfalls im Bau unterbrochen, diesmal wegen der französischen Besetzung von 1688. Fertiggestellt wurde er 1750-52. 1807 wurde dann der eingeschossige Arkadenbau als Lagerhalle des napoleonischen Zollhafens errichtet. Dehio schreibt dazu: „Kein Bau von großem Wurf, aber von einer feinen und vornehmen Kultur, wie sie in der deutschen Renaissance nicht wieder zu finden ist; höchstens das Rathaus in Straßburg kann in der allgemeinen Tendenz als verwandt gelten." Nach Auflösung des Kurstaates 1797 diente das Schloss als Kaserne, Lazarett und Warenmagazin. Heute beherbergt es u. a. das Römisch-Germanische Zentralmuseum, welches 1852 nicht

zuletzt deshalb gegründet worden ist, um den nationalliberalen Gedanken der deutschen Einheit nach der verlorenen Revolution von 1848/49 weiter zu fördern.
Die Schausammlungen zeigen Originale und Nachbildungen von der Bronzezeit bis zur Spätantike, und zwar in einem gesamteuropäischen Überblick. Im Arkadenbau sind die Funde der vorgeschichtlichen Abteilung ausgestellt und kulturhistorisch in Beziehung zueinander gesetzt. Themen sind z. B. der Beginn der Metallbearbeitung oder das religiöse Leben der Kelten. Im ersten Stock des Schlosses gibt die römische Abteilung einen Einblick in die Entwicklung der römischen Kultur in den verschiedenen Reichsteilen (Italien, Kleinasien, Syrien, Nordafrika und Westliche Provinzen). Daran schließt sich die Präsentation der Zeit der Völkerwanderung und der Staatengründungen durch die aus dem Osten eingewanderten Germanen im frühen Mittelalter an.
Auf der anderen Seite der Großen Bleiche hat sich der rheinland-pfälzische Landtag im 1730-38 erbauten Deutschordenshaus niedergelassen. Auf dem Platz davor steht die Nachbildung der 1904 gefundenen römischen Jupitersäule (Landesmuseum), die 28 galloromanische Götter abbildet. Kurfürst Franz Ludwig von Pfalz-Neuburg, der zu-

Das Landesmuseum mit dem goldenen Ross

gleich Ordensmeister war, hat das Gebäude als zweite fürstliche Residenz in Mainz errichten lassen. Die Architekten waren Freiherr von Ritter zu Grünstein und Franz Joseph Roth. Der Außenbau wurde nach französischen Vorbildern (Hardouin-Mansart und Boffrand) konzipiert. Von Burkhard Zamel stammen die Atlanten beiderseits des Hauptportals (Wiener Barock) und die Heiligenfiguren über den Pavilloneingängen. St. Georg und die Heilige Elisabeth sind die Schutzpatrone des Deutschritterordens. Hier tagte mit dem Nationalkonvent 1793 das erste in Deutschland gewählte Parlament. Das Gebäude war unter Napoleon kaiserliches, später großherzogliches Palais. Neben dem Deutschhaus wurde 1738-40 das Neue Zeughaus, heute Staatskanzlei, nach Plänen von Maximilian von Welsch, mit einer ganz ähnlichen Fassade errichtet. Über den Fenstern und im Giebel (Marsfigur) finden sich militärische Embleme. Ebenfalls am Deutschhausplatz steht das Alte Zeughaus, genannt Zum Sautanz. Es wurde 1601-04 unter Erzbischof Adam von Bicken begonnen.

Geht man Richtung Mitternachtsgasse, trifft man rechter Hand auf das Naturhistorische Museum, das seit 1906 in der ehemaligen Kirche des Reichsklarenklosters untergebracht ist. 1272 wurde dieses Klarissenkloster gegründet. Seit sich 1619 in der Klarastraße ein Konvent der armen Klarissen niedergelassen hatte, welche das Armutsideal stärker betonte, nannte man die Nonnen im älteren Kloster reiche Klarissen. 1781 wurde das Kloster zugunsten der Universität aufgehoben. Die Kirche mit dem hohen Mittelschiff ist um 1300 erbaut. Das Naturhistorische Museum geht zurück auf die Sammlungen der 1834 gegründeten Rheinischen Naturforschenden Gesellschaft. Geografische Schwerpunkte der Ausstellung sind das Mainzer Becken und das rheinhessische Tafel- und Hügelland. Die meisten erd- und naturgeschichtlichen Funde, so aus den Mosbacher Sanden südöstlich von Wiesbaden, stammen aus dem Rotliegenden, dem Tertiär und dem Quartär. Außerdem wird die Tier- und Pflanzenwelt von Rheinland-Pfalz dokumentiert.

In der Mitternachtsgasse/Ecke Bauerngasse steht der Dienheimer Hof mit einem polygonalen Treppenturm vom Ende des 16. Jahrhunderts. Am Karmeliterplatz befinden sich der Bentzelsche Hof (Mitternachtsgasse 1) von 1741 mit einem segnenden Christus in einer Nische über der Toreinfahrt und der Walderdorffer Hof (Karmeliterplatz 4) aus dem frühen 18. Jahrhundert. Dahinter, im Hof Zum Algesheimer (Hintere Christophsgasse 3) ist Gutenberg gestorben. Das Eckportal dieses Hofs stammt von 1726. „In einem alten Familienhaus am Karmeliterplatz zu Mainz ..." beginnt der 1930 erschienen Roman *Das Wunschkind* von Ina Seidel, der die Geschichte einer Mutter in den Revolutionskriegen nach 1789 erzählt. Die Karmeliterstraße Richtung Rhein führt zur katholischen Karmeliterkirche. Das 1275 gegründete Kloster wurde 1802 wie alle Klöster im Departement Mont-Tonnere aufgehoben. Nach Nutzungen als Magazin, Kaufhaus und Schule zogen 1924 wieder niederländische Karmeliter in die Gebäude ein, darunter der Philosophieprofessor Titus Brandsma, der wegen seines Widerstandes gegen die deutsche Invasion der Niederlande 1942 im KZ Dachau ermordet wurde. Mit dem Bau der mittelalterlichen Bettelordenskirche wurde 1326 begonnen, 1404 wurde er beendet. Im Chor sind Gewölbemalereien (Antlitz Christi, Engel, Propheten) vom Anfang des 15. Jahrhunderts zu sehen. Die Reliefﬁguren des Hochaltars (Marienkrönung, 12 Apostel sowie die Karmelheiligen Albert von Jerusalem und Angelus von Sizilien) wurden 1517 auf eine Eichenholztafel von 1395/1400 aufgesetzt. Um 1400 ist die steinerne Skulptur einer Weinrebenmadonna im mittelrheinischen Stil entstanden. Auch in der Sakristei beﬁnden sich Wandmalereien (Pﬁngstwunder, Himmelfahrt des Elias) vom Anfang des 15. Jahrhunderts.

Wenn man zum Karmeliterplatz zurückgeht, steht man bald vor der Ruine der Pfarrkirche St. Christoph. 893 erstmals als Kapelle erwähnt, diente die 1280-1300 erbaute Kirche, in der Gutenberg getauft wurde, nach 1400 als Kirche der Universität. 1942 und 1945 wurde sie von Bomben zerstört. Während der Chor als Kapelle hergerichtet wurde, sicherte man die übrige Ruine 1962 als Mahnmal des Kriegs. Das nördliche Seitenschiff wurde durch eine Betonkonstruktion mit einem Fries von Heinz Hemrich ersetzt. Zwischen Chor

Ruine der Christophskirche

und Langhaus steht ein viergeschossiger Turm (1230/40), der reich mit Lisenen und Spitzbogenfriesen verziert ist. Im Glockengeschoss fallen die Kleeblattbogenblenden auf, das vierte Geschoss wurde erst im 14./15. Jahrhundert aufgesetzt.

Über die Schusterstraße kommt man zur Kirche St. Quintin. Der jetzige Bau wurde 1288-1330 errichtet. Das fast quadratische Langhaus der dreischiffigen Hallenkirche ähnelt dem der Anfang des 19. Jahrhundert abgebrochenen Liebfrauenkirche am nahen Dom. Beim Bombardement der Stadt 1942 verbrannte der 1983 wiederhergestellte Baldachin des Hochaltars (1739). Die Stuckfiguren zwischen den Säulen (St. Quintin, St. Blasius, zwei Engel) stammen von Burkhard Zamel. Auf dem rechten Seitenaltar ist ein Vesperbild (um 1470) zu sehen, das den mittelrheinischen Stil mit niederländischen Einflüssen verbindet und usprünglich aus St. Christoph stammt.

Um St. Quintin lagert sich der älteste bürgerliche Siedlungskern des mittelalterlichen Mainz. Diese enge, verschachtelte Altstadt mit vielen Patrizierhöfen aus romanischer und gotischer Zeit wurde 1942 durch Brandbomben besonders stark zerstört und beim Wiederaufbau größtenteils eingeebnet. Erhalten haben sich nur der Treppenturm des Hofs Zum Humbracht in der Schusterstraße, wo Gutenberg seine Werkstatt hatte, und der Hof Zum Korb in der Korbgasse 3 mit dem Erkertürmchen am Treppengiebel. Die Schusterstraße ist eine alte Mainzer Geschäftsstraße. Hier eröffnete 1893 Leonhard Tietz in einem Gebäude von 1682 (Nr. 41) sein Kaufhaus. 1906 entstand ein Jugendstil-Neubau. Nachdem die jüdische Firma 1935 „arisiert" wurde, erhielt die Warenhauskette Tietz den Namen Kaufhof (nach 1945 neu erbaut). Auch das nebenanliegende Stammhaus der Sonnenbrauerei (seit 1586) in der Betzelstraße 23 wurde 1938 „arisiert".

Durch eine Passage gelangt man in die Alte Universitätsstraße mit dem Domus Universitatis, das 1615-18 für die theologische und philosophische Fakultät erbaut wurde. Südlich vor dem vierstöckigen Renaissancebau stand die 1793 zerstörte Jesuitenkirche, die Balthasar Neumann 1742-46 errichtet hatte. Gegenüber liegt das von Georg Moller erbaute Staatstheater und davor, am Gutenbergplatz, steht das Bronzedenkmal Johannes Gutenbergs (1836). Wer auf den Boden blickt, wird sicher auch die Markierung des 50. Breitengrads finden, der hier verläuft.

Rundgang 3: Schillerplatz/Kästrich

Vom Kästrich, wo sich seit 38 v. Chr. das römische Militärlager befand, über den Schillerplatz zog sich die alte römische Hauptstraße von Moguntia zur Rheinbrücke, die sich etwa auf der Höhe der heutigen Theodor-Heuss-Brücke über den Strom spannte. Im Mittelalter waren dann der Diehtmarkt/Tiermarkt (heute Schillerplatz) und der bischöfliche Markt am Dom die beiden Hauptplätze der Stadt. „Am Schnittpunkt der Verkehrswege vom Gautor zum Münstertor mit der Emmeranstraße gelegen, entwickelte sich der Tiermarkt im 18. Jahrhundert zum bevorzugten Wohnort der Adelsgeschlechter." (*Mainz bleibt Mainz?*, S. 36) Aus dieser Zeit stammen die heute noch platzgestaltenden Adelshöfe. Nach 1840 begann dann die Bebauung des Kästrich, der bis dahin Weinbergsgelände gewesen war. Der Abhang zum oberen Kästrich wurde 1861/62 durch eine Stützmauer mit Treppenanlage abgefangen. Es kam zur Ansiedlung von Weinhändlern, Sektfabrikanten und Bierbrauern. Das Gebäude der 1859 gegründeten Aktienbrauerei, oben auf der Terrasse, wurde 1984 abgebrochen, die Sektkellerei Kupferberg mit über 60 Gewölbekellern in 7 Etagen steht noch.

Im 19. Jahrhundert wurden – wie überall in Europa – die barocken Festungsanlagen, die bis zur Zitadelle auf dem Jakobsberg reichen, in Grüngürtel umgewandelt. In diesem grünen Stadtrandviertel setzte dann nach 1900 eine Villenbebauung ein. Die Wohnhäuser „Auf der Bastei Nr. 3" z. B. tragen Jugendstilmerkmale, der dortige Bebauungsplan stammt von dem Darmstädter Architekten Friedrich Pützer.

Unseren Rundgang beginnen wir am Ballplatz. Anstelle des im 17. Jahrhundert abgebrochenen Ballhauses steht hier der Fechenbacher Hof (Nr. 3), der vor 1720 errichtet wurde. Sein Treppenhaus mit Korbbogenarkaden und überwölbtem Treppenlauf ist das letzte dieser Art in Mainz. Im 1609-14 erbauten älteren Dalberger Hof (Nr. 1) residieren seit 1846 die „Englischen Fräuleins" mit der Maria-Ward-Schule. Im Hof ist ein viergeschossiger Wohnturm zu sehen, den sich die Herren von Königstein-Eppstein zwischen 1462 und 1466 als Teil ihres „Roten Hauses" errichteten. Am Hauptportal befindet sich eine Madonna von 1677. Im Erdgeschoss liegt eine 1466 geweihte Kapelle. „Der kleine Sakralraum besitzt ein Drillingsfenster mit kleeblattförmigen Abschlüssen anstelle der sonst verwendeten Kreuzstockfenster. Zu der Ausstattung gehört ein Gewölbe-Schlußstein mit dem Relief eines die Jungen mit seinem Blute tränkenden Pelikans und gotische Fensterreste. Sie zeigen die Fabelwesen Schwan und Drache und sind die letzten in einem gottesdienstähnlichen Raum in Mainz erhaltenen Zeugnisse mittelalterlicher Glasmalerei." (*Mainz im Zeitalter Gutenbergs*, S. 37/38)

Geht man Richtung Schillerplatz, sieht man linker Hand den Osteiner Hof, der wie kein anderes Gebäude die neuere Geschichte von Mainz widerspiegelt: 1797 Präfektur des französischen Departements Donnersberg, 1815 Sitz des österreichischen oder preußischen Festungsgouverneurs, 1918 Sitz der französischen Militärregierung, 1933 Braunes Haus/Sitz von SA und SS, später Wehrmacht, heute Standortkommandantur der Bundeswehr. Erbaut wurde dieser Adelshof 1747-52 von Johann Valentin Thomann und Anselm Franz Freiherr von Ritter zu Grünstein für den Bruder des regierenden Kurfürsten.

Der Mainzer Fastnacht hat Blasius Spreng 1967 im gegenüberliegenden Fastnachtsbrunnen ein Denkmal in Bronze gesetzt. Von 1930-33 stand hier – nach dem Abzug der Franzosen – das von Benno Elkan geschaffene Befreiungsdenkmal, eine pathetische nackte Frauenfigur, von der sich das katholische Mainz in seinem sittlichen Empfinden verletzt fühlte. Den Kunstskan-

dal beendeten die Nazis 1933, als sie die Statue wegen der jüdischen Herkunft des Bildhauers sprengen ließen.
Am Schillerplatz 3 steht der 1750-55 ebenfalls von Ritter zu Grünstein erbaute Bassenheimer Hof. Die Gräfin von Bassenheim war eine Schwester des Kurfürsten von Ostein. Seit 1960 befindet sich hier das rheinland-pfälzische Innenministerium.
Weiter geht's in die Schillerstraße. Nr. 11 ist der 1668-70 von Clemens Hinck erbaute Schönborner Hof. Ab 1934 befanden sich hier NSDAP-Ortsleitung, DAF und BDM. Gegener des Regimes wurden in diesem Gebäude misshandelt und gefoltert. Heute ist das Institut Français darin untergebracht. Im ehemaligen Garten des Schönborner Hofes wurde 1865 das Proviantmagazin errichtet, das heute das Fastnachtsmuseum und das Deutsche Kabarettarchiv beherbergt. Auf 350 qm zeigt das Museum die Geschichte der Mainzer Fastnacht seit 1837 und präsentiert Orden, Narrenkappen, Zepter, Gardeunifromen und viele Fotos; angeschlossen ist auch ein Fastnachtsarchiv. Das Kabarettarchiv wurde 1958 von Reinhart Hippen gegründet. Die Sammlung umfasst Dokumente der Kabarettgeschichte aus dem deutschsprachigen Raum ab 1901, eine Bibliothek von ca. 20 000 Bänden, ein Tonarchiv mit ca. 4000 Schallplatten, ca. 5000 Kasetten und ca. 2000 Tonbändern, zum Teil Livemitschnitten und ein Videoarchiv mit ca. 500 Bilddokumente. Dass Mainz seit den 50er Jahren mit dem Unterhaus – ergänzt durch Kabarettarchiv und Minipressenmesse – zum Mekka der Kleinkunst wurde, ist ein Zufall. Universität und ZDF brachten die Mehrzahl der Initiatoren von außerhalb in die Stadt am Rhein. Da es neben der Fastnacht kein kulturell vielfältiges Angebot wie in Berlin oder München gab, schaffte sich die Kleinkunst ihr Publikum. Kaum einer erinnert sich heute aber bei all dem öffentlichen Lob daran, dass z. B. Hanns Dieter Hüschs Arche Nova (bis 1962) in Mainz Welturaufführungen von Beckett- und Ionescostücken vor höchstens zehn Zuschauern inszenierte. In der Neuen Universitätsstraße hinter dem Proviantmagazin wurden mit Mühe die klassizistischen Professorenhäuser Nr. 5, 7 und 9 gerettet, die 1784-86 erbaut wurden. Hier wohnten u. a. die Jakobiner Georg Forster und Friedrich Lehne. Goethe, der 1792 bei der Journalistin Therese Huber-Forster zu Besuch war, lernte hier auch deren Freundinnen Caroline Böhmer und Meta Forkel kennen. „Die Konstellation dieses Kreises fand später ihren literarischen Niederschlag in den Wahlverwandtschaften." (*Mainz-Wiesbaden zu Fuß*, S. 46) Heute erinnert eine Gedenktafel mit einem Bronzerelief von Irmgard Biernath am Haus Nr. 5 an Forster.
Auf der anderen Seite der Schillerstraße (Nr. 44) liegt der Erthaler Hof. 1734-43 wurde der Bau nach eigenen Entwürfen von Philipp Christoph von Erthal errichtet. Die neue Universitätsstraße stößt auf die Münsterstraße. Rechter Hand liegt die 1656-62 erbaute Altmünsterkirche, eine ehemalige Nonnenklosterkirche der Zisterzienser.
Linker Hand kommt man zum Unterhaus, das 2006 sein 40-jähriges Jubiläum feiern konnte. Bereits in einem Buch zum 25-jährigen Jubiläum *Kleinkunst – Auf Teufel komm*

raus wurde die frühe Geschichte des Hauses zusammengefasst. Uschi Flacke dichtete darin:

Die aus dem Unterhaus
drängt es nicht, ins
Oberhaus zu kommen;
die aus dem Oberhaus
jedoch drängen sich gern
ins Unterhaus,
wo man so schön frei atmen kann
seit 25 Jahren.
Also bedürfen die
im Unterhaus
auch weiterhin nicht der Macht
im Oberhaus,

In den Professorenhäusern am Proviantamt wohnte Georg Forster (Gedenktafel am Haus Nr. 5)

aber:
die aus dem Oberhaus bedürfen
der frischen Gegenluft aus
dem
Unterhaus.

Über eine Treppe kommt man zur Walpodenstraße. Die drei- und viergeschossigen Wohnhäuser wurden ab 1845 in spätklassizistischen, neugotischen und Neu-Renaissance-Formen errichtet, so das neugotische Eckhaus Nr. 1 von Joseph Laske (1857). In den 80er Jahren kam es in diesem beliebten Wohnviertel im Rahmen der Modernisierung – wie in vielen anderen Altstadtvierteln auch – zur Verdrängung alteingesessener Mieter. Eine weitere Treppe führt zur Kupferbergterrasse. Christian Adalbert Kupferberg (1824-76) gründete die bekannte Sektkellerei (Nr. 15-19) 1850 in Mainz. Die Haus-Sammlung zeigt neben einer Gläsersammlung und kunstvoll geschnitzten Prunkfässern auch Jugendstil-Werbegrafik des Hauses aus der Zeit zwischen 1898 und 1914. Im Garten hinter den Firmengebäuden steht der Alexanderturm. Im Brauereihaus der 1859 gegründeten, nicht mehr existierenden Mainzer Aktien-Brauerei (Nr. 23) starb der Mainzer Dichterkomponist Peter Cornelius (1824-74), der sich durch Opern (Der Barbier von Bagdad, Cid, Gunlöd) und Kunstlieder einen Namen gemacht hat. Über die Drususstraße kommt man zum Grüngürtel, der auf den alten Schanzen der barocken Stadtbefestigung Ende des 19. Jahrhunderts angelegt wurde. Hier finden sich eine Reihe von Villen im Stil der Jahrhundertwende. Rechter Hand gelangt man über die Trajan- und die Au-

gustusstraße in die Drei-Villen-Anlage Auf der Bastei.
In neubarocken Formen errichtete Paul Kubo die mit einer Brücke verbundenen Häuser Nr. 1 und 3. Villa Jung (Nr. 2) wurde von Albinmüller (Darmstadt) als neoklassizistischer Bau errichtet, erkennbar z. B. an den dorischen Säulen im Erdgeschoss. Linker Hand, in der Bastion Martin, steht in der Grünanlage am Pulverturm ein Verwaltungsbau im Stil des Darmstädter Bauhauses. Ein Stück weiter aus der Stadt heraus liegen die mehrstöckigen Mietshäuser der Fichteplatzsiedlung, 1925/26 von Schütz und Dyrauf für Beamte und Angestellte erbaut „in barockisierender Massenverteilung unter Verwendung expressionistischer Details." (Dehio)
In die Stadt hinunter führt die Gaustraße. Durch das mittelalterliche Gautor gelangte man früher über eine Landstraße quer durch das Gau, das rheinhessische Tafel- und Hügelland, bis nach Worms, wo im Süden der Stadt ebenfalls ein Gautor (heute eine Gaustraße) existierte. Auf halbem Weg in die Innenstadt biegt man rechter Hand um

Kupferbergterrasse

den 1872 von Musikverleger Schott errichteten Schottenhof ein in den ruhigen Stephansplatz. Das Stift St. Stephan wurde Ende des 10. Jahrhunderts von Erzbischof Willigis gegründet. Die doppelchörige Hallenkirche, die älteste ihrer Art am Mittelrhein, wurde zwischen 1257 und 1499 in Bauabschnitten errichtet. Ungewöhnlich für diese Zeit sind Querhaus und Westchor. Zwischen Langhaus und Westchor trägt das Gewölbe den Achteckturm, der, als höchster Punkt der Stadt, in früherer Zeit stets mit einem Wächter besetzt war. Der Kreuzgang (Ende 15. Jahrhundert) ist „bei zierlichem Reichtum einer der stimmungsvollsten Orte im alten Mainz." (Dehio) Vom Adalbertmeister des Doms stammt das Kreuzigungsrelief in der Südostecke, das die Brüder Strohut 1485 gestiftet haben. Die älteste mittelalterliche Steininschrift in Mainz findet man auf der Grabplatte des Propsts Wignand im Ostflügel. St. Stephan ist bei über 200 000 Besuchern pro Jahr heute aber vor allem ein Begriff durch die Glasfenster von Marc Chagall im Ostchor (1977-81). Als Zeichen jüdisch-christlicher Verbundenheit sind hier Themen des alten und des neuen Testaments gegenübergestellt. Die Engel und andere biblische Figuren scheinen durch das für Chagall typische blaue Licht in den Innenraum der Kirche zu schweben. „Die Farben sprechen unser Lebensgefühl unmittelbar an, denn sie erzählen von Optimismus, Hoffnung, Freude am Leben", sagt Pfarrer Klaus Mayer, der 1973 den Kontakt zu Chagall vermittelt hat. Hinter der gotischen Hochaltarmensa sind der Sakramentsschrein und daneben Steinfiguren des Heiligen Stephan und der Heiligen Maria Magdalena (um 1500) zu sehen. Der Gemäldealtar ist eine mittelrheinische Arbeit um 1400.

Unterhalb der Stephanskirche liegt die Goldenluftgasse, über die Friedrich Rückert im Hinblick auf das Pestjahr 1666 gereimt hat (nach: *Mainz-Wiesbaden zu Fuß*, S. 94):

Zu Mainz ist eine Straße
die goldene Luft genannt.
Als einst von Gasse zu Gasse
Pest die Stadt durchrannt
und was darin gewohnet

St. Stephan, Achteckturm

hinraffte in die Gruft,
da blieb allein verschonet,
sagt man, die goldne Luft ...

Im sich anschließenden Eisgrubweg finden sich wieder repräsentative Villen vom Ende des 19. Jahrhunderts, so z. B. das neoklassizistische Haus Nr. 13 von 1872. Über die Windmühlenstraße erreicht man die ehmalige Zitadelle auf dem Jakobsberg, die zusammen mit den Bastionen im 17. Jahrhundert erbaut worden ist. An der Südspitze der Anlage steht der Eichelstein, das römische Drususdenkmal aus dem 9. Jahrhundert n. Chr. Auf diesem Gelände findet jedes Jahr an Pfingsten das Open-Ohr-Festival statt, das im Konzert- und Workshopprogramm stets aktuelle zeitgeschichtliche und politische Themen aufgreift und künstlerisch umsetzt. Seit 2003 ist im Bau D das Stadthistorische Museum untergebracht, das einen Überblick über die Mainzer Geschichte von der Steinzeit bis ins 20. Jahrhundert gibt. Im Süden schließt sich der Stadtpark an, auf dessen Gelände bis 1793 das Lustschloss Favorite und bis 1329 das Kloster St. Alban standen. Rosengarten, Tiergehege und Parkanlagen dienen heute der Erholung.

Rundgang 4: Neustadt

Seit Ende des 18. Jahrhunderts hatten Mainzer Bürger im Gartenfeld außerhalb der barocken Befestigungsanlagen trotz Bauverbots ihre provisorischen Gartenhäuser errichtet und bewohnt, um der wachsenden Wohnungsnot zu entgehen. Ab den 50er Jahren des 19. Jahrhunderts entwickelten Stadt, Handel und Industrie erstmals Vorstellungen zur Stadterweiterung, um Wohnbebauung und Gewerbeansiedlung forcieren zu können. Diese Pläne wurden jedoch durch die Festungsbehörden verhindert. Erst 1872 kam es zu einem Vertrag, der die Bebauung des Gartenfelds und die Niederlegung der Festungswerke erlaubte. Letzteres sollte erst 1920 vollständig abgeschlossen werden. Die Planung für die Neubebauung stammte von Stadtbaumeister Eduard Kreyßig (Amtszeit: 1865-96). In der Bebauung mischen sich heute der Stil der Jahrhundertwende und Wiederaufbau-Architektur der 1950er Jahre.

Der Mainzer Hauptbahnhof wurde 1884 von Philipp Berdelle in einer Mischung italienischer und französischer Renaissanceformen errichtet. Die Reliefs links und rechts des Eingangs sollen Ankunft und Abfahrt darstellen, die Wandreliefs in der Eingangshalle von 1939 verherrlichen den technischen Fortschritt im Verkehrswesen. Ein Abstecher in die Parcusstraße führt zum Haus Nr. 5, wo Anna Seghers – bekannt durch ihren Roman *Das siebte Kreuz* – am 19.11.1900 als Netty Reiling geboren wurde. Ein anderer Abstecher führt zum Bonifatiusplatz zu dem von Kreyßig als Blickfang geplanten Ensemble von neugotischer Bonifatiuskirche (1894) und Eckbebauung des Bahnhofsvorplatzes. Am Bonifatiusplatz Nr. 6 verbrachte Carl Zuckmayer seine Kindheit. In seiner Autobiografie *Als wär's ein Stück von mir* erinnert er sich an seinen Schulweg „Ich ging in das feine, neue Gymnasium ... Meine Mitschüler entstammten

Die Kommunebewegung

„Die Anfänge des Feudalismus waren schon durchzogen von einem breiten Strom vorwiegend bäuerlichen Widerstandes, dem sich später die Ministerialen anschlossen. Im Untergrund der unfreien Gesellschaft hörten die Kämpfe der Besiegten nie auf. Ohne diese zu kennen, verstehen wir kaum mehr als die Oberfläche des Mittelalters: die Sonnenseite der Mächtigen. Die Existenz der Untergrundgesellschaft läßt uns die geheimen Ängste der Herrschenden erahnen." So leitet Hellmut G. Haasis in seinem Buch *Spuren der Besiegten* (Reinbek 1984) seine Beschreibungen der bäuerlichen und bürgerlichen Aufstände gegen die Feudalherren in Mittelalter und Neuzeit ein. Diese Aufstände, die auch Auseinandersetzungen zwischen Patriziern und Zünften, Bürgern und Nicht-Bürgern miteinschließen, sind besonders charakteristisch für die alten Städte im Linksrheinischen, so auch für Mainz.

866 Bewaffneter Aufstand der Ministerialen gegen Erzbischof Liutbert. Nach den Annales Fuldenses wurden die Aufständischen „an den Galgen gehängt, anderen die Spitzen der Hände und Füße abgeschnitten, auch das Augenlicht genommen, einige, die ihre ganze habe im Stich ließen, wurden verbannt."

1077 (26.3./Sonntag Laetare) Erzbischof Siegfried I. (1060-84) krönt Rudolph von Schwaben im Mainzer Dom zum Gegenkönig des aus Canossa zurückgekehrten Heinrich IV. (1056-1106). Die Heinrich ergebene Stadtbevölkerung stürmt den Dom und Siegfried muss gemeinsam mit Rudolph über den Leichhof aus der Stadt flüchten.

1115 Die Mainzer Bürger erzwingen durch einen Aufstand von Heinrich V. (1106-1125) die Freilassung von Erzbischof Adalbert I. (1110-1137) aus der Burg Trifels, um ihn 1116 wieder aus der Stadt zu jagen. Der Erzbischof verleiht der Stadt zu seiner Rückkehr 1119-22 das große Freiheitsprivileg, welches in das Bronzeportal des heutigen Doms eingetragen ist.

1159 Stadt und Ministeriale opponieren in einem bewaffneten Aufstand gegen Erzbischof Arnold von Selenhofen (1153-60), der die Stadt durch Kriegskosten finanziell stark belastet hat.

1160 Nach seiner Rückkehr von der Reichsversammlung in Pavia wird Erzbischof Arnold von einer aufgebrachten Menge erschlagen.

1276 Die Mainzer Bürger und Rheingauer Ministeriale opponieren gegen das straffe Regiment von Erzbischof Werner von Eppstein (1259-84). Die bischöfliche Pfalz am Höfchen wird geplündert und zerstört.

1329 In einem Streit zwischen Domkapitel und Bürgerschaft über Stadtrechte, der durch die Wahl zweier konkurrierender Erzbischöfe ausgelöst worden war, brennen die Bürger Domkapitelhäuser nieder.

1419 Streit um Stadtrechte zwischen Rat und Klerus. Zugeständnisse durch König Sigismund (1410-37).

1428 Die Zünfte erreichen die Auflösung des seit 1244 bestehenden Stadtrates. Handgreifliche Ausschreitungen gegen Patrizier, die daraufhin die Stadt verlassen.

1433 Im Konflikt zwischen Bürgerschaft und Geistlichkeit verlässt der gesamte Klerus unter Protest die Stadt.

1469 Nach der Eroberung der Stadt durch Erzbischof Adolf II von Nassau (1461-75) in der Stiftsfehde verliert Mainz seinen Status als freie Stadt und damit die Selbstverwaltung.

1476 Erfolgloser Aufstand gegen die zweite Wahl Diether von Isenburgs (1459-61/1475-82) zum Erzbischof.

1525 Aufstand der Mainzer Bürger während der Markusprozession; Forderung nach Abschaffung ihrer in 30 Artikeln niedergeschriebenen Beschwerden (Bauernkrieg).

1792 Mainzer Republik (bis 1793)

1848 Mainzer Bürger engagieren sich bei der pfälzischen Freischar, die 1849 im Schloßgarten von Kirchheimbolanden von den Preußen geschlagen wird. Dabei werden 14 Mainzer Turner und Freischärler (19 bis 32 Jahre alt) erschossen. Als Kommandanten fungieren die Mainzer Demokraten Franz Zitz (Karnevalspräsident) und Ludwig Bamberger (später Reichstagsabgeordneter).

durchweg wohlhabenden Bürgerhäusern und waren dementsprechend gepflegt und gekleidet. Auf dem Schulweg jedoch mußte man an der Volksschule der Mainzer Neustadt vorbei, und dort hausten die „Bittel". So nannte man in Mainz die Söhne der weniger begünstigten Stände, der Arbeiter, Handwerker, kleinen Leute, deren Eltern sich nicht das teure Schulgeld für eine höhere Lehranstalt leisten konnten, und die in abgetragenen Anzügen, manche mit Flicken auf den Ärmeln und Hosenbeinen herumliefen. Durch die Art der Kleidung ... waren die Unterschiede deutlich gekennzeichnet, und so spielte sich unter den Sechs- bis Zwölfjährigen eine primitive, doch keineswegs harmlose Vorstufe des Klassenkampfs ab ... Mittags hatten die Bittel offenbar mehr Zeit als unsereiner, der zu einem ordentlichen Familienessen pünktlich zuhause sein

Gedächtnisplatte am Geburtshaus von Anna Seghers (Parcusstraße 5)

mußte, und lauerten uns auf dem Heimweg auf, um uns zunächst durch Spott- und Schimpfworte aufzureizen (das beliebteste, für besonders fein angezogene Knäblein, war – ohne konfessionellen oder rassischen Nachweis – der Zuruf: „Juddebub!"). Dann schmissen sie mit Steinen oder verstellten einem, gewöhnlich in einer geschlossenen Gruppe, den Weg."

Die Kaiserstraße, als Ensemble bekannt von der Fernsehübertragung des Rosenmontagszuges, verläuft direkt auf dem ehemaligen Festungswall in Form eines breiten Boulevards. Das französische Vorbild, das den Stadtbaumeister inspiriert hatte, erregte 1887 nationalistische Bürger, und der Boulevard wurde in Kaiserstraße umbenannt. Ähnlich wie der Hauptbahnhof entstanden die Prunkbauten des neuen Boulevards überwiegend in Formen der Neorenaissance, so die ehemalige Reichsbank, heute Landeszentralbank (1892-94/ Nr. 52), der „Palazzo" von Rudolf Opfermann (um 1885/Nr. 18) oder das dreigeschossige Terrassenhaus des Münchner Architekten Emmanuel von Seidl (1900/Nr. 63). In der Kaiserstraße Nr. 31 befand sich von 1933-45 die Außenstelle der Gestapo. Von hier aus wurden die Deportationen angeordnet und die Lager der Umgebung verwaltet, die Heinz Leiwig in seinem Buch *Leidensstätten in Mainz 1933-45* ausführlich beschrieben hat.

Die evangelische Christuskirche am Ende des Boulevards wurde 1897-1903 ebenfalls nach Plänen von Kreyßig erbaut und sollte ein sichtbares Gegengewicht zum Dom darstellen. Über einem Kreuz-Grundriss erhebt sich die Stadtbild prägende Kuppel der Vierung. Im Stil knüpft der Bau an „die Architektur des Berliner Domes von Julius Raschdorff an" (*Mainz-Wiesbaden zu Fuß*, S. 75). Von hier aus ist es nicht weit zu Stadtbibliothek und Stadtarchiv im Haus Rheinallee Nr. 3b, wo man mehr zur Stadtgeschichte erfahren kann. Nordwestlich der Christuskirche liegt, an der Forsterstraße, der 117er Ehrenhof mit dem im 16. Jahrhundert von Jesuiten gegründeten humanistischen Rhabanus-Maurus-Gymnasium. Bei der Einweihung des Löwen-Denkmals 1933 münzten die Nationalsozialisten die Erinnerung an die Gefallenen des in Mainz stationierten Regiments Nr. 117 um in eine Protestdemonstration gegen den Versailler Vertrag. Weiter geht's zum Frauenlobplatz, der nach dem im Dom begrabenen Minnesänger Heinrich von Meißen benannt ist. Auch dieser Platz hat sein altes Gesicht der Jahrhundertwende völlig verloren. Über die gleichnamige Straße gelangt man zum Frauenlobtor am Rhein. An dieser Stelle beginnt auch im Rhein die Insel „Petersau", an deren Nordspitze in frühgeschichtlicher Zeit Pfahlbauten der Ureinwohner Rheinhessens gestanden haben sollen. Rheinabwärts schließen sich der Zollhafen und die mit Industrienanlagen bebaute Ingelheimer Aue an.

Im Rahmen der Neugestaltung des Zollhafens initiierten die Stadtwerke Mainz den Bau der Kunsthalle als Ausstellungsraum für zeitgenössische Kunst. Das Berliner Architekturbüro Günter Zamp Kelp setzte einem langgestreckten altem Backsteinbau einen 21 Meter hohen und um sieben Grad geneigten Turm entgegen.

Der Rückweg in die Neustadt führt über den Feldbergplatz und die Grüne Brücke, die 1977 von Umweltkünstler Dieter Magnus gestaltet wurde. Über die Josefsstraße kommt man schließlich zum Hauptzollamt an der Ecke der Hindenburgstraße. Ein Mahnmal erinnert hier an die Mainzer Hauptsynagoge (1912-38), die in der Pogromnacht auf den 10.11.1938 von den Nationalsozialisten in Brand gesetzt und geplündert wurde.

Im Nordwesten liegt der Goetheplatz mit Spiel- und Erholungsmöglichkeiten. Hier wird im Juni drei Tage lang die über 100 Jahre alte „Gaadefelder Kerb" gefeiert. In der benachbarten Goetheschule (Turnhalle) mussten sich 1942 mehr als 1000 Juden aus dem Mainzer Raum sammeln. Sie wurden im März und September in die Vernichtungslager im Osten deportiert und bis auf wenige Überlebende ermordet. Über die Nackstraße, benannt nach dem Mainzer Bürgermeister Nikolaus Nack (Amtszeit: 1842-60), kommt man zum Gartenfeldplatz. Hier ist der Dramatiker Curt Goetz (1888-1960) im Haus Nr. 20 geboren.

Die Mainzer Vororte – von Nord nach Süd

Mombach ist geprägt von Industrie. Arbeitersiedlungen und Gewerbebauten reihen sich aneinander. Die katholische Herz-Jesu-Kirche ist ein neugotischer Bau von Dombaumeister Ludwig Becker (1911-13). Die evangelische Kirche stammt ebenfalls aus dieser Zeit. Erbaut hat sie Reinhold Weisse in jugendstilgeprägtem Neoklassizismus. Richtung Budenheim, am Ortsausgang, steht eine klassizistische Kapelle von 1814. Weiter draußen erstreckt sich das Naturschutzgebiet Mainzer Sand. Die hier vorkommende Steppenflora, die der Flora von Süd- und Südosteuropa verwandt ist, erinnert an die Entstehung der rheinhessischen Steppenlandschaft vor ca. 12 000 Jahren.

„1992/93 im Gonsbachtal oder 200 Jahre Mainzer Republik" heißt ein Bild der in **Gonsenheim** lebenden Malerin und Graphikerin Gertrude Degenhardt von 1973. Die musizierenden und feiernden Revolutionäre sitzen mitten im Gemüse vor der Kulisse einer Dächerlandschaft rheinhessischer Scheunen.

Damit ist der 779 erstmals urkundlich erwähnte Stadtteil an der Bahnstrecke Alzey-Mainz hinreichend charakterisiert. Dazu kommt noch die Fastnachtstradition rund um die Gonsbachlerchen, eine amerikanische Kaserne und ein Villenviertel, in dem man u. a. auf den Landhausstil der Zeit vor 1914 trifft. Die neugotische Stephanskirche, auch Rheinhessendom genannt, wurde zwischen 1870 und 1906 von Joseph von Wessichen und Ludwig Becker errichtet. Die evangelische Kirche in der Breiten Straße stammt von Reinhold Weisse (1902/03). Das Renaissance-Rathaus stammt von 1615. Hier, im alten Ortskern nördlich des Gonsbachs, finden sich an der Mainzer Straße auch noch geschlossene Ensembles von Wohnhäusern des 16. bis 18. Jahrhunderts, so z. B. Nr. 27 mit gotischem Schildgiebel (1603) oder Nr. 25 (Portal 1599). Im Nordwesten liegt der Lennebergwald, ein Kiefernwald mit einem Wanderwegenetz und einem Waldlehrpfad.

Finthen hat seinen Namen (ad fontes) wahrscheinlich vom Königsborn, von dem aus die Römer einen Aquädukt zum Legionenlager auf dem Kästrich führten. Die Römersteine im Zahlbacher Tal zeugen noch von der 5 km langen Wasserleitung aus dem Jahre 70/80 n. Chr. Die katholische Martinskirche wurde 1852-54 in romanisierenden Formen erbaut. Noch aus dem Vorgängerbau stammt ein Taufstein von 1492, aus der Johanniskirche eine Schutzmantelmuttergottes (Anfang des 16. Jahrhunderts), die dem Meister der Eltviller und der Nieder-Olmer Madonna, dem so genannten Meister mit dem Brustlatz zugeschrieben wird.

Gonsenheim, „Rheinhessendom"

Im Nachbarvorort Drais ist die katholische Pfarrkirche von 1737 erwähnenswert.
Wer vom Stadtkern aus nach Finthen gelangen will, kommt vorbei an Hauptfriedhof und Universität, die 1946 hier in eine 1938 erbaute Flakkaserne eingezogen ist. Wie alle Friedhöfe spiegelt auch der Mainzer im Schnelldurchgang die Stadtgeschichte, vor allem der Neuzeit, wieder. „Für die Geschichts- und Ortskundigen sind die Grabinschriften voller bedeutender Namen. Der Komponist Peter Cornelius, der erste Präsident der Deutschen Nationalversammlung Eberhard David, die Schriftsteller und Historiker Friedrich Lehne, Nikolaus Müller und Philipp Wasserburg, die Dichter und Erzähler Friedrich Lennig, Konrad Kraus, Kathinka Zitz und Napoleons bester Präfekt Jeanbon St. André gehören zu den hier Ruhenden" (Kersting, *Rundwege Mainz*, S. 99). Im hinteren Teil dokumentiert das „Professoreneck" Mainzer Universitätsgeschichte. Unterhalb des französischen Garnisonsfriedhofs befinden sich die Gruften von Mainzer Industriellen der Gründerzeit, direkt gegenüber erinnert ein Obelisk an die Schriftstellerin Kathinka Zitz. 1903 errichtete der Verein für Feuerbestattung das Krematorium. Hinter der Totenhalle sind Jeanbon St. André, der den Friedhof begründete, und Freiherr von Lichtenberg, der erste rheinhessische Regierungspräsident, begraben. Im Süden schließt sich der 1880 angelegte Neue Israelitische Friedhof an. Er hat einen eigenen Eingang an der Unteren Zahlbacher Straße.

Zahlbach wurde bereits 1805 zur Napoleonischen Zeit eingemeindet. Dabei veranlasste der Präfekt erstmals Denkmalschutzmaßnahmen an den Römersteinen. 1891 schrieb der Journalist Eduard Levithian mit Blick auf die Zahlbacher Ausflugslokale: „Ja, Zahlbach, du bist das ehrwürdige Mecca für die mainzische Bevölkerung, zwar ohne Grab des Propheten, aber du bist selber ein geräumiges Grab für alles, was Kaffee und Batzekuche heißt!" Das war einmal. Die katholische Achatiuskirche wurde 1809/10 von dem französischen Architekten Cheussey errichtet und ist der einzige Mainzer Kirchenbau aus napoleonischer Zeit. Der Hochaltar (um 1780) stammt wahrscheinlich aus den nahe gelegenen Nonnenkloster Maria Dalheim, das 1802 aufgehoben wurde. Innerhalb des Universitätsgeländes befindet sich auch ein 10 ha großer Botanischer Garten. „Das Sortiment in den Gewächshäusern reicht von Pflanzen der Regenwälder bis zu den Sukkulenten. Die Freilandfläche enthält ferner ein Rosarium sowie einen Arzneipflanzengarten. In einem neueren Teil, dem Mainzer Sand, ist eine Binnendünen-Landschaft angelegt." (*Park- und Gartenanlagen in Rheinland-Pfalz*, 2000, S. 114/115).
Auf der anderen Seite der Saarstraße liegt das Bruchwegstadion, wo der traditionsreiche FSV Mainz 05 lange Jahre seine Heimspiele ausgetragen hat, der Bau eines neuen Stadions hinter dem Universitätsgelände ist beschlossene Sache. Über die Straße Am Fort Gonsenheim kommt man zum Südwestfunk und weiter den Berg runter, Richtung Güterbahnhof, liegt an der Mombacher Straße der Alte Israelitische Friedhof (ab 1700) und daneben ein Denkmalfriedhof, in dem man in den 20er Jahren mittelalterliche jüdische Grabsteine wiederaufgestellt

hat, die nach der Vertreibung der Juden aus Mainz 1438 als Baumaterial für die Befestigungsanlagen benutzt worden waren.

Bretzenheim war bis zur Eingemeindung 1929 ein selbstständiges Dorf. Es ist bereits 752 erstmals urkundlich erwähnt. Zum alten Ortsteil rund um den Gänsemarkt gehört auch die 1720 von Maurermeister Lechleitner erbaute katholische Georgskirche und das nahe gelegene Rathaus von 1575. Am Haus gegenüber ist eine Gedenktafel an die fünf Bretzenheimer Turner angebracht, die 1849 als Freischärler im Gefecht von Kirchheimbolanden gegen die Preußen gefallen sind. Dass die demokratische Bewegung in Bretzenheim besonders früh einsetzte, zeigen auch die frühen Vereinsgründungen, so der Männergesangverein 1839 und der Turnverein 1846. Schon Ende des 19. Jahrhunderts wurde das Dorf zunehmend zu einem Wohnort für Arbeiter, die sich im Süden, z. B. in der Bebelstraße ansiedelten. Daran erinnern die dafür typischen anderthalbgeschossigen Wohnhäuser. Kein Wunder, dass die Arbeiterbewegung hier bald Fuß fasste und der Vorort in den 20er Jahren den Beinamen „Klein-Moskau" erhielt. Nach Gründung der Universität wurde Bretzenheim ein beliebter Wohnort für Studenten.

Grabstein jüdischer Friedhof

Auf dem **Lerchenberg** residiert das ZDF am Rande eines 1964-74 neu entstandenen Stadtteils. Im Tal liegt Marienborn mit der katholischen Wallfahrtskirche St. Stephan im Ortskern. Der Saalbau von 1729-38 beherbergt eine reiche barocke Ausstattung, so einen Hochaltar des Mainzer Hofschreiners Franz Anton Hermann von 1748, in dessen Zentrum eine um 1420 entstandene Lindenholzskultur Trösterin der Betrübten steht. Die Brüstungen der Westempore tragen bäuerliche Malereien mit biblischen Motiven. In der Seitenkapelle findet sich die früher am Pfarrhaus aufgestellte steineren Kreuzszeptermadonna (um 1430). Jenseits der B40 liegt das 1774 erbaute Chausseehaus, in dem Goethe während der Belagerung von Mainz an seiner Farbenlehre und an der Fabel *Reineke Fuchs* geschrieben hat. Das Bombardement der Stadt erlebte er als ästhethisches Ereignis: „Wir sahen auf der Schanze vor Marienborn diesem schrecklichen Schauspiele zu; es war die sternenhellste Nacht, die Bomben schienen mit den Himmelslichtern zu wetteifern, und es waren wirklich Augenblicke, wo man beide nicht unterscheiden konnte. Neu war uns das Steigen und Fallen der Feuerkugeln; denn wenn sie erst mit einem flachen Zirkelbogen das Firmament zu erreichen drohten, so knickten sie in einer gewissen Höhe parabolisch zusammen, und die aufsteigende Lohe verkündigte bald, daß sie ihr Ziel zu erreichen gewußt. Herr Gore und Rat Krause behandelten den Vorfall künstlerisch und machten so viele Brandstudien, daß ihnen später gelang, ein durchscheinendes Nachtstück zu verfertigen, welches noch vorhanden ist und, wohl erleuchtet, mehr als irgend eine Wortbeschreibung die Vorstellung einer unselig glühenden Hauptstadt des Vaterlandes zu überliefern imstande sein möchte." Anders als Friedrich Chris-

ZDF-Fernsehgarten

tian Laukhard, dessen Lebenserinnerungen er zum Verfassen seiner etwa dreißig Jahre nach dem Geschehen verfassten Erinenrungen herangezogen und der das Ganze als preußischer Soldat in den Schützengräben erlebt hatte, bleibt Goethes Blick der eines Flaneurs. Immerhin bemerkt er: „Den 2. Juni ward ein Bauer aus Oberulm gehangen, der beim Überfall die Franzosen angeführt hatte: denn ohne die genauste Kenntnis des Terrains wäre das schlängelnde Heranziehen nicht denkbar gewesen; zum Unglück für ihn wußte er nicht ebenso gut mit den Rückkehrenden die Stadt zu erreichen und wurde von den ausgesandten Patrouillen, die alles auf das sorgfältigste durchsuchten, eingefangen."

Im Süden von Mainz liegen die Vororte Hechtsheim, Ebersheim, Weisenau und Laubenheim. Der Ortskern von „Hexem" (**Hechtsheim**) gruppiert sich um die 1752 erbaute Pankratiuskirche, an deren Südseite sich ein niedriger, mittelalterlicher Turm befindet. Die Reste der Ausstattung stammen aus Barock und Rokoko. Im Ortskern haben sich einige Stiftshöfe erhalten, so der Johanniterhof (Eckgasse 4), der Kartäuserhof und der Hof des Liebfrauenstifts/Grauelstr. 1/3). Auf dem Friedhof findet sich ein Denkmal der napoleonischen Veteranen von 1839. Anton Maria Keim, von 1972-96 Mainzer Kulturdezernent, hat diesem Stadtteil mit seinem 2008 erschienenen Erinnerungen *Meine Hechtsheimer Jahre* ein literarisches Denkmal gesetzt.

Ebersheim (768 erstmals urkundlich erwähnt) liegt ca. 11 km von der Stadt enfernt. Der Weinbauort wurde erst spät eingemeindet. An seinem östlichen Ende steht der Töngeshof, der bis 1420 zum Alzeyer Antoniterkloster gehörte, später dem Erzbischof. Die Laurentiuskirche wurde 1725/26 als Saalbau errichtet und 1908 durch eine querhausartige Halle in barockisierenden Formen erweitert. Die Fassade ist durch Pilaster gegliedert. Der Hochaltar aus der Zeit um 1670 stammt von St. Quintin in Mainz.

Am Rhein nach Süden liegt der **Stadtpark**. Hier befand sich im 18. Jahrhundert das bischöfliche Schloss Favorite samt Garten, das beim Bombardement der republikanischen Stadt durch die Preußen 1793 zerstört wurde. Der Stadtpark wurde 1820 und 1861 im Stil der Landschaftsparks gestaltet. 1925 wurde ein Rosengarten angegliedert. Später kamen ein Vogelhaus und mehrere Palmenhäuser hinzu.

Weiter nach Süden kommt man nach **Weisenau**, einen stark industrialisierten Vorort, der bereits zur vorrömischen Zeit besiedelt war. Die katholische Kirche Mariä Himmelfahrt wurde erstmals 1740 als Saalbau errichtet und nach Kriegszerstörungen 1793 und 1945 jeweils auf alten Fundamenten wieder aufgebaut. In der Vorhalle ist der Grabstein von Eberhard Orth († 1540) aus dem nahe gelegenen und 1802 im Zuge der Säkularisierung aufgelösten Viktorstifts aufgestellt. Die neugotische evangelische Gustav-Adolf-Kirche wurde 1890/91 mit Bruchsteinen erbaut. In der Wormser Straße 31 hat sich die Synagoge erhalten.

Im 773 erstmals urkundlich erwähnten Weinbauort **Laubenheim** steht die katholische Kirche Mariä Heimsuchung, ein Saalbau von 1726. Die Stuckmarmoraltäre stammen aus der Kapelle des Mainzer Jesuitennoviziats, Hochaltar, Seitenaltäre und das Ölgemälde des Heiligen Joseph aus dem 18. Jahrhundert. Die Kirche St. Remigius wurde erst 1923/24 in barockisierenden Formen erbaut. In der Marienhofstraße steht der Marienhof, der 1767 vom Mainzer Liebfrauenstift erbaut wurde; die Madonna an der Straßenecke stammt aus eben diesem Jahr. Der Marktbrunnen (1829) ist klassizistisch. Um 1840 erbaut wurde die ehemalige Villa Schott in der Hans-Zöller-Straße. Hier beherbergte der Mainzer Musikverleger bekannte Komponisten wie Richard Wagner, Franz Liszt und Engelbert Humperdinck.

Überm Rhein liegen die alten Mainzer Vororte **Amöneburg**, **Kastel** und **Kostheim** (AKK), die seit 1945 zu Wiesbaden gehören. Kastel war 1908 und Kostheim 1913 nach Mainz eingemeindet worden. 1930 folgten **Gustavsburg**, **Bischofsheim** und **Ginsheim** südlich des Mains. Aber Kastel war natürlich historisch seit seiner Gründung als rechtsrheinischer römischer Brückenkopf im 1. Jahrhundert n. Chr. eng mit Mainz verbunden. Ein Lyoner Bleimedaillon zeigt sogar eine römische Rheinbrücke aus dieser Zeit. Die AKK-Gemeinden stellen daher so etwas wie ein Symbol dafür dar, dass der Rhein keine Grenze zwischen West und Ost ist, sondern vielmehr ein Verkehrsweg zwischen den Städten im Süden und im Norden, wie es z. B. der französische Historiker Lucien Febvre 1935 in seinem Buch *Der Rhein und seine Geschichte* treffend formuliert hat: „Denn der Rhein ... schafft zwischen den Städten eine direkte und sichtbare, wenn auch nicht immer sehr enge Solidarität. Vom Basler Knie bis zu schönen Biegung von Dordrecht ... bildet er eine Art langgezogener Hauptstraße, auf der Flaneure und Gehetzte, Sorgenvolle und Unbekümmerte ununterbrochen mit Händlern und Militärs, mit Reisenden und Studenten also der bunten Mischung der Rhein-Konsumenten – in Verbindung treten." (S.97/98) Sowohl Kastel als auch Kostheim gehörten zur Zeit der Mainzer Republik übrigens zu den besonders revolutionären Dörfern. In Kastel pflanzte man nicht einen, sondern sogar drei Freiheitsbäume, und in Kostheim wirkte der Philosoph, Rousseauanhänger, Klubist und Donnermüller Adam Lux (1765-1793). 1986 ermittelte eine Bürgerbefragung eine Mehrheit für eine Rückkehr der AKK-Gemeinden zu Mainz, aber das Land Hessen stellte sich quer. Andrerseits hat sich längst – jenseits der politischen Formalitäten – kulturell und wirtschaftlich die länderübergreifende Rhein-Main-Region als reale Lebenseinheit durchgesetzt.

Über den Autor:

Volker Gallé

1955 in Alzey geboren, lebt im rheinhessisch-pfälzischen Grenzdorf Mauchenheim. Nach dem Studium der Germanistik, Philosophie und Ethnologie an der Universität Mainz arbeitete er zunächst als Musiklehrer und Musiktherapeut. Seit 1985 war er als Lokalredakteur, zunächst in Alzey, seit 1988 in Worms tätig, außerdem als freier Mitarbeiter für den SWR. Seit 2004 ist er Kulturkoordinator der Stadt Worms.

Neben zahlreichen Veröffentlichungen zu regionalen Themen, vor allem zur Literatur- und Kulturgeschichte, zur Mainzer Republik und zur Revolution von 1848/49, schreibt und spielt er Theater- und Kleinkunstprogramme und ist als Mundartautor und Mundartliedermacher unterwegs in Rheinhessen.

Dank

Für Anregungen und Hinweise danke ich Gisela Bernhard (Alzey), Volker Heeb (Alzey), Christofer Herrmann (Gau-Algesheim), Dr. Walter Nohl (Oppenheim), Archivdirektor i. R. Dr. Fritz Reuter (Worms), Frank Ruckes (Alzey/), Lutz Ruppersberger (Wöllstein), Joachim Schiff (Oppenheim), Dr. Hildegard Sobel (Undenheim), Dr. Irene Spille (Worms) und Walter Vatter (Guntersblum). Auf die Spuren Rheinhessens haben mich bereits vor Jahren Karin und Hermann Schollenberger (Albig) gebracht. Mit Detlev Neumann (Alzey) verbindet mich seit Jahren der Gedankenaustausch über das „typisch Rheinhessische". Meiner Frau Irmgard und meinen Kindern Charlotte, Johannes, Leonie und Ruben danke ich für die oft schwer aufzubringende Geduld, mich schreiben zu lassen.

Erläuterungen der Fachbegriffe

Akanthus
Eine im Mittelmeerraum verbreitete Distelart mit großen, gezackten Blättern; seit der Antike in der Baukunst und im Kunstgewerbe weit verbreitetes und immer wieder variiertes Dekorationselement, z. B. an Kapitellen.

Apsis (Apsiden)
Meist halbrunder, mit einer Halbkuppel überdeckter Raum, der sich zu einem Hauptraum öffnet, z. B. am Chorraum von Kirchen.

Atlant
Gewölbe- oder Gebälkstütze in Form einer männlichen Steinfigur; benannt nach dem Titan Atlas, der nach der griechischen Mythologie das Himmelsgewölbe stützt.

Backes
Dörfliches Backhaus.

Basilika
Drei-, fünf- oder mehrschiffige Kirche, deren Mittelschiff höher (und oft breiter) ist als die Seitenschiffe, sodass der durchfensterte Obergaden für die Belichtung des Raumes sorgt.

Bergfried
Hauptturm einer Burg; letzte Zufluchtsstätte bei Belagerungen.

Deësis
Aus der byzantinischen Kunst stammende Darstellung des thronenden Christus (beim Jüngsten Gericht) zwischen den „Fürbittern" Maria und Johannes dem Täufer.

Effe
Flatterulme; anspruchsloser, raschwüchsiger Alleebaum, bis 30 m hoch; wurde früher in Rheinhessen oft zur Bepflanzung der Dorfgräben (Wallbefestigungen rund ums Dorf) gepflanzt; Altanlagen heute meist durch Pilzbefall zerstört.

Episkopat
Amt und Würde eines Bischofs; Gesamtheit der Bischöfe (eines Landes).

Epitaph
Erinnerungsmal (Inschrift, figürliche Darstellung) für einen Verstorbenen. Das Epitaph steht meist nicht in Zusammenhang mit einem Grab.

Fuder
Früher die Ladung eines zweispännigen Wagens, zugleich Wiesenmaß: 1 Fuder Heu entsprach einer Wiese von 1 Fuder Größe; früher war ein Fuder das Flüssigkeitsmaß, hauptsächlich für Wein (Baden: 1 Fuder = 1500 Liter; Preußen: 1 Fuder = 824,4 Liter).

Ganerben (Ganerbschaft)
Mehrere Besitzer, die in verschiedenen Wohnbauten eine Burg (Ganerbenburg) bewohnen; ursprünglich eine Gemeinschaft Adliger, die an einem Gut oder einer Burg gemeinsam Rechte besaßen, meist die Erbengemeinschaft, aber auch Verwandte und Freunde.

Gaupe, Gaube
Kleiner Ausbau mit senkrechter Fensterfläche auf einer Dachschräge (Dachgaupe).

Gewände
Schräg geführte Mauerfläche (Laibung) um eine Fenster- oder Türöffnung; oft profiliert und mit eingestellten Säulen, Figuren oder Ornamentstreifen geschmückt.

Hallenkirche
Kirche, deren Schiffe gleich oder fast gleich hoch sind (Gegensatz zur Basilika); die Belich-

tung erfolgt durch die Fenster in den Seitenschiffen.

Hofreite
Das durch Zaun vom Ackerland oder Nachbargrundstück getrennte Hofgrundstück der Bauern mit Wohn- und Wirtschaftsgebäuden.

Joch
Gewölbefeld oder Gewölbeabschnitt.

Kämpfer
Deckplatte über dem Kapitell einer Säule oder eines Pfeilers, auf der ein Bogen oder ein Gewölbe ansetzt; auch Kurzbezeichnung für Kämpferkapitell, Kämpferstein usw.

Kartusche
Ein Ornamentmotiv in einer Medaillon- oder Schildform mit Zierrahmung, die Büsten, Wappen, Inschriften usw. umschließt.

Kerb/Kerwe
Rheinhessisch für Kirchweih (Dorffest mit Jahrmarkt).

Kreuzgang
Rechteckiger Hof mit einem Brunnen und einem überdeckten Umgang im Zentrum eines Klosters, um den sich die anderen Klostergebäude (Kapitelsaal, Refektorium, Kirche, Wirtschaftsgebäude) gruppieren.

Latwerge (gesprochen: Latwersch)
Pflaumenmus.

Leibung, Laibung
Senkrechte, meist schräg verlaufende Schnittfläche in einer Mauer an Türen und Fenstern, auch innere Fläche eines Bogens oder Gewölbes.

Lettner
Eine Trennwand mit ein oder zwei Durchgängen zwischen Chor und Mittelschiff, die den Priesterraum vom Laienraum trennt.

Lisene
Flacher, auf einer Mauer aufgelegter, senkrechter Wandstreifen ohne Basis und Kapitell zur Gliederung und Dekoration, besonders an romanischen Bauwerken.

Malter
Früheres Getreidemaß (Hessen: 1 Malter = 128 Liter; Preußen: 1 Malter = 659,55 Liter).

Mediatisierung
Bisher unmittelbar dem Reich unterstehende Herrschaften oder Besitzungen (z. B. Reichsstädte) der Landeshoheit unterwerfen.

Mensa
Altarplatte.

Oberfaut
Im Mittelalter dörflicher Beamter, der den Grundherrn vertrat.

Oppidum
Befestigter Platz; keltische Höhensiedlung.

Pilaster
Der Wand oder einem anderen Baukörper vorgelegter, vertikaler Mauerstreifen mit Basis und Kapitell.

Pass
Kreisform des gotischen Maßwerks; aus drei oder vier Dreiviertelkreisen gebildet (Dreierpass, Viererpass).

Risalit
Ein in ganzer Höhe des Baus vor dessen Flucht tretender Bauteil (Mittel-, Seiten- oder Eckrisalite).

„Schöne Madonnen" (weicher Stil)
Madonnendarstellungen mit Kind in weichen, fließenden Formen und mit lieblichen Gesichtszügen; Stilperiode der deutschen Kunst Anfang des 15. Jahrhunderts, hauptsächlich der Plastik.

Straußwirtschaft
Durch Zweige (Strauß) kenntlich gemachter Ausschank für eigenen Wein; heute jahreszeitlich begrenzt geöffnete Wirtschaften in Weingütern.

Seccomalerei
Wandmalerei, die auf trockenem Putz ausgeführt wird.

Tondo (Tondi)
Rundes Gemälde oder Relief.

Vicus (lat.)
Dorfähnliche Siedlungsform, oftmals mit rechtwinklig sich kreuzenden Wegen.

Vierung
Der bei der Durchdringung von Längs- und Querschiff entstehende Raumteil einer Kirche (darüber Vierungsturm).

Volute
Spiralförmig aufgerolltes Ornament an Kapitellen der ionischen Bauordnung, in Renaissance und Barock auch an Giebeln und Konsolen.

Villa rustica
Römische Landvilla mit Wirtschaftsbetrieb.

Weistum
Aufzeichnung von Rechtsgewohnheiten und Rechtsbelehrungen im Mittelalter.

Werth (Wörth, Werder)
Flussinsel; auch für zwischen Flüssen und stehenden Gewässern gelegenes Land sowie für eingedeichtes oder aus Sumpf trockengelegtes und urbar gemachtes Land.

„Wilder Mann"
Besondere Form der Verstrebung beim Fachwerkbau.

Wingert
(süddeutsch, westdeutsch, schweizerisch): Weinberg, Weingarten.

Wormser Kapitell
Blatt-Stengel-Kapitell am spätromanischen Dom-Westchor in Worms; stilbildend am Oberrhein.

Wüstung
Meist im Mittelalter aufgegebene Siedlung, heute bis auf die Grundmauern verschwunden.

Zwerggalerie
Eine in der Außenmauer (der Apsis) ausgesparter Laufgang mit kleiner Bogenstellung auf zierlichen Säulchen (Romanik).

Praktische Reiseinformationen

Vor Reiseantritt

Anreise

Mit dem Auto:
Von Norden über die A 61 (Köln – Koblenz) oder über Frankfurt; von Osten über die A 60; von Süden über die A 61 (Ludwigshafen); von Südwesten über die A 6 (Saarbrücken/Kaiserslautern).

Mit der Bahn:
IC-Verbindung nach Mainz. Gut erreichbar sind die Orte am Rhein wie Bingen, Oppenheim, Worms; für Fahrten in das Innere Rheinhessens sollte man sich bei den Nahverkehrsverbünden über Fahrpläne und Tarifgestaltung informieren. Für den nördlichen Teil Rheinhessens (Mainz-Bingen) ist der Rhein-Main-Verkehrsverbund (RMV) zuständig, für den südlichen Teil (Alzey-Worms) der Verkehrsverbund Rhein-Neckar (VRN). Prospektbestellungen und persönliche Fahrplanauskünfte erhält man am besten über das Internet unter www.rmv.de oder www.vrn.de. Informationen zum Regionen übergreifenden „Rheinland-Pfalz-Takt" erhält man unter Tel: 01805/8764636 für das Tarifgebiet des VRN und unter 01801/766766 für das Tarifgebiet des RNN.

Mit dem Flugzeug:
Der Frankfurter Flughafen liegt nur 20 km von Mainz entfernt. Auch der Flughafen Hahn im Hunsrück ist nur etwa 50 km entfernt.

Auskünfte:

Hotelverzeichnisse, Veranstaltungskalender, Informationen über Pauschalbuchungen etc. erhält man bei den örtlichen Verkehrsämtern.

Rheinhessen-Touristik GmbH
Wilhelm-Leuschner-Straße 44
55218 Ingelheim
Tel.: 06132/44170, Fax: 06132/441744
E-Mail: info@rheinhessen.info
www.rheinhessen.de

Tourist-Information Alzeyer Land
Antoniterstraße 41, 55232 Alzey
Tel.: 06731/499364, Fax: 06731/990885
E-Mail: touristinfo@alzey.de
www.alzey.de

Tourist-Information Bingen
Rheinkai 21, 55411 Bingen
Tel.: 06721/184205, Fax: 06721/184214
www.bingen.de

Tourist-Information Bodenheim
Obergasse 22, 55294 Bodenheim
Tel.: 06135/6395 und 704913
Fax: 06135/6397
www.bodenheim.de

Tourist-Information VG Eich
Hauptstraße 26, 67575 Eich
Tel.: 06246/6933, Fax: 06246/6969
E-Mail: verkehrsverein@vg-eich.de
www.vgeich.de

Tourist-Information Gau-Algesheim
Rathausscheune, Marktplatz 1
55435 Gau-Algesheim
Tel.: 06725/992143, Fax: 06725/6616
E-Mail: touristik@gau-algesheim.de
www.gau-algesheim.de

Tourist-Information Guntersblum
Alsheimer Straße 29, 67583 Guntersblum
Tel.: 06249/902217, Fax: 06249/902101
E-Mail: info@vg-guntersblum.de
www.guntersblum-tourismus.de

Tourist-Information Heidesheim
Am Goldenen Lamm 1, 55262 Heidesheim
Tel.: 06132/9760 Fax: 06132/976150
E-Mail: info@vg-heidesheim.de
www.vg-heidesheim.de

Tourist-Information Ingelheim
Neuer Markt 1, 55218 Ingelheim
Tel.: 06132/782216, Fax: 06132/782134
E-Mail: touristinformation@ingelheim.de
www.ingelheim.de

Touristik-Centrale Mainz
Brückenturm am Rathaus, 55116 Mainz
Tel.: 06131/286210, Fax: 06131/2862155
E-Mail: touristinfo@mainz.de
www.touristik-mainz.de

Tourist-Information Monsheim
(Verkehrsverein Südlicher Wonnegau)
Alzeyer Straße 15, 67590 Monsheim
Tel.: 06243/180916
E-Mail: touristino@vg-monsheim.de
www.monsheim.active-city.net

Touristinformation Nackenheim
Carl-Zuckmayer-Platz 1, 55299 Nackenheim
Tel.: 06135/5625, Fax: 06135/80257
E-Mail: ortsgemeinde@nackenheim.de
www.nackenheim.de

Tourismus- und Kulturbüro Nierstein
Bildstockstraße 10, 55283 Nierstein
Tel.: 06133/960506, Fax: 06133/5181
E-Mail: info@nierstein.de
www.nierstein.de

Tourist-Information Oppenheim
Merianstraße 2, 55276 Oppenheim
Tel.: 06133/490914, Fax: 06133/490929
E-Mail: info@stadt-oppenheim.de
www.oppenheim-tourismus.de

Tourist-Information Osthofen
Am Schneller 3, 67574 Osthofen
Tel.: 06242/500434, Fax: 06242/500429
E-Mail: stadtverwaltung@osthofen.de
www.osthofen.de

Rheinhessische Toscana e.V.
VG Sprendlingen-Gensingen
Elisabethenstraße 1, 55576 Sprendlingen
Tel.: 06701/201124, Fax: 06701/209000
E-Mail: info@rheinhessischetoscana.de
www.rheinhessischetoscana.de

Rheinhessische Schweiz
Bahnhofstraße 10, 55597 Wöllstein
Tel.: 06703/3020, Fax: 06703/30214
www.rheinhessische-schweiz.org

Touristikverein VG Westhofen
im Wonnegau (WeinArtLand)
Wormser Straße 23, 67593 Westhofen
Tel.: 06244/59080, Fax: 06244/590801
E-Mail: info@vg-westhofen.de
www.verbandsgemeinde-westhofen.de

Verkehrsverein Herzliches Rheinhessen e.V. (VG Wörrstadt)
Zum Römergrund 2, 55286 Wörrstadt
Tel.: 06732/601203
E-Mail: info@herzliches-rheinhessen.de
www.herliches-rheinhessen.de

Tourist Information Worms
Neumarkt 14, 67547 Worms
Tel.: 06241/25045, Fax: 06241/26328
E-Mail: touristinfo@worms.de
www.worms.de

Vorschläge für Kurzaufenthalte

Im romanischen Dom von **Worms** liegen die Vorfahren der salischen Kaiser begraben, das Lutherdenkmal erinnert an den Reichstag von 1521, ein multimediales Museum in den alten Stadtmauertürmen macht Geschichte(n) rund um das Nibelungenlied sichtbar und hörbar. Die Stadtgeschichte findet man im Städtischen Museum im Andreasstift, die jüdische Geschichte im Judaica-Museum des Raschi-Hauses hinter der wiederaufgebauten romanischen Synagoge. Der Jüdische Friedhof am Heiligen Sand ist der älteste erhaltene jüdische Friedhof Europas. Gut erhalten hat sich die Architektur des ausgehenden 19. Jahrhunderts am Rand der

Innenstadt, vor allem im Westen. Ein Rundgang durch zwei Jahrtausende erschließt dem Tagestouristen die „älteste Stadt Deutschlands". Einen Besuch allemal wert sind auch das Fischerstechen beim Backfischfest, das Jazzfestival, das mittelalterliche Spectaculum und die Nibelungen-Festspiele. Von Worms aus erschließen sich die Pfalz, Bergstraße, Odenwald und Kurpfalz mit Mannheim und Heidelberg.

Mainz steht für die spitze Zunge der Fastnacht. Aber auch außerhalb der „Kampagne" lohnt sich ein Besuch im Dom und der angrenzenden Altstadt. Der Schwerpunkt der Museen (Römisch-Germanisches Zentralmuseum/Landesmuseum/Museum für Antike Schifffahrt) liegt in der Vor- und Frühgeschichte bis zum frühen Mittelalter, hinzu kommt für Liebhaber des Buches und der Druckkunst das Gutenberg-Museum. Als „Hauptstadt der Kleinkunst" lädt man gern auch zu einem Besuch der bekanntesten Kleinkunstbühne Deutschlands namens „unterhaus" und des Kabarettarchivs ein. Die mit ZDF und SWR gut bestückte Medienstadt hat mit dem Johannisfest und dem Rosenmontagszug zwei große Volksfestereignisse. Das Staatstheater, der Frankfurter Hof, das KUZ und die Kammerspiele sorgen für ein großstädtisches Kulturprogramm. Von Mainz aus erschließen sich Rheingau, Taunus und der Raum Wiesbaden/Frankfurt.

Bingen und **Oppenheim** sind zwar beides typische Städte des Rheintales, doch während Oppenheim sich eher den Weinbergen zuneigt und sich daher am schönsten rund um den alten Marktplatz mit seinen Fachwerkhäusern unterhalb der gotischen Katharinenkirche entfaltet, hat sich Bingen mit der Martinskirche, dem Historischen Museum am Strom mit seiner Hildegardausstellung, dem Gelände der Landesgartenschau 2008 und dem Mäuseturm stärker am Rhein orientiert, von dessen Ufer aus Ausflugsschiffe flussabwärts ins Mittelrheintal der Loreley starten.

Ingelheim und **Alzey** dagegen sind Landstädte. Während die Rotweinstadt im Norden Rheinhessens sich ihrer karolingischen Geschichte rund um die Kaiserpfalz Karl des Großen widmet, steht Alzey – mittendrin im Hügelland – mit seinem volkskundlich orientierten Museum für die kurpfälzische Geschichte der Landschaft und die Entwicklung seit ihrer französischen Zeit unter Napoleon. **Westhofen** im Wonnegau zeigt ein besonders gut erhaltenes barockes Dorfbild.

Ansonsten findet man überall in Rheinhessen etwas zum Entdecken aus der Geschichte dieser früh besiedelten Kulturlandschaft. Wenn man ein Pflichtprogramm zum Kennenlernen der Region aufstellen soll, muss man – unabhängig vom Ort – zuerst einmal eine Weinprobe und eine Fastnachtsveranstaltung im Saal mit Büttenreden empfehlen.

Wichtigste Sehenswürdigkeiten:

- Dome in Worms und Mainz
- St. Stephan in Mainz mit den Chagallfenstern
- Katharinenkirche in Oppenheim
- Pfalzbereich in Ingelheim
- St. Martin in Bingen

Ausflüge ins Umland:

Kirchheimbolanden und Nordpfalz

Kirchheimbolanden, die alte Residenzstadt der Fürsten von Nassau-Weilburg, hat sich noch viel an barocker Bausubstanz bewahrt. Im Heimatmuseum wird das Gefecht der Freischärler mit den preußischen Truppen im Schlossgarten von 1849 dokumentiert. Ein paar Kilometer weiter finden sich auf dem Donnersberg Reste eines keltischen „oppidums". Der ganze Donnersbergkreis mit seinem großen Waldanteil eignet sich hervorragend für Wanderungen und Spaziergänge.

Darmstadt, Bergstraße und Odenwald

Auf der anderen Rheinseite liegt die frühere großherzoglich-hessische Landeshauptstadt Darmstadt. Um die Jahrhundertwende sammelte der Großherzog viele Künstler auf der Mathildenhöhe, und es entstand der „Darmstädter Jugendstil". Bensheim und Heppenheim an der Bergstraße repräsentieren ein weiteres Weinbaugebiet. Der Odenwald ist als Ziel für Erholungssuchende ja längst bekannt, aber er ist auch ein Zentrum der südhessischen Folklore mit Volkstanz, Trachten und Kunsthandwerk.

Rheingau und Taunus

Der noble Rheingau steigert beim „Rheingau Musik Festival" sein Image mit klassischer Musik und Schlemmertafeln. Man muss ja nicht nur die Rüdesheimer Drosselgasse besuchen. Der Taunus verlockt wie alle Mittelgebirge zum Wandern.

Rhein-Main und Rhein-Neckar

Die beiden Metropolregionen um Frankfurt/Wiesbaden und Mannheim/Ludwigshafen/Heidelberg bieten vor allem dem Kulturtouristen eine breite Palette aktueller Angebote vom Museum bis zum Theater. Hier lassen sich auch die Rheinhessen die Großstadtluft um die Nase wehen.

Bad Dürkheim und die Weinstraße

Die Vorderpfalz macht einen noch viel südlicheren Eindruck als das sprödere Rheinhessen, bei aller Verwandtschaft. In der Gemütlichkeit der Fachwerkdörfer und der Weinlokale haben sich in den letzten Jahren aber auch eine Menge Kulturangebote entwickelt: Von der Kleinkunst über das Naturkundemuseum in Bad Dürkheim bis zum Hambacher Schloss, das an das berühmte Demokratenfest von 1832 erinnert.

Bad Kreuznach und die Nahe

Hier war in früheren Zeiten die Grenze zu Preußen. Bad Kreuznach und Bad Münster am Stein leben vom Kurbetrieb. Weiter naheaufwärts fängt eine reizvolle Flusslandschaft an mit vielen interessanten Dörfern und Städten. Sehenswert ist auf jeden Fall das Freilichtmuseum in Bad Sobernheim, wo man viel über die rheinland-pfälzische Volkskultur der letzten Jahrhunderte erfährt.

Mittelrhein und Hunsrück

Die Rheinromantik des 19. Jahrhunderts hat am Mittelrhein – heute UNESCO Welterbe – ihre Heimat. Hier stehen die viel besungenen Burgen, wartet Heines Loreley auf die Bedeutung der Melancholie.

Oben, auf dem Hunsrück, gab es lange kaum Tourismus, vielleicht weil die Rheinfahrten alles überlagerten. Aber das Mittelgebirge eignet sich nicht nur zum Wandern. In Herrstein hat man z. B. seit Mitte der 70er Jahre das alte Ortsbild des 16. bis 18. Jahrhunderts wiederhergestellt. Auf den Spuren des Räuberhauptmanns Schinderhannes, das wäre sicher eine weitere spannende Tour.

Infos von A-Z

Archive

Aufgenommen wurden leicht zugängliche Archive mit festen Öffnungszeiten bzw. Arbeitsmöglichkeiten.

Mainz

- Stadtarchiv
Stadtbibliothek, Rheinallee 3b
Tel.: 06131/122178
www.stadtarchiv.mainz.de
- Deutsches Kabarett-Archiv
Neue Universitätsstraße 2
Tel.: 06131/144730
www.kabarettarchiv.de
- Dom- und Diözesanarchiv
Heringsbrunnengasse 4
Tel.: 06131/253157
www.bistummainz.de

Worms

- Stadtarchiv (mit Fotoarchiv)
Raschi-Haus, Hintere Judengasse 6
Tel.: 06241/8534701

Osthofen

- Archiv im ehemaligen KZ Osthofen
Ziegelhüttenweg
Tel.: 06242/910819
www.ns-dokuzentrum-rlp.de

Aussichtspunkte

Alzey:	Wartbergturm
Bingen:	Rochusberg
Gau-Bickelheim:	Wißberg
Gau-Odernheim:	Petersberg
Ingelheim:	Bismarckturm
Lonsheim:	Turm/Oswaldhöhe
Ockenheim:	Jakobsberg
Oppenheim:	Ruine Landskrone
Osthofen:	Bergkirche
Wackernheim:	Rabenkopf
Wendelsheim:	Teufelsrutsch

Behinderte

Barrierefreie Angebote in Rheinhessen findet man unter www.rheinhessen.de/barrierefrei.html. Rheinhessen-Touristik hat auf dieser Internetseite eine Datenbank mit barrierefreien Angeboten in Kirchen, Museen, Bädern, Schifffahrt, Touristinformationen, Hotels und Gaststätten zusammengestellt. Darüber hinaus gibt es Tipps zu barrierefreier Mobilität mit ÖPNV und PKW (Autovermietungen) sowie Pauschalangebote und Tagesprogramme.

Einkaufen auf dem Bauernhof

Ein kostenloser Wegweiser führt zu Weingütern, die Weinproben beim Winzer anbieten, und zu direkt vermarktenden landwirtschaftlichen Betrieben. Die Broschüre ist erhältlich bei der Rheinhessen-Information, Wilhelm-Leuschner-Straße 44, 55218 Ingelheim. – Weitere Informationen unter www.rheinhessen.de/einkaufsfuehrer_direktvermarkter.html

Fähren

Einen Überblick über alle Fähren in der Region findet man unter www.rmv.de.

Bingen-Rüdesheim
Auto- und Personenfähre
Informationen unter Tel.: 06721/14140,
Fax: 06721/17398
www.bingen-ruedesheimer.com

Budenheim-Walluf
Personen- und Fahrradfähre
(nur Sommerbetrieb)
Informationen bei der Gemeinde Budenheim unter Tel.: 06139/2990
www.schiffahrt-nikolay.de

Eich-Gernsheim
Auto- und Personenfähre
Informationen unter Tel.: 06158/2993
www.faehre-gernsheim.de

Guntersblum-Kühkopf
Personen- und Fahrradfähre
(nur Sommerbetrieb)
Informationen bei Volker Hußmann unter
Tel.: 06249/8731, Fax: 06249/2551

Ingelheim – Oestrich-Winkel
Auto- und Personenfähre
Informationen bei Horst Maul unter
Tel.: 06722/2976, Fax: 06722/2976
www.rheinfaehre.de
Nierstein-Kornsand
Auto- und Personenfähre
Informationen unter Tel.: 06133/5195
Fax: 06133/48253
www.faehre-nierstein.de

Feste

Januar
Westhofen, Dreikönigsdreschen
Februar/März
Fastnacht in ganz Rheinhessen
Mai
Flonheim, Weinmarkt
Westhofen, Traubenblütenfest
Worms, Pfingstmarkt
Juni
Alzey, Johannisnacht
Mainz, Johannisnacht
Bodenheim, St. Albansfest
Mainz, Burgundertage
Nierstein, Weinpräsentation am Roten Hang
Osthofen, Wonnegauer Winzerfest
Juli
Bingen, Rhein in Flammen
Stadecken-Elsheim, Sektvergnügen
Gau-Bickelheim, Wein- und Sonnenblumenfest
August
Bingen, Winzerfest
Gau-Algesheim, Laurenzifest mit Pferdesegnung
Gundersheim, Rotweinkerb
Guntersblum, Kellerwegfest
Mainz, Weinmarkt
Nierstein, Winzerfest
Siefersheim, Tag der offenen Weinkeller
Worms, Backfischfest
September
Alzey, Wingertshaisjer-Wanderung, Winzerfest
Bechtheim, Weinfest „Am Pilgerpfad"
Ingelheim, Rotweinfest
Oppenheim, Katharinenmarkt
Oktober
Gau-Algesheim, Fest des jungen Weins
Gau-Odernheim, Markt
Heidesheim, Erntedankfest mit Umzug
Mainz, Weinforum
November
Alzey, Töpfermarkt
Worms, Weinmesse
Dezember
Weihnachtsmärkte in ganz Rheinhessen
Außerdem gibt es von Frühjahr bis Herbst jede Menge „Kerb" auf den Dörfern, die meist von Freitag bis Montag oder gar Dienstag gefeiert wird. Dazu kommen Hoffeste, Straßenfeste, Vereinsfeste, Kulinarien, Konzerte und Theater in Weingütern und Konzertreihen an bestimmten Orten wie z. B. in der Beller Kirche. Eine große Zahl davon findet man im alljährlichen Festkalender „Vinobel", der von der Rheinhessen-Information erstellt und verteilt wird. Weitere Informationen unter www.rheinhessen.de.

Festivals

Alzey
Da Capo, Musikfestival im August
Bingen
Bingen swingt (Jazzfestival) im Juni
Ingelheim
Internationale Tage im Mai und Juni
Eurofolk zu wechselten Daten im Frühsommer
Mainz
Guggemusikfestival im Januar
Open-Ohr Festival (Zitadelle) Pfingsten mit Folk, Rock, Kabarett, Theater und Politik
Zeltfestival, Sommerprogramm mit Rock, Jazz, Blues, Folk, Weltmusik und Chansons
Grenzenlos Kultur (Integratives Theaterfestival) im KUZ
Oppenheim
Festspiele in der Burgruine Landskrone von August bis Oktober
Worms
Spectaculum, Mittelalterevent im Mai

Jazz & Joy im Juni mit Jazz, Blues, Rockjazz, Pop und Weltmusik
Nibelungenfestspiele, Ende Juli/Anfang August
Das Krimifestival „Mörderisches Rheinhessen" findet jährlich an wechselnden Orten statt.

Führungen

Stadtführungen werden über die jeweiligen Tourist Informationen (Adressen unter der Rubrik „Auskünfte") angeboten und können auch für Gruppen gebucht werden. Die Touristinfo Mainz bietet einen Audio-Guide und einen Mobile-Guide per Handy an. Rundfahrten kann man in Mainz mit dem Gutenberg-Express oder im Tramwagen und in Worms mit dem Nibelungenbähnchen buchen, in Mainz auch eine Rikscha-Tour. Führungen zur jüdischen Geschichte können in Mainz, Worms und Alzey durchgeführt werden. In Worms gibt es auch thematische Führungen wie zum Nibelungenlied oder zum romanischen Worms, einen Rundwegführer zur Demokratiegeschichte und Gästeführungen am Abend mit wechselnden Themen (Infos unter www.worms.de). Auch der Mainzer Verein „Geographie für alle" (Programm unter Tel.: 06131/3920965, Fax: 06131/3925145, www.geographie-fuer-alle.de) bietet thematische Stadt- und Regionalführungen an, darunter auch ökologische Stadtrundgänge, aber auch Fahrten nach Bodenheim, Oppenheim, Gau-Algesheim und Ingelheim.
Auch die Stadt- und Kreisvolkshochschulen haben Exkursionen in ihren Programmen, ebenso die Naturschutzverbände (BUND und NABU). In der rheinhessischen Schweiz bieten die „Kräuterhexen" der Weingüter Mann in Eckelsheim (Tel.: 06703/960893), Moebus in Siefersheim (Tel.: 06703/665) und Wirth in Wöllstein (Tel.: 06703/1510) Kräuterwanderungen an. Literarische Spaziergänge veranstaltet die Carl-Zuckmayer-Gesellschaft (Tel.: 06135/8538). Das Buch *Oberrheiner Freiheitsbäume* von Volker Gallé und Helmut G. Haasis führt zu Stätten der Revolutionen von 1792/93 und 1848/49 zwischen Mainz und dem Bodensee. Die Kultur- und Weinbotschafter haben die Reihen „Mittwochs in Rheinhessen" aus der Taufe gehoben (Information unter www.rheinhessen.de).

Gedenkstätten/-tafeln

Alzey:
Gedenktafel an ehemaliger Synagoge, Augustinerstraße
Bingen:
Gedenktafel an ehemaliger Synagoge, Rochusstraße
Bubenheim:
Gedenktafel an Dr. Fritz Bockius
Gau-Algesheim:
Kirche Laurenziberg/Gedenken an den katholischen Widerstand
Gau-Odernheim:
Findling mit Inschrift/Opfer des Faschismus
Hahnheim:
Gedenkstein für die jüdischen Opfer des Nationalsozialismus
Heßloch:
Gedenktafel für jüdische Mitbürger
Ingelheim:
Gedenktafel für jüdische Mitbürger, Stiegelgasse
Mainz:
Gedenktafeln an den ehemaligen Synagogen, Hindenburgstraße und Margaretengasse/Gedenktafel am Rathaus Hechtsheim
Nierstein/Kornsand:
Gedenktafel für Naziopfer
Osthofen:
Gedenktafel am ehemaligen KZ, Gedenkstätte und Ausstellung zum „Nationalsozialismus in Rheinland-Pfalz", Förderverein Projekt Osthofen Tel.: 06242/910825, Fax: 06242/910829
Sprendlingen:
Gedenktafel an der ehemaligen Synagoge
Stadecken-Elsheim:
Gedenkstein für Leon Szczepaniak
Undenheim:
Gedenkstein für Ludwig Schwamb

Worms:
Mahnmal für die Opfer des Faschismus, Lutherring

Weitere Informationen bei der Landeszentrale für politische Bildung, Mainz,
Am Kronberger Hof 6
Tel.: 06131/162970, Fax: 06131/162980

Golf

18-Loch-Golfplatz in der Weinbergslage Domtal, Golfanlage Domtal, Mommenheim, Informationen unter Tel.: 06138/92020, www.golfanlage-domtal-mommenheim.de
18-Loch-Golfplatz auf dem Wißberg, Golf-Club Rheinhessen, St. Johann, Informationen unter Tel.: 06701/20080, www.gc-rheinhessen.de
18-Loch-Golf-Anlage, Golf-Club Worms, Hamm, Tel.: 02385/913500, www.golfclub-hamm.de

Jugendherbergen

Bingerbrück
Jugendherberge
Herterstraße 51
Tel.: 06721/32163
Mainz
Jugendgästehaus im Volkspark
Otto-Brunfels-Schneise 4
vom HBF mit den Buslinien 22 und 1 zu erreichen, mit dem Auto über BAB A 60/Ausfahrt Weisenau,
Tel.: 06131/85332, Fax: 06131/82422
Worms
Jugendherberge am Dom
Dechaneigasse 1
mit dem Auto über BAB A 61/Ausfahrt Worms-Zentrum
Tel.: 06241/25780, Fax: 06241/27394

Jüdische Geschichte:

Schon sehr früh siedelten sich Juden in den alten Städten am Oberrhein an, wahrscheinlich bereits zu römischer Zeit. Historische Belege gibt es jedoch erst seit dem frühen Mittelalter. In Mainz beginnt diese „Geschichte“ vielversprechend. Eine Synode beschließt um 900, dass jeder, der aus Hass oder Begierde einen Juden tötet, wie der Mörder eines Christen büßen muss. Nachrichten über Juden aus Worms gibt es von 960 und 980. Die Blütezeit der jüdischen Gemeinden und ihrer Talmudhochschulen am Oberrhein lag im 10. und 11. Jahrhundert. So studierte z. B. der heute noch bekannte Talmudkommentator Raschi aus Troyes in Worms. Zur selben Zeit und im gleichen Stil wie der Wormser Dom entsteht die Wormser Synagoge. Mit den Kreuzzügen Ende des 11. Jahrhunderts beginnt die Zeit der Pogrome. Erst nach der Französischen Revolution werden die Juden zu gleichberechtigten Bürgern. Inzwischen waren auch im ländlichen Rheinhessen viele jüdische Gemeinden entstanden. All dies wurde mit einem Schlag durch den Völkermord der Nationalsozialisten von 1933-45 zerstört.
Jüdische Geschichte kann man heute erinnern im Wormser Judaica-Museum im Raschi-Haus, in der Judaica-Sammlung des Mittelrheinischen Landesmuseums Mainz und in einer Ecke des Alzeyer Heimatmuseums. Über die Zeit der Verfolgung im „Dritten Reich“ findet man Informationen in der NS-Dokumentationsstätte im ehemaligen KZ Osthofen. Die Wormser Synagoge in der Judengasse ist restauriert und kann besichtigt werden (auch mit Führung). Aus Rheinhessen meldet die Broschüre *Synagogen und Denkmalpflege* des Landesamtes für Denkmalpflege Rheinland-Pfalz nur noch Mainz-Weisenau (Wormser Straße 31) als Standort einer erhaltenen Synagoge.
Jüdische Friedhöfe finden sich noch in Alsheim, Alzey, Appenheim, Bingen, Bretzenheim, Dalheim, Dalsheim, Dolgesheim, Eckelsheim, Eppelsheim, Erbes-Büdesheim, Essenheim, Framersheim, Frei-Laubersheim, Fürfeld, Gau-Algesheim, Gau-Bickelheim, Gau-Odernheim, Gensingen, Guntersblum, Heidesheim, Herrnsheim, Heßloch, Hillesheim, Ingelheim, Jugenheim, Mainz, Mommenheim, Nieder-Olm, Nieder-Saulheim, Nieder-Wiesen, Ober-Olm, Oppen-

heim, Osthofen, Pfeddersheim, Rommersheim, Schornsheim, Sprendlingen, Stein-Bockenheim, Uffhofen, Weisenau, Wendelsheim Worms und Wöllstein. Der älteste Judenfriedhof ist der Wormser am Andreasring (seit dem 11. Jahrhundert).
In Mainz besteht heute wieder eine jüdische Gemeinde, die den Architekten Manuel Herz mit dem Bau einer modernen Synagoge am Platz der früheren, zerstörten Synagoge in der Neustadt beauftragt hat.
Literatur: Reuter, *Warmaisa*; Ausstellungskatalog *Juden in Mainz*; Weisrock u. a., *Die jüdische Gemeinde von Nieder-Olm*; Hellriegel, *Die Geschichte der Gau-Algesheimer Juden*; Hoffmann/Heeb, *Alzeys jüdische Vergangenheit* (Heimatkalender 1985 und 1988), Meyer/Mentgen, *Sie sind mitten unter uns – Zur Geschichte der Juden in Ingelheim*; Hoffmann, *„... wir sind doch Deutsche" – Zu Geschichte und Schicksal der Landjuden in Rheinhessen*; Reich, *Jüdische Familien in Alsheim, Eich, Gimbsheim, Hamm und Mettenheim*; Brodhaecker, *Der Alltag jüdischer Mitmenschen in Rheinhessen während des Dritten Reiches*; Rhode, *Juden in Rheinhessen*.

Kleinkunst

Ingelheim: Keller Kunst Keller
Flonheim: Alte Festhalle
Mainz: Unterhaus; Showbühne
Saulheim: Kleine Kunstbühne
Worms: LincolnTheater

Konzerte

Alzey:
- Oberhaus (Kabarett, Rock, Blues)

Bingen:
- JUZ (Rock)

Mainz:
- Frankfurter Hof (Jazz, Klassik, Fusion, Ethno, Folk, Rock, Blues)
- Kulturzentrum KUZ (Rock, Jazz, Samba)
- Staatstheater (Klassik)
- Domkonzerte (Kirchenmusik)
- Phönix-Halle (Kabarett, Pop, Rock)
- Alte Patrone (Jazz, Rock)
- Kulturcafé (Jazz, Rock)
- ESG-Bar (Jazz)

Worms
- Kneip (Rock und Blues)
- Irish Pub (Folk)
- Festhaus (Klassik)
- LincolnTheater (Rock, Blues, Folk, Jazz, Weltmusik)

Kreuzgewölbe

Die Interessengemeinschaft Rheinhessische Kreuzgewölbe wurde 1999 gegründet. Ihr gehören etwa 50 Gewölbebesitzer an. Zum größten Teil handelt es sich dabei um typisch rheinhessische Kreuzgratgewölbe, die Mitte des 19. Jahrhunderts in Kuhställen errichtet wurden. Der Maurermeister Franz Ostermayer aus dem pfälzischen Eisenberg entwickelte diese Technik nach dem baulichen Vorbild der Klosterrefektorien von Rosenthal und Rothenkirchen, die nach der Säkularisation in der französischen Zeit (1795-1816) als Viehställe genutzt wurden. Ziel war es, die durch Stallfütterung vermehrte Brandgefahr zu mindern.
Der Landwirtschaftliche Verein und die Provinzialregierung Rheinhessens förderten den Bau dieser Gewölbeställe seit 1841. Dazu wurde Ostermayer für Fortbildungsmaßnahmen im regionalen Handwerk engagiert. Bis 1865 entstanden so über 200 sogenannte „Kuhkapellen", vor allem in Rheinhessen.
Erst nach 1870 lösten preußische Kappendecken den Gewölbestil ab. Als die rheinhessischen Mischbetriebe 100 Jahre später die Milchwirtschaft aufgaben und schrittweise ganz auf Weinbau umsattelten, kam es zu neuen Nutzungen als Weinprobierstuben und Straußwirtschaften. Daneben gibt es Nutzungen zu Wohnzwecken, als kommunale Versammlungsräume, Verkaufsraum, Restaurant und Atelier. Viele Besitzer bieten mittlerweile regelmäßig auch kulturelle Veranstaltungen an. Weitere Informationen gibt es beim IG-Vorstand:

Christine Moebus, Wonsheimer Straße 13, 55599 Siefersheim, Tel.: 06703/665

Quellen: Klaus Freckmann, *Gewölbte Ställe, in: Hausbau im 19. Jahrhundert*, Marburg, 1989, S. 209-240

Hildegard Frieß-Reimann, *Bauen in rheinhessischen Dörfern*, in: *Das Dorf am Mittelrhein, Stuttgart 1989*, S. 229-240

Kultursommer

Seit 1992 gibt das Büro Kultursommer des Landes Rheinland-Pfalz (Kaiserstraße 26-30, 55116 Mainz, Tel.: 06131/288380, Fax: 06131/288388, www.kultursommer.de) einen Fahrplan durch den rheinland-pfälzischen Kultursommer heraus. Darin finden sich auch viele kulturelle Veranstaltungen in Rheinhessen.

Kunstausstellungen und Galerien

Alzey:
- Burggrafiat, Schloßgasse

Badenheim:
- Galerie unterm Maulbeerbaum
  Hauptstraße 31

Flonheim:
- Galerie „Auf dem Bauernhof"
  Britta Komposch, Holzmarkt 31

Gau-Bischofsheim:
- jottweedee, Bergstraße 4

Mainz:
- Brückenturm am Rathaus
- Landesmuseum, Große Bleiche
- Kunsthalle am Zollhafen
- Galerie Dagmar Rehberg, Uferstraße 17
- Galerie Bausmann, Kerschensteiner Straße 13
- Galerie Bergner + Job, Große Bleiche 47
- Galerie Dorothea van der Koelen
  Hinter der Kapelle 54
- Galerie Karol Rousin, Zanggasse 1

Nieder-Olm:
- Schmiede Wettig

Westhofen:
- KaiserbadGalerie, Am Bergkloster 18

Worms:
- Kunsthaus Heylshof, Stephansgasse 9
- Kunsthandlung Steuer, Kämmererstraße
- Kunstverein Worms, Renzstraße 7-9
- Galerie Hecker
  Herrnsheimer Hauptstraße

Kutsch- und Planwagenfahrten

www.kutschfahrten-wolf.de
Essenheim, Tel.: 06136/88590
Weitere Informationen:
Rheinhessen-Touristik, Tel.: 06132/44170

Küche

Die regionale Küche Rheinhessens als gastronomisches Ereignis hat sich erst in den letzten Jahren gut entwickelt. Neben einigen Feinschmeckerlokalen wird sie zunehmend in Weinstuben und vor allem Straußwirtschaften und Gutsschänken angeboten. Waren es am Anfang nur der „Handkees mit Musick" oder „Hausmacher Worschd" (Blutwurst, Leberwurst, Schwartenmagen), gibt es mittlerweile eine breite Palette neuer Ideen, bei denen meist französische Elemente mit regionalen Besonderheiten verquickt werden. Das typischste Regionalgericht sind jedoch sicher die „Backesgrumbeere" (Backeskartoffeln), die es, wenn auch mit teureren Zutaten, auch in der Pfalz und im Elsass gibt. Rezept: Salz- oder Bauchfleisch wird zusammen mit Kartoffeln und Zwiebeln in einer Sauce aus 1/3 Milch, 1/3 Wasser und 1/3 Weißwein gegart. Gewürzt wird mit Pfeffer, Muskat und einem Lorbeerblatt. Oben drauf kommt Rahm oder Sauermilch, mit etwas Zimt bestreut.

„Backesgrumbeere" heißt das Gericht, weil es früher an bestimmten Wochentagen im Backes, dem Dorfbackhaus, in der Nachhitze von Brot und Kuchen gebacken wurde. In vielen Dörfern haben sich die alten Festtagsgerichte an Kerb oder Hochzeit mit mehreren Gängen noch gehalten. Ältere Kochbücher könnten den Weg weisen, das einheimische Angebot an Gemüse, Kräutern und Obst noch stärker zu nutzen. So gibt es darin Rezepte für „Kastanien mit Äpfeln", „Lauchauflauf", „Sauerampfersuppe" u. v. m. In zahlreichen Kochbüchern sind die alten und neuen Rezepte mittlerweile gesammelt wie z. B. in *Lust auf Rheinhessen* oder *Noch mehr Lust auf Rheinhessen*, erschienen im Leinpfad Verlag Ingelheim. Daneben gibt es auch gastronomische Führer, die immer wieder aktualisiert werden. Die Rheinhessen-Touristik gibt jährlich den Führer *Rheinhessen schmeckt gut* heraus; Informationen unter www.rheinhessen.de.

Künstler/innen

In die kleine Auswahl an Künstler/innen aus Rheinhessen sind solche aufgenommen, die sich auch mit der Landschaft beschäftigen:

Dietlinde Andruchowicz
Bodenheim, Fichtenweg 35A (Radierung)
Jörg Baltes
Sprendlingen, Erzbergerstraße 12 (Grafik)
Renate Böhm-Schewe
Worms, Alicestraße 27 (Malerei)
Bernd Borger
Ensheim, Am Kachelberg 2 (Grafik)
Leo Brandmüller
Mainz, Am Jugendwerk 6 (Malerei)
Rita Breuder
Framersheim, Kirchgasse 5
(Terramik/Installation)
Robert Dieth/Iris Schröder
St. Johann, Kirchplatz 9, (Fotografie)
Dr. Anton Friedt
Ingelheim, Selztalstraße 76A
(Malerei/Grafik)
Hilde Gems-Haas
Worms, Knappenstraße 14 (Malerei)
Monika Gerdes
Mainz, Ludwig-Strecker-Straße 32
(Malerei, Grafik)
Florian Geyer
Flomborn, Am Feuerberg 7 (Bildhauerei)
Dietmar Gross
Dienheim, Reheinstraße 14 (Malerei)
Arne Hennig
Budenheim, Stefanstraße 34 (Malerei)
Ruth Hoffmann
Siefersheim, Am Gänsborn 3
(Malerei/Materialbilder)
Ehrhard Hütz
Gau-Heppenheim, Kirchgasse 2
(Zeichnung)
Peter Knorr
Nierstein, Langstraße 21 (Grafik)
Bernhard Kölsch
Wörrstadt, Senatsplatz 42
(Malerei/Environment)
Klaus Krier
Worms, Friedrichstraße 23 (Grafik)
Eberhard Linke
Saulheim, Ostergasse 35 (Bildhauer)
Guido Ludes
Mainz , Am Keltenlager 41
(Grafik, Malerei)
Gloria Mai
Flörsheim-Dalsheim, Alzeyer Straße 2
(Malerei)
Eckard Meier-Wölfle
Nierstein, Oberdorfstraße 23 (Malerei)
Gerhard Messemer
Saulheim, Bahnhofstraße 27 (Radierung)
Johannes und Liesel Metten
Nieder-Olm, Pariser Straße 41
(Bildhauer, Malerin)
Eva Mühlendyck
Alzey-Weinheim, Offenheimerstraße 40
(Plastik/Installation)
Rainer Nentwig
Albig, Bachgasse 4 (Aquarell)
Gustav Nonnenmacher
Worms, Klosterwerg 2 (Bildhauerei)
Ursula Quednau
Köngernheim, Oppenheimer Straße 48
(Grafik)
Ellen Rogler
Worms-Pfeddersheim, Enzingerstraße
(Zeichnung/Zei-Fos)
Rainer R. Rühl
Alsheim, Schusterstraße 4 (Grafik/Zeichnung)
Volker Schäfer
Alzey, Schafhäuserstraße 8 (Bildhauer)
Richard Schimanski

Worms, Zeughausgasse 1 (Grafik)
Hermann Schmidt-Schmied
Mainz, Mainzer Straße 4 (Malerei)
Doris Seibel-Tauscher
Alzey , Wartbergstraße 26
(Zeichnung, Grafik, Malerei)
Carmen Stahlschmidt
Oppenheim, Am Gutleuthaus 2
(Malerei/Grafik)
Hildegard Steil
Alsheim, Richard-Wagner-Straße 14
(Grafik)
Uwe Streng
Flörsheim-Dalsheim, Zwerchgasse 10
(Malerei)
Thomas G. Tempel
Wörrstadt, Wörrstädter Weg 5
(Fotografie)
Inge Unkel
Alsheim, Mittelgasse 18 (Zeichnung)
Hans-Peter Wank
Nieder-Olm, An den Ulmen 14a (Grafik)

Luftschifffahrt, Ballonfahrten:

Ballonfahrten Peter Klaes
Alzey
www.juwelier-klaes.de/html/ballonfahrten.html
Ballonfahrten Herbert Engler
Framersheim, Tel.: 06733/1324
Ballonfahrten Dr. Gottwald
Ingelheim, Tel.: 06132/75 333 oder
06132/40373, Fax: 06132/3536
www.carolus-ballon-sport.de
Freiballon-Sportschule A. & R. Mathes GmbH
Harxheim, Tel.: 06138/6922
www.ballon-mathes.de
Calovini Ballonfahrten GmbH
Harxheim, Tel.: 06138/980053
Ballonfahrten Rheinhessen Sven Göhler
Stadecken-Elsheim, Tel.: 06130/910996
Fax: 06130/910997
www.ballonfahrten-rheinhessen.de
Albatros Air Ballonfahrten
Tel.: 06241/592080
www.albatros-air.com
Die L.U.F.T.ballöner Bernhard Link e. K.
Hofheim
Tel.: 06192/39720 oder gratis aus dem
Festnetz 0800/5225566
www.luftballoener.de
Rundflüge:
Aero-Club Oppenheim-Guntersblum
Tel.: 06144/966910 oder 06133/3337
(Flugplatz an Feiertagen, Brückentagen, Wochenenden)
Angebot:
Rundflüge, Motor- und Segelflüge
Luftsportverein Worms e.V.
Flugschule
Tel.: und Fax: 06241/23454
Angebot:
Rundflüge, Flugschule
www.lsvworms.de

Mundart

Die Mundart in Rheinhessen gehört zum rheinfränkischen Sprachgebiet. Statt „Pfund" und „Apfel" im Oberdeutschen (Süddeutschland) heißt es hier „Pund" und „Appel"; statt „eten" und „Pepper" im Niederdeutschen (Norddeutschland) sagt man hier „esse" und „Peffer". Gegenüber dem Mittelfränkischen (Köln/Mosel) sagt man „das" statt „dat". Zum Rheinfränkischen gehören außerdem die Mundarten in Hessen, Nordbaden und der Pfalz. Während es im nördlichen Bereich dieses Sprachgebiets jedoch „Fest" heißt, sagt man in Rheinhessen und der Pfalz „Fescht". Und das „Sch" ist überhaupt ein markanter Laut, der das hochdeutsche „ch" fast unaussprechbar werden lässt. Die Mundart hat einen ausgeprägten Vokalismus mit breiten Lauten, so z. B. „Owend" statt „Abend" oder „Schbroch" statt Sprache. Beliebt ist die Verkleinerungssilbe „-che" am Wortende, oft noch auf „-elche" erweitert, wie bei „Kichelche" (Kuchen) oder „Dichelche" (Tuch).
Die Mundart hat viele Fremdwörter aufgenommen, vor allem aus dem Hebräischen und aus dem Französischen (Wilfried Hilgert, *Wuleewu Kardoffelsupp*). Sehr beliebt und umfangreich

vorhanden ist das Vokabular an Schimpf- und Neckwörtern (Hans-Jörg Koch, *Blarrer – Zabbe – Leddeköbb/Ortsneckereien; Wenn Schambes schennt/Rheinhessisch-Mainzer Schimpflexikon)*. Ihre Triumphe feiert die rheinhessische Mundart natürlich besonders in der Fastnacht. Die dadurch geweckte Erwartungshaltung macht es allerdings auch schwieriger, andere als humoristische Themen in der Mundart-Literatur darzustellen. Der seit einigen Jahren durchgeführte „Rheinhessische Mundartwettbewerb" in Alzey hat hier neue Themenbereiche erschlossen. In den Dokumentationsbänden des Wettbewerbs, die unter dem Titel *Mir Rhoihesse* und *Babbelbuch* erschienen sind, kann man fast alle der zahlreichen regionalen Mundartautoren versammelt finden.

Museen

Alzey

- *Museum der Stadt*
  Antoniterstraße 41, 55232 Alzey
  Tel.: 06731/495240, Fax: 990885
  www.museum-alzey.de
  täglich 10-12 und 14-16.30 Uhr
  außer montags

Bingen

- *Automatenmuseum*
  Im Tiergarten 20-30, 55411 Bingen
  Tel.: 06721/407466, Fax: 06721/407516
  Montag bis Freitag 10-17 Uhr
- *Historisches Museum am Strom – Hildegard von Bingen*
  Museumsstraße 3, 55411 Bingen
  Tel.: 06721/990654, Fax: 06721/990653
  täglich 10-17 Uhr außer montags
  www bingen.de
- *Stefan-George-Museum*
  Freidhof 9, 55411 Bingen
  Tel.: 06721/881094, Dienstag, Donnerstag und Samstag 14-17 Uhr und nach Vereinbarung

Bodenheim

- *Heimatmuseum*
  Dollesplatz 5, 55294 Bodenheim,
  Te.l: 06138/6344, Sonntag 14-18 Uhr und nach Vereinbarung
- *Stiftung Philipp Berdelle-Hilge – Deutsches Pumpen-Museum*
  Hilgestraße, 55294 Bodenheim
  Tel.: 06135/750, Fax: 06135/1737
  nur Gruppen und nach Vereinbarung

Eppelsheim

- *Dinotherium-Museum*
  Zwerchgasse 17 (Rathaus)
  Tel.: 06735/257 oder 8135
  www.eppelsheim.de
  Am 1. Mittwoch im Monat 18-20 Uhr, am dritten Sonntag im Monat 10-12 Uhr und nach Vereinbarung geöffnet

Erbes-Büdesheim

- *Rheinhessisches Postmuseum*
  Hauptstraße, 55234 Erbes-Büdesheim
  (im Rathaus), Tel.: 06731/43839
  www.postmuseum-rheinhessen.de
  nach Vereinbarung geöffnet

Flörsheim-Dalsheim

- *Weinmuseum – Weingut Schales*
  Alzeyer Straße 160,
  67592 Flörsheim-Dalsheim,
  Tel.: 06243/7003 und 7045
  Fax: 06243/5230
  nach Vereinbarung geöffnet
  www.weinguide.de/weingut-schales

Gau-Algesheim

- *Rheinhessisches Fahrradmuseum*
  Im Schloss Ardeck, 55435 Gau-Algesheim
  Tel.: 06725/3151
  www.fahrradmuseum-rheinhessen.de
  von Ostern bis Anfang Oktober sonn- und feiertags 11-17 Uhr und nach Vereinbarung geöffnet

Gimbsheim

- *Museum der VG Eich*
  Hauptstraße 10, Tel.: 06249/6394
  Sonntag 14-16 Uhr und nach Vereinbarung geöffnet, www.museum-vg-eich.de

Horrweiler

- *Weindorfmuseum*
  An der alten Kelter, 55457 Horrweiler

Sonntag 14.30-17 Uhr
und nach Vereinbarung
Tel.: 06727/8851, Fax: 894901
www.weindorfmuseum.de

Ingelheim

- *Museum bei der Kaiserpfalz*
François-Lachenal-Platz 5
55218 Ingelheim, Tel.: 06132/714701
Fax: 06132/714707
April-Oktober täglich
10-12.30, 13.30-17 Uhr außer montags,
November-März täglich 10-16 Uhr außer montags, www.museum-ingelheim.de

Mainz

- *Bischöfliches Dom- und Diözesanmuseum*
Domstraße 3, 55116 Mainz
Tel.: 06131/253344, Fax: 06131/253349
täglich 10-17 Uhr außer montags
Donnerstag 10-18 Uhr
www.bistum-mainz.de
- *Gutenberg-Museum*
Liebfrauenplatz 5, 55116 Mainz
Tel.: 06131/122640/42,
Fax: 06131/123488
Dienstag bis Samstag 10-18 Uhr
Sonntag 10-13 Uhr
www.gutenberg-museum.de
- *Landesmuseum*
Große Bleiche 49-51, 55116 Mainz
Tel.: 28570, Fax: 2857288
Dienstag 10-20 Uhr
Mittwoch-Sonntag 10-17 Uhr
www.landesmuseum-mainz.de
- *Museum der Sektkellerei Kupferberg*
Kupferbergterrasse 17-19, 55116 Mainz
Tel.: 06131/9230, Fax: 06131/923222
nach Vereinbarung Montag - Samstag
1. Führung 10 Uhr, letzte Führung 18 Uhr,
Sonntag n.V.
www.kupferbergterrasse.de
- *Museum für antike Schifffahrt*
Neutorstraße 2b, 55116 Mainz
Tel.: 06131/286630, täglich 10-18 Uhr
außer montags, www.mufas.de
- *Naturhistorisches Museum*
Reichsklarastraße 1, 55116 Mainz,
Tel.: 06131/122646, Fax: 06131/122975
täglich 10-17 Uhr außer montags,
Dienstag bis Donnerstag 10-20
www.uni-mainz.de/lsnhmmz
- *Römisch-Germanisches Zentralmuseum*
Ernst-Ludwig-Platz 2, 55116 Mainz
Tel.: 06131/91240, Fax: 06131/9124199
täglich 10-18 Uhr außer montags
www.rgzm.de

Nierstein

- *Paläontologisches Museum*
Marktplatz 1, 55283 Nierstein
Tel.: 06133/58312, Sonntag 11-13 Uhr
und nach Vereinbarung

Oppenheim

- *Deutsches Weinbaumuseum*
Wormser Straße 49, 55276 Oppenheim
Tel.: 06133/2544, Fax: 06133/70727
Dienstag bis Freitag 13-17 Uhr
Samstag und Sonntag 10-17 Uhr
www.dwb-museum.de

Osthofen

- *NS-Dokumentationszentrum KZ Osthofen*
Ziegelhüttenweg 38, 67565 Osthofen
Tel.: 06242/910825, Fax: 910829
Montag, Dienstag, Donnerstag, Freitag
9-12 und 13-17 Uhr, Mittwoch 9-12 Uhr,
Samstag und Sonntag 13-17 Uhr
www.projektosthofen-gedenkstaette.de

Worms

- *Jüdisches Museum im Raschi-Haus*
Hintere Judengasse 6, 67547 Worms
Tel.: 06241/8534701, Fax: 06241/853695
täglich 10-12 und 14-17 Uhr außer montags, www.worms.de
- *Museum der Stadt im Andreasstift*
Weckerlingplatz 7, 67547 Worms
Tel.: 06241/946390, Fax: 06241/24068
täglich 10-17 Uhr außer montags
www.worms.de
- *Kunsthaus Heylshof*
Stephansgasse 9, 67547 Worms
Tel.: 06241/22000, 1.10.-3.4.: Mittwoch bis
Samstag 14-16 Uhr, Sonntag 10-12 und

14-16 Uhr, 1.5.-3.9., Sonntag 10-17 Uhr
www.heylshof.de
- *Nibelungenmuseum*
Fischerpförtchen 10, 67547 Worms
täglich 10-17 Uhr, außer montags
an Wochenenden bis 18 Uhr
- *Schulmuseum Pfeddersheim*
Heinrich-Schmitt-Platz 2, 67551 Worms
Tel.: 06247/907307, Sonntag 10-12 Uhr
und nach Vereinbarung

Weitere Informationen, auch über kleineren Heimatmuseen, findet man im Internet unter www.regionalgeschichte.net unter den Stichwörten Rheinhessen und Museen.

Naturschutzgebiete

Bingen:	Rochusberg, Fulder Aue
Dienheim:	Große Viehweide
Eich/Gimbsheim:	Altrhein
Eckelsheim:	An der Beller Kirche
Flonheim:	Aulheimer Tälchen
Gau-Algesheim:	Gau-Algesheimer Kopf
Gau-Odernheim:	Petersberg
Gundersheim:	Steinbruch „Rosengarten"
Ingelheim:	Sandlache
Mainz:	Großer Sand Laubenheimer Ried
Nackenheim:	Kisselwörth-Sändchen
Ockenheim:	Jakobsberg
Siefersheim:	Martinsberg
Wackernheim:	Rabenkopf
Worms:	Wäldchen, Herrnsheimer Klauer

Literatur:
Stefanie Jung, Rheinhessen für Entdecker
55 Touren zum Wandern und Radeln,
Erleben, Genießen und Erforschen,
Ingelheim 2010

Parks

Bingen:
- Villa Sachsen:

Die 1843 erbaute spätklassizistische Villa erhielt in den 20er Jahren des letzten Jahrhunderts eine Parkgestaltung mit Teichanlage und einer Kapelle in Anlehnung an die im 18. und 19. Jahrhundert beliebten Eremitagen. Besichtigungen sind ganzjährig möglich, Anmeldung an der Pforte, Gruppenanmeldungen unter Tel.: 06721/9040.

Mainz:
- Botanischer Garten:

Innerhalb der Universität befindet sich ein etwa 10 ha großer Botanischer Garten mit Gewächshäusern, Freilandfläche, Rosarium, Arzneipflanzengarten und einer Binnendünen-Landschaft. Er ist täglich von 7.30 bis 18 Uhr frei zugänglich, die Gewächshäuser von 7.30 -15.30 Uhr, Freitag bis 13 Uhr
- Stadtpark:

Anfang des 18. Jahrhunderts ließ der Mainzer Erzbischof im Süden der Stadt das Schloss Favorite erbauen, das 1793 bei der Belagerung von Mainz zerstört wurde. „Die belagerten Franzosen „rasierten" den Park als Schussfeld und brachen die (hölzernen) Pavillons ab." (*Mainz – Die Geschichte einer Stadt*, S. 1114). Das Schloss wurde durch das Bombardement der Preußen zerstört. Im 19. Jahrhundert wurde auf dem Gelände der heutige Stadtpark angelegt. Am Ostende befinden sich ein Restaurant und ein Café.
- Zitadelle:

Die Wallgrünflächen in den ehemaligen Festungsanlagen der Stadt haben einen grünen Schwerpunkt an Drususwall, Zitadelle und Windmühlenberg. Hier finden sich Ökogärten und andere Gartenanlagen, schattige Spazierwege und Spielwiesen.

Worms:
- Hauptfriedhof Hochheimer Höhe:

Der 1899 begonnene Friedhof ist seit 1983 als Naturdenkmal ausgewiesen. Der Baumbestand des 34 ha großen Geländes stammt größtenteils noch aus der Entstehungszeit.
- Jüdischer Friedhof:

Die gesamte Wiesenfläche mit etwa 2000 Grabsteinen vom Ende des 11. Jahrhundert bis 1911 ist mit Spitzahorn und Scheinakazien bestanden.

- Schlosspark Herrnsheim:
Der ursprünglich barocke Park nördlich des Schlosses wurde 1792 von Friedrich Ludwig von Schkell in einen Englischen Garten umgewandelt. In der Orangerie am Eingang (1812) befindet sich ein Café. Das Amorbrünnchen und die Rousseauinsel inmitten eines großen Weihers gestalten die wässrigen Elemente der großzügigen Gartenanlage.

Radfahren

Als Radfahr-Landschaft hat sich Rheinhessen gut entwickelt. Es gibt einige Karten für Radfahrer:
Rad- und Wanderkarte *Mainz und Rheinhessen* Topographische Karte 1:50 000, Landesvermessungsamt Rheinland Pfalz, 4. Auflage 2005, ISBN 3896373013
Bikeline Radtourenbuch:
Radatlas Rheinhessen. Mit Beschreibungen der besten Radrouten, Stadt- und Ortsdurchfahrtspläne, 1:75 000, ISBN 3850001784
Radfahren – Rheinhessen Süd / Landkreis Alzey-Worms, 1:30 000, ISBN 978-3-931273-52-1
Pfalz-Rheinhessen, Kompass-Karten, ISBN 3854918429
Unter www.rheinhessen.de ist unter den Stichworten Radrouten und Radfahren alles Wissenswerte aufgelistet.
Die Hügellandschaft mit ihrem ständigen Auf und Ab ist nicht ganz ohne für Radfahrer, aber es gibt ja auch noch die leichteren Touren, am Rhein entlang oder durch die Bachtäler. Interessante Touren führen z. B. von Worms am Rhein entlang übers Altrheingebiet nach Oppenheim oder von Alzey aus übers Vorholz ins Wiesbachtal. Besser als mit der Infrastruktur sieht es mit dem Angebot von Radreisen (Auskunft bei der „Rheinhessen-Touristik", Tel.: 06132/44170), Fahrradverleih und Unterstellmöglichkeiten für Radtouristen aus. Viele Hotels, Gasthäuser und Weingüter bieten mittlerweile einen solchen Service an.

Adressen Fahrradverleih:
Alzey:
- Hofmann, Weingut Fritz
  Tel.: 06731/8306

Bingen:
- Fahrrad-Shop Bingen
  Tel.: 06721/922110
- Autohaus Backes
  Tel.: 06721/41066

Gau-Algesheim:
- Schön-Fahrräder
  Tel.: 06725/2575

Gimbsheim:
- Fahrräder und Service Zweirad Mühling
  Tel.: 06249/5943

Guntersblum:
- „Radfahren in Rheinhessen" (RinR)
  Tel.: 06249/2594

Mainz:
- Fahrradverleih ADFC Mainz
  Tel.: 06131/578228
- Fahrradverleih Mainz,
  Tel.: 06131/3361225
- Die Radgeber
  Tel.: 06131/372444
- Zweiradboxx MZ
  Tel.: 06131/632966

Nierstein:
- Fahrradladen „Fahrradecke Nierstein"
  Tel.: 06133/58550

Worms:
- Fahrradverleih Worms
  Tel.: 06241/24208
- Zweirad Gölz
  Tel.: 06241/45342

Jährlich am dritten Sonntag im Mai findet ein autofreier Sonntag auf der Rheintrecke zwischen Worms-Herrnsheim und Oppenheim statt; Infos bei der „Rheinhessen-Touristik" unter Tel.: 06132/44170.

Revolution von 1848/49

Politisch und kulturell ist Rheinhessen stark geprägt durch die napoleonische Zeit (1795-1816), in der hier die moderne, republikanische Verfassung Frankreichs Geltung erlangte, und die Revolution von 1848/49, in welcher man diese Errungenschaften gegenüber den Fürsten zu verteidigen suchte und einen deutschen Nationalstaat nach französischem Vorbild erstrebte. Der Reiseführer „Oberrheinische Freiheitsbäume – von Mainz über Basel zum Bodensee" (Berlin 1999) von Hellmut G. Haasis und Volker Gallé gibt zahlreiche Hinweise zu rheinhessischen Orten dieser Freiheitsbewegungen:

Badenheim, Geburtshaus des Dichters Isaak Maus (Hauptstraße 29)

Bingen, Ehem. Gasthaus Weißes Roß (Vorstadt 40/42), Versteck von Georg Weerth

Ensheim, Geburtshaus des Gewerkschafters Johann Schmitt (Obergasse 28)

Fürfeld, Wohnhaus des Paulskirchenabgeordneten Franz Joseph Brunck (Rathausgasse 8)

Ingelheim, Denkmal des Paulskirchenabgeordneten Martin Mohr (Friedhof an der Burgkirche)

Mainz, Wohnhaus von Georg Forster (Neue Universitätsstraße 5-9), Wohnhaus von Kathinka Zitz (Kirschgarten 21), Demokratenlokale im Frankfurter Hof (Augustinerstraße) und Pariser Hof (Ludwigsstraße 12)

Saulheim, Wohnhaus von Johannes Neeb (Schlossgässchen 14)

Wendeslheim, Rathaus mit Gedenktafel (Unterwendelsheim 64)

Westhofen, Napoleonstein am Marktplatz

Rheinschifffahrt

Bingen-Rüdesheimer Fähr- und Schifffahrtsgesellschaft EG:

Burgenfahrten nach Bingen, Rüdesheim, Assmannshausen, Burg Rheinstein, Trechtingshausen; Loreleyfahrten nach Bingen, Rüdesheim, Assmannshausen, Trechtingshausen, Bacharach, Kaub, Oberwesel, St. Goarshausen, St. Goar; Abendfahrten mit Musik und Tanz; Infos unter Tel.: 06721/14140, Fax: 06721/17398

KD Köln-Düsseldorfer:

Fahrt nach Mainz, Bingen, Rüdesheim, Assmannshausen, Bacharach, St. Goar, Boppard usw.; Infos unter Tel.: 0221/2088318/-319

Rhein-Neckar-Fahrgastschifffahrt GmbH:

Worms-Rundfahrten, Einzelfahrten von Worms nach Neckarsteinach, Rüdesheim, Frankfurt, Nierstein, St. Goar; Infos unter Tel.: 06221/20181, Fax: 06221/20211

Sagen und Magie

Magister Laukhardt beschreibt seinen Geburtsort im 18. Jahrhundert als ein abergläubisches Dorf. Die bürgerliche Revolution scheint all das im 19. Jahrhundert in Rheinhessen weggefegt zu haben: Alte Zöpfe wurden abgeschnitten und die Jakobinermütze aufgesetzt. Traditionen galten nicht mehr viel.

Mit dem Aberglauben ist aber auch die Ehrfurcht vor und das Wissen um die Natur Schritt für Schritt verloren gegangen. Die romantische Forschung hat mehr am Rhein und in Hessen nach Liedern, Tänzen und Sagen gesucht, in Rheinhessen hat man damit erst in den 20er Jahren des 20. Jahrhunderts angefangen. Da war die Überlieferung nur noch dünn und die „volkskundliche Beute" ebenfalls.

Etwas vom Einstellungswandel zur magischen Weltanschauung wird deutlich, wenn man die Sage hört, die begründet, warum die Spiesheimer „Zabbe" genannt werden. Ein Mann namens Fuchs habe heimlich nachts die Kühe gemolken. Da diese am nächsten Morgen keine Milch mehr gaben, glaubten die Bauern an Hexerei. Milchzauber war ein häufiger Grund für dörfliche Hexenanschuldigungen. Fuchs bot sich sofort an, die Hexe zu bannen. Ursprünglich nahm man dazu ein spitzes Holz und schlug dies in die Milch, welche blutig wurde, weil man die Hexe ins Herz getroffen hatte. In Ermangelung der Milch änderte Fuchs den Brauch etwas ab und schlug einen Zapfen vom Weinfass (Zabbe) in die Stallwand. Alsbald gaben die Kühe wieder Milch. Diese Sage liefert die moderne Erklärung für den Zauber bereits mit und macht sich über die betrogenen Spiesheimer lustig.

Noch nicht wiederaufgelegt sind die Sagenbücher von Wilhelm Müller (2 Bände), auf die sich die meisten heute auf den Markt befindlichen Sammlungen beziehen. Da wird deutlich, wie viele magische „Geschichten" es doch in Rheinhessen gegeben haben muss. Zu den landschaftstypischen Gespenstern gehört das „Muhkalb", das – oft mit feurigen Augen – in Alzey, Worms, Ingelheim und Wendelsheim umgegangen sein soll. Oder auch das „Kutschar", das zwischen Ensheim und Wörrstadt in der Mittagszeit oder um Mitternacht Wanderer anspringt, die es herausfordern oder die auf dem Acker etwas mitgehen lassen.
Menhire, Quellen, Kreuzwege etc. sind weitere Orte, denen man früher magische Bedeutung zumaß. So gab es in Alzey die Sage von den Kindern, die aus dem Mühlbrünnchen kamen; in Mainz kamen sie aus dem Pankratiusbrünnchen, in Wörrstadt aus dem Jakobsbrunnen; in Pfiffligheim sollen die Kinder sogar aus einem Baum kommen. Menhire stehen z. B. bei Ober-Saulheim (Langer Stein), Armsheim oder Heßloch. Bei Heidesheim soll ein Schatz im Goldberg liegen.

Literatur:
Volker Gallé, *Geheimnisvolles Rheinland-Pfalz*, Marburg 1996
Volker Gallé, *Rheinhessische Hauspostille*, Ingelheim 2005

Schriftsteller/innen

Wer sich literarisch über Rheinhessen informieren will, für den gibt es hier ein paar Anregungen zum Lesen:

Heinrich Bechtolsheimer
Das Hungerjahr. Zwischen Rhein und Donnersberg (Dorfromane zum 19. Jahrhundert)

Georg K. Glaser
Geheimnis und Gewalt (Zwanziger Jahre in Worms)

Wilhelm Holzamer
Vor Jahr und Tag, Der Entgleiste (die Romane spielen um 1900 in Nieder-Olm)

Elisabeth Langgässer
Proserpina, Das unauslöschliche Siegel, Rettung am Rhein (Spielorte sind Alzey und Mainz)

Friedrich Christian Laukhard
Leben und Schicksale (Autobiografie/Anfang im südlichen Rheinhessen und Mainz zur Zeit der Französischen Revolution)

Anna Seghers
Das siebte Kreuz (NS-Zeit in Rheinhessen)

Carl Zuckmayer
Als wär's ein Stück von mir (Autobiografie), aber auch die Erzählungen *Die Fastnachtsbeichte* (Spielort Mainz) und *Das Götterdorf* (Spielort Nackenheim) sowie die Komödie *Der fröhliche Weinberg.*

Zu Mainz ist 1998 ein literarisches Portrait von Jens Frederiksen als „insel-taschenbuch" erschienen.
Über die aktuelle Literaturszene informiert man sich am besten über das Literaturbüro in Mainz, Dalberger Hof, Klarastraße 4, Tel.: 06131/220202, Fax: 06131/228845

Schwimmbäder

- Freibad Wartbergbad Alzey
  Tel.: 06731/43219
- Naturerlebnisbad Bingen-Bingerbrück
  geöffnet Juni bis August, Tel.: 06721/32735
- Rheinwelle-Wasserwelt Bingen/Ingelheim
  Tel.: 06725/3050
- Hallenbad Budenheim
  Tel.: 06139/291357
- Hallenbad Gensingen
  Tel.: 06727/8625
- Freibad Gimbsheim
  beheizt, Tel.: 06246/6933
- Freibad Ingelheim
  Tel.: 06132/2166
- Hallenbad „Am Taubertsberg" Mainz
  Tel.: 06131/584460
- Hallen- und Freibad Nieder-Olm
  Tel.: 06136/6462
- Hallenbad Oppenheim
  Tel.: 06133/2798
- Freizeit- und Erlebnisbad
  „Am Schloßstadion" Wöllstein

Tel.: 06703/3160
- Heinrich-Völker-Bad Worms
(Hallen- und Freibad)
Tel.: 06241/858624
- Freibad Worms-Pfeddersheim
Tel.: 06247/7338
- Freibad im Neuborn Wörrstadt
Tel.: 06732/601160

Stumm-Orgeln

In vielen rheinhessischen katholischen und evangelischen Kirchen finden sich heute noch Orgeln aus dem 18. Jahrhundert, die überwiegend aus der Werkstatt der Hunsrücker Orgelbauerfamilie Stumm stammen. Die ältesten dieser von Zeitgenossen wegen ihres „vollen, runden, zarten Tons" (*Mainzer Zeitschrift*, S. 55) geschätzten Instrumente stehen in Alzey (Kleine evangelische Kirche/1731; evangelische Kirche Heimersheim/um1750), Armsheim (1739), Wallertheim (1745) und Westhofen (evangelische Kirche/1748). Weitere Informationen findet man in den Arbeiten von Franz Bösken (*Mainzer Zeitschrift, 1960, Quellen und Forschungen zur Orgelgeschichte des Mittelrheins, 1. Mainz und Vororte/Rheinhessen/Worms und Vororte, 1967*, in: *Beiträge zur mittelrheinischen Musikgeschichte*, Bd. 6). Um die Denkmalorgeln kümmert sich auch ein Liebhaberkreis (Kontakt: Joachim Schreiber, Höhenstraße 22, Osthofen), der auch ab und zu Konzert mit zeitgenössischer Musik organisiert.

Theater (feste Häuser)

Alzey:
-Gerry-Jansen-Theater (Komödien)
Mainz:
-Staatstheater (Schauspiel, Ballett und Musiktheater/Kleines und Großes Haus sowie Studiobühne)
-Mainzer Kammerspiele (Zeitgenössisches Theater)
-Unterhaus (Kabarett, Kinder- und Jugendtheater)
-Teatro d´Arte Scarello (Commedia dell'Arte)
-Mund-Art-Theater Meenzer Rhoiadel (Mundart)
-Performance-art-depot (Tanztheater, Live-Art, Dokumentarisches Theater)
Worms:
-Theater im Kultur- und Tagungszentrum/Festhaus (Gastspiele in allen Sparten)
-Volksbühne (Komödien)
Im Kultursommer gibt es weitere Theateraufführungen in Weingütern und Bürgerhäusern, u. a. von Laienspielgruppen (Komödien). Dazu kommen mundartliche Fastnachtspossen in Mainz und Worms sowie die Festspiele in Oppenheim und in Worms (Nibelungen-Festspiele).

Urlaub beim Rheinhessenwinzer

Einen Gastgeberkatalog mit Hotels, Gästehäusern, Pensionen und Ferienwohnungen gibt es bei der „Rheinhessen-Touristik", Wilhelm-Leuschner-Straße 44, 55218 Ingelheim, Tel.: 06132/44170, Fax: 06132/441744. Mittlerweile gibt es Winzerhotels bzw. Gästehäuser mit bis zu vier Sternen. Der Katalog umfasst etwa 40 Angebote in Weingütern bzw. in Winzerhotels. Weitere Infos auch unter www.rheinhessen.de

Wallfahrten

Bingen
- St. Rochuskapelle: Sonntag nach dem 16.8. bis folgenden Sonntag
Bodenheim
- Wallfahrtskapelle: 2. Juli, 1. Sonntag im Juli
Budenheim
- Wendelinuskapelle: letzter Sonntag vor Beginn der Herbstferien
Erbes-Büdesheim
- St. Johannes Nepomuk: Sonntag nach dem 16. 5.
Gau-Algesheim
- Laurenziberg: 1.5. und Sonntag, der dem 10.8. am nächsten (Pferde- und Fahrzeugsegnung)
Gau-Algesheim
- Madonna mit Kind: Sonntag nach dem 16.7.
Gau-Bickelheim
- Kreuzkapelle: Sonntag zwischen 3. und 9.5., 14.9. oder Sonntag danach
Alzey-Heimersheim

- Herz-Jesu-Verehrung: 1. Sonntag im Februar und 3. Sonntag nach Pfingsten

Mainz

- Karmeliterkirche: 14.2.
- St. Quintin: 28.10.

Mainz-Gonsenheim

- Vierzehn-Nothelfer-Kapelle: 3. Sonntag nach Pfingsten

Mainz-Marienborn

- Maria: 2.7. bzw. Sonntag danach

Ockenheim

- Kloster Jakobsberg: 24.7. oder Sonntag danach

Pfaffen-Schwabenheim

- Maria: 15.8.

Sörgenloch

- Maria: 8.9. und Sonntag danach

Worms

- Liebfrauen: Marienwallfahrt am 1. Sonntag im Mai und am 15.8., Valentinuswallfahrt am 14.2.

Nähere Auskünfte bei den jeweiligen katholischen Pfarrämtern.

Wandern

Wer in Rheinhessen nicht unbedingt geschlossene Waldgebiete erwartet, findet eine wunderschöne, besonders zum Wandern einladende Landschaft vor: „Typisch für die von Rhein und Nahe umschlossene, in dem Viereck zwischen Mainz und Worms, Alzey und Bingen gelegene Landschaft sind sanfte Täler und Hügel. (...) Es ist der Reiz der eher stillen Sensationen, der Rheinhessen zu einer aufstrebenden Urlaubs- und Freizeitregion werden lässt", schreibt Stefanie Jung in ihrem Wander-, Rad- und Ausflugsführer *Rheinhessen für Entdecker* (S. 10).

Um Rheinhessen in seiner Vielfalt kennenzulernen, seien hier drei verschiedene Touren vorgeschlagen:

Bänkelches-Route Siefersheim (8 km):

Die einzelnen Stationen: Dorfmitte Siefersheim – Ajax-Turm – Galgenberg – Neu-Bamberger Heide – Horn – Dorfmitte Siefersheim

„Unsere Wanderung auf der durchgängig gut beschilderten Siefersheimer Bänkelches-Route führt durch Weinberge und Naturschutzgebiete mit einer beindruckenden Landschaft an Trockenrasen und Heiden. Die ca. acht Kilometer lange Tour geht vorüber an einem früheren Brandungskliff und dem heute noch sichtbaren keltischen Ringwall oder dem Wahrzeichen der Gemeinde, dem Ajaxturm mit seiner romantischen Geschichte. Der eindrucksvolle Wanderrundweg zwischen Trauben und Kultur führt durch die hügelige Rheinhessische Schweiz." (S. 122ff) Während der Blüte der Küchenschellen im Frühling ist diese Route besonders reizvoll.

Rundweg durch die Alsheimer Hohlwege (5 km):

Die einzelnen Stationen: Bürgerhaus Alsheim – Wahlheimer Weg – Lehrpfad Krummsteighohl – Hangen-Wahlheim – Weinwanderweg – Bürgerhaus Alsheim

„In der Gemarkung des zwischen Guntersblum und Osthofen gelegenen Weinortes Alsheim sind die früher im rheinhessischen Hügelland so typischen Hohlwege erhalten geblieben, während sie in vielen anderen Gemeinden im Rahmen von Flurbereinigungen beseitigt wurden. Noch zwölf dieser historischen, inmitten der Kulturlandschaft des Oberrheintales gelegenen Wege sind bis heute vorhanden. Einige davon lassen sich auf diesem schönen Rundwanderweg von ca. fünf Kilometer Länge erkunden." (S. 95)

Eine Wanderung auf dem Leinpfad

a) von Bingen aus in Richtung Budenheim

Die einzelnen Stationen: Nahemündung – Hindenburganlage – Bingen-Kempten – Hindenburgbrücke – Hafen Ingelheim – Heidenfahrt – Budenheim

Ausgangspunkt ist der große Parkplatz an der Mündung der Nahe in den Rhein (Zufahrt Gerbhausstraße). Auf dieser Tour nahezu immer unmittelbar am Wasser entlang gibt es eine Menge zu sehen und zu erleben. Stromaufwärts und am Rhein entlang führt die Route an Auen und Inseln, Lehrpfaden und idyllischen Rastgelegenheiten vorüber. Immer im Blick sind die schönen Aussichten auf die gegenüberliegende Landschaft des Rheingaus. Wer mit dem Zug anreist, beginnt die Tour ab dem Bahnhof Bingen/Bingerbrück oder dem Stadtbahnhof. Orientierung bietet stets der Rhein, dem wir in Richtung Mainz flussaufwärts folgen.

Eine zweite Wanderung auf dem Leinpfad könnte man in Mainz beginnen lassen und ebenfalls stromaufwärts bis Nackenheim führen lassen, könnte sie aber auch schon früher abbrechen und mit dem Zug nach Hause fahren.

b) von Mainz aus in Richtung Nackenheim:
Die einzelnen Stationen: Rheinufer Mainz – Eisenbahnbrücke – Weisenau – Zementwerke – Laubenheim – Bodenheim – Nackenheim

Das Buch von Stefanie Jung beschreibt 52 weitere Routen in ganz Rheinhessen. Wanderkarten gibt es z. B. für die rheinhessische Schweiz (Zweckverband „Erholungsgebiet Rheinhessische Schweiz", Bahnhofstraße 10, 55597 Wöllstein, Tel.: 06703/3020) und für die Stadt Worms (Stadtinformation, Neumarkt 14, 67547 Worms, Tel.: 06241/25045).
Weitere Infos unter www.rheinhessen.de

Wein

Rheinhessen ist das größte deutsche Weinbaugebiet. Zu bieten hat es eine besonders große Vielfalt an Weinen, da Lage, Böden und Klima der regionalen Weltoffenheit und Experimentierfreude alle Möglichkeiten geben. Darauf ist sicher auch die große Zahl an Neuzüchtungen von Rebsorten sowie die Experimente mit ausländischen Rebsorten zurückzuführen, mit denen hier gearbeitet wird. Hauptrebsorten sind Müller-Thurgau, Sylvaner, Riesling, Grau- und Weißburgunder sowie Scheurebe, neuerdings auch Chardonnay. Weißherbste und Rotweine liefern vor allem Spätburgunder, Portugieser und Dornfelder.
„Federweiße" oder „Bremser" gibt es in Rheinhessen bald nach der Lese im Oktober, wenn die Hefegärung den süßen Most in den Fässern trübe macht und bitzeln lässt. Beim Gären spaltet die Weinhefe den Fruchtzucker in Kohlensäure und Alkohol. Der Zuckergehalt des Mostes ist es auch, der die spätere Qualitätsstufe des Weines bestimmt. Man findet sie auf dem Etikett unter den Bezeichnungen (von unten nach oben): Tafelwein, Qualitätswein besonderer Anbaugebiete (Q.b.A.), Kabinett, Spätlese und Auslese. Auf besondere Leseverfahren gehen Beerenauslese und Eiswein zurück. Um den Geschmack abzurunden, bedarf es aber neben dem Restzucker und dem Alkohol auch noch der Säure und anderer Inhaltsstoffe, welche die Traube liefert. Letzteres findet sich dann in der blumigen Sprache der Weinproben wieder.
Wenn der Rotwein weiß gekeltert wird, d. h. man lässt die gemahlenen Trauben (Maische) nicht auf den Stielen (Rappen) stehen, aus denen der Rotwein Farbe und Gerbstoff zieht, entsteht ein Weißherbst oder Rosé. Die rheinhessischen Weingüter haben zudem Winzersekt im Angebot, zunehmend auch Obst- und Tresterschnäpse, Sherry und Liköre, Säfte sowie andere Traubenprodukte. Überall, wo die Winzer den Wein selbst vermarkten oder aber bei den Genossenschaften und Erzeugergemeinschaften kann man Weinproben machen. Die Entdeckungsreise lohnt sich, denn es hat keinen Sinn, irgendwelchen Urteilen und Vorurteilen zu glauben: Trinken sollte man, was einem schmeckt und was bekömmlich ist. Ob gerade die herbe oder die milde Welle rollt, die mondäne oder die rustikale, die italienische oder die französische – die eigene Zunge und der eigene Gaumen geben am besten Auskunft über den individuellen Geschmack. Dazu kommt, dass man die Winzerin oder den Winzer bei der Weinprobe alles über die Herkunft und Herstellung der Weine fragen kann.

Nachdem sich der Ruf des rheinhessischen Weins gewandelt hat vom lieblichen Charakter der Spätlesen, Neuzüchtungen und der Liebfrauenmilch (sechziger und siebziger Jahre) zum Geschmacksbild leichter, naturnah ausgebauter Sommerweine (achtziger Jahre) sind einzelne Weingüter in den neunziger Jahren des 20. Jahrhunderts auch in ganz für die Region ungewohnten Bereichen in die Spitzengruppe deutscher Weine vorgestoßen, so beim Riesling und bei den Rotweinen.
Aber auf den rheinhessischen Weingütern kann man noch mehr erleben. Mittlerweile gibt es hier ein umfangreiches Veranstaltungsprogramm mit Konzerten, Ausstellungen, Theater, Hoffesten, Kulinarien, Führungen etc. Die alten fränkischen Gehöfte sind wunderschön restauriert, frühere Wirtschaftsgebäude wie die „Kuhkapellen“ (Kreuzgewölbeställe) und die Scheunen beherbergen Straußwirtschaften, Weinprobierstuben und Gästezimmer. Ein abwechslungsreiches Schnupperwochenende ist also immer möglich. Weitere Informationen gibt es bei der Rheinhessenwein, Tel.: 06731/9510740

Literatur:

Hans-Jörg Koch, *Rheinhessisches Weinlexikon*; Horst Dohm, *Rheinhessen – Weine und Winzer*, Ingelheim 2004; Antje Fries, *Kalle im Wingert. Von Ausbrechern, verschwundenen Rebläusen und einem Lesekönig*, Ingelheim 2002

Weinbergshäuschen

In ganz Rheinhessen gibt es Weinbergshäuschen in unterschiedlichen Formen, vom einfachen Tonnengewölbe zum Unterstellen bei Regen über die spitzkuppligen Trulli bei Flonheim bis zu den nationalromantischen Weinbergstürmen bei Osthofen. 1987 ist dazu ein Buch von Wolfgang Bickel unter dem Titel *Weinbergshäuser* erschienen.
Der Zeichner Ehrhard Hütz hat einen Kalender zu diesem Thema herausgegeben. Der Altstadtverein Alzey veranstaltet an jedem ersten Sonntag im September eine „Wingertshaisjer-Wanderung“ zu mehreren bewirtschafteten Weinbergshäuschen.

Literaturhinweise

Aus der umfangreichen Liste benutzter Literatur geben vor allem folgende Bücher weitere Anregungen:

Arens, Fritz: *Der Dom zu Mainz,* Darmstadt 1982

Bassermann-Jordan, Friedrich von: *Geschichte des Weinbaus,* (1 und 2), Reprint, Neustadt a.d.W. 1975

Becker, Friedrich Karl: *700 Jahre Stadt Alzey,* Alzey 1977

Bender, Heinrich Matthäus: *Bechtheim – Kleinod des Wonnegaus,* Bechtheim 1976

Benz, Klaus/Kersting, Hans: *Reizvolles Rheinhessen zwischen Selz und Nahetal,* Mainz 1991

Bickel, Wolfgang: Weinbergshäuser, Worms 1987

Bönnen, Gerold/Spille, Irene: *Bischof Burchard 1000-1025,* Worms 2000

Bönnen, Gerold/Gallé, Volker (Hrsg.): *Ein Lied von Gestern? – Wormser Symposium zur Rezeptionsgeschichte des Nibelungenliedes*

Bönnen, Gerold: *Geschichte der Stadt Worms,* Stuttgart 2005

Bratner, Luzie: *Kulturführer Liebfrauenland – Gotik in Rheinhessen,* Alzey 2009

Brilmayer, Karl Johann: *Rheinhessen in Vergangenheit und Gegenwart,* Reprint, Würzburg 1985

Bretzer, Hans u.a.: *1200 Jahre Hamm am Rhein,* Hamm 1982

Breuer, Dieter/Breuer, Jürgen: *Mit spaeher rede – Politische Geschichte im Nibelungenlied,* München 1995

Breuer, Jürgen: *Bligger II. von Steinach,* Horb 1999

Chronik der VG Alzey-Land: Alzey, 1997

Dehio, Georg: *Handbuch der Deutschen Kunstdenkmäler,* Rheinland-Pfalz/Saarland, München/Berlin 1984

Dobras, Wolfgang: *Der Nationalsozialismus in Mainz,* Mainz 2008

Dumont, Franz: *Die Mainzer Republik von 1792/93,* Alzey 1982

Dumont, Franz/Scherf, Ferdinand/ Schütz, Friedrich: *Mainz – die Geschichte einer Stadt,* Mainz 1998

Ehlke, Thomas: *Die unterirdische Stadt Oppenheim,* Köln 2007

Engelhardt, Friedrich Rudolf: *Alt-Bingen,* Bingen 1984

Flasch, Kurt: *Das philosophische Denken im Mittelalter,* Stuttgart 1986

Forestier, Michael: *Unser Heimatbuch (Gundersheim),* Hamm 1995 (Nachdruck von 1935)

Frieß-Reimann, Hildegard/Heinen, Heinz/ Neumann,Detlev: *150 Jahre Landkreis Alzey-Worms,* Alzey 1985

Gallé, Volker: *Geheimnisvolles Rheinland-Pfalz,* Marburg 1996

Gallé, Volker: *Rheinhessische Hauspostille,* Ingelheim 2005

Gallé, Volker: *Die Burgunder,* Worms 2008

Gemeinde Eckelsheim: *Eckelsheim und seine Geschichte 1293-1993,* Eckelsheim 1993

Gredy, H.: *Die Geschichte von Gau-Odernheim (1 bis 3),* Worms 1982

Grünewald, Christoph Julius Johannes: *Von Westhofener Häusern und Leuten,* Westhofen 1984

Grünewald, Mathilde: *Archäologie zwischen Donnersberg und Worms,* Regensburg 2008

Grünewald, Mathilde: *Die ersten Römer in Rheinhessen,* Worms 2006

Haasis, Hellmut G.: *Gebt der Freiheit Flügel/Die Zeit der deutschen Jakobiner (1 und 2),* Reinbek 1988

Haasis, Hellmut G.: *Spuren der Besiegten (1 bis 3),* Reinbek 1984

Haasis, Hellmut G./Gallé, Volker: *Oberrheinische Freiheitsbäume,* Bodenheim 1999

Haupt, Peter: *Alzey und Umgebung in römischer Zeit,* Alzey 2006

Heeb, Volker: *Lonsheim,* Lonsheim 1999

Hoffmann, Klaus Dietrich: *Die Geschichte der*

Provinz und des Regierungsbezirks Rheinhessen, Alzey 1985
Hoffmann, Wilhelm: *Rheinhessische Volkskunde*, Reprint, Frankfurt 1980
Holl, Karin u.a.: *Guntersblumer Geschichte(n) I und II*, Guntersblum 1997
Hotz, Walter: *Der Dom zu Worms*, Darmstadt 1981
Huld-Zetsche, Ingeborg: *Der Mithraskult in Mainz*, Mainz 2008
Jürgensmeier, Friedhelm: *Das Bistum Mainz*, Frankfurt 1988
Keim, Anton M.: *11mal politischer Karneval*, Mainz 1981
Kersting, Hans: *Rundwege Mainz*, Bamberg 1989
Klug, Ernst: *Wörrstadt/Die Geschichte einer kleinen Stadt*, Wörrstadt 1972
Koch, Hans-Jörg: *Weinparadies Rheinhessen*, Alzey 1982
Lachenal, François/Weise, Harald (Hrsg.): *Ingelheim am Rhein 774-1974*, Ingelheim 1974
Landesamt für Denkmalpflege: *Mainz im Zeitalter Gutenbergs*, Alzey 2000
Landesamt für Denkmalpflege: *Das Südportal des Wormser Domes*, Worms 1999
Lauther, Philipp/Mahlerwein, Helmut/ Schmahl, Georg: *Chronik der Gemeinde Gimbsheim*, Hamm 1997
Leser, Hartmut: *Landeskundlicher Führer durch Rheinhessen*, Berlin/Stuttgart 1969
Licht, Hans (Hrsg.): *Oppenheim/Geschichte einer alten Reichsstadt*, Oppenheim 1975
Mahlerwein, Gunter: *Alsheim*, Alsheim 1996
Mathy, Helmut: *Bingen/Geschichte einer Stadt am Mittelrhein*, Bingen 1989
Matthes, Willi: *Die vergessene Staatsgrenze*, Alzey 2008
Michel, Paul: *Chronik Monsheim*, Monsheim 1981
Ministerium für Umwelt und Forsten: *Park- und Gartenanlagen in Rheinland-Pfalz*, Mainz 2000
Ministerium für Kultur, Jugend, Familie und Frauen (Hrsg.).: *Schatzsuche – Museen in Rheinland-Pfalz*, München 1999
Nicolai, Bernd: *Gotik*, Stuttgart 2007
Osthofen (Stadtverwaltung/Hrsg.): *1200 Jahre*, Osthofen 1984
Petry, Ludwig: *Handbuch der historischen Stätten Deutschlands/Rheinland-Pfalz/Saarland*, Stuttgart 1988
Plattes, Gabriele: *Chronik der VG Wöllstein*, Wöllstein 1992
Reuter, Fritz: *Warmaisa/1000 Jahre Juden in Worms*, Worms 1984
Reuter-Matejka, Lucia (Hrsg.): *1200 Jahre Eich*, Worms 1981
Simons, Otto von: *Die gotische Kathedrale*, Darmstadt 1968
Sommer, Oskar: *Wanderungen durch blühende Naturschutzgebiete*, Grünstadt 1981
Spies, Karl-Heinz (Hrsg.): *Nieder-Olm/Der Raum der Verbandsgemeinde in Geschichte und Gegenwart*, Alzey 1983
Verein für Sozialgeschichte/Wiesbadener Geschichtswerkstatt (Hrsg.): *Mainz Wiesbaden zu Fuß*, Hamburg 1990
Zimmer, Walter: *Rheinhessen – Geschichte und Geschichten einer Provinz*, Siefersheim 2007
Zink, Frank: *Die Chronik der Gemeinde Framersheim*, Alzey, 1998
Zylmann, Detert: *Die frühen Kelten in Worms-Herrnsheim*, Worms 2006

Zeitschriften

Alzeyer Geschichtsblätter.
Altertumsverein Alzey (Hrsg.)
Beiträge zur Ingelheimer Geschichte.
Historischer Verein Ingelheim (Hrsg.)
Binger Annalen.
Friedrich Rudolf Engelhardt (Hrsg.)
Binger Geschichtsblätter.
Historische Gesellschaft Bingen (Hrsg.)
Der Wormsgau.
Altertumsverein Worms (Hrsg.)
Heimatjahrbuch Alzey-Worms.
Kreisvolkshochschule (Hrsg.)
Heimatjahrbuch Mainz-Bingen.

Kreisvolkshochschule (Hrsg.)
Heimatjahrbuch der Stadt Worms.
Worms-Verlag
Heimatkalender.
Kulturverein Alzey und Umgebung (Hrsg.)
Mainzer Geschichtsblätter.
Verein für Sozialgeschichte (Hrsg.)
Mainzer Naturwissenschaftliches Archiv.
Naturhistorisches Museum Mainz (Hrsg.)
Mainzer Zeitschrift.
Altertumsverein Mainz (Hrsg.)
Veröffentlichungen der Carl-Brilmayer-Gesellschaft Gau-Algesheim.

Abbildungsnachweis

Farbabbildungen
Klaus Baranenko, Worms: Umschlagvorderseite (1), Umschlagrückseite (2), Abb. 1, 2, 3, 4, 5, 6, 7, 8, 9, 10, 11,13, 14, 15, 16, 17, 18, 19, 20, 21, 22, 23, 24, 25, 26, 27, 28, 29, 30, 31, 32, 33, 34, 35, 36, 37, 38, 39, 40, 41, 42, 43, 44, 45, 46, 47, 48, 49, 50, 51, 52, 53, 54, 55, 56, 57, 58, 59, 60, 61,62, 63, 64, 65, 66, 67, 68, 69, 70, 72, 73, 74, 76, 77, 78, 79, 80, 81, 82, 83, 84, 85, 86, 87
Alessandro Balzarin, Worms: Abb. 12
Gutenberg-Museum, Mainz: Umschlagvorderseite (1)
Sascha Kopp, Mainz: Umschlagrückseite (1), Abb. 71, 75, 87, 88, 89
Rudolf Uhrig, Osthofen: Umschlagvorderseite (1, mit freundlicher Genehmigung der Nibelungenfestspiele)
Rheinhessenkarte (in der vorderen Klappe): © MeKi Landkarten GmbH, 64347 Griesheim, www.meki-landkarten.de

Abbildungen im Text
Archiv für Kunst und Geschichte, Berlin: S. 19, 20, 22, 26, 72, 185, 321, 372, 374
Aufbau-Verlag, Anna Seghers – eine Biographie in Bildern, Berlin 2000: S. 137
Klaus Baranenko, Worms: S. 15, 45, 52, 74, 79, 82, 98, 100, 101, 102, 106, 122, 124, 127, 129, 130, 134, 147, 149, 152, 154, 156, 157, 158, 175, 177, 180, 184, 187, 197, 198, 200, 218, 221, 222, 226, 227, 229, 233, 237, 241, 245, 246, 248, 251, 254, 259, 260, 261, 262, 263, 274, 275, 276, 281, 287, 293, 306, 311, 324, 336, 355, 361, 370, 392, 393, 394,
Klaus Benz, Mainz: S. 191, 315
Prof. Dr. Behrens, *Rheinhessen in seiner Vergangenheit, Band 8: Siefersheim*, 1931, S. 74, 270
Karl Johann Brilmayer, Rheinhessen in Vergangenheit und Gegenwart, Reprint, Weidlich Verlag, Würzburg 1985: S. 333, 353
cartomedia, Karlsruhe: S. 86, 238, 292
Friedrich Rudolf Engelhardt, Alt-Bingen, 1984: S. 285, 305
Friedrich Rudolf Engelhardt, Bingen am Rhein, 1984: S. 289, 290
Förderverein KZ-Gedenkstätte, Osthofen: S. 35
Julius Grünewald, Westhofen: S. 139, 141
Heimatjahrbuch Alzey-Worms, Kreisvolkshochschule Alzey-Worms, Alzey (Albert Cattarius): S. 32, 151
Erhard Hütz, Zeichnungen, Gau-Heppenheim: S. 54 (2), 204, 213, 223, 225, 249, 272, 282,
Irina Fürstenau, Bingen: S. 309
Heimatjahrbuch Mainz-Bingen, Kreisverwaltung Mainz/Heimatfreunde am Mittelrhein e.V. (H. Leitermann): S. 284, 334, 350
Eckhard John, Sprendlingen: S. 280
Stefanie Jung, Nieder-Olm: S. 131
Kaiserpfalz Ingelheim: S. 320
Anton Maria Keim, Ludwig Kalisch. Karneval und Revolution, Ingehlheim 2003, S. 19, 67, 68,
Katholische Pfarrkirche, Undenheim: S. 195,
Katholische Pfarrkirche, Weinolsheim: S. 199
Peter Taddäus Kessler, Mainzer Zeitschrift 31, 1936, 14 ff.: S. 16,
Ottilie Kessel, Dienheim: S. 170
Alwin Kling, Mauchenheim: S. 257
Hans-Jörg Koch, Weinparadies Rheinhessen, Alzey 1982: S. 49
Sascha Kopp, Mainz: S. 329, 386, 388, 400, 402, 403
Elisabeth-Langgässer-Gesellschaft, Alzey: S. 242
Erwin Leibfried (Hg.), *Schreiben zwischen Java, Amsterdam und Wiesbaden*, Wiesbaden 2005, S. 322
Heinz Leitermann, Zweitausend Jahre Mainz, Stadtverwaltung Mainz 1962: S. 364
Detlev Neumann, Museumskatalog Alzey, Alzey: S. 57 (1)
Ortsgemeinde Eckelsheim, *Eckelsheim und seine Geschichte*, 1993: S. 265
Ortsgemeinde Gau-Odernheim: S. 206
Preußischer Kulturbesitz, Berlin: S. 283
Rheinischer Verein für Denkmalpflege und Landschaftsschutz, *Die Simultankirche in Bechtolsheim*, 1980: S. 208

Rösch, Heinz-Egon, Mainz: S. 212
Verlag Emil Roth, Gießen o. J., Heimatkunde von Rheinhessen, Kreis Worms: S. 128, 143
Verlag Emil Roth, Gießen o. J., Heimatkunde von Rheinhessen, Kreis Mainz: S. 219, 327
Ulrike Schäfer, Worms: S. 123
Schott Music, Mainz: S. 367
Hermann Schröer, Ober-Olm: S. 188, 189, 194, 202, 216, 314,
Siegfried Schuch, Nierstein: S. 253
Angelika Schulz-Parthu (Hg.), Neue Impressionen aus dem Landkreis Mainz-Bingen, Ingelheim 2010
Sparrer, Ingelheim: S. 326
Spies, Dienstleistungszentrum ländlicher Raum, Oppenheim: S. 57
Stadtarchiv Bingen: S. 307,
Stadtarchiv Mainz: S. 27(1), 359, 398
Stadtarchiv Worms: S. 24, 25, 39, 60, 63, 70, 76, 80, 83, 88, 89, 90, 92, 93, 95, 103, 105, 108, 109, 110, 112, 113, 116, 117, 119, 121, 169, 179, 235, 317,
Stadtbibliothek Mainz, Neue Mainzer Narrenzeitung, Signatur: Mog 68 (Rarasammlung): S. 67
Stadtbibliothek Mainz, Narrhalla, Signatur: Mog 116 (Rarasammlung): S. 68
Reinhart Siegert, Der Pflüger hat den Dichterspleen ..., Verlag der Rheinhessischen Druckwerkstätte, Alzey1983: S. 10
Tourist-Information der Stadt Bingen: S. 286
Rudolf Uhrig, Osthofen: S. 65, 99
Wikimedia Commons: S. 23 (2), 125, 185, 264, 365
www.zeno.org – Zenodot Verlagsgesellschaft mbH: S. 294, 356

Trotz intensiven Bemühens ist es nicht bei allen Abbildungen gelungen, Rechteinhaber zu ermitteln. In solchen Fällen bitten wir darum, eventuelle Ansprüche beim Verlag einzureichen.

Personenregister

E

F

G

H

I

J

K

N

O

P

R

S

T

U

V

W

Z

Ortsregister

F

G

L

M

N

O

P

Z